Eberhard Bappert · Erstellen modularer Software

Erstellen modularer Software

Mit Pascal zur objektorientierten
Programmierung

Eberhard Bappert

Zur Erinnerung an den Freund und Kollegen Rolf Hutzenlaub

Die Deutsche Bibliothek – CIP-Einheitsaufnahme

Bappert, Eberhard:
Erstellen modularer Software : mit Pascal zur
objektorientierten Programmierung / Eberhard Bappert. –
Düsseldorf: VDI-Verl., 1993
  ISBN-13: 978-3-642-95831-1   e-ISBN-13: 978-3-642-95830-4
  DOI: 10.1007/978-3-642-95830-4

Sämtliche Beispiele dieses Buches sind mit Turbo Pascal 6.0 von Borland getestet und auf einer **3 1/2″-DOS-Diskette** (1,44 MB) gespeichert. Diese Diskette kann beim Verfasser unter der unten angegebenen Adresse bezogen werden. Die Bestellung kann nur berücksichtigt werden, wenn ihr ein Verrechnungsscheck über DM 20,– beigefügt ist.

Anschrift des Verfassers:

Prof. Eberhard Bappert
Fachrichtung Wirtschaftsinformatik
Berufsakademie Heidenheim
Postfach 11 30
W-7920 Heidenheim / Brenz

(Neue 5-stellige Postleitzahl: 89501 Heidenheim / Brenz)

ISBN-13: 978-3-642-95831-1

Vorwort

Modulare Software erstellen heißt, Programmsysteme aus bestehenden Softwarebausteinen zusammenzustellen und evtl. durch fehlende Bausteine zu ergänzen. Jeder Baustein, auch Modul genannt, ist so konzipiert, daß er eine bestimmte Teilaufgabe bearbeiten kann. Die Module treten über Schnittstellen in Verbindung miteinander und bearbeiten gemeinsam die Gesamtaufgabe. Ist ein Modul weitgehend unabhängig von den anderen, kann er u.U. bei der Lösung anderer Probleme mitwirken. Die Vorteile gegenüber nicht-modularer Programmierung liegen für den Programmierer auf der Hand: vorhandene Programmteile können wiederverwendet, Fehler besser lokalisiert und bestehende Programmsysteme leichter gewartet werden.

Die Programmiersprache Pascal, von N. Wirth zu Ausbildungszwecken entworfen, hat sich seit ihren Ursprüngen in den Siebzigerjahren stark weiterentwickelt. Vor allem für Mikrocomputer stehen leistungsfähige Entwicklungsumgebungen zur Verfügung, die zur Verbreitung von Pascal beigetragen haben. Programmierideen werden häufig in Pascal oder pascalähnlich mitgeteilt, selbst wenn zur Realisierung eine andere Sprache zum Einsatz kommt, die für einige Details günstigere Mittel bietet. Zu den Merkmalen von Pascal gehören seine Anweisungsstrukturen, die verwirrende und fehlerträchtige Sprungbefehle überflüssig machen, und sein Unterprogrammkonzept mit Blockstrukturen. Die oben erwähnten Forderungen der modularen Programmierung sind damit erfüllbar.

Das Ziel des vorliegenden Buches ist es, mit Pascal und der objektorientierten Erweiterung von Turbo Pascal von Anfang an die modulare Programmierung einzuführen und den Leser mit den Konzepte des abstrakten Datentyps, des übersetzbaren Moduls und der Objektklassen vertraut zu machen. Die objektorientierte Programmierung soll nicht als unorganisches Anhängsel an die modulare Programmierung erscheinen, sondern als deren konsequente Weiterentwicklung.

In den Kapiteln 1 bis 3 wird das Grundvokabular der Sprache Pascal behandelt, also Programmstruktur, Anweisungen, strukturierte Anweisungen, Operationen und einfache Datentypen. In den Kapiteln 4 und 5 wird die Lösung von Teilaufgaben mit einer zusammengesetzten Datenstruktur (ARRAY) und mit Unterprogrammen vorgestellt, die die Datenstruktur in vielfältiger Weise problemgemäß bearbeiten. Daten und Operationen werden als eine Einheit betrachtet, die auch als abstrakter Datentyp bekannt ist. Ein Modul besteht aus Datenstruktur und mehreren Unterprogrammen, die auch zur Lösung eines anderen als dem akuten Problem herangezogen werden können.

Das Kapitel 6 stellt weitere Datenstrukturen vor, und in Kapitel 7 wird die Möglichkeit der Bearbeitung von Zeichen und Text geschaffen. Speicherung von Daten auf Dateien und die Bearbeitung von Dateien sind das Thema des Kapitels 8.

Der Verbundtyp (RECORD) übernimmt ab Kapitel 9 die Aufgabe, auch komplexere Datenstrukturen aufzubauen. Der Idee der Einheit von Daten und Operationen, die im abstrakten Datentyp gefordert ist, kann aber erst mit dem erweiterten Modulkonzept der meisten Pascaldialekte formaler Ausdruck verliehen werden. Dieses Buch stützt sich dazu auf Turbo Pascal, dessen UNIT-Module wie Programme selbständig übersetzt und getestet werden können. Andere Programme und Module können deren Maschinencode direkt einbinden. Zusätzlich lassen sich in UNITs viele Realisierungsdetails nach dem Geheimnisprinzip verbergen.

Ab Kapitel 10 wird die Einheit von Daten und Operationen mit der Formulierung in Objektklassen betont. In diesen Strukturen stehen die Unterprogramme gleichwertig neben den Datenstrukturen, die sie zu bearbeiten haben. In der Sprache der objektorientierten Programmierung sind die Unterprogramme die Methoden, mit denen Objekte auf die ihnen gesendeten Botschaften reagieren können. Zur Realisierung werden ab Kapitel 10 die objektorientierten Erweiterungen von Turbo Pascal 6.0 verwendet.

In Kapitel 11 werden bisher behandelte Datenstrukturen mit Zeigern dynamisch angelegt. Kapitel 12 stellt das mächtige Sprachmittel der rekursiven Aufrufe vor und schafft die Möglichkeit der Übergabe von Unterprogrammen an andere Unterprogramme. Außerdem zeigt es die Programmierung von graphischen Objekten und die Anwendung von variablen Verbundstrukturen.

Diese Buch ist ein Arbeitsbuch, dessen Beispielprogramme vollständig ausformuliert und getestet wurden. Sie können aber in vielerlei Richtungen weiterentwickelt werden; viele Aufgaben basieren darauf. Damit die Arbeit des Abschreibens der Programmtexte vermieden wird, kann beim Verfasser eine Diskette bestellt werden (Adresse siehe weiter vorne).

Viele Personen haben an diesem Buch direkt oder indirekt mitgewirkt. Meine Familie gab mir jederzeit die nötige Rückendeckung. Meine ehemaligen Kollegen am Rechenzentrum der Universität Stuttgart standen lange Jahre immer wieder für Gespräche zur Verfügung. Mein Kollege und Freund Prof. Dipl.-Math. Rolf Hutzenlaub hatte mir vor Jahren die Sprache Pascal nahegebracht. Vieles hatten wir miteinander erarbeitet, was wir den Studierenden und den mathematisch-technischen AssistentInnen in der Lehre weitergeben konnten. Leider hat er die Fertigstellung dieses Buches nicht mehr erleben können. Mit Dr. Herbert Engel und Dipl.-Inf. Beate Messer-Bossler hatte ich lange und ergiebige Diskussionen; Frau Messer-Bossler las für große Teile des Manuskripts die Korrektur.

Die meiste Arbeit mit diesem Buch hatten (und werden wohl noch haben) die Studierenden der Wirtschaftsinformatik an der Berufsakademie Heidenheim, in deren Programmierausbildung das Manuskript in den verschiedensten Stadien eingesetzt wurde. Ihnen danke ich sehr für die Geduld, die Kritik und die vielen guten Anregungen. Besonders Herr Jochen Schniepp nahm sich viel Zeit für aufmerksames Korrekturlesen.

Der VDI-Verlag hat sich für dieses Buchprojekt erwärmen lassen, und ich danke der Lektorin Frau Dipl.-Ing. Glaser, die trotz mancher Widrigkeiten nie den Glauben an das Gelingen verlor.

Stuttgart, im Februar 1993   Eberhard Bappert

Inhalt

1 Der Aufbau einfacher Programme

Dieses Kapitel behandelt in den Beispielprogrammen:

- Datentypen für Zahlwerte

- Vereinbarung von Variablen und Konstanten

- Zuweisung von Werten an Variable

- Eingabe und Ausgabe von Werten

- Arithmetische Operationen

- Vordefinierte Funktionen

- Mathematische Formeln

- Konstante Zeichenketten

- Kommentare

1.1 Programm Addition

Ein Computerprogramm soll eine Datenverarbeitungsanlage veranlassen, Angaben des Programmanwenders entgegenzunehmen, diese zu verarbeiten und das Ergebnis der Verarbeitung dem Anwender mitzuteilen. Dieser Vorgang wird an dem einfachen Beispiel der Addition zweier ganzer Zahlen vorgeführt.

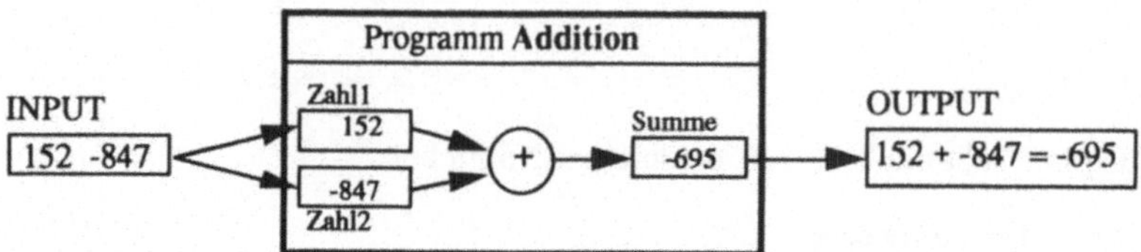

Das Schema zeigt, wie das Programm *Addition* zwei Zahlen von einer Eingabedatei INPUT liest und in Speicherplätze mit den Namen *Zahl1* und *Zahl2* des Arbeitsspeichers ablegt. Die Inhalte dieser Speicherplätze werden vom Prozessor addiert, das Ergebnis im Speicherplatz mit dem Namen *Summe* bereitgestellt. Die Inhalte der drei Speicherplätze samt der beiden Zeichen "+" und "=" werden in der "richtigen" Reihenfolge in die Ausgabedatei OUTPUT geschrieben.

Im folgenden Kasten sind diese Arbeitsschritte eines Computerprogramms in den grau unterlegten Zeilen 6 bis 8 in einer Mischung aus englischen und deutschen Sprachelementen sowie mathematischen Symbolen aufgeschrieben. Dabei bedeutet die Zeichenkombination ":=" das Kopieren des Wertes der rechten Seite auf den links genannten Speicherplatz (**Wertzuweisung**). Man kann sich das Symbol ":=" auch als Pfeil "<-" vorstellen, auf **keinen** Fall aber als das mathematische Gleichheitszeichen! Die Folge der Arbeitsschritte der Zeilen 6 bis 8 wird als **Algorithmus** bezeichnet. Mit Hilfe eines Algorithmus kann ein Rechner eine gestellte Aufgabe lösen.

```
1    PROGRAM Addition (INPUT, OUTPUT);
2    (* Liest zwei ganze Zahlen, addiert sie und schreibt die Summe. *)
3    VAR
4        Zahl1, Zahl2, Summe : INTEGER;

5    BEGIN
6    ReadLn (Zahl1, Zahl2);
7    Summe := Zahl1 + Zahl2;
8    WriteLn (Zahl1, ' + ', Zahl2, ' = ', Summe);
9    END.
```

Die Darstellung enthält auch schon die wenigen Erweiterungen, die den gesamten Text des Kastens zu einem vollständigen Programm machen. Es genügt den Regeln der höheren Programmiersprache **Pascal**. Der nächste Kasten enthält eine mögliche INPUT-Datei und die sich daraus ergebende Datei OUTPUT.

```
Inhalt der Eingabe-Datei (INPUT):      152    -847

Inhalt der Ausgabe-Datei (OUTPUT):     152 + -847 = -695
```

Die Folge der Arbeitsschritte (Zeilen 6 bis 8) – der **Anweisungsteil** – wird mit den Schlüsselwörtern BEGIN und END geklammert und mit einem Punkt beendet. Jeder Arbeitsschritt wird mit einem Semikolon abgeschlossen.

Die Namen der Speicherplätze müssen vor dem Anweisungsteil im **Deklarationsteil** aufgezählt werden, zusammen mit der Art der Daten (**Datentyp**), die in ihnen gespeichert werden können. Datentyp ist hier "ganze Zahl" (engl.: INTEGER). Da die Speicherplätze in diesem Programm veränderliche Inhalte haben können, werden sie hinter dem Schlüsselwort VAR (für Variable) aufgeführt. Auch der Deklarationsteil – hier nur aus der Variablendeklaration bestehend – schließt mit einem Semikolon.

Eingeleitet wird das gesamte Programm mit dem **Programmkopf**, in dem hinter dem Schlüsselwort PROGRAM der Name des Programms festgelegt wird. In Klammern folgen die Namen der verwendeten Ein- und Ausgabedateien, hier INPUT und OUTPUT (s. u.). Der Programmkopf wird ebenfalls mit einem Semikolon beendet.

Um das gesamte Programm oder Teile davon in Umgangssprache zu erläutern, können im Programmtext **Kommentare** beliebig verteilt werden. Sie müssen durch Klammerungen kenntlich gemacht werden, haben aber auf den Programmablauf keinerlei Einfluß. Kommentarklammern sind "{" und "}" oder, wie in diesem Buch, die besser zu erkennenden Zeichenpaare "(*" und "*)".

Alle im obigen Programm *Addition* geschriebenen Elemente kennt das Pascal-Programmiersystem entweder von sich aus – nämlich die groß geschriebenen Worte und die speziellen Zeichen – oder sie sind ihm vom Programmierer bekannt gemacht worden – so der Programmname und die deklarierten Variablen. Die groß geschriebenen Worte sind **Schlüsselworte**, deren Bedeutung festliegt. *ReadLn* und *WriteLn* sind **vordefinierte Bezeichner** für die Lese- bzw. Schreib-Prozedur. Die anderen Worte (außer denjenigen innerhalb der Kommentarklammern) sind vom Benutzer definierte Bezeichner.

Bezeichner, die der Programmierer selbst erfindet, müssen immer mit einem Buchstaben beginnen und dürfen nur große und kleine Buchstaben (keine Umlaute!) sowie Ziffern enthalten. Die Länge eines Bezeichners ist beliebig, von manchen Pascalsystemen werden aber nur 8 oder 15 Zeichen berücksichtigt. Andere erlauben auch das Unterstreichungszeichen "_"; in diesem Buch wird es benutzt.

Ein Pascalprogramm kann als fortlaufender Text geschrieben werden, der mit Schlüsselwörtern und Semikola strukturiert ist. Trotzdem sollte der Programmierer Leerzeichen und -zeilen sowie Einrückungen zur logischen Gliederung nicht scheuen. In diesem Buch wird ein einheitlicher Stil benutzt, der als Ausgangspunkt für einen eigenständigen Programmierstil dienen kann.

Der Text des Pascalprogramms – der **Quellcode** – wird vom Programmierer mit Hilfe eines Texterfassungsprogramms (einem sog. **Editor**) in einer Datei auf der Magnetplatte gespeichert. Es ist sinnvoll und von manchen Pascalsystemen auch zwingend vorgeschrieben, daß der Programm-Name mit dem Namen der Datei identisch ist, in der das Quellprogramm gespeichert wird. So

läßt sich ein bestimmtes Programm leichter wiederfinden. Das vorliegende
Programm würde in einem Arbeitsplatzrechner, der mit dem Betriebssystem
DOS ausgestattet ist, in einer Datei mit dem Namen ADDITION.PAS abgelegt
werden. Auf einer größeren Rechenanlage unter dem IBM-Betriebssystem
VM/CMS würde die Datei des Quelltextes ADDITION PASCAL lauten.

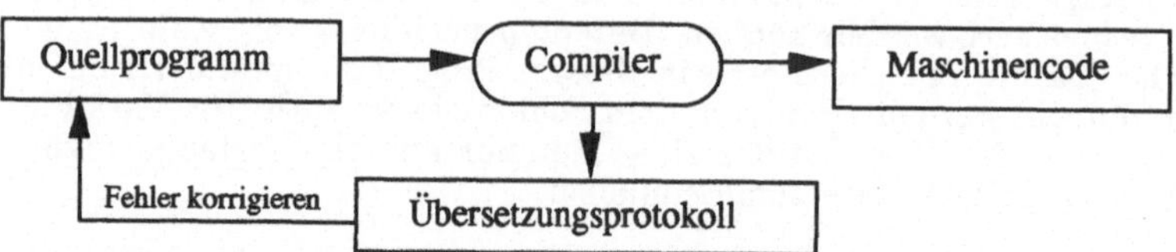

Um vom Computer ausgeführt werden zu können, wird das Programm durch
ein **Übersetzungsprogramm** (engl.: **compiler**) vom Quellcode in den **Maschinencode** des Computers transformiert, anschließend mit zusätzlichen Informationen (z.B.: wie funktioniert die Addition im Detail?) von einem **Bindepro-
gramm** (engl.: **linker**) zu einem ausführbaren (engl.: executable) Programm
zusammengesetzt. Bevor der Compiler den Maschinencode erzeugen kann,
prüft er den Quellcode auf syntaktische Richtigkeit. Wurde gegen Regeln der
Sprache Pascal verstoßen, wird in Fehlermeldungen darauf hingewiesen. In-
tegrierte Entwicklungsumgebungen (IDE) wie Turbo Pascal laden dann den
Quelltext in den Editor und markieren die mögliche Fehlerposition. Andere
Systeme wie VS Pascal legen ein Übersetzungsprotokoll an, das in einer Datei
gespeichert wird. Es enthält den Quelltext und Zeilen- oder Anweisungsnum-
mern sowie Hinweise auf fehlerhafte Stellen. In diesem Buch enthalten die
Programme zur leichteren Referenz am linken Rand des Textes Zeilennummern, die natürlich nicht zum eigentlichen Programmtext gehören; sie dürfen nicht abgetippt werden.

Die **logischen Dateinamen** INPUT und OUTPUT sind in jedem Pascalsystem
standardmäßig an bestimmte **physische Dateien** gebunden. In stapelorientierten Systemen sind das Dateien auf der Magnetplatte, z.B. in VS Pascal unter
VM/CMS die Dateien FILE INPUT bzw. FILE OUTPUT; in dialogorientierten
Systemen, z.B. Turbo Pascal unter DOS, sind das die Geräte "Tastatur" bzw.
"Bildschirm". Diese voreingestellten (engl.: default) Zuordnungen können aber
bei Bedarf geändert werden.

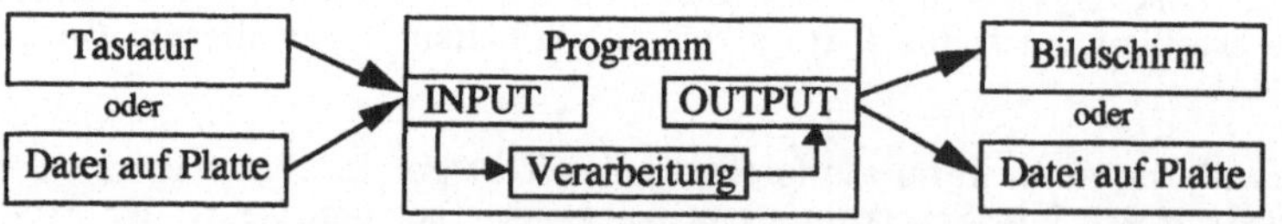

Starten Sie das obige Programm **Addition** in einem **stapelorientierten** Pascal-
system, sucht das Programm nach der Datei FILE INPUT, beschafft sich von
dort zwei Zahlwerte, addiert sie, legt die Datei FILE OUTPUT an und schreibt
in diese das Ergebnis. In einem **dialogorientierten** Pascalsystem wartet das
Programm sofort auf die Eingabe der beiden ganzen Zahlen, ohne daß am Bildschirm dazu aufgefordert wird. Der Programmierer sollte daher als erste Anweisung noch in das Programm einfügen:

```
Write ('Zwei ganze Zahlen: ');
```

Die entsprechende Aufforderung geht dann der Leseanweisung voraus. Ein
Programm, bei dem der Anwender auf Anforderung am Bildschirm mit seiner Eingabe über die Tastatur reagiert, heißt auch **interaktiv**. Hier die interaktive Version:

```
1     PROGRAM Addition (INPUT, OUTPUT);
2     (* Liest zwei ganze Zahlen, addiert sie und schreibt die Summe. *)
3     (* INTERAKTIVE Version                                          *)
4     VAR
5         Zahl1, Zahl2, Summe : INTEGER;

6     BEGIN
7     Write ('Zwei ganze Zahlen: ');    ReadLn (Zahl1, Zahl2);
8     Summe :=  Zahl1 + Zahl2;
9     WriteLn (Zahl1, ' + ', Zahl2, ' = ', Summe);
10    ReadLn;
11    END.
```

Die Anweisung *ReadLn* in Zeile 10 ist in **Turbo Pascal** nützlich, wenn es aus
der integrierten Entwicklungsumgebung (IDE) gestartet wurde: Das Programm zeigt das Ergebnis am Bildschirm und wartet auf den Tastendruck
<RETURN> des Benutzers, bevor es in die IDE zurückspringt. Übersetzt und
startet man das Programm, kann ein möglicher Dialog am Bildschirm so aussehen (Angaben des Programm-Benutzers sind *fett-kursiv* gedruckt):

```
DIALOG:

        Zwei ganze Zahlen: 152 -847
        152 + -847 = -695
```

Die meisten Programme dieses Buches können im Stapel- und Dialogbetrieb
ablaufen. Enthält der Ergebniskasten die Bezeichnungen AUSGABE/OUTPUT
und/oder EINGABE/INPUT, wurde das Programm im Stapelbetrieb abgearbeitet. Andernfalls beginnt der Kasten mit DIALOG.

1.2 Programm TextAus

Dieses Programm schreibt lediglich einen Text auf die Ausgabedatei (Bildschirm oder Magnetplattendatei). Es demonstriert die Wirkung der verschiedenen Schreibanweisungen. Zuerst der Programmtext und das Ergebnis des
Programmlaufs:

```
1     PROGRAM TextAus (Output);
2     (*
3        Dieses kleine Programm schreibt einen Satz
4        auf die Standard-Ausgabe-Datei "Output".
5     *)
6     BEGIN
7     Write  ('Dies hier');
8     WriteLn (' ist unser erstes');
9     WriteLn ('Pascal-Programm.');
10    WriteLn;
11    WriteLn ('Es zeigt die Wirkung der Befehle');
12    WriteLn ('''Write'' und ''WriteLn''.');
13    END.
```

```
AUSGABE (OUTPUT):

    Dies hier ist unser erstes
    Pascal-Programm.

    Es zeigt die Wirkung der Befehle
    'Write' und 'WriteLn'.
```

Jeder Schreibbefehl außer dem der Zeile 10 wird von runden Klammern gefolgt, die die Liste der Daten enthält, die geschrieben werden sollen (**Ausgabe-
liste**). In diesem Programm kommen nur Ausgabelisten vor, die aus einem
einzigen Element bestehen. Diese Elemente sind sämtlich **Textkonstanten**
(konstante Zeichenketten, engl.: string constants). Textkonstanten werden mit
einfachen Hochkommata geklammert.

Die *Write*-Anweisung (Zeile 7) schreibt den Text "Dies hier" in die Ausgabedatei; die Schreibmarke bleibt hinter dem Buchstaben "r" stehen. Der Befehl der
Zeile 8, *WriteLn*, macht genau dort weiter; er schreibt die Leerstelle und die
folgenden Worte genau hinter "Dies hier". Der Zusatz "Ln" des Befehls *Write-
Ln* ist eine Abkürzung für "Line" (engl. für Zeile) und bewirkt, daß nach dem
Wort "erstes" die Schreibmarke an den Anfang der nächsten Zeile gesetzt
wird. Ab hier wirkt nun der nächste Schreibbefehl. "Pascal-Programm."
beginnt daher auf einer neuen Zeile; die Schreibmarke wird wieder an den
nächsten Zeilenbeginn gesetzt. Der Befehl in Zeile 10 setzt die Schreibmarke
erneut an den nächsten Zeilenanfang; so wird eine Leerzeile bewirkt.

Zeile 12 enthält eine Besonderheit: soll ein Hochkomma (') geschrieben werden, dann muß es innerhalb der Textbegrenzer (ebenfalls Hochkomma) zur
Unterscheidung von diesen doppelt aufgeführt werden.

Write (*Liste*)	schreibt Inhalt von *Liste* ab momentaner Position der Schreibmarke.
WriteLn (*Liste*)	schreibt Inhalt von *Liste* ab momentaner Position der Schreibmarke, setzt anschließend Schreibmarke an den Anfang der nächsten Zeile.
WriteLn	setzt Schreibmarke an den Anfang der nächsten Zeile.

1.3 Programm Differ

In Pascal werden arithmetische Operationen in der Schreibweise der Algebra
angegeben. Definiert sind die Operatoren +, −, *, / sowie DIV und MOD. Sie
werden in den restlichen Programmen dieses Kapitels eingeführt und ihre
Wirkung erklärt.

Dieses Programm stellt die Subtraktion vor, die zur Addition inverse Operation. Die Aufforderung zur Eingabe ist − wie in vielen folgenden Programmen −
aus Platzgründen weggelassen. Sie kann aber leicht in Anlehnung an das Programm *Addition* (1.1) eingesetzt werden.

```
1    PROGRAM Differ (Input, Output);

2    (* Liest zwei ganze Zahlen, subtrahiert sie, schreibt die Differenz. *)

3    VAR
4        Zahl1, Zahl2, Differenz: INTEGER;

5    BEGIN
6    ReadLn  (Zahl1, Zahl2);
7    Differenz := Zahl1 - Zahl2;
8    WriteLn (Zahl1 :6, ' - ', Zahl2 :6, ' = ', Differenz :6);
9    END.
```

```
EINGABE:
            -17
               23

AUSGABE:
               -17 -     23 =     -40
```

Die Leseanweisungen sind analog zu den Schreibanweisungen erklärt:

Read (*Liste*)   liest Inhalt von *Liste* ab momentaner Position der Lese-
                     marke.

ReadLn (*Liste*)   liest Inhalt von *Liste* ab momentaner Position der Lese-
                     marke, setzt anschließend Lesemarke an den Anfang der
                     nächsten Zeile.

ReadLn   setzt Lesemarke an den Anfang der nächsten Zeile.

Die Eingabewerte für dieses Programm stehen in zwei verschiedenen Zeilen
der Eingabedatei. Das ist möglich, denn *Read* oder *ReadLn* suchen zeilenweise
so lange, bis in der Eingabedatei die beiden Zahlen gefunden worden sind.

Die Schreibanweisung ist diesmal ausführlicher. Die **Ausgabeliste** (in runden
Klammern) besteht neben den erklärenden Textkonstanten noch aus den drei
Variablennamen, jeweils gefolgt von der sog. **Feldlänge**: Die Zahlen hinter
dem Doppelpunkt geben an, wieviele Druckpositionen mindestens für das Aus-
gabeelement reserviert werden sollen. In diesem Bereich wird das Element
rechtsbündig eingetragen. Reicht die angegebene Feldlänge nicht aus, wird sie
automatisch auf den nötigen Wert erhöht. Durch die Angabe von Feldlänge erreicht man tabellarische Ausgabe. Will man das nicht, empfiehlt sich 1 als
Feldlänge. Gibt man keine Feldlänge an, wird ein voreingestellter Wert benutzt, der vom jeweiligen Pascalsystem abhängt (vgl. die früheren Programme).

Bemerkung: Bei manchen Systemen und Pascal-Implementierungen empfiehlt sich als letzte Leseanweisung eines Programms eine *ReadLn*-Anwei-
sung, als letzte Schreibanweisung eine *WriteLn*-Anweisung (mit oder ohne
Ausgabe-Liste). Dies leert u.U. erst die Ein- bzw. Ausgabepuffer.

1.4 Programme Minus1 und Minus2

Dieses Programm unterscheidet sich von dem vorigen nur durch die Verwendung eines anderen Typs der Ein- und Ausgabedaten. Statt ganzer Zahlen werden Dezimalbrüche benutzt, die intern eine völlig anders geartete (binäre) Darstellung besitzen und auch anders verarbeitet werden. In Pascal wird die Verwendung von Dezimalbrüchen, die eine Untermenge der mathematischen reellen Zahlen ausmachen, mit dem Datentyp REAL gekennzeichnet.

```
1     PROGRAM Minus1 (Input, Output);
2     (* Liest zwei Dezimalzahlen und berechnet die Differenz. *)

3     VAR
4        Zahl1, Zahl2, Differenz : REAL;

5     BEGIN
6     ReadLn  (Zahl1, Zahl2);
7     Differenz :=  Zahl1 - Zahl2;
8     WriteLn (Zahl1, ' - ', Zahl2, ' = ', Differenz);
9     END.
```

```
EINGABE:   -16.38     -27.54

AUSGABE:   -1.6380000000E+01 - -2.7540000000E+01 = 1.1160000000E+01
```

Fehlt die Angabe einer Feldlänge, werden reellen Zahlwerte in **Gleitpunktdarstellung** angegeben. Eine Gleitpunktzahl besteht aus Vorzeichen, Mantisse und Exponent zur Basis 10. Aus diesen Komponenten besteht auch die interne Zahlendarstellung, allerdings ist deren Basis 2. Die Angabe E+02 würde bedeuten, daß die davorstehende Mantisse noch mit 10^2 multipliziert werden muß.

Soll die Gleitpunktdarstellung nur eine begrenzte Länge haben, wird wieder eine Feldlänge angegeben. Sie bezieht sich auf alle Komponenten der Gleitpunktzahl – also Vorzeichen, Mantisse und Exponent – in ihrer Gesamtlänge. Die Mantisse erscheint auf die letzte angezeigte Stelle gerundet.

Festpunktdarstellung bekommt man durch Angabe von Feldlänge und Zahl der gewünschten Stellen nach dem Dezimalpunkt. Die Anzeige erscheint auf die letzte Stelle gerundet. Das vorige Programmbeispiel ist dazu entsprechend erweitert worden:

```
1     PROGRAM Minus2 (Input, Output);
2     (* Differenz zweier Dezimalzahlen. *)

3     VAR
4        Zahl1, Zahl2, Differenz : REAL;

5     BEGIN
6     ReadLn  (Zahl1, Zahl2);
7     Differenz :=  Zahl1 - Zahl2;
8     WriteLn (Zahl1 :7:3, ' - ', Zahl2 :7:3, ' = ', Differenz :7:3);
9     END.
```

```
EINGABE:    -16.38      -27.54

AUSGABE:    -16.380 - -27.540 = 11.160
```

1.5 Programm Arithmet

Pascal achtet darauf, daß die an einer Operation beteiligten Werte den gleichen
Datentyp haben. So wird sichergestellt, daß nicht versehentlich Operationen
auf Datentypen angewendet werden, für die sie nicht vorgesehen sind (Zeilen 8
bis 15).

Im Falle von +, – und * (der Multiplikation) kann man aber INTEGER und
REAL mischen; die Ergebnisse sind dann vom Typ REAL, der der allgemeinere ist (Zeilen 16 bis 19). Die Division wird im nächsten Programm behandelt.

Bei der Zuweisung ist das Mischen nur in eine Richtung erlaubt: INTEGER
kann auf das allgemeinere REAL zugewiesen werden. REAL kann aber nicht
auf INTEGER zugewiesen werden, da hierbei Information (nämlich die Stellen hinter dem Dezimalpunkt) verloren ginge.

```
1     PROGRAM Arithmet (Output);
2     (* Arithmetik mit ganzen bzw. Dezimalzahlen. *)
3     VAR
4         Ganz1, Ganz2, GanzProdukt          :  INTEGER;
5         Bruch1, Bruch2, BruchProdukt
6         , GemischtProdukt, GemischtSumme :  REAL;
7     BEGIN
8     Ganz1        :=   17;
9     Ganz2        :=    4;
10    GanzProdukt  :=  Ganz1 * Ganz2;
11    WriteLn (Ganz1 :6,' * ',Ganz2 :6,' = ',Ganzprodukt :6);

12    Bruch1        :=   17.4;
13    Bruch2        :=    3.8;
14    BruchProdukt  :=  Bruch1 * Bruch2;
15    WriteLn (Bruch1 :6:3,' * ',Bruch2 :6:3,' = ',BruchProdukt :6:3);

16    GemischtProdukt :=  Ganz1 * Bruch2;
17    WriteLn (Ganz1 :6,' * ',Bruch2 :6:3,' = ',GemischtProdukt :6:3);

18    GemischtSumme :=  Bruch1 + Ganz2;
19    WriteLn (Bruch1 :6:3,' + ',Ganz2 :6,' = ',GemischtSumme :6:3);
20    END.
```

```
AUSGABE:           17 *      4 =       68
                17.400 *  3.800 = 66.120
                    17 *  3.800 = 64.600
                17.400 +      4 = 21.400
```

1.6 Programm DivInt

Bei der Division unterscheidet Pascal zwischen ganzzahliger und reeller Division. Für Division ganzer Zahlen ist der Operator DIV zuständig; die Operanden dürfen nur vom Typ INTEGER sein. Das Ergebnis ist der ganzzahlige An-
teil des üblichen Divisionsergebnisses und wird als INTEGER-Wert zurückgegeben.

Der Divisionsrest wird mit dem **Modulo-Operator** MOD bestimmt. Bei der Definition von **(a MOD b)** weichen die Implementationen voneinander ab. Einig-

keit herrscht darüber, daß bei positiven Operanden der Rest bezüglich des nächstkleineren Vielfachen von b bestimmt wird:

23 MOD 5 = 3, da 20 das nächstkleinere Vielfache von 5 ist.

Der Dividend a kann auch negativ sein. **ANSI-Standard** erlaubt aber für den Divisor b nur positive Werte (b > 0), und (a MOD b) muß immer ein positives Ergebnis vom Typ INTEGER zu liefern. Also wird auch hier der Rest bezüglich des nächstkleineren Vielfachen von b bestimmt: (-23) MOD 5 = +2, da -25 das nächstkleinere Vielfache von 5 ist – obwohl ja (-23) DIV 5 = -4, und (-4) * 5 = -20.

In **Turbo Pascal** erhält (a MOD b) immer das Vorzeichen von a: (-23) MOD 5 = -3. Es ist ja (-23) DIV 5 = -4, und (-4) * 5 = -20, d.h. es wurde der Rest zu -20 bestimmt, dem nächstgrösseren Vielfachen von 5. Der Divisor b darf hier auch negativ sein, aber b≠0: 23 MOD (-5) = +3, da 23 DIV (-5) = -4, und (-4) * (-5) = 20, d.h. es wurde der Rest zu 20 bestimmt, dem nächstkleineren Vielfachen von 5.

```
1     PROGRAM DivInt (Output);
2     (* Ganzzahlige Division und Bestimmung des Restes *)
3     VAR
4        Ganz1, Ganz2, Quotient, Rest :   INTEGER;
5     BEGIN
6     Ganz1      :=   23;
7     Ganz2      :=   5;
8     Quotient :=   Ganz1 DIV Ganz2;
9     Rest       :=   Ganz1 MOD Ganz2;
18    WriteLn (Ganz1: 3,' DIV ', Ganz2 :3, ' = ', Quotient :3);
19    WriteLn (Ganz1: 3,' MOD ', Ganz2 :3, ' = ', Rest       :3);
13    WriteLn;
14    Ganz1      :=   -23;
15    Ganz2      :=   5;
16    Quotient :=   Ganz1 DIV Ganz2;
17    Rest       :=   Ganz1 MOD Ganz2;
18    WriteLn (Ganz1: 3,' DIV ', Ganz2 :3, ' = ', Quotient :3);
19    WriteLn (Ganz1: 3,' MOD ', Ganz2 :3, ' = ', Rest       :3);
20    END.
```

```
AUSGABE:        23 DIV    5 =    4
                23 MOD    5 =    3.

               -23 DIV    5 =   -4
               -23 MOD    5 =   -3          (* ANSI-Standard: -23 MOD 5 = +2 *)
```

1.7 Programm DivRel

Das Ergebnis der reellen Division "/" ist eine reelle Zahl. Die Operanden können vom Typ REAL oder INTEGER sein. Intern wird ein INTEGER-Wert vor der reellen Division in REAL-Darstellung umgewandelt.

In Zeile 10 wird der Quotient von INTEGER-Werten berechnet, in Zeile 14 der von REAL-Werten, die durch Zuweisung von ganzen Zahlen auf REAL-Plätze entstanden sind (Zeilen 12 und 13). In Zeile 18 werden "echte" REAL-Werte und in Zeile 20 gemischte Werte dividiert.

Wie schon erwähnt, ist die direkte Zuweisung von REAL auf INTEGER nicht erlaubt, da hierbei die Stellen nach dem Dezimalpunkt verloren gingen. Der

Programmierer kann jedoch angeben, ob er bei einem Dezimalbruch die Stellen nach dem Punkt abschneiden will (eng.: truncate) oder ob er auf die nächstgelegene ganze Zahl runden will (engl.: round). Dazu stehen ihm die **Standardfunktionen** TRUNC und ROUND zur Verfügung, deren Resultat immer ein INTEGER-Wert ist (vgl. Zeile 22 und 23).

```
1     PROGRAM DivRel (Output);
2     (* Division von ganzen Zahlen und von Dezimalbrüchen. *)
3     VAR
4        Ganz1, Ganz2   :   INTEGER;
5        Bruch1, Bruch2
6        , Quotient      :   REAL;

7     BEGIN
8     Ganz1     :=   23;
9     Ganz2     :=   -5;
10    Quotient := Ganz1 / Ganz2;
11    WriteLn (Ganz1 :6,' / ', Ganz2 :6, ' = ', Quotient :6:2);

12    Bruch1    :=   Ganz1;
13    Bruch2    :=   Ganz2;
14    Quotient := Bruch1 / Bruch2;
15    WriteLn (Bruch1 :6:2,' / ', Bruch2 :6:2, ' = ', Quotient :6:2);

16    Bruch1    :=   -15.24;
17    Bruch2    :=    3.61;
18    Quotient := Bruch1 / Bruch2;
19    WriteLn (Bruch1 :6:2,' / ', Bruch2 :6:2, ' = ', Quotient :6:2);

20    Quotient := Bruch1 / Ganz2;
21    WriteLn (Bruch1 :6:2,' / ', Ganz2 :6, ' = ', Quotient :6:2);

22    Ganz1     :=   TRUNC (Bruch1);
23    Ganz2     :=   ROUND (Bruch2);
24    Quotient := Ganz1 / Ganz2;
25    WriteLn (Ganz1 :6,' / ', Ganz2 :6, ' = ', Quotient :6:2);
26    END.
```

```
AUSGABE:        23 /      -5 =   -4.60
             23.00 /   -5.00 =   -4.60
            -15.24 /    3.61 =   -4.22
            -15.24 /      -5 =    3.05
               -15 /       4 =   -3.75
```

1.8 Programm Formel1

Mit den bisherigen Pascal-Kenntnissen ist man in der Lage, kleinere Programme für mathematische Auswertungen zu schreiben. Ohne Berücksichtigung des Luftwiderstandes braucht ein Gegenstand, der aus der Höhe h [m] fällt, etwa die Zeit t [s] um den Boden zu erreichen. Die Formel zur Berechnung von t lautet: $t = \sqrt{\dfrac{2h}{g}}$, wobei g die als konstant angesehene Erdbeschleunigung bedeutet ($\approx$ 9,81 m/s^2). Die Quadratwurzel (engl.: square root) wird in Pascal mit der Standardfunktion SQRT berechnet (Zeile 8).

Eine Größe, die sich während des Programmlaufs nicht ändert, heißt Konstante. Ihr wird in der CONST-Vereinbarung ein symbolischer Name gegeben. Zuweisungen auf konstante Speicherplätze sind nicht möglich. Die CONST-Vereinbarung muß die erste des Deklarationsteils sein.

Konstante Werte sollen vom Programmierer grundsätzlich in der CONST-Vereinbarung mit erklärenden Namen bedacht werden: z.B. g, PI, Masse, Zinssatz usw. Das Programm wird so lesbarer. Eventuelle spätere Änderungen des Wertes sind nur an einer Stelle – in der CONST-Vereinbarung – nötig.

```
1     PROGRAM Formel1 (Input, Output);

2     CONST
3        g =  9.81;   (* Erdbeschleunigung [m/sec^2] *)

4     VAR
5        h, t :  REAL;  (* h = Fallhoehe [m],  t = Fallzeit [sec] *)

6     BEGIN
7     ReadLn (h);
8     t :=  SQRT (2*h / g);
9     WriteLn ('h [m]' :8,   't [sec]' :10);
10    WriteLn ('------------------');
11    WriteLn ( h :8:2,  t :10:2);
12    END.
```

```
EINGABE:      125.0          AUSGABE:      h [m]    t [sec]
                                          ------------------
                                          125.00      5.05
```

1.9 Programm Formel2

Längere arithmetische Ausdrücke werden vom Pascalsystem von links nach rechts abgearbeitet, wobei Multiplikationen und Divisionen vor Addition und Subtraktion ausgewertet werden. Klammern können aber diese Priorität aufheben. Klammern sollten, selbst wo nicht nötig, auch zur besseren Lesbarkeit verwendet werden.

Im Beispiel wird die folgende Formel ausgewertet: $x = \dfrac{a+b}{a-b} * \dfrac{c-d}{c+d}$

```
1     PROGRAM Formel2 (Input, Output);
2     (* Auswertung eines komplexeren arithmetischen Ausdrucks. *)
3     VAR
4        a, b, c, d, x :  REAL;

5     BEGIN
6     ReadLn (a, b, c, d);
7     x :=  ((a + b) / (a - b))  *  ((c - d) / (c + d));
8     WriteLn ( 'a':6,  'b':8,  'c':8,  'd':8, '  |', 'x':8);
9     WriteLn ( '--------------------------------|--------');
10    WriteLn ( a :6:2, b :8:2, c :8:2, d :8:2,' |', x :8:2);
11    END.
```

```
EINGABE:      AUSGABE:      a       b       c       d  |      x
   2.6  2.4                 ------------------------------|--------
   1.6  1.4                 2.60    2.40    1.60    1.40  |   1.67
```

1.10 Programm Formel3

In diesem Beispiel wird die Formel $v = \dfrac{1 - \sin \sqrt{a^2 + b^2}}{1 - \cos \sqrt{a^2 + b^2}}$ ausgewertet. Bei solchen umfangreicheren Formelausdrücken empfiehlt es sich, Teilformeln zu bilden (hier: Zähler und Nenner). Mehrfach vorkommende Ausdrücke werden nur einmal berechnet und in Hilfsvariablen gespeichert (hier: $t = \sqrt{a^2 + b^2}$). Die Funktionen Sinus und Cosinus sind als Standardfunktionen SIN und COS verfügbar.

Die Ergebnisausgabe eines Programmes sollte übersichtlich, z.B. tabellarisch sein. Sie sollte die Eingabedaten enthalten, und zwar als Kontrolle und zur Verdeutlichung.

In der Schreibanweisung der Zeile 10 wird der Tabellenkopf erzeugt, der aus den Spaltenüberschriften besteht. Dabei wird schon die Breite jeder Spalte festgelegt, die als Feldlänge für die jeweilige Textkonstante auftritt. Eine Textkonstante wird, falls ihre Länge kleiner als die Feldlänge ist, rechtsbündig in den Druckbereich eingetragen (vgl. AUSGABE). Diese Feldlänge wird bei den Werten, die in eine Spalte einzutragen sind, wiederholt – ergänzt um eventuelle Angabe der Nachkommastellen (Zeile 12). Auch Zahlwerte werden rechtsbündig in das Druckfeld eingetragen, wenn sie weniger Ziffern haben, als die Feldlänge erlaubt. Durch eine großzügig dimensionierte Feldlänge wird Abstand zur vorherigen Spalte geschaffen.

```
1     PROGRAM Formel3 (Input, Output);

2     VAR
3        a, b, t, Zaehler, Nenner, v :   REAL;

4     BEGIN
5     ReadLn (a, b);

6     t        :=  SQRT (a*a + b*b);
7     Zaehler :=  1 - SIN (t);
8     Nenner  :=  1 - COS (t);
9     v        :=  Zaehler / Nenner;

10    WriteLn ('a':6,  'b':8,  ' |', 't':6,  'v':8);
11    WriteLn (  '----------------|--------------');
12    WriteLn ( a :6:2, b :8:2,' |',  t :6:2, v :8:2);
13    END.
```

```
EINGABE:          AUSGABE:

2.41    -5.38          a       b |    t       v
                   ----------------|--------------
                   2.41    -5.38 | 5.90   18.54
```

1.11 Programm Rechnung

Dieses Beispiel eines Pascal-Programms sollte sich selbst erklären, denn es ist
– wie auch die anderen Beispiele dieses Buches – weitgehend **selbstdokumentierend** geschrieben worden. Folgende Regeln wurden dazu aufgestellt:

– Übersichtliche Aufteilung des Programmtextes in "Absätze" durch **Leerzeilen** und **Einrückungen** (mindstens zwei Druckpositionen). Jeder Absatz soll
  eine logische Einheit bilden, z.B. Deklaration der Konstanten (Zeilen 3 und
  4), der Variablen (Zeilen 5 bis 8) und der Anweisungen (Zeilen 9 bis 20).
– Untergliederung des Anweisungsteils in Teilabschnitte, die einer **Teilfunk-
  tion** des Programms entsprechen. In der Regel sind das mindestens **Eingabe** der Daten (Zeile 10), **Verarbeitung** der Daten (Zeilen 11 bis 13) und **Ausgabe** der Daten und des Ergebnisses (Zeilen 14 bis 19).
– **Hervorhebung der Schlüsselworte**, z.B. durch Großschrift.
– Wahl **aussagekräftiger Bezeichner**; a oder x sagen nur selten etwas über
  die Bedeutung einer Größe aus.
– **Tabellarisches Listen** der Zuweisungen (Zuweisungssymbole in der gleichen Spalte, Zeilen 11 bis 13).
– **Leerstellen** vor und nach den speziellen Symbolen, z.B. "=" (Zeile 4), ","
  (Zeilen 6 und 7 sowie 14 bis 19), ":" (Zeilen 7 und 8), "+, -, *, /" (Zeilen 11
  bis 13), "(,)" (Zeilen 10, 14 bis 19) usw.

```
1     PROGRAM Rechnung (Input, Output);
2     (* Erstellt eine Rechnung. *)

3     CONST
4        MwstSatz =  14.0;    (* in Prozent *)

5     VAR
6        StueckPreis, GesamtPreis
7        , RechnungsBetrag, Mwst  :  REAL;
8        Menge                    :  INTEGER;

9     BEGIN
10    ReadLn (StueckPreis, Menge);

11    GesamtPreis      :=  Menge * StueckPreis;
12    Mwst             :=  GesamtPreis * MwstSatz / 100.0;
13    RechnungsBetrag :=  GesamtPreis + Mwst;

14    WriteLn ('Menge':5, 'Stueckpreis':14,  'Gesamtpreis':14);
15    WriteLn ('-------------------------------------');
16    WriteLn ( Menge :5,  StueckPreis :14:2, GesamtPreis :14:2);
17    WriteLn ('Mehrwertsteuer (' :16, MwstSatz:5:2, '%):' :3, Mwst :9:2);
18    WriteLn ('Rechnungsbetrag:':24,  RechnungsBetrag :9:2);
19    WriteLn (' ' :24,                 ' ========');
20    END.
```

```
EINGABE:  37.82     15

AUSGABE:  Menge   Stueckpreis   Gesamtpreis
          -----------------------------------
              15        37.82        567.30
          Mehrwertsteuer (14.00%):    79.42
                  Rechnungsbetrag:   646.72
                                   ========
```

1.12 Zusammenfassung

❏ Ein Pascalprogramm besteht neben dem Programmkopf aus dem Vereinbarungsteil und dem Anweisungsteil.

❏ Eine Reihe von Bezeichnungen sind dem Pascalsystem als Schlüsselworte bekannt. Bisherige Beispiele sind PROGRAM, CONST, VAR, BEGIN und END. Schlüsselworte sollten in großen Buchstaben geschrieben werden.

❏ Im Vereinbarungsteil werden die Daten beschrieben, auf die sich der Anweisungsteil bezieht. Dabei werden den Daten selbstgewählte Namen (Bezeichner) gegeben, der Datentyp festgelegt und angegeben, ob es sich bei einem Datum um eine Variable oder eine Konstante handelt. In letzterem Falle wird der Wert der Konstanten aufgeschrieben.

❏ Bisher sind die Datentypen INTEGER (ganze Zahlen) und REAL (Dezimalbrüche) vorgestellt worden, deren rechnerinterne Repräsentation erheblich voneinander abweicht. Zahlwerte mit Typ REAL werden in Pascal mit einem Dezimalpunkt statt des Kommas geschrieben. Für REAL-Werte ist die Schreibweise mit Mantisse und Exponent möglich. Weitere Datentypen werden in späteren Kapiteln eingeführt.

❏ Der Anweisungsteil beschreibt, wie der Rechner bestimmte Aufgaben bearbeiten soll. Dabei stehen ihm die im Vereinbarungsteil definierten Daten zur Verfügung. I.a. ist der Anweisungsteil eines Programms in Eingabe-, Verarbeitungs- und Ausgabe-Teil gegliedert.

❏ Ein- und Ausgabe werden mit den Anweisungen Read, ReadLn, Write, WriteLn erledigt. Sie beziehen sich auf Ein- und Ausgabedateien. Standardmäßig heißt die Eingabedatei INPUT, die Ausgabedatei OUTPUT. Je nach Pascalsystem sind INPUT/OUTPUT dialogorientiert (interaktiv) an Tastatur bzw. Bildschirm oder stapelorientiert (batch) an Plattendateien gekoppelt. Diese Koppelung kann aber verändert werden.

❏ Eine weitere Anweisung ist die Zuweisung mit der Syntax

Variable := Ausdruck

Links vom Zuweisungszeichen steht die selbstgewählte Bezeichnung einer Variablen, rechts ein Ausdruck. Bisherige Beispiele zeigen algebraische Ausdrücke, die in Analogie zur Mathematik aus Variablen, Konstanten, Zahlwerten und arithmetischen Operatoren bestehen. Außerdem beinhalten sie Aufrufe mathematischer Funktionen.

❏ Ganze Zahlen und Dezimalbrüche dürfen in arithmetischen Ausdrücken gemischt werden; der Ergebniswert ist dann ein Dezimalbruch. Beachten Sie aber, daß an den ganzzahligen Divisionsoperatoren DIV und MOD nur ganze Zahlen beteiligt sein dürfen.

❏ Prinzipiell müssen in Zuweisungen die Datentypen von *Variable* und *Ausdruck* gleich sein. Die Zuweisung von INTEGER (rechts des Zeichens :=) auf REAL (links des Zeichens :=) ist aber erlaubt.

❏ Die Ausgabe von Zahlwerten kann durch Angeben einer Feldlänge formatiert werden. Bei REAL-Werten kann zusätzlich die Zahl der Stellen nach
dem Dezimalpunkt festgelegt werden.

❏ Programmkopf, Vereinbarungen und Anweisungen werden mit Semikola
abgeschlossen.

❏ Pascalprogramme sollen übersichtlich und selbstdokumentierend geschrieben werden. Dazu helfen Bezeichner, die Aussagen über die Bedeutung der betreffenden Größe machen. Weitere Mittel sind Leerzeichen,
Leerzeilen, Kommentare und tabellarische Schreibweise.

1.13 Aufgaben

1. Finden Sie die Fehler in folgendem Programm und testen Sie die verbesserte Version mit Ihrem Pascal-System:

```
PROGRAMM Zinsen (Input, Output);

VAR
    Grundbetrag, Zinsen :  REAL;
    Endkapital          :  INTEGER;

BEGIN
ReadLn (Grundbetrag, Zinssatz);
Endkapital :=  Grundbetrag + Zinsen;
Zinsen     :=  Grundbetrag * Zinssatz / 100;
WriteLn ('Zinssatz: ', Zinssatz :5:2, '%');
WriteLn;
WriteLn ('Grundbetrag':12,  'Zinsen':12,  'Endkapital':12);
WriteLn ('DM':12,           'DM':12,      'DM':12);
WriteLn ('-------------------------------------');
WriteLn ( Grundbetrag :12:2, Zinsen :12:2, Endkapital :12:2);
END.
```

2. Die Ergebnisse fünf schriftlicher Leistungskontrollen (Notenskala 1,0 bis
5,0) gehen mit den Gewichten 4, 4, 3, 2 und 1 in eine Gesamtbeurteilung
ein. Diese soll auf eine Stelle hinter dem Komma (mit Runden) ermittelt
werden. Wie sieht das Programm bei Abschneiden nach der ersten Stelle
aus?

3. In der Versandabteilung eines Unternehmens werden jeweils 100 Stück
Seife in einen Karton verpackt. Bei gegebener Produktion eines Tages (in
Stück Seife) soll die Anzahl der an diesem Tage versandten Kartons berechnet werden sowie die Zahl der Seifenstücke, die nicht mehr veschickt
werden konnten.

4. (a) Die Bundesbahn verlangt für die 560 km lange Fahrt von Stuttgart nach
Münster (Westfalen) derzeit in der zweiten Wagenklasse einen Fahrpreis
von 129 DM. Berechnen Sie den durchschnittlichen km-Fahrpreis bei
Fahrt im D-Zug (ohne Zuschlag) bzw. im IC/EC (Zuschlag von 6 DM).

(b) Im Fernverkehr der Bundesbahn beträgt der km-Fahrpreis für Erwachsene in der zweiten Klasse 0,24 DM. Hinzu kommt der IC-Zuschlag von 6 DM. Kinder von 4 bis 11 Jahren bezahlen die Hälfte. Ihr Programm soll nach der Zahl der zusammen reisenden Kinder und Erwachsenen fragen und den Gesamt-Fahrpreis berechnen. Damit soll dann der durchschnittliche Fahrpreis pro km ermittelt werden.

5. Beim Sparen werde ein Zinssatz von 3% jährlich gewährt. Berechnen Sie zu einem Anfangsguthaben das Guthaben nach ein, zwei und drei Jahren.

6. Zu gegebenem Listenpreis soll der Bruttopreis (also inkl.Mehrwertsteuer) ermittelt werden. Auf diesen wird ein Skonto von 2% gewährt. Schreiben Sie die Rechnung.

7. Für Zahlen x und a soll der Wert des Ausdrucks $E = \sin^2\left(\frac{x}{a}\right) + \cos^2\left(\frac{x}{a}\right)$ bestimmt werden.

8. In einem rechtwinkligen Dreieck schließt eine der beiden Katheten von der Länge 50 m mit der Hypothenuse einen Winkel von 40 Grad ein. Die Länge der zweiten Kathete sowie der Hypothenuse sollen berechnet und alle Dreiecksdaten gelistet werden.

9. Bei gegebenem Durchmesser sollen Umfang und Fläche des zugehörigen Kreises bestimmt werden.

10. Für Werte x, y und z soll der Wert des Ausdrucks $r = \sqrt[3]{x^3 + y^3 + z^3}$ berechnet werden. Benutzen Sie dabei die Beziehung $\sqrt[k]{a} = e^{(\ln a)/k}$.

2 Die strukturierten Anweisungen

Dieses Kapitel behandelt in den Beispielprogrammen:

- Verbundanweisung

- Schleifen

      REPEAT–UNTIL
      WHILE–DO
      FOR–DO

- Verzweigungen

      IF–THEN
      IF–THEN–ELSE
      CASE–OF

- Bedingungen – Arithmetische Vergleiche

- Schachtelung strukturierter Anweisungen

2.1 Programm Zaehle1

Oft ist es nötig, Anweisungen eines Programms wiederholt solange abzuarbeiten, bis bestimmte Variable einen vorher festgelegten Zustand erreicht haben. Pascal kennt mehrer Möglichkeiten, solche **Schleifen** zu konstruieren.

Soll eine einzelne Anweisung wiederholt ausgeführt werden, kann dies mit
der Struktur

```
REPEAT Anweisung UNTIL Abbruch-Bedingung;
```

formuliert werden. Die *Anweisung* wird so oft wiederholt, bis die *Abbruch-Bedingung* erfüllt ist. Die Anweisung ist dafür verantwortlich, daß die Bedingung auch tatsächlich irgendwann erfüllt wird. Andernfalls hätte man es mit
einer endlosen Schleife zu tun; das Programm bräche nie ab.

Mit den bisher eingeführten Sprachmitteln ist als Abbruchbedingung nur ein
arithmetischer Vergleich möglich, dessen Aussage falsch (FALSE) oder wahr
(TRUE) sein kann. Die Vergleichsoperatoren sind die aus der Mathematik bekannten und schreiben sich =, <, >, <= (für $\leq$), >= (für $\geq$) sowie <> (für $\neq$).

Der Inhalt der vorgestellten REPEAT-Schleife wird mindestens einmal bearbeitet. Erst danach wird erstmals geprüft, ob ein erneuter Durchlauf begonnen
werden darf. Gezeigt wird dies am Beispiel einer Summenbildung. Die für den
Summenwert zuständige Variable wird mit einem Anfangswert initialisiert.
In der Schleife wird der Inhalt der Variablen jeweils um einen konstanten
Wert solange vergrößert, bis er einen Grenzwert erreicht oder überschritten
hat.

```
1    PROGRAM Zaehle1 (Output);
2    (* Addiert 4 solange zu 17, bis Summe 50 ueberschritten hat. *)
3    VAR
4       Summe :  INTEGER;

5    BEGIN
6    Summe :=  17;
7    REPEAT  Summe :=  Summe + 4; UNTIL  Summe > 50;
8    WriteLn ('Geschafft! Die Summe ', Summe:2, ' ist groesser als 50.');
9    END.
```

```
AUSGABE:

   Geschafft! Die Summe 53 ist groesser als 50.
```

2.2 Programm Zaehle2

Sollen mehrere Anweisungen wiederholt werden, lautet die Syntax der Struktur:

```
REPEAT Anweisungs-Folge UNTIL Abbruch-Bedingung;
```

oder ausführlicher, in übersichtlicher Schreibweise:

```
REPEAT
    Anweisung1;
    Anweisung2;
       ...    ;
    AnweisungN;
    UNTIL Abbruch-Bedingung;
```

Zur Demonstration werden die Daten des vorigen Programms (2.1) um eine Variable erweitert, die die Schleifendurchläufe zählt. Auch dieser Zähler muß ausserhalb der Schleife initialisiert werden, hier natürlich mit 0.

```
1    PROGRAM Zaehle2 (Output);
2    (* Addiert 4 solange zu 17, bis Summe 50 ueberschritten hat. *)
3    (* Die Zahl der dazu noetigen Additionen wird mitgezaehlt.    *)
4    VAR
5        Summe, Durchlauf :   INTEGER;

6    BEGIN
7    Summe      :=   17;
8    Durchlauf :=   0;
9    REPEAT
10       Summe       :=   Summe + 4;
11       Durchlauf :=   Durchlauf + 1;
12       UNTIL Summe > 50;
13   WriteLn ('Geschafft! Die Summe ', Summe:2, ' ist groesser als 50.');
14   WriteLn ('Dazu waren ', Durchlauf:2, ' Additionen noetig.');
15   END.
```

```
AUSGABE:      Geschafft! Die Summe 53 ist groesser als 50.
              Dazu waren  9 Additionen noetig.
```

2.3 Programm Zaehle3

Die WHILE-Schleife ist als abweisende Schleife das Gegenstück zur nicht-abweisenden REPEAT-Schleife:

```
WHILE Eingangs-Bedingung DO Anweisung;
```

Schon am Anfang der Schleife wird geprüft, ob die Eingangsbedingung erfüllt ist. Daher kann es vorkommen, daß die Anweisung der Schleife nicht ein einziges Mal ausgeführt wird. Es ist bemerkenswert, daß die Eingangsbedingung der WHILE-Schleife das genaue logische Gegenteil der Abbruchbedingung einer entsprechenden REPEAT-Schleife ist.

```
1    PROGRAM Zaehle3 (Output);
2    (* Addiert 4 solange zu 17, bis Summe 50 ueberschritten hat. *)
3    VAR
4        Summe :   INTEGER;
5    BEGIN
6    Summe :=   17;
7    WHILE Summe <= 50 DO  Summe :=   Summe + 4;
8    WriteLn ('Geschafft! Die Summe ', Summe:2, ' ist groesser als 50.');
9    END.
```

```
AUSGABE wie in Programm Zaehle1
```

2.4 Programm Zaehle4

Soll sich die Schleifenbildung der WHILE-Schleife auf mehrere Anweisungen
beziehen, muß dies durch Klammerung kenntlich gemacht werden. Pascal benutzt als Klammern für die Bildung eines **Anweisungsblocks** – auch **Verbund-
anweisung** genannt – die Schlüsselworte BEGIN und END.

```
BEGIN
Anweisung1;
Anweisung2;
   ...    ;
AnweisungN;
END;
```

Die Syntax der abweisenden WHILE-Schleife lautet damit allgemein:

```
WHILE Eingangs-Bedingung DO Verbundanweisung;
```

oder ausführlicher, in übersichtlicher Schreibweise:

```
WHILE Eingangs-Bedingung DO BEGIN
   Anweisung1;
   Anweisung2;
      ...    ;
   AnweisungN;
   END; (*WHILE*)
```

Um die Übersicht in die allmählich komplexer werdenden Programme zu
bringen, werden die Anweisungen der Schleifen gegenüber dem Schleifenkopf
eingerückt.

Tip: Da Verbundanweisungen mehrfach und auch geschachtelt auftreten, empfiehlt es sich dringend, jedes END mit seiner Zugehörigkeit zu einer Anweisungsstruktur zu kommentieren!

```
1    PROGRAM Zaehle4 (Output);
2    (* Addiert 4 solange zu 17, bis Summe 50 ueberschritten hat. *)
3    (* Die Zahl der dazu noetigen Additionen wird mitgezaehlt.   *)
4    VAR
5       Summe, Durchlauf  :  INTEGER;

6    BEGIN
7    Summe     :=  17;
8    Durchlauf :=  0;
9    WHILE Summe <= 50 DO BEGIN
10      Summe      :=  Summe + 4;
11      Durchlauf  :=  Durchlauf + 1;
12      END; (*WHILE*)
13   WriteLn ('Geschafft! Die Summe ', Summe:2, ' ist groesser als 50.');
14   WriteLn ('Dazu waren ', Durchlauf:2, ' Additionen noetig.');
15   END.
```

```
AUSGABE wie in Programm Zaehle2
```

2.5 Programm Mittel1

Bei der Berechnung eines Mittelwertes werden Zahlwerte gelesen und deren
Summe durch die Anzahl der gelesenen Werte dividiert. Das Lesen und Ad-
dieren ist in einer Schleife organisiert, in der auch die Anzahl der addierten
Werte bestimmt wird. Im Beispiel werden zwar ganzzahlige Werte addiert, der
Mittelwert ist aber i. a. ein Dezimalbruch.

Es wird vereinbart, daß die Schleife dann abgebrochen wird, wenn der Wert 0
gelesen wird. Dazu muß die Schleife so organisiert sein, daß direkt nach dem
Lesen eines Wertes geprüft wird, ob er den vereinbarten Abbruchwert 0 hat
oder nicht. Also müssen unmittelbar vor Schleifenbeginn und dann wieder am
Schleifenende identische Leseanweisungen stehen.

Falls 0 schon als erste Zahl angegeben wird, wird in Anweisung 17 eine Division durch 0 versucht; das Programm bricht mit Fehlermeldung ab. Derartige
Fehler wird man später mit geeigneten Mitteln programmintern abfangen.

Die *ReadLn*-Anweisungen der Zeilen 11 und 15 lesen jeweils nur einen Zahlwert pro Eingabezeile; so bleibt die Zahl 123 der zweiten Eingabezeile unberück-
sichtigt.

In diesem Programm werden einzelne Anweisungen gesondert kommentiert.

```
1    PROGRAM Mittel1 (Input, Output);
2    (* Berechnet das arithmetische Mittel einer Folge von ganzen Zahlen, *)
3    (* die durch die Angabe der Ziffer '0' beendet wird.                  *)
4    (* Die Zahlen muessen in separaten Zeilen stehen.                     *)
5    VAR
6        Zahl, Summe, Anzahl :   INTEGER;
7        Mittel              :   REAL;

8    BEGIN
9    Summe  := 0;       (* Initialisieren *)
10   Anzahl := 0;
11   ReadLn (Zahl);                        (* Lies 1. Zahl    *)
12   WHILE  Zahl <> 0 DO BEGIN             (* Solange Zahl nicht '0'   *)
13       Anzahl := Anzahl + 1;            (* Erhoehe Anzahl um 1      *)
14       Summe  := Summe + Zahl;          (* Erhoehe Summe um Zahl    *)
15       ReadLn (Zahl);                   (* Lies naechste Zahl       *)
16       END; (*WHILE*)                   (* Pruefe , ob Zahl = 0     *)
17   Mittel :=  Summe / Anzahl;           (* Real-Division von ganzen *)
18                                        (* Zahlen --> reelles Ergebnis *)
19   WriteLn ( 'Der Mittelwert der ', Anzahl:2, ' Zahlen '
20           ,              'betraegt ', Mittel:6:2 );
21   END.
```

```
EINGABE:            AUSGABE:

   28               Der Mittelwert der  7 Zahlen betraegt  20.29
   93    123
   -4
   36
   -74
   55
   8
            0
```

2.6 Programm Mittel2

Die im vorigen Programm *Mittel1* (2.5) gestellte Aufgabe kann auch mit Hilfe
einer REPEAT-Schleife gelöst werden. An den Befehlen und ihrer Reihenfolge
ändert sich dadurch nichts. Die Abbruchbedingung ist natürlich das logische
Gegenteil der früheren Eingangsbedingung. Da die Schleife mindestens einmal durchlaufen wird, kann eine Division durch 0 nicht vorkommen. Die Eingabe muß allerdings neben der Abbruch-Null mindestens einen weiteren Zahlwert enthalten (der auch den Wert 0 haben kann). Als Eingabeanweisung wurde *Read* (statt *ReadLn*) benutzt; jetzt werden alle Zahlen einer Eingabezeile gelesen.

```
1    PROGRAM Mittel2 (Input, Output);
2    (* Berechnet das arithmetische Mittel einer Folge ganzer Zahlen,    *)
3    (* die durch die Angabe der Ziffer '0' beendet wird.                 *)
4    (* Die Eingabewerte koennen in die gleiche Zeile geschrieben werden. *)
5    VAR
6        Zahl, Summe, Anzahl :   INTEGER;
7        Mittel              :   REAL;

8    BEGIN
9    Summe  := 0;        (* Initialisieren *)
10   Anzahl := 0;
11   Read (Zahl);                        (* Lies 1. Zahl   *)
12   REPEAT                              (* Wiederhole das Folgende: *)
13       Anzahl :=  Anzahl + 1;          (* Erhoehe Anzahl um 1      *)
14       Summe  :=  Summe + Zahl;        (* Erhoehe Summe um Zahl    *)
15       Read (Zahl);                    (* Lies naechste Zahl       *)
16       UNTIL  Zahl = 0;                (* solange, bis Zahl=0      *)
17   Mittel :=  Summe / Anzahl;      (* Real-Division von ganzen    *)
18                                   (* Zahlen --> reelles Ergebnis *)
19   WriteLn ('Der Mittelwert der ', Anzahl:2, ' Zahlen '
20           ,               'betraegt ', Mittel:6:2 );
21   END.
```

```
EINGABE:                 AUSGABE:

  28  93                 Der Mittelwert der  7 Zahlen betraegt  20.29
  -4
  36     -74
  55       8
  0
```

2.7 Programm Werte1

Soll eine Variable in einer Schleife einen zusammenhängenden ganzzahligen
Wertebereich durchlaufen, kann man den Mechanismus des fortlaufenden
Weiterzählens der für diesen Zweck definierten der FOR-Schleife überlassen:

```
FOR Variable := Anfangswert TO Endwert DO Anweisung;
```

Variable muß vom Typ INTEGER sein (oder einem anderen ordinalen Datentyp; vgl. spätere Kapitel). Die FOR-Schleife ist eine abweisende Schleife mit der
stillschweigend vorausgesetzten ("impliziten") Eingangsbedingung

```
Variable <= Endwert
```

Systemintern wird *Variable* vor dem ersten Prüfen mit *Anfangswert* besetzt. Die Schleife wird also nie durchlaufen, wenn von vorneherein `Anfangswert >  Endwert` ist. Nach jedem Schleifendurchlauf wird der Wert von `Variable` um 1 erhöht. *Anfangswert* und *Endwert* können auch Variable oder gar Ausdrücke sein, die allerdings vom Typ INTEGER sein müssen.

Der momentane Wert der Laufvariablen *Variable* ist innerhalb der Schleife bekannt und kann dort verwendet werden. Die Kontrolle über ihren Wert liegt aber ausschließlich bei der FOR-Anweisung. **Innerhalb der Schleife darf der Wert von *Variable* nicht verändert werden!** Nach Beendigung der Schleife ist (nach dem Standard) der Wert der Laufvariablen als undefiniert anzusehen. *Variable* müsste also vor einer weiteren Verwendung neu besetzt werden.

Im Beispiel werden die Quadrate der ganzen Zahlen von 1 bis 5 berechnet. Die Quadrate werden nicht mit dem langsameren Funktionsaufruf `SQR (Zahl)` gebildet, sondern durch Multiplikation der Laufvariablen mit sich selbst. Diese ist in die Ausgabe-Liste der *WriteLn*-Anweisung aufgenommen, die also auch Ausdrücke enthalten darf.

Bemerkung: "Anweisung" kann ab jetzt immer auch bedeuten: "Verbundanweisung".

```
1    PROGRAM Wertel (Output);
2    (* Berechnet die Quadrate ganzer Zahlen. *)
3    VAR
4       Zahl : INTEGER;
5    BEGIN
6    FOR Zahl:= 1 TO 5 DO WriteLn (Zahl :2,' im Quadrat ist ',Zahl*Zahl :2);
7    END.
```

```
AUSGABE:
         1 im Quadrat ist  1
         2 im Quadrat ist  4
         3 im Quadrat ist  9
         4 im Quadrat ist 16
         5 im Quadrat ist 25
```

2.8 Programm Werte2

Eine FOR-Schleife kann auch rückwärts durchlaufen werden:

```
FOR Variable := Anfangswert DOWNTO Endwert DO Anweisung;
```

Die implizite Eingangsbedingung dieser abweisenden Schleife lautet

```
Variable >= Endwert
```

Die Schleife wird also gar nicht erst betreten, wenn `Anfangswert < Endwert` ist. Nach jedem Schleifendurchlauf wird der Wert der Laufvariablen um 1 erniedrigt.

Das Programm berechnet die Werte der Quadratwurzeln der Zahlen von 5 bis 1 in absteigender Reihenfolge. Der Aufruf der vordefinierten Funktion `SQRT` ist

dabei ein Teil der Ausgabeliste der *WriteLn*-Anweisung (Zeile 8). Bekanntlich
können ja auch Ausdrücke Elemente einer Ausgabeliste sein.

Es wird erneut gezeigt, wie man in Pascal **tabellarische Ausgabe** erreichen
kann (Spaltenüberschriften: Zeile 6, Spalteninhalte: Zeile 8).

```
1    PROGRAM Werte2 (Output);
2    (* Berechnet die Quadratwurzeln der Zahlen von 5 bis 1. *)
3    VAR
4       Zahl : INTEGER;

5    BEGIN
6    WriteLn ('Zahl' :10, 'Wurzel' :10);
7    WriteLn;
8    FOR Zahl:= 5 DOWNTO 1 DO  WriteLn (Zahl :10, SQRT(Zahl) :10:3);
9    END.
```

```
AUSGABE:        Zahl     Wurzel

                   5      2.236
                   4      2.000
                   3      1.732
                   2      1.414
                   1      1.000
```

2.9 Programm Tafel1

Auch die FOR-Anweisung kann eine Verbund-Anweisung kontrollieren:

```
FOR Laufvariable := Anfang TO Ende DO BEGIN
    Anweisung1;
    Anweisung2;
       ...
    AnweisungN;
    END; (*FOR*)
```

Falls sinnvoll, kann der Wertebereich [Anfang .. Ende] auch negative Werte
beinhalten. Im Beispiel werden die Quadrat- und Kubikwerte der ganzen Zahlen von -2 bis +2 bestimmt. Pascal kennt außer der Quadratfunktion SQR
(engl.: square) keine Potenzfunktion; positive ganzzahlige Potenzen werden
daher als Produkte berechnet. In Zeile 10 wird zur Berechnung der Kubikzahl
auf das schon vorher berechnete Quadrat zurückgegriffen (Rekursion).

```
1    PROGRAM Tafel1 (Output);
2    (* Tafel der 2. und 3. Potenzen ganzer Zahlen. *)
3    VAR
4       Zahl, Quadrat, Kubik :  INTEGER;
5    BEGIN
6    WriteLn ('Zahl' :10, 'Quadrat' :15, 'Kubik' :15);
7    WriteLn;
8    FOR Zahl := -2 TO 2 DO BEGIN
9       Quadrat :=  SQR (Zahl);
10      Kubik   :=  Quadrat * Zahl;
11      WriteLn (Zahl :10, Quadrat :15, Kubik :15);
12      END; (*FOR*)
13   END.
```

```
AUSGABE:
          Zahl        Quadrat           Kubik

            -2           4               -8
            -1           1               -1
             0           0                0
             1           1                1
             2           4                8
```

2.10 Programm Tafel2

In der FOR-Anweisung wird ein ganzzahliges Intervall mit der Schrittweite 1
durchlaufen. Soll das Intervall in der Schrittweite *Schritt* ($\neq$ 1) von *Anfang* bis
Ende durchlaufen werden, berechnet sich die *Anzahl* der nötigen Schleifendurchläufe zu

```
        Anzahl :=  (Ende - Anfang) DIV Schritt + 1;
```

Die Laufvariable *Zaehler* kontrolliert die Schleife. Diese Technik kann auch
angewandt werden, wenn das Intervall und/oder die Schrittweite vom Typ
REAL sind. Dann verändert sich die Formel zu

```
        Anzahl :=  TRUNC ((Ende - Anfang) / Schritt) + 1;
```

Im Beispiel wird für ganze Zahlen ab Startwert 2 bei Schrittweite 4 bis Endwert
11 (der selbst nicht erreicht wird) eine Tabelle der Quadrat- und Kubikwurzeln
erstellt. Für die Berechnung der dritten Wurzel steht keine Standardfunktion
zur Verfügung; nach Aufgabe 10 aus Kapitel 1 hilft eine Kombination von e-
Funktion (EXP) und natürlichem Logarithmus (LN) weiter. Die Ergebnisse
werden auf die 4. Stelle gerundet angezeigt.

```
1   PROGRAM Tafel2 (Output);
2   (* Tafel der 2. und 3. Wurzeln ganzer Zahlen. *)
3   VAR
4       Zahl, Anfang, Ende, Schritt, Anzahl, Zaehler :   INTEGER;
5       QuadratWurzel, DritteWurzel                  :   REAL;

6   BEGIN
7   WriteLn ('Zahl':10, '2. Wurzel':15, '3. Wurzel':15);   WriteLn;
8   Anfang := 2;    Ende := 11;    Schritt := 4;
9   Anzahl :=  (Ende - Anfang) DIV Schritt + 1;
10  Zahl   :=  Anfang;
11  FOR Zaehler:= 1 TO 3 DO BEGIN
12      QuadratWurzel :=  SQRT (Zahl);
13      DritteWurzel  :=  EXP (LN(Zahl) / 3);
14      WriteLn (Zahl :10, QuadratWurzel :15:4, DritteWurzel :15:4);
15      Zahl :=  Zahl + Schritt;
16      END; (*FOR*)
17  END.
```

```
AUSGABE:
          Zahl       2. Wurzel       3. Wurzel

             2        1.4142          1.2599
             6        2.4495          1.8171
            10        3.1623          2.1544
```

2.11 Programm Tafel3

Weiß man nicht, wie oft die Schleife durchlaufen werden soll – oder will man sich die Mühe der Berechnung nicht machen –, dann organisiert man das Durchlaufen des interessierenden Wertebereichs natürlich in einer WHILE-bzw. REPEAT-Schleife mit geeigneter Initialisierung, Schrittweite und Abbruchbedingung. Für einen Wertebereich vom Typ REAL ersetzt diese Technik die FOR-Schleife.

Das Programm berechnet eine Wertetafel der Sinus- und Cosinus-Funktion für Argumente im Bogenmaß von 1.0 bis 2.0 mit Schrittweite 0.2. Obwohl für das Bogenmaß 2.0 die Funktionswerte noch berechnet werden müßten, erscheinen sie nicht mehr angezeigt. Während die Werte 1.0 und 2.0 im Rechner exakt dargestellt werden können, ist dies bei 0.2 nicht der Fall, da es keine Summe von (negativen) Potenzen von zwei ist. Der entstehende Fehler vergrössert sich bei jeder Additionen, so daß die Grenze von 2.0 nach der 5. Addition knapp überschritten wird. Die Eingangsbedingung hätte besser gelautet: **Bogen < 2.0 + eps**, wobei *eps* eine sehr kleine Konstante ist, z.B. 1.0E-6.

```
1    PROGRAM Tafel3 (Output);
2    (* Tafel trigonometrischer Funktionen *)
3    VAR
4        Bogen, Sinus, Cosinus :  REAL;

5    BEGIN
6    WriteLn ('Bogen' :10, 'Sinus' :15, 'Cosinus' :15);  WriteLn;
7    Bogen :=  1.0;
8    WHILE Bogen <= 2.0 DO BEGIN    (* exakt 2.0 wird nicht erreicht *)
9    .  Sinus   :=  SIN (Bogen);
10     Cosinus :=  COS (Bogen);
11     WriteLn (Bogen :10:4, Sinus :15:4, Cosinus :15:4);
12     Bogen :=  Bogen + 0.2;      (* 0.2 nicht exakt darstellbar *)
13     END; (*WHILE*)
14   END.
```

```
AUSGABE:

        Bogen          Sinus          Cosinus

        1.0000         0.8415          0.5403
        1.2000         0.9320          0.3624
        1.4000         0.9854          0.1700
        1.6000         0.9996         -0.0292
        1.8000         0.9783         -0.2272
```

2.12 Programm Quer

Strukturierte Anweisungen wie REPEAT-UNTIL, WHILE-DO und FOR-DO können auch geschachtelt werden. Aber: **Die innere Struktur muss komplett in der äusseren liegen.**

Im Beispiel wird eine REPEAT-Schleife benutzt, um die Quersumme einer beliebigen ganzen Zahl zu bestimmen. Der Lösungsweg kann umgangssprachlich z.B. folgendermaßen formuliert werden:

```
    Lies Zahl                                        (* Eingabe: *)

    Initialisiere Quersumme                          (* Verarbeitung: *)
    REPEAT
       Bestimme Ziffer mit dem geringsten Stellenwert
       Addiere Ziffer zu Quersumme
       Verkürze Zahl um diese Ziffer
       Ersetze Zahl durch die verkürzte Zahl
       UNTIL Zahl keine relevanten Ziffern mehr hat

    Schreibe Quersumme                               (* Ausgabe: *)
```

In diesem sog. **Pseudocode** werden Schlüsselworte benutzt, die in Anlehnung an Pascal die Schleifenbildung ausdrücken. Die Aufzählung der Einzelschritte, die zur Lösung des Problems ausgeführt werden müssen, nennt man bekanntlich **Algorithmus**. Der Programmierer muß den im Pseudocode beschriebenen Algorithmus in eine höhere Programmiersprache übertragen, z.B. Pascal. Allerdings kann Pascal so selbsterklärend geschrieben werden, daß es seinerseits als Pseudocode für andere Sprachen dienen kann.

Mit dem Programm soll der Benutzer die Quersumme mehrerer positiver Zahlen berechnen können, ohne für jede Berechnung das Programm neu laden und starten zu müssen. Daher werden nach dem Muster

```
    Eingabe;
    WHILE Eingabe <> Endesignal DO BEGIN
       Verarbeitung;
       Ausgabe;
       nächste_Eingabe;
       END; (*WHILE*)
```

die oben beschriebenen Teile des Algorithmus in eine WHILE-Schleife eingebettet. Im vorliegenden Falle hat der Programmierer die Zahlen ≤ 0 als mögliche Endsignale definiert. Bei **Dialogverarbeitung** muß die Eingabe-Aufforderung dem Benutzer mitteilen, wie er den Programmlauf beenden kann.

```
1   PROGRAM Quer (Input, Output);
2   (* Berechnet die Quersumme ganzer positiver Zahlen. *)
3   VAR
4       Zahl, Ziffer, Summe: INTEGER;
5   BEGIN
6   Write ('Ganze Zahl > 0 [Ende mit <0>]: ');     ReadLn (Zahl);
7   WHILE Zahl > 0 DO BEGIN
8      Summe :=  0;
9      REPEAT
10        Ziffer :=  Zahl MOD 10;
11        Summe   :=  Summe + Ziffer;
12        Zahl    :=  Zahl DIV 10;
13        UNTIL Zahl = 0;
14     WriteLn (' ':20, 'Quersumme: ', Summe :1);
15     Write ('Ganze Zahl > 0 [Ende mit <0>]: ');     ReadLn (Zahl);
16     END; (*WHILE*)
17 END.
```

```
DIALOG:        Ganze Zahl > 0 [Ende mit <0>]: 12345
                          Quersumme: 15
               Ganze Zahl > 0 [Ende mit <0>]: 9999
                          Quersumme: 36
               Ganze Zahl > 0 [Ende mit <0>]: 0
```

2.13 Programm Minimal

Vielfach sollen einzelne Schritte eines Algorithmus nur dann ausgeführt werden, wenn eine bestimmte Bedingung erfüllt ist. Solche **bedingten Anweisungen** werden in WENN-DANN-Strukturen formuliert, die in Pascal folgende Bauart haben:

```
IF Bedingung THEN Anweisung;
```

Falls *Anweisung* eine Verbundanweisung ist, empfiehlt sich die Schreibweise:

```
IF Bedingung THEN BEGIN
   Anweisung1;
   Anweisung2;
      ...
   AnweisungN;
   END; (*IF*)
```

Auch hier ist *Bedingung* ein logischer Ausdruck, z.B. ein arithmetischer Vergleich, mit möglichen Werten TRUE oder FALSE. In der folgenden Anwendung wird von einer Reihe positiver Zahlen die kleinste bestimmt. Die erste Zahl wird gelesen und zum Minimum deklariert. In der Schleife werden weitere Zahlen gelesen. Solange sie positiv sind, wird jeweils geprüft, ob sie kleiner als das bisherige Minimum ist. Ggf. wird der Speicherplatz für *Minimum* aktualisiert. Mit 0 wird der Programmlauf beendet.

```
1    PROGRAM  Minimal (Input, Output);
2    (* kleinster Wert einer Folge positiver Zahlen. Ende mit Zahl <= 0 *)
3    VAR
4       Zahl, Minimum :  REAL;
5    BEGIN
6    ReadLn (Zahl);
7    Minimum :=  Zahl;
8    WHILE Zahl > 0 DO BEGIN
9       IF Zahl < Minimum THEN Minimum := Zahl;
10      ReadLn (Zahl);
11      END; (*WHILE*)
12   WriteLn ('Minimum = ', Minimum :10:5);
13   END.
```

```
EINGABE:    1345.7          AUSGABE:    Minimum =    34.62870
            4328.61
            34.6287
            247.0
            88.991
            972.11
            0
```

2.14 Programm PosNeg

Soll von zwei (Verbund-)Anweisungen je nach Situation die eine **oder** die andere abgearbeitet werden, hat man es mit einer Alternative zu tun. Diese WENN-DANN-ANDERNFALLS-Struktur hat in Pascal die Bauart:

```
IF Bedingung THEN Anweisung1 ELSE Anweisung2;
```

oder, falls die Anweisungen zu umfangreich sind:

```
IF Bedingung
    THEN Anweisung1   (* <== Hier darf kein ; stehen! ==< *)
    ELSE Anweisung2
    ; (*IF*)          (* schließt die strukturierte Anweisung ab *)
```

Vorsicht: Vor ELSE darf kein Semikolon ";" stehen.

Das Beispiel bearbeitet weitere Zahlen, solange sie nicht den Wert 0 haben. Sie werden daraufhin geprüft, ob sie positiv oder negativ sind. Die beiden Schreibanweisungen werden alternativ ausgeführt, niemals beide im gleichen Schleifendurchlauf. Bei Eingabe von 0 wird der Programmlauf beendet.

```
1   PROGRAM PosNeg (Input, Output);
2   (* Prueft, ob eine ganze Zahl ungleich 0 positiv oder negativ ist. *)
3   VAR
4      Zahl :  INTEGER;

5   BEGIN
6   Write ('Ganze Zahl [Ende mit <0>]: ');   ReadLn (Zahl);
7   WHILE Zahl <> 0 DO BEGIN
8      Write (' ':6, Zahl :1, ' ist ');
9      IF Zahl > 0  THEN  WriteLn ('positiv') ELSE WriteLn ('negativ');
10     Write ('Ganze Zahl [Ende mit <0>]: ');   ReadLn (Zahl);
11     END; (*WHILE*)
12  END.
```

```
DIALOG:

        Ganze Zahl [Ende mit <0>]: 123
             123 ist positiv
        Ganze Zahl [Ende mit <0>]: -123
             -123 ist negativ
        Ganze Zahl [Ende mit <0>]: 0
```

2.15 Programm QuadGl1

Für alternative **Verbund**-Anweisungen wird als Anordnung empfohlen:

```
IF Bedingung
    THEN BEGIN
         Anweisung11;
         Anweisung12;
           ...
         Anweisung1N;
         END (*THEN*)   (* <== Hier darf kein ; stehen ==< *)
    ELSE BEGIN
         Anweisung21;
         Anweisung22;
           ...
         Anweisung2N;
         END (*ELSE*)
    ; (*IF*)            (* schließt die Anweisungs-Struktur ab *)
```

Im Beispiel werden die Lösungen der quadratischen Gleichung $ax^2+bx+c = 0$

nach der Formel $x_{1,2} = \dfrac{-b \pm \sqrt{b^2-4ac}}{2a} = \dfrac{-b}{2a} \pm \dfrac{\sqrt{b^2-4ac}}{2a}$ berechnet. Die Größe
unter dem Wurzelzeichen (Diskriminante) entscheidet darüber, ob die Lösungen reell oder komplex sind. Da Pascal keinen Datentyp für komplexe Zahlen kennt, werden Real- und Imaginärteile separat als REAL-Variable gespeichert und ihre Ausgabe mit "+" und "i" entsprechend organisiert.Im Falle negativer Diskriminante kann die Standardfunktion SQRT nur auf den Absolutwert der Diskriminante angesetzt werden.

Das Programm fragt wiederholt nach einem Koeefiziententripel (a, b, c). Zuerst wird a gelesen und geprüft, ob es $\neq 0$ ist, in welchem Falle auch b und c gelesen werden; andernfalls wird das Programm beendet.

```
1    PROGRAM QuadGl1 (Input, Output);
2    (* Loest quadrat. Gleichungen, auch komplexe Loesungen. Ende mit a=0 *)

3    VAR
4       a, b, c, x1, x2
5       , Diskriminante, Term1, Term2 :  REAL;

6    BEGIN
7    Write ('Koeffizienten a, b, c [Ende mit a=0]:   ');   Read (a);
8    WHILE a <> 0 DO BEGIN
9       ReadLn (b, c);
10      Term1          :=  -b / (2*a);
11      Diskriminante :=  b*b - 4*a*c;
12      IF Diskriminante >= 0.0
13         THEN BEGIN
14              Term2 :=  SQRT (Diskriminante) / (2*a);
15              x1    :=  Term1 + Term2;
16              x2    :=  Term1 - Term2;
17              WriteLn ('   x1 = ', x1 :8:4);
18              WriteLn ('   x2 = ', x2 :8:4);
19              END (*THEN*)
20         ELSE BEGIN
21              Term2 :=  SQRT (ABS (Diskriminante)) / (2*a);
22              WriteLn ('   x1 = ', Term1 :8:4, ' + ', Term2 :8:4, 'i');
23              WriteLn ('   x2 = ', Term1 :8:4, ' - ', Term2 :8:4, 'i');
24              END (*ELSE*)
25         ; (*IF*)
26      WriteLn;
27      Write ('Koeffizienten a, b, c [Ende mit a=0]:   ');   Read (a);
28      END; (*WHILE*)
29   END.
```

```
DIALOG:

     Koeffizienten a, b, c [Ende mit a=0]:   2    -3.5    1.5
        x1 =    1.0000
        x2 =    0.7500

     Koeffizienten a, b, c [Ende mit a=0]:   -1    2    -3
        x1 =    1.0000 +  -1.4142i
        x2 =    1.0000 -  -1.4142i

     Koeffizienten a, b, c [Ende mit a=0]:   0
```

2.16 Programm Extrema

Ist der ELSE-Teil einer Alternative selbst eine bedingte Anweisung, ergibt sich folgende geschachtelte Anweisungsstruktur:

```
IF Bedg1
   THEN Anweisung1
   ELSE IF Bedg2
           THEN Anweisung2;
```

Falls keine der Bedingungen *Bedg1* und *Bedg2* erfüllt ist, wird auch keine der Anweisungen *Anweisung1* und *Anweisung2* ausgeführt.

Im Beispiel wird die Funktionalität des früheren Programms *Minimum* (2.13) erweitert. Zur Bestimmung des Minimums **und** des Maximums einer Zahlenfolge wird die erste gelesene Zahl zum vorläufigen Minimum **und** Maximum erklärt. Jede weitere gelesene Zahl wird zuerst mit dem Minimum und **ggf.** mit dem Maximum verglichen. Dieses Vorgehen legt die Schachtelung bedingter Anweisungen nahe. Ohne Schachtelung, also bei Weglassen von ELSE, stünden die bedingten Anweisungen der Zeilen 11 und 12 auf gleicher Ebene. Wäre die eben gelesene Zahl ein neues Minimum, käme sie als neues Maximum nicht mehr in Frage. Die zweite Abfrage würde unnötigerweise ausgewertet werden.

```
1  PROGRAM Extrema (Input, Output);
2  (* Liest Folge positiver reeller Zahlen, merkt sich kleinste *)
3  (* und groesste. Zahl <= 0 beendet Zahlenfolge.              *)

4  VAR
5      Zahl, Minimum, Maximum :  REAL;

6  BEGIN
7  ReadLn (Zahl);
8  Minimum :=  Zahl;
9  Maximum :=  Zahl;
10 WHILE Zahl > 0 DO BEGIN
11    IF Zahl < Minimum
12       THEN Minimum :=  Zahl
13       ELSE IF Zahl > Maximum
14               THEN Maximum :=  Zahl;
15    ReadLn (Zahl);
16    END; (*WHILE*)
17 WriteLn ('Minimum = ', Minimum :10:5);
18 WriteLn ('Maximum = ', Maximum :10:5);
19 END.
```

```
EINGABE:                        AUSGABE:

    1345.7                      Minimum =    33.33330
    4328.61                     Maximum = 5555.55500
    33.3333
    247.0
    88.991
    972.11
    5555.555
    74
    0
```

2.17 Programm Bereiche

Schachtelungen von Alternativen – wie hier in drei Ebenen –

```
IF Bedg1
    THEN Anweisung1
    ELSE IF Bedg2
            THEN Anweisung2
            ELSE IF Bedg3
                    THEN Anweisung3
                    ELSE Anweisung4;
```

lassen sich übersichtlicher als **Mehrfachauswahl** anordnen:

```
IF Bedg1 THEN
    Anweisung1
ELSE IF Bedg2 THEN
    Anweisung2
ELSE IF Bedg3 THEN
    Anweisung3
ELSE
    Aweisung4
; (*IF*)
```

Diese IF-THEN-ELSE-Folge wirkt als Filter: eine Zahl durchläuft die Abfragen, bis feststeht, welchem der Zahlenintervalle sie angehört.

```
1   PROGRAM Bereiche (Input, Output);
2   (* Prueft, welchem Bereich eine reelle Zahl ≠ 0 angehört. *)
3   VAR
4      Zahl : REAL;
5   BEGIN
6   Write ('Zahl [Ende mit <0>]: ');   ReadLn (Zahl);
7   WHILE Zahl <> 0.0 DO BEGIN
8       IF Zahl < 0 THEN
9           WriteLn (' ':5, '        ', Zahl :8:4, ' <   0.0')
10      ELSE IF Zahl < 5.0 THEN
11          WriteLn (' ':5, '0.0 < ', Zahl :8:4, ' <   5.0')
12      ELSE IF Zahl <= 10.0 THEN
13          WriteLn (' ':5, '5.0 <=', Zahl :8:4, ' <= 10.0')
14      ELSE
15          WriteLn (' ':5, '        ', Zahl :8:4, ' >  10.0')
16      ; (*IF*)
17      Write ('Zahl [Ende mit <0>]: ');   ReadLn (Zahl);
18      END; (*WHILE*)
19  END.
```

```
DIALOG:     Zahl [Ende mit <0>]: -6.3
                        -6.3000 <    0.0
            Zahl [Ende mit <0>]: 2.8
                0.0 <    2.8000 <    5.0
            Zahl [Ende mit <0>]: 5
                5.0 <=    5.0000 <= 10.0
            Zahl [Ende mit <0>]: 10.1
                        10.1000 >   10.0
            Zahl [Ende mit <0>]: 0
```

2.18 Programm Zeugnis1

Mit der in Programm *Bereiche* (2.17) eingeführten Technik wird eine Umrechnungstabelle für Zeugnispunkte erstellt.

Zeile 8 erzeugt die Unterstreichung der Spaltenüberschriften. Zu beachten ist, daß die zweite *WriteLn*-Anweisung der Zeile nicht mehr zum Inhalt der FOR-Schleife gehört. Sie schließt lediglich die Zeile nach Schreiben der Unterstreichungszeichen ab.

```
1   PROGRAM Zeugnis1 (Output);
2   (* Erstellt Umrechnungstabelle 'Punktzahl <=> Beurteilung'. *)
3   VAR
4       Punkte, Pos: INTEGER;

5   BEGIN
6   WriteLn ('UMRECHNUNGS-TABELLE');   WriteLn;
7   WriteLn ('Punktzahl' :10, 'Bewertung' :25);
8   FOR Pos := 1 TO 35 DO Write ('-');   WriteLn;

9   FOR Punkte := 0 TO 15 DO BEGIN
10     Write (Punkte :10);
11     IF Punkte = 0 THEN
12        WriteLn ('ungenuegend  (6)' :25)
13     ELSE IF Punkte <=  3 THEN
14        WriteLn ('mangelhaft   (5)' :25)
15     ELSE IF Punkte <=  6 THEN
16        WriteLn ('ausreichend  (4)' :25)
17     ELSE IF Punkte <=  9 THEN
18        WriteLn ('befriedigend (3)' :25)
19     ELSE IF Punkte <= 12 THEN
20        WriteLn ('gut          (2)' :25)
21     ELSE IF Punkte <= 15 THEN
22        WriteLn ('sehr gut     (1)' :25)
23     ; (*IF*)
24     END; (*FOR*)
25  END.
```

```
AUSGABE:        UMRECHNUNGS-TABELLE

         Punktzahl                 Bewertung
         - - - - - - - - - - - - - - - - - - - - - - - - - - -
             0            ungenuegend  (6)
             1            mangelhaft   (5)
             2            mangelhaft   (5)
             3            mangelhaft   (5)
             4            ausreichend  (4)
             5            ausreichend  (4)
             6            ausreichend  (4)
             7            befriedigend (3)
             8            befriedigend (3)
             9            befriedigend (3)
            10            gut          (2)
            11            gut          (2)
            12            gut          (2)
            13            sehr gut     (1)
            14            sehr gut     (1)
            15            sehr gut     (1)
```

2.19 Programm Zeugnis2

Beim Prüfen des Wertes ganzer Zahlen kann die Mehrfachauswahl mit der
CASE-Anweisung durchgeführt werden. Hat Ausdruck einen Wert vom Typ
INTEGER (oder ist von einem aufzählbaren Datentyp; vgl. spätere Kapitel),
dann lautet die Syntax der CASE-Struktur:

```
CASE Ausdruck OF
      Wert11, Wert12, .. , Wert1L :    Anweisung1;
      Wert21, Wert22, .. , Wert2M :    Anweisung2;
         ...
      WertK1, WertK2, .. , WertKN :    AnweisungK;
      END; (*CASE*)
```

Die konstanten Größen *Wert11, .. WertKN* heißen **Fallkonstante** und müssen
vom gleichen Typ wie *Ausdruck* sein. In der Liste der Fallkonstanten müssen
alle Werte vorkommen, die *Ausdruck* bei Eintritt in die CASE-Struktur möglicherweise annehmen kann. Das Zeugnisprogramm bekommt damit bei gleicher Ausgabe wie oben die Gestalt:

```
1    PROGRAM Zeugnis2 (Output);
2    (* Erstellt Umrechnungstabelle 'Punktzahl <=> Beurteilung'. *)
3    VAR
4       Punkte, Pos: INTEGER;
5    BEGIN
6    WriteLn ('UMRECHNUNGS-TABELLE');    WriteLn;
7    WriteLn ('Punktzahl' :10, 'Bewertung' :25);
8    FOR Pos := 1 TO 35 DO Write ('-');   WriteLn;
9    FOR Punkte := 0 TO 15 DO BEGIN
10      Write (Punkte :10);
11      CASE Punkte OF
12          0        : WriteLn ('ungenuegend  (6)' :25);
13          1,  2,  3: WriteLn ('mangelhaft   (5)' :25);
14          4,  5,  6: WriteLn ('ausreichend  (4)' :25);
15          7,  8,  9: WriteLn ('befriedigend (3)' :25);
16         10, 11, 12: WriteLn ('gut          (2)' :25);
17         13, 14, 15: WriteLn ('sehr gut     (1)' :25);
18         END; (*CASE*)
19      END; (*FOR*)
20   END.
```

```
AUSGABE wie in Programm Zeugnis1
```

2.20 Programm Zeugnis3

Nicht als Fallkonstante aufgenommene mögliche Werte müssen vor der
CASE-Anweisung mit einer bedingten Anweisung abgefangen werden. Berücksichtigt CASE nur ganze Zahlen zwischen 1 und 10, sieht das so aus

```
IF (Zahl >= 1) AND (Zahl <= 10)
   THEN CASE Zahl OF
            1 :  Anweisung1;
            2 :  Anweisung2;
            ...
           10 :  Anweisung10;
            END (*CASE*)
   ELSE AnweisungX
   ; (*IF*)
```

wobei der ELSE-Teil zwar wegfallen kann, aber für Meldungen an den
Benutzer empfehlenswert ist.

Anmerkung: Die meisten Pascal-Versionen gestatten den Gebrauch einer
OTHERWISE-Klausel, die diese umständliche IF-THEN-ELSE-Konstruktion
unnötig macht, z.B.

```
CASE Zahl OF
     1 :   Anweisung1;
     2 :   Anweisung2;
     ...
    10 :   Anweisung10;
    OTHERWISE
           AnweisungX;
    END;  (*CASE*)
```

Turbo Pascal benutzt statt OTHERWISE das nicht glücklich gewählte Schlüsselwort ELSE, das beim Lesen irrtümlich einem IF-THEN zugeordnet werden
kann. Ein Programm, das Punkte liest und in Noten umrechnet, hat in Turbo
Pascal folgende Form:

```
 1   PROGRAM Zeugnis3 (Input, Output);
 2   (* Umrechnung 'Punktzahl <=> Beurteilung'. *)
 3   VAR
 4       Punkte, Pos : INTEGER;
 5   BEGIN
 6   WriteLn ('Umrechnung Punktzahl <==> Bewertung');
 7   FOR Pos := 1 TO 35 DO Write('-');   WriteLn;
 8   WriteLn;
 9   Write ('Punktzahl [Ende mit <-1>]:   ');   ReadLn (Punkte);
10   WHILE Punkte >= 0 DO BEGIN
11     Write (' ':16, 'Bewertung:    ');
12     CASE Punkte OF
13        0         : WriteLn ('ungenügend (6)');
14        1,  2,  3: WriteLn ('mangelhaft (5)');
15        4,  5,  6: WriteLn ('ausreichend (4)');
16        7,  8,  9: WriteLn ('befriedigend (3)');
17       10, 11, 12: WriteLn ('gut (2)');
18       13, 14, 15: WriteLn ('sehr gut (1)');
19       ELSE         WriteLn ('unzulässige Punktzahl');
20       END; (*CASE*)
21     WriteLn;
22     Write ('Punktzahl [Ende mit <-1>]:   ');   ReadLn (Punkte);
23     END; (*WHILE*)
24   END.
```

```
DIALOG:          Umrechnung Punktzahl <==> Bewertung
                 ------------------------------------

                 Punktzahl [Ende mit <-1>]:   2
                                 Bewertung:   mangelhaft (5)

                 Punktzahl [Ende mit <-1>]:   33
                                 Bewertung:   unzulässige Punktzahl

                 Punktzahl [Ende mit <-1>]:   14
                                 Bewertung:   sehr gut (1)

                 Punktzahl [Ende mit <-1>]:   -1
```

2.21 Programm Denkste

Ein Programm soll prüfen, ob eine ganze Zahl ($\neq 0$) entweder < 5 ist oder in
dem abgeschlossenen Intervall [5 .. 10] liegt. Wenn also die Zahl ≥ 5 ist, wird
zusätzlich geprüft, ob sie auch ≤ 10 ist; dies wird dann angezeigt. Ist sie aber
nicht ≥ 5, dann (ELSE) wird < 5 gemeldet. Für eine Zahl > 10 soll keine Meldung gemacht werden.

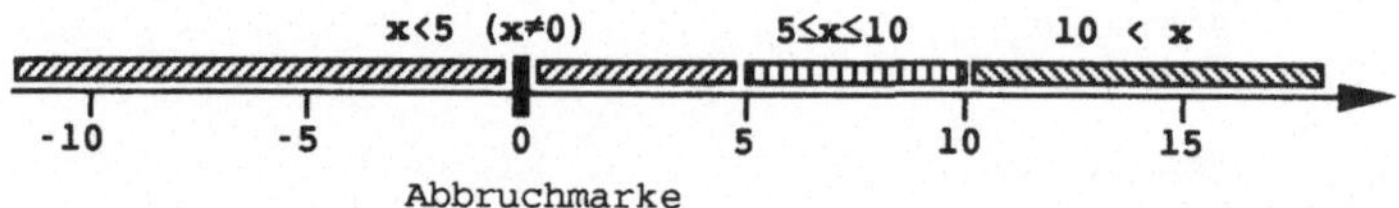

Entsprechend dieser Anforderungen schachtelt der Programmierer zwei IF-
Blöcke nach folgender Logik (vgl. Programm):

```
IF Bedg1
   THEN IF Bedg2
           THEN Anweisung1
   ELSE Anweisung2
   ; (*IF*)
```

Das so aufgebaute Programm liefert nicht das Gewünschte: über die Zahl 3
wird keine Angabe gemacht, die Zahl 12 wird als < 5 gewertet. Grund: Leerzeilen und Einrückungen sind für menschliche Leser des Programms zwar hilfreich und notwendig; für den Compiler jedoch sind diese optischen Gestal-
tungsmittel ohne jegliche Bedeutung. Für ihn hat die Befehlsfolge die gleiche
Bedeutung wie

```
IF Bedg1
   THEN IF Bedg2
           THEN Anweisung1
           ELSE Anweisung2
           ; (*IF*)
```

Denn: Jedes ELSE wird dem **nächsten vor** ihm stehenden THEN zugeordnet,
das noch kein ELSE als Partner hat.

```
1    PROGRAM Denkste (Input, Output);
2    (* Erstens kommt es anders, als man zweitens denkt. *)
3    VAR
4       Zahl :  INTEGER;

5    BEGIN
6    ReadLn (Zahl);
7    WHILE Zahl <> 0 DO BEGIN
8       IF Zahl >= 5
9          THEN IF Zahl <= 10
10                 THEN WriteLn (Zahl :2,' liegt zwischen 5 und 10 incl.')
11          ELSE WriteLn (Zahl :2, ' ist kleiner als 5')
12          ; (*IF*)
13       ReadLn (Zahl);
14       END; (*WHILE*)
15 END.
```

```
EINGABE:              AUSGABE:

3                          7 liegt zwischen 5 und 10 incl.
7                         12 ist kleiner als 5
12
     0
```

2.22 Programm Besser

Die Absicht des Programmierers wird mit folgendem Schema schon eher verwirklicht (vgl. Programm):

```
IF Bedg1
   THEN IF Bedg2
           THEN Anweisung1
           ELSE
   ELSE Anweisung2
   ; (*IF*)
```

Die Zahl 12 wird allerdings nicht behandelt, da der entsprechende ELSE-Teil leer ist. Eine andere Möglichkeit zur Behebung der Unstimmigkeit des vorigen Programms hätte folgende Konstruktion geboten:

```
IF Bedg1
   THEN BEGIN
        IF Bedg2
           THEN Anweisung1
        END
   ELSE Anweisung2
   ; (*IF*)
```

Denn: Anweisungsstrukturen dürfen sich nicht überlappen. Das ELSE kann sich nicht auf das THEN innerhalb der mit BEGIN-END geklammerten Verbund-Anweisung beziehen.

```
1   PROGRAM Besser (Input, Output);
2   (* Jetzt ist die Logik doch nicht mehr ganz falsch. *)
3   VAR
4      Zahl :   INTEGER;
5   BEGIN
6   ReadLn (Zahl);
7   WHILE Zahl <> 0 DO BEGIN
8      IF Zahl >= 5
9         THEN IF Zahl <= 10
10               THEN WriteLn (Zahl :2,' liegt zwischen 5 und 10 incl.')
11               ELSE
12         ELSE WriteLn (Zahl :2,' ist kleiner als 5')
13         ; (*IF*)
14      ReadLn (Zahl);
15      END; (*WHILE*)
16  END.
```

```
EINGABE:     3        AUSGABE:     3 ist kleiner als 5
             7                     7 liegt zwischen 5 und 10 incl.
            12
             0
```

2.23 Programm NaAlso

Damit auch Zahlen > 10 behandelt werden, muß der noch leere ELSE-Teil mit
einer geeigneten Schreibanweisung gefüllt werden. Die Logik des Programms
ist nicht auf den ersten Blick ersichtlich. Ein übersichtlicheres Verfahren
wurde im Programm *Bereiche* (2.17) vorgestellt., in dem IF–THEN–ELSE-Kaskaden zur Mehrfachauswahl benutzt worden waren.

```
1    PROGRAM NaAlso (Input, Output);
2    (* Wenn man nur will, dann geht's auch. *)
3    VAR
4       Zahl :  INTEGER;

5    BEGIN
6    ReadLn (Zahl);
7    WHILE Zahl <> 0 DO BEGIN
8       IF Zahl >= 5
9          THEN IF Zahl <= 10
10                 THEN WriteLn (Zahl :2,' liegt zwischen 5 und 10 incl.')
11                 ELSE WriteLn (Zahl :2,' ist groesser als 10')
12          ELSE WriteLn (Zahl :2, ' ist kleiner als 5')
13          ; (*IF*)
14       ReadLn (Zahl);
15       END; (*WHILE*)
16   END.
```

```
EINGABE:              AUSGABE:

3                      3 ist kleiner als 5
7                      7 liegt zwischen 5 und 10 incl.
12                    12 ist groesser als 10
    0
```

2.24 Zusammenfassung

❏   Es wurden die **strukturierten Anweisungen** eingeführt:

   - **Verbundanweisung**
       BEGIN–END
   - **Wiederholungsanweisungen**
       REPEAT–UNTIL
       WHILE–DO
       FOR–DO
   - **Bedingte Anweisungen**
       IF–THEN
       IF–THEN–ELSE
       CASE–OF

Jedes Pascal-Programm ist eine Folge solcher Strukturen, die ineinander
geschachtelt sein können. Die Programm-Ausführung beginnt immer am
Anfang einer Struktur und verläßt sie am Ende. Außer bei den Schleifen
sind Sprünge nicht vorgesehen. (Pascal kennt zwar die explizite Sprung-
Anweisung, sie wird aber in diesem Buch nur ausnahmsweise verwendet
und dann erklärt).

❏ WHILE- und REPEAT-Schleife werden durch Bedingungen kontrolliert, die aus logischen Ausdrücken bestehen. Deren Werte können wahr oder falsch sein. Bisher haben logische Ausdrücke die Form arithmetischer Vergleiche mit Hilfe der Vergleichsoperatoren.

❏ Die Abbruchbedingung der REPEAT-Schleife und die Eintrittsbedingung der äquivalenten WHILE-Schleife sind zueinander das logische Gegenteil.

❏ Die FOR-Schleife wird von einer ganzzahligen Laufvariablen kontrolliert, die zwischen Anfangs- und Endwert einen zusammenhängenden Bereich mit der Schrittweite 1 aufsteigend (TO) oder absteigend (DOWNTO) durchläuft. Nach Bearbeitung dieser Schleife wird der Wert der Laufvariablen undefiniert zurückgelassen (lt. Standard).

❏ Eine typische Anwendung der Schleife ist die wiederholte Summierung: eine Variable verändert bei jedem Schleifendurchlauf ihren Inhalt durch Addition (Subtraktion) eines Wertes. Ein weitere häufige Anwendung ist das Bearbeiten einer Serie gleichartiger Eingaben durch die gleichen Anweisungen in einer WHILE-Schleife.

❏ Die bedingten Anweisungen erlauben es, Teile eines Programms nur unter bestimmten Bedingungen (IF–THEN) oder alternativ (IF–THEN–ELSE) ausführen zu lassen. Durch Hintereinanderschalten von Alternativen (IF–THEN–ELSE-Kaskaden) erhält man eine Mehrfachauswahl. Ist die Mehrfachauswahl abhängig von einem ganzzahligen Ausdruck, kann man die übersichtlichere Form der CASE-Struktur benutzen.

❏ Für mathematische Berechnungen stehen wichtige Funktionen wie Quadratwurzel und Exponentialfunktion zur Verfügung (vgl. Anhang).

❏ Zur Lösung eines Problems mit einer Rechenanlage überlegt sich der Programmierer eine Vorgehensweise (Algorithmus) und beschreibt die benötigten Daten. Die Programmiersprache Pascal kann gut zur Beschreibung von Algorithmen und Datenstrukturen verwendet werden. Wird anschliessend in einer anderen Programmiersprache kodiert, diente Pascal lediglich als Pseudocode zur Beschreibung der Lösung.

2.25 Aufgaben

1. Modifizieren Sie das Programm zur Quersummen-Berechnung (2.12) so, daß auch negative ganze Zahlen behandelt werden können, deren Quersumme ebenfalls ein positiver Wert sein soll.

2. Eine beliebige Folge von ganzen positiven Zahlen wird gelesen und dabei gezählt, wieviele dieser Zahlen durch 7 teilbar sind. Das Ende der Zahlenfolge wird durch die Zahl 0 markiert. Wie ist das Programm zu erweitern, wenn auch die Anzahl der gelesenen Werte mitgezählt werden soll?

3. Die Fakultät einer nicht-negativen ganzen Zahl n ist definiert als
   ```
   n! = 1*2*3*...*(n-1)*n.
   ```
   Definitionsgemäß gilt $0! = 1$. Berechnen Sie n! mit einem Programm.

4. Bestimmen Sie sämtliche Teiler der Zahl 100.

5. Prüfen Sie, ob eine Zahl Primzahl ist.

6. Finden Sie die Primfaktorzerlegung einer Zahl.

7. Ein Programm soll eine Tabelle des kleinen Einmaleins erzeugen.

8. Suchen Sie mit Hilfe eines Programms diejenigen dreistelligen ganzen
    Zahlen, die identisch sind mit der Summe der dritten Potenzen ihrer Zif-
    fern.

9. Für beliebige reelle x und ganzzahlige n soll der Wert x^n bestimmt werden.

10. Drei Zahlen sollen in den Speicherplätzen a, b, c gespeichert werden. An-
    schließend sollen die Inhalte so vertauscht werden, daß in a der größte, in
    c der kleinste Wert steht.

11. Für das Kapital K_0 soll bei einem Zinssatz von p% das Kapital K_n nach n
    Jahren nach der Formel berechnet werden: $K_n = K_0 \left(1 + \dfrac{p}{100} \right)^n$.

12. Wenn Anschaffungswert und Nutzungsdauer eines Objekts bekannt sind,
    kann eine lineare Abschreibungstabelle aufgestellt werden. Der Tabellen-
    kopf soll die Form haben.

```
Jahr      Anfangswert      Abschreibung      Endwert
---------------------------------------------------------
```

    Dabei ist *jährliche Abschreibung = Anschaffungswert / Nutzungsdauer.*

13. Bei gegebenem Darlehensbetrag und Zahl der Tilgungsjahre soll für gege-
    benen Zinssatz eine Tilgungstabelle erstellt werden. Sie soll folgenden Kopf
    erhalten:

```
Jahr   Anfangswert   Zinsen   Tilgung   Endwert   Zahlbetrag
-------------------------------------------------------------
```

    Dabei ist *Tilgung = Kredit / Tilgungsjahre* und *jährlicher Zahlbetrag =
    Tilgung + Zinsen.* Schreiben sie das entsprechende Programm.

14. Bei festem Zinssatz soll in einer Tabelle das jährliche Anwachsen einer
    einmaligen Spareinlage verfolgt werden. Die Tabelle hat die Überschrift

```
Jahr      Anfangswert      Zinsen      Endwert
-------------------------------------------------
```

15. In der deutschen Zinsrechnung besteht der Zinsmonat aus 30 Tagen. Bei
    gegebenem Einzahlungsdatum bestimmt sich die Zahl der Zinstage bis
    zum Jahresende durch die Formel *Zinstage = (12 - Monat)*30 + (30 - Tag).*
    Der 31. eines Monats wird dabei wie der 30. behandelt, das Jahr mit 360
    Tagen angesetzt. Ein Programm soll die Berechnung durchführen.

16. Bei einem Test können maximal 100 Punkte erreicht werden. Der Test gilt als bestanden, wenn der Teilnehmer mindestens 50 Punkte erreicht hat. Bei mindestens 80 Punkten hat man mit Auszeichnung bestanden. Von einem Programm sollen Testergebnisse gelesen werden und für jedes die Qualifikation "bestanden", "mit Auszeichnung bestanden" bzw. "nicht bestanden" gedruckt werden. Der Programmlauf soll durch Angabe einer negativen Zahl beendet werden.

17. Zwischen den Temperaturangaben in Grad Celsius bzw. Fahrenheit besteht folgender Zusammenhang

$$[^\circ\text{Fahrenheit}] \; = \; \frac{9}{5} \; * \; [^\circ\text{Celsius}] \; + \; 32$$

Das Programm liest die Temperaturangabe und eine Kennziffer – 0 für Celsius, 1 für Fahrenheit – und berechnet die Temperatur in der anderen Einheit. Das Ergebnis soll – wie immer – kommentiert gedruckt werden.

18. In Abhängigkeit von der Kundenart werden verschiedene Rabattsätze gewährt. Handwerker (Kundenart 1) erhalten 10%, Einzelhändler (Kundenart 2) 15%, sonstige (Kundenart 3) keinen Rabatt. Zu gegebenem Warenwert und der Kundenart soll der Rechnungsbetrag ermittelt werden.

19. Schreiben Sie ein Programm, das für jede angegebene Jahreszahl feststellt, ob ein Schaltjahr vorliegt oder nicht. Ein Jahr ist dann ein Schaltjahr, wenn seine Jahreszahl durch 4 teilbar ist, es sei denn, die Zahl ist zwar durch 100, aber nicht durch 400 teilbar.

20. Lösen Sie das Problem des Programms *NaAlso* (2.23) für reelle Zahlen mit einer IF–THEN–ELSE-Kaskade wie im Programm *Bereiche* (2.17).

21. Die Werte der Funktion zweier Veränderlicher $f(x,y) = (x + y)^3 - 2x - 3y + 4$ sollen für $0 \leq x \leq 1$ und $0 \leq y \leq 1$ in den Schrittweiten 0.2 für beide Richtungen in Tabellenform angegeben werden.

22. Für die Funktion der vorigen Aufgabe sollen Maximum und Minimum sowie die Stellen des Maximums und Minimums bestimmt werden.

23. Berechnen sie den größten gemeinsamen Teiler (ggT) zweier ganzer Zahlen a und b auf zwei Arten: (i) gemäß seiner Definition und (ii) nach der **Methode von Euklid**: für a > b ist ggT (a, b) = ggT (a-b, b), mit ggT (a, a) = a.

24. In der Analysis wird bewiesen, daß die unendliche Reihe

$$\sum_{n=0}^{\infty} \frac{1}{2^n} = 1 + \frac{1}{2} + \frac{1}{4} + \frac{1}{8} \; \ldots$$

konvergiert. Machen Sie dies mit Hilfe eines Programms anschaulich. (Bemerkung: es handelt sich um eine geometrische Reihe.)

25. Ebenso ist bewiesen, daß die unendliche Reihe

$$\sum_{n=1}^{\infty} \frac{1}{n} = 1 + \frac{1}{2} + \frac{1}{3} + \frac{1}{4} + \frac{1}{5} \; \ldots$$

divergiert. (Bemerkung: es handelt sich um die sog. harmonische Reihe.)
Machen Sie das ebenfalls mit einem Programm-Experiment plausibel. Bestimmen Sie, wieviele Summanden zum Erreichen der Zwischensummen
5, 10 und 15 erforderlich sind. Beachten Sie dabei, daß die Zählvariable evtl.
in der Lage sein muß, recht große ganzzahlige Werte zu speichern. Benutzen Sie daher entweder den Datentyp REAL mit möglichst großer Genauigkeit oder einen in Ihrem Pascal-System vorgesehenen INTEGER-Typ für
hohe Zahlwerte (z.B. LONGINT in Turbo Pascal). Bei der Summierung der
Dezimalbrüche beachten Sie bitte auch Folgendes:

> Werden Zahlen des Datentyps REAL von unterschiedlicher Größenord-
> nung addiert, wird zuerst der Exponent der kleineren an den Exponenten
> der größeren Zahl angeglichen. Das muß durch eine Verschiebung der
> Mantisse nach rechts ausgeglichen werden, was wegen der beschränkten
> Stellenzahl i.a. zu einem Verlust von Stellen führt. Die resultierende Unge-
> nauigkeit wird um so gravierender, je stärker der Unterschied in der
> Größenordnung ist. Addiert man Zahlwerte in Reihenfolge absteigender
> Werte, wirkt sich dieser Effekt schneller aus als bei Addition in Reihenfol-
> ge aufsteigender Werte. In sensiblen Anwendungen sortiert man also die
> reellen Zahlen vor Addition nach aufsteigenden Werten.

26. Die Taylor-Reihe der Funktion e^x an der Stelle x=0 ist

$$\sum_{k=0}^{\infty} x^k = 1 + \frac{x^1}{1!} + \frac{x^2}{2!} + \frac{x^3}{3!} + \dots$$

Ein Programm soll die näherungsweise Berechnung der Summe für verschiedene x-Werte immer dann abbrechen, wenn der Betrag des letzten
Summanden kleiner als 10^{-4} geworden ist. Das Ergebnis soll mit dem Ergebnis der Standardfunktion EXP verglichen werden.

27. Die transzendente Gleichung $e^{x-2} = \sin x$ besitzt in der Nähe von 0 und 2
zwei positive Lösungen x. Bestimmen Sie diese nach dem **Newtonschen
Verfahren**: Bei geeignetem Startwert x_0 erzeugt die Formel

$$x_{n+1} = x_n - \frac{f(x)}{f'(x)} \qquad (n = 0,1,2,3,\dots)$$

eine Folge $\{x_n\}$, die gegen die Lösung x der Gleichung $f(x) = 0$ konvergiert.

28. Die simultanen Gleichungen $y = g(x) = \sin x + 0.1$ und $y = h(x) = x$ haben
im Bereich $0 \leq x \leq \pi$ eine Lösung (x, y). Berechnen Sie diese nach dem Newtonschen Verfahren, wobei $f(x) = g(x) - h(x)$ ist.

29. Nichtlineare Gleichungen $f(x) = 0$ können auf verschiedene Weise in eine
Form $x = g(x)$ gebracht werden. Ist dann $|g'(x)| < 1$ in der Umgebung
einer Nullstelle von f, so konvergiert bei geeignetem Anfangswert x_0 mit

$$x_{n+1} = g(x_n) \qquad (n = 0,1,2,3,\dots)$$

die Folge $\{x_n\}$ gegen die Nullstelle von f. Mit diesem **Fixpunktsatz** soll die

Gleichung $\frac{x}{4} - \sin \frac{x}{2} = 0$ gelöst werden.

3 Der Datentyp BOOLEAN und etwas Logik

Dieses Kapitel behandelt in den Beispielprogrammen:

* Datentyp BOOLEAN

* logische Ausdrücke

* Die logischen Verknüpfungen AND, OR, NOT

* Boolesche Algebra und Wahrheitstafeln

* Schalt-Algebra: Schaltfunktionen und Schaltbilder

* Die Funktion ORD für ordinale Datentypen

* Anwendung eines Zufallsgenerators

* Einfaches menügesteuertes Programm

3.1 Programm Raten1

Im folgenden Beispiel soll der Benutzer eine vom Programm vorgegebene Zahl erraten. Das Programm bestimmt die Zahl mit einem (Pseudo-)**Zufallsgenerator**, den die meisten Implementationen kennen. In Turbo Pascal wird er über die Funktion *Random* (Zeile 11) angesprochen:

Random	liefert reelle Zahl x zurück	$(0 \leq x < 1)$
Random (n)	ganze Zahl i zurück	$(0 \leq i < n)$

Damit sich nicht bei jedem Programmlauf die gleiche (pseudo-)zufällige Folge ergibt, wird der Generator zu Beginn des Programms mit dem Aufruf der Prozedur *Randomize* initialisiert (Zeile 10). Sie bestimmt den Startwert der Folge aus der Systemzeit des Rechners.

In einer REPEAT-Schleife wird der Spieler solange um neue Zahlen gebeten, bis er die richtige getroffen hat. Um die Lesbarkeit des Programmes zu erhöhen, wird eine Signal-Variable (engl. flag) *erraten* eingeführt, mit deren Hilfe die Abbruchbedingung formuliert ist. Sie erhält zuerst den Wert 0 – für **"falsch geraten"**; hat der Benutzer die Zahl gefunden, wird *erraten* auf 1 gesetzt – für **"richtig geraten"**. Oft wählt man Adjektive als Bezeichner solcher Zustandsvariabler, um anzudeuten, daß sie das Vorhandensein oder die Abwesenheit einer Eigenschaft signalisieren.

```
1    PROGRAM Raten1 (Input, Output);
2    (* Random wählt ganze Zahl zufällig zwischen 1 und Max, Spieler rät. *)
3    (* Hilfsvariable:   erraten = 0 ==> falsch geraten, *)
4    (*                  erraten = 1 ==> richtig geraten *)
5    CONST
6       Max = 10;

7    VAR
8       ZufallsZahl, RateZahl, erraten :   INTEGER;

9    BEGIN
10   Randomize;
11   ZufallsZahl :=  Random (Max) + 1;
12   WriteLn ('Rate Zahl zwischen 1 und ', Max :1, ': ');
13   erraten :=  0;
14   REPEAT
15      ReadLn (RateZahl);
16      IF RateZahl = ZufallsZahl THEN  erraten := 1;
17      UNTIL erraten = 1;
18   WriteLn ('Gratulation!');
19   END.
```

3.2 Programm Raten2

Für die INTEGER-Variable *erraten* des vorigen Beispiels (3.1) sind zwar alle ganzzahligen Werte möglich, aber nur **zwei** Werte, z.B. 0 und 1, sinnvoll. Für derartige Fälle kennt Pascal den logischen Datentyp BOOLEAN, dessen Variable lediglich die beiden logischen Werte TRUE und FALSE annehmen können. Die Verwendung des Datentyps BOOLEAN schränkt den Wertebereich von *erraten* sinnvollerweise ein.

Das Programm *Raten2* ist die "wörtliche" Übersetzung des Programms *Raten1*
(3.1). Durch Zuweisung erhält *erraten* den Anfangswert FALSE, der bei erfolg-
reichem Raten durch TRUE ersetzt wird. Die REPEAT-Schleife wird beendet,
wenn der Wert von *erraten* TRUE ist. Diese wörtliche Übersetzung ist nicht
sehr elegant und dient nur zur Demonstration. Die Verbesserung findet sich
im Programm *Raten3* (3.3).

```
1   PROGRAM Raten2 (Input, Output);
2   (* Random wählt ganze Zahl zufällig zwischen 1 und Max, Spieler rät. *)
3   (* Hilfsvariable:  erraten = FALSE ==> falsch geraten, *)
4   (*                 erraten = TRUE  ==> richtig geraten *)
5   CONST
6      Max = 10;

7   VAR
8      ZufallsZahl, RateZahl :   INTEGER;
9      erraten               :   BOOLEAN;

10  BEGIN
11  Randomize;
12  ZufallsZahl :=  Random (Max) + 1;
13  WriteLn ('Rate Zahl zwischen 1 und ', Max :1, ': ');
14  erraten :=  FALSE;
15  REPEAT
16     ReadLn (RateZahl);
17     IF RateZahl = ZufallsZahl THEN  erraten := TRUE;
18     UNTIL erraten = TRUE;
19  WriteLn ('Gratulation!');
20  END.
```

3.3 Programm Raten3

Hier wird – bei gleicher Problemstellung – die boolesche (logische) Variable
erraten geeignet verwendet. Entsprechend der Zuweisungs-Syntax

```
    boolesche Variable :=  boolescher Ausdruck
```

wird *erraten* nicht mehr vorbesetzt, sondern bei jedem Schleifendurchlauf neu
berechnet (Zeile 13). Auf der rechten Seite der Zuweisung steht als Ausdruck
ein arithmetischer Vergleich, dessen Ergebnis FALSE oder TRUE ist. Dieses
kann natürlich der Inhalt einer logischen Variablen sein; die Zuweisung ist
korrekt. Die runden Klammern dienen lediglich der Deutichkeit.

Die Syntax der REPEAT-Schleife lautet also allgemeiner

```
    REPEAT Anweisung UNTIL boolescher Ausdruck
```

wobei der boolesche Ausdruck auch aus nur einer booleschen Variablen bestehen kann. Die Schleife wird dann verlassen, wenn der Ausdruck den Wert
TRUE hat. Im Beispiel (Zeile 15) ist das der Fall, wenn in der Zuweisung *erraten* als TRUE berechnet worden ist.

Man erkennt, daß logische Variable, wenn sie passend benannt werden, die
Lesbarkeit eines Programms weiter erhöhen.

```
1    PROGRAM Raten3 (Input, Output);
2    (* Wie 'Raten2', aber bessere Behandlung der booleschen Variablen. *)
3    CONST
4       Max = 10;
5    VAR
6       ZufallsZahl, RateZahl :   INTEGER;
7       erraten               :   BOOLEAN;

8    BEGIN
9    Randomize;
10   ZufallsZahl :=  Random (Max) + 1;
11   WriteLn ('Rate Zahl zwischen 1 und ', Max :1, ': ');
12   REPEAT
13      ReadLn (RateZahl);
14      erraten := (RateZahl = ZufallsZahl);
15      UNTIL erraten;
16   WriteLn ('Gratulation!');
17   END.
```

3.4 Programm Logik

Bei den bisher vorgestellten Datentypen INTEGER und REAL bestehen aus ihren jeweiligen Wertevorräten (die im jeweiligen Computersystem verfügbare Menge der ganzen bzw. reellen Zahlen) sowie den für sie definierten Operationen (die arithmetischen Verknüpfungen "+, −, *, / ", für INTEGER auch DIV und MOD). Das gilt allgemein:

Datentyp = Wertevorrat + Operationen

Der Wertevorrat des Datentyps BOOLEAN besteht aus der geordneten Menge {FALSE, TRUE}. Seine Operatoren sind die logischen Verknüpfungen

    AND   logisches "und"

    OR   logisches "oder" (inklusives oder)

    NOT   logische Verneinung (gegenteiliger Wahrheitswert)

zulässig. Sie sind wie in der mathematischen Logik definiert, und zwar durch Verknüpfungstabellen. Das Programm erzeugt diese Tabellen automatisch und demonstriert damit den Gebrauch der logischen Operatoren (Zeile 13).

Daten des Typs BOOLEAN können zwar nicht mit READ gelesen, wohl aber mit WRITE geschrieben werden. Davon wird hier Gebrauch gemacht.

BOOLEAN ist wie INTEGER ein **ordinaler (skalarer) Datentyp**: seine möglichen Werte sind abzählbar und unterliegen einer Ordnung, d.h. die Werte sind numeriert. Ordinale Datentypen können für die Schleifenvariable einer FOR-Schleife benutzt werden. Für BOOLEAN ist definiert: **FALSE < TRUE**. Davon wird in den Zeilen 10 und 11 Gebrauch gemacht.

Bemerkung: REAL ist in der Mathematik nicht abzählbar und gilt auch in Pascal nicht als ordinaler Datentyp. Tatsächlich aber ist die Menge der in einem Rechner darstellbaren Werte für REAL endlich und daher abzählbar.

```
1    PROGRAM Logik (Output);
2    (* Wertetabelle fuer die logischen Verknuepfungen AND, OR und NOT. *)

3    VAR
4       a, b :  BOOLEAN;
5       pos  :  INTEGER;

6    BEGIN
7    WriteLn ('a' :7, 'b' :7,' |   ':5
8            , 'a AND b' :7, ' |   ':5, 'a OR b' :6,' |   ':5, 'NOT a' :5);
9    FOR pos := 1 TO 47 DO Write ('-');  WriteLn;

10   FOR a := FALSE  TO   TRUE  DO
11      FOR b := FALSE  TO  TRUE  DO
12         WriteLn (a :7, b :7,  ' |   ':5
13                 , a AND b :7, ' |   ':5, a OR b :6,' |   ':5, NOT a :5);
14   END.
```

```
AUSGABE:

                 a      b | a AND b | a OR b | NOT a
         ---------------------------------------------------
             FALSE   FALSE  |   FALSE  |   FALSE  |   TRUE
             FALSE   TRUE   |   FALSE  |   TRUE   |   TRUE
             TRUE    FALSE  |   FALSE  |   TRUE   |   FALSE
             TRUE    TRUE   |   TRUE   |   TRUE   |   FALSE
```

3.5 Programm DeMorgan

Wie in der Arithmetik, so gelten auch in der mathematischen Logik bestimmte
aus Axiomen herleitbare Rechengesetze. Zwei davon sind die **Gesetze von De
Morgan**:

```
    NOT (a AND b)  =  (NOT a)  OR  (NOT b)
    NOT (a OR b)   =  (NOT a)  AND (NOT b)
```

deren Bauart symmetrisch und daher leicht zu merken ist. Sie sind zueinander dual, da sie durch Vertauschen von FALSE und TRUE auseinander her-
vorgehen.

Die Gültigkeit dieser Gesetze kann auch untersucht werden, indem man die
zugehörigen **Wahrheitstafeln** aufstellt. Die Anzeige von FALSE ist durch die
Zahl 0 und die von TRUE durch die Zahl 1 ersetzt worden. Dies erreicht man,
wenn man statt der booleschen Werte deren **Ordnungszahlen** im Wertevorrat
anzeigt. Die dafür zuständige Funktion wird mit **ORD** aufgerufen:

```
    ORD (FALSE) = 0
    ORD (TRUE)  = 1
```

Wie man bei zu umfangreicher Wertetafel – wegen höherer Zahl der Ein-
gangsvariablen – die Gültikeit einer aussagenlogischen Formel überprüfen
kann, wird in den Aufgaben 5 und 6 behandelt.

```
 1    PROGRAM DeMorgan (Output);
 2    (* Bestaetigt das De Morgan'sche Gesetz. *)
 3    VAR
 4       a, b :  BOOLEAN;
 5       pos  :  INTEGER;

 6    BEGIN
 7    WriteLn ('a' :2, 'b' :2                 , ' | ':5
 8              , 'NOT (a AND b)' :13, ' | ':5 , 'NOT a  OR  NOT b' :16);
 9    FOR pos := 1 TO 43 DO Write ('-');   WriteLn;

10    FOR a := FALSE TO TRUE DO
11      FOR b := FALSE TO TRUE DO
12        WriteLn (ORD (a) :2, ORD (b) :2         , ' | ':5
13             , ORD (NOT(a AND b)) :13, ' | ':5, ORD (NOT a  OR  NOT b) :1);
14    WriteLn;

15    WriteLn ('a' :2, 'b' :2                 , ' | ':5
16                    , 'NOT (a OR b)' :12, ' | ':5
17                    , 'NOT a  AND  NOT b' :17);
18    FOR pos := 1 TO 43 DO Write ('-');   WriteLn;

19    FOR a := FALSE TO TRUE DO
20      FOR b := FALSE TO TRUE DO
21        WriteLn (ORD (a) :2, ORD (b) :2         , ' | ':5
22            , ORD (NOT(a OR b)) :12, ' | ':5, ORD (NOT a  AND  NOT b) :1);
23    END.
```

```
AUSGABE:          a b  |  NOT (a AND b)  |  NOT a  OR  NOT b
                  -------------------------------------------------
                  0 0  |              1  |  1
                  0 1  |              1  |  1
                  1 0  |              1  |  1
                  1 1  |              0  |  0

                  a b  |  NOT (a OR b)  |  NOT a  AND  NOT b
                  -------------------------------------------------
                  0 0  |             1  |  1
                  0 1  |             0  |  0
                  1 0  |             0  |  0
                  1 1  |             0  |  0
```

3.6 Programm Intrvall

Die logischen Operatoren entsprechen den **mengentheoretische Verknüpfungen** so, wie es die nächste Abbildung beschreibt. Dies und die Anwendung der de Morganschen Gesetze wird in den folgenden vier Programmen (3.6 bis 3.9) demonstriert. Sie sind logisch gleichwertig; ihre Ergebnisse sind identisch. Im ersten Beispiel wird geprüft, ob eine Zahl im offenen (nicht abgeschlossenen) Intervall (0, 5) liegt. Das ist der Fall, wenn die Zahl die beiden Bedingungen > 0 und < 5 gleichzeitig erfüllt (Zeile 10). Die beiden nötigen Vergleiche müssen mit AND verknüpft werden. Dies entspricht der Bildung des Durchschnitts von zwei Mengen M_1 und M_2 mit

```
M₁ = {x | x > 0} = Menge aller reellen Zahlen > 0
M₂ = {x | x < 5} = Menge aller reellen Zahlen < 5
```

Das Ergebnis der Prüfung wird einer logischen Variablen *innerhalb* zugewiesen.

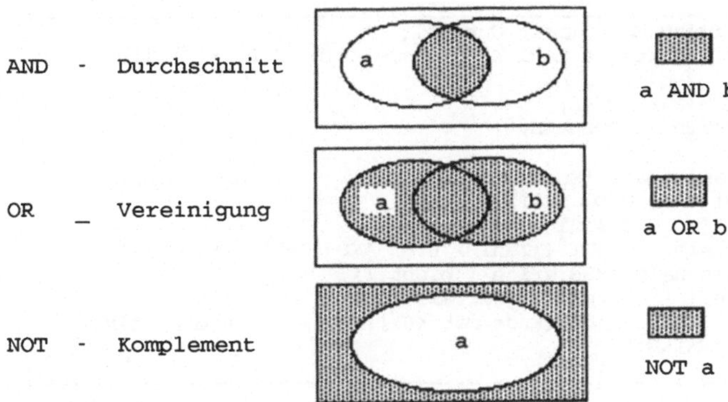


```
1    PROGRAM Intrvall (Input, Output);
2    (* Prueft, ob reelle Zahl <> 0 im offenen Intervall (0.0,5.0) liegt. *)
3    VAR
4       Zahl      :   REAL;
5       innerhalb :   BOOLEAN;

6    BEGIN
7    Write ('Ganze Zahl [Ende mit <0>]:    ');    ReadLn (Zahl);
8    WHILE Zahl <> 0.0 DO BEGIN
9       Write ('  Die Zahl liegt ');
10      innerhalb :=  (Zahl > 0.0) AND (Zahl < 5.0);
11      IF NOT innerhalb THEN Write ('nicht ');
12      WriteLn ('im offenen Intervall (0.0, 5.0).');
13      Write ('Ganze Zahl [Ende mit <0>]:    ');    ReadLn (Zahl);
14      END; (*WHILE*)
15   END.
```

```
DIALOG:      Ganze Zahl [Ende mit <0>]:    -0.4
                Die Zahl liegt nicht im offenen Intervall (0.0, 5.0).
             Ganze Zahl [Ende mit <0>]:    4.7
                Die Zahl liegt im offenen Intervall (0.0, 5.0).
             Ganze Zahl [Ende mit <0>]:    5.0
                Die Zahl liegt nicht im offenen Intervall (0.0, 5.0).
             Ganze Zahl [Ende mit <0>]:    0
```

3.7 Programm Intrval2

Jetzt wird der entgegengesetzte Sachverhalt untersucht: Liegt eine Zahl außerhalb des offenen Intervalls (0, 5)? Das Ergebnis wird der logischen Variablen *ausserhalb* zugewiesen, die das logische Gegenteil von *innerhalb* ist (Zeile 10). Es wird also einfach die Prüfung des ersten Programms (3.6) wiederholt, deren Ergebnis aber verneint. Zur Verneinung der gesamten AND-Verknüpfung muß diese geklammert werden.

Die Verneinung entspricht der mengentheoretischen Komplementbildung:
Man sucht alle Zahlen, die **nicht** im Durchschnitt von M_1 und M_2 liegen. Der
Dialog ist identisch mit demjenigen für Programm *Intrval1* (3.6).

```
1    PROGRAM Intrval2 (Input, Output);
2    (* Prueft, ob reelle Zahl <> 0 ausserhalb (0.0, 5.0) liegt. *)
3    VAR
4       Zahl       : REAL;
5       ausserhalb : BOOLEAN;
6    BEGIN
7    Write ('Ganze Zahl [Ende mit <0>]:    ');   ReadLn (Zahl);
8    WHILE Zahl <> 0.0 DO BEGIN
9       Write ('  Die Zahl liegt ');
10      ausserhalb :=  NOT ((Zahl > 0.0) AND (Zahl < 5.0));
11      IF ausserhalb THEN Write ('nicht ');
12      WriteLn ('im offenen Intervall (0.0, 5.0).');
13      Write ('Ganze Zahl [Ende mit <0>]:    ');   ReadLn (Zahl);
14      END; (*WHILE*)
15   END.
```

3.8 Programm Intrval3

Nach de Morgan kann die Verneinung der AND-Verknüpfung durch die OR-
Verknüpfung der verneinten Operanden ersetzt werden (Zeile 10):

$$\text{NOT (a AND b)} = \text{(NOT a)   OR   (NOT b)}$$

Dabei sind die Klammern auf der rechten Seite der Gleichung redundant, da
der Verneinungsoperator NOT die höchste Priorität hat, gefolgt von AND und
OR. Diesmal ist die mengentheoretische Entsprechung die Vereinigung – es
werden die Komplemente von M_1 und M_2 vereinigt. Der Dialog ist wieder identisch mit dem für Programm *Intrval1* (3.6).

```
1    PROGRAM Intrval3 (Input, Output);
2    (* Prueft, ob reelle Zahl <> 0 ausserhalb (0.0, 5.0) liegt. *)
3    VAR
4       Zahl       : REAL;
5       ausserhalb : BOOLEAN;
6    BEGIN
7    Write ('Ganze Zahl [Ende mit <0>]:    ');   ReadLn (Zahl);
8    WHILE Zahl <> 0.0 DO BEGIN
9       Write ('  Die Zahl liegt ');
10      ausserhalb :=  NOT (Zahl > 0.0)  OR  NOT (Zahl < 5.0);
11      IF ausserhalb THEN Write ('nicht ');
12      WriteLn ('im offenen Intervall (0.0, 5.0).');
13      Write ('Ganze Zahl [Ende mit <0>]:    ');   ReadLn (Zahl);
14      END; (*WHILE*)
15   END.
```

3.9 Programm Intrval4

Die Verneinung arithmetischer Vergleiche entspricht der Anwendung der
komplementären Vergleichsoperatoren:

```
NOT (Zahl > 0)   <==>   Zahl <= 0
NOT (Zahl < 5)   <==>   Zahl >= 5
```

Jetzt ist einfacher zu erkennen, welche beiden Mengen vereinigt werden sollen (Zeile 10). Wieder ergibt sich ein Dialog wie bei Programm *Intrval1* (3.6).

```
1   PROGRAM Intrval4 (Input, Output);
2   (* Prueft, ob reelle Zahl <> 0.0 ausserhalb (0.0, 5.0) liegt. *)
3   VAR
4       Zahl        : REAL;
5       ausserhalb  : BOOLEAN;
6   BEGIN
7   Write ('Ganze Zahl [Ende mit <0>]:   ');    ReadLn (Zahl);
8   WHILE Zahl <> 0.0 DO BEGIN
9       Write ('   Die Zahl liegt ');
10      ausserhalb :=  (Zahl <= 0.0)  OR  (Zahl >= 5.0);
11      IF ausserhalb THEN Write ('nicht ');
12      WriteLn ('im offenen Intervall (0.0, 5.0).');
13      Write ('Ganze Zahl [Ende mit <0>]:   ');    ReadLn (Zahl);
14      END; (*WHILE*)
15  END.
```

3.10 Programm HalbAdd

Der Halbaddierer ist eine **elektronische Schaltung** im Rechenwerk, die die *Stellensumme* zweier dualer Ziffern *a* und *b* mit *Übertrag* realisiert. Die Verknüpfungstabelle (vgl. Ausgabe des folgenden Programms) legt fest, welche Wirkung diese Schaltung besitzen muß. Die zugehörige **Schaltfunktion** ist leicht zu erstellen, wenn man durch Inspizieren der Tabelle feststellt, daß (nach Identifikation von FALSE mit 0 und TRUE mit 1)

1. *StellenSumme* genau dann TRUE ist, wenn entweder *a* den Wert FALSE **und gleichzeitig** *b* den Wert TRUE hat, **oder** wenn *a* TRUE **und gleichzeitig** *b* FALSE ist:

```
StellenSumme :=  (NOT a  AND  b)  OR  (a  AND  NOT b);
```

2. *Uebertrag* genau dann TRUE ist, wenn a und b beide TRUE sind.

```
Uebertrag :=  a AND b;
```

Die so entstandenen Schaltfunktionen genügen der disjunktiven Normalform (DNF, OR-Verknüpfung von AND-Termen). Würde als Eingangsgröße auch der Übertrag aus der vorhergehenden Stellenaddition berücksichtigt, läge ein Volladdierer vor.

Zur Realisierung der logischen Verknüpfungen AND, OR und NOT in Schaltungen existieren Bausteine, für die folgende Symbole definiert sind:

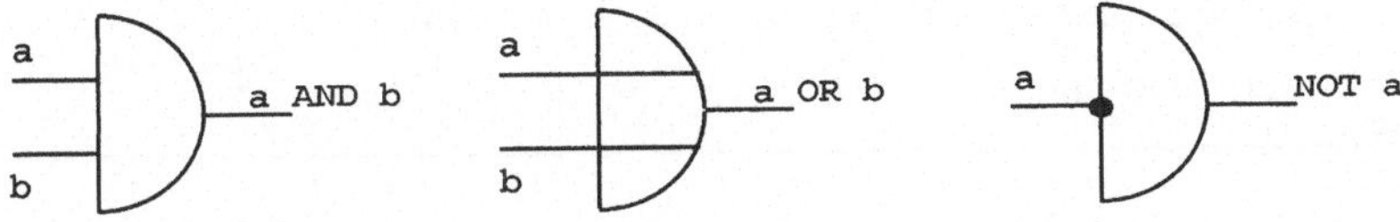

Es können sowohl einzelne Eingangsgrößen als auch logische Verknüpfungen insgesamt mit dem Punkt verneint werden, z.B.:

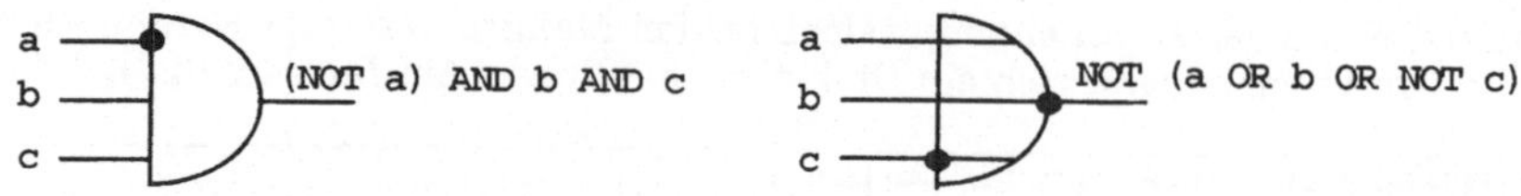

Die Realisierung der Schaltfunktionen des Halbaddierers benötigt 4+2 solcher Schaltelemente. Nach Gesetzen der Logik-Algebra (distributiv und De Morgan) kann aber der Ausdruck für die Stellensumme umgeformt werden:

```
StellenSumme
= [(NOT a AND b) OR a] AND [(NOT a AND b) OR NOT b]
=(NOT a OR a) AND (b OR a) AND (NOT A OR NOT b) AND (b OR NOT b)
= TRUE  AND  (a OR b)  AND NOT (a AND b)  AND  TRUE
= (a OR b) AND NOT Uebertrag
```

Damit besteht der Halbaddierer nur noch 3+1 Schaltelementen; die Anwendung der Logik-Algebra (**Boolesche Algebra**) hat einen Gewinn an Rechengeschwindigkeit und Material gebracht. Die folgende Abbildung zeigt das aus den Schaltfunktionen resultierende **Schaltbild** des Halbaddierers:

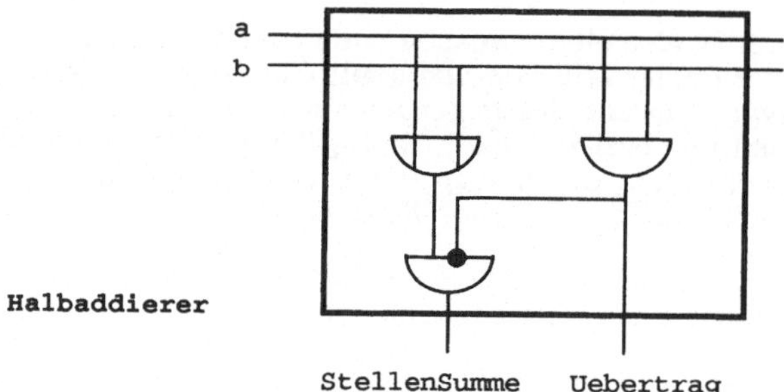


```
1    PROGRAM HalbAdd (Output);
2    (* Verknuepfungstabelle des Halbaddierers zweier Dualziffern. *)
3    VAR
4       a, b, StellenSumme
5            , Uebertrag    :  BOOLEAN;
6       pos                 :  INTEGER;
7    BEGIN
8    WriteLn ('a' :2, 'b' :2                 , ' | ':5
9                   , 'Stellen-Summe' :13, ' | ':5, 'Uebertrag' :9);
10   FOR pos := 1 TO 36 DO Write ('-');   WriteLn;
11   FOR a := FALSE TO TRUE DO
12      FOR b := FALSE TO TRUE DO BEGIN
13          Uebertrag    := a AND b;
14          StellenSumme := (a OR b) AND NOT Uebertrag;
15          WriteLn (ORD (a) :2, ORD (b) :2, ' | ':5
16                  ,ORD (StellenSumme) :13, ' | ':5, ORD (Uebertrag) :1);
17      END; (*FOR b*)
18   END.
```

```
AUSGABE:         a b  |  Stellen-Summe  |  Uebertrag
                 --------------------------------------
                 0 0  |             0  |  0
                 0 1  |             1  |  0
                 1 0  |             1  |  0
                 1 1  |             0  |  1
```

3.11 Programm Menu0

In einem Menü werden dem Benutzer des Programms verschiedene Funktionen angeboten, hier die Addition und Subtraktion reeller Zahlen. Ein Dialog der folgenden Art soll möglich sein:

```
DIALOG:

(Bildschirm wird gelöscht)              ARITHMETIK
                                        ---------------
                                        1. Addieren
                                        2. Subtrahieren

                                        0. Ende
                                        ---------------
                                        Auswahl: 1

(Bildschirm wird gelöscht)      Zwei Zahlen:   2.3     5.6
                                Summe = 7.900

(Bildschirm wird gelöscht)              ARITHMETIK
                                        ---------------
                                        1. Addieren
                                        2. Subtrahieren

                                        0. Ende
                                        ---------------
                                        Auswahl: 2

(Bildschirm wird gelöscht)      Zwei Zahlen:   2.3     5.6
                                Differenz = -3.300

(Bildschirm wird gelöscht)              ARITHMETIK
                                        ---------------
                                        1. Addieren
                                        2. Subtrahieren

                                        0. Ende
                                        ---------------
                                        Auswahl: 0
```

Das folgende Programm schreibt zu Beginn die Liste der Auswahlpunkte. Eine REPEAT-Schleife entläßt den Benutzer nur mit einer gültigen Auswahl. Danach werden die beiden Operanden gelesen und entsprechend der Auswahl verarbeitet. Nach der Ergebnisanzeige erscheint wieder das Menü; die Auswahl 0 beendet das Programm. Alle Eingabemöglichkeiten kommen in der CASE-Anweisung als Fallkonstante vor. Die Lesbarkeit wird mit dem Verwenden der logischen Variablen *gueltig* und *Ende* erhöht.

Das Programm in Turbo Pascal benutzt die Prozedur *ClrScr* (Zeilen 14 und 28),
die den Bildschirm löscht (engl.: clear screen). *ClrScr* ist in der Bibliothek *Crt*
enthalten, die zu Beginn mit der USES-Klausel geladen werden muß (Zeilen 3
und 4). Diese Art, einem Programm zusätzliche vordefinierte Prozeduren zur
Verfügung zu stellen, ist in anderen Pascal-Dialekten über die gleiche Syntax
geregelt.

```
1    PROGRAM Menu0;
2    (* Menu-gesteuerter Ablauf eines interaktiven Programms. *)
3    USES
4       Crt;    (* stellt u.a. die Prozedur ClrScr zur Verfuegung *)

5    VAR
6       Zahl1, Zahl2, Ergebnis :  REAL;
7       Auswahl                :  INTEGER;
8       gueltig, Ende          :  BOOLEAN;

9    BEGIN
10   Ende :=  FALSE;
11   REPEAT
12      (* Menumaske *)
13      ClrScr;
14      WriteLn;
15      WriteLn (' ' :20, 'ARITHMETIK');
16      WriteLn (' ' :20, '---------------');
17      WriteLn (' ' :20, '1. Addieren');
18      WriteLn (' ' :20, '2. Subtrahieren');
19      WriteLn;
20      WriteLn (' ' :20, '0. Ende');
21      WriteLn (' ' :20, '---------------');

22      (* Auswahl waehlen *)
23      Write (' ':20, 'Auswahl: ');
24      REPEAT
25         ReadLn (Auswahl);
26         gueltig :=  (0 <= Auswahl) AND (Auswahl <= 2);
27         UNTIL gueltig;

28      (* Rechnen *)
29      ClrScr;
30      CASE Auswahl OF

31         1 : BEGIN
32             Write ('Zwei Zahlen:   ');   ReadLn (Zahl1, Zahl2);
33             Ergebnis := Zahl1 + Zahl2;
34             WriteLn ('Summe = ', Ergebnis :1:3);   ReadLn;
35             END;

36         2 : BEGIN
37             Write ('Zwei Zahlen:   ');   ReadLn (Zahl1, Zahl2);
38             Ergebnis := Zahl1 - Zahl2;
39             WriteLn ('Differenz = ', Ergebnis :1:3);   ReadLn;
40             END;

41         0 : Ende :=  TRUE;

42         END; (*CASE*)

43      UNTIL Ende;
44   END.
```

3.12 Zusammenfassung

❑ Der Wertebereich des Datentyps BOOLEAN umfaßt nur die beiden Werte FALSE und TRUE, die mit 0 und 1 numeriert sind. Die Werte des Typs BOOLEAN sind abzählbar; er ist – wie INTEGER – ein Aufzählungstyp.

❑ Als Operationen auf dem Typ BOOLEAN sind die Verknüpfungen AND, OR und NOT erklärt. Sie sind wie in der Aussagenlogik definiert. Auch gelten die dort hergeleiteten Gesetze der booleschen Algebra wie kommutative, distributive und de Morgans Gesetze.

❑ Variablen vom Typ BOOLEAN können Ergebnisse logischer Ausdrücke zugewiesen werden, z.B. arithmetische Vergleiche. Logische Ausdrücke, insbesondere logische Variable, können als Bedingungen in Schleifen und bedingten Anweisungen auftreten.

❑ Boolesche Variable kommen oft als Schalter oder Signale (engl. switch, flag) vor. Außerdem dienen sie als Zwischenspeicher für Werte umfangreicher logischer Ausdrücke. Bei geeigneter Benennung können sie den Quellcode lesbarer machen und zur Selbstdokumentation beitragen.

3.13 Aufgaben

1. Erweitern Sie das Programm *Raten3* (3.3) so, daß eine Zahl zwischen 1 und 1000 gesucht werden kann. Der Benutzer soll dann das erfolglose Raten mit der Zahl 0 abbrechen können. Verwenden Sie dazu eine boolesche Variable *abbrechen*. Das Programm soll dem Benutzer auch mitteilen, wieviele Versuche er unternommen hat.

2. Das Programm der Aufgabe 1 kann noch verfeinert werden: Ein Spieler bestimmt die Zahl und gibt den Bereich an, innerhalb dem ein zweiter Spieler die Zahl zu suchen hat. Das Programm antwortet nach jedem Versuch mit dem Hinweis, ob die richtige Zahl größer oder kleiner ist. Welches ist dann die beste Suchstrategie? Wieviele Versuche sind damit höchstens nötig?

3. Schreiben Sie das Programm *PosNeg* (2.14) um, indem Sie eine logische Variable *positiv* einführen.

4. Bestätigen Sie mit einer programmerzeugten Wahrheitstafel die Gültigkeit der zueinander dualen **distributiven Gesetze** der Booleschen Algebra:

```
a AND (b OR  c)  =  (a AND b) OR  (a AND c)
a OR  (b AND c)  =  (a OR  b) AND (a OR  c)
```

5. Schreiben Sie ein Programm, das die Gültigkeit der Formel

```
(a AND b) OR (a OR c)  =  a AND c
```

mit einer Wertetabelle beweist bzw. widerlegt.

6. Bei einer größeren Zahl beteiligter Operanden wird die Tabelle schnell sehr umfangreich. Verzichten Sie also auf den Druck der Tabelle und lassen Sie das Programm nur das Resultat der Prüfung mitteilen: "Die Formel ist richtig." bzw. "Die Formel ist nicht richtig." Testen Sie Ihr Vorgehen an der Formel der vorigen Aufgabe, und wenden Sie es auf die folgende Formel an:

$$a \text{ AND } (b \text{ OR NOT } c) \text{ OR NOT } (a \text{ AND } d) \text{ AND } (b \text{ OR } e)$$
$$= (a \text{ OR NOT } c) \text{ AND NOT } (b \text{ OR } d) \text{ OR } (\text{NOT } a \text{ AND } e)$$

7. Lassen Sie diejenigen Wert-Kombinationen der Operanden a, b, c und d anzeigen, für die der logische Ausdruck

$$(a \text{ AND } b \text{ OR } c) \text{ OR } (b \text{ OR NOT } c) \text{ AND } (a \text{ OR } d) \text{ AND NOT } (c \text{ OR } d)$$

den Wahrheitswert TRUE annimmt.

8. Programmieren Sie die Verknüpfungstabelle des Halbaddierers mit der im Text zu Programm *Halbadd* (3.10) vorgestellten umständlicheren Schaltfunktion für *StellenSumme*. Entwerfen Sie auch dazu das Schaltbild.

9. Ermitteln Sie zu dem folgenden Schaltbild die zugehörigen Schaltfunktionen x = f(a,b,c) und y = g(a,b,c) in Form logischer Ausdrücke bzw. als Wertetabellen:

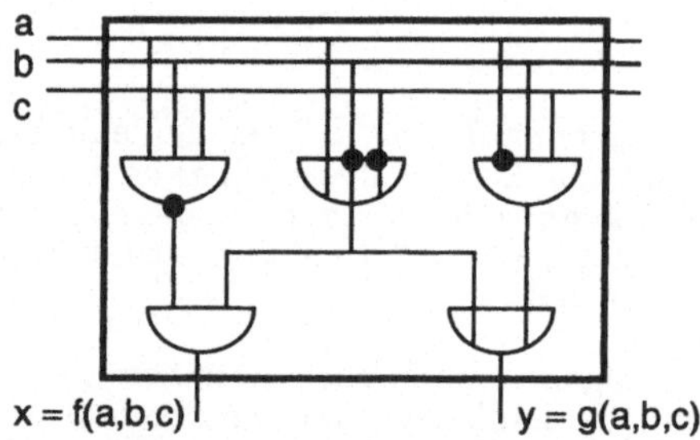

10. Gegeben sind zwei Mengen $M_1 = \{x \mid x > -2\}$ und $M_2 = \{x \mid x < +2\}$, deren Elemente ganze Zahlen sind. Ein Programm soll mit Hilfe von booleschen Variablen und Ausdrücken von jeder gelesenen Zahl feststellen, ob sie zum Komplement der Schnittmenge gehört.

11. Erweitern Sie das Programm *Menu0* (3.11) um die Module "Multiplikation" und "Division".

12. In einer Werkhalle sind 3 Maschinen A, B und C aufgestellt, die von der gesamten zur Verfügung stehenden Energie 30%, 40% bzw. 50% verbrauchen. Die Firma hat mit dem Energieversorgungsunternehmen einen Vertrag geschlossen, der bis 75% Ausnutzung einen Sondertarif gewährt, danach muß ein empfindlicher Zuschlag gezahlt werden. Wie sehen Schaltfunktionen und Schaltbild für die Signale aus, mit denen dem Werkmeister angezeigt wird, daß gerade nach dem erhöhten Tarif abgerechnet wird bzw. daß die gewünschten Maschinen nicht gleichzeitig betrieben werden können.

4 Die Datenstruktur ARRAY – Modulare Programme

Dieses Kapitel behandelt in den Beispielprogrammen:

- Die Datenstruktur ARRAY

- Modularisieren mit PROCEDURE und FUNCTION

- Globale und lokale Variable

- Definition eigener Datentypen mit TYPE

- Sortieren durch Auswahl und durch Einfügen

- Sequentielles und binäres Suchen

- Abstrakte Datentypen

- Horner-Schema zur Auswertung von Polynomen

- Feldschema-Parameter

4.1 Programm Extrema0

Wenn in den bisherigen Beispielen Zahlenkolonnen verarbeitet wurden, dann
wurde jeder Zahlwert in einen Speicherplatz gelesen und sofort ausgewertet
(verglichen, addiert etc.). Danach wurde die nächste gelesene Zahl im gleichen
Speicherplatz abgelegt und ebenfalls sofort ausgewertet. Nachdem alle Zahlen
gelesen waren, lag zwar das Ergebnis (Maximum, Summe etc.) vor; die einzelnen Zahlwerte aber waren (bis auf den letzten) verlorengegangen. Sie konnten
der Mitteilung des Ergebnisses nicht beigefügt werden.

Dem könnte man abhelfen, indem man

1. die Werte unmittelbar nach dem Lesen anzeigt.
2. die Werte in separaten Speicherplätzen ablegt und bei der Ausgabe wieder
   abruft.

Die erste Methode ist prinzipiell als Eingangskontrolle empfehlenswert; trotzdem stehen die Eingabewerte im Programm nicht mehr zur Verfügung. Auch
ist so keine klare Trennung von Eingabe- und Ausgabeteil des Programms
möglich. Bei der zweiten Methode muß man eine genügende Anzahl von Variablen deklarieren, was bei großen Zahlenkolonnen nicht praktikabel ist. Man
müßte sich sehr viele Variablennamen ausdenken und sie auch verwalten.
Der Code zu ihrer Verarbeitung würde gewaltige Ausmaße annehmen.

Eine Lösung bietet die Anwendung der Datenstruktur ARRAY (engl. für An-
einanderreihung). Auf deutsch wird sie als **Feld** bezeichnet, im eindimensionalen Falle – wie in diesem Kapitel – auch als **Liste**. ARRAY bewirkt die Zusammenfassung einer festen Anzahl von Speicherplätzen gleichen Typs unter
einem gemeinsamen Variablennamen.

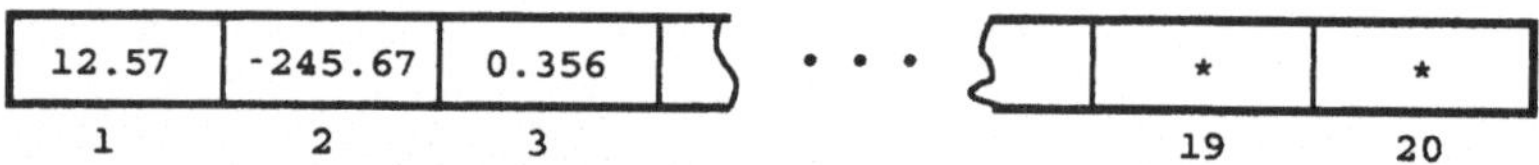

Die Grafik zeigt ein Feld, das unter dem Namen *Zahlen* zwanzig Speicherplätze (**Komponenten** oder **Elemente**) vereint, die von 1 bis 20 numeriert sind. Die
zugehörige Variablendeklaration lautet:

```
VAR
     Zahlen :  ARRAY [1 .. 20] OF REAL;
```

Die beiden Punkte .. haben die Bedeutung "bis" und müssen zusammenge-
schrieben sein. Mit einer solchen Felddeklaration wird festgelegt, von welchem Datentyp die Komponenten des Feldes sind; man spricht vom **Basistyp**
des ARRAY (hier: REAL). Auf die dritte Komponente des Feldes wird mit

```
     Zahlen [3]
```

direkt zugegriffen. Sie hat den **Index** 3 und als Inhalt die reelle Zahl 0.356.
Zahlen [3] kann wie jeder REAL-Variablen ein Wert zugewiesen und in einem
Ausdruck benutzt werden. Auch *Read* und Write sind anwendbar.

Im Beispiel wird das Programm *Extrema* (2.16) aus Kapitel 2 weitergeführt. Es zeigt, wie Felder in Schleifen effektiv verarbeitet werden. Zur Speicherung reeller Zahlen stehen 20 Komponenten des Feldes *Zahlen* zur Verfügung. Wieviele davon der Benutzer tatsächlich benötigt, muß er in dieser Version zählen und angeben – keine komfortable Methode. Entsprechend oft werden dann die beiden FOR-Schleifen durchlaufen, von denen die erste das Einlesen, die zweite die Verarbeitung besorgt. Der Inhalt der überzähligen Komponenten bleibt undefiniert. Anfangswert für *Minimum* und *Maximum* ist der Inhalt der ersten Komponente.

```
1     PROGRAM Extrema0 (Input, Output);
2     (* Ein Feld fuer 20 reelle Komponenten wird mit einer Anzahl von *)
4     (* Werten besetzt. Deren Maximum und Minimum wird bestimmt.       *)
6     VAR
7         Zahlen              : ARRAY [1 .. 20] OF REAL;
8         Maximum, Minimum :   REAL;
9         Anzahl, Position :   INTEGER;

10    BEGIN
11    (* Lies Anzahl und die Zahlen *)
12    ReadLn (Anzahl);    (* Achtung: Anzahl <= 20 *)
13    FOR Position := 1 TO Anzahl DO  ReadLn (Zahlen [Position]);

14    (* falls Anzahl > 0 *)
15    IF Anzahl > 0 THEN BEGIN

16        (* suche die Extremwerte *)
17        Maximum :=  Zahlen [1];
18        Minimum :=  Zahlen [1];
19        FOR Position := 2 TO Anzahl DO
20           IF Zahlen [Position] < Minimum
21              THEN Minimum :=  Zahlen [Position]
22              ELSE IF Zahlen [Position] > Maximum
23                      THEN Maximum :=  Zahlen [Position]
24           ; (*IF-Zahlen*)

25        (* Teile Ergebnis mit *)
26        WriteLn ('Der kleinste Wert betraegt ', Minimum :10:4);
27        WriteLn ('Der groesste Wert betraegt ', Maximum :10:4);
28        END; (*IF-Anzahl*)
29    END.
```

```
EINGABE:    8            AUSGABE:   Der kleinste Wert betraegt   -245.6700
            12.57                   Der groesste Wert betraegt   8354.2400
            -245.67
            0.356
            -91.5254
            8354.24
            1.22
            -0.119
            23.8
```

Allgemein lautet die Syntax der Deklaration einer Variablen als Feld:

```
Variablen-Name :  ARRAY [a .. b] OF Basis-Typ;
```

a und b müssen **konstante** Werte eines Aufzählungstyps sein (bisher: INTE-GER oder BOOLEAN). Sie sind untere und obere Grenze des **Indexbereichs**, und natürlich ist $a \leq b$. Das ARRAY ist eine Datenstruktur, auf deren Komponenten **direkter Zugriff** (engl.: direct access) besteht.

Der Versuch, eine Komponente mit einem nicht zugelassenen Index zu adressieren, wird mit dem Laufzeitfehler "Bereichsüberschreitung" (o.ä.) beantwortet. Diese **Bereichsüberprüfung** (engl.: range checking) ist in der Testphase der Programm-Entwicklung sehr nützlich; sie kann aber danach bei den üblichen Implementationen wie Turbo Pascal mit einem Compiler-Schalter deaktiviert werden, was die Ausführungsgeschwindigkeit erhöht. In Kapitel 6 wird darauf zurückzukommen sein.

Die früher vorgestellten Typen INTEGER, REAL und BOOLEAN waren einfache Datentypen. Der Konstruktor ARRAY setzt aus einer Reihe von Speicherplätzen einen neuen, **strukturierten Datentyp** zusammen (daher auch: **zusammengesetzter Datentyp**): die Speicherplätze sind geordnet und numeriert; sie haben einen gemeinsamen Basistyp und einen gemeinsamen Namen.

Basistyp der Datenstruktur ARRAY kann jeder bisher eingeführte Typ sein, auch die Struktur ARRAY selbst. Weitere Beispiele für Felddeklarationen sind

```
VAR
    Wertel, Werte2 :   ARRAY [-3 .. 8]        OF REAL;
    Duo            :   ARRAY [FALSE .. TRUE] OF INTEGER;
    Logik          :   ARRAY [0 .. 63]        OF BOOLEAN;
```

Einzelnen Elementen der so erklärten Felder können unter Angabe von Feldname und Elementnummer Werte zugewiesen werden:

```
Wertel [-1]  :=   3.7e5;
Duo [TRUE]   :=   603;
Logik [14]   :=   FALSE;
```

Auch sonst können diese Elemente wie normale Speicherplätze behandelt werden:

```
Werte2 [ 5] :=  Wertel [-1];
ReadLn (Werte [6]);
Zahlen [5] :=  Duo [TRUE] + 25 * Zahlen [17];
WriteLn (Logik [14]);
```

Der einzige vordefinierte Operator, der für die Struktur ARRAY als ganzes erlaubt ist, ist die Zuweisung, z.B. `Werte2 := Wertel`. Die Vergleichsoperatoren sind nicht anwendbar. `Logik [-5]` ergibt einen Laufzeitfehler.

4.2 Programm Extremal

Anfangs- und End-Index eines Feldes sind konstante Werte, die während des Programmlaufs nicht verändert werden können. Man muß sich vor der Übersetzung des Quellcodes für eine geeignete Dimensionierung entscheiden. Will man die Dimension des Feldes verändern, hat man das Quellprogramm an allen Stellen zu ändern, die auf die maximale Ausdehnung des Feldes (seine Länge) Bezug nehmen. Führt man für die obere Grenze des Indexbereichs

```
1        PROGRAM Extremal (Input, Output);
2        (* Sucht Extrema und deren Position in einem Zahlenfeld *)
3        CONST
4           max = 20;  (* maximale Anzahl der Feldelemente *)

5        VAR
6           Zahlen                              :  ARRAY [1..max] OF REAL;
7           Wert, Maximum, Minimum              :  REAL;
8           Anzahl, Position, MaxPos, MinPos :  INTEGER;

9        BEGIN
10       (* Besorge Werte fuer Feldelemente und merke Anzahl *)
11       Position :=   0;
12       ReadLn (Wert);
13       WHILE (Wert > -1.0e6) AND (Position < max) DO BEGIN
14          Position              :=  Position + 1;
15          Zahlen [Position] :=  Wert;
16          ReadLn (Wert);
17          END; (*WHILE*)
18       Anzahl :=  Position;

19       IF Anzahl > 0 THEN BEGIN
20          (* Suche die Extremwerte *)
21          Minimum :=  Zahlen [1];   MinPos :=  1;
22          Maximum :=  Zahlen [1];   MaxPos :=  1;
23          FOR Position := 2 TO Anzahl DO BEGIN
24             Wert :=  Zahlen [Position];
25           IF Wert < Minimum THEN BEGIN
26              Minimum :=  Wert;   MinPos  :=  Position;
27              END
28           ELSE IF Wert > Maximum THEN BEGIN
29              Maximum :=  Wert;   MaxPos  :=  Position;
30              END
31           ; (*IF*)
32           END; (*FOR*)

33          (* Teile Ergebnis mit *)
34          WriteLn ('Folgende Zahlwerte liegen vor:');
35          WriteLn;
36          FOR Position := 1 TO Anzahl DO
37             WriteLn (Position :5, '.':1, Zahlen [Position] :15:5);
38          WriteLn;
39          WriteLn ('Kleinster Wert: ', Minimum :10:4
40                                    , ' an ', MinPos :2,'. Stelle');
41          WriteLn ('Groesster Wert: ', Maximum :10:4
42                                    , ' an ', MaxPos :2,'. Stelle');
43          END; (*IF-Anzahl*)
44       END.
```

```
EINGABE:                     AUSGABE:

                             Folgende Zahlwerte liegen vor:

12.57                         1.       12.57000
-245.67                       2.     -245.67000
0.356                         3.        0.35600
8354.24                       4.     8354.24000
1.22                          5.        1.22000
     -1000000
                             Kleinster Wert:  -245.6700 an  2. Stelle
                             Groesster Wert:  8354.2400 an  4. Stelle
```

eine Konstante *max* ein und nimmt im Programmtext nur auf diese Bezug (z.B. Zeile 13), beschränkt sich die Anpassung auf eine Änderungen des Konstanten-Wertes in der CONST-Deklaration.

Anstelle des Benutzers kann auch das Programm selbst die Anzahl der Werte in der Lese-Schleife (Zeilen 13 - 17) mitzählen. Die Lese-Schleife wird abgebrochen, wenn entweder der Benutzer die vereinbarte Zahl -1 000 000 angibt, oder wenn kein Element des Feldes mehr unbesetzt ist (Anweisung 13). Jeder Eingabewert wird erst in einen Hilfsspeicher *Wert* abgelegt und nur dann in die nächste Feldposition kopiert, wenn er nicht der Abbruchwert ist.

Diese Programmversion merkt sich neben den Extrema auch die Indizes der Feld-Elemente, in denen die Extremwerte stehen (Zeile 26 u 29). In Zeile 24 wird das momentan zu untersuchende Feldelement in den Hilfsspeicher Wert zwischengespeichert: folgende Zugriffe auf diesen Wert (Zeilen 25, 26, 28 und 29) lassen sich damit leichter durchführen als durch wiederholte Suche nach der gleichen Feldkomponente.

4.3 Programm Extrema2

Die Aufteilung des Programms in die funktionalen Einheiten "Eingabe", "Verarbeitung" und "Ausgabe" kann noch konsequenter durchgeführt werden: jede Funktion wird in ein **Unterprogramm** verlagert, dem ein Name zugeordnet ist. Pascal kennt zwei Arten von Unterprogrammen: **Prozeduren** (Schlüsselwort PROCEDURE) und **Funktionen** (Schlüsselwort FUNCTION). Sie bilden die **Bausteine** (oder **Module**) eines übergeordneten Programms.

Jeder funktionale Teil von *Extrema1* (4.2) wird mit BEGIN und END geklammert und bekommt hinter dem Schlüsselwort PROCEDURE eine Bezeichnung. Diese Prozedurbezeichner von *Extrema2* sind identisch mit den Kommentaren in *Extrema1* (Ausnahme: Die Leerstellen müssen durch Unterstreichungszeichen "_" ersetzt werden). Abgesehen von den zusätzlichen VAR-Deklarationen, die weiter unten erläutert werden, sind damit die **PROCEDURE-Deklarationen** abgeschlossen. Sie gehören zum Deklarationsteil des Programms.

Die Anweisungen des sog. **Hauptprogramms** verkürzen sich auf **Prozeduraufrufe** durch Nennung der Prozedurnamen. Das Hauptprogramm steuert die Abfolge der Unterprogramme und liest sich wie eine **Grobfassung** des Programms; die Details (**"Verfeinerungen"**) stehen in den Unterprogrammen.

Die folgende Darstellung wird als **Aufrufdiagramm** bezeichnet. Es zeigt in einer Baumgraphik, welches Modul welche anderen Module aufruft, und in welcher Reihenfolge (von links nach rechts) das geschieht.

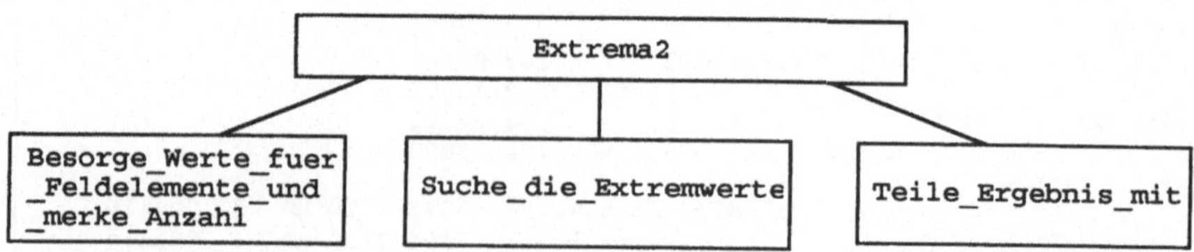

```
1      PROGRAM Extrema2 (Input, Output);
2      (* Wie Extrema1, aber mit Prozeduren modularisiert *)
3      CONST
4         max = 20;                      (* maximale Anzahl der Feldelemente *)

5      VAR
6         Zahlen                 : ARRAY [1..max] OF REAL;
7         Maximum, Minimum       : REAL;
8         Anzahl, MaxPos, MinPos : INTEGER;

9      PROCEDURE Besorge_Werte_fuer_Feldelemente_und_merke_Anzahl;
10        VAR
11           Wert     : REAL;
12           Position : INTEGER;
13        BEGIN
14        Position := 0;
15        ReadLn (Wert);
16        WHILE (Wert > -1.0e6) AND (Position < max) DO BEGIN
17           Position              := Position + 1;
18           Zahlen [Position] := Wert;
19           ReadLn (Wert);
20           END; (*WHILE*)
21        Anzahl := Position;
22        END; (* Besorge_Werte_fuer_Feldelemente_und_merke_Anzahl *)

23     PROCEDURE Suche_die_Extremwerte;
24        VAR
25           Wert     : REAL;
26           Position : INTEGER;
27        BEGIN
28        Minimum := Zahlen [1];   MinPos := 1;
29        Maximum := Zahlen [1];   MaxPos := 1;
30        FOR Position := 2 TO Anzahl DO BEGIN
31           Wert := Zahlen [Position];
32           IF Wert < Minimum THEN BEGIN
33              Minimum := Wert;
34              MinPos  := Position;
35              END
36           ELSE IF Wert > Maximum THEN BEGIN
37              Maximum := Wert;
38              MaxPos  := Position;
39              END;
40           ; (*IF*)
41           END; (*FOR*)
42        END; (* Suche_die_Extremwerte *)

43     PROCEDURE Teile_Ergebnis_mit;
44        VAR
45           Position : INTEGER;
46        BEGIN
47        WriteLn ('Folgende Zahlwerte liegen vor:');
48        WriteLn ;
49        FOR Position := 1 TO Anzahl DO
50           WriteLn (Position :5, '.':1, Zahlen [Position] :15:5);
51        WriteLn ;
52        WriteLn ('Kleinster Wert: ', Minimum :10:4
53                                    , ' an ', MinPos :2, '. Stelle');
54        WriteLn ('Groesster Wert: ', Maximum :10:4
55                                    , ' an ', MaxPos :2, '. Stelle');
56        END; (* Teile_Ergebnis_mit *)

                                    (Hauptprogramm auf der nächsten Seite)
```

```
(Fortsetzung von Programm Extrema2)

57    BEGIN (* Hauptprogramm *)
58    Besorge_Werte_fuer_Feldelemente_und_merke_Anzahl;
59    IF Anzahl > 0 THEN BEGIN
60       Suche_die_Extremwerte;
61       Teile_Ergebnis_mit;
62       END; (*IF*)
63    END.
```

```
EINGABE und AUSGABE:   wie in Programm Extrema1 (4.2)
```

Eine Verbindung der Unterprogramme besteht nicht nur über das Hauptprogramm, sondern auch über die Daten, die sie bearbeiten. Eine Prozedur besorgt das Datenmaterial, das die nächste auswertet. Die dritte greift auf Datenmaterial und Ergebnis der Auswertung zurück. Die Prozeduren tauschen also Daten untereinander aus. Daten, die von zwei Unterprogrammen gemeinsam benötigt werden, bilden deren **Schnittstelle**. Die erste Prozedur hat mit der zweiten und auch der dritten Prozedur als Schnittstelle die Variablen *Zahlen* und *Anzahl*; Schnittstelle zwischen zweiter mit dritter Prozedur sind die Variablen *Maximum*, *Minimum*, *MaxPos* und *MinPos*.

Bei der hier vorgestellten Modularisierung sind alle Schnittstellengrößen im Hauptprogramm "global" erklärt. **Alle** Unterprogramme können auf **globale** Konstanten und Variablen zugreifen und sie entweder nur benutzen ("lesen") oder aber auch verändern ("schreiben"). Die Variablen *Wert* und *Position* sind **lokale** Größen der jeweiligen Prozedur. Sie dienen als Zwischenspeicher bzw. zur Schleifenkontrolle und sind nur innerhalb des Unterprogramms bekannt, in dem sie deklariert worden sind. Dem Hauptprogramm stehen die lokalen Variablen *Wert* oder *Position* nicht zur Verfügung! **Achtung: FOR-Schleifen-Zähler müssen immer lokal deklariert werden!**

Am Beispiel erkennt man die Syntax einer Prozedur-Deklaration. Eine Prozedur erscheint als Unterprogramm wie ein "Programm im Programm": lediglich das einleitende Schlüsselwort heißt jetzt PROCEDURE (statt PROGRAM). Auf das Prozedur-END folgt ein Semikolon statt eines Punkts:

```
PROCEDURE Prozedur-Name;
   Deklarationsteil;
   BEGIN
   Anweisungen;
   END; (* Prozedur-Name *)
```

Prozeduren kann man auch als selbstdefinierte Pascal-Befehle auffassen: einmal deklarierte Prozeduren können später an jeder sinnvollen Stelle als Anweisungen aufgerufen werden. Anders ausgedrückt: einmal geschriebener Programmcode kann beliebig oft benutzt werden. Auf diese **Wiederverwend-barkeit** von Code wird später noch einzugehen sein.

Folgende weitere Überlegungen sprechen für die Unterprogrammtechnik:

Ein umfangreiches Programm wird in kleinere Abschnitte unterteilt, in denen weniger komplexe Aufgaben in überschaubarem Code erledigt werden. Dies fördert die **Top-Down-Entwicklung** eines Programms: Man benennt zuerst die wichtigsten Teilaufgaben eines Programms und formuliert deren Lösungen in den Unterprogrammen. Sind die Teilaufgaben selbst noch zu komplex, können sie ihrerseits in weitere Unterprogramme unterteilt werden. Man bedient sich der **Methode der schrittweisen Verfeinerung**.

Die Verlegung von Teilproblemen in Unterprogramme befördert die **Bearbeitung in Gruppen**: Jede Gruppe ist für ein oder mehrere Bausteine verantwortlich.

Die Zerlegung des Programms in **Unterprogramme als Bausteine (Module)** erleichtert es, Änderungen im Programm vorzunehmen: man sucht den Baustein, dessen Arbeitsweise geändert werden soll, und führt die **Änderung nur lokal** in diesem Baustein durch. Evtl. tauscht man den ganzen Baustein gegen einen anderen aus. Dies geht um so einfacher, je dichter der **Baustein gegen seine Umgebung abgeschottet** ist. Die Verwendung globaler Variabler steht dem entgegen; sie wird durch die unten eingeführte Technik der Parametrisierung weitgehend ersetzt.

Durch sinnvolle Benennung der Prozeduren erreicht man bessere Lesbarkeit des Hauptprogramms. Ein modular gestaltetes Programm **dokumentiert sich weitgehend selbst**.

4.4 Programm Rechnen1

Das Prinzip der Modularisierung wird an einem trivialen Beispiel wiederholt. Die Aufgabe des Programms ist im Anweisungsteil des Hauptprogramms stichwortartig beschrieben. Die Details sind in den Prozeduren *Lies_zwei_Zahlen*, *Bilde_Produkt* und *Schreibe_Ergebnis* formuliert.

Die Schnittstelle zwischen erster und zweiter Prozedur besteht aus den globalen Variablen x und y. Die erste Prozedur beschreibt sie mit den von INPUT gelesenen Werten, die zweite verwendet sie zur Berechnung des Wertes für *Produkt*. Obwohl die zweite Prozedur x und y nur lesen darf, kann nicht verhindert werden, daß sie deren Werte willkürlich verändert. Eine Zuweisung wie x := 2*y ergäbe unerwartete Ergebnisse. Man spricht von **Seiteneffekt** bei der Verwendung globaler Variabler. Analoges gilt für die Schnittstellen zwischen den anderen Prozeduren.

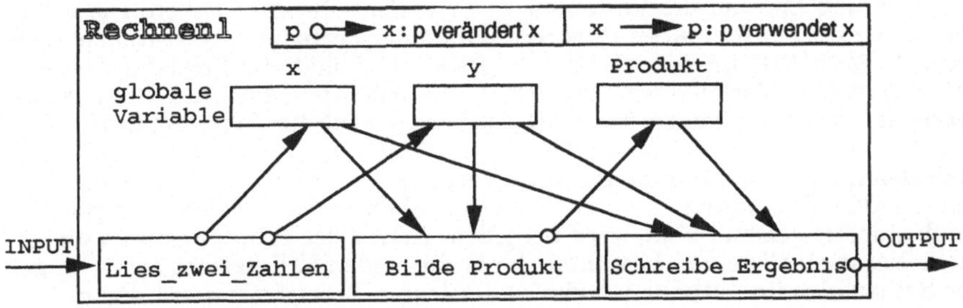

Wird die Arbeit an den Teilaufgaben auf verschiedene Gruppen verteilt, muß
eine Liste der global verfügbaren Größen (Konstante, Variable und Datentypen) mit deren Verwendungszweck allen Gruppen bekannt gemacht werden.
An deren vereinbarte Namen und Bestimmungen müssen sich alle halten.

```
1       PROGRAM Rechnen1 (Input, Output);
2       (* zeigt die Verwendung parameterloser Prozeduren *)
3       VAR
4          x, y, Produkt :   REAL;

5       PROCEDURE Lies_zwei_Zahlen;
6          BEGIN
7          ReadLn (x, y);
8          END; (* Lies_zwei_Zahlen *)

9       PROCEDURE Bilde_Produkt;
10         BEGIN
11         Produkt :=  x * y;
12         END; (* Bilde_Produkt *)

13      PROCEDURE Schreibe_Ergebnis;
14         BEGIN
15         WriteLn (x :5:2,' * ', y :5:2,' =  ', Produkt :5:2);
16         END; (* Schreibe_Ergebnis *)

17      BEGIN (* Hauptprogramm *)
18      Lies_zwei_Zahlen;
19      Bilde_Produkt;
20      Schreibe_Ergebnis;
21      END.
```

```
EINGABE:             AUSGABE:

-2.4   2.9           -2.40 *  2.90 =   -6.96
```

4.5 Programm Rechnen2

In dieser Fassung des Rechenprogramms sind nicht mehr die globalen Variablen Schnittstelle zwischen den Programmteilen. Für jede Prozedur wird indi-
viduell festgelegt, auf welche der globalen Variablen sie in welcher Weise zugreifen darf: nur im **Lesemodus** oder im **Lese- und Schreibmodus**.

Welche der globalen Größen einer Prozedur zugänglich ist, bestimmt die **aktuelle Parameterliste** des Prozedur-Aufrufs im Hauptprogramm. *Lies (x,y)* soll
heißen: "Lies Werte (von Datei INPUT) und speichere sie in die Plätze x bzw.
y". Dazu muß *Lies* auf die Variablen x und y Schreibzugriff haben. Diese For-
derung wird in der **formalen Parameterliste** der Prozedur-Deklaration berücksichtigt: *PROCEDURE Lies (VAR a, b : REAL)* bedeutet: die Prozedur *Lies* darf
auf zwei globale Variable vom Typ REAL zugreifen, und zwar nicht nur im Lesezugriff, sondern – wegen des VAR-Zusatzes – auch im Schreibzugriff.

Bedeutsam dabei ist, daß die globalen Variablen innerhalb der Prozedur unter
den **lokalen Bezeichnern** a und b angesprochen werden; welche der globalen
Größen damit gemeint sind, wird bei jedem Aufruf der Prozedur durch die aktuelle Parameterliste neu bestimmt. Im vorliegenden Fall bezieht sich – wegen
der Reihenfolge im aktuellen Aufruf – der lokale Bezeichner a auf das globale

x und das lokale b auf das globale y. Tatsächlich sind a **und** x **bzw.** b **und** y **nur andere Namen für exakt die gleichen Speicherplätze.** Eine Änderung von a oder b ist identisch mit einer Änderung von x oder y!

Aktuelle und formale Parameterlisten müssen in Anzahl, Typ und Reihenfolge der Parameter übereinstimmen! Andernfalls meldet der Compiler einen Fehler.

Die Anweisung *Multipliziere (x, y, Produkt)* des Hauptprogramms soll so verstanden werden: "Multipliziere die Inhalte von x und y und lege das Ergebnis in *Produkt* ab". *Multipliziere* soll also die Inhalte von x und y nur lesen, den Speicherplatz *Produkt* aber beschreiben. Von den Parametern der zugehörigen formalen Parameterliste ist der dritte, nämlich p, als VAR-Parameter festgelegt. Auf den entsprechenden aktuellen Parameter *Produkt* hat die Prozedur *Multipliziere* daher Schreibzugriff. Die Formalparameter a und b sind **keine** VAR-Parameter; auf sie besteht nur Lesezugriff. Tatsächlich ist a **nur eine lokale Kopie des globalen** x, ebenso b **eine lokale Kopie von** y. Eine Änderung von a oder b betrifft nicht x oder y selbst (vgl. Zeilen 12 und 13). Nach Abarbeitung der Prozedur bleiben die Speicherplätze a und b undefiniert zurück.

Die letzte Anweisung des Hauptprogramms *Schreibe (x, y, Produkt)* soll interpretiert werden als "Schreibe die Inhalte der Variablen x, y und *Produkt* (in die Datei OUPUT)." Die Prozedur *Schreibe* benötigt nur Lesezugriff auf die drei genannten Größen; die entsprechenden formalen Parameter a, b und p sind daher nicht als VAR-Parameter definiert. Von x, y und *Produkt* werden lokale Kopien unter den lokalen Namen a, b und p angefertigt, die nach Beendigung der Prozedur nicht mehr zur Verfügung stehen.

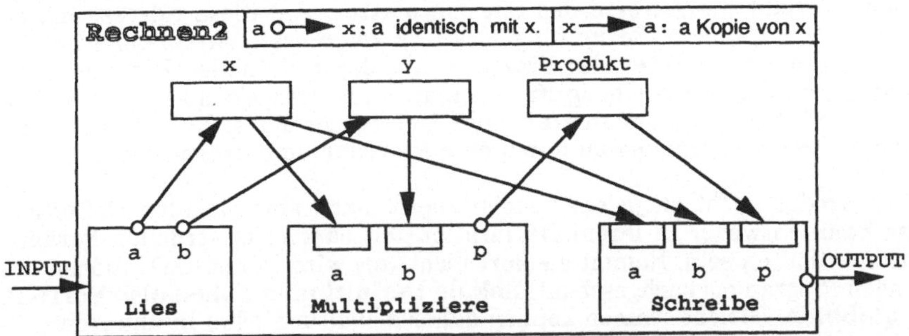

Arbeiten mehrere Programmierteams an einem Progammsystem, können sie die Bezeichner innerhalb der Unterprogramme lokal halten und damit unabhängig voneinander wählen. Die Schnittstelle zu einem rufenden Programm, z.B. dem Hauptprogramm, ist die Parameterliste. Nur über diese muß Einigkeit bestehen.

Globale Variable, deren Inhalt eine Prozedur nicht verändern darf, werden als **Wertparameter** ohne VAR-Kennung übergeben. Das rufende Programm übergibt den Wert der Variablen (engl.: call by value), von dem in der Prozedur eine lokale Kopie angelegt wird. Wertparameter sind **Eingangsparameter** der Prozedur, auf deren aktuellen Parameter die Prozedur nur Lesezugriff hat.

```
1      PROGRAM Rechnen2 (Input, Output);
2      (* Verwendung parametrisierter Prozeduren *)
3      VAR
4         x, y, Produkt :  REAL;

5      PROCEDURE Lies (VAR a, b : REAL);
6         BEGIN
7         ReadLn (a, b);
8         END; (* Lies *)

9      PROCEDURE Multipliziere (a, b : REAL;  VAR p: REAL);
10        BEGIN
11        p :=  a * b;
12         a :=  88.88;
13          b :=  99.99;
14        END; (* Multipliziere *)

15     PROCEDURE Schreibe (a, b, p : REAL);
16        BEGIN
17        WriteLn (a :5:2,' * ', b :5:2,' =  ', p :5:2);
18        END; (* Schreibe *)

19     BEGIN (* Hauptprogramm *)
20     Lies            (x, y);
21     Multipliziere (x, y, Produkt);
22     Schreibe        (x, y, Produkt);
23     END.
```

```
EINGABE und AUSGABE wie in Programm Rechnen1  (4.4)
```

Veränderungen an globalen Variablen können von der Prozedur über **Variablenparameter** mit VAR-Kennung vorgenommen werden. Das rufende Programm übergibt die Adresse des Speicherplatzes. Auf diese Adresse nimmt
der formale Parameter Bezug (engl.: call by reference). Variablenparameter
sind **Ausgangsparameter** der Prozedur, auf deren aktuellen Parameter die
Prozedur Lese- und Schreibzugriff hat. Manchmal sind globale Variable **Ein-
gangs- und Ausgangsparameter** eines Unterprogramms. Ein Beispiel wäre
ein Feld, dessen Komponenten durch eine Prozedur umgeordnet werden.

Eine Prozedur sucht zu jedem Namen zuerst nach einer lokalen Definition.
Diese kann entweder in ihrem Deklarationsteil oder ihrer formalen Parameterliste enthalten sein. Kommt sie dort nicht vor, wird in den Definitionen des
rufenden Programms nachgeschaut. **Lokale Definitionen haben also Vorrang
vor globalen.** Gleiche Namen können daher global und lokal in unterschiedlicher Bedeutung verwendet werden.

4.6 Programm Rechnen3

Da die Prozedur *Multipliziere* nur einen einzigen Wert an das rufende Hauptprogramm zurückliefert, kann die Lösung dieser Teilaufgabe auch als Funktion formuliert werden. Zur Deklaration einer Funktion dient das Schlüsselwort
FUNCTION. Der Name einer Funktion bezeichnet gleichzeitig einen Speicherplatz. Für diesen muß der Funktionstyp als Datentyp angegeben werden.

```
FUNCTION Funktions-Name (formale Parameterliste): Funktions-Typ;
```

Im Anweisungsteil einer Funktion muß dem Funktionsnamen mindestens
einmal ein Wert (vom Typ der Funktion) zugewiesen werden:

```
Funktions-Name :=  Funktions-Wert;
```

Aufgerufen wird eine Funktion durch Nennung ihres Funktionsnamens mit
aktueller Parameterliste auf der rechten Seite einer Zuweisung (allgemeiner:
innerhalb eines Ausdrucks):

```
Variablen-Name :=  Funktions-Name (aktuelle Parameterliste);
```

Der Gebrauch von Funktionen bietet sich immer dann an, wenn das Unterprogramm nur **einen** Wert zurückliefern soll und klar zwischen Eingangspara-
metern (Argumenten) und dem Ausgangsparameter (Funktionswert) unterschieden werden kann. Die Eingangsparameter sind in der Regel Wertparameter (also Kopien der aktuellen Parameter).

Da der Funktionsname auch für einen Speicherplatz steht, hätte man die Anweisungen der Zeilen 19 und 20 auch zu einem einzigen Befehl zusammenfassen können:

```
Schreibe (x, y, Multiplikation (x, y));
```

Dadurch wird der Speicherplatz *Produkt* überflüssig.

```
1      PROGRAM Rechnen3 (Input, Output);
2      (* Verwendung von Prozeduren und Funktionen mit Parameterlisten. *)

3      VAR
4         x, y, Produkt :  REAL;

5      PROCEDURE Lies (VAR a, b : REAL);
6         BEGIN
7         ReadLn (a, b);
8         END; (* Lies *)

9      FUNCTION Multiplikation (a, b : REAL): REAL;
10        BEGIN
11        Multiplikation :=  a * b;
12        END; (* Multiplikation *)

13     PROCEDURE Schreibe (a, b, p : REAL);
14        BEGIN
15        WriteLn (a :5:2,' * ', b :5:2,' =  ', p :5:2);
16        END; (* Schreibe *)

17     BEGIN (* Hauptprogramm *)
18     Lies (x, y);
19     Produkt :=  Multiplikation (x, y);
20     Schreibe (x, y, Produkt);
21     END.
```

```
EINGABE und AUSGABE wie in Programm Rechnen1 (4.4)
```

4.7 Programm Extrema3

Als Eingangs- und Ausgangsparameter von Prozeduren und Funktionen kommen auch strukturierte Datentypen wie ARRAY in Frage. In der formalen Parameterliste darf hinter dem Namen des jeweiligen Parameters nur ein **Typ-Bezeichner** stehen. Ein vom Programmierer zusammengesetzter strukturierter Datentyp muß daher in einer **Typdeklaration** einen Namen erhalten. Typdeklarationen werden mit dem Schlüsselwort TYPE eingeleitet. Sie stehen vor den VAR-, aber nach den CONST-Deklarationen (Standard). Turbo Pascal lockert diese Reihenfolge, wovon noch Gebrauch gemacht werden wird.

Will man die Prozeduren des Programms *Extrema2* (4.3) parametrisieren, ist demnach die globale Typ-Deklaration

```
TYPE
    FeldTyp =   ARRAY [1 .. 20] OF REAL;
```

notwendig. Auf den Typbezeichner *FeldTyp* kann in den folgenden formalen Parameterlisten Bezug genommen werden. Die Prozeduren tauschen Daten nicht mehr über globale Variable aus, sondern versorgen sich gegenseitig über Parameterlisten mit den nötigen Informationen. Bei umfangreichen Parameterlisten empfiehlt sich eine tabellarische Anordnung der formalen Parameter, die einen schnellen Überblick über Anzahl und Art möglich macht.

```
1     PROGRAM Extrema3 (Input, Output);
2     (* Wie Extrema2 (4.3), aber: Prozeduren sind parametrisiert. *)
3     CONST
4        max = 20;   (* maximale Anzahl der Feldelemente *)

5     TYPE
6        FeldTyp =   ARRAY [1..max] OF REAL;

7     VAR
8        Zahlen                  :  FeldTyp;
9        Maximum, Minimum        :  REAL;
10       Anzahl, MaxPos, MinPos  :  INTEGER;

11    PROCEDURE Besorge_Werte (
12                    VAR Zahlen : FeldTyp   (* Ausgang *)
13                  ; VAR Anzahl : INTEGER   (*    "    *)
14                  ;      max   : INTEGER   (* Eingang *)
15                             );
16       VAR
17          Position :  INTEGER;
18          Wert     :  REAL;
19       BEGIN
20       Position :=  0;
21       ReadLn (Wert);
22       WHILE (Wert > -1.0e6) AND (Position < max) DO BEGIN
23          Position            :=  Position + 1;
24          Zahlen [Position] :=  Wert;
25          ReadLn (Wert);
26          END; (*WHILE*)
27       Anzahl :=  Position;
28       END; (* Besorge_Werte *)
```

(Fortsetzung nächste Seite)

```
(Fortsetzung von Programm Extrema3)

29     PROCEDURE Suche_Extremwerte (
30                     Zahlen              : FeldTyp    (* Eingang *)
31             ;       Anzahl              : INTEGER    (*    "    *)
32             ; VAR Maximum, Minimum : REAL        (* Ausgang *)
33             ; VAR MaxPos,  MinPos  : INTEGER    (*    "    *)
34                             );
35       VAR
36          Position :  INTEGER;
37          Wert     :  REAL;

38       BEGIN
39       Minimum :=  Zahlen [1];    MinPos :=  1;
40       Maximum :=  Zahlen [1];    MaxPos :=  1;
41       FOR Position := 2 TO Anzahl DO BEGIN
42          Wert :=  Zahlen [Position];
43          IF Wert < Minimum THEN BEGIN
44             Minimum :=  Wert;
45             MinPos  :=  Position;
46             END
47          ELSE IF Wert > Maximum THEN BEGIN
48             Maximum :=  Wert;
49             MaxPos  :=  Position;
50             END
51          ;   (*IF*)
52          END; (*FOR*)
53       END; (* Suche_Extremwerte *)

54     PROCEDURE Teile_Ergebnis_mit (
55                     Zahlen              : FeldTyp    (* Eingang *)
56             ; Anzahl              : INTEGER    (*    "    *)
57             ; Maximum, Minimum : REAL        (*    "    *)
58             ; MaxPos,  MinPos  : INTEGER    (*    "    *)
59                             );
60       VAR
61          Position :  INTEGER;

62       BEGIN
63       WriteLn ('Folgende Zahlwerte liegen vor:');  WriteLn;
64       FOR Position := 1 TO Anzahl DO
65          WriteLn (Position :5,'.':1, Zahlen [Position] :15:5);  WriteLn;
66       WriteLn ('Kleinster Wert: ', Minimum:10:4
67                             , ' an ', MinPos:2, '. Stelle');
68       WriteLn ('Groesster Wert: ', Maximum:10:4
69                             , ' an ', MaxPos:2, '. Stelle');
70       END; (* Teile_Ergebnis_mit *)

71     BEGIN (* Hauptprogramm *)
72     Besorge_Werte (Zahlen, Anzahl, max);
73     IF Anzahl > 0 THEN BEGIN
74        Suche_Extremwerte
75                     (Zahlen, Anzahl, Maximum, Minimum, MaxPos, MinPos);
76        Teile_Ergebnis_mit
77                     (Zahlen, Anzahl, Maximum, Minimum, MaxPos, MinPos);
78        END; (*IF*)
79     END.
```

```
EINGABE und AUSGABE
     wie in Programm Extrema1 (4.2)
```

4.8 Programm Bilanz1

Zusammengehörige Datenreihen können in mehreren ARRAY gespeichert
werden, denen ein gemeinsamer Indexbereich zugrunde liegt. In diesem Beispiel sollen drei eindimensionale Felder die Einnahmen, die Ausgaben und die
Salden der vier Quartale eines Jahres aufnehmen. Welche Felder dabei zu
dem gleichen Quartal gehören, ist über den Quartalsindex definiert.

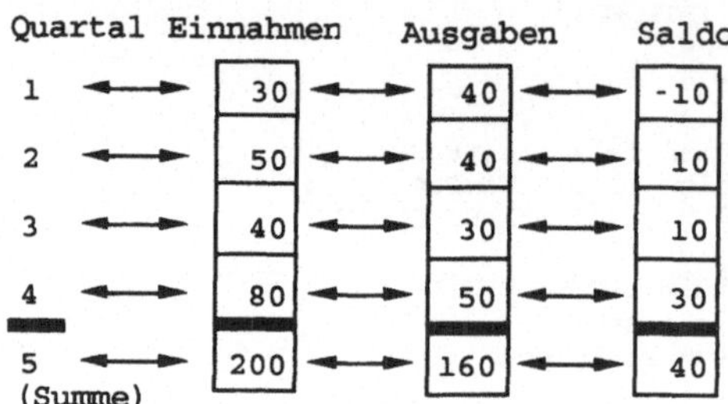

Die Werte für *Einnahmen* und *Ausgaben* werden vom Benutzer angegeben.
Das Programm berechnet die Summen der Einnahmen und Ausgaben und
speichert sie als jeweils fünften Quartalswert der Listen. Danach werden die
Differenzen der *Einnahmen* und *Ausgaben* bestimmt und in *Saldo* abgelegt.
Ein möglicher Dialog ist hier wiedergegeben.

```
DIALOG:    Quartals-Einnahmen: 30   50   40   80
           Quartals-Ausgaben : 40   40   30   50

           Quartal   Einnahmen    Ausgaben      Saldo
           ----------------------------------------------
               1        30.00        40.00       -10.00
               2        50.00        40.00        10.00
               3        40.00        30.00        10.00
               4        80.00        50.00        30.00
           ----------------------------------------------
           Summe      200.00       160.00        40.00
```

Die drei Listen haben gleich viele Komponenten des gleichen Basistyps. Es genügt also die Deklaration **einer** geeigneten ARRAY-Struktur *ListTyp*. Das Lesen der drei Listen wird von einer einzigen Prozedur *Lies* übernommen. Sie besetzt über den formalen Parameter T für jede übergebene Liste die ersten vier
Komponenten – die jeweils fünfte bleibt noch frei. Parameter erhöhen den Ein-
satzbereich von Unterprogrammen.

Die Prozedur *Summe* berechnet für jede übergebene Liste die Summe der er-
sten vier Komponenten und speichert ihren Wert in der fünften. Die Prozedur
Bilanz bildet komponentenweise die Differenz der beiden ersten Listen (formal
T1 und *T2*, aktuell *Einnahmen* und *Ausgaben*) und legt das Ergebnis in den
Komponenten der dritten übergebenen Liste ab (formal *S*, aktuell *Saldo*). Die
Prozedur *Uebersicht* erstellt eine strukturierte Darstellung der eingegebenen
Daten samt der Auswertungsergebnisse. Die Namen der formalen Parameter
sind zwar beliebig gewählt (*T1*, *T2*, *T3*), doch kommt es auf die richtige Reihen-
folge der aktuellen Parameter (*Einnahmen*, *Ausgaben*, *Saldo*) an. Andernfalls
wäre die Tabellenüberschrift nicht mehr stimmig.

```
1        PROGRAM Bilanzl (Input, Output);
2        (* Jahresbericht ueber Quartals-Einnahmen und -Ausgaben *)
3        TYPE
4           ListTyp =  ARRAY [1 .. 5] OF REAL;

5        VAR
6           Einnahmen, Ausgaben, Saldo :  ListTyp;

7        PROCEDURE Lies (VAR T : ListTyp);
8           VAR
9              pos : INTEGER;
10          BEGIN
11          FOR pos := 1 TO 4 DO Read (T [pos]);    ReadLn;
12          END; (* Lies *)

13       PROCEDURE Summe (VAR T : ListTyp);
14          VAR
15             pos : INTEGER;
16            Sum : REAL;
17          BEGIN
18          Sum :=  0.0;
19          FOR pos := 1 TO 4 DO Sum :=  Sum + T [pos];
20          T [5] :=  Sum;
21          END; (* Summe *)

22       PROCEDURE Bilanz (T1, T2 : ListTyp;    VAR S : ListTyp);
23          VAR   pos : INTEGER;
24          BEGIN
25          FOR pos := 1 TO 5 DO S [pos] :=  T1 [pos] - T2 [pos];
26          END; (* Bilanz *)

27       PROCEDURE Uebersicht (T1, T2, T3 : ListTyp);
28          VAR   pos : INTEGER;
29          BEGIN
30          WriteLn;
31          WriteLn ('Quartal':7, 'Einnahmen':12, 'Ausgaben':12, 'Saldo':12);
32          FOR pos := 1 TO 43 DO Write ('-');    WriteLn;
33          FOR pos := 1 TO 4 DO
34             WriteLn (pos:7, T1 [pos] :12:2, T2 [pos] :12:2, T3 [pos] :12:2);
35          FOR pos := 1 TO 43 DO Write ('-');    WriteLn;
36          WriteLn
37                ('Summe':7, T1 [5] :12:2, T2 [5] :12:2, T3 [5] :12:2);
38          END; (* Uebersicht *)

39       BEGIN (* Hauptprogramm *)
40       Write ('Quartals-Einnahmen: ');    Lies (Einnahmen);
41       Write ('Quartals-Ausgaben : ');    Lies (Ausgaben);
42       Summe (Einnahmen);
43       Summe (Ausgaben);
44       Bilanz     (Einnahmen, Ausgaben, Saldo);
45       Uebersicht (Einnahmen, Ausgaben, Saldo);
46       END. (* Hauptprogramm *)
```

Die Daten eines Quartals sind auf mehrere eindimensionale ARRAYs verteilt.
Die Zusammengehörigkeit der Komponenten verschiedener ARRAYs zu einer
Einheit besteht nur auf der logischen Ebene: Komponenten mit gleichem Index
bilden einen **logischen Datensatz**. In Kapitel 5 wird gezeigt, wie mehrere Listen des **gleichen** Typs in zweidimensionalen ARRAYs zusammengefaßt werden. Kapitel 9 führt die RECORD-Struktur ein, mit der physische Datensätze
aus Komponenten verschiedenartiger Datentypen gebildet werden.

4.9 Programm PersAbt1

Es werden Personaldaten behandelt; ein **logischer Datensatz** soll aus Angaben
zu Alter, Abteilungszugehörigkeit und Stundenlohn bestehen. Die **Datenfelder**
werden auf die drei eindimensionalen ARRAY *Alter*, *Abteilung* und *StdLohn*
verteilt. Eine Personal-Nummer aus dem Bereich 10001 .. 10999 dient als Index
und logische Koppelung zusammengehöriger Komponenten. Über einen Dialog sollen die Daten erfaßt und angezeigt werden, z.B.:

```
DIALOG:     Personal-Nummer [10001..10999, Ende mit <0>]: 10444
                 Alter:  44
              Abteilung:  4
            Stundenlohn:  44.44
            Personal-Nummer [10001..10999, Ende mit <0>]: 10666
                 Alter:  66
              Abteilung:  6
            Stundenlohn:  66.66
            Personal-Nummer [10001..10999, Ende mit <0>]: 10222
                 Alter:  22
              Abteilung:  2
            Stundenlohn:  22.22
            Personal-Nummer [10001..10999, Ende mit <0>]: 0
            Pers-Nr   Alter   Abteilung  Std-Lohn
            ----------------------------------------
               10222     22           2      22.22
               10444     44           4      44.44
               10666     66           6      66.66
```

Nicht alle Personalnummern müssen vergeben sein. Für nicht vergebene Personalnummern wird die Altersangabe zu 0 gesetzt, wofür eine Prozedur *Init*
sorgt. Die Prozedur *Lies* fragt den Benutzer nach einer *Nr* und besetzt die entsprechenden Komponenten der drei Listen mit den angegebenen Daten. Dabei
helfen **lokale Hilfsprozeduren:** *Lies_PersNr* achtet darauf, daß für *Nr* nur 0
oder eine Zahl aus dem Bereich *PersMin .. PersMax* angegeben wird; *Lies_Dat*
fragt nach Alter (*age*), Abteilungsnummer (*dept*) und Stundenlohn (*wage*) und
übergibt diese Angaben an die richtigen Komponenten der drei Listen (aktuelle
Parameter sind je ein einzelner Speicherplatz aus jeder Liste, Zeile 36). Hat *Nr*
den Wert 0, wird die Erfassung beendet. **Die lokalen Hilfsprozeduren sind ausserhalb *Lies* nicht sichtbar.** Sämtliche Personaldaten werden von der Prozedur
Liste_Gesamt angezeigt, die alle Positionen der Liste *Alter* anschaut. Findet
sie eine Position, an der die Altersangabe von 0 verschieden ist, besorgt sie
auch die Angaben der übrigen Listen an der gleichen Position.

Mit dem vorhandenen Datenmaterial sind vielfältige Auswertungen möglich.
So kann man nach den Personalnummern aller Mitarbeiter fragen, deren Alter zwischen 25 und 35 Jahren liegt; oder: welches ist das Durchschnittsalter
der Mitarbeiter/innen in der Abteilung 4? Solche Auswertungsprozeduren sind
schnell geschrieben und in das Programm eingefügt (Vgl. Aufgaben).

Den Personaldaten können zusätzliche Datenfelder in Form neuer ARRAYs
(Listen) hinzugefügt werden; die logischen Datensätze werden in Form von Tabellen angezeigt. Von besonderem Interesse werden natürlich Listen für die
Namen der Personen oder der Abteilungen sein. Die Speicherung von Buchstaben und Wörtern, allgemeiner: von Zeichen und Zeichenketten, wird aber erst
mit der Einführung der dazu nötigen Datentypen in Kapitel 7 möglich werden.

```pascal
1    PROGRAM PersAbtl (Input, Output);
2    (* Personaldaten - verteilt auf mehrere Listen *)
3    CONST
4       PersMin = 10001;      PersMax = 10999;
5    TYPE
6       IntListTyp  = ARRAY [PersMin .. PersMax] OF INTEGER;
7       RealListTyp = ARRAY [PersMin .. PersMax] OF REAL;

8    VAR
9       Alter, Abteilung :  IntListTyp;
10      StdLohn          :  RealListTyp;

11   PROCEDURE Init (VAR Alter : IntListTyp);
12      VAR   Nr : INTEGER;
13      BEGIN
14      FOR Nr := PersMin TO PersMax DO Alter [Nr] := 0;
15      END; (* Init *)

16   PROCEDURE Lies ( VAR Alter, Abteilung : IntListTyp
17                  ; VAR StdLohn          : RealListTyp );
18      VAR
19         Nr : INTEGER;

20      PROCEDURE Lies_PersNr (VAR Nr : INTEGER);
21         BEGIN
22         Write ('Personal-Nummer '
23                      ,'[',PersMin,'..',PersMax,', Ende mit <0>]: ');
24         REPEAT  ReadLn (Nr)
25            UNTIL (Nr = 0) OR (Nr >= PersMin) AND (Nr <= PersMax);
26         END; (* Lies_PersNr *)

27      PROCEDURE Lies_Dat (VAR age, dept : INTEGER;   VAR wage : REAL);
28         BEGIN
29         Write ('      Alter:  ');   ReadLn (age);
30         Write (' Abteilung:  ');   ReadLn (dept);
31         Write ('Stundenlohn:  ');   ReadLn (wage);
32         END; (* Lies_Dat *)

33      BEGIN (* Lies *)
34      Lies_PersNr (Nr);
35      WHILE Nr <> 0 DO BEGIN
36         Lies_Dat (Alter [Nr], Abteilung [Nr], StdLohn [Nr]);
37         Lies_PersNr (Nr);
38         END;  (*WHILE*)
39      END; (* Lies *)

40   PROCEDURE Liste_Gesamt ( Alter, Abteilung : IntListTyp
41                          ; StdLohn          : RealListTyp );
42      VAR   Nr : INTEGER;
43      BEGIN
44      WriteLn ('Pers-Nr':7, 'Alter':8, 'Abteilung':12, 'Std-Lohn':10);
45      FOR Nr := 1 TO 37 DO Write ('-');   WriteLn;
46      FOR Nr := PersMin TO PersMax DO
47        IF Alter [Nr] <> 0 THEN WriteLn
48           (Nr:7, Alter [Nr] :8, Abteilung [Nr] :12, StdLohn [Nr] :10:2);
49      END; (* Liste_Gesamt *)

50   BEGIN (* Hauptprogramm *)
51   Init (Alter);     Lies          (Alter, Abteilung, StdLohn);
52                     Liste_Gesamt (Alter, Abteilung, StdLohn);
53   END.
```

4.10 Programm Fakul1

Die Berechnung der Fakultät n! = 1·2·3·...·n einer ganzen Zahl kann in einer
Funktion durchgeführt werden, da zu einem Eingangsparameter *Zahl* (dem
Argument) nur ein Wert *Fakultaet* berechnet werden soll. Man ist versucht,
die Iterations-Schleife, die die eigentliche Berechnung durchführt, folgendermaßen zu formulieren:

```
Fakultaet := 1;
FOR Faktor := 1 TO n DO  Fakultaet :=  Fakultaet * Faktor;
```

Dies führt aber zu einer Fehlermeldung des Compilers: *Fakultaet* ist ja der
Name einer Funktion; erscheint er – wie hier – innerhalb eines Ausdrucks,
wird die Funktion erneut aufgerufen. Dann aber muß der Aufruf auch die
komplette aktuelle Parameterliste enthalten. Hier käme dies einem Aufruf der
Funktion durch sich selbst gleich, die sich dann wieder selbst aufruft, um sich
dann selbst aufzurufen, um sich ... Solch ein Mechanismus – Rekursion – ist
in Pascal erlaubt und wird in einem späteren Kapitel behandelt. Hier wird die
Rekursion durch Einführen einer Hilfsvariablen *Produkt* verhindert. Erst
nach der vollständigen Auswertung des Produkts wird dieses dem Funktionswert überwiesen. Es ist guter Stil, die Zuweisung des Funktionswertes erst am
Schluß der Funktion vorzunehmen.

Der Wertebereich des Datentyps INTEGER hängt von der Implementation ab.
In Turbo Pascal sind bei 16 Bit Zahlen von –32.768 bis +32.767 möglich; der Datentyp LONGINT stellt mit 32 Bit Beträge bis +2.147.483.647 zur Verfügung.

```
1     PROGRAM Fakul1 (Input, Output);
2     (* Berechnet Fakultaeten fuer Zahlen 0 .. 12.
3        Datentyp LONGINT (Turbo Pascal) mit 32 Bit.
4        Bereich: [-2.147.483.648 .. +2.147.483.647] *)
5     VAR
6        Zahl : INTEGER;
7        Fak  : LONGINT;

8     FUNCTION Fakultaet (n : INTEGER) : LONGINT;
9        VAR
10          Produkt, Faktor :  LONGINT;
11       BEGIN
12       Produkt := 1;
13       FOR Faktor := 1 TO n DO  Produkt :=  Produkt * Faktor;
14       Fakultaet := Produkt;
15       END; (* Fakultaet *)

16    BEGIN (* Hauptprogramm *)
17    Write ('Ganze Zahl aus 0..12 [Ende mit <-1>]: ');   ReadLn (Zahl);
18    WHILE Zahl >= 0 DO BEGIN
19       Fak :=  Fakultaet (Zahl);
20       WriteLn (' ':5, Zahl :1, '! = ', Fak :1);
21       Write ('Ganze Zahl aus 0..12 [Ende mit <-1>]: ');   ReadLn (Zahl);
22       END (*WHILE*)
23    END.
```

```
DIALOG:    Ganze Zahl aus 0..12 [Ende mit <-1>]: 12
              12! = 479001600
           Ganze Zahl aus 0..12 [Ende mit <-1>]: -1
```

4.11 Programm SortZal0

In diesem kleinen Projekt soll eine Liste von maximal 100 Werten in aufsteigender Reihenfolge sortiert werden. Das zu erstellende Programm soll aus Unterprogrammen bestehen, von denen jedes eine klar definierte und überschaubare Teilaufgabe erledigt. Das Hauptprogramm übernimmt lediglich die Koordinierung der Teilaufgaben: es bestimmt durch die Aufrufe die Reihenfolge der Ausführung und reicht über Parameterlisten benötigte Informationen weiter. Jedes Unterprogramm soll nur mit lokalen Bezeichnern arbeiten: formale Parameter oder lokale Deklarationen; Ausnahme sind die Typbezeichnungen.

Als **Teilaufgaben geringerer Komplexität** lassen sich das *Lesen* einer Liste von der Eingabedatei in den Arbeitsspeicher, das *Schreiben* einer Liste in die Ausgabedatei und das *Sortieren* einer Liste im Arbeitsspeicher ausmachen.

Vor der Formulierung ihrer Lösungen muß festgelegt sein, in welcher **Datenstruktur** die Liste der Werte gespeichert und bearbeitet wird. Beim derzeitigen Kenntnisstand kommt dafür nur ein ARRAY in Frage, dessen Bezeichner mit *ListTyp* einen der Anwendung gemäßen Namen erhält.

Der Basistyp des ARRAY ist der Typ der zu sortierenden Listendaten. Man setzt nun an dieser Stelle nicht die konkreten Bezeichner INTEGER oder REAL ein, sondern den abstrakten Bezeichner *ListDataTyp*. Dieser kann in der TYPE-Deklaration je nach Bedarf mit INTEGER, REAL oder später eingeführten Datentypen (Buchstaben, Wörter, Zeichenketten) gleichgesetzt werden. Bei der Definition der Unterprogramme achtet man darauf, daß nur auf die Bezeichnung *ListDataTyp* Bezug genommen wird. Damit erreicht man eine flexiblere Einsatzfähigkeit der einmal geschriebenen Programmteile. Ein Schritt in Richtung **Wiederverwendbarkeit** von Code ist getan.

Das Lesen der Liste von der Eingabedatei ist nach dem Schema von Programm *Extrema3* (4.7) organisiert: es werden so lange Werte gelesen, bis eine vereinbarte Ende-Markierung erreicht oder die Kapazität der Liste erschöpft ist (Prozedur *Lies*). Das Schreiben der Liste auf die Ausgabedatei besteht aus einer einfachen Schleife, die sequentiell die Listenpositionen adressiert und die Inhalte schreibt (Prozedur *Schreib*).

Bevor die kompliziertere Hauptaufgabe – das Sortieren der Liste – gelöst werden kann, müssen *Lies* und *Schreibe* funktionieren. Man formuliert daher zuerst diese beiden Prozeduren. Für die Prozedur *Sortiere* definiert man nur den vollständigen Prozedurkopf mit Namen und formaler Parameterliste sowie einen leeren Anweisungsteil mit BEGIN und END. Das Ergebnis ist eine sog. **Phantom-Prozedur** (engl.: dummy procedure). Damit können das Hauptprogramm komplett geschrieben und die Prozeduren *Lies* und *Schreib* getestet werden. Verlief der Test erfolgreich, entwickelt man die Prozedur *Sortiere*.

Dieses Vorgehen entspricht der früher genannten schrittweisen Verfeinerung: nach Formulierung und Test des groben Lösungsganges im Hauptprogramm werden die Details in den Prozeduren bzw. Funktionen bearbeitet. Durch geeignete Wahl der Datenstrukturen wird versucht, die Anwendungsmöglichkeiten der Programmbausteine (Module) möglichst flexibel zu halten.

```
1       PROGRAM SortZa10 (Input, Output);
2       (*
3         Sortiert ein Feld von maximal 100 Werten aufsteigend.
4       *)
5       CONST
6         max =  100;

7       TYPE
8         ListDataTyp =  REAL;
9         ListTyp     =  ARRAY [1 .. max] OF ListDataTyp;

10      VAR
11        Liste  :  ListTyp;
12        Anzahl :  INTEGER;

13      PROCEDURE Lies ( VAR Data : ListTyp   (* Ausgang *)
14                     ; VAR Size : INTEGER   (*    "    *)
15                     ;     max  : INTEGER   (* Eingang *) );
16        VAR
17          DataX :  ListDataTyp;
18          pos   :  INTEGER;
19        BEGIN
20        pos :=  0;
21        ReadLn (DataX);
22        WHILE (DataX <> 0) AND (pos < max) DO BEGIN
23           pos        :=  pos + 1;
24           Data [pos] :=  DataX;
25           ReadLn (DataX);
26           END; (*WHILE*)
27        Size :=  pos;
28        END; (* Lies *)

29      PROCEDURE Schreibe ( Data : ListTyp   (* Eingang *)
30                         ; Size : INTEGER   (*    "    *) );
31        VAR
32          pos :  INTEGER;
33        BEGIN
34        FOR pos := 1 TO Size DO WriteLn (Data [pos] :10:2);
35        END; (* Schreibe *)

Die folgende Prozedur ist eine Dummy-Prozedur;
sie wird auf der nächsten Seite ausformuliert.

36      PROCEDURE Sortiere (VAR Data : ListTyp;  Size : INTEGER);
37         BEGIN
38         WriteLn ('Sortiere leider noch nicht implementiert.');
39         END; (* Sortiere *)

40      BEGIN (* Hauptprogramm *)
41      Lies (Liste, Anzahl, max);
42      IF Anzahl <> 0
43         THEN BEGIN
44             WriteLn  ('unsortierte Liste:');   Schreibe (Liste, Anzahl);
45             WriteLn;
46             Sortiere (Liste, Anzahl);
47             WriteLn  ('sortierte Liste:');   Schreibe (Liste, Anzahl);
48             END
49         ELSE WriteLn ('Es gibt nichts zu sortieren.')
50         ; (*IF-THEN-ELSE*)
51      END. (* Hauptprogramm *)
```

Als Sortier-Algorithmus wird das **Sortieren durch Auswahl** (engl.: select sort)
gewählt: Von den Werten zwischen *Nr* und *Size* der Liste *Data* wird der **kleinste** bestimmt und mit dem Wert an der Position *Nr* vertauscht (außer wenn die
Position *Nr* schon den kleinsten Wert enthält). *Nr* durchläuft nacheinander
die Werte 1 .. (Anzahl-1). Es werden also "von oben her" die Positionen der Liste nacheinander mit dem kleinsten Wert der jeweiligen **Restliste** besetzt.

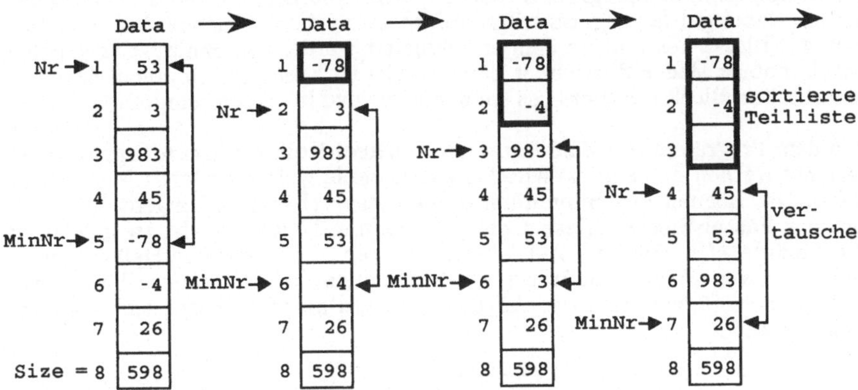

Bei der Formulierung helfen die lokalen **Hilfsprozeduren** *Min_Position* und
Tausche, die innerhalb der Prozedur *Sortiere* definiert sind. Außerhalb von
Sortiere sind sie nicht bekannt.

```
1     PROCEDURE Sortiere (VAR Data : ListTyp;  Size : INTEGER);
2     (* sortiert 'Data' aufsteigend mit 'Sortieren durch Auswahl' *)
3        VAR
4           Nr, MinNr : INTEGER;

5        FUNCTION Min_Position (von, bis :  INTEGER) : INTEGER;
6           (* sucht in [von..bis] die Position des kleinsten Datums *)
7           VAR  pos, MinPos : INTEGER;
8           BEGIN
9           MinPos := von;
10          FOR pos := von+1 TO bis DO
11             IF Data [pos] < Data [MinPos] THEN  MinPos :=  pos;
12          Min_Position :=  MinPos;
13          END; (* Min_Position *)

14       PROCEDURE Tausche (VAR Data1, Data2 : ListDataTyp);
15          (* vertauscht Inhalt der Speicherplaetze Data1 und Data2 *)
16          VAR   Hilf : ListDataTyp;
17          BEGIN
18          Hilf  :=  Data1;
19          Data1 :=  Data2;
20          Data2 :=  Hilf;
21          END; (* Tausche *)

22       BEGIN  (* Sortiere *)
23       FOR Nr := 1 TO Size-1 DO BEGIN
24          MinNr :=  Min_Position (Nr, Size);
25          IF MinNr <> Nr THEN Tausche (Data [Nr], Data [MinNr]);
26          END; (*FOR*)
27       END; (* Sortiere *)
```

Die Funktion *Min_Position* kann auf das Feld *Data* zugreifen, da es **innerhalb**
Sortiere **global** zur Verfügung steht. Die Prozedur *Tausche* bekommt nicht die
gesamte Liste, sondern lediglich die beiden Speicherplätze mitgeteilt, deren Inhalte sie vertauschen soll (VAR-Parameter).

Ein Pascal-Programm besteht i.a. aus dem Hauptprogramm-**Block** und darin
geschachtelten Unterprogramm-Blöcken. Jeder Block kann weitere Blöcke enthalten. Dabei gilt die sog. **Sichtbarkeitsregel**: jeder Bezeichner ist nur innerhalb des Blocks bekannt, in dem er deklariert wurde; außerhalb ist er gänzlich
unbekannt ist. Jeder Bezeichner eines Blocks ist aber auch in einem darin geschachtelten Block sichtbar – es sei denn, er wird in diesem umdefiniert.

Von dem Programm *SortZal0* kann ein **hierarchisches Aufrufdiagramm** ge-
zeichnet werden Es zeigt, welche Programmodule welche anderen Module aufrufen. Die Ebenen des Baumdiagramms entsprechen den Schachtelungsebe-
nen der Pascal-Blöcke. Diese Übereinstimmung ist aber nicht zwangsläufig:
Die Module *Min_Position* und *Tausche* hätten – voll parametrisiert – auch
außerhalb von *Sortiere* definiert werden können, um für andere Programmeinheiten verfügbar zu sein. An dem Aufrufdiagramm hätte sich dadurch
nichts geändert.

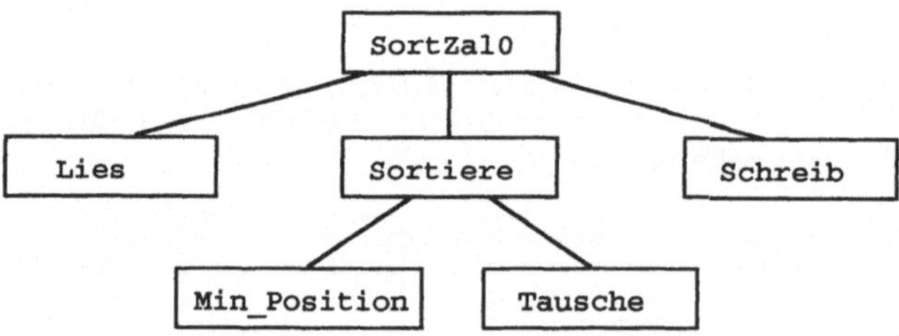

Das Hauptprogramm läßt die Liste lesen. Sind überhaupt Werte gelesen worden (Anzahl ≠ 0), wird die unsortierte Liste angezeigt. Danach wird die Liste
sortiert und erneut angezeigt. Ein- und Ausgabe haben folgendes Aussehen:

```
EINGABE:    53         AUSGABE:    unsortierte Liste:
            3                          53.00
            983                         3.00
            45                        983.00
            -78                        45.00
            -4                        -78.00
            26                         -4.00
            598                        26.00
                   0                  598.00

                                    sortierte Liste:
                                      -78.00
                                       -4.00
                                        3.00
                                       26.00
                                       45.00
                                       53.00
                                      598.00
                                      983.00
```

4.12 Programm SortZal1

Einer der Gründe, Programme modular aufzubauen, ist die einfachere Änderungsmöglichkeit. Ein Unterprogramm kann komplett durch eine verbesserte Version mit gleicher Funktion ersetzt werden. Wenn die Schnittstelle des Unterprogramms zu seiner Umgebung beibehalten wird, ändert sich nach dessen Austausch an den restlichen Programmteilen nichts. Insbesondere bleibt der Aufruf des neuen Unterprogramms identisch mit dem des alten.

So wird im vorigen Programm *SortZal0* (4.11) das Modul *Sortiere* ausgewechselt. Im veränderten Modul wird das Sortieren nicht nach dem Auswahl-Algorithmus durchgeführt, sondern mit dem Algorithmus **Sortieren durch Einfügen** (engl.: insert sort):

1. Wie beim Auswahlalgorithmus wird das Sortieren in mehreren Durchläufen (engl.: pass) erreicht. Dabei wird die gesamte Liste logisch in zwei Abschnitte geteilt: eine schon **sortierte Teilliste**, die bei jedem Durchlauf wächst, und eine noch **unsortierte Teilliste**, die bei jedem Durchlauf schrumpft. Zu Beginn des Verfahrens besteht die sortierte Teilliste aus dem ersten Element, die unsortierte aus den restlichen.

2. Die Prozedur *Find (Nr, Stelle)* sucht für den Wert *DataX* an der Listenposition *Nr* die richtige *Stelle* in der sortierten Teilliste. Sie ergibt sich, wenn – ausgehend von Position 1 – das erste Mal auf einen Wert gestoßen wird, der größer oder gleich *DataX* ist. Das kann *DataX* selbst sein, in welchem Falle *Stelle* und *Nr* identisch sind.

3. *Insert (Nr, Stelle)* fügt den Wert *DataX* vor der Position *Stelle* ein: die Werte zwischen *Stelle* und *Nr-1* werden um eine Position nach unten verschoben, die Position *Stelle* kann nun den Wert an der Position *Nr* aufnehmen.

4. Das Verfahren startet mit dem ersten Element als sortierte Teilliste und *Nr=2* als der Position des ersten einzufügenden Elements. *Nr* durchläuft danach alle Werte bis *Size* (= Anzahl der Listenelemente).

Auf das Feld *Data* greifen die Hilfsprozeduren *Find* und *Insert* global zu.

```
        PROGRAM SortZall

        wie Programm SortZal0 (4.11), außer:

1       PROCEDURE Sortiere (VAR Data : ListTyp;  Size : INTEGER);
2          (* sortiert das Feld 'Data' aufsteigend             *)
3          (* nach dem Algorithmus 'Sortieren durch Einfuegen' *)
4       VAR
5           Nr, Stelle :  INTEGER;

6          PROCEDURE Find (Nr : INTEGER;  VAR Stelle : INTEGER);
7             (* Sucht in Data [1..Nr] die richtige Stelle fuer Data [Nr] *)
8             VAR
9                DataX : ListDataTyp;
10               Pos   : INTEGER;
11            BEGIN
12            DataX :=  Data [Nr];
13            Pos   :=  0;
14            REPEAT  Pos :=  Pos + 1  UNTIL  Data [Pos] >= DataX;
15            Stelle :=  Pos;
16            END; (* Find *)

17         PROCEDURE Insert (Nr, Stelle : INTEGER);
18            (* Fuegt 'Data [Nr]' an 'Stelle' in List ein             *)
19            (* Verschiebt dazu Data [Stelle .. Nr-1] um 1 Position *)
20            VAR
21               DataX : ListDataTyp;
22               Pos   : INTEGER;
23            BEGIN
24            DataX :=  Data [Nr];
25            FOR Pos := Nr-1 DOWNTO Stelle DO Data [Pos+1] := Data [Pos];
26            Data [Stelle] :=  DataX;
27            END; (* Insert *)

28         BEGIN (* Sortiere *)
29         FOR Nr := 2 TO Size DO BEGIN
30            Find (Nr, Stelle);
31            IF Stelle <> Nr THEN  Insert (Nr, Stelle);
32            END; (*FOR*)
33         END; (* Sortiere *)
```

4.13 Programm LinSuch

Das direkte Verfahren, einen Wert in einer Liste zu finden, ist das **lineare** oder **sequentielle Suchen**: man geht – beginnend mit der ersten – die Positionen der Liste nacheinander durch, bis man entweder den Wert gefunden oder aber die gesamte Liste erfolglos durchforscht hat. Die Prozedur *Search* setzt die logische Marke *gefunden* auf FALSE (Zeile 18) und prüft für jede Listenposition (Zeile 22), ob sie nicht TRUE gesetzt werden kann. Steht sie nach Durchlaufen aller Positionen immer noch auf FALSE, wird als Position des gesuchten Wertes 0 gesetzt (Zeile 24). Das rufende Programm weiß damit (Zeilen 31 und 33), daß der gesuchte Wert in der Liste nicht vorkommt.

Sucht man nach allen Werten der Liste gleich oft, so ist die Zeit, die man zur sequentiellen Suche eines Wertes durchschnittlich benötigt, proportional zur halben Anzahl der Elemente. Kommt der Wert aber nicht in der Liste vor, muß man in jedem Fall die gesamte Liste durchgehen, bis man sicher ist, daß der

Wert nicht vorhanden ist. Wurde die Liste allerdings zuvor sortiert, kann man
die Suche nach einem nicht vorhandenen Element abbrechen, wenn ein Wert
erreicht wurde, der in der Sortierfolge nach dem gesuchten Wert steht
(Übungsaufgabe).

```
1     PROGRAM LinSuch (Input, Output);
2     (* Lineares Suchen eines Elementes in einer unsortierten Liste *)
3     CONST
4        max =  100;

5     TYPE
6        ListDataTyp =  REAL;
7        ListTyp     =  ARRAY [1 .. max] OF ListDataTyp;

8     VAR
9        Liste      : ListTyp;
10       Wert       : ListDataTyp;
11       Anzahl, pos : INTEGER;

12    PROCEDURE Lies     wie in Programm SortZal0 (4.11)

13    PROCEDURE Search ( Data  : ListTyp;          Size : INTEGER
14                     ; DataX : ListDataTyp;  VAR pos  : INTEGER);
15       VAR
16          gefunden :  BOOLEAN;
17       BEGIN
18       gefunden :=  FALSE;
19       pos        :=  0;
20       WHILE NOT gefunden AND (pos < Size) DO BEGIN
21          pos        :=  pos + 1;
22          gefunden :=  (Data [pos] = DataX);
23          END; (*WHILE*)
24       IF NOT gefunden THEN pos :=  0;
25       END; (* Search *)

26    BEGIN (* Hauptprogramm *)
27    WriteLn ('Werte [Ende mit <0>]:');   Lies (Liste, Anzahl, max);
28    Write ('Gesuchter Wert [Ende mit <0>]: ');   ReadLn (Wert);
29    WHILE Wert <> 0 DO BEGIN
30       Search (Liste, Anzahl, Wert, pos);
31       IF pos <> 0
32          THEN WriteLn (Wert :7:2, ' in Liste an Position ', pos:1, '.')
33          ELSE WriteLn (Wert :7:2, ' nicht gefunden.')
34          ; (*IF*)
35       Write ('Gesuchter Wert [Ende mit <0>]: ');   ReadLn (Wert);
36       END; (*WHILE*)
37    END.
```

```
DIALOG     Werte [Ende mit <0>]:
           5
           8
           1
              0
           Gesuchter Wert [Ende mit <0>]: 8
              8.00 in Liste an Position 2.
           Gesuchter Wert [Ende mit <0>]: 2
              2.00 nicht gefunden.
           Gesuchter Wert [Ende mit <0>]: 0
```

4.14 Programm BinSuch0

In einer umfangreichen sortierten Liste wäre das lineare Suchen sehr zeitaufwendig. Ein wesentlich schnellerer Algorithmus ist das **binäre Suchen**: Ist das mittlere Element der Liste das gesuchte, war man erfolgreich; andernfalls sucht man in der linken bzw. rechten Teilliste (der kleineren bzw. größeren Elemente) das mittlere Element. Man bricht ab, wenn man erfolgreich war (*pos ≠ centre*) oder die Restliste leer ist (*left > right*). Der mittlere Suchaufwand ist proportional dem dualen Logarithmus der Anzahl der Elemente.

```
1     PROGRAM BinSuch0 (Input, Output);
2     (* Binaeres Suchen eines Elementes in einer sortierten Liste *)
3     CONST
4        max =  100;

5     TYPE
6        ListDataTyp =  REAL;
7        ListTyp     =  ARRAY [1 .. max] OF ListDataTyp;

8     VAR
9        Liste     : ListTyp;
10       Wert      : ListDataTyp;
11       Anzahl, pos : INTEGER;

12    PROCEDURE Lies       )   wie in
13    PROCEDURE Sortiere   )   Programm SortZal0 (4.11)

14    PROCEDURE Search (VAR Data  : ListTyp;          Size : INTEGER
15                      ;    DataX : ListDataTyp; VAR pos  : INTEGER);
16       VAR
17          left, right, centre : INTEGER;
18          DataCtr             : ListDataTyp;
19       BEGIN
20       pos := 0;   left := 1;   right := Size;      (* gesamte Liste *)
21       WHILE (pos = 0) AND (left <= right) DO BEGIN
22          centre  :=  (left + right) DIV 2;      (* mittlere Position *)
23          DataCtr :=  Data [centre];             (* mittleres Element *)
24          IF DataX = DataCtr THEN
25             pos :=  centre                          (* gefunden *)
26          ELSE IF DataX < DataCtr THEN
27             right :=  centre - 1      (* weiter in linker Teilliste  *)
28          ELSE (* DataX > DataCtr *)
29             left  :=  centre + 1;     (* weiter in rechter Teilliste *)
30          END; (*WHILE*)
31       END; (* Search *)

32    BEGIN (* Hauptprogramm *)
33    WriteLn ('Werte [Ende mit <0>]:');   Lies (Liste, Anzahl, max);
34    Sortiere (Liste, Anzahl);
35    Write ('Gesuchter Wert [Ende mit <0>]: ');   ReadLn (Wert);
36    WHILE Wert <> 0 DO BEGIN
37       Search (Liste, Anzahl, Wert, pos);
38       IF pos <> 0
39          THEN WriteLn (Wert :7:2, ' in Liste an Position ', pos:1, '.')
40          ELSE WriteLn (Wert :7:2, ' nicht gefunden.');
42       Write ('Gesuchter Wert [Ende mit <0>]:');   ReadLn (Wert);
43       END; (*WHILE*)
44    END.
```

```
DIALOG    wie in Programm LinSuch (4.13)
```

4.15 Programm Stapel1

Der **Stapel** (engl. **stack**, auch "Keller" genannt) ist ein Prinzip der Speicherorganisation, bei dem die Datenelemente nach dem **LIFO**-Prinzip ("last in, first out") bearbeitet werden. Die Elemente werden in der Reihenfolge ihrer Ankunft sequentiell gespeichert, entfernt werden sie in umgekehrter Reihenfolge.

Ein **Datentyp** *StapelTyp* kann mit der **Datenstruktur** ARRAY implementiert werden, wobei man sich die Feldkomponenten vertikal von unten nach oben angeordnet denkt. Ein Datentyp besteht aus dem Wertevorrat der Datenstruktur und den darauf zulässigen Operationen. Als **Operationen** werden "*auf den Stapel legen*" und "*vom Stapel entfernen*" definiert – üblicherweise mit *Push* und *Pop* bezeichnet. Der **Wertevorrat** besteht aus allen erlaubten Belegungen des ARRAY sowie des Zeigers (engl.: pointer) *TopPtr*, der ebenfalls zur Datenstruktur gerechnet werden muß. Er gibt die Position des jeweils "obersten" Elements des Stapels an. Elemente werden hier angefügt und von hier entfernt.

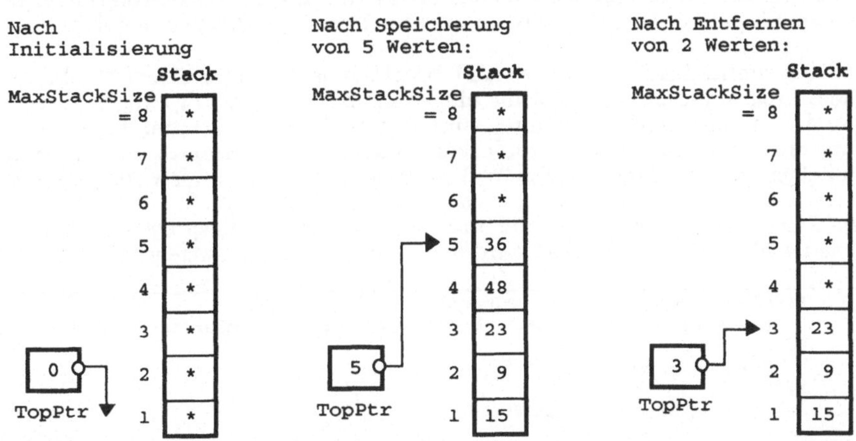

Der Datentyp *StackTyp* ist in den Zeilen 7 bis 45 des Programms *Stapel1* implementiert. Bevor die Arbeit mit dem Stapel beginnen kann, muß er in einen **definierten Anfangszustand** gebracht werden: *Init_Stack* setzt den Zeiger *TopPtr* auf 0, womit der Stapel "logisch leer" ist, selbst wenn die Feldkomponenten besetzt sind. Jetzt können Daten auf den Stapel gelegt oder von ihm entfernt werden: *Push* erhöht *TopPtr* um 1 und kopiert den übergebenen Wert *DataX* in die so angesprochene Komponente. *Pop* gibt die oberste Komponente als *DataX* zurück und verringert *TopPtr* um 1. Die Zahl der aktuell im Stapel gespeicherten Werte ermittelt eine parameterlose Funktion *No_Of_Data_In_Stack*: sie übernimmt den Wert von *TopPtr*, der ja als Adresse der obersten Komponente mit der Zahl der im Stapel gespeicherten Daten identisch ist. Eine Funktion *Empty_Stack* wird TRUE, wenn diese Zahl 0 ist, die Funktion *Full_Stack* wird TRUE, wenn die Zahl der gespeicherten Daten identisch mit *MaxStackSize* ist.

Diese Realisierung des *StackTyp* ist unabhängig vom Typ *StackDataTyp* der Daten, die in einem **Exemplar von StackTyp** gespeichert werden sollen. Auch die maximale Stapelgröße *MaxStackSize* bleibt offen. Beide Angaben müssen vom Anwendungsprogrammierer festlegt werden (Zeilen 3 bis 6).

Die Reihenfolge der Deklarationen lautet in Standard-Pascal: CONST–TYPE–
VAR–PROCEDURE/FUNCTION. Turbo Pascal hebt diese Reihenfolge sinnvoll
auf. Jede Deklarationsart kann sogar mehrere Male vorkommen, doch muß
jeder Bezeichner **vor** seiner ersten Verwendung deklariert werden. Davon ist
hier Gebrauch gemacht: alle Deklarationen, die *StackTyp* betreffen, sind zu-
sammenhängend formuliert (Zeilen 7 bis 45). Das gilt auch für die globale
Variable*TopPtr*, die als typinterne Größe von den Operationen verwaltet wird.

Der Datentyp *StackTyp* kann vom Anwendungsprogramm benutzt werden,
ohne daß Einzelheiten der Implementierung bekannt sind; Informationen
darüber unterliegen dem **Geheimnisprinzip** (engl.: information hiding). In
der Variablen-Deklaration wird ein Exemplar *Stapel* vom *StackTyp* angelegt
(Zeile 47). Die folgenden Anweisungen manipulieren *Stapel* mit den Operationen: *Push* kann nur ausgeführt werden, wenn auf *Stapel* noch Platz ist (Zeile
52), *Pop* nur dann, wenn er noch Daten enthält. Der Anwendungsprogrammierer braucht weder von dem ARRAY zu wissen noch den Code der Operationen zu verstehen. Er muß lediglich die abstrakten Eigenschaften von *StackTyp*
kennen. Ein solcher Datentyp wird **abstrakter Datentyp (ADT)** genannt.

Die vorgestellte Realisierung des ADT *StackTyp* leidet unter einem Manko: In
jedem Programm(-block) kann nur **ein** Exemplar von *StackTyp* angelegt werden, da nur **ein** *TopPtr* verwaltet wird. Alternativ dazu könnten im Anwendungsprogramm zu jedem Exemplar von *StackTyp* (z.B. *Stapel1* und *Stapel2*)
ein Zeiger (z.B. *TopPtr1* und *TopPtr2*) deklariert werden, der als weiterer Parameter den Operationen zu übergeben wäre. Das bedeutete einen Verzicht auf
das Geheimnisprinzip, denn nun tauchen im Anwendungsprogramm typinterne Details auf. In Kapitel 10 wird diese Einschränkung aufgehoben.

```
1      PROGRAM Stapel1 (Input, Output);
2      (* Ganze Zahlen werden auf Stapel abgelegt und wieder entfernt *)
3      CONST
4         MaxStackSize =  8;
5      TYPE
6         StackDataTyp =  INTEGER;

7      (************ Definition des ADT StackTyp *******************)
8      TYPE
9         StackTyp     = ARRAY [1 .. MaxStackSize] OF StackDataTyp;
10        StackPtrTyp  = INTEGER;

11     VAR                         (* Globale Variable - wird in den *)
12        TopPtr : StackPtrTyp;     (* Stack-Operationen verwaltet.   *)

13     PROCEDURE Init_Stack;
14        (* setzt  Stapelzeiger auf 0 ==> Stack ist leer *)
15        BEGIN
16        TopPtr :=  0;
17        END; (* Init_Stack *)

18     PROCEDURE Push (VAR Stack : StackTyp;   DataX : StackDataTyp);
19        (* legt 'DataX' auf den Stapel 'Stack', aktualisiert 'TopPtr' *)
20        BEGIN
21        TopPtr        := TopPtr + 1;
22        Stack [TopPtr] := DataX;
23        END; (* Push *)


                                      (Fortsetzung nächste Seite)
```

(Fortsetzung von Programm Stapel1)

```
24      PROCEDURE Pop (Stack : StackTyp;    VAR DataX : StackDataTyp);
25          (* holt 'DataX' vom Stapel 'Stack', aktualisiert 'TopPtr' *)
26        BEGIN
27        DataX  :=  Stack [TopPtr];
28        TopPtr :=  TopPtr - 1;
29        END; (* Pop *)

30      FUNCTION No_Of_Data_In_Stack : INTEGER;
31          (* bestimmt aktuelle Anzahl der Elemente im Stapel *)
32        BEGIN
33        No_Of_Data_In_Stack :=  TopPtr;
34        END; (* No_Of_Data_In_Stack *)

35      FUNCTION Empty_Stack (TopPtr : StackPtrTyp) : BOOLEAN;
36          (* liegen auf dem Stack noch Daten? *)
37        BEGIN
38        Empty_Stack :=  (No_Of_Data_In_Stack = 0);
39        END; (* Empty_Stack *)

40      FUNCTION Full_Stack : BOOLEAN;
41          (* ist der Stack schon besetzt? *)
42        BEGIN
43        Full_Stack :=  (No_Of_Data_In_Stack = MaxStackSize);
44        END; (* Full_Stack *)
45      (********** Ende der Definition des ADT StackTyp **************)

46      VAR
47         Stapel :  StackTyp;
48         Wert   :  StackDataTyp;

49      BEGIN (* Hauptprogramm *)
50      Init_Stack;

51      WriteLn ('Werte fuer Stapel [Ende mit <0>]:');    Read (Wert);
52      WHILE NOT Full_Stack AND (Wert <> 0) DO BEGIN
53         Push (Stapel, Wert);
54         Read (Wert);
55         END; (*WHILE*)
56      ReadLn;

57      WriteLn ('Stapelgroesse: ', No_Of_Data_In_Stack :2);
58      WriteLn ('Abbauen des Stapels:');
59      WHILE NOT Empty_Stack DO BEGIN
60         Pop (Stapel, Wert);
61         Write (Wert :3);
62         END; (*WHILE*)
63      WriteLn;
64      WriteLn ('Stapelgroesse: ', No_Of_Data_In_Stack :2);
65      ReadLn;
66      END.
```

```
DIALOG:      Werte fuer Stapel [Ende mit <0>]:
                15   9   23   48   36   0
             Stapelgroesse:  5
             Abbauen des Stapels:
              36 48 23  9 15
             Stapelgroesse:  0
```

4.16 Programm Vektor1

Als weiteres Beispiel für ADT wird ein Datentyp *VektorTyp* implementiert. Die zugrundeliegende Datenstruktur ist ein ARRAY mit reell-wertigen Komponenten. Neben *Lies* und *Schreib* werde die wichtigsten aus der linearen Algebra bekannten Operationen definiert: *V_Summe* berechnet durch komponentenweise Addition den Summenvektor, *Skalar_Produkt* das skalare Produkt als Summe der Produkte von Komponentenpaaren. Die euklidische Länge (oder der Betrag) eines Vektors ergibt sich in *V_Laenge* mit Hilfe des räumlichen Pythagoras. Dabei kann die Summe der Komponentenquadrate auch als Skalarprodukt des Vektors mit sich selbst bestimmt werden; die gesuchte Länge ist dann die Quadratwurzel daraus.

Auch in diesem Programm soll der Programmierer auf die Funktionalitäten des ADT *VektorTyp* zurückgreifen können, ohne mit den Details der Implementation belastet zu werden. Diese sind in der TYPE-Deklaration und den Operations-Prozeduren bzw. -Funktionen "versteckt" (Zeilen 5 bis 47). Da der Anwendungsprogrammierer diesen Teil eigentlich nicht sehen muß, könnte er auch in eine eigenständige Datei ausgelagert werden. Sie würde nur bei Bedarf in das Quellprogramm oder den Objektcode eingebunden. Standard-Pascal sieht Derartiges nicht vor. Viele Pascal-Dialekte erlauben aber mit einer Include-Direktive das Einbinden von Quellcode in die Übersetzung des Quellprogramms (s. Kapitel 8) oder das Einbinden von schon übersetzten Modulen in den Maschinencode (s. Kapitel 9).

```
1     PROGRAM Vektorl (Input, Output);
2     (* Vektor-Operationen: Summe, Skalarprodukt, Laenge *)
3     CONST
4        MaxVectorSize = 10;     (* maximale Dimension *)

5     (****************** ADT VektorTyp *************************)
6     TYPE
7        VektorTyp = ARRAY [1 .. MaxVectorSize] OF REAL;

8     PROCEDURE Lies (VAR v : VektorTyp;  Dim: INTEGER);
9        VAR
10          k : INTEGER;
11       BEGIN
12       FOR k := 1 TO Dim DO Read (v [k]);
13       END; (* Lies *)

14    PROCEDURE Schreib (v: VektorTyp;  Dim: INTEGER);
15       VAR
16          k : INTEGER;
17       BEGIN
18       FOR k:= 1 TO Dim DO Write (v [k] :8:2);
19       END; (* Schreib *)

20    PROCEDURE V_Summe
21             (v1, v2: VektorTyp;  VAR VSum: VektorTyp;  Dim: INTEGER);
22       (* Summe zweier Vektoren:  v = v1 + v2 mit Dimension Dim *)
23       VAR
24          k : INTEGER;
25       BEGIN
26       FOR k:= 1 TO Dim DO  VSum [k] :=  v1 [k] + v2 [k];
27       END; (* V_Summe *)
```
(Fortsetzung nächste Seite)

```
(Fortsetzung von Programm Vektor1)

28     FUNCTION Skalar_Produkt
29               ( v1, v2 : VektorTyp;  Dim : INTEGER ) : REAL;
30        (* Skalar-Produkt zweier Vektoren v1 und v2 der Dimension Dim *)
31        VAR
32           ProdSum : REAL;
33           k    : INTEGER;
34        BEGIN
35        ProdSum :=  0.0;
36        FOR k:= 1 TO Dim DO  ProdSum :=  ProdSum  +  v1 [k] * v2 [k];
37        Skalar_Produkt :=  ProdSum;
38        END; (* Skalar_Produkt *)

39     FUNCTION V_Laenge (v: VektorTyp;  Dim: INTEGER) : REAL;
40        (* Laenge des Vektors v mit der Dimension Dim *)
41        VAR
42           QSum : REAL;
43        BEGIN
44        QSum :=  Skalar_Produkt (v, v, Dim);
45        V_Laenge :=  SQRT (QSum);
46        END; (* V_Laenge *)
47     (****************** Ende ADT VektorTyp ********************)

48     VAR
49        v1, v2, sum            : VektorTyp;
50        Skalar, Laenge1, Laenge2 : REAL;
51        Dim                    : INTEGER;

52     BEGIN  (* Hauptprogramm *)
53     WriteLn ('VEKTOR-OPERATIONEN');

54     Write ('Dimension der Vektoren [Ende mit <0>]: ');    ReadLn (Dim);
55     WHILE (1 <= Dim) AND (Dim <= MaxVectorSize) DO BEGIN
56        Write ('1. Vektor v1 <RETURN>:    ');   Lies (v1, Dim);  ReadLn;
57        Write ('2. Vektor v2 <RETURN>:    ');   Lies (v2, Dim);  ReadLn;

58        V_Summe (v1, v2, sum, Dim);
59        Write ('Summenvektor = ':30);  Schreib (sum, Dim);  WriteLn;

60        Skalar :=  Skalar_Produkt (v1, v2, Dim);
61        WriteLn ('Skalarprodukt = ':30, Skalar :8:2);

62        Laenge1 :=  V_Laenge (v1, Dim);
63        Laenge2 :=  V_Laenge (v2, Dim);
64        WriteLn ('Laenge von v1 = ':30, Laenge1 :8:2);
65        WriteLn ('Laenge von v2 = ':30, Laenge2 :8:2);

66        Write ('Dimension der Vektoren [Ende mit <0>]: ');  ReadLn (Dim);
67        END; (*WHILE*)
68     END.
```

```
DIALOG:      VEKTOR-OPERATIONEN
             Dimension der Vektoren [Ende mit <0>]: 3
             1. Vektor v1 <RETURN>:   2  2  2
             2. Vektor v2 <RETURN>:   0  0  3
                          Summenvektor =      2.00    2.00    5.00
                          Skalarprodukt =     6.00
                          Laenge von v1 =     3.46
                          Laenge von v2 =     3.00
             Dimension der Vektoren [Ende mit <0>]: 0
```

4.17 Programm Polynom1

Ein Polynom $P(x) = p_0 + p_1 x^1 + p_2 x^2 + ... + p_g x^g$ vom Grad g ist durch seinen Koeffizienten-Vektor $(p_0, p_1, p_2, ..., p_g)$ eindeutig festgelegt. Die Definition eines ADT *PolynomTyp* basiert daher auf der Datenstruktur ARRAY (Zeile 9) und erlaubt die Operationen *Lies*, *Schreib* und *Horner*. Während in *Lies* nach Angabe des Polynomgrads *g* die Koeffizienten in der Reihenfolge steigender Ordnung gespeichert werden, wird in *Schreib* das Polynom als mathematischer Funktionsausdruck wiedergegeben. Hochzahlen werden in der Ergebnisanzeige mit dem Zeichen ^ eingeleitet.

Die Operation *Horner* ist als FUNCTION definiert, die den Polynomwert an einer Stelle *x* berechnet. Sie wendet das Hornerschema an das die Berechnung der Potenzen in iteriertes Multiplizieren auflöst und damit beschleunigt.

Das Hauptprogramm erstellt für das angegebene Polynom eine Wertetabelle in dem Bereich [*xAnf* .. *xEnd*]. Die Stützstellen haben den konstanten Abstand *dx*. Wegen der systematischen Ungenauigkeit beim Rechnen mit REAL-Werten wird *xEnd* nur in dem speziellen Fall exakt erreicht, daß *xAnf*, *xEnd* und *dx* exakt darstellbar sind. Zur Erinnerung: der dezimale Wert 0.1 ist im Dualsystem nur als Näherungswert darstellbar, da er keine Summe von Zweierpotenzen ist. Da man damit rechnen muß, daß die Werte wegen Rundung "eine Idee" zu hoch werden, wird in der Einstiegsbedingung (Zeile 55) der WHILE-Schleife zu *xEnd* noch "eine Idee" *epsilon* addiert. In Turbo Pascal würde andernfalls für den Bereich [0 .. 1] mit *dx* = 0.1 als letzter Polynomwert P(0.9) bestimmt werden (Nachprüfen!).

```
1     PROGRAM Polynom1 (Input, Output);
2     (* Polynom (maximaler Grad 10) gegeben durch seine Koeffizienten.
3        Mit Hilfe des Horner-Schemas wird eine Werte-Tafel erstellt.   *)
4     CONST
5        MaxPolyGrad = 10;
6        epsilon     =  0.001;

7     (******************* ADT PolynomTyp *************************)
8     TYPE
9        PolynomTyp =  ARRAY [0 .. MaxPolyGrad] OF REAL;

10    PROCEDURE Lies ( VAR p : PolynomTyp;   VAR g   : INTEGER
11                                       ;        max : INTEGER );
12       VAR  i : INTEGER;
13       BEGIN
14       Write ('Grad des Polynoms:   ');
15       REPEAT  ReadLn (g)  UNTIL (0 <= g) AND (g <= max);
16       Write ('Koeffizienten [Ordnung 0 .. ', g :1, ']:   ');
17       FOR i:= 0 TO g DO  Read (p [i]);   ReadLn;
18       END; (* Lies *)

19    PROCEDURE Schreib (p : PolynomTyp;  g : INTEGER);
20       VAR  i :  INTEGER;
21       BEGIN
22       Write ( 'P(x) =', p [0] :5:2, ' + ', p [1] :5:2, '*x' );
23       FOR i := 2 TO g DO    Write (' + ', p [i] :5:2, '*x^', i :1);
24       END; (* Schreib *)
```

(Fortsetzung nächste Seite)

```
     (Fortsetzung von Programm Polynom1)

25       FUNCTION Horner (p : PolynomTyp;  g : INTEGER;  x : REAL) : REAL;
26           (* Wert des Polynoms p vom Grad g an der Stelle x nach Horner, *)
27           (* z.B.:  p(3)*x**3 + p(2)*x**2 + p(1)*x  + p(0)               *)
28           (*            = (((0*x + p(3))*x  + p(2))*x + p(1))*x + p(0)    *)
29           VAR
30              Summe :  REAL;
31              i     :  INTEGER;
32           BEGIN
33           Summe :=  0.0;
34           FOR i := g DOWNTO 0 DO  Summe := Summe * x  +  p [i];
35           Horner :=  Summe;
36           END; (* Horner *)
37       (****************** Ende ADT PolynomTyp *********************)

38       PROCEDURE Tabellenkopf;
39           VAR  i :  INTEGER;
40           BEGIN
41           WriteLn ('x' :10, 'P(x)' :10);
42           FOR i := 1 TO 20 DO Write ('-');  WriteLn;
43           END; (* Tabellenkopf *)

44       VAR
45           Polynom             :  PolynomTyp;
46           Grad                :  INTEGER;
47           x, p, xAnf, xEnd, dx :  REAL;

48       BEGIN (* Hauptprogramm *)
49       Lies (Polynom, Grad, MaxPolyGrad);
50       Write ('x-Anf, x-End, delta-x:   ');   ReadLn (xAnf, xEnd, dx);
51       WriteLn;
52       Schreib (Polynom, Grad);   WriteLn;
53       Tabellenkopf;
54       x := xAnf;
55       WHILE (x <= xEnd + epsilon)  DO BEGIN
56          p := Horner (Polynom, Grad, x);
57          WriteLn (x :10:4, p :10:4);
58          x := x + dx;
59          END; (*WHILE*)
60       END.
```

```
DIALOG:        Grad des Polynoms:   3
               Koeffizienten [Ordnung 0 .. 3]:  2  -3.5  0.7  -1.3
               x-Anf, x-End, delta-x:  -0.5  +0.5  0.1

               P(x) = 2.00 + -3.50*x +  0.70*x^2 + -1.30*x^3

                        x       P(x)
               -------------------
                   -0.5000    4.0875
                   -0.4000    3.5952
                   -0.3000    3.1481
                   -0.2000    2.7384
                   -0.1000    2.3583
                   -0.0000    2.0000
                    0.1000    1.6557
                    0.2000    1.3176
                    0.3000    0.9779
                    0.4000    0.6288
                    0.5000    0.2625
```

4.18 Programm Schemal

Bei der Übergabe von ARRAY-Strukturen an Unterprogramme kann der Name des formalen Parameters frei gewählt werden, der Typbezeichner aber muß mit dem entsprechenden Typbezeichner des rufenden Programmteils übereinstimmen. Das bedeutet, daß bei Teamarbeit der Programmierer eines Unterprogramms die für ARRAY-Strukturen vergebenen Typnamen kennen muß. Das kann zur Sicherheit der Programmierung beitragen: wenn das Unterprogramm nur für einen speziellen ARRAY-Typ konzipiert ist, wird der Versuch, ein nicht geeignetes Feld zu übergeben, schon beim Übersetzen an den nicht übereinstimmenden Parameter-Typen erkannt. Der Mißbrauch des Unterprogramms durch "falsche" Daten wird verhindert.

Soll ein Unterprogramm aber vielseitiger angewendet werden können, kann es mit **Feldschema-Parametern** (engl.: **conformant array parameter**) unabhängig vom Typnamen der ARRAY-Struktur formuliert werden. Mit folgender formalen Parameter-Deklaration

```
A : ARRAY [ia .. ie : INTEGER] OF REAL;
```

kann ein Unterprogramm ein Feld empfangen, dessen Typname unerheblich ist. Sein Indexbereich muß vom Typ INTEGER, sein Basistyp REAL sein. Im Unterprogramm sind die Werte der konstanten Grenzen ia und ie bekannt.

Im Beispielprogramm werden zwei Felder verschiedener Feldtypen an die Unterprogramme als Feldschema-Parameter übergeben. Die Prozedur *Lies* kennt damit die aktuellen unteren und oberen Grenzen ia und ie der übergebenen Felder (hier 1 und 5 bzw. -2 und +2) und kann feststellen, wieviele Werte im akuten Falle maximal (*max*,, Zeile 18) im Feld gespeichert werden dürfen. Beim Durchlaufen des Feldes wird der End-Index bezüglich ia berechnet (Zeilen 20, 26 und 35).

Allgemein lautet die Deklaration eines Feldschema-Parameters

```
Formal-Parameter : ARRAY [ia .. ie : Index-Typ] OF Basis-Typ;
```

Dadurch werden dem Unterprogramm gleichzeitig Werte sowohl für den Formal-Parameter als auch für die Indexgrenzen ia und ie übergeben.

Weder Turbo Pascal noch VS Pascal kennen Feldschema-Parameter!

Bemerkung: Strukturierte Datentypen in Parameterlisten

Bei der Übergabe als Wert-Parameter werden bekanntlich lokale Kopien der aktuellen Parameter angelegt. Dazu werden weitere Speicherplätze und Zeit zum Kopieren benötigt, aber die Originaldaten sind gegen versehentliche Änderung geschützt. Für umfangreiche Strukturen kann möglicherweise nicht genügend Speicherplatz zur Verfügung stehen, oder das Zeitverhalten des Programms wird unbefriedigend. Dann wird man auch Eingangs-Parameter in der formalen Parameter-Liste als Variablen-Parameter deklarieren. Zu den strukturierten Datentypen gehören neben dem hier behandelten ARRAY die später eingeführten SET, RECORD und FILE.

```
 1      PROGRAM Schema1 (Input, Output);
 2      (*  Demonstration von Feldschema-Parametern *)
 3      CONST
 4         min1 =  1;    max1 = 5;
 5         min2 = -2;    max2 = 2;

 6      TYPE
 7         FeldTyp1 =  ARRAY [min1 .. max1] OF REAL;
 8         FeldTyp2 =  ARRAY [min2 .. max2] OF REAL;

 9      VAR
10         Feld1  :  FeldTyp1;
11         Feld2  :  FeldTyp2;
12         n1, n2 :  INTEGER;

13      PROCEDURE Lies ( VAR A : ARRAY [ia..ie : INTEGER] OF REAL
14                          ; VAR n : INTEGER                        );
15         VAR
16            max, pos  :  INTEGER;
17         BEGIN
18         max :=  ie -ia + 1;
19         REPEAT ReadLn (n)   UNTIL n <= max;
20         FOR pos := ia TO (ia + n - 1) DO Read (A [pos]);    ReadLn;
21         END; (* Lies *)

22      PROCEDURE Schreib ( A : ARRAY [ia..ie : INTEGER] OF REAL
23                            ; n : INTEGER                        );
24         VAR  pos  :  INTEGER;
25         BEGIN
26         FOR pos := ia TO (ia + n - 1) DO Write (A [pos] :8:2);
27         END; (* Schreib *)

28      FUNCTION Summe ( A : ARRAY [ia..ie: INTEGER] OF REAL
29                          ; n : INTEGER                       ) : REAL;
30         (* Berechnet die Summe der Komponenten des Feldes A *)
31         VAR  pos :  INTEGER;
32              Sum :  REAL;
33         BEGIN
34         Sum :=  0.0;
35         FOR pos := ia TO (ia + n - 1) DO  Sum := Sum + A [pos];
36         Summe :=  Sum;
37         END; (* Summe *)

38      BEGIN (* Hauptprogramm *)
39      Lies    (Feld1, n1);
40      Write   ('Feld2:   ');Schreib (Feld1, n1);   WriteLn;
41      WriteLn ('Komponenten-Summe Feld1:', Summe (Feld1, n1) :8:2);
42      Lies    (Feld2, n2);
43      Write   ('Feld2:   ');  Schreib (Feld2, n2);   WriteLn;
44      WriteLn ('Komponenten-Summe Feld2:', Summe (Feld2, n2) :8:2);
45      END.
```

```
DIALOG:    4
              1    1    1    1
           Feld2:      1.00    1.00    1.00    1.00
           Komponenten-Summe Feld1:    4.00
              2
             -1   -1
           Feld2:      -1.00   -1.00
           Komponenten-Summe Feld1:   -2.00
```

4.19 Zusammenfassung

❏ Mehrere Einzeldaten können zu einer Struktur zusammengefaßt werden. Eine mögliche Struktur ist das ARRAY, bei dem Einzeldaten des gleichen Basistyps zu einer indizierten Liste zusammengesetzt werden. Auf die Komponenten eines ARRAY besteht direkter Zugriff.

❏ Mit dem Konstruktor ARRAY kann der Programmierer eigene Datentypen zusammensetzen. Anzahl, Indexbereich und Typ der Komponenten sind ihm überlassen. Der zusammengesetzte Datentyp bekommt in der TYPE-Deklaration einen Namen.

❏ Mit der Datenstruktur ARRAY läßt sich umfangreiches Datenmaterial effizient speichern und verarbeiten. Es wurden Algorithmen zum Sortieren einer Liste und zum Aufsuchen eines Elements in einer Liste vorgestellt.

❏ Zur Bewältigung komplexer Aufgaben wird ein Programm in Unterprogramme zerlegt. Dazu stehen Prozeduren (PROCEDURE) und Funktionen (FUNCTION) zur Verfügung. Jedes Unterprogramm soll eine klar definierte und abgegrenzte Aufgabe bearbeiten.

❏ Unterprogramm und rufendes Programm tauschen Informationen über Parameterlisten als Schnittstellen aus. Sie enthalten Eingangs- und/oder Ergebniswerte des Unterprogramms. Aktuelle Parameter des rufenden und formale Parameter des gerufenen (Unter-)Programmteils entsprechen sich nach Anzahl, Reihenfolge und Typ. Die Namen der formalen Parametern sind nur lokal gültig und von denen der aktuellen unabhängig.

❏ Aktuelle Parameter, die vom Unterprogramm nicht verändert werden dürfen, werden über Wertparameter empfangen: das Unterprogramm erhält nur eine Kopie des Originalwertes. Soll der Parameter verändert oder mit einem Ergebniswert besetzt werden, empfängt ihn das Unterprogramm über Variablenparameter (VAR-Parameter): das Unterprogramm erhält die Adresse des zu verändernden Speicherplatzes. Umfangreiche Datenstrukturen müssen u.U. aus Platz- und Zeitgründen immer über Variablenparameter ausgetauscht werden.

❏ Ein Unterprogramm kann eigene lokale Definitionen enthalten (CONST, TYPE, VAR). Ist seine Aufgabe immer noch komplex, kann es selbst in weitere lokale oder globale Unterprogramme (PROCEDURE, FUNCTION) zerlegt werden (Methode der schrittweisen Verfeinerung; Top-Down-Entwurf). Bezeichner lokaler Größen und formaler Parameter sind außerhalb eines Unterprogramms nicht sichtbar.

❏ Unterprogramme kennen sämtliche Bezeichner übergeordneter Programmteile als globale Bezeichner – es sei denn, diese Bezeichner sind durch lokale Definitionen mit neuer Bedeutung belegt. Globale Größen können ebenfalls zur Kommunikation zwischen Programmteilen verwendet werden. Da Unterprogramme aber als möglichst unabhängige Einheiten formuliert werden sollen, sind globale Bezeichner zu vermeiden.

❑ Die Verwendung von Unterprogrammen macht komplexe Programme übersichtlicher. Mit passender Wahl der Unterprogramm-Namen lassen sich Programme selbstdokumentierend formulieren. Die Benutzung von Dummy-Prozeduren erleichtert das schrittweise Codieren und Testen der Programmfunktionen. Wenn über die Schnittstellen Einigkeit besteht, kann die Bearbeitung der Unterprogramme verschiedenen Programmierern übergeben werden.

❑ Ein abstrakter Datentyp (ADT) besteht aus einem Wertebereich und den damit möglichen Operationen. Ein ADT kann mit Hilfe einer konkreten Datenstruktur (wie ARRAY) sowie Prozeduren und Funktionen implementiert werden. Als Beispiele wurden Realisierungen von Liste, Stapel, Vektor und Polynom vorgestellt. ADTs machen Anwendungsprogramme sicherer, da in ihnen die Funktionalitäten klar getrennt sind und der Mißbrauch von Daten und Operationen erschwert ist.

4.20 Aufgaben

1. Folgendes Pascal-Programm liegt vor:

```
PROGRAM Was_mache_ich (Input, Output);
(* Haben Sie eine Ahnung, was hier passiert? *)
VAR
    a, b, c, t :  INTEGER;
BEGIN
ReadLn (a, b, c);
t := a;
a := b;
b := c;
c := t;
WriteLn (a, b, c);
END.
```

(a) Beschreiben Sie die Wirkung des Programms. Zeigen Sie an einem Beispiel Eingabe und Ausgabe. Wie werden die einzelnen Speicherplätze schrittweise belegt?
(b) Schreiben Sie das Programm so um, daß der Verarbeitungsteil in einer Prozedur formuliert ist, die vom Hauptprogramm aufgerufen wird.

2. Speichern Sie in einem ARRAY [1 .. 10] OF INTEGER fünf Werte in den Positionen 3 bis 7. Verschieben Sie diese Werte innerhalb des ARRAY (a) um eine Position nach unten (nach links) bzw. (b) um zwei Positionen nach oben (nach rechts).

3. Besetzen Sie in dem ARRAY der vorigen Aufgabe alle zehn Komponenten. Verschieben Sie alle Werte um eine Position nach rechts durch Ringtausch: der Wert an Position 10 soll also nach Position 1 verschoben werden.

4. Schreiben Sie eine Prozedur, die ein ARRAY [1 .. max] OF REAL durch Ringtausch um eine Position nach links verschiebt. Testen Sie Ihr Ergebnis mit Hilfe der selbstgeschriebenen Ein- und Ausgabe-Prozeduren *Lies* bzw. *Schreib*.

5. Für die 12 Monate eines Jahres sollen die Umsatz-Zahlen in einem Feld gespeichert und der Umsatz des ganzen Jahres berechnet werden. Danach
   sollen die prozentualen Anteile der Monatsumsätze am Gesamtumsatz bestimmt und in einem weiteren Feld gespeichert werden. Eine Tabelle der
   folgenden Form soll gedruckt werden:

```
Monat          Umsatz (in DM)          Anteil (in %)
-----------------------------------------------------------
  1                28259                    7.7
  2                28626                    7.8

...                 ...                     ...

 11                26791                    7.3
 12                35232                    9.6
-----------------------------------------------------------
Summe             367000                  100.0
```

6. Ein Versandhaus benutzt ein automatisches Abrechnungsverfahren für
   bis zu 5000 Kunden, die bis zu 100 Waren pro Rechnung kaufen können.
   Mit einem Programm werden die einzelnen Auftragsposten unsortiert
   zeilenweise in folgender Anordnung erfaßt:

```
Kunden-Nr.   Stueckzahl   Artikel-Nr.   Einzel-Preis
```

   Das Programm soll für jeden Kunden den Rechnungsbetrag ermitteln.

7. Simulieren Sie mit einem Zufallsgenerator (vgl. Programm *Raten1*, 3.1)
   das Spielen mit einem Würfel. Der Benutzer soll die Anzahl der Würfe angeben, das Programm die Würfe ausführen und dabei mitzählen, wie oft
   jede Punktzahl gewürfelt wurde. Auch die prozentuale Verteilung soll ermittelt werden. Benutzen Sie geeignete Datenstrukturen und verwenden
   Sie Unterprogramme.

8. Schreiben Sie in Anlehnung an die Programme *Rechnen1* (4.4) bis *Rech-
   nen3* (4.6) ein Programm, in dem für reelle Zahlen x, y, u, v die Produkte
   $x*y$, $u*v$, $x*u$ und $y*v$ gebildet werden. Benutzen Sie dazu (a) eine parameterlose (b) eine parametrisierte Prozedur *Multipliziere*. Versuchen Sie
   das gleiche mit einer parametrisierten bzw. parameterlosen Funktion
   Multiplikation.

9. Verändern Sie das Programm *Quer* (2.12) so, daß die Zahlen erst in einem
   Feld gesammelt werden, bevor ihre Quersummen berechnet und in einem
   zweiten Feld abgelegt werden. Die Ergebnisanzeige soll in Tabellenform die
   Zahlen und ihre Quersummen aufführen. Die Teilprobleme sollen in Prozeduren und/oder Funktionen gelöst werden.

10. (a) Verlegen Sie das Lösen quadratischer Gleichungen (Programm *Quad-
    Gl1*, 2.15) in eine parametrisierte Prozedur. Möglichste wenige Bezeichner
    sollen global sein. Falls keine reelle Lösungen existieren, soll die Prozedur
    eine entsprechende Meldung schreiben.

    (b) Die Prozedur des Teil (a) wird nun – bei identischer Parameterliste –
    als Funktion geschrieben, deren Ergebniswert vom Typ BOOLEAN angibt,

ob die Gleichung eine reelle Lösung hat oder nicht. Die entsprechende Meldung kann dadurch ins rufende Programm verlegt werden.

11. Verändern Sie das Programm *Fakul1* (4.10) dadurch, daß die Berechnung der Fakultät in einer Prozedur statt in einer Funktion formuliert wird.

12. Eine Folge von Zahlen ist eine **Fibonacci-Folge**, wenn jede Zahl die Summe der beiden vorhergehenden ist: $F_n = F_{n-2} + F_{n-1}$ (für n = 2, 3, ...). Fibonacci-Folgen unterscheiden sich in den charakteristischen Startwerten F_0 und F_1. Schreiben Sie ein Programm, das zu den Startwerten $F_0 = 0$ und $F_1 = 1$ die Folge der **Fibonacci-Zahlen** (F_0, F_1, .., F_{10}) berechnet, in einem ARRAY speichert und am Bildschirm anzeigt.

13. Schreiben Sie eine Funktion, die zu beliebigen Startwerten F_0 und F_1 die n-te Fibonacci-Zahl F_n berechnet. Rufen Sie die Funktion in einer Schleife für verschiedene eingelesene Startwerte auf.

14. Verlegen Sie für das Programm *Menu0* (3.11) das Erstellen der Maske, die Auswahl eines Menüpunkts und die möglichen Funktionalitäten in Unterprogramme. Erweitern Sie die Leistungen des Programms um Multiplikation und Division.

15. Erstellen Sie für die Programme *Bilanz1* (4.8) und *PersAbt1* (4.9) die hierarchischen Aufrufdiagramme.

16. Erweitern Sie das Programm *Bilanz1* (4.8) um eine Auswertungs-Prozedur, die die Datensätze aller Quartale listet, deren Saldo geringer als ein angegebener Mindestwert ist.

17. Verändern Sie das Programm *Bilanz1* (4.8) so, daß es die Angaben für die Monate eines Jahres speichert und auswertet. Finden Sie mit einer Prozedur alle Monatssätze, in denen die Einnahmen größer als ein angegebener Richtwert sind.

18. (a) Ergänzen Sie das Programm *PersAbt1* (4.9) um eine Prozedur, mit der folgende Auswertung möglich ist: Liste die Personalnummern aller Mitarbeiter/innen, deren Alter zwischen *a1* und *a2* Jahren (inklusive) liegt.

    (b) Entwickeln Sie ein Unterprogramm, welches das Durchschnittsalter der Mitarbeiter/innen in der Abteilung *Nr* bestimmt.

19. Die logische Struktur der Datensätze von Programm *PersAbt1* (4.9) läßt sich um weitere Datenfelder erweitern. Dazu müssen neue Listen (ARRAYs) deklariert werden, deren Indexbereich mit dem Bereich der Personalnummern identisch ist, und die einen geeigneten Basistyp besitzen. Führen Sie so das Datenfeld *Geschlecht* ein. Erweitern Sie die schon vorhandenen Prozeduren entsprechend.

20. Schreiben Sie die Prozedur *Search* des Programms *LinSuch* (4.13) um, wobei Sie berücksichtigen, daß die Liste als sortiert vorausgesetzt wird. Wie im Text erwähnt, kann dann die Suche nach einem nicht vorhandenen

Wert i.a. schon vor Erreichen des Listenendes abgebrochen werden. Testen Sie Ihre Veränderung, nachdem Sie in das Hauptprogramm *LinSuch* die Prozedur *Sortiere* (z.B. aus Programm *SortZal0*, 4.11) eingebaut haben.

21. Das aufsteigende Sortieren einer Liste durch Einfügen (Programm *Sort-Zal1*, 4.12) kann man wie folgt modifizieren: Zum Einfügen des Elements Nr wird die schon sortierte Teilliste (Positionen 1 .. Nr-1) "von unten her" nach der "richtigen" Stelle durchsucht. Die Suchschleife wird gleichzeitig zum Verschieben benutzt. Vorsicht: bei der Suche nach der richtigen Stelle wird u.U. eine Position 0 geprüft; diese muß existieren und vorbesetzt werden.

22. Eine zufällig besetzte Zahlenliste soll absteigend sortiert werden.

23. Das Programm soll eine Wertetabelle für die Funktion f(x) = x * sin x im Bereich $0 \leq x \leq 3$ mit Schrittweite 0.1 erstellen. Die Funktion soll in einem Funktions-Unterprogramm erklärt werden.

24. Schreiben Sie eine Funktion zur Berechnung von x^n für (a) ganzzahlige und (b) reelle Exponenten.

25. Eine Prozedur soll zweidimensionale kartesische Koordinaten (x,y) eines Punktes in dessen Polarkoordinaten (ρ, φ) wandeln - und umgekehrt.

26. Zwei Funktionen sollen die Operationen DIV und MOD auf reelle Zahlen verallgemeinern. Dabei soll DIV ein ganzzahliges Ergebnis liefern, MOD den dazugehörigen Rest (vgl. Programm *DivInt*, 1.6).

Beispiel: 3.7 DIV 0.5 = 7.0 und 3.7 MOD 0.5 = 0.2.

27. Ein Programm soll die Körpergrößen x_i von n Personen lesen und speichern. Mit geeigneten Funktionen sollen das arithmetische Mittel m und die Standardabweichung s berechnet werden:

$$ m = \frac{1}{n}\sum_{i=0}^{n} x_i \qquad \text{und} \qquad s = \sqrt{\frac{1}{n}\sum_{i=0}^{n} (x_i - m)^2} $$

Eine Prozedur soll eine Graphik der folgender Form zeichnen. (Hinweis: versuchen Sie zuerst, das Schaubild um 180° gedreht zu erzeugen.)

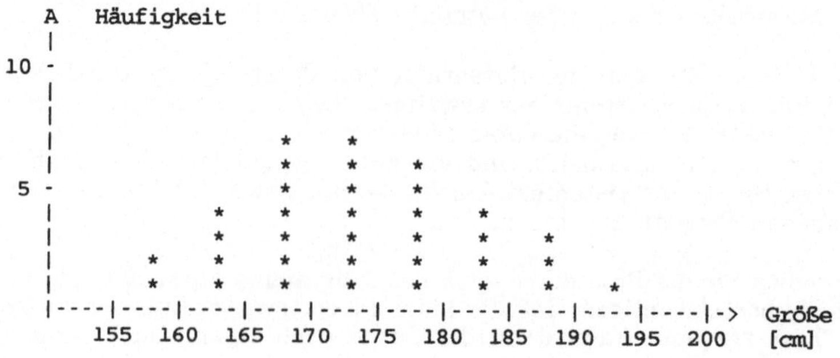

28. Die Potenzreihe für den Sinus konvergiert bei kleinen x-Werten rasch:

$$\sin x = x - \frac{x^3}{3!} + \frac{x^5}{5!} - \frac{x^7}{7!} + - \ldots$$

Ein Funktions-Unterprogramm soll für alle x-Werte den Sinus berechnen können, wobei in der Summe nur Summanden mit einem Betrag größer als 10^{-5} berücksichtigt werden sollen. Hinweis: Nutzen Sie die Periodizität des Sinus aus; verwenden Sie dabei das Ergebnis der vorigen Aufgabe.

29. Ergänzen Sie das Programm *Vektor1* (4.16) um eine Funktion *V_Winkel*, die zu zwei übergebenen Vektoren der gleichen Dimension den eingeschlossenen Winkel α im Gradmaß zurückgibt ($0° \leq \alpha \leq 180°$).

30. Bereichern Sie den ADT *StackTyp* in Programm *Stapel1* (4.15) um eine Operation *Show*, die zu einem beliebigen Zeitpunkt alle gerade im Stapel gespeicherten Daten anzeigt. Durch Einführen einer vom Anwender angepaßten Prozedur *Write_Data* kann *Show* vom aktuellen *StackDataTyp* unabhängig gemacht werden.

31. Beim Stapel werden Elemente an dem gleichen Ende einer Liste entfernt werden, an dem sie auch angefügt wurden. Im Gegensatz dazu werden bei einer **Schlange** (engl.: queue) Daten am entgegengesetzten Ende entfernt (FIFO-Prinzip, "first in, first out").

(a) Implementieren Sie in Analogie zum ADT *StackTyp* (Programm *Stapel1*, 4.15, sowie vorige Aufgabe, also mit *Write_Data* und *Show*) einen Datentyp *QTyp*, wobei Sie Zeiger *FirstPtr* und *LastPtr* auf Schlangenanfang und -ende einführen. Außerdem soll die aktuelle Größe der Schlange in der typinternen Variablen *Size* vermerkt werden und mit der Funktion *No_Of_Data_In_Q* abrufbar sein. Die Operationen *Push* und Pop sollen in *Append* bzw. *Remove* umbenannt werden.

(b) Nach einer endlichen Zahl von *Append-* und *Remove*-Operationen stößt die Schlange an die obere Grenze des ARRAY. Die links vom Anfang der Schlange frei gewordenen ersten ARRAY-Komponenten können zur Aufnahme weiterer Schlangen-Elemente genutzt werden. Wegen des großen Aufwandes kommt aber ein Verschieben der Schlange in die Anfangspositionen nicht in Frage. Günstiger ist es, das ARRAY als **Ring-ARRAY** zu verwalten. Führen Sie dazu eine Funktion *Next_Ptr* ein, die für jeden beliebigen Zeiger auf die Schlange die nachfolgende Zeigerposition (im Sinne des Ring-ARRAY) liefert.

32. Die **Menge** {2, 5, 8, 9} ganzer Zahlen aus dem Bereich 1 .. 10 kann mit Hilfe des zusammengesetzten Datentyps ARRAY [1 .. 10] OF BOOLEAN repräsentiert werden, indem die Komponenten mit den Indizes 2, 5, 8 und 9 auf den Wert TRUE, alle anderen auf den Wert FALSE gesetzt werden.

(a) Implementieren Sie einen Datentyp *SetTyp* mit den Operationen *Init* (erzeugt eine leere Menge), *Include* (nimmt eine Zahl in eine Menge auf) und *Remove* (entfernt eine Zahl aus einer Menge). Eine Funktion In_Set soll prüfen, ob eine Zahl Element einer angegebenen Menge ist. Deklarieren Sie außerdem zwei Prozeduren *Read_Set* und *Write_Set* zum Lesen und Schreiben einer Menge.

(b) Für Mengen des so definierten ADT *SetTyp* können über logische Verknüpfungen entsprechender Komponentenpaare die Operationen *Union* (Vereinigung), *Intersection* (Durchschnitt), *Difference* (Differenzbildung) und *Complement* (Komplementbildung) definiert werden. Schreiben Sie diese Prozeduren. Außerdem soll geprüft werden, ob eine Menge Teilmenge einer anderen Menge ist (Funktion *Subset*).

33. (a) In Erweiterung einer Aufgabe in Kapitel 2 sollen alle Primzahlen ≤ 500 bestimmt werden. Die Menge der zu untersuchenden Zahlen reduziert sich drastisch, wenn berücksichtigt wird, daß Kandidaten für Primzahlen (ausser 1, 2, und 3) die Form $6k \pm 1$ ($k = 1, 2, ..$) haben. Diese haben voneinander abwechselnd den Anstand 2 und 4.

(b) Ein Algorithmus ist als **Sieb des Eratosthenes** ekannt: Aus der Menge {2, 3, ..., max} entferne man alle Vielfachen der kleinsten Zahl (2). Dann nehme man die nächste noch in der Menge enthaltene und entferne deren Vielfache. Man gehe zur nächsten noch enthaltenen und entferne deren Vielfache usw. Alle schließlich noch in der Menge übriggebliebenen Zahlen sind Primzahlen. Formulieren Sie diesen Algorithmus mit Hilfe des in der vorigen Aufgabe implementierten Datentyps *SetTyp*.

5 Tabellen und Matrizen

Dieses Kapitel behandelt in den Beispielprogrammen:

- Das zweidimensionale ARRAY OF ARRAY

- Bearbeiten und Auswerten von Tabellen

- Multiplizieren von Matrizen

- Transponieren einer Matrix

- Lineare Gleichungssysteme

- Eliminationsverfahren nach Gauss

- Feldschema-Parameter bei Matrizen

5.1 Programm Tabelle1

In der Definition eines Feldes wird der Datentyp der Komponenten festgelegt. Dieser Basistyp eines ARRAY kann ein einfacher, aber auch ein zusammengesetzter Datentypen sein, also z.B. wieder ein ARRAY. Mit der Typdefinition

```
TYPE
    TabTyp =  ARRAY [1 .. 6] OF
              ARRAY [1 .. 8] OF REAL;
```

kann in einer Variablendeklaration

```
VAR
    Tabelle :  TabTyp;
```

im Arbeitsspeicher Platz für ein ARRAY reserviert werden, dessen sechs Komponenten selbst wieder ARRAYs mit jeweils acht Komponenten sind. Man kann sich dieses **zweidimensionale Feld** als eine Tabelle mit sechs Zeilen und acht Spalten vorstellen.

Tabelle				NSp			SpMax
2. Index →	1	2	3	4	5	6	7	8

1. Index ↓ 1	1.0	-2.0	3.0	-4.0				
2	-5.0	6.0	-7.0	8.0				
NZe 3	9.0	-10.0	11.0	-12.0				
4								
5								
ZeMax 6								

Die gesamte Tabelle ist unter dem Namen *Tabelle* zugänglich. Ihre zweite Zeile wird mit

```
    Tabelle [2]
```

angesprochen, deren dritte Komponente wiederum durch

```
    Tabelle [2] [3]        oder        Tabelle [2, 3]
```

ausgewählt (Zeilen 19 bzw. 30). Im Beispiel wird eine *Tabelle* mit maximal *ZeMax* Zeilen und *SpMax* Spalten deklariert. In der Prozedur *Lies* gibt der Benutzer an, wieviele Zeilen (*NZe*) und Spalten (*NSp*) er tatsächlich benötigt. In einer FOR-Schleife (Zeilen 17 -20) werden die Zeilen der Tabelle gelesen. Jede Zeile wird in der geschachtelten FOR-Schleife (Zeile 19) spaltenweise besetzt. Die Prozedur *Schreib* zeigt den benutzten Teil der Tabelle zeilenweise an (äussere FOR-Schleife, Zeilen 28 - 31). Zur besseren Übersicht werden auch die Zeilen- und Spaltennummern gedruckt.

In der Mathematik wird ein rechteckiges Zahlenschema **Matrix** genannt. Für **Matrizen** (Plural von Matrix) sind eigene Rechenregeln definiert. Üblicherweise werden die Zeilen mit dem ersten Index (**Zeilenindex**), die Spalten mit dem zweiten Index (**Spaltenindex**) numeriert. Dies ist jedoch eine willkürliche Festlegung, die bei Bedarf geändert werden kann. Pascal legt die Matrixkomponenten im Arbeitsspeicher **zeilenweise** ab. Die relative Position einer Kompo-

nente in der so entstehenden linearen Anordnung errechnet sich aus der Formel

```
    Position :=  (Zeilenindex - 1) * Spaltenzahl  +  Spaltenindex
```

```
1      PROGRAM Tabelle1 (Input, Output);
2      (* Liest und schreibt zweidimensionales Feld *)
3      CONST
4         ZeMax = 6;
5         SpMax = 8;

6      (*******************************************************************)
7      TYPE
8         TabTyp =  ARRAY [1 .. ZeMax] OF
9                     ARRAY [1 .. SpMax] OF REAL;

10     PROCEDURE Lies ( VAR T : TabTyp;    VAR NZe, NSp : INTEGER
11                                     ;    ZeMax, SpMax : INTEGER );
12        VAR
13           Zeile, Spalte : INTEGER;
14        BEGIN
15        Write ('Zeilen : ');   REPEAT ReadLn (NZe) UNTIL NZe <= ZeMax;
16        Write ('Spalten: ');   REPEAT ReadLn (NSp) UNTIL NSp <= SpMax;
17        FOR Zeile := 1 TO NZe DO BEGIN
18           Write (Zeile :1, '. Zeile: ');
19           FOR Spalte := 1 TO NSp DO Read (T [Zeile] [Spalte]);   ReadLn;
20           END; (*FOR-Zeile*)
21        END; (* Lies *)

22     PROCEDURE Schreib (T : TabTyp;    NZe, NSp : INTEGER);
23        VAR
24           Zeile, Spalte : INTEGER;
25        BEGIN
26        Write (' ':3);
27           FOR Spalte := 1 TO NSp DO Write (Spalte :8);    WriteLn;
28        FOR Zeile := 1 TO NZe DO BEGIN
29           Write (Zeile :3);
30           FOR Spalte := 1 TO NSp DO Write (T [Zeile, Spalte] :8:2);
31                                          WriteLn;
32           END; (*FOR-Zeile*)
33        END; (* Schreib *)
34     (*******************************************************************)

35     VAR
36        Tabelle  :  TabTyp;
37        NZe, NSp :  INTEGER;

38     BEGIN (* Hauptprogramm *)
39     Lies      (Tabelle, NZe, NSp, ZeMax, SpMax);
40     Schreib (Tabelle, NZe, NSp);
41        END.
```

```
DIALOG:          Zeilen : 3
                 Spalten: 4
                 1. Zeile:  1    -2    3    -4
                 2. Zeile: -5     6   -7     8
                 3. Zeile:  9   -10   11   -12
                         1        2        3        4
                 1    1.00    -2.00    3.00    -4.00
                 2   -5.00     6.00   -7.00     8.00
                 3    9.00   -10.00   11.00   -12.00
```

5.2 Programm Tabelle2

Die Deklaration von *TabTyp* in Programm *Tabelle1* (5.1) betonte den zeilenweisen Aufbau des Zahlenschemas. Die folgende äquivalente Typdefinition

```
TYPE
    TabTyp  =  ARRAY [1 .. 6, 1 .. 8] OF REAL;
```

läßt die Zeilen und Spalten der Variablen *Tabelle* gleichrangig erscheinen. Ihre Zeilen und deren Komponenten werden genau wie im vorigen Programm ausgewählt, also z.B. *Tabelle [2]* und *Tabelle [2] [3]* oder *Tabelle [2, 3]*.

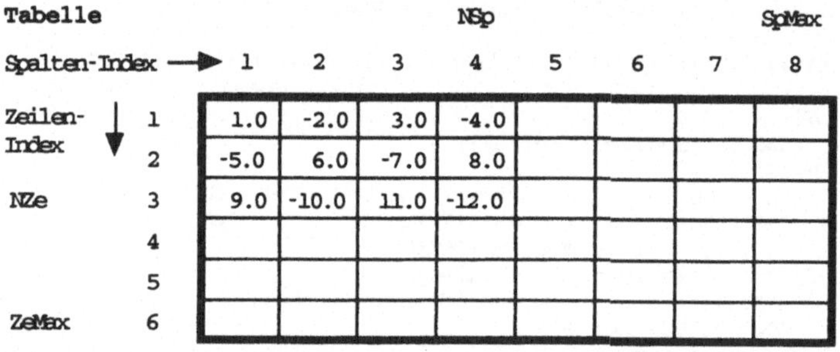

Tabelle				NSp			SpMax
Spalten-Index → 1	2	3	4	5	6	7	8
1.0	-2.0	3.0	-4.0				
-5.0	6.0	-7.0	8.0				
9.0	-10.0	11.0	-12.0				

(Zeilen-Index ↓: 1, 2, 3, 4, 5, 6; NZe bei Zeile 3; ZeMax bei Zeile 6)

Die Ausgabe mit der Prozedur *Schreib* ist gegenüber der vorigen Version übersichtlicher gestaltet. Dazu dienen zwei Hilfsprozeduren: *Striche* zieht über jede der *NSp* Spalten acht Minuszeichen, über die Anfangsspalte zwölf. *Kopf_Text* numeriert die Spalten und schreibt außerdem eine Spalten- und Zeilenlegende. Die Zeilennummern werden wie bisher jeder der *NZe* Zeilen direkt vorangestellt. Die Definition von *Striche* lohnt sich wegen des geringeren Codieraufwandes, denn die Unterstreichung wird drei Mal aktiviert. Die Einführung der Prozedur *Kopf_Text*, macht den gesamten Code lesbarer.

Dieses Programm bearbeitet eine größere Menge von Eingabewerten. Um nicht bei jedem Testlauf die Testdaten neu angeben zu müssen, schreibt man sie einmal mit einem Texteditor in eine Textdatei. Nennt man sie "TABELLE2.DAT", erreicht man unter Turbo Pascal mit der Befehlsfolge

```
ASSIGN (Input, 'TABELLE2.DAT');     RESET (Input);
```

daß (a) die logische Datei INPUT der physischen Datei "TABELLE2.DAT" auf dem externen Speichermedium zugeordnet wird (engl.: assign, Zeile 49) und (b) diese Datei zum Lesen geöffnet und "zurückgesetzt" wird: folgende READ-Befehle lesen von dieser Datei, beginnend mit dem ersten Eingabedatum. In der Prozedur *Lies* sind die Aufforderungen zur Eingabe weggelassen. Nach dem gleichen Prinzip wird mit

```
ASSIGN (Output, 'TABELLE2.ERG');     REWRITE (Output);
```

OUTPUT der Datei "TABELLE2.ERG" zugeordnet, die vom Programm mit REWRITE (Output) angelegt und zum Beschreiben geöffnet wird (Zeile 50). Jeder folgende WRITE-Befehl schreibt auf diese Datei. Eine schon vorher existierende Datei gleichen Namens würde dabei völlig gelöscht werden!

```pascal
1    PROGRAM Tabelle2 (Input, Output);
2    (* Liest und schreibt zweidimensionales Feld *)
3    CONST
4       ZeMax = 6;
5       SpMax = 8;

6    (******************************************************************)
7    TYPE
8       TabTyp =  ARRAY [1 .. ZeMax, 1 .. SpMax] OF REAL;

9    PROCEDURE Lies ( VAR T : TabTyp;    VAR NZe, NSp : INTEGER
10                                    ;   ZeMax, SpMax : INTEGER );
11      VAR
12         Ze, Sp : INTEGER;
13      BEGIN
14      REPEAT ReadLn (NZe) UNTIL NZe <= ZeMax;
15      REPEAT ReadLn (NSp) UNTIL NSp <= SpMax;
16      FOR Ze := 1 TO NZe DO BEGIN
17         FOR Sp := 1 TO NSp DO Read (T [Ze, Sp]);    ReadLn;
18         END; (*FOR-Ze*)
19      END; (* Lies *)

20   PROCEDURE Schreib (T : TabTyp;   NZe, NSp : INTEGER);
21      VAR
22         Ze, Sp : INTEGER;

23      PROCEDURE Striche;
24         VAR   Sp : INTEGER;
25         BEGIN
26         Write   ('------------':12);
27            FOR Sp := 1 TO NSp DO Write ('---------':8);    WriteLn;
28         END; (* Striche *)

29      PROCEDURE Kopf_Text;
30         VAR   Sp : INTEGER;
31         BEGIN
32         Write   (' ':3, 'Spalte' :6, ' | ':3);
33            FOR Sp := 1 TO NSp DO Write (Sp :8);    WriteLn;
34         WriteLn ('Zeile ' :6, ' ':3, ' | ':3);
35         END; (* Kopf_Text *)

36      BEGIN  (* Schreib *)
37      Striche;   Kopf_Text;   Striche;
38      FOR Ze := 1 TO NZe DO BEGIN
39         Write (Ze :2, ' ':7,  ' | ':3);
40         FOR Sp := 1 TO NSp DO Write (T [Ze, Sp] :8:2);    WriteLn;
41         END; (*FOR-Ze*)
42      Striche;
43      END; (* Schreib *)
44   (******************************************************************)
45   VAR
46      Tabelle  :  TabTyp;
47      NZe, NSp :  INTEGER;

48   BEGIN (* Hauptprogramm *)
49   ASSIGN (Input,  'TABELLE2.DAT');    RESET   (Input);
50   ASSIGN (Output, 'TABELLE2.ERG');    REWRITE (Output);

51   Lies    (Tabelle, NZe, NSp, ZeMax, SpMax);
52   Schreib (Tabelle, NZe, NSp);
53   END.
```

```
INPUT (TABELLE2.DAT):        3
                             4
                          1   -2    3   -4
                         -5    6   -7    8
                          9  -10   11  -12


OUTPUT (TABELLE2.ERG):    ------------------------------------------------
                            Spalte |      1       2       3       4
                            Zeile  |
                          ------------------------------------------------
                              1    |    1.00   -2.00    3.00   -4.00
                              2    |   -5.00    6.00   -7.00    8.00
                              3    |    9.00  -10.00   11.00  -12.00
                          ------------------------------------------------
```

5.3 Programm Tabelle3

Jede Zeile von *Tabelle* kann als reeller Vektor angesehen werden. Damit ist *Tabelle* ein ARRAY mit sechs Vektoren, von denen jeder aus acht reellen Zahlen besteht. Diese schon in Programm *Tabelle1* (5.1) beschriebene Sichtweise wird im folgenden Programm *Tabelle3* weiter betont durch Deklaration eines entsprechenden Datentyps *VektorTyp* (Zeile 8) samt zugehöriger Lese- und Schreiboperationen *ReadV* und *WriteV*. Die Deklaration von *TabTyp* (Zeile 21) baut direkt auf *VektorTyp* als Basistyp auf. In den zu *TabTyp* gehörenden Lese- und Schreiboperationen *Lies* und *Schreib* sind die geschachtelten FOR-Schleifen durch Vektoroperationen *ReadV* und *WriteV* ersetzt, die jeweils die ersten N Komponenten des übergebenen Vektors einlesen bzw. ausgeben.

Programm *Tabelle3* benutzt zwei abstrakte Datentypen, die aufeinander aufbauen. Jeder ist im Programmtext mit seinen Operationen zu einem Abschnitt zusammengefaßt. In Kapitel 9 wird gezeigt werden, wie man ADTs in eigenständige Module verlagert, die aufeinander aufbauen können. Diese Möglichkeit wird in der objektorientierten Programmierung weiter ausgebaut. Das Anwendungsprogramm (ab Zeile 46) benutzt nur *TabTyp* und seine Operationen; es benötigt kein Wissen über die Existenz von *VektorTyp*. Allerdings könnte der Anwendungsprogrammierer bei Bedarf den ADT *VektorTyp* auch direkt benutzen, unabhängig von *TabTyp*.

Wie bei den eindimensionalen Feldern kann auch eine Variable eines zweidimensionalen Feldes als ganzes einer Variablen mit identischem Typ zugewiesen werden (Zeile 53):

```
Tabelle2 :=  Tabelle1;
```

Die Eingabe-Daten dieses Programms sind identisch mit denen des vorigen. Auch erzeugt das Programm die gleichen Ausgabe-Daten: die beiden Programme sind äquivalent. In der vorliegenden Version für Turbo Pascal werden die logischen Dateien INPUT und OUTPUT wieder (Zeilen 50 und 51) auf externe Textdateien gelenkt. Die schon vorliegenden Testdaten können in "TABELLE3.DAT" kopiert werden, das Ergebnis wird vom Programm in "TABELLE3.ERG" geschrieben und kann mit einem Texteditor oder einem Schreibbefehl des Betriebssystems angeschaut werden. Die Dateinamen sollten der Übersicht wegen mit dem Programmnamen übereinstimmen.

```
1    PROGRAM Tabelle3 (Input, Output);
2    (* Zweidimensionales Feld als ARRAY von (Zeilen-)Vektoren *)
3    CONST
4       ZeMax = 6;
5       SpMax = 8;
6    (*****************************************************************)
7    TYPE
8       VektorTyp =  ARRAY [1 .. SpMax] OF REAL;    (* Zeilenvektor *)

9    PROCEDURE ReadV (VAR V : VektorTyp;  N : INTEGER);
10      VAR   pos : INTEGER;
11      BEGIN
12      FOR pos := 1 TO N DO Read (V [pos]);
13      END; (* ReadV *)

14   PROCEDURE WriteV (V : VektorTyp;  N : INTEGER);
15      VAR   pos : INTEGER;
16      BEGIN
17      FOR pos := 1 TO N DO Write (V [pos] :8:2);
18      END; (* WriteV *)
19   (*****************************************************************)
20   TYPE
21      TabTyp    = ARRAY [1 .. ZeMax] OF VektorTyp;      (* zeilenweise *)

22   PROCEDURE Lies ( VAR T : TabTyp;    VAR NZe, NSp : INTEGER
23                                  ;    ZeMax, SpMax : INTEGER );
24      VAR
25         Ze : INTEGER;
26      BEGIN
27      REPEAT ReadLn (NZe) UNTIL NZe <= ZeMax;
28      REPEAT ReadLn (NSp) UNTIL NSp <= SpMax;
29      FOR Ze := 1 TO NZe DO BEGIN
30         ReadV (T [Ze], NSp);   ReadLn;
31         END; (*FOR-Ze*)
32      END; (* Lies *)

33   PROCEDURE Schreib (T : TabTyp;   NZe, NSp : INTEGER);
34      VAR
35         Ze : INTEGER;

36      PROCEDURE Striche      )      wie in
37      PROCEDURE Kopf_Text    )      Programm Tabelle2 (5.2)

38      BEGIN  (* Schreib *)
39      Striche;   Kopf_Text;   Striche;
40      FOR Ze := 1 TO NZe DO BEGIN
41         Write (Ze :2, ' ':7, ' | ':3);  WriteV (T [Ze], NSp);  WriteLn;
42         END; (*FOR-Ze*)
43      Striche;
44      END; (* Schreib *)
45   (*****************************************************************)
46   VAR
47      Tabelle1, Tabelle2 :  TabTyp;
48      NZe, NSp           :  INTEGER;

49   BEGIN (* Hauptprogramm *)
50   ASSIGN (Input,  'TABELLE3.DAT');   RESET   (Input);
51   ASSIGN (Output, 'TABELLE3.ERG');   REWRITE (Output);
52   Lies (Tabelle1, NZe, NSp, ZeMax, SpMax);
53   Tabelle2 :=  Tabelle1;
54   Schreib (Tabelle2, NZe, NSp);
55   END.
```

BEMERKUNG: Typengleichheit

In Pascal kann eine Variable einer anderen nur dann zugewiesen werden, wenn beide den gleichen Typ haben. Dasselbe gilt auch für die Übergabe von aktuellem an formalen Parameter. Zwei Variablen haben dann den gleichen Typ, wenn ihnen die gleiche Typdeklaration zugrunde liegt. Die folgenden Variablen *V1* und *V2* sind in diesem Sinne **nicht** typgleich:

```
VAR
    V1 :  ARRAY [1 .. 8] OF REAL;
    V2 :  ARRAY [1 .. 8] OF REAL;
```

auch wenn sie die gleiche Struktur haben. Die folgenden Deklarationen

```
TYPE
    VektorTyp =  ARRAY [1 .. 8] OF REAL;
VAR
    V1 :  VektorTyp;
    V2 :  VektorTyp;
```

benutzen beide für *V1* und *V2* den gleichen Typ *VektorTyp*. Damit sind *V1* und *V2* typgleich. Mit den zusätzlichen Definitionen

```
TYPE
    TabTyp = ARRAY [1 .. 6] OF ARRAY [1 .. 8] OF REAL;
VAR
    T : TabTyp;
```

ist die Zuweisung T [2] := V2 **nicht** möglich, obwohl *T [2]* die gleiche Struktur wie *V2* hat. Die Parameterübergaben der Zeilen 30 und 41 funktionieren aber: aktueller und formaler Parameter sind vom *VektorTyp*.

5.4 Programm Tabelle4

Das Programm ist ein Beispiel für eine einfache Tabellenkalkulation. Der Benutzer besetzt eine Anzahl Zeilen und Spalten der Tabelle mit Zahlwerten. Das Programm berechnet über die Prozedur *Auswertung* die Zeilen- und Spaltensummen.

Um die Summenbildungen durchführen zu können, wird der Datentyp *VektorTyp* um die Funktion *SumV* erweitert. Ebenso wird *TabTyp* um zwei Operationen bereichert. *Zeilen_Summen* bestimmt für jede besetzte Zeile der Tabelle die Summe. Dazu wird jede Zeile *T [Ze]* der Funktion *SumV* (Zeile 48) übergeben, was wegen Typgleichheit des aktuellen Parameters *T [Ze]* mit dem formalen Parameter *V* – beide sind vom *VektorTyp* – möglich ist. *Zeilen_Summen* besetzt eine zusätzliche Spalte und gibt die vergrößerte Spaltenzahl *NSp* (Zeile 49) zurück. *Spalten_Summen* kann **nicht** auf eine Hilfsfunktion wie *SumV* zurückgreifen, da eine Spalte einer Matrix in Pascal nicht als Ganzes angesprochen werden kann. Die Summenbildung muß also ausprogrammiert werden (Zeilen 58 bis 60). *Spalten_Summe* besetzt eine zusätzliche Zeile und gibt die vergrößerte Zeilenzahl *NZe* (Zeile 62) zurück.

```pascal
1    PROGRAM Tabelle4 (Input, Output);
2    (* Berechnet fuer zweidim. Feld die Zeilen- und Spaltensummen *)

3    CONST
4       ZeMax = 6;
5       SpMax = 8;

6    (**************************************************************)
7    TYPE
8       VektorTyp =  ARRAY [1 .. SpMax] OF REAL;          (* Zeilenvektor *)

9    PROCEDURE ReadV      )       wie in
10   PROCEDURE WriteV     )         Programm Tabelle3 (5.3)

11   FUNCTION SumV (V : VektorTyp;  N : INTEGER) : REAL;
12      VAR
13         pos : INTEGER;
14         Sum : REAL;
15      BEGIN
16      Sum :=  0.0;
17      FOR pos := 1 TO N DO Sum := Sum + V [pos];
18      SumV := Sum;
19      END; (* SumV *)
20   (**************************************************************)
21   TYPE
22      TabTyp    = ARRAY [1 .. ZeMax] OF VektorTyp;     (* zeilenweise *)

23   PROCEDURE Lies      wie in Programm Tabelle3 (5.3)

24   PROCEDURE Schreib (T : TabTyp;   NZe, NSp : INTEGER);
25      VAR
26         Ze : INTEGER;

27      PROCEDURE Striche       wie in Programm Tabelle3 (5.3)

28      PROCEDURE Kopf_Text;
29         VAR  Sp : INTEGER;
30         BEGIN
31         Write   (' ':3, 'Spalte':6, ' | ':3);
32            FOR Sp := 1 TO NSp-1 DO Write (Sp :8);   WriteLn ('Summe' :8);
33         WriteLn ('Zeile ':6, ' ':3, ' | ':3);
34         END; (* Kopf_Text *)

35      BEGIN  (* Schreib *)
36      Striche;   Kopf_Text;    Striche;
37      FOR Ze := 1 TO NZe-1 DO BEGIN
38         Write (Ze :2, ' ':7,  ' | ':3);  WriteV (T [Ze], NSp);  WriteLn;
39         END; (*FOR-Ze*)
40      Write ('Summe' :5, ' ':4,' | ':3);   WriteV (T [NZe], NSp); WriteLn;
41      Striche;
42      END; (* Schreib *)

43   PROCEDURE Zeilen_Summen ( VAR T : TabTyp;        NZe : INTEGER
44                                            ; VAR NSp : INTEGER );
45      VAR
46         Ze : INTEGER;
47      BEGIN (* Zeilen_Summen *)
48      FOR Ze := 1 TO NZe DO  T [Ze, NSp+1] :=  SumV (T [Ze], NSp);
49      NSp :=  NSp + 1;
50      END; (* Zeilen_Summen *)
```

(Fortsetzung nächste Seite)

```
(Fortsetzung von Programm Tabelle4)

51    PROCEDURE Spalten_Summen ( VAR T : TabTyp;   VAR NZe : INTEGER
52                                              ;       NSp : INTEGER );
53       VAR
54          Ze, Sp : INTEGER;
55          SSum    : REAL;
56       BEGIN
57       FOR Sp := 1 TO NSp DO BEGIN
58          SSum :=  0.0;
59          FOR Ze := 1 TO NZe DO SSum := SSum + T [Ze, Sp];
60          T [Ze+1, Sp] :=  SSum;
61          END; (*FOR-Sp*)
62       NZe :=  NZe + 1;
63       END; (* Spalten_Summen *)
64    (******************************************************************)

65    PROCEDURE Auswertung ( VAR T : TabTyp;    VAR NZe, NSp : INTEGER
66                                          ;     ZeMax, SpMax : INTEGER );
67       BEGIN
68       IF NSp < SpMax THEN  Zeilen_Summen  (T, NZe, NSp);
69       IF NZe < ZeMax THEN  Spalten_Summen (T, NZe, NSp);
70       END; (* Auswertung *)

71    VAR
72       Tabelle  :  TabTyp;
73       NZe, NSp :  INTEGER;

74    BEGIN (* Hauptprogramm *)
75    ASSIGN (Input,  'TABELLE4.DAT');    RESET   (Input);
76    ASSIGN (Output, 'TABELLE4.ERG');    REWRITE (Output);
77    Lies       (Tabelle, NZe, NSp, ZeMax, SpMax);
78    Auswertung (Tabelle, NZe, NSp, ZeMax, SpMax);
79    Schreib    (Tabelle, NZe, NSp);
80    END.
```

```
INPUT (TABELLE4.DAT):    wie TABELLE2.DAT für Programm Tabelle2

OUTPUT (TABELLE4.ERG):

          ---------------------------------------------------------
              Spalte |    1       2       3       4   Summe
          Zeile      |
          ---------------------------------------------------------
              1      |   1.00   -2.00    3.00   -4.00  -2.00
              2      |  -5.00    6.00   -7.00    8.00   2.00
              3      |   9.00  -10.00   11.00  -12.00  -2.00
          Summe      |   5.00   -6.00    7.00   -8.00  -2.00
          ---------------------------------------------------------
```

Die beiden Summierungsvorgänge werden durch den Aufruf der Prozedur
Auswertung (Zeile 78) gestartet. In ihr ist die Reihenfolge der Aufrufe von
Zeilen_Summe und *Spalten_Summe* (Zeilen 68 und 69) nicht bindend; da die
Dimensionen *NZe* und *NSp* der aktuell besetzten Teiltabelle nach jedem Aufruf
einer der Summen-Prozeduren auf dem neusten Stand stehen, können die
Aufrufe auch vertauscht werden. *Auswertung* wurde nicht unter die Operationen von *TabTyp* aufgenommen, sondern ist ein Beispiel dafür, wie der Anwendungsprogrammierer die Operationen eines Datentyps zur Definition einer
eigenen Prozedur anwenden kann.

5.5 Programm Bilanz2

Im Programm *Bilanz1* (4.8) wurden die drei Zahlenreihen der Jahresbilanz in drei eindimensionalen Feldern gespeichert. Jetzt kann wie im vorigen Programm ein zweidimensionales Feld zur Speicherung benutzt werden. Die Spalten sind mit einem Index *Art* numeriert und nehmen die Einnahmen (*Art* = 1), Ausgaben (*Art* = 2) und die Salden (*Art* = 3) auf. Die Zeilen mit Index *Quartal* entsprechen den vier Quartalen, eine fünfte Zeile nimmt die Spaltensummen auf:

Bilanz   Art

		1	2	3
	1	30	40	-10
	2	50	40	10
Quartal	3	40	30	10
	4	80	50	30
	5	200	160	40

Das gesamte Feld *Bilanz* ist vom *BilanzTyp* (Zeile 25) und aus Zeilenvektoren vom *QuartalTyp* (Zeile 5) aufgebaut. Das Lesen der Bilanzdaten in der Prozedur *Lies* wird quartalsweise mit Hilfe der Prozedur *LiesQ* ausgeführt. Ebenso stützt sich das Erstellen der *Uebersicht* auf das quartalsweise Schreiben mit *SchreibQ*. In *Rechne* werden die ersten beiden Spaltensummen mit zwei geschachtelten FOR-Schleifen bestimmt (Zeilen 37 bis 41), die Quartals-Salden mit Hilfe der Prozedur *BilanzQ* in einer FOR-Schleife (Zeile 42).

```
1     PROGRAM Bilanz2 (Input, Output);
2     (* Jahresbericht über Quartals-Einnahmen und -Ausgaben *)

3     (*********************************************************************)
4     TYPE
5        QuartalTyp =  ARRAY [1 .. 3] OF REAL;

6     PROCEDURE LiesQ (VAR Q : QuartalTyp);
7        VAR
8           Art : INTEGER;
9        BEGIN
10       FOR Art := 1 TO 2 DO Read (Q [Art]);
11       END; (* LiesQ *)

12    PROCEDURE SchreibQ (Q : QuartalTyp);
13       VAR
14          Art : INTEGER;
15       BEGIN
16       FOR Art := 1 TO 3 DO Write (Q [Art] :12:2);
17       END; (* SchreibQ *)

18    PROCEDURE BilanzQ (VAR Q : QuartalTyp);
19       BEGIN
20       Q [3] :=  Q [1] - Q [2];
21       END; (* BilanzQ *)
22    (*********************************************************************)
```

(Fortsetzung nächste Seite)

```
(Fortsetzung von Programm Bilanz2)
23  (***************************************************************)
24  TYPE
25     BilanzTyp   =   ARRAY [1 .. 5] OF QuartalTyp;

26  PROCEDURE Lies (VAR B : BilanzTyp);
27     VAR   Quartal : INTEGER;
28     BEGIN
29     FOR Quartal := 1 TO 4 DO BEGIN
30        Write (Quartal, '. Quartal:   '); LiesQ (B [Quartal]);  ReadLn;
31        END; (*FOR*)
32     END; (* Lies *)

33  PROCEDURE Rechne (VAR B : BilanzTyp);
34     VAR     Quartal, Art : INTEGER;
35             Sum          : REAL;
36     BEGIN
37     FOR Art := 1 TO 2 DO BEGIN      (* Spalten-Summen *)
38        Sum :=  0;
39        FOR Quartal := 1 TO 4 DO  Sum := Sum + B [Quartal, Art];
40        B [5, Art] :=  Sum;
41        END; (*FOR-Art*)
42     FOR Quartal := 1 TO 5 DO BilanzQ (B [Quartal]);  (* Zeilen-Summen *)
43     END; (* Rechne *)

44  PROCEDURE Uebersicht (B : BilanzTyp);
45     VAR   Quartal, pos : INTEGER;
46     BEGIN
47     WriteLn;
48     WriteLn ('Quartal' :7, 'Einnahmen' :12, 'Ausgaben' :12, 'Saldo':12);
49     FOR pos := 1 TO 43 DO Write ('-');   WriteLn;
50     FOR Quartal := 1 TO 4 DO BEGIN
51        Write (Quartal :7);   SchreibQ (B [Quartal]);  WriteLn;
52        END; (*FOR*)
53     FOR pos := 1 TO 43 DO Write ('-');   WriteLn;
54     Write ('Summe':7);    SchreibQ (B [5]);  WriteLn;
55     END; (* Uebersicht *)
56  (***************************************************************)
57  VAR
58     Bilanz :  BilanzTyp;
59  BEGIN (* Hauptprogramm *)
60  WriteLn ('Einnahmen / Ausgaben pro Quartal:');
61  Lies       (Bilanz);
62  Rechne     (Bilanz);
63  Uebersicht (Bilanz);
64  ReadLn;
65  END. (* Hauptprogramm *)
```

```
DIALOG:     Einnahmen / Ausgaben pro Quartal:
            1. Quartal:   30 40
            2. Quartal:   50 40
            3. Quartal:   40 30
            4. Quartal:   80 50
            Quartal   Einnahmen      Ausgaben        Saldo
            -------------------------------------------------
                  1       30.00         40.00       -10.00
                  2       50.00         40.00        10.00
                  3       40.00         30.00        10.00
                  4       80.00         50.00        30.00
            -------------------------------------------------
               Summe     200.00        160.00        40.00
```

5.6 Programm MatProd1

In der Mathematik kann das Produkt M zweier Matrizen M1 und M2 dann gebildet werden, wenn M1 ebensoviele Spalten hat wie M2 Zeilen: $M = M_1 * M_2$. Die Komponenten M [z, s] der Produktmatrix berechnen sich nach der Formel

$$M[z,s] = \sum_{i=1}^{n} M1[z,i] * M2[i,s].$$ Die Abbildung zeigt ein numerisches Beispiel, bei dem die an der Ermittlung des Elements M [2,1] beteiligten Komponenten grau unterlegt sind.

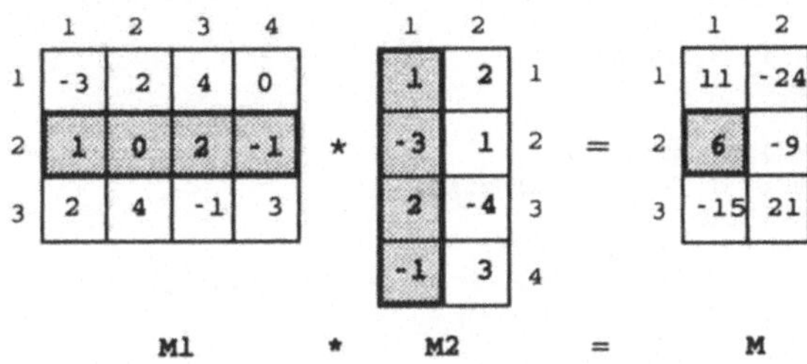

M [z, s] kann interpretiert werden als Skalarprodukt des z-ten Zeilenvektors von M1 mit dem s-ten Spaltenvektor von M2.

Diese Eigenschaft kann im Programm nicht direkt benutzt werden, da *M1* und *M2* als Felder mit Zeilenvektoren definiert sind; Spaltenvektoren können nicht als Ganzes adressiert werden. In der Prozedur *Multipliziere* muß das Skalarprodukt jeder Zeile von *M1* mit jeder Spalte von *M2* ausprogrammiert werden. Als Parameter benötigt Multipliziere neben den beteiligten Matrizen auch deren Dimensionen; wegen *NSp1 = NZe2* wird dieser Wert nur einmal – an den formalen Parameter *N12* – übergeben. Das Programm *MatProd1* baut auf Programm *Tabelle3* (5.3) auf. Geändert wurde der Typname *TabTyp* in *MatrixTyp* und daher der Parameter *T* in *M*. Die Operation *Schreib* wurde vereinfacht.

```
1    PROGRAM MatProd1 (Input, Output);
2    (* Multipliziert zwei Matrizen *)
3    CONST
4       ZeMax = 10;   SpMax = 10;
5    (*******************************************************************)
6    TYPE   VektorTyp = ARRAY [1 .. SpMax] OF REAL;
7    PROCEDURE ReadV      )        wie in
8    PROCEDURE WriteV     )        Programm Tabelle3 (5.3)
9    (*******************************************************************)
10   TYPE
11      MatrixTyp   = ARRAY [1 .. ZeMax] OF VektorTyp;

12   PROCEDURE Lies ( VAR M : MatrixTyp;     VAR NZe, NSp : INTEGER
13                                         ;    ZeMax, SpMax : INTEGER );
14      VAR   Ze : INTEGER;
15      BEGIN
16      REPEAT ReadLn (NZe) UNTIL NZe <= ZeMax;
17      REPEAT ReadLn (NSp) UNTIL NSp <= SpMax;
18      FOR Ze := 1 TO NZe DO BEGIN  ReadV (M [Ze], NSp);  ReadLn;  END;
19      END; (* Lies *)
```

(Fortsetzung nächste Seite)

```
(Fortsetzung von Programm MatrProd1)

20   PROCEDURE Schreib (M : MatrixTyp;    NZe, NSp : INTEGER);
21      VAR
22         Ze : INTEGER;
23      BEGIN
24      FOR Ze := 1 TO NZe DO
25         BEGIN   WriteV (M [Ze], NSp); WriteLn;   END;
26      END; (* Schreib *)

27   PROCEDURE Multipliziere ( M1, M2            : MatrixTyp
28                           ; NZe1, N12, NSp2 : INTEGER
29                           ; VAR M            : MatrixTyp );
30      VAR
31         z, s, i  : INTEGER;
32         SkalProd : REAL;
33      BEGIN
34      FOR z := 1 TO NZe1 DO
35         FOR s := 1 TO NSp2 DO BEGIN
36            SkalProd :=  0.0;
37            FOR i := 1 TO N12 DO
38                          SkalProd := SkalProd + M1 [z,i] * M2 [i,s];
39            M [z, s] :=  SkalProd;
40            END; (*FOR-s*)
41      END; (* Multipliziere *)
42   (************************************************************************)

43   VAR
44      Matrix1, Matrix2, MProdukt :  MatrixTyp;
45      NZe1, NSp1, NZe2, NSp2     :  INTEGER;

46   BEGIN (* Hauptprogramm *)
47   ASSIGN (Input,  'MATPROD1.DAT');    RESET     (Input);
48   ASSIGN (Output, 'MATPROD1.ERG');    REWRITE (Output);
49   Lies (Matrix1, NZe1, NSp1, ZeMax, SpMax);
50   Lies (Matrix2, NZe2, NSp2, ZeMax, SpMax);
51   IF NSp1 = NZe2 THEN
52      Multipliziere (Matrix1, Matrix2, NZe1, NSp1, NSp2, MProdukt);
53   WriteLn ('Matrix1:');    Schreib (Matrix1, NZe1, NSp1);    WriteLn;
54   WriteLn ('Matrix2:');    Schreib (Matrix2, NZe2, NSp2);    WriteLn;
55   WriteLn ('Produkt:');    Schreib (MProdukt, NZe1, NSp2);    WriteLn;
56   END.
```

```
INPUT (MATPROD1.DAT):                    OUTPUT (MATPROD1.ERG):

3                                        Matrix1:
4                                            -3.00    -2.00     4.00     0.00
    -3.0    -2.0     4.0     0.0           1.00     0.00     2.00    -1.00
     1.0     0.0     2.0    -1.0           2.00     4.00    -1.00     3.00
     2.0     4.0    -1.0     3.0
4                                        Matrix2:
2                                            1.00     2.00
     1.0     2.0                            -3.00     1.00
    -3.0     1.0                             2.00    -4.00
     2.0    -4.0                            -1.00     3.00
    -1.0     3.0
                                         Produkt:
                                            11.00   -24.00
                                             6.00    -9.00
                                           -15.00    21.00
```

5.7 Programm Transpol

In mathematisch-technischen Anwendungen muß auf eine Matrix M häufig
die Operation *Transponiere* angewandt werden. Sie besteht aus der Spiegelung
der Matrix-Elemente an der sog. Hauptdiagonale, die alle Elemente $M[i,i]$
umfaßt: die Zeilen werden zu Spalten und umgekehrt. Wenn die zu M transpo-
nierte Matrix M^t in dem gleichen zweidimensionalen ARRAY gespeichert
werden soll ("in place transposition"), M also durch M^t überschrieben wird,
vertauscht man die Inhalte der Positionen $M[z,s]$ und $M[s,z]$. Dazu muß das
zweidimensionale ARRAY für mindestens soviele Zeilen und Spalten ausge-
legt sein, wie der größere (max) der beiden Werte NZe (Anzahl der Zeilen) und
NSp (Anzahl der Spalten) angibt.

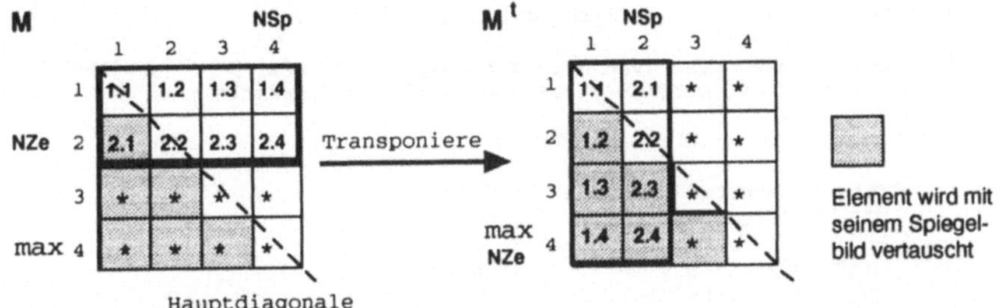

Das Programm *Transpol* ist mit *MatProd1* (5.6) weitgehend identisch: der Datentyp *MatrixTyp* wurde lediglich um die Operation *Transponiere* erweitert
(Zeilen 16 bis 31). *Transponiere* wird in dem entsprechend modifizierten
Hauptprogramm aufgerufen (Zeile 41) und verändert sowohl die Matrix als
auch die Zeilen- und Spaltenzähler. Will man die Originalmatrix auch in der
Ergebnisanzeige sehen, muß sie vor dem Aufruf von *Transponiere* geschrieben werden (Zeile 40). Wollte man die Originalmatrix auch für spätere Berechnungen retten, würde man eine Kopie anlegen.

In der Prozedur *Transponiere* wird zuerst der größere der beiden Werte NZe
und NSp bestimmt (Zeilen 26 und 27). In jeder Zeile z werden nur diejenigen
Spalten s behandelt, die vor der Hauptdiagonalen liegen: jedes dieser Elemente
$M[z,s]$ wird mit dem zu ihm spiegelbildlich liegenden $M[s,z]$ vertauscht. Die
obere Grenze des Spaltenindex s der geschachtelten FOR-Schleife (Zeile 29)
hängt also vom Wert des aktuellen Zeilenindex z ab, der durch die äußere FOR-
Schleife (Zeile 28) kontrolliert wird. Für das Vertauschen der spiegelbildlich
zur Hauptdiagonalen liegenden Elemente wird eine lokale Hilfsprozdur benutzt. Diese kann aber nicht zum Tauschen der Werte von NZe und NSp (Zeile
30) herangezogen werden, da sie nur für reelle Speicherplätze angelegt ist.

Der vorgestellte Algorithmus (Zeilen 26 bis 30) ist zwar einfach nachzuvollzie-
hen und bei "fast" quadratischen Matrizen genügend effektiv. Weicht eine Matrix aber stärker von der quadratischen Form ab, werden unnötig viele Vertau-
schungsoperationen ausgeführt. Im Beispiel der Abbildung hätte eine einfache Zuweisung $M[3,1] := M[1,3]$ genügt. $M[1,3]$ wird nach Transposition
ja nicht mehr angesprochen. $M[4,3]$ und $M[3,4]$ werden sogar völlig unnötigerweise angesprochen. Das nächste Programm zeigt eine Verbesserung.

```pascal
1    PROGRAM Transpol (Input, Output);
2    (* Transponiert eine Matrix *)
3    CONST
4       ZeMax = 10;
5       SpMax = 10;
6    (*****************************************************************)
7    TYPE
8       VektorTyp =  ARRAY [1 .. SpMax] OF REAL;

9    PROCEDURE ReadV       )        wie in
10   PROCEDURE WriteV      )        Programm Tabelle3 (5.3)
11   (*****************************************************************)
12   TYPE
13      MatrixTyp    =  ARRAY [1 .. ZeMax] OF VektorTyp;

14   PROCEDURE Lies        )        wie in
15   PROCEDURE Schreib     )        Programm MatProd1 (5.6)

16   PROCEDURE Transponiere (VAR M : MatrixTyp;   VAR NZe, NSp : INTEGER);
17      (* Transponiert Matrix: vertauscht Zeilen und Spalten *)
18      VAR
19         z, s, max, hilf :  INTEGER;

20      PROCEDURE Tausche (VAR a, b : REAL);
21         VAR  hilf : REAL;
22         BEGIN
23         hilf := a;    a := b;    b := hilf;
24         END; (* Tausche *)

25      BEGIN (* Transponiere *)
26      max :=  NZe;
27      IF NSp > NZe THEN  max := NSp;
28      FOR z := 2 TO max DO
29         FOR s := 1 TO z-1 DO  Tausche (M [z,s], M [s,z]);
30      hilf := NZe;   NZe := NSp;  NSp := hilf;
31      END; (* Transponiere *)
32   (*****************************************************************)

33   VAR
34      Matrix   :  MatrixTyp;
35      NZe, NSp :  INTEGER;
36   BEGIN (* Hauptprogramm *)
37   ASSIGN (Input,  'TRANSPO1.DAT');    RESET    (Input);
38   ASSIGN (Output, 'TRANSPO1.ERG');    REWRITE (Output);
39   Lies (Matrix, NZe, NSp, ZeMax, SpMax);
40   WriteLn ('Matrix:');              Schreib (Matrix, NZe, NSp);   WriteLn;
41   Transponiere (Matrix, NZe, NSp);
42   WriteLn ('Transponierte:'); Schreib (Matrix, NZe, NSp);   WriteLn;
43   END.
```

```
INPUT (TRANSPO1.DAT):              OUTPUT (TRANSPO1.ERG):

2                                  Matrix:
4                                      1.10     1.20     1.30     1.40
    1.1   1.2   1.3   1.4             2.10     2.20     2.30     2.40
    2.1   2.2   2.3   2.4
                                   Transponierte:
                                       1.10     2.10
                                       1.20     2.20
                                       1.30     2.30
                                       1.40     2.40
```

5.8 Programm Transpo2

Das Programm ist identisch mit dem Programm *Transpo2* (5.7), allerdings ist
der Transpositions-Algorithmus optimiert: Bisher unbesetzte Positionen des
ARRAY werden durch einfache Zuweisungen der spiegelbildlichen Elemente
besetzt. Existieren keine Spiegel-Elemente, wird selbst darauf verzichtet. Die
zu transponierende Matrix denkt man sich dazu in eine quadratische Unter-
matrix und eine i.a. rechteckige Restmatrix unterteilt.

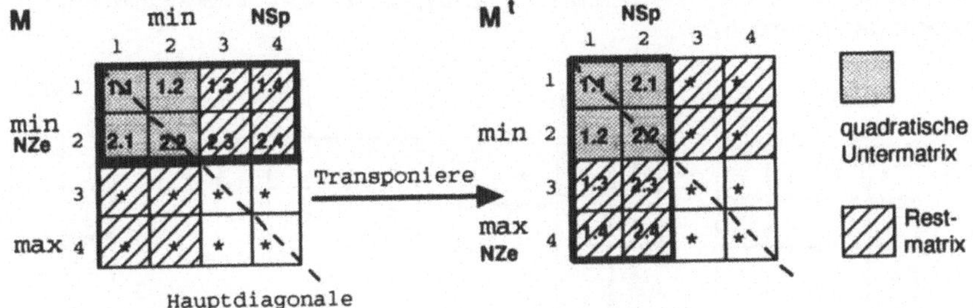

Nach Bestimmung der Größe *min* des quadratischen Teils (Zeilen 13 und 14)
wird dieser mit dem Algorithmus des letzten Programms durch Vertauschun-
gen gespiegelt (Zeilen 15 und 16). Die Elemente der Restmatrix werden auf ihre
Spiegelbilder zugewiesen (Zeilen 17 bis 20). Vorher muß allerdings bestimmt
werden, ob die Ausgangsmatrix horizontal oder vertikal liegt (Zeile 19), damit
die Zuweisung in die richtige Richtung erfolgt. Die Kontroll-Variablen i und k
der beiden ineinander geschachtelten FOR-Schleifen (Zeilen 17 und 18) nehmen je nach Fall die Bedeutung von Zeilen- bzw. Spaltenindex an.

Ein- und Ausgabe-Dateien sind wie die des vorigen Programms.

```
1     PROGRAM Transpo2 (Input, Output);
2     (* Transponiert eine Matrix *)

wie Programm Transpo1 (5.7), außer:

3     PROCEDURE Transponiere (VAR M : MatrixTyp;   VAR NZe, NSp : INTEGER);
4         (* Transponiert Matrix: vertauscht Zeilen und Spalten *)
5     VAR
6         z, s, min, max, i, k, hilf :  INTEGER;

7     PROCEDURE Tausche       wie Programm Transpo1 (5.7)

12    BEGIN (* Transponiere *)
13    min := NZe;    max := NSp;
14    IF NSp < NZe THEN BEGIN  min := NSp;   max := NZe;   END;
15    FOR z := 2 TO min DO
16        FOR s := 1 TO z-1 DO Tausche (M [z,s], M [s,z]);
17    FOR i := 1 TO min DO
18        FOR k := min+1 TO max DO
19            IF NZe < NSp THEN M [k, i] :=  M [i, k]
20                        ELSE M [i, k] :=  M [k, i] ;
21    hilf := NZe;   NZe := NSp;  NSp := hilf;
22    END; (* Transponiere *)
```

5.9 Programm MatProd2

Das Transponieren einer Matrix wird jetzt bei der Multiplikation von Matrizen
verwendet: statt das Skalarprodukt eines Zeilenvektors von *M1* mit einem Spaltenvektor von *M2* auszuprogrammieren, werden durch Transposition von *M2*
deren Spaltenvektoren zu Zeilenvektoren (Zeile 21) und diese der schon in Kapi-
tel4, Programm *Vektor1*, definierten Funktion *Skalar_Produkt* als Ganzes
übergeben (Zeile 24). Dazu wurde die Operation *Skalar_Produkt* dem Datentyp
VektorTyp (Zeile 8) und die Operation *Transponiere* dem Datentyp *MatrixTyp*
hinzugefügt (Zeile 13). Die Operation *Multipliziere* wird übersichtlicher und
selbstdokumentierend.

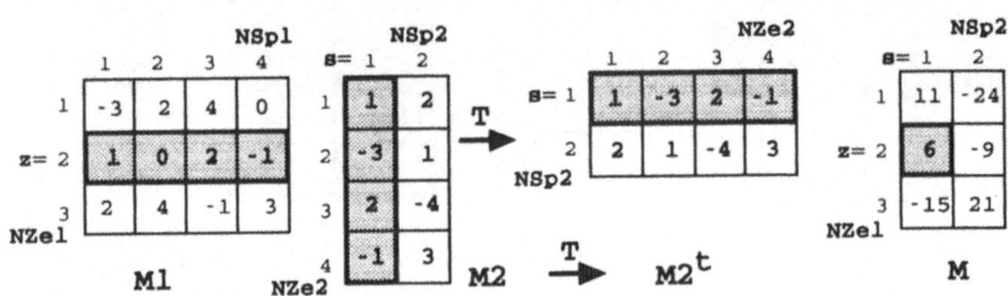

Da *M2* an *Multipliziere* als Wertparameter übergeben wird, bleibt *M2* außerhalb von *Multipliziere* im Original erhalten! *Transponiere* vertauscht die Zeilen und Spaltenzahlen, die aber anschließend (Zeile 23 und 24) original weiterverwendet werden müssen; daher die lokalen Kopien (Zeile 26 und 27), die
nach der Transposition nicht mehr interessieren.

```
1    PROGRAM MatProd2 (Input, Output);
2    (* Multipliziert zwei Matrizen mit Transposition und Skalarprodukt *)
3    CONST   ZeMax = 10;   SpMax = 10;
4    (***************************************************************)
5    TYPE    VektorTyp =  ARRAY [1 .. SpMax] OF REAL;
6    PROCEDURE ReadV        )       wie in
7    PROCEDURE WriteV       )       Programm Tabelle3 (5.3)
8    FUNCTION  Skalar_Produkt )     wie in Programm Vektor1 (4.16)
9    (***************************************************************)
10   TYPE    MatrixTyp   = ARRAY [1 .. ZeMax] OF VektorTyp;
11   PROCEDURE Lies        )       wie in
12   PROCEDURE Schreib     )          Programm MatProd1 (5.6)
13   PROCEDURE Transponiere )       wie in Programm Transpo2 (5.8)

14   PROCEDURE Multipliziere (M1, M2         : MatrixTyp
15                            ;NZel, N12, NSp2 : INTEGER;   VAR M: MatrixTyp);
16      VAR
17         z, s, Ze2, Sp2 : INTEGER;
18      BEGIN
19      Ze2 := N12;  (* diese Werte werden durch Aufruf von Transponiere *)
20      Sp2 := NSp2; (* veraendert, muessen also lokal kopiert werden.   *)
21      Transponiere (M2, Ze2, Sp2);
22      FOR z := 1 TO NZel DO
23         FOR s := 1 TO NSp2 DO
24            M [z, s] :=  Skalar_Produkt (M1 [z], M2 [s], N12);
25      END; (* Multipliziere *)
26   (***************************************************************)
Hauptprogramm und Ein-/Ausgabe wie in Programm MatProd1 (5.6)
```

5.10 Programm LGS1

Matrizen finden bei der Lösung linearer Gleichungssysteme (LGS) eine ihrer wichtigsten Anwendungen. Bezeichnet **A** die Koeffizienten-Matrix, **b** die rechte Seite und **x** die gesuchte Lösung, so kann das LGS mit Hilfe des Matrixproduktes auch kurz geschrieben werden als **Ax = b**. Dabei werden b und x als Spaltenvektoren oder einspaltige Matrizen aufgefaßt. Die Lösung solcher Gleichungssysteme wird in der Linearen Algebra oder der Analytischen Geometrie ausführlich behandelt. Für Rechenanlagen existieren eine Vielzahl numerischer Verfahren, von denen das bekannteste die **Elimination nach Gauss** ist. Sein Prinzip ist hier an einem LGS mit vier Gleichungen für vier Unbekannte (n = 4) vorgestellt. Die Bezeichnungen Azs und bz (z,s = 1..n) stehen in der Abbildung für die Speicherplätze *A[z,s]* und *b[z]*, wie sie im folgenden Programm benutzt werden. Fettgedruckte Speicherplätze **Azs** und **bz** ändern ihren Inhalt im weiteren Verlauf des Verfahrens nicht mehr.

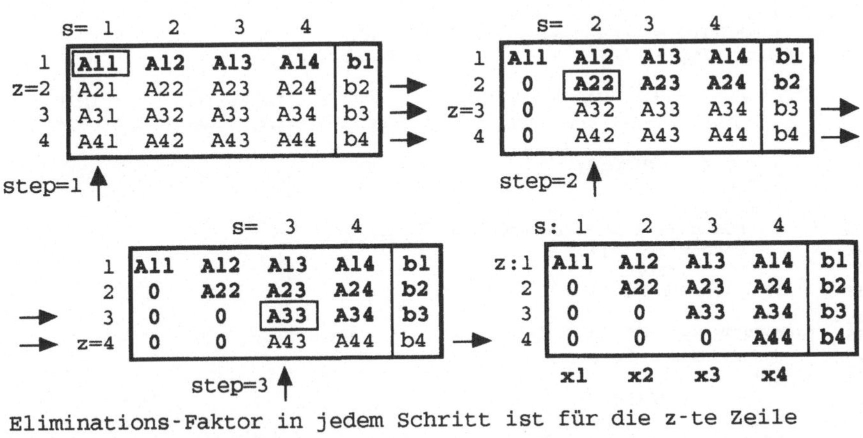

$$\text{Faktor} = \frac{A[z,\text{step}]}{A[\text{step},\text{step}]} \implies A[z,s] := A[z,s] - \text{Faktor} * A[\text{step},s]$$

Das Eliminationsverfahren wird in der Prozedur *Gauss* durchgeführt: in *n-1* Schritten (*step*, Zeile 37) wird aus dem Ausgangssystem ein **äquivalentes Gleichungssystem** hergestellt, dessen Koeffizientenmatrix eine **obere rechte Dreiecksmatrix** ist; alle Elemente unterhalb der Hauptdiagonalen haben den Wert 0. In jedem Schritt *step* wird die *step*-te Zeile durch das sog. **Pivot-Element** *A[step,step]* der Hauptdiagonalen dividiert und ihr *A[z,step]*-faches von der *z*-ten Zeile subtrahiert. Das ergibt insgesamt einen *Faktor* (Zeile 39), mit dem die **Pivot-Zeile** multipliziert wird, bevor sie von der *z*-ten Zeile abgezogen wird (Zeile 40). So verschwinden alle Elemente der **Pivot-Spalte** unterhalb des Pivot-Elements, während die Elemente der betroffenen Zeilen, auch die *b[z]*, ihre Inhalte verändern. Der Algorithmus versagt, wenn eines der Pivot-Elemente *A[step,step]* verschwindet.

Das Verfahren beruht nur auf einfachen arithmetischen Operationen. Es führt auf ein äquivalentes Gleichungssystem, dessen Lösungen *x[z]* in der Prozedur *Rueckwaerts* mit geringem Aufwand durch **Rückwärts-Einsetzen** besorgt werden. Begonnen wird mit der letzten Gleichung: x[n] = b[n] / A[n,n] (Zeile 51, für z=n). Die Lösung *x[n]* wird in der vorletzten Gleichung zur Bestimmung von *x[n–1]* herangezogen: x[n–1] = (b[n–1] – A[n–1, n]·x[n]) / A[n–1, n–1]. Damit wird die Berechnung von *x[n-2]* möglich usw. Die auftretenden Klammerausdrücke werden in der FOR-Schleife (Zeile 50) berechnet und auf dem Speicherplatz *b[z]* abgelegt. *b[z]* verändert seinen Inhalt, was aber außerhalb der Prozedur *Rueckwaerts* nicht bemerkt wird, da *b* als Wertparameter übergeben wird – die Veränderungen betreffen nur die Kopie.

Die Prozeduren *ReadGl* und *WriteGl* lesen bzw. schreiben je eine Gleichung.

```
1     PROGRAM LGS1 (Input, Output);
2     (* Loest n Gleichungen mit n Unbekannten A*x=b mit Gauss-Elimination *)
3     CONST
4        Max = 10;
5     (******************************************************************)
6     TYPE
7        VektorTyp =  ARRAY [1 .. Max] OF REAL;
8        MatrixTyp =  ARRAY [1 .. Max] OF VektorTyp;

9     PROCEDURE ReadGl (VAR A : MatrixTyp;  VAR b : VektorTyp;  n : INTEGER);
10       (* liest Koeff. und rechte Seite der n Gleichgn fuer n Unbek. *)
11       VAR
12          z, s : INTEGER;
13       BEGIN
14       FOR z := 1 TO n DO BEGIN
15          FOR s := 1 TO n DO Read (A [z, s]);
16          ReadLn (b [z]);
17          END; (*FOR-z*)
18       END; (* ReadGl *)

19    PROCEDURE WriteGl (A : MatrixTyp;   b : VektorTyp;   n : INTEGER);
20       (* schreibt Gleichungssystem *)
21       VAR
22          z, s : INTEGER;
23       BEGIN
24       FOR z:= 1 TO n DO BEGIN
25          Write ('(', A [z, 1] :8:3);
26          FOR s := 2 TO n DO Write (A [z, s] :10:3);
27          WriteLn (') (x[', z :2, ']）     (', b [z] :8:3, ')');
28          END; (*FOR-z*)
29       END; (* WriteGl *)

30    PROCEDURE Gauss (VAR A : MatrixTyp;  VAR b : VektorTyp;  n : INTEGER);
31       (* Gauss-Elimination ohne Pivotsuche.                     *)
32       (* Koeefizienten-Matrix wird obere rechte Dreiecksmatrix *)
33       VAR
34          z, s, step : INTEGER;
35          Faktor     : REAL;
36       BEGIN
37       FOR step := 1 TO n-1 DO
38          FOR z := step+1 TO n DO BEGIN
39             Faktor :=  A [z, step] / A [step, step];
40             FOR s := step TO n DO A [z,s] := A [z,s] - Faktor * A [step,s];
41             b [z] :=  b [z]  -  Faktor * b [step];
42             END; (*FOR-z*)
43       END; (* Gauss *)
```

(Fortsetzung nächste Seite)

```
(Fortsetzung von Programm LGS1)

44   PROCEDURE Rueckwaerts ( A : MatrixTyp;          b : VektorTyp
45                           ; n : INTEGER;     VAR x : VektorTyp  );
46       (* berechnet Loesungsvektor x durch Rueckwaertseinsetzen *)
47       VAR   z, s : INTEGER;
48       BEGIN
49       FOR z := n DOWNTO 1 DO BEGIN
50           FOR s := z+1 TO n DO  b [z] :=  b [z] - A [z, s] * x [s];
51           x [z] :=  b [z] / A [z, z];
52           END; (*FOR-z*)
53       END; (* Rueckwaerts *)

54   PROCEDURE WriteX (x : VektorTyp;  n : INTEGER);
55       (* schreibt Loesungsvektor *)
56       VAR   i : INTEGER;
57       BEGIN
58       FOR i := 1 TO n DO WriteLn ('x [', i :2, '] =  ', x [i] :8:3);
59       END; (* WriteX *)
60   (****************************************************************)
61   VAR
62       A    : MatrixTyp;      (* Koeefizienten-Matrix          *)
63       b, x : VektorTyp;      (* Rechte Seite, Loesungsvektor *)
64       n    : INTEGER;        (* Zahl der Gleichungen und Unbekannten *)
65   BEGIN (* Hauptprogramm *)
66   ASSIGN (Input, 'LGS1.DAT');    RESET   (Input);
67   ASSIGN (Output, 'LGS1.ERG');   REWRITE (Output);
68   Read (n);
69   ReadGl (A, b, n);
70   WriteLn ('Gleichungs-System:');  WriteGl (A, b, n);   WriteLn;
71   Gauss (A, b, n);
72   WriteLn ('Nach Elimination:');   WriteGl (A, b, n);   WriteLn;
73   Rueckwaerts (A, b, n, x);
74   WriteLn ('Loesung:');            WriteX  (x, n);      WriteLn;
75   END.
```

```
INPUT (LGS1.DAT):      4
                       3.26    11.27    -7.84     4.91           0.0
                       1.05    -2.87     6.57    -9.46         -31.8
                       5.19    -7.70     5.46     4.91          34.6
                       8.43     9.63     3.78    -6.38           0.0

OUTPUT (LGS1.ERG):

    Gleichungs-System:
    (    3.260     11.270    -7.840     4.910)  (x[ 1])   (    0.000)
    (    1.050     -2.870     6.570    -9.460)  (x[ 2])   (  -31.800)
    (    5.190     -7.700     5.460     4.910)  (x[ 3])   (   34.600)
    (    8.430      9.630     3.780    -6.380)  (x[ 4])   (    0.000)

    Nach Elimination:
    (    3.260     11.270    -7.840     4.910)  (x[ 1])   (    0.000)
    (    0.000     -6.500     9.095   -11.041)  (x[ 2])   (  -31.800)
    (    0.000      0.000   -17.939    40.652)  (x[ 3])   (  160.051)
    (    0.000      0.000     0.000     6.704)  (x[ 4])   (   66.463)

    Loesung:
    x [ 1] =     -6.571
    x [ 2] =      7.004
    x [ 3] =     13.545
    x [ 4] =      9.914
```

5.11 Programm LGS2

Die Prozedur *Gauss* des Programms *LGS1* (5.10) setzt stillschweigend voraus,
daß das Gleichungssystem eine eindeutige Lösung besitzt. Außerdem wird angenommen, daß in jedem Schritt das Pivot-Element von Null verschieden ist.
Der Algorithmus kann so verfeinert werden, daß diese Einschränkungen
nicht mehr gemacht werden müssen. Eine verbesserte Version könnte folgendermaßen reagieren:

1. Verschwindet in einem Schritt das Pivot-Element, wird in der Pivot-Spalte
    unterhalb des Pivotelementes nach einem Element gesucht, das nicht ver-
    schwindet. Dieses wird dann zum Pivot-Element gemacht, indem man sei-
    ne Zeile mit der Pivot-Zeile vertauscht.

2. Findet sich kein von Null verschiedenes Element, das die Pivot-Funktion
    übernehmen könnte, bricht das Verfahren ab: das LGS ist singulär und
    damit nicht eindeutig lösbar. Grund: die Diagonale der Dreiecksmatrix
    enthielte eine Null, und damit wäre der Wert der Koeffizienten-Determi-
    nante als Produkt der Diagonalelemente gleich 0 (vgl. Lineare Algebra).

Die hier vorgestellte erweiterte Prozedur *Gauss* führt die beschriebene **Pivot-
Suche** immer durch, auch wenn das ursprüngliche Pivot-Element nicht 0 ist:
Suche_Pivot bestimmt das Element der Eliminations-Spalte *step* (ab der Pivot-
Zeile *step*), das den größten Betrag besitzt (*Pivot*) und merkt sich dessen Zeile
(*ZePiv*). In Prozedur *Vertausche_Gleichungen* wird die Zeile *ZePiv* zur aktuellen Pivot-Zeile gemacht. Danach wird mit dem gefundenen Pivot-Element der
step-te Eliminations-Durchgang ausgeführt. Dieses Pivot-Verfahren verringert Fehler der Lösung, die in der Ungenauigkeit der Zahlendarstellung be-
gründet liegen.

Bei einer vorgegebenen kleinen Fehlerschranke *epsi* (Hauptprogramm Zeile 5)
für die Lösung gilt das Pivot-Element als "praktisch 0", wenn es kleiner als
$epsi^2$ ist (Zeilen 56 und 60). Das Eliminationsverfahren wird dann abgebrochen, d.h.: die FOR-Schleife (Zeile 49 bis 53) wird verlassen. Dies ist einer der
seltenen Fälle für eine sinnvolle Anwendung des sonst in der modernen strukturierten Programmierung verpönten **Sprungbefehls GOTO** (Zeile 60): Ist das
Pivot-Element 0 (< *delta*), wir das Programm ab der **Sprungmarke** (LABEL) 999
fortgesetzt (Zeile 65); diese steht vor der danach als nächstes auszuführenden
Anweisung, von dieser durch einen Doppelpunkt getrennt. Die Sprungmarke
ist eine beliebige positive ganze Zahl, die aber mit der **LABEL-Deklaration** (Zeilen 16 und 17) in dem Block (hier Prozedur *Gauss*) bekannt gemacht werden
muß, in dem sie verwendet wird.

Da der Eliminationsprozess auf eine Dreiecksmatrix führt, bekommt man den
Absolutwert *DAbs* der Koeffizienten-Determinante fast umsonst mitgeliefert:
er ist das Produkt ihrer Hauptdiagonal-Elemente, die mit den Pivot-Elementen
identisch sind. Die Berechnung von *DAbs* wird in der FOR-Schleife (Zeile 59)
mitgeführt; außerhalb muß aber noch das unterste rechte Element berücksichtigt werden (Zeile 64).

Im Hauptprogramm wird *Rueckwaerts* nur dann aufgerufen (Zeile 84), wenn
DAbs groß genug ist (Zeile 82). Andernfalls ist das LGS singulär (Zeile 88).

```
Zu Programm LGS2 (gesamtes Programm siehe folgende Seite):

12   PROCEDURE Gauss ( VAR A    : MatrixTyp;    VAR b : VektorTyp
13                    ; VAR DAbs : REAL      ;        n : INTEGER   );
14     (* Gauss-Elimination mit Spalten-Pivot-Suche.            *)
15     (* Berechnet Betrag DAbs der Koeffizienten-Determinante. *)
16     LABEL
17        999;

18     VAR   step, ZePiv  :  INTEGER;
19           Pivot, delta :  REAL;

20     PROCEDURE Suche_Pivot
21              (step : INTEGER;  VAR Pivot : REAL;  VAR ZePiv : INTEGER);
22        (* sucht in Spalte 'step' betragsgroesstes Element       *)
23        (* Dieses steht in Zeile 'ZePiv' und wird 'Pivot'-Element *)
24        VAR   z : INTEGER;
25        BEGIN
26        Pivot :=  A [step, step];
27        ZePiv :=  step;
28        FOR z := step+1 TO n DO
29           IF ABS (A [z, step]) > ABS (Pivot) THEN BEGIN
30              Pivot := A [z, step];
31              ZePiv := z;
32              END; (*IF*)
33        END; (* Suche_Pivot *)

34     PROCEDURE Vertausche_Gleichungen (Nr1, Nr2 : INTEGER);
35        (* vertauscht Gleichungen mit der Nummer 'Nr1' und 'Nr2' *)
36        VAR   Vektor : VektorTyp;
37              Zahl   : REAL;
38        BEGIN
39        Vektor  :=  A [Nr1];     Zahl    := b [Nr1];
40        A [Nr1] :=  A [Nr2];     b [Nr1] := b [Nr2];
41        A [Nr2] :=  Vektor;      b [Nr2] := Zahl;
42        END; (* Vertausche_Gleichungen *)

43     PROCEDURE Elimination (step : INTEGER);
44        (* subtrahiert ab Spalte 'step' von Zeilen 'step+1' bis 'n' *)
45        (* das 'Faktor'-fache der Pivotzeile 'step'.                *)
46        VAR   z, s  : INTEGER;
47              Faktor : REAL;
48        BEGIN
49        FOR z := step+1 TO n DO BEGIN
50           Faktor := A [z, step] / A [step, step];
51           FOR s:= step TO n DO A [z,s] := A [z,s] - Faktor * A [step,s];
52           b [z] := b [z]  - Faktor * b [step];
53           END; (*FOR-z*)
54        END; (* Elimination *)

55     BEGIN (* Gauss *)
56     DAbs := 1.0;   delta := epsi * epsi;
57     FOR step := 1 TO n-1 DO BEGIN
58        Suche_Pivot (step, Pivot, ZePiv);
59        DAbs := DAbs * ABS (Pivot);
60        IF ABS (Pivot) < delta THEN GOTO 999;    (* Pivot zu klein *)
61        Vertausche_Gleichungen (step, ZePiv);
62        Elimination (step);
63        END; (*FOR-step*);
64     DAbs := DAbs * ABS (A [n,n]);
65  999:
66     END; (* Gauss *)
```

```
 1    PROGRAM LGS2 (Input, Output);
 2    (* Loest n Gleichungen mit n Unbekannten A*x=b mit Gauss-Elimination *)
 3    (* und Spalten-Pivot-Suche. Berechnet Koeffizienten-Determinante.    *)
 4    CONST   Max =  10;
 5            epsi = 1.0E-5;
 6    (****************************************************************)
 7    TYPE
 8       VektorTyp =  ARRAY [1 .. Max] OF REAL;
 9       MatrixTyp =  ARRAY [1 .. Max] OF VektorTyp;
10    PROCEDURE ReadGl    )        wie in
11    PROCEDURE WriteGl   )        Programm LGS1 (5.10)

12    PROCEDURE Gauss         ===> siehe vorige Seite <===

67    PROCEDURE Rueckwaerts    )        wie in
68    PROCEDURE WriteX         )        Programm LGS1 (5.10)
      (****************************************************************)
69    VAR
70       A    :  MatrixTyp;  (* Koeefizienten-Matrix            *)
71       b, x :  VektorTyp;  (* Rechte Seite, Loesungsvektor *)
72       n    :  INTEGER;    (* Zahl der Gleichungen und Unbekannten *)
73       DAbs :  REAL;       (* Betrag der Koeefizienten-Determinante *)

74    BEGIN (* Hauptprogramm *)
75    ASSIGN (Input,  'LGS2.DAT');    RESET   (Input);
76    ASSIGN (Output, 'LGS2.ERG');    REWRITE (Output);
77    Read (n);
78    ReadGl (A, b, n);
79    WriteLn ('Gleichungs-System:');    WriteGl (A, b, n);   WriteLn;
80    Gauss (A, b, DAbs, n);
81    WriteLn ('Nach Elimination: ');    WriteGl (A, b, n);   WriteLn;
82    IF DAbs > epsi
83       THEN BEGIN
84             Rueckwaerts (A, b, n, x);
85             WriteLn ('Betrag der Determinante = ', DAbs);  WriteLn;
86             WriteLn ('Loesung:');           WriteX (x, n);
87             END
88       ELSE WriteLn ('Singulaer! Determinante = ', DAbs)
89       ; (*IF*)
90    END.
```

```
1. Test:    INPUT (LGS2.DAT): wie LGS1.DAT für Programm LGS1 (5.10)
            OUTPUT (LGS2.ERG):
               Gleichungs-System:     )      wie in LGS1.ERG von
               Nach Elimination:      )      Programm LGS1 (5.10)
               Betrag der Determinante = 2.5482490932E+03
               Loesung:        wie in LGS1.ERG von Programm LGS1 (5.10)
```

```
2. Test:    INPUT (LGS2.DAT):    2
                              2.00     1.50        9.00
                             -4.00    -3.00       12.00
            OUTPUT (LGS2.ERG):
               Gleichungs-System:
               (   2.000     1.500)  (x[ 1])   (   9.000)
               (  -4.000    -3.000)  (x[ 2])   (  12.000)

               Nach Elimination:
               (  -4.000    -3.000)  (x[ 1])   (  12.000)
               (   0.000     0.000)  (x[ 2])   (  15.000)

               Singulaer! Determinante =  0.0000000000E+00
```

5.12 Programm Schema2

In Analogie zu Programm *Schema1* (4.18) wird hier ein Beispiel für zweidimensionale **Feldschema-Parameter** gezeigt. Mit solchen kann man Unterprogramme so definieren, daß sie Matrizen unabhängig von deren Typbezeichner annehmen können. Nur Index- und Basistyp von formalem und aktuellem Parameter müssen übereinstimmen. Wieder sei darauf hingewiesen, daß Turbo Pascal leider keine Feldschema-Parameter kennt.

```
1    PROGRAM Schema2 (Input, Output);
2    (* Demonstration von Feldschema-Parametern bei Matrizen *)
3    CONST
4        Zmin1 =  1;    Zmax1 =  5;    Smin1 = -3;    Smax1 = +3;
5        Zmin2 = -2;    Zmax2 = +2;    Smin2 =  1;    Smax2 = 10;
6    TYPE
7        MatrixTyp1 =  ARRAY [Zmin1 .. Zmax1, Smin1 .. Smax1] OF REAL;
8        MatrixTyp2 =  ARRAY [Zmin2 .. Zmax2, Smin2 .. Smax2] OF REAL;
9    VAR
10       Matrix1  :  MatrixTyp1;
11       Matrix2  :  MatrixTyp2;
12       NZe, NSp :  INTEGER;

13   PROCEDURE Lies ( VAR A         : ARRAY [ za .. ze : INTEGER
14                                     ; sa .. se : INTEGER ] OF REAL
15                     ; VAR NZe, NSp : INTEGER                       );
16     (* Liest die Komponenten der Matrix A *)
17     VAR   Zmax, Smax, z, s :  INTEGER;
19     BEGIN
20     Zmax :=  ze - za + 1;    Smax :=  se - sa + 1;
22     ReadLn (NZe, NSp);
24     FOR z := za TO (za + NZe - 1) DO BEGIN
25        FOR s := sa TO (sa + NSp -1) DO  Read (A [z, s]);    ReadLn;
27        END; (*FOR-z*)
28     END; (* Lies *)

29   PROCEDURE Schreib ( A : ARRAY [ za .. ze : INTEGER
30                       ;           sa .. se : INTEGER ] OF REAL
31                       ; NZe, NSp : INTEGER                     );
32     (* Schreibt die Komponenten der Matrix A *)
33     VAR   z, s :  INTEGER;
35     BEGIN
36     FOR z := za TO (za + NZe - 1) DO BEGIN
37        FOR s := sa TO (sa + NSp -1) DO Write (A [z, s] :7:2);    WriteLn;
39        END; (*FOR-z*)
40     END; (* Schreib *)

41   BEGIN (* Hauptprogramm *)
42   Lies (Matrix1, NZe, NSp);
43   WriteLn ('Matrix1: ');    Schreib (Matrix1, NZe, NSp);    WriteLn;
44   Lies (Matrix2, NZe, NSp);
45   WriteLn ('Matrix2: ');    Schreib (Matrix2, NZe, NSp);    WriteLn;
46   END.
```

```
INPUT:    2   3                    OUTPUT:    Matrix1:
             1.1   1.2   1.3                      1.10   1.20   1.30
             2.1   2.2   2.3                      2.10   2.20   2.30
          4    2                              Matrix2:
             1.1   1.2                           1.10   1.20
             2.1   2.2                           2.10   2.20
             3.1   3.2                           3.10   3.20
```

5.13 Zusammenfassung

❑ Als Basistyp eines eindimensionalen ARRAY kommt auch dieses selbst in Frage. Man erhält ein zweidimensionales ARRAY, das je nach Interpretation aus Zeilen- oder Spaltenvektoren besteht. Eine solche Datenstruktur wird auch Tabelle – in der Mathematik Matrix – genannt.

❑ Entsprechend kann ein ARRAY konstruiert werden, dessen Basistyp ein zweidimensionales ARRAY ist. Die entstehende Struktur ist ein dreidimensionales ARRAY. Sie und die höher-dimensionalen ARRAY wurden hier nicht näher betrachtet.

❑ Die einzelnen Komponenten eines zweidimensionalen ARRAY werden mit zwei Indizes adressiert, dem Zeilen- und Spaltenindex. Die Angabe nur eines Index wählt eine bestimmte Zeile aus (Zeilenvektor).

❑ Für den abstrakten Datentyp *TabTyp* bzw. *MatrixTyp*, dem der schon bekannte *VektorTyp* zugrunde liegt, wurden v.a. die Operationen *Multipliziere* und *Transponiere* eingeführt. Als Anwendungen wurden eine einfache Tabellenkalkulation und das Lösen eines linearen Gleichungssystems vorgestellt.

5.14 Aufgaben

1. (a) Mit Hilfe eines Programms soll eine Tabelle (Matrix) zeilenweise besetzt, aber spaltenweise angezeigt werden; d.h.: Die erste gedruckte Zeile zeigt den Inhalt der ersten Matrixspalte, usw.

    (b) Jetzt soll die Tabelle spaltenweise besetzt, aber – wie üblich – zeilenweise angezeigt werden.

2. Das Programm *Quer* (2.12) soll so abgewandelt werden, daß die Zahlen und ihre Quersummen in einer Tabelle gespeichert werden.

3. Daß der erste Index eines Tabellen-Elementes die Zeile, der zweite die Spalte bezeichnet, ist willkürlich. Verlassen Sie diese Sichtweise der Programme *Tabelle3* (5.3) und *Tabelle4* (5.4), indem Sie *VektorTyp* als Datentyp der **Spalten**-Vektoren einer Tabelle auffassen. Was muß nun in den einzelnen Typ- und Prozedur-Deklarationen geändert werden?

4. Ein Sportverein erstellt eine Statistik, die über die Teilnahmezahlen seiner Mitglieder an den verschiedenen Sportarten Auskunft geben soll. Dazu werden pro Mitglied Geschlecht und Sportart verschlüsselt erfaßt. Die Codes sind dabei:

männlich	$=0$	Leichtathletik	$=1$
weiblich	$=1$	Fußball	$=2$
		Handball	$=3$
		Turnen	$=4$
		Schwimmen	$=5$

Die Statistik soll in einer Tabelle gedruckt werden, deren Spalten mit "männlich", "weiblich" und "gesamt" überschrieben sind und deren Zeilen die entsprechenden Teilnehmerzahlen zu den einzelnen Sportarten enthalten.

5. In einem zweidimensionalen Feld werden die Produktionszahlen von fünf Arbeitnehmern an fünf Wochentagen gespeichert. Per Programm soll festgestellt werden, wer wann die höchste Produktionszahl erreicht hat.

6. Die grafische Darstellung der Körpergrößen-Statistik (Aufgabe zu Kapitel 4) soll diesmal in einem zweidimensionalen Feld gespeichert und nur auf Anforderung gedruckt werden ('Pixel'-Grafik).

7. Zur Lösung eines linearen Gleichungssystems soll die Probe gemacht werden. Dazu wird die originale Koeffizienten-Matrix **A** mit dem Lösungsvektor **x** multipliziert (vereinfachte Prozedur *Multipliziere* aus Programm *MatProd1*). Das Ergebnis ist ein Vektor **b'**, dessen Differenz zur gegebenen rechten Seite **b** das **Residuum** genannt wird. Das Residuum ist eine von mehreren Möglichkeiten, die Güte der Lösung zu beurteilen; es ist im Idealfall mit dem Nullvektor identisch.

8. Zu einer regulären Matrix **A** erfüllt die inverse Matrix $\mathbf{A}^{-1}$ die Bedingung $\mathbf{A} \cdot \mathbf{A}^{-1} = \mathbf{E}$. Dabei ist **E** die Einheitsmatrix, deren Hauptdiagonale nur Einsen enthält und deren restliche Elemente verschwinden. Die Bedingungsgleichung kann als Kurzform von n linearen Gleichungssystemen aufgefaßt werden, von denen jedes n Gleichungen für n Unbekannte umfaßt. Damit kann die inverse Matrix spaltenweise berechnet werden: $\mathbf{A}\mathbf{x}^i = \mathbf{e}_i$ bestimmt für jeden Spaltenvektoren $\mathbf{e}_i$ von **E** eine Spalte $\mathbf{x}^i$ von $\mathbf{A}^{-1}$ (i = 1 .. n). Benutzen Sie für die Berechnung der inversen Matrix das Programm *LGS2* (5.11), dem Sie nacheinander die Spaltenvektoren von **E** übergeben.

Ein Teil-Algorithmus wiederholt sich bei dieser Methode unnötig oft; welcher? In der numerischen Mathematik werden daher zeitsparendere Verfahren zur Berechnung der inversen Matrix angegeben.

6 Ordinale Datentypen und die Datenstruktur SET

Dieses Kapitel behandelt in den Beispielprogrammen:

* Unterbereiche ordinaler Datentypen

* Compiler-Schalter für Bereichsüberprüfung

* Die Datenstruktur SET

* Plausibilitätsprüfung von Benutzereingaben

* Programmteile als Werkzeugkästen

* Aufzählungstypen

6.1 Programm Kalender

Bei der Deklaration einer Variablen wird über den Datentyp ihr Wertevorrat
festgelegt. In vielen Anwendungen läßt allerdings die Problemstellung nur
einen Teilbereich des theoretischen Wertevorrats zu. So sind für die Variable
Tag eines Kalenderdatums nur die Werte zwischen 1 und 31 sinnvoll. Diese
Einschränkung kann bei der Variablendeklaration durch Angabe des Unterbereichs des Datentyps INTEGER festgeschrieben und dokumentiert werden:

```
VAR
    Tag :  1 .. 31;
```

oder umständlicher, aber flexibler:

```
TYPE
    TagTyp =  1 .. 31;
VAR
    Tag    :  TagTyp;
```

Wird *Tag* während der Programmausführung ein Wert außerhalb des Unterbereichs zugewiesen, kommt es zu dem Laufzeitfehler "Bereichsüberschreitung" (o.ä.). Die Deklaration eines **Unterbereichs** (engl.: subrange) in einer
Typ-Deklaration hat die Form

```
TYPE
    UnterbereichsTyp =  min .. max;
```

Min und *max* sind konstante Werte eines ordinalen (skalaren) Datentyps, und
natürlich muß *min* ≤ *max* sein. Bisher sind uns als ordinale oder abzählbare
Datentypen nur INTEGER und BOOLEAN bekannt. Ein Unterbereichstyp
kann auch direkt als Indextyp in eine ARRAY-Deklaration eingesetzt werden:

```
TYPE
    IndexTyp =  min .. max;
    FeldTyp  =  ARRAY [IndexTyp] OF BasisTyp;
```

Mit der Verwendung von Unterbereichen kann die Zuweisung nicht plausibler
Werte zur Laufzeit erkannt und lokalisiert werden. Allerdings vermindert dies
die Geschwindigkeit der Ausführung u.U. beträchtlich. Daher kann die **Bereichsüberprüfung** (engl: range checking) in allen geläufigen Pascal-Systemen über einen **Compiler-Schalter** kontrolliert werden. Während der Testphase der Programm-Entwicklung bleibt die Bereichsüberprüfung angestellt. Sind
die logischen Fehler weitgehend behoben, kann sie deaktiviert werden.

In Turbo Pascal haben Compiler-Schalter die Form von Kommentaren; jedoch
folgt unmittelbar auf die linke Kommentarklammer das $-Zeichen. Die Be-
reichsüberprüfung wird mit {$R+} bzw. {$R-} an- bzw. abgestellt. In VS Pascal
heißen die entsprechenden Direktiven %CHECK SUBRANGE ON bzw. OFF.

Das Programm definiert drei Unterbereichs-Typen mit zwei zugehörigen
Schreib-Operationen. Die Anwendung liest beliebig viele Kalenderdaten im numerischen Format (hier ohne Punkte) und zeigt sie mit ausgeschriebenem Mo-
natsnamen an.

```
1    PROGRAM Kalender (Input, Output);
2    (* Liest Datum in der Form TT_MM_JJ                              *)
3    (* und schreibt es in der Form <Tag>._<Monatsname>_<Jahreszahl> *)

4    {$R+}  (* Compiler-Schalter: range checking = Bereichs-Überprüfung *)

5    (***********************************************************************)
6    TYPE
7       TagTyp   = 1 .. 31;
8       MonatTyp = 1 .. 12;
9       JahrTyp  = 0 .. 99;

10   PROCEDURE Write_Monat (Monat : MonatTyp);
11      BEGIN
12      CASE Monat OF
13         1 :  Write ('Januar');
14         2 :  Write ('Februar');
15         3 :  Write ('Maerz');
16         4 :  Write ('April');
17         5 :  Write ('Mai');
18         6 :  Write ('Juni');
19         7 :  Write ('Juli');
20         8 :  Write ('August');
21         9 :  Write ('September');
22        10 :  Write ('Oktober');
23        11 :  Write ('November');
24        12 :  Write ('Dezember');
25        END; (*CASE*)
26      END; (* Write_Monat *)

27   PROCEDURE Write_Datum ( Tag   : TagTyp
28                         ; Monat : MonatTyp;   Jahr : JahrTyp);
28      BEGIN
29      Write (Tag :1,'. ');  Write_Monat (Monat); Write (' ',1900+Jahr :4);
30      END; (* Write_Datum *)
31   (************************************************************************)

32   VAR
33      TagX  :   INTEGER;
34      Tag   :   TagTyp;
35      Monat :   MonatTyp;
36      Jahr  :   JahrTyp;

37   BEGIN  (* Hauptprogramm *)
38   Write ('Datum [<TT MM JJ>, Ende mit <0>]: ');   Read (TagX);
39   WHILE TagX <> 0 DO BEGIN
40      Tag := TagX;
41      ReadLn (Monat, Jahr);
42      Write_Datum (Tag, Monat, Jahr);   WriteLn;
43      Write ('Datum [<TT MM JJ>, Ende mit <0>]: ');   Read (TagX);
44      END; (*WHILE*)
45   END. (* Hauptprogramm *)
```

```
EINGABE:              AUSGABE:

27 12 84              27. Dezember 1984
5 4 45                5. April 1945
3 8 06                3. August 1906
0
```

6.2 Programm Mengen1

Die Datenstruktur SET bietet – neben dem ARRAY – eine weitere Möglichkeit,
Daten des gleichen Typs zu einer Struktur zusammenzufassen. Wie in der Mathematik gehört zur Definition eines Mengentyps die Angabe über die Grundmenge (den Elementtyp), aus der die Elemente stammen können. So wird mit

```
TYPE
    ElementTyp =  0 .. 255;
    MengenTyp  =  SET OF ElementTyp;
```

das Anlegen einer Mengenvariablen vorgesehen, deren Elemente dem ganzzahligen Bereich von 0 bis 255 entnommen sind. Nach der Deklaration

```
VAR
    Menge :  MengenTyp;
```

ist die Zuweisung

```
    Menge :=  [15, 45, 0, 120 .. 140, 45, 8];
```

erlaubt, wobei die eckigen Klammern die sog. **Mengenkonstruktoren** sind. Die
Elemente einer Menge sind – im Gegensatz zu denen des ARRAY – nicht geordnet; mehrfach genannte Elemente werden nur einmal gespeichert. Die
oben zugewiesene Menge ist identisch mit der Menge [0, 8, 15, 45, 120 .. 140].
Die Elemente einer Menge sind durch Kommata getrennt; die Angabe von Bereichen wie 120 .. 140 ist möglich. Die **leere Menge** wird mit [ ] angegeben.

Als Elementtyp (Basistyp) kommen nur ordinale Datentypen (also nicht REAL)
bzw. deren Unterbereiche in Frage. Viele Pascal-Systeme schränken den Umfang von Unterbereichen stark ein. Allgemeiner gilt:

```
TYPE
    ElementTyp =  a .. b;
    SetTyp     =  SET OF ElementTyp;
```

wobei a und b konstante Werte eines ordinalen Datentyps mit $a \leq b$ sind. In
Turbo Pascal müssen ORD (a) und ORD (b) im Bereich von 0 bis 255 liegen.

Für Mengen sind die bekannten **Mengenoperationen** definiert. Die Operatoren
sind mit arithmetischen identisch, ihre Bedeutung aber aus dem Zusammenhang klar:

```
+       Vereinigung                =    Gleichheit
*       Durchschnitt               <>   Ungleichheit
-       Differenz                  >=   Obermenge von
                                   <=   Untermenge von
                                   IN   enthalten in
```

Zum Lesen und **Schreiben von Mengen** müssen spezielle Prozeduren definiert
werden. Hier wird die Operation *Write_Set* vorgestellt. Sie prüft für jedes mögliche Element des Basistyps (Grundmenge), ob es in der Menge enthalten ist,
in welchem Falle es geschrieben wird.

```
 1      PROGRAM Menge1 (Output);
 2      (* Demonstriert Anwendung der Mengenoperationen *)
 3      CONST
 4         min = 1;      max = 10;

 5      TYPE
 6         ElementTyp  =  min .. max;

 7      (******************************************************************)
 8      TYPE
 9         SetTyp =  SET OF ElementTyp;

10      PROCEDURE Write_Set (Menge : SetTyp);
11        VAR
12           Element :  ElementTyp;
13        BEGIN
14        Write ('[ ');
15        FOR Element := min TO max DO
16           IF Element IN Menge THEN Write (Element :3);
17        Write (' ]');
18        END; (* Write_Set *)
19      (******************************************************************)

20      VAR
21         Menge1, Menge2
22          , Vereinigung, Durchschnitt, Differenz :  SetTyp;

23      BEGIN (* Hauptprogramm *)
24      Menge1 :=  [ 1, 3 .. 5, 7, 9 ];
25      Menge2 :=  [ 2, 4 .. 7 ];
26      Write ('Menge1 = ');   Write_Set (Menge1);   WriteLn;
27      Write ('Menge2 = ');   Write_Set (Menge2);   WriteLn;   WriteLn;

28      Vereinigung   :=  Menge1 + Menge2;
29      Write ('Vereinigung    = ');   Write_Set (Vereinigung);   WriteLn;
30      Durchschnitt :=  Menge1 * Menge2;
31      Write ('Durchschnitt   = ');   Write_Set (Durchschnitt);  WriteLn;
32      Differenz    :=  Menge1 - Menge2;
33      Write ('Menge1 - Menge2 = ');   Write_Set (Differenz);    WriteLn;
34      Differenz    :=  Menge2 - Menge1;
35      Write ('Menge2 - Menge1 = ');   Write_Set (Differenz);    WriteLn;
36      WriteLn;

37      Menge1 :=  [ 5, 7 ];
38      Menge2 :=  [ 3, 5, 7, 9 ];
39      Write_Set (Menge1);
40      IF Menge1 <= Menge2
41         THEN Write (' Teilmenge von ')
42         ELSE Write (' nicht Teilmenge von ')
43         ; (*IF*)
44      Write_Set (Menge2);   WriteLn;
45      END.
```

```
AUSGABE:      Menge1 = [   1   3   4   5   7   9 ]
              Menge2 = [   2   4   5   6   7 ]

              Vereinigung    = [   1   2   3   4   5   6   7   9 ]
              Durchschnitt   = [   4   5   7 ]
              Menge1 - Menge2 = [   1   3   9 ]
              Menge2 - Menge1 = [   2   6 ]

              [   5   7 ] Teilmenge von [   3   5   7   9 ]
```

6.3 Programm Mengen2

Der Mengentyp des Programms *Mengen1* (6.2) wird um die Prozedur *Read_Set*
erweitert. Die *Menge*, die mit Elementen zu füllen ist, wird anfänglich mit der
leeren Menge [ ] initialisiert. Es werden dann Zahlwerte gelesen und auf Zugehörigkeit zur Grundmenge geprüft. Ist eine Zahl zulässig, wird sie in eine ein-
elementige Menge aufgenommen, die mit der *Menge* vereinigt wird. Die Angabe einer nicht-zulässigen Zahl, z.B. -999, beendet das **Lesen einer Menge**.

In den meisten Programmen seit der Einführung des abstrakten Datentyps
(ADT) in Kapitel 4 wurde für die Deklarationen die gelockerte Reihenfolge gewählt, die in Turbo Pascal und anderen Dialekten erlaubt ist. So gelingt es, einen ADT mit seiner Datenstruktur und seinen Operationen zusammenzufassen, wie hier für *SetTyp* gezeigt. Dieser baut auf einem *ElementTyp* auf, den
der Anwendungsprogrammierer außerhalb des ADT angeben muß.

```
1     PROGRAM Mengen2 (Input, Output);
2     (* Demonstriert das Lesen einer Menge *)
3     CONST
4        min = 1;   max = 10;
5     TYPE
6        ElementTyp  =  min .. max;

7     (**************************************************************)
8     TYPE
9        SetTyp      = SET OF ElementTyp;

10    PROCEDURE Read_Set (VAR Menge : SetTyp);
11       VAR
12          Zahl : INTEGER;
13       BEGIN
14       Menge :=  [ ];
15       Read (Zahl);
16       WHILE Zahl IN [ min .. max ] DO BEGIN
17          Menge :=  Menge + [ Zahl ];
18          Read (Zahl);
19          END; (*WHILE*)
20       END; (* Read_Set *)

21    PROCEDURE Write_Set     wie in Programm Mengen1 (6.2)
22    (**************************************************************)

23    VAR
24       Menge1, Menge2 :  SetTyp;

25    BEGIN (* Hauptprogramm *)
26    WriteLn ('Elemente im Bereich ', min, '..', max, ', Ende mit <0>:');
27    Write ('Menge1: ');      Read_Set (Menge1);      ReadLn;
28    Write ('Menge2: ');      Read_Set (Menge2);      ReadLn;
29    Write ('Menge1 = ');     Write_Set (Menge1);     WriteLn;
30    Write ('Menge2 = ');     Write_Set (Menge2);     WriteLn;
31    END.
```

```
DIALOG:          Elemente im Bereich 1..10, Ende mit <0>:
                 Menge1: 1 3 4 5 7 9  0
                 Menge2: 0
                 Menge1 = [  1  3  4  5  7  9 ]
                 Menge2 = [  ]
```

6.4 Programm PrfMnt1

In Programm *Kalender* (6.1) wurde der Gebrauch von Variablen durch Unterbereichstypen eingeschränkt. Zuweisungen nicht zulässiger Werte resultierten in einem **Programmabbruch**; Stelle und Art des **Laufzeit-Fehlers** wurden gemeldet. Für einen Programmentwickler ist das ein brauchbares Verfahren in der Testphase. Ein späterer Benutzer will jedoch bei weiter laufendem (interaktivem) Programm seinen Fehler genauer beschrieben haben und die Chance bekommen, den Fehler zu korrigieren. Das erhöht **Sicherheit** und **Benutzerfreundlichkeit** eines Programms. Eine mögliche Technik wurde bereits in Programm *Menu0* (3.11) gezeigt.

Hier liefert die parameterlose Funktion *Get_Monat* einen auf den *MonatTyp* passenden Wert zurück (Zeilen 16 und 22). Der Benutzer kann zwar beliebige ganze Zahlen angeben (Zeile 8 und 12), die REPEAT-Schleife erkennt aber sinnlose Werte durch Vergleich mit einer **Mengenkonstanten** (Zeile 13) und meldet sie (Zeile 14). Die Schleife kann nur mit einer korrekten Zahl verlassen werden. Die Zuweisung (Zeile 22) ist daher immer möglich. In Turbo Pascal muß die **Bereichsüberprüfung** (Compiler-Option "range checking") abgestellt bleiben; sonst wird in Zeile 13 z.B. die Eingabe *-3* als mögliches Element einer Menge betrachtet, das aber außerhalb des Maximalbereichs 0..255 liegt. Ein Laufzeitfehler wäre die Folge. Ein **nichtnumerischer Wert** wie "a" ergibt auch hier einen Laufzeitfehler!

```
1    PROGRAM PrfMnt1 (Input, Output);
2    (* Prueft, ob numerische Eingabe sinnvoll ist. *)
3    (********************************************************************)
4    TYPE
5       MonatTyp =  1 .. 12;

6    FUNCTION Get_Monat : MonatTyp;
7       VAR
8          Monat   :  INTEGER;
9          korrekt :  BOOLEAN;
10      BEGIN
11      REPEAT
12         ReadLn (Monat);
13         korrekt :=  Monat IN [1 .. 12];
14         IF NOT korrekt THEN  Write ('Keine Monatszahl. Nochmals: ');
15         UNTIL korrekt;
16      Get_Monat :=  Monat;
17      END; (* Get_Monat *)
18   (********************************************************************)
19   VAR
20      Monat : MonatTyp;

21   BEGIN
22   Write ('Monat [1 .. 12]: ');    Monat :=  Get_Monat;
23   WriteLn ('Monat = ', Monat);
24   END.
```

```
DIALOG:      Monat [1 .. 12]: 20
             Keine Monatszahl. Nochmals: -3
             Keine Monatszahl. Nochmals: 8
             Monat = 8
```

6.5 Programm PrufDat1

Die Prüfung der Benutzer-Angaben wird verfeinert: Die Funktion *OK_Datum* (Aufruf Zeile 56) kontrolliert, ob mit drei beliebigen ganzen Zahlen ein Kalenderdatum, bestehend aus Tag, Monat und Jahr, gemeint sein kann. Ggf. wird die Art des Fehlers mit *Write_DateError* gemeldet (Zeile 60).

Die Funktion *OK_Datum* erscheint im Programmtext mit mehreren Hilfsfunktionen zu einer **logischen Einheit** "Datum Prüfen" zusammengefaßt, in der auch die Hilfsvariablen *JahrOK* etc. (Zeile 5) erklärt sind. Eine zweite logische Einheit "Datum Schreiben" wird von den Prozeduren *Write_Monat* und *Write_Datum* gebildet. Diese sind aus Programm *Kalender* (6.1) entnommen, ihre Parameter aber sämtliche in Typ INTEGER geändert worden (warum?).

Ein Programmierer kann diese Einheiten als fertige **Programmbausteine (Module)** in seine Anwendung übernehmen. Er muß lediglich einer Beschreibung entnehmen, daß die Operationen *OK_Datum*, *Write_Datum* und *Write_DateError* existieren, was sie leisten und wie sie aufgerufen werden. Die Hilfsvariablen *JahrOK* etc. sind innerhalb des Moduls "Datum Prüfen" für *OK_Datum* und *Write_DateError* auf globale Größen. Wären sie in die jeweiligen Parameterlisten aufgenommen worden, hätte der Anwendungsprogrammierer sie bei seinen Aufrufen berücksichtigen müssen, ohne ihre Bedeutung zu kennen. So bleiben sie ihm weitgehend verborgen; er braucht sie nicht zu verwalten.

OK_Datum benutzt die Funktionen*OK_Jahr*, *OK_Monat* und *OK_Tag* des Moduls "Datum Prüfen", der die Rolle eines **Werkzeugkastens** (engl.: tool box) hat. Die Benutzerangaben werden mit der Menge der jeweils zulässigen Werte verglichen. In *OK_Tag* sind Fallunterscheidungen nötig, da der zulässige Tagesbereich *1 .. MaxTag* vom *Monat* abhängt. Im "Februar" muß sogar noch auf Schaltjahr geprüft werden. Dafür ist die Funktion *OK_Schalt* zuständig: ein Jahr ist dann Schaltjahr, wenn die Jahreszahl *Jahr* zwar durch vier, nicht aber durch 100 teilbar ist – es sei denn, sie wäre durch 400 teilbar.

```
1       PROGRAM PrufDat1 (Input, Output);
2       (* liest und analysiert Datum in der Form TT_MM_JJ *)

3       (*************** Datum Prüfen ********************************)
4       VAR
5          JahrOK, MonatOK, TagOK, SchaltOK :  BOOLEAN;

6       FUNCTION OK_Jahr (Jahr : INTEGER): BOOLEAN;
7          BEGIN
8          OK_Jahr:=  Jahr IN [00 .. 99];
9          END; (* OK_Jahr*)

10      FUNCTION OK_Schalt (Jahr : INTEGER): BOOLEAN;
11         BEGIN
12         OK_Schalt :=  (Jahr MOD 4 = 0) AND
13                       ((Jahr MOD 100 <> 0) OR (Jahr MOD 400 = 0));
14         END; (* OK_Schalt *)

15      FUNCTION OK_Monat (Monat : INTEGER): BOOLEAN;
16         BEGIN
17         OK_Monat :=  Monat IN [1..12];
18         END; (* OK_Monat *)
```

(Fortsetzung nächste Seite)

```
(Fortsetzung vom Programm PrufDat1)

20    FUNCTION OK_Tag (Monat, Tag : INTEGER): BOOLEAN;
21       VAR   MaxTag :  28 .. 31;
22       BEGIN
23       CASE Monat OF
24          1, 3, 5, 7, 8, 10, 12 :  MaxTag :=  31;
25          4, 6, 9, 11           :  MaxTag :=  30;
26          2 :   IF SchaltOK THEN  MaxTag :=  29  ELSE  MaxTag :=  28;
27          ELSE  (* OTHERWISE *)   MaxTag :=  31;
28          END; (*CASE*)
29       OK_Tag :=  Tag IN [1 .. MaxTag];
30       END; (* OK_Tag *)

31    FUNCTION OK_Datum (Tag, Monat, Jahr : INTEGER): BOOLEAN;
32       BEGIN
33       JahrOK    :=  OK_Jahr   (Jahr);
34       MonatOK   :=  OK_Monat  (Monat);
35       SchaltOK  :=  OK_Schalt (Jahr);
36       TagOK     :=  OK_Tag    (Monat, Tag);
37       OK_Datum :=   JahrOK AND MonatOK AND TagOK;
38       END; (* OK_Datum *)

39    PROCEDURE Write_DateError;
40       BEGIN
41       WriteLn ('Falsches Datum! ');
42       IF NOT JahrOK  THEN WriteLn (' ':5, 'Jahreszahl nicht korrekt.');
43       IF NOT MonatOK THEN WriteLn (' ':5, 'Monatszahl nicht korrekt.');
44       IF NOT TagOK   THEN WriteLn (' ':5, 'Tageszahl  nicht korrekt.');
45       END; (* Write_DateError *)
46    (*************** Datum Schreiben *****************************)
47    PROCEDURE Write_Monat (Monat : INTEGER);              ) wie in Programm
48    PROCEDURE Write_Datum (Tag, Monat, Jahr : INTEGER); ) Kalender (6.1)
49    (***********************************************************)
50    VAR
51       Tag, Monat, Jahr :   INTEGER;
52    BEGIN (* Hauptprogramm *)
53    Write ('Datum [<TT MM JJ>, Ende mit TT = 0]: ');   Read (Tag);
54    WHILE Tag <> 0 DO BEGIN
55       ReadLn (Monat, Jahr);
56       IF OK_Datum (Tag, Monat, Jahr)
57          THEN BEGIN  Write_Datum (Tag, Monat, Jahr);  WriteLn;   END
58          ELSE BEGIN
59                Write (Tag :1, ' ', Monat :1, ' ', Jahr :1, ' = ');
60                Write_DateError;
61                END;
62       Write ('Datum [<TT MM JJ>, Ende mit TT = 0]: ');   Read (Tag);
63       END; (*WHILE*)
64    END.
```

```
DIALOG:              Datum [<TT MM JJ>, Ende mit TT = 0]: 26 14 431
                     26 14 431 = Falsches Datum!
                         Jahreszahl nicht korrekt.
                         Monatszahl nicht korrekt.
                     Datum [<TT MM JJ>, Ende mit TT = 0]: 29 2 72
                     29. Februar 1972
                     Datum [<TT MM JJ>, Ende mit TT = 0]: 29 2 63
                     29 2 63 = Falsches Datum!
                         Tageszahl  nicht korrekt.
                     Datum [<TT MM JJ>, Ende mit TT = 0]: 0
```

6.6 Programm Zug1

In Pascal kann der Programmierer Datentypen definieren, deren Werte er
selbst durch Aufzählen in runden Klammern benennt:

```
TYPE
    AufzaehlTyp = (Bezeichner1 , Bezeichner2 , .. , BezeichnerN);
```

Die Bezeichner eines solchen **Aufzählungstyps** müssen in ihrer Programmeinheit eindeutig sein. Ein Aufzählungstyp ist ein **ordinaler Datentyp**; intern
ordnet Pascal seinen Werten die **Ordnungszahlen 0 .. N-1** zu. Die Funktion
ORD kann benutzt werden. Die üblichen Vergleichsoperatoren haben Gültigkeit. Die Werte eines Aufzählungstyps können in FOR-Schleifen aufsteigend
(TO) oder absteigend (DOWNTO) durchlaufen werden. READ und WRITE sind
für Aufzählungstypen nicht definiert. Eine Schreib-Prozedur wird in diesem
Programm vorgestellt, eine Lese-Prozedur erst in Kapitel 7.

Das Programm zeigt den Gebrauch des Aufzählungstyps *StationsTyp* (Zeile 6),
dessen Werte Namen von Bahnhöfen sind, die an einer berühmten Eisenbahn-
strecke liegen. Den in Zeile 30 erklärten Variablen dieses Typs können seine
Werte zugewiesen werden (Zeilen 33 und 34). Die Position des Wertes innerhalb
des Aufzählungstyps kann mit der ORD-Funktion erfahren werden (Zeilen 37
und 38).

Die Prozedur *Write_Station* schreibt abhängig vom Wert des formalen Parameters *Station* den Wert-Bezeichner als gleichlautenden Text (z.B. Zeile 10).
Der Prozedur *Write_Strecke* werden auf den formalen Parametern *von* und *bis*
zwei Werte des *StationsTyp* übergeben. Sie schreibt sämtliche Stationswerte im
Bereich *von .. bis*. Ist *von* ≤ *bis*, muß der Bereich aufwärts (Zeile 22, andernfalls abwärts (Zeile 24) duchlaufen werden.

Mit dem Aufzählungstyp ist der Programmtext wesentlich einfacher zu lesen.
Andenfalls wäre in einer Code-Tabelle als Kommentar jedem Bahnhof eine
ganze Zahl zugeordnet worden, die auch im Programm selbst hätte verwendet
werden müssen. Programmier-Irrtum wäre geradezu vorgezeichnet.

```
1     PROGRAM Zug1 (Output);
2     (* listet fuer zwei Stationen der schwaeb'sche Eisebahne die     *)
3     (* Hin- und Rueckfahrt-Stationen. Benutzt FOR-TO und FOR-DOWNTO. *)

4     (****************************************************************)
5     TYPE
6        StationsTyp = (Stuttgart, Ulm, Biberach, Meckenbeuren, Durlesbach);

7     PROCEDURE Write_Station (Station : StationsTyp);
8        BEGIN
9        CASE Station OF
10           Stuttgart    :  Write ('Stuttgart');
11           Ulm          :  Write ('Ulm');
12           Biberach     :  Write ('Biberach');
13           Meckenbeuren :  Write ('Meckenbeuren');
14           Durlesbach   :  Write ('Durlesbach');
15           END; (*CASE*)
16        END; (* Write_Station *)
                                            (Fortsetzung nächste Seite)
```

```
     (Fortsetzung von Programm Zug1)

17   PROCEDURE Write_Strecke (von, bis : StationsTyp);
18      VAR
19         Station :  StationsTyp;
20      BEGIN
21      IF von <= bis
22         THEN FOR Station := von TO bis DO
23                   BEGIN Write_Station (Station);  WriteLn;  END
24         ELSE FOR Station := von DOWNTO bis DO
25                   BEGIN Write_Station (Station);  WriteLn;  END
26         ; (*IF*)
27      END; (* Write_Strecke *)
28   (*****************************************************************)


29   VAR
30      StartBahnhof, ZielBahnhof :  StationsTyp;
31      StartNr     , ZielNr      :  INTEGER;

32   BEGIN (* Hauptprogramm *)
33   StartBahnhof :=  Meckenbeuren;
34   ZielBahnhof  :=  Ulm;

35   Write ('Start-Bahnhof : ');   Write_Station (StartBahnhof);   WriteLn;
36   Write ('Ziel-Bahnhof  : ');   Write_Station (ZielBahnhof);    WriteLn;

37   StartNr :=  ORD (StartBahnhof) + 1;
38   ZielNr  :=  ORD (ZielBahnhof)  + 1;
39   WriteLn ('Sie fahren zwischen der ', StartNr :1
40           ,'. und der ', ZielNr :1 ,'. Station der Strecke.');
41   WriteLn;

42   WriteLn ('Hinfahrt:');
43   WriteLn ('---------');
44   Write_Strecke (StartBahnhof, ZielBahnhof);   WriteLn;

45   WriteLn ('Rueckfahrt:');
46   WriteLn ('----------');
47   Write_Strecke (ZielBahnhof, StartBahnhof);   WriteLn;
48   END.
```

```
AUSGABE:


              Start-Bahnhof : Meckenbeuren
              Ziel-Bahnhof  : Ulm
              Sie fahren zwischen der 4. und 2. Station der Strecke.

              Hinfahrt:
              - - - - - - - - -

              Meckenbeuren
              Biberach
              Ulm

              Rueckfahrt:
              - - - - - - - - - -

              Ulm
              Biberach
              Meckenbeuren
```

6.7 Programm Zug2

Aufzählungstypen sind ordinale Datentypen. Es liegt für jeden seiner Werte fest, welche Position im geordneten Wertebereich er einnimmt, und welches sein Nachfolger (engl.: successor) oder sein Vorgänger (engl.: predecessor) ist. Zwei Standardfunktionen besorgen zu einem Wert x eines ordinalen Datentyps den Nachfolgewert SUCC (x) bzw. den Vorgängerwert PRED (x).

Die Ordnungszahl des Nachfolgers eines Wertes x ist um 1 höher als die Ordnungszahl von x, die des Vorgängers um 1 niedriger:

```
ORD (SUCC (x))  =  ORD (x) + 1
ORD (PRED (x))  =  ORD (x) - 1
```

Die Funktionen PRED und SUCC sind zueinander invers:

```
PRED (SUCC (x))  =  x
SUCC (PRED (x))  =  x
```

Mit diesen Funktionen werden zur Demonstration die FOR-Schleifen in der Prozedur *Write_Strecke* durch eine WHILE-Schleife ersetzt. *Station* nimmt den Wert *von* an und wird in der WHILE-Schleife solange durch seinen Nachfolger bzw. Vorgänger ersetzt, bis der Wert *bis* erreicht ist. Diese Formulierung läßt sich weniger leicht lesen. Sie ist auch in der Ausführung umständlicher, da die Fallunterscheidung bei jedem Durchlauf neu ausgeführt werden muß.

```
1    PROGRAM Zug2 (Output);
2    (* listet fuer zwei Stationen der schwaeb'sche Eisebahne die     *)
3    (* Hin- und Rueckfahrt-Stationen. Benutzt WHILE mit SUCC und PRED *)
4    (*****************************************************************)
5    TYPE
6       StationsTyp = (Stuttgart, Ulm, Biberach, Meckenbeuren, Durlesbach);

7    PROCEDURE Write_Station   wie in Programm Zug1 (6.6)

17   PROCEDURE Write_Strecke (von, bis : StationsTyp);
18      VAR
19         Station : StationsTyp;
20      BEGIN
21      Station := von;
22      Write_Station (Station);   WriteLn;
23      WHILE Station <> bis DO BEGIN
24         IF von <= bis THEN  Station :=  SUCC (Station)
26                       ELSE  Station :=  PRED (Station);
27         Write_Station (Station);   WriteLn;
28         END (*WHILE*)
29      END; (* Write_Strecke *)
30   (*****************************************************************)

31   VAR
32      StartBahnhof, ZielBahnhof :  StationsTyp;
33      StartNr    , ZielNr       :  INTEGER;
34   BEGIN (* Hauptprogramm *)
     wie in Programm Zug1
50   END.
```

```
AUSGABE:    wie in Programm Zug1 (6.6)
```

6.8 Programm PrufDat2

Aufzählungstypen sind ordinale Datentypen, können also wie INTEGER und BOOLEAN als Indextyp eines ARRAY verwendet werden. Um das zu zeigen, wird das Programm *PrufDat1* (6.5) zu *PrufDat2* verändert: es wird ein Aufzählungstyp *DatumZahlTyp* mit zugehöriger Schreiboperation *Write_DatumZahl* hinzugefügt, der als Indextyp eines ARRAY-Typs *OkFeldTyp* dient. Der Indextyp ist nicht – wie bisher bei ganzen Zahlen – ein Ausschnittstyp, sondern umfaßt hier sämtliche Werte von *DatumZahlTyp* (Zeile 17).

Die Ergebnisse der Datumsprüfumg werden in der Variablen *OK* vom *OkFeld-Typ* registriert, die die Einzelvariablen *TagOK*, *MonatOK*, *JahrOK* und *Schalt-OK* des Programms *PrufDat1* ersetzen. Die Abbildung zeigt die Belegung von *OK* nach Prüfung der Angabe "29 2 63":

OK	FALSE	TRUE	TRUE	FALSE

DatumZahl = TagesZahl MonatsZahl JahresZahl Schaltjahr

Die Komponenten des Feldes *OK* werden in der Funktion *OK_Datum* besetzt. Die ersten drei Komponenten dienen zur Berechnung des Funktionswertes: Bis zum Beweis des Gegenteils wird die Hilfsvariable *OKWert* als TRUE angenommen (Zeilen 43). In der anschließenden FOR-Schleife wird sie nacheinander mit den ersten drei *OK*-Werten über AND verknüpft und ihr Wert aktualisiert. Das Ergebnis ist der Funktionswert (Zeile 46). Dieses Verfahren entspricht der Multiplikation von Zahlwerten eines ARRAY, deren Ergebnis mit 1 vorbesetzt und in einer Schleife aktualisiert wird.

Die Funktion *OK_Tag* setzt für den Februar (Zeile 29) den Wert von *MaxTag* in Abhängigkeit von *OK [SchaltJahr]*. Die Prozedur *Write_DateError* prüft in einer FOR-Schleife (Zeile 52) die ersten drei *OK*-Werte (Zeile 53) und zeigt ggf. die Art des Fehlers an (Zeile 54).

```
1    PROGRAM PrufDat2 (Input, Output);
2    (* wie PrufDat1, benutzt aber Fehler-ARRAY mit selbstdef. Indextyp *)
3    (*************************************************************************)
4    TYPE
5       DatumZahlTyp =  (TagesZahl, MonatsZahl, JahresZahl, SchaltJahr);

6    PROCEDURE Write_DatumZahl (DatumZahl : DatumZahlTyp);
7       BEGIN
8       CASE DatumZahl OF
9          TagesZahl  :  Write ('Tageszahl');
10         MonatsZahl :  Write ('Monatszahl');
11         JahresZahl :  Write ('Jahreszahl');
12         SchaltJahr :  Write ('Schaltjahr');
13         END; (*CASE*)
14      END; (* Write_DatumZahl *)
15   (*************** Datum Prüfen *********************************)
16   TYPE
17      OkFeldTyp =  ARRAY [ DatumZahlTyp ] OF BOOLEAN;

18   VAR
19      OK :  OkFeldTyp;
```

(Fortsetzung nächste Seite)

```
(Fortsetzung von Programm PrufDat2)

20    FUNCTION OK_Jahr          )
21    FUNCTION OK_Schalt        )        wie in Programm PrufDat1 (6.5)
22    FUNCTION OK_Monat         )

23    FUNCTION OK_Tag (Monat, Tag : INTEGER): BOOLEAN;
24       VAR   MaxTag :  28 .. 31;
25       BEGIN
26       CASE Monat OF
27          1, 3, 5, 7, 8, 10, 12 :        MaxTag :=   31;
28          4, 6, 9, 11           :        MaxTag :=   30;
29          2 : IF OK [SchaltJahr] THEN MaxTag :=   29   ELSE   MaxTag := 28;
30          ELSE  (* OTHERWISE *)          MaxTag :=   31;
31          END; (*CASE*)
32       OK_Tag :=  Tag IN [1 .. MaxTag];
33       END; (* OK_Tag *)

34    FUNCTION OK_Datum (Tag, Monat, Jahr : INTEGER): BOOLEAN;
35       VAR
36          OKWert    :  BOOLEAN;
37          DatumZahl : DatumZahlTyp;
38       BEGIN
39       OK [JahresZahl] :=  OK_Jahr    (Jahr);
40       OK [MonatsZahl] :=  OK_Monat   (Monat);
41       OK [Schaltjahr] :=  OK_Schalt  (Jahr);
42       OK [TagesZahl]  :=  OK_Tag     (Monat, Tag);
43       OKWert :=  TRUE;
44       FOR DatumZahl := TagesZahl TO JahresZahl DO
45          OKWert :=  OKWert AND OK [DatumZahl];
46       OK_Datum :=  OKWert;
47       END; (* OK_Datum *)

48    PROCEDURE Write_DateError;
49       VAR   DatumZahl : DatumZahlTyp;
50       BEGIN
51       WriteLn ('Falsches Datum! ');
52       FOR DatumZahl := TagesZahl TO JahresZahl DO
53          IF NOT OK [DatumZahl] THEN BEGIN   Write (' ':5);
54             Write_DatumZahl (DatumZahl);    WriteLn (' nicht korrekt.');
55             END; (*IF*)
56       END; (* Write_DateError *)
57    (*************** Datum Schreiben ****************************)
58    PROCEDURE Write_Monat (Monat : INTEGER);              ) wie in Programm
59    PROCEDURE Write_Datum (Tag, Monat, Jahr : INTEGER); ) Kalender (6.1)
60    (********************************************************************)
61    VAR
62       Tag, Monat, Jahr  :  INTEGER;
63    BEGIN (* Hauptprogramm *)
      wie in Programm PrufDat1 (6.5)
64    END.
```

```
DIALOG:     wie in Programm PrufDat1 (6.5)
```

Dem Programm *PrufDat1* (6.5) wurde ein neuer Datentyp *OKFeldTyp* hinzugefügt, die Prozeduren zur Datumsprüfung auf die Verwendung dieses Typs ab-
gestimmt. Das Anwendungsprogramm – hier das kurze Testprogramm (Zeile
61 bis 64) – ist von der Erweiterung und Änderung überhaupt nicht betroffen.
Funktion und Schnittstelle (Parameterliste) der entscheidenden Operationen
OK_Datum und *Write_DateError* haben sich ja nicht geändert.

6.9 Programm Bunt

Ein selbstdefinierter Aufzählungstyp darf als Basistyp von ARRAY und SET verwendet werden. Im Beispiel baut auf einem Aufzählungstyp *FarbTyp* (Zeile 5) ein Unterbereichstyp *ElementTyp* auf (Zeile 19), der wiederum Basistyp von *MengenTyp* ist (Zeile 20). Das Anwendungsprogramm testet die neudefinierten Typen und Operationen.

```
1     PROGRAM Bunt (Output);
2     (* Farbmischungen werden gebildet und geschrieben. *)
3     (*****************************************************************)
4     TYPE
5         FarbTyp = (giftgruen, schwarz, rot, blau, gelb, weiss, blassblau);

6     PROCEDURE Write_Farbe (Farbe : FarbTyp);
7        BEGIN
8        CASE Farbe OF
9           giftgruen : Write ('giftgruen');
10          schwarz   : Write ('schwarz');
11          rot       : Write ('rot');
12          blau      : Write ('blau');
13          gelb      : Write ('gelb');
14          weiss     : Write ('weiss');
15          blassblau : Write ('blassblau');
16          END; (*CASE*)
17       END; (* Write_Farbe *)
18    (*****************************************************************)
19    TYPE
20        ElementTyp =  schwarz .. weiss;
21        MengenTyp  =  SET OF ElementTyp;

22    PROCEDURE Write_Menge (Mischung : MengenTyp);
23       (* schreibt Elemente der Menge 'Mischung' in externen Werten *)
24       VAR   Farbe : ElementTyp;
25       BEGIN
26       Write ('[');
27       FOR Farbe := schwarz TO weiss DO
28          IF Farbe IN Mischung THEN BEGIN
29             Write (' ');   Write_Farbe (Farbe);   Write (' ');
30             END; (*IF*)
31       Write (']');
32       END; (* Write_Menge *)
33    (*****************************************************************)
34    VAR
35        FarbTopf : MengenTyp;

36    BEGIN (* Hauptprogramm *)
37    WriteLn ('Farbtoepfe:');
38    WriteLn ('-----------');
39    Farbtopf := [schwarz .. gelb];       Write_Menge (Farbtopf); WriteLn;
40    Farbtopf := Farbtopf + [weiss];      Write_Menge (Farbtopf); WriteLn;
41    Farbtopf := Farbtopf - [blau];       Write_Menge (Farbtopf); WriteLn;
42    Farbtopf := Farbtopf * [rot .. weiss]; Write_Menge (Farbtopf);
43    END.  (* Hauptprogramm *)
```

```
AUSGABE:    Farbtoepfe:
            -----------
            [ schwarz  rot  blau  gelb ]
            [ schwarz  rot  blau  gelb  weiss ]
            [ schwarz  rot  gelb  weiss ]
            [ rot  gelb  weiss ]
```

6.10 Zusammenfassung

❏ Mit Unterbereichs-, Mengen- und Aufzählungstypen sind dem Programmierer weitere Möglichkeiten an die Hand gegeben, eigene abstrakte Datentypen für spezielle Anwendungen zu konstruieren.

❏ Von ordinalen Datentypen können Unterbereichstypen gebildet werden. Sie werden benutzt, um den Wertebereich einer Variablen auf einen sinnvollen Ausschnitt einzuschränken, den die spezielle Anwendung nahelegt. Die Benennung und ausdrückliche Angabe des Unterbereichs erhöht die Selbstdokumentation des Programms.

❏ Die Einführung von Unterbereichen ist besonders für die Testphase der Programm-Implementierung bedeutsam: nicht sinnvolle Zuweisungen werden vom System erkannt und nach Programmabbruch ("Absturz") gemeldet – vorausgesetzt, die Bereichsüberprüfung wurde vor der Übersetzung aktiviert. Sind die logischen Fehler beseitigt, soll zur Verbesserung der Ausführungsgeschwindigkeit die Bereichsüberprüfung abgeschaltet werden.

❏ Pascal kennt den Mengentyp (Konstruktor) SET. Konstante und Variable dieses Typs sind Mengen, deren Elemente aus ordinalen Datentypen stammen. Für sie sind die üblichen Mengenoperationen der Mathematik erklärt.

❏ Mengen bieten ein übersichtliches Mittel, Benutzerangaben mit dem IN-Operator auf Plausibilität zu prüfen. An zeitkritischen Stellen sollte auf diesen Gebrauch von Mengen verzichtet und durch IF–THEN–ELSE-Kaskaden ersetzt werden.

❏ Zur besseren Lesbarkeit des Programmtextes tragen auch Aufzählungstypen bei, in denen der Programmierer selbstgewählte Bezeichner als Datenwerte definiert. Aufzählungstypen sind ordinale Datentypen und werden z.B. zur Indizierung von Feldern eingesetzt. FOR-Schleifen sind anwendbar; als spezielle Funktionen sind ORD, SUCC und PRED erklärt.

❏ Das Konzept des abstrakten Datentyps (ADT) wird weiter betont und konsequent angewandt: zu jeder selbstdefinierten Datenstruktur (TYPE) werden die erforderlichen Operationen codiert und in einem eigenen Programmteil – vor der Anwendung – ausgewiesen. Dabei wird die Möglichkeit der gängigen Pascal-Dialekte genutzt, die Deklarationsteile in beliebiger Reihenfolgen zu lassen (solange nur jeder Bezeichner zuvor definiert worden ist!).

❏ Mehrere ADT können bausteinartig aufeinander aufbauen. Ein ADT sollen so gestaltet sein, daß Anwendungen nicht auf die Details seiner Implementation zurückgreifen müssen ("Verstecken von Information"). Damit wird die Bildung von Programm-Modulen gefördert, die als Werkzeuge (engl.: tools) auch in anderen Anwendungen eingesetzt werden können ("Wiederverwendbarkeit"), evtl. nach nur geringfügigen und leicht durchführbaren Änderungen. Module, die in einer Anwendung Gebrauch finden, können leicht durch verbesserte Module ersetzt werden ("Wartbarkeit").

6.11 Aufgaben

1. Ein Programm soll vom Benutzer nur Zahlen akzeptieren, die in einer bestimmten Menge liegen. Andernfalls soll eine Fehlermeldung erscheinen. Die Zahlen sollen dann verarbeitet werden.

2. Ein D-Zug-Abteilwagen hat 72 Sitzplätze. Schreiben Sie ein Programm, das für einen bestimmtem Wagen die Reservierung eines Platzes in der Weise berücksichtigt, daß seine Nummer aus der Menge der freien in die Menge der reservierten Plätze übernommen wird.

3. Von den Teilnehmern eines EDV-Fortbildungskurses liegen zeilenweise folgende Angaben vor: Teilnehmer-Nummer und die Noten (1 bis 6) in den Fächern Grundlagen, Textverarbeitung, Programmierung und Datenbanken (in dieser Reihenfolge). Ein Programm soll diese Angaben lesen und speichern und anschließend für jeden Teilnehmer das Zeugnis drucken (Noten und Fächer in Worten).

4. Es werden die Kurse Englisch, Spanisch, Rhetorik, Arbeitstechniken und AdA angeboten. Die Anmeldung geschieht noch altmodisch mit Lochkarten durch Angabe der Matrikel-Nummer in den Spalten 1 bis 8 sowie eine 0 oder 1 in den Spalten 11 bis 15 für die 5 Kurse. Ein Programm soll diese Angaben lesen, speichern und eine Teilnehmerliste für jeden Kurs aufstellen. Die Lochkarten sollen natürlich durch die Zeilen eines Textes simuliert werden.

5. Das Programm fragt den Anwender nach zwei Mengen aus ganzen Zahlen und gibt an, welche Menge in welcher enthalten ist.

6. Bestimmen Sie alle Primzahlen, die nicht größer als eine gegebene Zahl sind (Methode: Sieb des Erathostenes; s. Aufgaben zu Kapitel 4).

7. Ein Reisebüro bietet folgende drei Reisen an:

   Reise 1: Paris, Brüssel, Utrecht, London
   Reise 2: Brüssel, Amsterdam, London, Hamburg
   Reise 3: Brüssel, Hamburg, Kopenhagen, Oslo

   Über ein Benutzermenü sollen folgende Fragen durch ein Programm beantwortet werden:

   (1) Liste aller angebotenene Städte.
   (2) Städte, die in allen Reisen angeboten werden.
   (3) Städte, die nur in der ersten Reise angeboten werden.
   (4) Reise(n), die nach Brüssel und auch nach Hamburg führen.

8. In einer Qualifikationsgruppe zur Fußball-Weltmeisterschaft spielen fünf Nationalmannschaften. Erstellen Sie eine Liste sämtlicher Spielpaarungen (mit Rückspielen), fragen Sie den Benutzer nach den Ergebnissen und erstellen Sie die Abschlußtabelle.

9. Erweitern Sie das Programm *Bilanz2* (5.5) um einen Aufzählungstyp *Art-Typ*. Er soll es erlauben, die Spalten der Tabelle *Bilanz* mit *Einnahmen*, *Ausgaben* und *Saldo* (statt 1, 2 und 3) zu benennen. Verändern Sie das Programm entsprechend.

10. Ein Programm soll für jeden Tag einer Woche die Arbeitszeit einer Teilzeitkraft lesen und in einem ARRAY speichern. Wählen Sie einen Aufzählungstyp *TagTyp*, der als selbsterklärender Index des ARRAY dienen kann. Das Programm soll auch die gesamte Arbeitszeit der Woche berechnen und sie mit der wöchentlichen Regelarbeitszeit vergleichen. Eine Wochenübersicht soll angezeigt werden.

11. Das Programm der vorigen Aufgabe soll so erweitert werden, daß der Benutzer für jeden Arbeitstag der Teilzeitkraft die Nummer des Wochentags und die an diesem Tag abgeleistete Arbeitszeit angeben kann. Die zu entwerfende Leseoperation soll die Tagesnummer in einen zugehörigen Wert aus *TagTyp* umrechnen. (Hinweis: Die Umrechnung kann in einer Code-Tabelle gespeichert sein, die als ARRAY angelegt ist. Der Indexbereich sind die zugehörigen Tagesnummern, der Basistyp ist der *TagTyp*).

7 Zeichen und Zeichenketten – Wiederverwendung von Code

Dieses Kapitel behandelt in den Beispielprogrammen:

- Der Datentyp CHAR

- Zeichencodes

- Zahlwerte und Ziffernfolgen

- Texte und Zeilen

- Die Ein- und Ausgabedateien INPUT und OUTPUT

- gepackte Felder und Zeichenketten

- Prüfung von Benutzereingaben

- Sortieren von Zeichenketten mit Index

- Wiederverwendung und Erweiterung von Code

- Prozeduren und Funktionen für Zeichenketten

7.1 Programm Zeichen1

Mit den bisher eingeführten Datentypen ist nur numerische Datenverarbeitung möglich. Aus Buchstaben, Ziffern und Sonderzeichen bestehende Texte können zwar als Textkonstante geschrieben, nicht aber gelesen oder verarbeitet werden. Dazu bedarf es eines neuen **Datentyps CHAR**, dessen Wertevorrat die Gesamtheit der Zeichen (engl.: character) ist, die auf dem jeweiligen Computersystem darstellbar sind. Eine Variable des Typs CHAR kann ein einzelnes Textzeichen speichern, z.B. die **Buchstaben** 'F', 'y' und 'ö', die **Ziffern** '0' und '7' oder die **Sonderzeichen** ';' und '§'.

Jedes Datum des Typs CHAR wird in einem Speicherplatz abgelegt, der **acht Bit** – das ist **ein Byte** – umfaßt. Daher umfaßt CHAR einen Wertevorrat von 2^8 = 256 verschiedenen Bitkombinationen. CHAR ist somit ein **ordinaler Datentyp**, dessen Werten die **Ordinalzahlen 0 .. 255** zugeordnet sind.

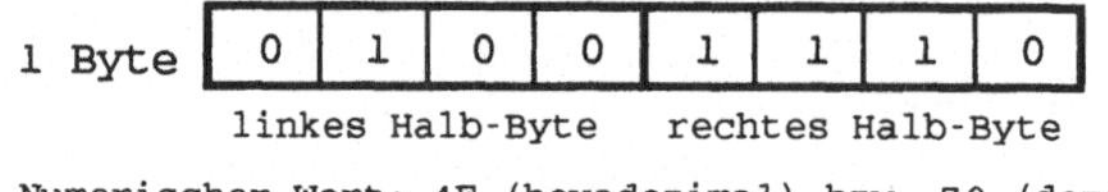

Numerischer Wert: 4E (hexadezimal) bzw. 78 (dezimal)

Zeichenwert: 'N' (ASCII) bzw. '+' (EBCDIC)

Die Abbildung zeigt das Schema eines Byte, das in ein linkes und ein rechtes Halb-Byte aufgeteilt gedacht wird. Mit der dargestellten Bit-Belegung hat das linke Halb-Byte den hexadezimalen Zahlwert 4, das rechte den Wert E (dezimal 14). Der Dezimalwert des gesamten Byte beträgt 78; das ist auch die Ordinalzahl des damit codierten Zeichens.

Die Zuordnung der 256 verschiedenen Bit-Belegungen zu den Zeichen hängt von der gewählten bzw. im System installierten Code-Tabelle ab – dem Zeichensatz. Üblicherweise ist auf Mikrocomputern (PC) das sog. **ASCII** (American Standard Code for Information Interchange) eingerichtet. Auf vielen mittleren und großen Rechensystemen findet man auch das **EBCDIC** (Extended Binary Coded Decimal Interchange Code). Während EBCDIC ein echter 8-Bit-Code ist, ist ASCII eigentlich nur ein 7-Bit-Code mit 128 Bit-Kombinationen. Die Erweiterung von ASCII auf 8 Bit und damit auf 256 Zeichen ist nicht einheitlich geregelt. Sie ist z.B. für IBM PC® und Apple Macintosh® verschieden.

Der darüber hinaus wichtigste Unterschied zwischen ASCII und EBCDIC besteht in der Reihenfolge, in der die Zeichengruppen aufeinander folgen.

ASCII		EBCDIC	
ch	ORD (ch)	ch	ORD (ch)
'0'..'9'	48 - 57	'a'..'i'	129 - 137
		'j'..'r'	145 - 153
		's'..'z'	162 - 169
'A'..'Z'	65 - 90	'A'..'I'	193 - 201
		'J'..'R'	209 - 217
		'S'..'Z'	226 - 233
'a'..'z'	97 - 122	'0'..'9'	240 - 249

Das hat Konsequenzen für die Sortierung von Zeichen und Zeichenfolgen, die sich – falls nicht anders vorgesehen – an den Ordnungszahlen orientiert. Es fällt auch auf, daß im EBCDIC die Buchstaben des großen und des kleinen Alphabets nicht lückenlos aufeinander folgen. Unterbereichstypen und Mengen von CHAR müssen das berücksichtigen.

Jeder Druck auf eine Taste der Computertastatur erzeugt ein Byte, das im Eingabepuffer gespeichert wird. Mit der RETURN-Taste wird der Inhalt des Puffers – die bis dahin gesammelte Byte- oder Zeichenfolge – an den Rechner zur Verarbeitung geschickt. So wurden in den bisherigen Programmen Zahlwerte ziffernweise getippt. Die Ziffernfolge wurde mit RETURN einer READ-Prozedur übergeben, die sie zu **einer** INTEGER oder REAL-Zahl umcodierte (siehe Programm *ZiffZal1*, 7.3). Neben Zifferzeichen konnten nur die Vorzeichen (+, –), der Dezimalpunkt (.) und – bei Gleitpunktzahlen – die Exponentialmarke (E) eingeben werden.

Das vorliegende Programm liest beliebige Zeichen. In der Eingabedatei wird eine Folge von Zeichen bereitgestellt, deren letztes ein Punkt ist. Im interaktiven Modus wird sie mit RETURN "abgeschickt". Die Anweisungen der Zeilen 7 bis 11 speichern jedes der Zeichen in der Variablen *ch* und schreiben seinen Nachfolger SUCC (ch) in die Ausgabedatei. Mit *ReadLn* (Zeile 12) wird das Zeilenende bzw. RETURN gelesen.

Für den ordinalen Datentyp CHAR sind die Funktionen ORD, SUCC und PRED wie gewohnt definiert. Sie beziehen sich aber immer auf die installierte Code-Tabelle. Entsprechendes gilt für die Vergleichsoperatoren: in ASCII ist '0' < 'A' < 'a' richtig, in EBCDIC genau die umgekehrte Ordnung.

```
1       PROGRAM Zeichen1 (Input, Output);
2       (* Ersetzt die gelesenen Zeichen durch ihre Nachfolger *)
3       VAR
4          ch :  CHAR;

5       BEGIN
6       Write ('Zeichenfolge [Ende mit <.>]: ');
7       Read (ch);
8       WHILE ch <> '.' DO BEGIN
9          Write (SUCC (ch));
10         Read (ch);
11         END; (*WHILE*)
12      ReadLn;   WriteLn;
13      END.
```

```
DIALOG:      Zeichenfolge [Ende mit <.>]: HAL2001.
             IBM3112
```

Für den Datentyp CHAR ist die zu ORD reziproke Funktion CHR definiert. Sie gibt zu einer Ordnungszahl das gemäß der Code-Tabelle zugehörige Zeichen zurück.

```
    CHR (i)  =  das Zeichen mit der Ordnungszahl i.
```

Es gilt:
```
    CHR (ORD (ch))  =  ch,  wenn ch vom Typ CHAR ist.
    ORD (CHR (i))   =  i,   wenn i ∈ [0 .. 255].
```

7.2 Programm Zeichen2

Die Ordnungszahl des Zeichens 'A' (Zeile 9), die nur in dem Unterbereich 0 .. 255 (Zeile 7) liegen kann, läßt eindeutig auf den installierten Zeichencode schließen (Zeilen 9 -12). *Analysiere* gibt für jedes Zeichen einer Zeichenfolge dessen Ordnungszahl und Art an. Die Syntax der CASE-Anweisung verlangt im Standard die ausdrückliche Nennung der Fallkonstanten. Die meisten Systeme erlauben aber die hier benutzte Angabe von Unterbereichen (Zeilen 20 bis 22). Andernfalls muß eine IF–THEN–ELSE-Kaskade bemüht werden.

```
1     PROGRAM Zeichen2 (Input, Output);
2     (* bestimmt Zeichen-Code und gibt Art eines gelesenen Zeichens an *)
3     (******************************************************************)
4     PROCEDURE Write_Code;
5        (* bestimmt den im Rechner installierten Zeichensatz *)
6        VAR
7           pos :  0 .. 255;
8        BEGIN
9        pos :=  ORD ('A');
10       CASE pos OF
11          65 :  Write ('ASCII');
12          193 :  Write ('EBCDIC');
13          END; (*CASE*)
14       END; (* Write_Code *)
15     (******************************************************************)
16     PROCEDURE Analysiere (ch : CHAR);
17       BEGIN
18       Write (ch :9, '  mit Ordnungszahl ', ORD (ch) :3);
19       CASE ch OF
20          'a'..'z' :  WriteLn ('  ist Kleinbuchstabe');
21          'A'..'Z' :  WriteLn ('  ist Grossbuchstabe');
22          '0'..'9' :  WriteLn ('  ist Ziffer');
23          ELSE        WriteLn ('  ist Sonderzeichen');
24          END; (*CASE*)
25       END; (* Analysiere *)
26     (******************************************************************)
27     VAR
28        ch :  CHAR;

29     BEGIN (* Hauptprogramm *)
30     WriteLn ('Folge von Zeichen in einer Zeile [Ende mit <#>]:');
31     Read (ch);
32     WHILE ch <> '#' DO BEGIN
33        Analysiere (ch);
34        Read (ch);
35        END; (*WHILE*)
36     ReadLn;
37     Write ('Zeichensatz: ');   Write_Code;    WriteLn;
38     ReadLn;
39     END.
```

```
DIALOG:
           Folge von Zeichen in einer Zeile [Ende mit <#>]:
           Fy4§#
                 F  mit Ordnungszahl  70   ist Grossbuchstabe
                 y  mit Ordnungszahl 121   ist Kleinbuchstabe
                 4  mit Ordnungszahl  52   ist Ziffer
                 §  mit Ordnungszahl  21   ist Sonderzeichen
           Zeichensatz: ASCII
```

7.3 Programm ZiffZall

Gibt man über die Tastatur einen Zahlwert INTEGER- oder REAL-Zahlwert
an, besteht dieser notwendigerweise aus einer Folge von Zeichen, die nur Ziffern sein dürfen. Die Standardprozedur READ muß diese Ziffernfolge in den
richtigen binären Zahlwert verschlüsseln. Dieser Mechanismus ist hier in der
Prozedur *Read_Int* für den Fall positiver INTEGER-Werte simuliert: In den
Anweisungen der Zeilen 19 bis 23 werden Zeichen *ch* gelesen, ihre Ziffernwerte
als INTEGER bestimmt und diese als neue Einer zum Zehnfachen der bisherigen Zahl addiert. Das Verfahren endet mit dem ersten Zeichen, das keine Ziffer ist. Die Funktion *OK_Digit* vergleicht *ch* mit einer **Zeichenmenge** (Zeile 8).
Value_Digit berechnet den Dezimalwert als Differenz der Ordnungszahl von
ch mit der des Zeichens '0' (Zeile 12), was in jedem Zeichencode funktioniert.

```
1   PROGRAM ZiffZall (Input, Output);
2   (* Berechnet aus Ziffernfolge den Zahlwert. *)
3   (***********************************************************************)
4   TYPE
5      ZiffIntTyp =  0 .. 9;

6   FUNCTION OK_Digit (ch : CHAR) : BOOLEAN;
7      BEGIN
8      OK_Digit :=  ch IN ['0' .. '9'];
9      END; (* OK_Digit *)

10  FUNCTION Value_Digit (ch : CHAR) : ZiffIntTyp;
11     BEGIN
12     Value_Digit :=  ORD (ch) - ORD ('0');
13     END; (* Value_Digit *)

14  PROCEDURE Read_Int (VAR Zahl : INTEGER);
15     VAR
16        ch : CHAR;
17     BEGIN
18     Zahl := 0;
19     Read (ch);
20     WHILE OK_Digit (ch) DO BEGIN
21        Zahl := Zahl * 10  + Value_Digit (ch);
22        Read (ch);
23        END; (*WHILE*)
24     ReadLn;
25     END; (* Read_Int *)
26  (***********************************************************************)
27  VAR
28     Zahl1, Zahl2, Summe :  INTEGER;

29  BEGIN (* Hauptprogramm *)
30  Write ('Ziffernfolge [Ende mit <#> und <RETURN>]: ');
31                                        Read_Int (Zahl1);
32  Write ('Ziffernfolge [Ende mit <#> und <RETURN>]: ');
33                                        Read_Int (Zahl2);
34  Summe :=  Zahl1 + Zahl2;
35  WriteLn ('Summe: ', Zahl1 :1, ' + ', Zahl2 :1, ' = ', Summe :1);
36  END.
```

```
DIALOG:
              Ziffernfolge [Ende mit <#> und <RETURN>]: 123#
              Ziffernfolge [Ende mit <#> und <RETURN>]: 321#
              Summe: 123 + 321 = 444
```

7.4 Programm Zeile1

Eine Folge einzelner Zeichen (CHAR) wird – unabhängig vom Inhalt – als **Text** bezeichnet. Text im Sinne von Pascal besteht immer aus **Zeilen**, deren Ende mit einer einheitlichen Markierung codiert ist. Diese Markierung variiert mit den Systemen und muß dem Programmierer i.a. nicht bekannt sein.

In diesem Programm wird nur eine einzige Text-Zeile zeichenweise gelesen und angezeigt: sie wird von der Datei INPUT in die Datei OUTPUT kopiert. Als Markierung des **Zeilenendes** (engl.: end of line) wird – willkürlich und unabhängig vom Pascal-System – das Zeichen '$' als Konstante vereinbart.

Als Eingabe-Datei INPUT kann entweder die Tastatur oder eine Textdatei auf der Platte dienen, als Ausgabe-Datei OUTPUT der Bildschirm oder ebenfalls eine Textdatei auf der Platte.

```
1      PROGRAM Zeile1 (Input, Output);
2      (* liest und schreibt eine Textzeile zeichenweise. *)
3      (* Zeilen-Ende wird mit '$' markiert.              *)
4      CONST
5         EndOfLine = '$';    (* Markierung des Zeilenendes *)

6      VAR
7         ch :  CHAR;

8      BEGIN
9      WriteLn ('Text-Zeile [Zeilenende = <', EndOfLine, '>]:');
10     Read (ch);
11     WHILE NOT (ch = EndOfLine) DO BEGIN
12        Write (ch);
13        Read  (ch);
14        END; (*WHILE*)
15     ReadLn;
16     WriteLn;
17     END.
```

```
DIALOG:
      Text-Zeile [Zeilenende = <$>]:
      Nicht allein das ABC bringt den Menschen in die Hoeh.$
      Nicht allein das ABC bringt den Menschen in die Hoeh.
```

7.5 Programm Text1

Insgesamt besteht ein Pascal-Text aus einer beliebig langen Folge von Zeichen (CHAR). Sie ist durch Markierungen für das **Zeilenende** und das **Textende** strukturiert, für die in diesem Programm die willkürliche Konstanten '$' bzw. '%' eingeführt werden. Das zeichenweise Lesen von der Eingabedatei und Kopieren in die Ausgabedatei ist in zwei geschachtelten Schleifen organisiert. Die innere bearbeitet eine Zeile, an deren Ende diese Schleife verlassen wird. Der Beginn der nächsten Textzeile (Zeile 17) wird angesteuert, deren erstes Zeichen gelesen (Zeile 20) und ein Zeilenvorschub in der Ausgabedatei veranlaßt (Zeile 17). Die äußere Schleife bewirkt solange das Lesen einer weiteren Schleife, bis das Textende erkannt worden ist. Im interaktiven Modus folgt jeder eingegebenen Zeile sofort deren Kopie (ohne Zeilenende-Marke) am Bildschirm.

```
1      PROGRAM Text1 (Input, Output);
2      (* liest und schreibt mehrere Textzeilen zeichenweise. *)
3      CONST
4          EndOfLine = '$';     (* Markierung eines Zeilen-Endes *)
5          EndOfText = '%';     (* Markierung des Text-Endes     *)

6      VAR
7          ch : CHAR;

8      BEGIN
9      WriteLn ('Text-Zeile [Zeilende = <', EndOfLine, '>, '
10                      ,' Textende = <', EndOfText, '>]:');
11     Read (ch);
12     WHILE NOT (ch = EndOfText) DO BEGIN
13        WHILE NOT (ch = EndOfLine) DO BEGIN
14           Write (ch);
15           Read  (ch);
16           END; (*WHILE-EndOfLine*)
17        ReadLn;    WriteLn;
18        WriteLn ('Text-Zeile [Zeilende = <', EndOfLine, '>, '
19                      ,' Textende = <', EndOfText, '>]:');
20        Read (ch);
21        END; (*WHILE-EndOfText*)
22     END.
```

```
DIALOG:      Text-Zeile [Zeilende = <$>,   Textende = <%>]:
             Wer gegen den Strom radelt,$
             Wer gegen den Strom radelt,
             Text-Zeile [Zeilende = <$>,   Textende = <%>]:
             ist noch lange kein Geisterfahrer.$
             ist noch lange kein Geisterfahrer.
             Text-Zeile [Zeilende = <$>,   Textende = <%>]:
             %
```

7.6 Programm Zeile2

Das Zeilenende wird von einer parameterlosen logischen Funktion erkannt.
Der Dialog ist völlig identisch mit dem von Programm *Zeile1* (7.4).

```
1      PROGRAM Zeile2 (Input, Output);
2      (*  wie "Zeile1", aber mit logischer End_Of_Line-Funktion *)
3      VAR
4          ch : CHAR;

5      FUNCTION End_Of_Line : BOOLEAN;
6          BEGIN
7          End_Of_Line :=  (ch = '$');
8          END; (* End_Of_Line *)

9      BEGIN
10     WriteLn ('Text-Zeile [Zeilenende = <$>]:');
11     Read  (ch);
12     WHILE NOT End_Of_Line DO BEGIN
13        Write (ch);
14        Read  (ch);
15        END; (*WHILE*)
16     ReadLn;    WriteLn;
17     END.
```

7.7 Programm Text2

Auch das Textende wird von einer logischen Funktion erkannt. Das Programm nimmt an, daß der Eingabetext auf einer Plattendatei steht. Zeile 14 zeigt nochmals, wie in Turbo Pascal der logische Name INPUT der Eingabedatei mit der physischen Datei 'TEXT2.DAT' durch den ASSIGN-Befehl verbunden wird. RESET macht die Datei zum Lesen vom Anfang an bereit. Die Eingabeaufforderungen (Zeilen 15 und 23) sind nur im interaktiven Modus sinnvoll und deshalb mit Kommentarklammern ausgeschaltet. Die Ausgabedatei OUTPUT bleibt weiterhin auf den Bildschirm gelenkt.

```
1      PROGRAM Text2 (Input, Output);
2      (* wie "Text1", aber mit log. Funktionen für Zeilen- und Textende *)
3      VAR
4         ch :  CHAR;

5      FUNCTION End_Of_Line : BOOLEAN;
6         BEGIN
7         End_Of_Line :=  (ch = '$');
8         END; (* End_Of_Line *)

9      FUNCTION End_Of_Text : BOOLEAN;
10        BEGIN
11        End_Of_Text := (ch = '%');
12        END; (* End_Of_Text *)

13     BEGIN
14     ASSIGN (Input, 'TEXT2.DAT');   RESET (Input);
15     (* WriteLn ('Text-Zeile [Zeilende = <$>, Textende = <%>]:'); *)
16     Read  (ch);
17     WHILE NOT End_Of_Text DO BEGIN
18        WHILE NOT End_Of_Line DO BEGIN
19           Write (ch);
20           Read  (ch);
21           END; (*WHILE-End_Of_Line*)
22        ReadLn;   WriteLn;
23        (* WriteLn ('Text-Zeile [Zeilende = <$>, Textende = <%>]:'); *)
24        Read (ch);
25        END; (*WHILE-End_Of_Text*)
26     END.
```

```
INPUT (TEXT2.DAT):        Wer gegen den Strom radelt,$
                          ist noch lange kein Geisterfahrer.$
                          %

OUTPUT (Bildschirm):      Wer gegen den Strom radelt,
                          ist noch lange kein Geisterfahrer.
```

7.8 Programm Zeile3

In jedem System ist eine Marke für das Ende einer Textzeile definiert. Sie wird bei der Eingabe des Textes automatisch und unsichtbar an das Zeilenende gesetzt, wenn die RETURN-Taste gedrückt wird. Das gilt für die direkte interaktive Eingabe genauso wie für das Erstellen in einer Plattendatei mit einem Texteditor.

Das Zeilenende kann mit der vordefinierten logischen Funktion EOLN abgefragt werden. EOLN arbeitet vorausschauend: liegt INPUT auf einer Plattendatei, betrachtet Sie das erste noch nicht gelesene Zeichen; ist INPUT die Tastatur, wartet EOLN auf den nächsten Tastendruck des Benutzers. In beiden Fällen wird in der Schleifenbedingung entschieden, ob das Zeichen der READ-Anweisung (Zeile 8) übergeben werden darf oder nicht.

```
EOLN = EOLN (Input)  →  TRUE, falls nächstes Zeichen = Zeilenende
                     →  FALSE sonst
```

Ist kein Parameter angegeben, bezieht sich EOLN auf die physische Datei, die mit der logischen Datei INPUT verbunden ist (Zeile 7).

Achtung: Vor der WHILE-Schleife muß keine READ-Anweisung stehen. Das erste Zeichen soll nur gelesen und kopiert werden, wenn es nicht das (unbekannte) vom System gesetzte Zeichen für das Zeilenende ist!

```
1     PROGRAM Zeile3 (Input, Output);
2     (*  EOLN erkennt eingebaute Zeilenende-Marke vorausschauend. *)
3     VAR
4         ch :  CHAR;

5     BEGIN
6     WriteLn ('Text-Zeile [Zeilenende = <RETURN>]:');
7     WHILE NOT EOLN DO BEGIN
8         Read  (ch);
9         Write (ch);
10        END; (*WHILE*)
11    ReadLn;   WriteLn;
12    END.
```

```
DIALOG:     Text-Zeile [Zeilenende = <RETURN>]:
            Nicht allein das ABC bringt den Menschen in die Hoeh.
            Nicht allein das ABC bringt den Menschen in die Hoeh.
```

7.9 Programm Text3

Auch für das gesamte Ende der Datei existiert ein unsichtbares, vom System gesetztes Zeichen. Beim Erfassen mit einem Texteditor wird es automatisch an das Ende der Datei gesetzt. Im Dialog muß der Benutzer eine systemabhängige Taste(nkombination) drücken: bei Turbo Pascal ist es **CTRL/Z**, bei anderen CTRL/C, CTRL/D oder erneutes RETURN. Das Zeichen für das Ende der Datei (engl.: end of file) wird von der logischen Funktion EOF erkannt, die wie EOLN vorausschauend arbeitet:

```
EOF = EOF (Input)  →  TRUE, falls nächstes Zeichen = Dateiende
                   →  FALSE sonst
```

EOF befragt diejenige Datei, die mit INPUT verbunden ist (Zeile 9). Vor der WHILE-NOT-EOF-Schleife steht kein READ. Das Programm zeigt das Lesen der Datei 'TEXT3.DAT' und das Anlegen ihrer Kopie 'TEXT3.ERG'. Die Eingabe-Aufforderung ist daher als Kommentar ausgeklammert (Zeilen 8 und 16).

```
1    PROGRAM Text3 (Input, Output);
2    (*  EOF erkennt eingebaute Dateiende-Marke vorausschauend. *)
3    VAR
4        ch : CHAR;

5    BEGIN
6    ASSIGN (Input,  'TEXT3.DAT');    RESET     (Input);
7    ASSIGN (Output, 'TEXT3.ERG');    REWRITE (Output);
8    (*WriteLn ('Text-Zeile [Zeilende = <RETURN>, Textende = <CTRL/Z>]:');*)
9    WHILE NOT EOF DO BEGIN
10       WHILE NOT EOLN DO BEGIN
11           Read  (ch);
12           Write (ch);
13           END; (*WHILE-EOLN*)
14       ReadLn;
15       WriteLn;
16   (*WriteLn ('Text-Zeile [Zeilende = <RETURN>, Textende = <CTRL/Z>]:');*)
17       END; (*WHILE-EOF*)
18   END.
```

```
INPUT (TEXT3.DAT):      Wer gegen den Strom radelt,
                        ist noch lange kein Geisterfahrer.

OUTPUT (TEXT3.ERG):     Wer gegen den Strom radelt,
                        ist noch lange kein Geisterfahrer.
```

7.10 Programm Zaehlen

Aus der Eingabedatei INPUT wird ein Text nach dem Schema des Programms
Text3 (7.9) gelesen und seine Buchstabenhäufigkeit ermittelt. Für jeden gelesenen Buchstaben wird ein Zähler um 1 erhöht. Die Tabelle der Häufigkeiten
wird in der Ausgabedatei OUTPUT angezeigt. Zur Speicherung der Häufigkeiten existiert ein Feld *Anzahl* , das mit dem Unterbereich 'a' .. 'z' des ordinalen
Datentyps CHAR indiziert ist. Ein kleiner Buchstabe des Alphabets adressiert
also diejenige Komponenten des Feldes, die seine Häufigkeit enthält.

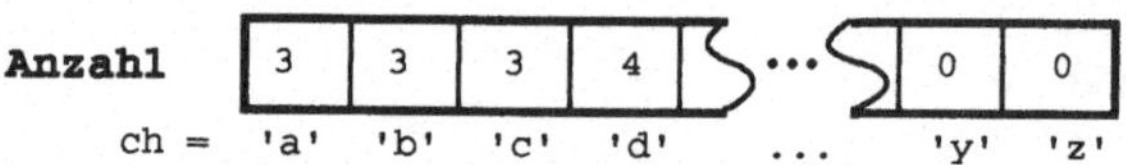

Der Datentyp *AnzahlTyp* stellt die erforderliche Datenstruktur bereit. Mit *Init*
können die Komponenten einer Variablen dieses Typs mit 0 vorbesetzt werden.
Die oben beschriebene Funktion wird von *Lies_und_zaehle* erfüllt. Dabei wird
die Erhöhung einer Feldkomponente (Zeile 18) nur ausgeführt, wenn ein Buchstabe vorliegt. Andernfalls läge der Index *ch* nicht im zulässigen Bereich; ein
Laufzeitfehler mit Programmabbruch wäre die Folge. Die benutzte Mengenab-
frage (Zeile 18) ist zwar übersichtlich, aber zeitaufwendig; zeitgünstiger verhält sich die Formulierung IF (ch >= 'a') AND (ch <= 'z') THEN... Die
Prozedur *Tabelle* zeigt die von 0 verschiedenen Häufigkeiten an. In Zeile 38
wird die zweimalige Adressierung von *Anzahl [ch]* dadurch vermieden, daß
man diese Größe in der Hilfsvariablen *Wert* zwischenspeichert (Zeile 37).

Es wird kleingeschriebener Text vorausgesetzt. Großbuchstaben müßten vor
dem Vergleich in kleine gewandelt werden; siehe Programm *Wandlng1* (7.16).

Das Programm liest von INPUT und schreibt auf OUTPUT. Womit diese Dateien standardmäßig verbunden sind, ist vom System abhängig. Soll die Eingabe nicht interaktiv erfolgen, entfällt die Eingabe-Aufforderung. In Turbo Pascal muß dann die Eingabedatei mit ASSIGN angegeben und mit RESET vorbereitet werden. Entsprechendes gilt für eine nicht-interaktive Ausgabedatei.

```
1    PROGRAM Zaehlen (Input, Output);
2    (* zaehlt die Buchstabenhaeufigkeiten eines Textes. *)
3    (**********************************************************)
4    TYPE
5        AnzahlTyp =  ARRAY ['a' .. 'z'] OF INTEGER;

6    PROCEDURE Init (VAR Anzahl : AnzahlTyp);
7        VAR   ch : CHAR;
8        BEGIN
9        FOR ch := 'a' TO 'z' DO Anzahl [ch] := 0;
10       END; (* Init *)

11   PROCEDURE Lies_und_zaehle (VAR Anzahl : AnzahlTyp);
12       (* liest Text zeichenweise und zaehlt Haeufigkeiten *)
13       VAR   ch :  CHAR;
14       BEGIN
15       WHILE NOT EOF DO BEGIN
16          WHILE NOT EOLN DO BEGIN
17             Read (ch);
18             IF ch IN ['a'..'z'] THEN  Anzahl [ch] :=  Anzahl [ch] + 1;
19             END; (*WHILE-EOLN*)
20          ReadLn;
21          END; (*WHILE-EOF*)
22       END; (* Lies_und_zaehle *)

23   PROCEDURE Tabellen_Kopf;
24       VAR   i :  INTEGER;
25       BEGIN
26       WriteLn (          ' ' :9,      'absolute' :15);
27       WriteLn ('Buchstabe' :9, 'Haeufigkeit' :15);
28       FOR i := 1 TO 24 DO Write ('-');   WriteLn;
29       END; (* Tabellen_Kopf *)

30   PROCEDURE Tabelle (Anzahl : AnzahlTyp);
31       VAR
32          ch   :  CHAR;
33          Wert :  INTEGER;
34       BEGIN
35       Tabellen_Kopf;
36       FOR ch := 'a' TO 'z' DO BEGIN
37          Wert :=  Anzahl [ch];
38          IF Wert <> 0 THEN WriteLn (ch :9, Wert :15);
39          END; (*FOR*)
40       END; (* Tabelle *)
41   (**********************************************************)
42   VAR
43       Anzahl :  AnzahlTyp;

44   BEGIN
45   WriteLn ('Schreibe zeilenweise den Text [Ende mit <Ctrl/Z>]:');
46   Init (Anzahl);
47   Lies_und_zaehle (Anzahl);
48   Tabelle (Anzahl);
49   END.
```

```
INPUT:                                          OUTPUT:

nieder mit der schwaebischen alb -                          absolute
freie sicht auf den bodensee !          Buchstabe     Haeufigkeit
                                        - - - - - - - - - - - - - -
                                                a            3
                                                b            3
                                                c            3
                                                d            4
                                                e           11
                                                f            2
                                                h            3
                                                i            5
                                                l            1
                                                m            1
                                                n            4
                                                o            1
                                                r            3
                                                s            4
                                                t            2
                                                u            1
                                                w            1
```

7.11 Programm Worte0

Auch Zeichen können mit ARRAY zu einer Einheit zusammengefaßt werden.
So werden Buchstaben eines Wortes, Ziffern einer Zahl oder auf sonstige Art
zusammengehörige Zeichen gemeinsam als **Zeichenfolgen** gespeichert. Die
Deklaration eines Zeichenfolgentyps enthält die Angabe der maximalen Länge
sowie Operationen zum Lesen, Schreiben und zur Bestimmung der Länge. Im
Programmtext wird schon der Begriff "Zeichenkette" (engl.: string) benutzt,
der aber erst mit Programm *Worte1* (7.12) eingeführt wird.

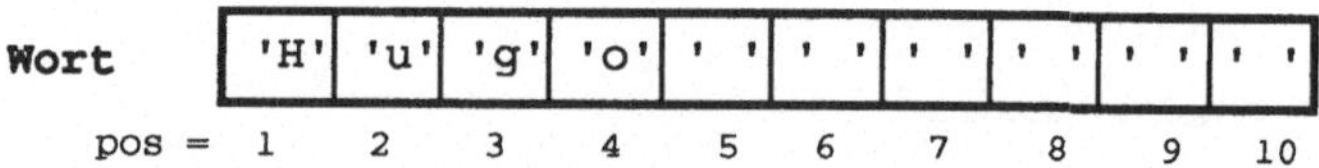

Setzt man voraus, daß in jeder Eingabezeile eine einzige Zeichenfolge steht, gefolgt vom EOLN-Zeichen, dann kann eine Prozedur zum Lesen von Zeichenfolgen des Typs *StringTyp* wie das vorgestellte *Read_Str* aussehen: Solange in der
Folge noch Platz für weitere Zeichen vorhanden ist und das nächste (!) Zeichen
der Eingabedatei nicht das Zeilenende ist (Zeile 15), kann das Zeichen gelesen
(Zeile 16) und gespeichert werden (Zeile 17, vgl. Programm *Worte1*). Die nicht
von der Folge belegten Positionen werden mit Leerzeichen aufgefüllt (Zeile 19).

Die aktuelle Länge einer Zeichenfolge wird als Position des letzten Zeichens definiert, das kein Leerzeichen ist. Die Funktion *Length_Str* sucht daher von der
letzten ARRAY-Position *MaxStrSize* aus solange rückwärts, bis sie ein Zeichen als Leerzeichen (engl.: blank) identifiziert (Zeile 29) oder die erste Position
erreicht ist. Wurde ein nichtleeres Zeichen (NOT blank) gefunden, ergibt seine
Position die Zeichenfolgenlänge (Zeile 31), andernfalls ist sie 0. *Write_Str*
schreibt den Inhalt der Folge ohne die evtl. füllenden Leerstellen; sie greift auf
die Funktion *Length_Str* zurück (Zeile 36).

```
1    PROGRAM Worte0 (Input, Output);
2    (* Liest u. schreibt zeilenweise Zeichenfolgen mit max. 10 Zeichen.*)
3    (* Berechnet auch aktuelle Laenge.                                  *)
4    CONST
5       MaxStrSize = 10;
6    (********************************************************************)
7    TYPE
8       StringTyp =  ARRAY [1 .. MaxStrSize] OF CHAR;

9    PROCEDURE Read_Str (VAR Kette : StringTyp);
10      (* liest Kette mit max. 'MaxStrSize' Zeichen, Ende mit EOLN *)
11      VAR   pos, i : INTEGER;
12            ch     : CHAR;
13      BEGIN
14      pos :=  0;
15      WHILE NOT EOLN AND (pos < MaxStrSize) DO BEGIN
16         Read (ch);
17         pos := pos + 1;    Kette [pos] := ch;
18         END; (*WHILE*)
19      FOR i := pos+1 TO MaxStrSize DO  Kette [i] := ' ';
20      END; (* Read_Str *)

21   FUNCTION Length_Str (Kette : StringTyp) : INTEGER;
22      (* bestimmt aktuelle Laenge einer Zeichenkette *)
23      VAR   pos   : INTEGER;
24            blank : BOOLEAN;
25      BEGIN
26      pos :=  MaxStrSize + 1;
27      REPEAT
28         pos   := pos - 1;
29         blank := (Kette [pos] = ' ');
30         UNTIL NOT blank OR (pos = 1);
31      IF NOT blank THEN Length_Str := pos  ELSE  Length_Str :=  0;
32      END; (* Length_Str *)

33   PROCEDURE Write_Str (Kette : StringTyp);
34      VAR   pos : INTEGER;
35      BEGIN
36      FOR pos := 1 TO Length_Str (Kette) DO Write (Kette [pos]);
37      END; (* Write_Str *)
38   (*********************************************************************)
39   VAR
40      Wort   :  StringTyp;
41      Laenge :  INTEGER;

42   BEGIN (* Hauptprogramm *)
43   WriteLn ('Woerter zeilenweise [Ende mit <CTRL/Z>]:');
44   WHILE NOT EOF DO BEGIN
45      Read_Str (Wort);  ReadLn;
46      Laenge :=  Length_Str (Wort);
47      Write ('Das Wort '''); Write_Str (Wort);
48      WriteLn (''' hat ', Laenge :1,' Zeichen.');
49      END; (*WHILE*)
50   END.
```

```
DIALOG:             Woerter zeilenweise [Ende mit <CTRL/Z>]:
                    Karl May <RETURN>
                    Das Wort 'Karl May' hat 8 Zeichen
                    <RETURN>
                    Das Wort '' hat 0 Zeichen
                    ^Z
```

7.12 Programm Worte1

Standard-Pascal kennt als besonderen Datentyp zur Speicherung von Zeichen
die **Zeichenkette** (engl.: character string, oder: **string**). Der Zeichenkettentyp ist
ein **gepacktes Feld** mit Zeichen als Basistyp:

```
TYPE
    ZeichenkettenTyp  =  PACKED ARRAY [1 .. Laenge] OF CHAR;
```

Variable dieser speziellen Datenstruktur können mit WRITE und WRITELN
geschrieben werden, was für Felder allgemein nicht erlaubt ist. **Alle gängigen
Pascal-Compiler lassen auch READ und READLN für Zeichenketten zu** (Zeilen 16 und 18). Turbo Pascal allerdings verhält sich hier wie Standard-Pascal,
da es für Zeichenketten den besonderen Datentyp STRING benutzt.

Standard-Pascal kann Zeichenketten nicht mit READ und READLN lesen; dafür muß die Prozedur *Read_Str* aus *Worte0* (7.11) benutzt werden. Dort darf
statt der Zeilen 16 und 17 NICHT "Read (Kette [pos])" stehen, da **Komponenten eines gepackten Feldes nicht als Variablen-Parameter** einer Prozedur
(hier READ) übergeben werden dürfen.

Für jede Komponente einer ungepackten Datenstruktur wie ARRAY wird ein
Maschinenwort aus z.B. 2 Byte reserviert, auch wenn der Basistyp weniger
Platz beansprucht. Im Falle des Basistyps CHAR mit 1 Byte wird also Speicherplatz verschenkt. In einem PACKED ARRAY werden möglichst viele
Komponenten in einem Maschinenwort untergebracht – im Beispiel also zwei.
Für den Basistyp BOOLEAN wäre der Platzgewinn enorm, da in ein 16-Bit-Ma-
schinenwort auch 16 Komponenten passsen würden. Dem Platzgewinn steht
allerdings Zeitverlust entgegen, da der Zugriff des Systems auf einzelne Komponenten umständlicher ist. Turbo Pascal packt Datenstrukturen automatisch. Gepackte Felder werden im folgenden nicht benutzt.

```
1    PROGRAM Worte1 (Input, Output);
2    (* wie 'Worte0', aber mit Zeichenkettentyp PACKED ARRAY [.] OF CHAR *)
3    CONST
4       MaxStrSize = 10;
5    (***************************************************************)
6    TYPE
7       StringTyp =  PACKED ARRAY [1 .. MaxStrSize] OF CHAR;

Turbo Pascal benötigt PROCEDURE Read_Str wie in Programm Worte0 (7.11)
8    FUNCTION Length_Str        wie in Programm Worte0 (7.11)
9    (***************************************************************)
10   VAR
11      Wort  :  StringTyp;
12      Laenge :  INTEGER;
13   BEGIN (* Hauptprogramm *)
14   WriteLn ('Woerter zeilenweise [Ende mit <CTRL/Z>]:');
15   WHILE NOT EOF DO BEGIN
16     ReadLn (Wort);           (* in Turbo Pascal: Read_Str (Wort) *)
17     Laenge :=  Length_Str (Wort);
18     WriteLn ('Das Wort ''',Wort :Laenge,''' hat ', Laenge:1,' Zeichen.');
20     END; (*WHILE*)
21   END.
```

```
INPUT und OUTPUT wie in Programm Worte0 (7.11)
```

7.13 Programm Worte2

Der in Standard-Pascal stiefmütterlich behandelte Zeichenkettentyp ist in den modernen Pascalsystemen großzügiger bedacht. Neben gepackten Zeichen-Feldern existiert der Datentyp STRING mit einem umfangreichen Repertoire an zugehörigen Operationen. Die Datenstruktur STRING ist meist als PACKED ARRAY [.] OF CHAR implementiert, dessen 0-te Komponente in einem Byte die aktuelle Länge der Zeichenkette enthält. Damit wird 255 zur maximalen Länge.

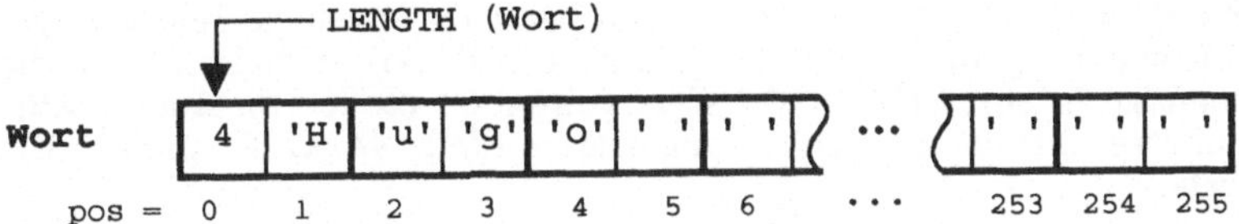

Die 0-te Komponente ist für den Programmierer nicht direkt sichtbar; sie wird automatisch verwaltet. Ihr Inhalt, die Länge, kann aber mit der Funktion LENGTH erfragt werden (Zeile 14). Man kann für eine Zeichenkette aber auch weniger Platz anfordern: mit

```
VAR   Wort :  STRING [10];
```

werden maximal zehn Zeichen in *Wort* gespeichert. STRING [10] ist eine Typdeklaration, kein Typbezeichner; um Variable dieses Typs als formale Parameter übergeben zu können, muß der Typ einen Namen erhalten – vgl. Zeile 5.

Weitere übliche Operationen sind das Verketten (engl.: concatenate) mehrerer Zeichenketten, das Bilden von Teilketten (engl.: substring), das Einfügen und Löschen von Zeichen und die Bestimmung der Position einer Zeichenfolge innerhalb einer Zeichenkette. Für diese Operationen existieren in den verschiedenen Systemen keine einheitlichen Bezeichnungen; außerdem sind sie einmal als Prozeduren, das andere Mal als Funktionen implementiert. Im folgenden wird auf den Gebrauch dieser Operationen ausdrücklich hingewiesen.

```
1     PROGRAM Worte2 (Input, Output);
2     (* wie Programm Wortel, aber mit Datentyp STRING *)
3     (***********************************************************)
4     TYPE
5        String10 =  STRING [10];
6     (***********************************************************)
7     VAR
8        Wort   :  String10;
9        Laenge :  INTEGER;
10    BEGIN
11    WriteLn ('Woerter zeilenweise [Ende mit <CTRL/Z>]:');
12    WHILE NOT EOF DO BEGIN
13       ReadLn (Wort);
14       Laenge := LENGTH (Wort);
15       WriteLn ('Das Wort ''', Wort :Laenge, ''' hat '
16                            , Laenge :1,' Zeichen.');
17       END; (*WHILE*)
18    END.
```

```
INPUT und OUTPUT wie in Programm Worte0 (7.11)
```

7.14 Programm ZiffZal2

Der Datentyp STRING erlaubt effektives Speichern und Bearbeiten von Zeichenketten als Ganzes. Das folgende Programm zeigt, wie eine beliebige **Benutzereingabe auf Plausibilität untersucht** wird. Selbst wenn das Programm die Angabe eines Zahlwertes erwartet, muß es nicht abstürzen, wenn der Benutzer versehentlich ein nicht erlaubtes Zeichen tippt (Buchstabe oder Sonderzeichen). Dazu wird jede Benutzerangabe in einer Zeichenkette zwischengespeichert, geprüft und erst nach Feststellen der Korrektheit verarbeitet.

Die Prozedur *Read_Int* prüft, ob die vom Benutzer angebene Zeichenfolge *Kette* die Ziffern einer ganzen positiven Zahl sind (Zeile 43); in diesem Falle wird die Zeichenfolge in einen INTEGER-Wert gewandelt (Zeile 46). Andernfalls wird der Benutzer auf seinen Fehler hingewiesen (Zeile 44) und kann die Eingabe wiederholen.

Die Prüf-Funktion *OK_Int* empfängt die *Kette* auf einem formalen Parameter vom Typ STRING, der mit seiner maximalen Länge von 255 alle denkbaren Zeichenketten aufnehmen kann. Es wird die aktuelle Länge von *Kette* (Zeile 16) bestimmt und angenommen, daß nur Ziffern vorliegen (Zeile 17). Dann werden alle Zeichen auf die Haltbarkeit dieser Behauptung hin untersucht (Zeile 21). Schon beim ersten Mißerfolg wird die Schleife verlassen und das Prüfergebnis als Funktionswert zugewiesen (Zeile 23). Für leere Zeichenketten fällt diese Prüfung in jedem Fall negativ aus (Zeile 17).

Die Arbeitsweise der Funktion *Value_Int* ist aus der Prozedur *Read_Int* des Programms *ZiffZal1* (7.3) bekannt. Diesmal werden die zu wandelnden Ziffern nicht neu gelesen, sondern liegen in ihrer Gesamtheit in der übergebenen *Kette* vor. Diese wird von links nach rechts durchwandert, um aus den einzelnen Ziffern bzw. Ziffernwerten den Wert der ganzen Zahl zusammenzubauen.

Turbo Pascal kennt eine String-Prozedur, die die Wirkung von *Value_Int* hat: der Aufruf in Zeile 46 könnte durch

```
VAL (Ket te, Zahl, Fehler)
```

ersetzt werden. *Fehler* ist eine INTEGER-Variable, die nur bei erfolgreicher Umwandlung den Wert 0 erhält. VAL kann aus *Kette* auch den Wert (engl.: value) einer REAL-Variablen ermitteln. Umgekehrt wird mit

```
STR (Zahl, Kette)
```

der Wert von *Zahl* als Zeichenkette (engl.: string) in *Kette* dargestellt; *Zahl* steht für REAL- oder INTEGER-Werte.

```
DIALOG (zu Programm ZiffZal2, folgende Seite):

        Ziffernfolge [Ende mit <RETURN>]: 24  <RETURN>
        Ziffernfolge [Ende mit <RETURN>]: abc  <RETURN>
        Keine Zahl. Nochmals: 1x3 <RETURN>
        Keine Zahl. Nochmals: <RETURN>
        Keine Zahl. Nochmals: 13 <RETURN>
        Summe:  24 + 13 = 37
```

```
1     PROGRAM ZiffZal2 (Input, Output);
2     (* Prüft Ziffernfolge und berechnet ihren Zahlwert. *)

3     (************************************************************)
4     TYPE
5        ZiffIntTyp =  0 .. 9;

6     FUNCTION OK_Digit              )      wie in
7     FUNCTION Value_Digit           )      Programm ZiffZall (7.3)
8     (************************************************************)
9     FUNCTION OK_Int (Kette : STRING) : BOOLEAN;
10       (* Prueft, ob alle aktuellen Zeichen von 'Kette' Ziffern sind. *)
11       (* Fuehrende Leerstellen sind in dieser Version NICHT erlaubt. *)
12       VAR
13          pos, Laenge :  INTEGER;
14          OK          :  BOOLEAN;
15       BEGIN
16       Laenge :=  LENGTH (Kette);
17       IF Laenge <> 0 THEN  OK := TRUE  ELSE  OK := FALSE;
18       pos :=  0;
19       WHILE (pos <Laenge) AND OK DO BEGIN
20          pos :=  pos + 1;
21          OK  :=  OK_Digit (Kette [pos]);
22          END; (*WHILE*)
23       OK_Int :=  OK;
24       END; (* OK_Int *)

25    FUNCTION Value_Int (Kette : STRING) : INTEGER;
26       VAR
27          Zahl, pos : INTEGER;
28       BEGIN
29       Zahl :=  0;
30       FOR pos := 1 TO LENGTH (Kette) DO
31          Zahl :=  Zahl * 10  +  Value_Digit (Kette [pos]);
32       Value_Int :=  Zahl;
33       END; (* Value_Int *)

34    PROCEDURE Read_Int (VAR Zahl : INTEGER);
35       VAR
36          Kette  : STRING [5];
37          korrekt : BOOLEAN;
38       BEGIN
39       REPEAT
40          ReadLn (Kette);
41          korrekt :=  OK_Int (Kette);
42          IF NOT korrekt THEN Write ('Keine Zahl. Nochmals: ');
43          UNTIL korrekt;
44       Zahl :=  Value_Int (Kette);
45       END; (* Read_Int *)
46    (************************************************************)

47    VAR
48       Zahl1, Zahl2, Summe :  INTEGER;

49    BEGIN (* Hauptprogramm *)
50    Write ('Ziffernfolge [Ende mit <RETURN>]: ');  Read_Int (Zahl1);
51    Write ('Ziffernfolge [Ende mit <RETURN>]: ');  Read_Int (Zahl2);
52    Summe :=  Zahl1 + Zahl2;
53    WriteLn ('Summe:  ', Zahl1 :1, ' + ', Zahl2 :1, ' = ', Summe :1);
54    END.
```

7.15 Programm PrfMnt2

Das Programm *PrfMnt1* (6.4) besorgte sich über *Get_Monat* eine zulässige Monatszahl. Diese Funktion erwartete allerdings in einer READ-Anweisung INTEGER-Werte ; die Eingabe anderer Zeichen als Ziffern führte zum Abbruch des Programms. Das vorliegenden Programm *PrfMnt2* ist mit *PrfMnt1* fast identisch, liest aber in der Funktion *Get_Monat* die Variable *Monat* mit dem komfortableren *Read_Int* (Zeile 21). Mit dieser aus Programm *ZiffZal2*. (7.14) bekannten Funktion führt die Eingabe von Zeichen, die keine Ziffern sind, nicht zu einem Abbruch des Programms, sondern zu einer Fehlerdiagnose und der Möglichkeit der Verbesserung.

Um *Read_Int* benutzen zu können, muß der Programmierer der Anwendung diese Prozedur samt ihrer Hilfsfunktionen in den Deklarationsteil mitaufnehmen, d.h. deren Quelltext dorthin kopieren. Sie werden dann zusammen mit der Anwendung neu übersetzt. Den Quelltext selbst braucht der Programmierer nicht zu kennen, wenn eine Beschreibung der Funktionalitäten vorliegt. Komfortablere Techniken zur **Einbindung wiederverwendbaren Codes** sind INCLUDE-Dateien (Kapitel 8) und das UNIT-Konzept (Kapitel 9), wie sie den meisten Implementationen – so auch Turbo Pascal – bekannt sind.

Ein hierarchisches Aufrufdiagramm macht die statische Struktur des Programms deutlich: Das Anwendungsprogramm besteht aus dem Aufruf der Hilfsfunktion *Get_Monat* – begleitet von einer Eingabeaufforderung und der Ergebnisanzeige. *Get_Monat* setzt Operationen aus einer tieferen Programmschicht voraus, die das Einlesen von ganzen Zahlen samt Fehlerbehandlung besorgt. Diese wiederum beruft sich auf die unterste Schicht, die sich mit Ziffern beschäftigt, der Basis von Zahlen.

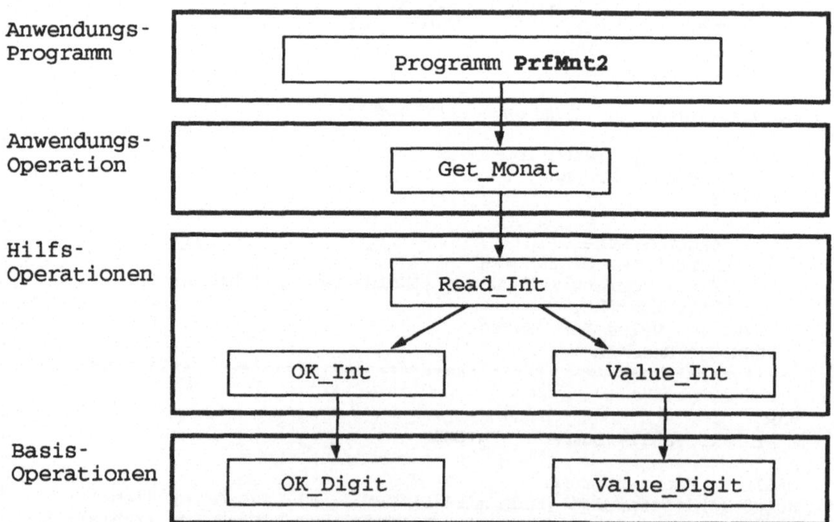

Bei der Programmierung der Operationen sollte darauf geachtet werden, diese so allgemein zu schreiben, daß sie leicht erweitert und flexibel wiederverwendet werden können. Auf schon vorhandene Basisoperationen sollte bei der Entwicklung neuer Operationen wann immer möglich zurückgegriffen werden. Wird eine Basisoperation verbessert, steht die Verbesserung auch der darüberliegenden Schicht – nach Neuübersetzung – zur Verfügung. In Programm *ZiffZal2* (7.14) hätte die Zeile 23 der Funktion *OK_Digit* auch heißen können:

```
23          OKZiffer :=  Kette [pos] IN ['0' .. '9'];
```

Statt dessen wurde aber die Basisfunktion *OK_Digit* angesprochen. Spätere Verbesserungen von *OK_Digit* werden sich automatisch in *OK_Int* bemerkbar machen.

```
1    PROGRAM PrfMnt2;
2    (* wie Programm 'PrfMnt1', aber: kein Abbruch bei Zeichen <> Ziffer *)

3    (****************************************************************)
4    TYPE
5       ZiffIntTyp =  0 .. 9;

6    FUNCTION  OK_Digit               )      wie in
7    FUNCTION  Value_Digit            )      Programm ZiffZall (7.3)
8    (****************************************************************)
8    FUNCTION  OK_Int                 )
9    FUNCTION  Value_Int              )      wie in Programm ZiffZal2 (7.14)
10   PROCEDURE Read_Int               )
11   (****************************************************************)
12   TYPE
13      MonatTyp =  1 .. 12;

14   FUNCTION Get_Monat : MonatTyp;
15      (* wie in Programm 'PrfMnt1', aber 'Read_Int' statt 'ReadLn' *)
16      VAR
17         Monat   : INTEGER;
18         korrekt : BOOLEAN;
19      BEGIN
20      REPEAT
21         Read_Int (Monat);
22         korrekt :=  Monat IN [1 .. 12];
23         IF NOT korrekt THEN  Write ('Keine Monatszahl. Nochmals: ')
24         UNTIL korrekt;
25      Get_Monat :=  Monat;
26      END; (* Get_Monat *)
27   (****************************************************************)

28   VAR
29      Monat :  INTEGER;

30   BEGIN
31   Write   ('Monat [1..12]: ');   Monat :=  Get_Monat;
32   WriteLn ('Monat = ', Monat :1);
33   END.
```

```
DIALOG:
              Monat [1..12]: a1
              Keine Zahl. Nochmals: 2b
              Keine Zahl. Nochmals: 33
              Keine Monatszahl. Nochmals: 13
              Keine Monatszahl. Nochmals: 5
              Monat = 5
```

7.16 Programm Wandlng1

Um bei Analysen alle Buchstaben eines Textes gleichartig zu behandeln, kann man sie sämtlich vorher in große oder in kleine Buchstaben wandeln. Die Funktion *Low_Ch* wandelt einen Buchstaben von Groß- in Kleinschreibung, *Low_Str* wandelt mit ihrer Hilfe eine Zeichenkette. *Low_Ch* kann eingesetzt werden, um die Buchstabenhäufigkeiten beliebiger Texte zu ermitteln (s. Programm *Zaehlen*, 7.10); *Low_Str* könnte beim Sortieren Anwendung finden.

In *Low_Ch* nehmen zwei 29 Zeichen lange Ketten das komplette große bzw. kleine Alphabet auf. Die **Index-Funktion** POS bestimmt die *Stelle,* an der ein Zeichen *ch* im großen Alphabet *AlphaGross* vorkommt. Der an der entsprechenden *Stelle* stehende Buchstabe aus *AlphaKlein* wird Funktionswert (Zeile 13). Ist *ch* ein kleiner oder gar kein Buchstabe, liefert POS den Wert 0; dann wird *ch* selbst Funktionswert (Zeile 14). Während andere Pascal-Systeme die Index-Funktion auch INDEX nennen, entsteht bei Turbo Pascal ein **Namens-konflikt** mit der häufig verwendeten Variablen-Bezeichnung *pos*. Der Funktionsname POS ist ein globaler Name, der durch eine lokale Deklaration im Programm umdefiniert wird. Wegen der lokalen Deklaration von *pos* (Zeile 19) könnte *Low_Str* die Funktion POS nicht mehr verwenden (**Lokalitätsprinzip**).

```
1      PROGRAM Wandlng1 (Input, Output);
2      (* Wandelt Gross- in Klein-Schreibung *)
3      (*****************************************************************)
4      FUNCTION Low_Ch (ch : CHAR) : CHAR;
5         (* Wandelt grosse in kleine Buchstaben mit Index-Funktion POS. *)
7         VAR
6            AlphaGross, AlphaKlein :  STRING [29];
7            Stelle                 :  INTEGER;
8         BEGIN
9         AlphaGross :=  'ABCDEFGHIJKLMNOPQRSTUVWXYZÄÖÜ';
10        AlphaKlein :=  'abcdefghijklmnopqrstuvwxyzäöü';
11        Stelle :=  POS (ch, AlphaGross);
12        IF Stelle <> 0
13           THEN Low_Ch :=  AlphaKlein [Stelle]
14           ELSE Low_Ch :=  ch;
15        END; (* Low_Ch *)

16     FUNCTION Low_Str (Kette : STRING) : STRING;
17        (* Wandelt 'Kette' in Kleinschreibung. *)
18        VAR
19           pos :  INTEGER;
20        BEGIN
21        Low_Str :=  Kette;
22        FOR pos := 1 TO LENGTH (Kette) DO
23           Low_Str [pos] := Low_Ch (Kette [pos]);
24        END; (* Low_Str *)
25     (*****************************************************************)
26     VAR
27        Wort :  STRING;
28     BEGIN (* Hauptprogramm *)
29     Write ('Wort: ');   ReadLn (Wort);
30     Wort :=  Low_Str (Wort);
31     WriteLn ('Klein: ', Wort);
32     END.
```

```
DIALOG:     Wort: Alice im Wunderland
            Klein: alice im wunderland
```

7.17 Programm SortNam1

Zum **Sortieren von Zeichenketten** kann man das Programm *SortZal0* (4.11) beinahe wörtlich übernehmen. Es muß nur der *ListDataTyp* als STRING-Typ angegeben werden (Zeile 8), und in der Prozedur *Schreibe* entfällt die Angabe der Nachkommastellen (*SortZal0*, Zeile 34). Alles andere – insbesondere die Prozedur *Sortiere* – bleibt unverändert. Dabei kommt die Tatsache zu Hilfe, daß die arithmetischen **Vergleichsoperatoren** auch für CHAR und PACKED ARRAY [..] OF CHAR bzw. STRING definiert sind. Die Reihenfolge von CHAR-Werten ergibt sich aus den Ordnungszahlen. Bei voneinander verschiedenen Zeichenketten entscheidet die erste Position, an der verschiedene Zeichen stehen. Der Vergleich in Programm *SortZal0*, Prozedur *Sortiere*, Zeile 11 kann also unverändert stehen bleiben. Allerdings werden große und kleine Buchstaben unterschieden. Mit der Funktionen *Low_Str* aus Programm *Wandlng1* kann Einheitlichkeit hergestellt werden (vgl. Übungsaufgabe).

Die geringe Zahl der notwendigen Änderungen ist ein Hinweis darauf, wie allgemein – und damit flexibel – schon im Programm *SortZal0* (4.11) der **abstrakte Datentyp** *ListTyp* mit seinen Operationen programmiert worden ist. Die Art des Basistyps von *ListTyp* wirkt sich außer in der genannten Prozedur *Schreib* an keine anderen Stelle von *SortZal0* aus. Der ADT kann in einem neuen Zusammenhang weiterverwendet werden (**Wiederverwendbarkeit von Code**).

Jeder ADT ist so zu formulieren, daß er vielfältig eingesetzt werden kann. Dazu gehört neben der geeigneten Wahl der Datenstruktur ein zweckmäßiger Funktionsumfang. Die Zahl der speziellen Angaben, die vom Anwender des ADT geforderten werden, soll einerseits so gering wie möglich gehalten werden (**Einfachheit der Schnittstelle**), andererseits aber das oben geforderte breite Einsatzspektrum möglich machen (**Flexibilität der Anwendung**).

Um den ADT *ListTyp* **vom speziellen Basistyp unabhängig** zu gestalten, sind die READ- bzw. WRITE-Befehle durch Aufrufe von *Read_Data* (Zeile 29) und *Write_Data* (Zeile 37) ersetzt. In einem ersten Programmteil gibt der Programmierer die **Spezifikationen** zum ADT *ListTyp* an: Größe der Liste (Zeile 5), Basistyp der Liste (Zeilen 7 und 8) und die Art, wie er die Daten gelesen (Prozedur *Read_Data*) bzw. geschrieben (Prozedur *Write_Data*) haben will. Auf genau diese Angaben greift der anschließend definierte ADT *ListTyp* zurück.

Bei der Entwicklung eines ADT für eine sog. Toolbox sind nicht alle künftigen Anwendungsfälle bekannt. Der Anwendungsprogrammierer kann versuchen, sich in den Quellcode des ADT einzuarbeiten, diesen zu modifizieren oder um Operationen zu erweitern. Das Prinzip des **Versteckens von Information** wird verletzt und die Programmierung von Fehlern wahrscheinlich. Die **Erweiterbarkeit von Code** fordert adäquate Programmiermethoden. Die Sichtweise des ADT in geschlossenen Programmabschnitten (Modulen) öffnet den Weg zu der geeigneteren Methode der objektorientierten Programmierung.

```
INPUT:    rapunzel              OUTPUT:    aschenputtel
          xanthippe                        daeumling
          rotkaeppchen                     hans im glueck
          daeumling                        rapunzel
          aschenputtel                     rotkaeppchen
          hans im glueck                   xanthippe
```

```
1      PROGRAM SortNaml (Input, Output);
2      (* Sortiert ein Feld von maximal 100 Namen alphabetisch. *)
3      (*************** Listen-Spezifikationen **********************)
4      CONST
5         MaxListSize =  100;

6      TYPE
7         String25     =  STRING [25];
8         ListDataTyp  =  String25;

9      PROCEDURE Read_Data (VAR DataX : String25);
10        BEGIN
11        ReadLn (DataX)
12        END; (* Read_Data *)

13     PROCEDURE Write_Data (DataX : String25);
14        BEGIN
15        WriteLn (DataX);
16        END; (* Write_Data *)
17     (*************** Ende Listen-Spezifikationen ****************)

18     (*************** ADT ListTyp *******************************)
19     TYPE
20        ListTyp  =  ARRAY [1 .. MaxListSize] OF ListDataTyp;

21     PROCEDURE Lies ( VAR Data : ListTyp;  VAR Size : INTEGER
22                                    ;        max  : INTEGER );
23        (* Liest Daten in ein Feld von maximal 'max' Positionen. *)
24        VAR   pos :  INTEGER;
25        BEGIN
26        pos :=  0;
27        WHILE NOT EOF AND (pos < max) DO BEGIN
28           pos :=  pos + 1;
29           Read_Data (Data [pos]);
30           END;  (*WHILE*)
31        Size :=  pos;
32        END; (* Lies *)

33     PROCEDURE Schreibe (Data : ListTyp;  Size : INTEGER);
34        (* Schreibt eine Tabelle mit 'Size' Daten. *)
35        VAR   pos :  INTEGER;
36        BEGIN
37        FOR pos := 1 TO Size DO Write_Data (Data [pos]);
38        END; (* Schreibe *)

39     PROCEDURE Sortiere        wie in Programm SortZal0 (4.11)
40     (*************** Ende ADT ListTyp **************************)

41     VAR
42        Liste  :  ListTyp;
43        Anzahl :  INTEGER;

44     BEGIN (* Hauptprogramm *)
45     Lies (Liste, Anzahl, MaxListSize);
46     IF Anzahl <> 0
47        THEN BEGIN
48             Sortiere (Liste, Anzahl);
49             Schreibe (Liste, Anzahl);
50             END (*THEN*)
51        ELSE WriteLn ('Es gibt nichts zu sortieren.')
52        ; (*IF*)
53     END. (* Hauptprogramm *)
```

7.18 Programm SortNam2

Die beiden grundsätzlichen Operationen des Sortierens sind das **Vergleichen** und **Vertauschen** von Daten, im folgenden auch **Datensätze** genannt. Beim Vertauschen wird der Inhalt zweier Speicherplätze mit Hilfe eines Hilfsspeichers umkopiert. Dazu sind drei Zuweisungen notwendig, die das Kopieren der Daten besorgen. Dieser Vorgang dauert um so länger, je umfangreicher die zu sortierenden Datensätze sind. Die folgende Technik des Sortierens umgeht diese Hürde durch Einführen eines Index.

Parallel zu der *Liste* der Daten wird ein **Index** *Idx* mit ebenso vielen Komponenten wie die Liste selbst gehalten. Er wird während des Lesens der Daten in *Lies* automatisch aufgebaut (Zeile 23). Jede Indexkomponente enthält die Position des gerade gelesenen Datums. Nach Lesen der sechs Beispieldaten ergibt sich die im linken Teil der Abbildung dargestellte Situation. So zeigt ("indiziert") der Inhalt der 3. Position des Index *Idx*, an welcher Stelle der *Liste* das 3. gelesene Datum zu finden ist.

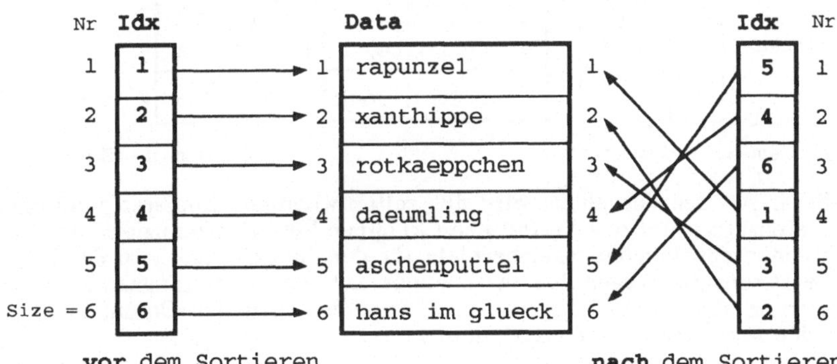

Die Prozedur *Schreibe* benutzt den Index zum Zugriff auf die Liste (Zeile 31): das Datum mit der Nummer *pos* befindet sich an der Stelle *Idx [pos]* der Liste (formaler Parameter *Data*).

Beim Sortieren nun werden nicht die Inhalte der Liste selbst – des **primären Datenbereichs** – vertauscht, sondern nur noch die Reihenfolge der Verweise im Index – dem **sekundären Datenbereich** – entsprechend des Sortierkriteriums geändert. Das Ergebnis des alphabetischen Sortierens ist im rechten Teil der Abbildung dargestellt: demnach befindet sich der in der alphabetischen Reihenfolge an 5. Position stehende Name an der 3. Stelle der Liste. Die Prozedur *Schreibe* erzeugt mit ihrem Zugriff über den inzwischen veränderten Index diese Reihenfolge automatisch.

Die Prozedur *Sortiere* hat sich gegenüber Programm *SortZal0* (4.11) bzw. *SortNam1* (7.17) wenig, aber entscheidend geändert: Da *Sortiere* jetzt die Reihenfolge der Indexeinträge verändert, ist die formale Parameterliste um den Variablen-Parameter *Idx* erweitert. Der wesentliche Unterschied besteht im Aufruf von *Tausche*, das die Verweise *Idx [Nr]* und *Idx [MinNr]* austauscht (Zeile 55) und nicht – wie früher – die Primärdaten *Data [Nr]* und *Data [MinNr]*.

Die Funktion *Min_Position* sucht nach derjenigen Position, die das alphabetisch kleinste Datum einer Restliste enthält. Auch hier werden die Primärdaten nicht direkt adressiert, sondern nur über den Umweg des Index (Zeile 44). Die folgende Abbildung zeigt den vierten Zwischenschritt des Sortierprozesses, bei dem die Teilliste der ersten drei Indexverweise schon sortiert ist. In der Restliste wird der Verweis lokalisiert (*MinNr* = 5), der auf das kleinste Datum weist ("rapunzel" an der Position 1). Er wird mit dem ersten Verweis der Restliste (an der Stelle *Nr* = 4) ausgetauscht. Das Ergebnis ist der Inhalt von *Idx* im rechten Teil der Abbildung.

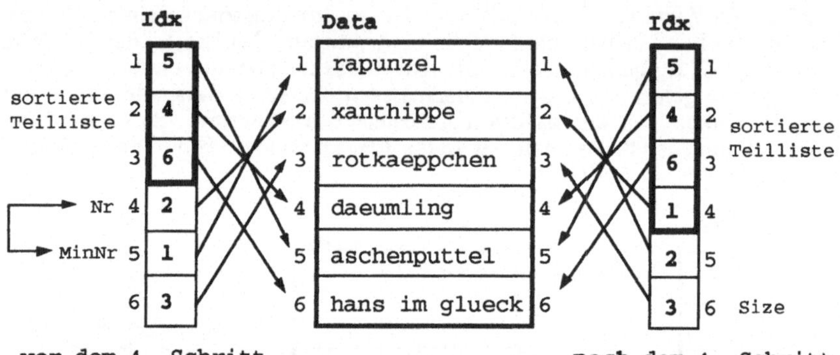

Bei dieser Art des Vorgehens wird das zeitaufwendigen Kopieren umfangreicher Datensätzen auf das Vertauschen knapper Verweise reduziert. Als Preis bezahlt man zusätzlichen Speicherplatz für den Index. Auch wird der Zugriff auf die Datensätze wegen des zwischengeschalteten Index langsamer. Dieser Aufwand ist aber unabhängig von der Länge der einzelnen Daten(sätze) und lohnt sich für längere Datensätze immer.

In Kapitel 9 wird gezeigt, daß man für zusammengesetzte Datensätze auch **mehrere Sortierindizes** anlegen kann. So mag einer für die alphabetische Reihenfolge, ein anderer für diejenige nach Geburtsdaten zuständig sein. Allgemein ist ein Index eine **Liste von Verweisen ("Zeigern")**, die die Suche nach einem Datum aufgrund bestimmter Kriterien beschleunigen.

```
1    PROGRAM SortNam2 (Input, Output);
2    (* Wie Programm 'SortNam1', aber: Sortieren mit Index. *)
3    (************************************************************)
4    CONST
5       MaxListSize =  100;
6    TYPE
7       String25    =  STRING [25];
8       ListDataTyp =  String25;

9    PROCEDURE Read_Data      )      wie in
10   PROCEDURE Write_Data     )      Programm SortNam1 (7.17)
11   (************************************************************)
12   TYPE
13      ListTyp = ARRAY [1 .. MaxListSize] OF ListDataTyp;
14      IdxTyp  = ARRAY [1 .. MaxListSize] OF INTEGER;

                                    (Fortsetzung nächste Seite)
```

```
(Fortsetzung von Programm SortNam2)

15  PROCEDURE Lies ( VAR Data : ListTyp;   VAR Idx : IdxTyp
16                      ; VAR Size : INTEGER;       max : INTEGER );
17     (* Liest Daten, besetzt das Index-Feld *)
18     VAR   pos  :  INTEGER;
19     BEGIN
20     pos :=  0;
21     WHILE NOT EOF AND (pos < max) DO BEGIN
22        pos :=  pos + 1;
23        Read_Data (Data [pos]);   Idx [pos] :=  pos;
24        END; (*WHILE*)
25     Size :=  pos;
26     END; (* Lies *)

27  PROCEDURE Schreibe (Data : ListTyp;   Idx : IdxTyp;   Size : INTEGER);
28     (* Zugriff auf die Daten nur ueber Index-Feld. *)
29     VAR   pos :  INTEGER;
30     BEGIN
31     FOR pos := 1 TO Size DO Write_Data ( Data [Idx [Pos]] );
32     END; (* Schreibe *)

33  PROCEDURE Sortiere (Data: ListTyp;   VAR Idx: IdxTyp;   Size: INTEGER);
34     (* wie in 'SortZall', aber Zugriff auf 'Data' nur ueber Index *)
35     VAR
36        Nr, MinNr : INTEGER;

37     FUNCTION Min_Position (von, bis :  INTEGER) : INTEGER;
38        (* sucht in [von..bis] die Pos. des kleinsten Datums *)
39        VAR  pos, MinPos : INTEGER;
40        BEGIN
41        MinPos :=  von;
42        FOR pos :=  von+1 TO bis DO
43           IF Data [Idx [pos]] < Data [Idx [MinPos]] THEN MinPos :=  pos;
44        Min_Position :=  MinPos;
45        END; (* Min_Position *)

46     PROCEDURE Tausche (VAR Index1, Index2 : INTEGER);
47        VAR   Hilf : INTEGER;
48        BEGIN
49        Hilf := Index1;    Index1 := Index2;    Index2 := Hilf;
50        END; (* Tausche *)

51     BEGIN  (* Sortiere *)
52     FOR Nr := 1 TO Size-1 DO BEGIN
53        MinNr :=  Min_Position (Nr, Size);
54        IF MinNr <> Nr THEN Tausche (Idx [Nr], Idx [MinNr]);
55        END; (*FOR*)
56     END; (* Sortiere *)
57  (****************************************************************)
58  VAR
59     Liste  :  ListTyp;
60     Idx    :  IdxTyp;
61     Anzahl :  INTEGER;
62  BEGIN (* Hauptprogramm *)
63  Lies     (Liste, Idx, Anzahl, MaxListSize);
64  Sortiere (Liste, Idx, Anzahl);
65  Schreibe (Liste, Idx, Anzahl);
66  END. (* Hauptprogramm *)
```

```
INPUT und OUTPUT wie in Programm SortNam1 (7.17)
```

7.19 Programm NamTab

Die im Programm vorgestellte Prozedur *Write_Str* schreibt eine Zeichenkette
linksbündig in ein Ausgabefeld von angegebener *Feldweite*. Ist die *Feldweite*
kleiner als die Länge der Zeichenkette, wird nur genau die Zeichenkette geschrieben. Die Wirkung von *Write* und *Write_Str* wird verglichen.

```
1    PROGRAM NamTab (Input, Output);
2    (*******************************************************************)
3    PROCEDURE Write_Str (Kette : STRING;  Feldweite : INTEGER);
4       (* Schreibt "Kette" linksbuendig in Feld der Breite "Feldweite".*)
5       VAR   Laenge : INTEGER;
6       BEGIN
7       Laenge :=  LENGTH (Kette);
8       Write (Kette, '':(Feldweite - Laenge));
9       END; (* Write_Str *)
10   (*******************************************************************)
11   VAR
12      Wort : String [10];
13   BEGIN
14   Wort :=  'Gustav';
15   WriteLn ('.....':5, Wort :10, '.....':5);
16   Write   ('.....':5);  Write_Str (Wort, 10);  WriteLn ('.....':5);
17   END.
```

```
OUTPUT:            .....     Gustav.....
                   .....Gustav    .....
```

7.20 Programm StrFunk1

Bei der Analyse und Verarbeitung von Text sind vielfältige Operationen nötig,
die von Pascal-Systemen nur selten angeboten werden. Ein Beispiel dafür ist
das Auffinden von Zahlen in einer Zeichenkette. Zuerst sucht eine Funktion
Find_Digit in der *Kette* die Stelle *pos1* des ersten Vorkommens einer Ziffer ab
einer Position *start* (Zeile 50). Ab *pos1* wird dann mit *Skip_Digit* die Position
pos2 des ersten Zeichens ausfindig gemacht, das **keine** Ziffer ist (Zeile 52). Damit ist der Bereich pos1 .. (pos2-1) bestimmt, der nur Ziffern enthält. Die
Sonderfälle sind mit den Bedingungen der Zeilen 51 und 53 berücksichtigt.

In den beiden Hilfsfunktionen werden in WHILE-Schleifen die besetzten Positionen der Zeichenkette ab der Position *start* inspiziert. Bei Erfolg werden die
Schleifen beendet und die letzte Position zum Funktionswert erklärt. Nach erfolgloser Suche wird immer der Wert 0 zurückgegeben. Die Länge der Kette
wird in Zeile 13 bzw. 33 zwischengespeichert, um nicht vor jedem neuen
Schleifendurchlauf in Zeile 16 bzw. 36 die Funktion LENGTH aufrufen zu müssen.

```
OUTPUT:          Positionen: *12345678901234567890*
                 Ketten     : *    Alice+ +123cs  *
                 Auf den Positionen 14 bis 16 stehen die Ziffern 123
```

Weitere nützliche Funktionen sind das Suchen und Überspringen von Buchstaben und Leerzeichen; sie lassen sich durch kleinste Änderungen aus den
hier vorgestellten Funktionen ableiten (vgl. Aufgaben)

```
1    PROGRAM StrFunk1 (Input, Output);
2    (* Test-Programm fuer selbstgeschriebene String-Funktionen. *)
3    (*****************************************************************)
4    FUNCTION Find_Digit (Kette : STRING;  start : INTEGER ) : INTEGER;
5        (* Sucht in 'Kette' ab Pos. 'start' die abs. Position der    *)
6        (* 1. Ziffer. Kommt keine Ziffer vor, wird 0 zurueckgegeben. *)
7        CONST
8           Ziffern =  ['0' .. '9'];
9        VAR
10          pos, len :  INTEGER;
11          Erfolg   :  BOOLEAN;
12       BEGIN
13       len    :=  LENGTH (Kette);
14       pos    :=  start - 1;
15       Erfolg :=  FALSE;
16       WHILE (pos < len) AND NOT Erfolg DO BEGIN
17          pos := pos + 1;
18          Erfolg := (Kette [pos] IN Ziffern);
19          END; (*WHILE*)
20       IF Erfolg THEN  Find_Digit :=  pos
21                 ELSE  Find_Digit :=  0;
22       END; (* Find_Digit *)

23    FUNCTION Skip_Digit (Kette : STRING;   start : INTEGER ) : INTEGER;
24        (* Sucht in 'Kette' ab Pos. 'start' die abs. Position des *)
25        (* 1. Zeichens, das keine Ziffer ist.                     *)
26        (* Kommen nur Ziffern vor, wird 0 zurueckgegeben.         *)
27        CONST
28           Ziffern =  ['0' .. '9'];
29        VAR
30          pos, len :  INTEGER;
31          Erfolg   :  BOOLEAN;
32       BEGIN
33       len    :=  LENGTH (Kette);
34       pos    :=  start - 1;
35       Erfolg :=  FALSE;
36       WHILE (pos < len) AND NOT Erfolg DO BEGIN
37          pos := pos + 1;
38          Erfolg :=  NOT (Kette [pos] IN Ziffern);
39          END; (*WHILE*)
40       IF Erfolg THEN  Skip_Digit :=  pos
41                 ELSE  Skip_Digit :=  0;
42       END; (* Skip_Digit *)
43    (*****************************************************************)
44    VAR  Kette           :  STRING [20];
45         pos, pos1, pos2 :  INTEGER;
46    BEGIN (* Test-Programm fuer String-Funktion *)
47    Kette := '   Alice+  +123cs  ';
48    WriteLn ('Positionen: ', '*','12345678901234567890', '*');
49    WriteLn ('Kette      : ', '*', Kette,              '*');
50    pos1 :=  Find_Digit (Kette, 1);
51    IF pos1 <> 0 THEN BEGIN
52       pos2 :=  Skip_Digit (Kette, pos1);
53       IF pos2 <> 0
54          THEN  pos2 :=  pos2 - 1
55          ELSE  pos2 :=  LENGTH (Kette);
56       Write ( 'Auf den Positionen ', pos1 :1, ' bis ', pos2 :1
57              , ' stehen die Ziffern ');
58       FOR pos := pos1 TO pos2 DO Write (Kette [pos] :1);   WriteLn;
59       END; (*IF*)
60    END.
```

7.21 Zusammenfassung

❏ Zur Verarbeitung von Text wird von Standard-Pascal der **ordinale Datentyp CHAR** bereitgestellt. Sein Wertevorrat sind einzelne Zeichen, also Buchstaben, Ziffern, Satzzeichen, Sonderzeichen usw. Daten des Typs CHAR belegen acht Bit oder ein Byte. Mit welchen Bitkombinationen welches Zeichen codiert wird, ist in einer Code-Tabelle festgelegt. Die gebräuchlichsten Tabellen sind ASCII und EBCDIC.

❏ Für CHAR sind neben den Funktionen ORD, CHR, SUCC und PRED auch die Vergleichs-Operatoren zugelassen. Das Ergebnis eines Vergleichs hängt aber von der verwendeten Code-Tabelle ab.

❏ Ganze Texte werden in **Textdateien** gespeichert. Texte sind beliebig lange Folgen beliebiger Zeichen, die spezielle Markierungen für Zeilenende und das Textende enthalten. Ob ein gerade gelesenes Zeichen eine solche Markierung ist, kann mit den logischen Funktionen EOLN (für Zeilenende) bzw. EOF (für Textende) in Erfahrung gebracht werden. Die Standard-Ein- bzw. Ausgabedateien INPUT und OUTPUT sind solche Textdateien.

❏ Logisch zusammengehörige Zeichen (Worte, Bezeichnungen, Zeilen, Sätze etc.) können als ARRAY gespeichert werden. Geeigneter aber ist die Struktur PACKED ARRAY [1 .. max] OF CHAR, da solche **Zeichenketten** mit der Standard-Prozedur *Write* bzw. *WriteLn* als ganzes angezeigt werden können. In den meisten Pascal-Systemen ist dann auch die Anwendung von *Read* und *ReadLn* möglich. Auch die Vergleichsoperatoren sind gültig.

❏ In den gängigen Pascal-Systemen ist für Zeichenketten der spezielle **Datentyp STRING** eingeführt. Dazu existieren jeweils eine Reihe von Prozeduren und Funktionen, die die Verarbeitung von Zeichenketten unterstützen. Die wichtigsten sind LENGTH, INDEX (oder POS), CONCAT oder (einfach +), SUBSTR (oder COPY), INSERT und DELETE. Jede Implementation kennt aber noch eine Reihe weiterer Operationen.

❏ Da die Datentypen CHAR und STRING jede Eingabe von der Tastatur akzeptieren, eignen sie sich in interaktiven Programmen zur Prüfung der Benutzerangaben auf Sinnfälligkeit. Auch Angaben zu Zahlwerten können so überprüft werden, ohne daß das Programm bei fehlerhafter Eingabe abbricht.

❏ Beim **Sortieren** von Zeichenketten ist die auf dem Rechner installierte Code-Tabelle die Grundlage. Soll beim Sortieren die Groß- bzw. Kleinschreibung keine Rolle spielen, muß vor dem Vergleich eine einheitliche Schreibung hergestellt werden.

❏ Beim Sortieren umfangreicherer Datensätze eines ARRAY – wie z.B. Zeichenketten – werden diese nicht direkt vertauscht, sondern über ihre Reihenfolge in einem **Index**-ARRAY Buch geführt. Zu jedem Sortierkriterium kann ein eigener Index gehalten werden.

7.22 Aufgaben

1. Programm *Zeichen1* (7.1) ersetzt jedes Zeichen durch seinen Nachfolger in der installierten Code-Tabelle. Schreiben Sie eine Funktion *Nachfolger*, die jeden Buchstaben durch den nachfolgenden ersetzt, wobei die Buchstaben als im Kreis angeordnet gedacht sind. Mit den Ziffern soll sie genauso verfahren. Worauf ist im Fall von EBCDIC besonders zu achten?

2. In einem Text sollen die Häufigkeiten der einzelnen Vokale bestimmt werden.

3. Wieviel Vokale, Konsonanten, Ziffern und sonstige Zeichen enthält ein Text?

4. Entwerfen Sie ein Programm, das in seinen Modulen folgende Funktionen zur Verfügung stellt: einen Text lesen und speichern; den Text schreiben; Ersetzen aller Vokale des Textes durch einen der Vokale 'a', 'e', 'i', 'o' oder 'u'. Testen Sie die Module mit einem Programm, welches das Gedicht

> Drei Chinesen mit dem Kontrabaß
> saßen auf der Straße und erzählten sich was.
> Da kam die Polizei: Ja was ist denn das?
> Drei Chinesen mit dem Kontrabaß

in der bekannten Weise verändert.

5. (a) Zur Verschlüsselung eines Textes kann eine Code-Tabelle aufgestellt werden, mit der jedem Buchstaben des Alphabets einen fester anderer zugeordnet wird (Caesar-Code). Schreiben Sie ein Programm zur Chiffrierung bzw. Dechiffrierung. Lassen Sie auch die Code-Tabelle von einem Zufallsgenerator erzeugen.

    (b) Der Caesar-Code kann über die relativen Häufigkeiten der Buchstaben in der jeweiligen Sprache geknackt werden. Bestimmen Sie also in einem längeren deutschen Text die Buchstabenhäufigkeiten und versuchen Sie damit einen verschlüsselten anderen Text zu entschlüsseln.

6. Bestimmen Sie die Häufigkeiten bestimmter Zeichenfolgen, z.B. 'ai', 'eu', 'ch', 'sch' etc. in einem längeren Text.

7. In Programm *Zeichen2* (7.2) wurde vorausgesetzt, daß als Fallkonstante der CASE-Anweisung Unterbereiche angegeben werden dürfen. In Standard-Pascal ist das nicht erlaubt. Ändern Sie die Prozeduren des Programms entsprechend ab. Verwenden Sie dabei den Mengentyp. Definieren Sie auch einen ADT *CharArtTyp* als Aufzählungstyp mit den Werten *gross, klein, Ziffer, sonstig*, der die Operationen *Write_CharArt* und *Get_CharArt* besitzt.

8. Ein ADT *CodeTyp* besteht aus einem Aufzählungstyp sowie aus den Operationen *Write_Code* und *Get_Code*. Definieren Sie diesen ADT in Anlehnung an *Write_Code* aus Programm *Zeichen2* (7.2).

9. Benutzen Sie den abstrakten Datentyp *StackTyp*, um eine Folge von Zeichen zu lesen und rückwärts zu schreiben (vgl. Programm *Stapel1*, 4.15).

10. In einer Liste von Namen sollen diejenigen gesucht und angezeigt werden, die mit einem Vokal (mit einem Konsonanten, mit 'x' usw.) beginnen.

11. Die Personaldaten des Programms *PersAbt1* (4.9) sollen um die Namensliste der Angestellten erweitert werden.

12. Variable eines selbstdefinierten Aufzählungstyps können nicht mit der Standardprozedur *Read* besetzt werden. Schreiben Sie für den *Stationstyp* aus Programm *Zug1* (6.6) eine eigene Prozedur, die einen Stationsnamen als Zeichenkette akzeptiert und der Variablen den zugehörigen Wert des Aufzählungstyps zuweist.

13. Ist es wichtig, daß in der Funktion *Low_Ch* des Programms *Wandlng1* (7.16) die Buchstaben der Zeichenketten *AlphaGross* und *AlphaKlein* in alphabetischer Reihenfolge erscheinen?

14. Schreiben Sie zwei Funktionen *Low_Ch* und *Low_Str* als Umkehrfunktionen zu *Low_Ch* und *Low_Str* von Programm *Wandlng1* (7.16) und testen Sie diese mit einem Programm *Wandlng2*.

15. Die Ordnungszahlen der Buchstaben des großen und des kleinen Alphabets unterscheiden sich um eine Konstante, die für ASCII- bzw. EBCDIC charakteristische Werte haben. Schreiben Sie damit die Funktionen *Low_Ch* aus Programm *Wandlng1* (7.16) und *Low_Ch* der vorigen Aufgabe neu. Benutzen Sie statt der Zeichenketten *AlphaGross* und *AlphaKlein* die Funktionen ORD und CHR.

16. Schreiben Sie eine Funktion *Index*, die mit dem Aufruf *Index (Kette, ch)* die Position von *ch* in *Kette* liefert. Kommt *ch* nicht in *Kette* vor, soll das Funktionsergebnis 0 sein.

17. Die Buchstaben zweier Zeilen einer Textdatei sollen in je einer Menge gesammelt werden. Sämtliche vorkommenden Buchstaben sollen angezeigt werden, ebenso nur die gemeinsamen bzw. nur die in einer Zeile vorkommenden. Welche Buchstaben kommen in der jeweiligen Zeile bzw. in beiden Zeilen überhaupt nicht vor?

18. Verändern Sie die Programme *SortNam1* (7.17) und *SortNam2* (7.18) so, daß Wörter in Groß- und Kleinschreibung zugelassen und einheitlich behandelt werden.

19. Ersetzen Sie den Sortier-Algorithmus in den Programmen *SortNam1* (7.17) und *SortNam2* (7.18) durch den Einfüge-Algorithmus (s. Programm *SortZal1*, 4.11). Groß- und Kleinschreibung soll gleich behandelt werden.

20. Bei der Übertragung von Daten und Dateien von einer Rechenanlage zu einer anderen sorgen Konvertierungsprogramme üblicherweise dafür, daß auch Zeichen ggf. von EBCDIC- in ASCII-Darstellung gewandelt werden.

Trotzdem kann folgendes Problem auftauchen: Zeichenketten wurden auf der einen Maschine gemäß EBCDIC sortiert und in der sortierten Reihenfolge auf die ASCII-Anlage übertragen. Bei der Suche nach einer Zeichenkette versagt nun die Methode des binären Suchens – es sei denn man schreibt eine logische Funktion *EBCDIC_Less*, die mit dem Aufruf *EBCDIC_Less (s1, s2)* feststellt, ob die Zeichenkette *s1* bezüglich EBCDIC vor *s2* steht oder nicht. Schreiben und testen Sie diese Funktion. Sie kann auch dazu benutzt werden, auf einer ASCII-Anlage gemäß EBCDIC zu sortieren. Versuchen und testen Sie dann auch die umgekehrte Richtung.

21. Bauen Sie in die Programme der vorigen Aufgabe das binäre Suchen ein (vgl. Programm *BinSuch0*, 4.11).

22. Die Funktion *Get_Monat* in Programm *PrfMnt2* (7.15) kann auch direkter programmiert werden: Statt *Read_Int* wird ReadLn aufgerufen, das eine Zeichenkette liest. Diese wird von einer Funktion *OK_Monat* Zeichen für Zeichen auf Korrektheit geprüft. Der Funktionswert von *Get_Monat* wird danach über die Hilfsfunktion *Value_Int* berechnet.

23. Erweitern Sie die Programme *ZiffZal1* (7.3) und *ZiffZal2* (7.14) so, daß neben positiven auch negative ganze Zahlen eingegeben werden können; lassen Sie die Vorzeichen – und + zu.

24. Schreiben Sie eine Prozedur *Write_Int*, die – in Umkehrung zu *Read_Int* aus Programm *ZiffZal1* (7.3) – einen übergebenen positiven INTEGER-Wert zeichenweise anzeigt.

25. Schreiben Sie in Analogie zu den Funktionen *Find_Digit* und *Skip_Digit* aus Programm *StrFunk1* (7.20) weitere Hilfsfunktionen zur Analyse von Zeichenketten wie *Find_Alpha* und *Skip_Alpha* (für Buchstaben) sowie *Find_Blank* und *Skip_Blank* (für Leerzeichen).

26. Die Funktionen *Find_Digit* und *Skip_Digit* aus Programm *StrFunk1* (7.20) wirken von einer Position *start* ab **vorwärts**, d.h. in Richtung wachsender Indexwerte. Erweitern Sie die Funktionen so, daß sie wahlweise auch **rückwärts** arbeiten können. Testen Sie an einer geeigneten Zeichenkette. Erweitern sie in gleicher Weise die Funktionen der vorigen Aufgabe. Sammeln Sie die so erstellten Hilfsfunktionen in einer Datei STRTOOL, die als sog. "toolbox" bei Bedarf in den Quellcode eines Anwendungsprogramms kopiert werden kann.

27. Fügen Sie der "toolbox" der vorigen Aufgabe noch die Funktion *Int_Val* bei, die ab der Position *start* einer Zeichenkette die folgenden Ziffern in eine ganze Zahl des Typs INTEGER wandelt. Analog soll eine Funktion *Real_Val* erstellt werden.

28. Eine Prozedur *Left_Trim* soll in einer Zeichenkette evtl. vorhandene führende Leerstellen eliminieren, ihre Inhalt also ggf. "nach links" verschieben. Eine Prozedur *Right_Trim* soll alle Leerstellen am Ende der Zeichenkette abschneiden. Dabei kann – je nach Entwicklungsumgebung – eine Zeichenketten-Funktion COPY bzw. SUBSTR hilfreich sein. Beachten Sie, daß auch die Länge der Zeichenkette aktualisiert wird.

29. Ein Zeichenkette geeigneter Länge besteht aus '<Nachname>, <Vorname>'. Die Initialen '<V>. <N>.' sollen gedruckt werden.

30. Ein Zeichenkette geeigneter Länge besteht aus '<Nachname>, <Vorname>'. Vor- und Nachname sollen getrennt gespeichert werden.

31. Adressen sollen interaktiv angegeben und gespeichert werden. Damit sollen Adressetiketten gedruckt weden. Die Eingabe soll alternativ auch über eine Textdatei erfolgen.

32. Das Datum soll in der Form 'TT.MM.JJ' gelesen und als 'MM/TT/JJ' geschrieben werden.

33. Bei gegebenem Geburtsdatum soll das Alter am heutigen Tag in ganzen Jahren bestimmt werden.

34. Definieren Sie selbst Vergleichsoperatoren für Zeichenketten. Erweitern Sie diese auch auf ARRAY-Typen, deren Komponenten Zahlen sind.

8 Die Datenstruktur FILE – Module in Quellcode

Dieses Kapitel behandelt in den Beispielprogrammen:

- Der strukturierte Datentyp FILE

- Der spezielle Dateityp TEXT

- Binäre Dateien für numerische Daten

- Dateien als Programm- und Prozedur-Parameter

- Datei und Puffervariable

- Dateien für zusammengesetzte Datentypen

- Ein einfaches Datenverwaltungssystem

- Relative Dateiorganisation und wahlfreier Zugriff

- Modularisierung mit Include-Dateien

- Werkzeuge zur Unterstützung interaktiver I/O

8.1 Programm SaveText

Eine **Datei** (engl.: data set, file) ist – ähnlich dem ARRAY – eine Datenstruktur, in der unter einem einheitlichen Bezeichner Daten des gleichen Basistyps gespeichert werden. Ein entsprechend strukturierter Datentyp wird mit dem Schlüsselwort FILE deklariert:

```
TYPE
    DateiTyp =  FILE OF BasisTyp;
```

Während das ARRAY im schnelleren Arbeitsspeicher und dort nur während der Ausführung des Programms existiert, befindet sich das FILE auf einem langsameren **externen Speichermedium**, wo es aber auch nach Programmende zur Verfügung steht. Variable des Typs FILE eignen sich daher zum **Austausch von Daten zwischen Programmen**. Der Programmkopf führt in der Parameterliste die verwendeten Dateien auf.

Basistyp einer Datei kann außer FILE jeder Typ sein. Mit einer Dateivariablen vom Typ FILE OF CHAR kann eine Sequenz von Zeichen, also lesbarer **Text**, gespeichert werden. Besser geeignet ist der Standard-Dateityp TEXT, der auch die **Zeilenstruktur** eines Textes berücksichtigt, also das End-Of-Line-Zeichen speichern kann. Seine Definition könnte so beschrieben werden:

```
TYPE
    TEXT =  FILE OF CHAR  +  Zeilenstruktur
```

Die seit Anfang verwendeten **Standardnamen INPUT und OUTPUT** bezeichnen derartige **Dateivariablen** vom Typ TEXT. Auf sie beziehen sich sämtliche READ- und WRITE-Anweisungen, wenn in deren Parameterlisten kein anderer Dateibezeichner angegeben ist. In Kapitel 7 wurden diese Dateien unter Verwendung der Funktionen EOLN und EOF bearbeitet. Es wurde auch gezeigt, wie INPUT von der Tastatur und OUTPUT vom Bildschirm auf ein externes Speichermedium (Magnetplattendatei) umgelenkt werden konnten.

Das vorliegende Programm entspricht dem Programm *Text3* (7.9). Die sequentiell von INPUT gelesenen Zeichen werden allerdings nicht auf OUTPUT, sondern mit WRITE auf die Datei *TextDat* geschrieben (Zeile 14). Sie ist ebenfalls vom Typ TEXT (Zeile 5). WRITELN Zeile 17 schreibt ein Zeilenendezeichen auf *TextDat*. Mit REWRITE (Zeile 9) wird *TextDat* zum Beschreiben geöffnet. Zuvor muß der programminternen Dateivariablen *TextDat* der Name TEXT.ERG im externen Dateisystem zugeordnet werden. Turbo Pascal benutzt dazu ASSIGN (Zeile 8). Im Standard wird eine Datei automatisch in dem Unterprogramm geschlossen, in dem sie geöffnet wurde. Mit dem Befehl CLOSE (Zeile 19) wird sie in Turbo Pascal vor weiterer Bearbeitung geschützt.

8.2 Programm ShowText

Das Programm liest die Zeichen von der externen Datei TEXT.ERG, die der Dateivariablen *TextDat* vom Typ TEXT zugeordnet ist. Es kopiert die Zeichen in die Textdatei OUTPUT. Den Funktionen EOF und EOLN (Zeilen 10 uns 11) sowie READ (Zeile 12) muß die Dateivariable *TextDat* als Parameter übergeben werden. Mit RESET wird *TextDat* zum Lesen geöffnet. Mit READLN (Zeile 15) wird ein Zeilenende der Datei *TextDat* überlesen.

```
FILE INPUT:

Von jetzt an kommen 16 Spannweiten von 200 Fuss und eine Pfeiler-
höhe von 85 Fuss, weil die längeren Gitterbalken dieses Teils der
Brücke über den Bahngeleisen liegen, statt, wie bis hierher, drunter.
          (Aus: Max Eyth, "Hinter Pflug und Schraubstock",
                          Kapitel 15: "Berufstragik")
```

```
1    PROGRAM SaveText (Input, TextDat);
2    (* Liest Text von der Standard-Text-Datei INPUT  *)
3    (* und kopiert ihn auf die Text-Datei 'TextDat'. *)
4    VAR
5        TextDat : TEXT;
6        ch      : CHAR;
7    BEGIN
8    ASSIGN (TextDat, 'TEXT.ERG');
9    REWRITE (TextDat);
10   WriteLn ('Text [Neue Zeile mit <RETURN>, Ende mit <CTRL/Z>]:');
11   WHILE NOT EOF DO BEGIN
12       WHILE NOT EOLN DO BEGIN
13           Read  (ch);
14           Write (TextDat, ch);
15           END; (*WHILE-EOLN*)
16       ReadLn;
17       WriteLn (TextDat);
18       END; (*WHILE-EOF*)
19   CLOSE (TextDat);
20   END.
```

```
FILE TextDat ('TEXT.ERG') am Bildschirm angezeigt (oder gedruckt)

Von jetzt an kommen 16 Spannweiten von 200 Fuss und eine Pfeiler-
höhe von 85 Fuss, weil die längeren Gitterbalken dieses Teils der
Brücke über den Bahngeleisen liegen, statt, wie bis hierher, drunter.
          (Aus: Max Eyth, "Hinter Pflug und Schraubstock",
                          Kapitel 15: "Berufstragik")
```

```
1    PROGRAM ShowText (TextDat, Output);
2    (* Liest Text von der Text-Datei 'TextDat',        *)
3    (* kopiert ihn auf die Standard-Text-Datei OUTPUT. *)
4    VAR
5        ch      : CHAR;
6        TextDat : TEXT;
7    BEGIN
8    ASSIGN (TextDat, 'TEXT.ERG');
9    RESET (TextDat);
10   WHILE NOT EOF (TextDat) DO BEGIN
11       WHILE NOT EOLN (TextDat) DO BEGIN
12           Read  (TextDat, ch);
13           Write (ch);
14           END; (*WHILE-EOLN*)
15       ReadLn (TextDat);
16       WriteLn;
17       END; (*WHILE-EOF*)
18   CLOSE (TextDat);
19   END.
```

```
FILE OUTPUT:
              völlig identisch mit FILE INPUT und FILE TextDat
```

8.3 Programm SaveZahl

Das FILE-Konzept von Standard-Pascal bezieht sich noch auf das Magnetband als Datenträger. So kennt der Standard nur **sequentielle Dateien**: vor dem Zugriff auf eine beliebige Komponente müssen sämtliche davorliegenden überlesen werden. Man spricht von **sequentiellem Zugriff** (engl.: sequential access).

Die gebräuchlichsten Massenspeicher sind heute die Magnetplatte, für Datensicherungen und -transport neben dem Band auch die Diskette. Diese schnelleren Speichermedien erlauben, eine Dateikomponente direkt anzusprechen. Dies wird als **direkter** oder **wahlfreier Zugriff** bezeichnet (engl.: direct access, random access). Heutige Pascal-Systeme haben diese direkte (wahlfreie) Dateizugriffsmethode implementiert, die in diesem und den folgenden Kapiteln auch bei Gelegenheit berücksichtigt wird.

Im vorliegenden Programm werden ganzzahlige **Zahlwerte** von der Textdatei INPUT gelesen und auf eine Textdatei *ZahlDat* kopiert. Die in beiden Dateien gespeicherten Daten sind vom Basistyp der Dateien, also CHAR. Trotzdem wird in Zeile 13 **kein einzelnes Zeichen** gelesen, sondern ab der momentanen Dateiposition die erste Ziffer gesucht und danach alle Ziffern gelesen, aus denen die Zahl besteht. Diese **Ziffernfolge** wird von der READ-Prozedur automatisch in den dualen INTEGER-Wert umgewandelt (vgl. Programm *ZiffZal1*, 7.3). Die READ-Prozedur ist also sehr mächtig, wenn sie auf Dateien vom Typ TEXT angewendet wird.

Das gleiche gilt für die Prozedur WRITE. In Zeile 14 schreibt sie nicht eine einzelne Ziffer auf die Variable *ZahlDat* vom Typ TEXT. Vielmehr wird gleich der INTEGER-Wert in die zugehörige Ziffernfolge gewandelt. Diese wird formatiert (hier mit der Feldlänge 10) und als Ganzes auf die externe Textdatei geschrieben, der der Name ZAHL.ERG zugewiesen wurde.

Wie schon in den beiden vorhergehenden Programmen wird auch hier nach Erkennen eines Zeilenendes (EOLN-Funktion, Zeile 12) in der Originaldatei dieses überlesen (Zeile 16) und auf der Kopie erzeugt (Zeile 17). So bleibt die Zeilenstruktur des Originals in der Kopie erhalten, wenn auch diesmal eine zeileninterne Neuformatierung hinzugekommen ist.

Da die externe Datei ZAHL.ERG als Datei vom Typ TEXT eingerichtet wurde, kann sie mit einem Betriebssystembefehl zum Anzeigen von Textdateien direkt an den Bildschirm oder Drucker geschickt werden (TYPE, PRINT o.ä.).

8.4 Programm ShowZahl

Das Programm liest die Zahlen von der **externen physischen Datei** ZAHL.ERG, die der **programminternen logischen Datei** *ZahlDat* vom Typ Text zugeordnet ist. Es kopiert die Zahlen auf die Textdatei OUTPUT (logischer Programmname) und kann wieder READ und WRITE für komplette Ziffernfolgen benutzen. Den Funktionen EOF und EOLN muß die Dateivariable als Parameter übergeben werden. *ZahlDat* wird mit RESET zum Lesen geöffnet. Der Befehl in Zeile 17 überliest ein Zeilenende der Datei *ZahlDat*. Die Summe der Zahlen wird berechnet und ebenfalls auf OUTPUT kopiert - mit kommentierendem Text.

```
FILE INPUT:
                         16     200
                            85
```

```
1    PROGRAM SaveZahl (Input, ZahlDat);
2    (* Liest Zahlen von der Standard-Text-Datei INPUT *)
3    (* und kopiert sie auf die Text-Datei 'ZahlDat'.  *)
4    VAR
5       ZahlDat :  TEXT;
6       Zahl    :  INTEGER;
7    BEGIN
8    ASSIGN (ZahlDat, 'ZAHL.ERG');
9    REWRITE (ZahlDat);
10   WriteLn ('Zahlen [Neue Zeile mit <RETURN>, Ende mit <CTRL/Z>]:');
11   WHILE NOT EOF DO BEGIN
12      WHILE NOT EOLN DO BEGIN
13         Read  (Zahl);
14         Write (ZahlDat, Zahl :10);
15         END; (*WHILE-EOLN*)
16      ReadLn;
17      WriteLn (ZahlDat);
18      END; (*WHILE-EOF*)
19   CLOSE (ZahlDat);
20   END.
```

```
FILE ZahlDat ('ZAHL.ERG') am Bildschirm angezeigt
                                   16          200
                                      85
```

```
1    PROGRAM ShowZahl (ZahlDat, Output);
2    (* Liest Zahlen von der Text-Datei 'ZahlDat', berechnet die Summe *)
3    (* und kopiert sie auf die Standard-Text-Datei OUTPUT.            *)
4    VAR
5       ZahlDat      :  TEXT;
6       Zahl, Summe  :  INTEGER;
7    BEGIN
8    ASSIGN (ZahlDat, 'ZAHL.ERG');
9    RESET  (ZahlDat);
10   Summe :=  0;
11   WHILE NOT EOF (ZahlDat) DO BEGIN
12      WHILE NOT EOLN (ZahlDat) DO BEGIN
13         Read (ZahlDat, Zahl);
14         Summe :=  Summe + Zahl;
15         Write (Zahl :6);
16         END; (*WHILE-EOLN*)
17      ReadLn (ZahlDat);
18      WriteLn;
19      END; (*WHILE-EOF*)
20   WriteLn ('Summe = ',  Summe :1);
21   CLOSE (ZahlDat);
22   END.
```

```
FILE OUTPUT:
                        16   200
                           85
                     Summe = 301
```

8.5 Programm SaveChar

Die allgemeine Form der Deklaration eines Dateityps ist **FILE OF** *BasisTyp*.
Nimmt man CHAR zum Basistyp, erhält man einen Dateityp, mit dem zwar
ebenfalls lesbare Zeichen gespeichert werden können, dem aber die Zeilenstruktur fehlt. Das Programm liest von der zeilenstrukturierten Textdatei
INPUT einen Text und kopiert ihn auf die Datei *CharDat*, die als FILE OF
CHAR erklärt ist. Trifft es in INPUT auf eine Markierung für das Zeilenende
(Zeile 12), überliest es dieses (Zeile 16) und schreibt – da **WRITELN nicht anwendbar** ist – ein Leerzeichen auf *CharDat* (Zeile 14). So bleiben die ursprünglichen Zeilen auch in der Kopie getrennt.

Der programminternen Dateivariablen *CharDat* ist (in Turbo Pascal über
ASSIGN) die externe Datei CHAR.ERG zugeordnet. Da ihre Daten in einem
Zeichencode (z.B. ASCII) abgelegt sind, kann sie an Bildschirm oder Drucker
dargestellt werden (z.B. in DOS mit dem Befehl TYPE). Dem Ergebnis fehlt jedoch die ursprüngliche Aufteilung des Textes in Zeilen; er erscheint jetzt fort-
laufend.

Die Datei *CharDat* wurde mit REWRITE (CharDat) zum Schreiben geöffnet.
Genauer gilt:

```
REWRITE (Datei)
```

öffnet die Datei mit dem logischen Namen *Datei* für den **Schreibzugriff**. Eventuelle **schon existierende Inhalte werden dabei gelöscht**. Der mit jeder Datei
verbundene **Dateizeiger** auf die aktuell zu bearbeitende Dateikomponente wird
auf die erste Komponente gesetzt. Ist *v* eine Variable vom Basistyp von *Datei*,
bewirkt jeder Aufruf von

```
WRITE (Datei, v)
```

das Kopieren des Inhalts der Variablen *v* in die aktuelle Komponente von *Datei*
und das Setzen des Dateizeigers auf die nächste Dateikomponente.

8.6 Programm ShowChar

Das Programm kopiert Datei *CharDat* (externe Datei CHAR.ERG) auf die Datei
OUTPUT. Wegen fehlender Zeilenstruktur können auf *CharDat* **weder EOLN
noch READLN** angewendet werden. Eine Zeilenstruktur auf OUTPUT wird
über Zeilenlaenge kontolliert (Zeilen 5 und 18). Eine existierende *Datei* wird mit

```
RESET (Datei)
```

für den **Lesezugriff** geöffnet. Der Dateizeiger wird auf die erste Komponente gesetzt. In die Variable *v* vom Basistyp der *Datei* wird mit

```
READ (Datei, v)
```

der Inhalt der aktuellen Dateikomponente kopiert; danach zeigt der Dateizeiger auf die nächste Komponente. Diese kann die Marke für das Dateiende
enthalten; ein Aufruf EOF (Datei) ergibt dann den Wert TRUE.

```
FILE INPUT:
                    Ihrer Hühner waren
                    drei, und ein stolzer
                    Hahn dabei.
```

```
1     PROGRAM SaveChar (Input, CharDat);
2     (* Liest Text zeichenweise von der Standard-Datei INPUT, *)
3     (* schreibt ihn auf die Binaer-Datei 'CharDat'.          *)
4     VAR
5        CharDat :  FILE OF CHAR;
6        ch      :  CHAR;
7     BEGIN
8     ASSIGN (CharDat, 'CHAR.ERG');
9     REWRITE (CharDat);
10    WriteLn ('Text [Neue Zeile mit <RETURN>, Ende mit <CTRL/Z>]:');
11    WHILE NOT EOF DO BEGIN
12       WHILE NOT EOLN DO BEGIN
13          Read  (ch);
14          Write (CharDat, ch);
15          END; (*WHILE-EOLN*)
16       ReadLn;
17       (* WriteLn (CharDat) nicht definiert, aber: *);
18       ch := ' ';   Write (CharDat, ch); (* Trennung der INPUT-Zeilen *)
19       END; (*WHILE-EOF*)
20    CLOSE (CharDat);
21    END.
```

```
FILE CharDat ('CHAR.ERG') am Bildschirm angezeigt
                Ihrer Hühner waren drei, und ein stolzer Hahn dabei.
```

```
1     PROGRAM ShowChar (CharDat, Output);
2     (* Liest Text zeichenweise von der Binaer-Datei 'CharDat', *)
3     (* schreibt ihn auf die Standard-Datei OUTPUT.             *)
4     CONST
5        Zeilenlaenge = 22;
6     VAR
7        CharDat :  FILE OF CHAR;
8        ch      :  CHAR;
9        Pos     :  INTEGER;
10    BEGIN
11    ASSIGN (CharDat, 'CHAR.ERG');
12    RESET  (CharDat);
13    Pos :=  0 ;
14    WHILE NOT EOF (CharDat) DO BEGIN
15       Read  (CharDat, ch);
16       Write (ch);
17       Pos :=  Pos + 1;
18       IF Pos MOD Zeilenlaenge = 0 THEN WriteLn;
19       END; (*WHILE-EOF*)
20    CLOSE (CharDat);
21    WriteLn;
22    END.
```

```
FILE OUTPUT:
                    Ihrer Hühner waren dre
                    i, und ein stolzer Hah
                    n dabei.
```

8.7 Programm SaveReal

Dateien der Bauart **FILE OF** *BasisTyp* werden als **Binärdateien** bezeichnet. In ihnen ist – im Gegensatz zu den Textdateien (Standardtyp TEXT) – die Information nicht zeichenweise, sondern in binärer Codierung abgelegt. Das wirkt sich insbesondere bei numerischen Werten aus: die binäre Darstellung benötigt **weniger Platz** als die zeichenweise, bei der jede Ziffer ein Byte beansprucht. Die Darstellung ist allerdings **vom Rechnertyp abhängig**, weswegen binäre Dateien nur beschränkt zum Austausch von Informationen geeignet sind. Der Zugriff auf binäre Dateien ist **schneller**, da beim Lesen und Schreiben keine Umwandlung der Zahlen von ziffernweiser in duale Codierung bzw. umgekehrt dazwischengeschaltet ist.

Im Beispiel werden reelle Zahlwerte zeichenweise vom INPUT gelesen und dabei automatisch in binäre Codierung gewandelt (Zeile 9). Sie werden dann direkt in die Datei *RealDat* vom Typ FILE OF REAL kopiert (Zeile 10), der die externe Datei REAL.ERG zugeordnet ist. Die Speicherung geschieht rein sequentiell. Eine Zeilenstuktur ist unbekannt, ein WRITELN-Befehl sinnlos. Der Versuch, den Inhalt der binären Datei *RealDat* anzuschauen, muß scheitern: die Interpretation der Byte-Folgen als Zeichen durch den TYPE-Befehl des Betriebssystems ergibt die dargestellte pseudozufällige Zeichenfolge.

8.8 Programm RealInt

Das Programm bearbeitet die oben angelegte binäre Datei REAL.ERG, der die Dateivariable *RealDat* des entsprechenden Typs zugeordnet ist. Jede Komponente wird gelesen (Zeile 11), durch Rundung in eine ganze Zahl gewandelt (Zeile 12) und diese in die binäre Datei *IntDat* vom Typ FILE OF INTEGER (Zeile 13) kopiert. Gegenüber der Realisierung mit Textdateien ist dieser Vorgang wegen fehlender Umwandlung von Ziffernfolgen in Binärzahlen schneller. Zuvor wurden die Dateien externen Dateien zugeordnet und zum Lesen bzw. Schreiben geöffnet. Nach der Verabeitung werden beide Dateien geschlossen. Auch die Anzeige der binären Datei *IntDat* ergibt, wie man sieht, sinnlose Zeichenfolgen.

8.9 Programm ShowInt

Um den Inhalt der externen Binärdatei INT.ERG anzuschauen zu können, muß man eine Dateivariable *IntDat* des entsprechenden Typs deklarieren (Zeile 5) und sie der externen Datei zuordnen (Zeile 8). Ihre Werte werden komponentenweise in eine typkompatible Variable *ix* kopiert (Zeile 10) und mit WRITE (Zeile 12) in Zifferndarstellung auf OUTPUT angezeigt. Eine Konstante *WerteProZeile* kontrolliert die Zeilenlänge der Anzeige.

BEMERKUNG: In Standard-Pascal enthält der Programm-Kopf auch die **Programm-Parameterliste**, in der die Variablennamen externer Dateien aufgeführt sind. Welche externen Dateinamen damit verbunden werden, hängt von der Implementation ab. In Turbo Pascal regelt ASSIGN diese Zuordnung.

```
FILE INPUT:        24.6     -738.4e-2
                   19.30
                   -135.837   0.5478e3    14.842
                   -843.6
```

```
1     PROGRAM SaveReal (Input, RealDat);
2     VAR
3        RealDat :  FILE OF REAL;
4        rx      :  REAL;
5     BEGIN
6     ASSIGN (RealDat, 'REAL.ERG');     REWRITE (RealDat);
7     WHILE NOT EOF DO BEGIN
8        WHILE NOT EOLN DO BEGIN
9           Read (rx);
10          Write (RealDat, rx);
11          END; (*WHILE-EOLN*)
12       ReadLn;
13       END; (*WHILE-EOF*)
14    CLOSE (RealDat);
15    END.
```

FILE RealDat ('REAL.ERG') *Versuch der Darstellung am Bildschirm*
à=ÃÃÃDâ5ˆ∫I∞àffff→êÀíE+çè333≤äÙ²'xmèfffµ"

```
1     PROGRAM RealInt (RealDat, IntDat);
2     VAR
3        RealDat :  FILE OF REAL;
4        IntDat  :  FILE OF INTEGER;
5        rx      :  REAL;
6        ix      :  INTEGER;
7     BEGIN
8     ASSIGN (RealDat, 'REAL.ERG');     RESET   (RealDat);
9     ASSIGN (IntDat,  'INT.ERG');      REWRITE (IntDat);
10    WHILE NOT EOF (RealDat) DO BEGIN
11       Read (RealDat, rx);
12       ix :=  ROUND (rx);
13       Write (IntDat, ix);
14       END; (*WHILE-EOF*)
15    CLOSE (RealDat);
16    CLOSE (IntDat);
17    END.
```

FILE IntDat ('INT.ERG') *Versuch der Darstellung am Bildschirm*
. ‼ x $ ¥ ,"

```
1     PROGRAM ShowInt (IntDat, Output);
2     CONST
3        WerteProZeile = 4;
4     VAR
5        IntDat  :  FILE OF INTEGER;
6        ix, Pos :  INTEGER;
7     BEGIN
8     ASSIGN (IntDat, 'INT.ERG');    RESET (IntDat);
9     Pos := 0;
10    WHILE NOT EOF (IntDat) DO BEGIN
11       Read (IntDat, ix);
12       Write (ix :10);
13       Pos := Pos + 1;   IF Pos MOD WerteProZeile = 0 THEN WriteLn;
14       END; (*WHILE-EOF*)
15    CLOSE (IntDat);
16    END.
```

```
FILE OUTPUT:            25        -7        19      -136
                      548        15      -844
```

8.10 Programm FilProc1

Dateien dienen zur langfristigen Speicherung von Datenbeständen, denn sie
existieren – im Gegensatz zu allen anderen Variablen eines Programms –
auch nach der Ausführung des Programms, in dem sie definert wurden. In
den bisherigen Beispielen dieses Kapitels wurde gezeigt, wie diese Eigenschaft
der Dateien dazu benutzt wird, Daten zwischen verschiedenen Programmen
auszutauschen. Über den Dateityp und den externen Dateinamen muß aber
Einigkeit bestehen.

In diesem Programm werden Dateien dazu benutzt, Daten zwischen verschiedenen Teilen des gleichen Programms auszutauschen. Für die unterschiedlichen Dateitypen werden in einer TYPE-Deklaration Bezeichner festgelegt; die
Dateien müssen – immer! – als Variablen-Parameter übergeben werden.

Die Leistungen des Programms *FilProc1* entsprechen den drei Programmen
SaveReal, *RealInt* und *ShowInt,* die in die Prozeduren *Save_Real*, *Real_Int*
und *Show_Int* verlagert sind. Den Dateivariablen *RealDat* und *IntDat* werden
im Hauptprogramm die externen Dateien 'REAL.ERG' und 'INT.ERG' zugeordnet. Sie werden den Prozeduren als Variablen-Parameter übergeben.

Die Prozeduren *Real_Int* und *Show_Int* enthalten zusätzlich eine Prüfung, ob
die jeweils zu lesenden Dateien *RealDat* bzw. *IntDat* überhaupt Daten enthalten; andernfalls werden sie mit einem entsprechenden Hinweis beendet. **Jede
Datei wird in der gleichen Prozedur geschlossen, in der sie geöffnet wurde!**
Nur so kann die Kontrolle über den Zugriffsmodus der Dateien behalten werden!

BEMERKUNG: Die WHILE-Schleife von Zeile 14 bis Zeile 20 wird im interaktiven
Betrieb dann beendet, wenn der Benutzer auf der Tastatur das Dateiende für
die Datei INPUT gedrückt hat (in Turbo Pascal CTRL/Z). Dieses wird – logisch
gesehen – der Datei INPUT angefügt, wonach sie einer weiteren Bearbeitung
nicht mehr zugänglich ist. Weitere Eingaben über die Tastatur werden daher
nicht entgegengenommen! Die Anweisung RESET (INPUT) in Zeile 22 öffnet
INPUT jedoch für erneutes Lesen; weitere interaktive Eingaben über die Tastatur sind wieder möglich (werden in diesem Programm aber nicht benötigt).
**Wird die Eingabedatei INPUT interaktiv mit der EOF-Marke versehen, muß
sie anschließend mit RESET für mögliche weitere Eingaben vorbereitet werden.**

```
1      PROGRAM FilProc1 (Input, RealDat, IntDat, Output);
2      (* Anlegen einer Datei von reellen Zahlen, Runden und Speichern *)
3      (* in zweiter Datei, Anzeigen der zweiten Datei.                 *)
4      (********************************************************************)
5      TYPE
6         RealDatTyp =  FILE OF REAL;
7         IntDatTyp  =  FILE OF INTEGER;

8      PROCEDURE Save_Real (VAR RealDat : RealDatTyp);
9         VAR
10           rx : REAL;
11        BEGIN
12        REWRITE (RealDat);
13        WriteLn ('Reelle Zahlen [Ende mit <CTRL/Z>]:');      (Fortsetzung)
```

```
(Fortsetzung)
14        WHILE NOT EOF DO BEGIN
15           WHILE NOT EOLN DO BEGIN
16              Read (rx);
17              Write (RealDat, rx);
18              END; (*WHILE-EOLN*)
19           ReadLn;
20           END; (*WHILE-EOF*)
21        CLOSE (RealDat);
22        RESET (INPUT);
23        END; (* Save_Real *)

24    PROCEDURE Real_Int ( VAR RealDat : RealDatTyp
25                        ; VAR IntDat  : IntDatTyp  );
26       VAR
27          rx : REAL;
28          ix : INTEGER;
29       BEGIN
30       RESET (RealDat);
31       IF NOT EOF (RealDat)
32          THEN BEGIN
33              WriteLn ('Reelle Zahlen werden gerundet.');
34              REWRITE (IntDat);
35              WHILE NOT EOF (RealDat) DO BEGIN
36                 Read (RealDat, rx);
37                 ix := ROUND (rx);
38                 Write (IntDat, ix);
39                 END; (*WHILE-EOF*)
40              CLOSE (IntDat);
41              END
42          ELSE WriteLn ('Es liegen keine reellen Zahlen vor.');
43       CLOSE (RealDat);
44       END; (* Real_Int *)

45    PROCEDURE Show_Int (VAR IntDat : IntDatTyp);
46       CONST
47          WerteProZeile = 4;
48       VAR
49          ix, Pos : INTEGER;
50       BEGIN
51       RESET (IntDat);
52       IF NOT EOF (IntDat)
53          THEN WriteLn ('Gerundete reelle Zahlen:')
54          ELSE WriteLn ('Es liegen keine gerundeten Werte vor.');
55       Pos := 0;
56       WHILE NOT EOF (IntDat) DO BEGIN
57          Read (IntDat, ix);
58          Write (ix :15);
59          Pos := Pos + 1; IF Pos MOD WerteProZeile = 0 THEN WriteLn;
60          END; (*WHILE-EOF*)
61       CLOSE (IntDat);
62       END; (* Show_Int *)
63    (****************************************************************)
64    VAR
65       RealDat :  RealDatTyp;
66       IntDat  :  IntDatTyp;
67    BEGIN (* Hauptprogramm *)
68    ASSIGN (RealDat, 'REAL.ERG');   ASSIGN (IntDat, 'INT.ERG');
69    Save_Real (RealDat);
70    Real_Int  (RealDat, IntDat);
71    Show_Int  (IntDat);
72    END.  (* Hauptprogramm *)
```

```
DIALOG:     Reelle Zahlen [Ende mit <CTRL/Z>]:

            24.6    -738.4e2
            19.3
            -135.837    0.5478e3    14.842
            ^Z

            Reelle Zahlen werden gerundet.

            Gerundete reelle Zahlen:

                    25              -7           19           -136
                   548              15
```

8.11 Programm FPuffer

Mit jeder Dateivariablen f ist in Standard-Pascal eine **Puffervariable** $f^\wedge$ verbunden, oft auch als **Dateifenster** bezeichnet. Jedes Schreiben WRITE (f, x) einer Komponente auf die Datei bedeutet im einzelnen, daß
(1) die Variable x in die Puffervariable $f^\wedge$ im Arbeitsspeicher kopiert wird,
(2) der Inhalt der Puffervariablen $f^\wedge$ in die aktuelle Position der Datei übertragen wird – $f^\wedge$ bleibt undefiniert zurück! – und
(3) die nächste Dateiposition zur aktuellen wird.
Die Schritte (2) und (3) werden von der **Standardprozedur PUT** erledigt:
       WRITE (f, x)   ist identisch mit   BEGIN f^ := x; PUT (f); END;

Umgekehrt bewirkt jedes Lesen READ (f, x), daß
(1) der Inhalt der Puffervariablen $f^\wedge$ in die Variable x kopiert wird,
(2) die nächste Dateiposition zur aktuellen wird und
(3) der Inhalt der neuen aktuellen Dateikomponente von f schon in die Puffervariable $f^\wedge$ übertragen und für die folgende Bearbeitung bereitgestellt wird.
Die Schritte (2) und (3) werden von der **Standardprozedur GET** erledigt:
       READ (f, x)   ist identisch mit   BEGIN x := f^; GET (f); END;

RESET (f) kopiert die erste Dateikomponente in die Puffervariable $f^\wedge$; EOF (f) prüft, ob $f^\wedge$ schon die Markierung des Dateiendes enthält; READ (f, x) kopiert $f^\wedge$ in x und füllt $f^\wedge$ mit der nächsten Dateikomponente;

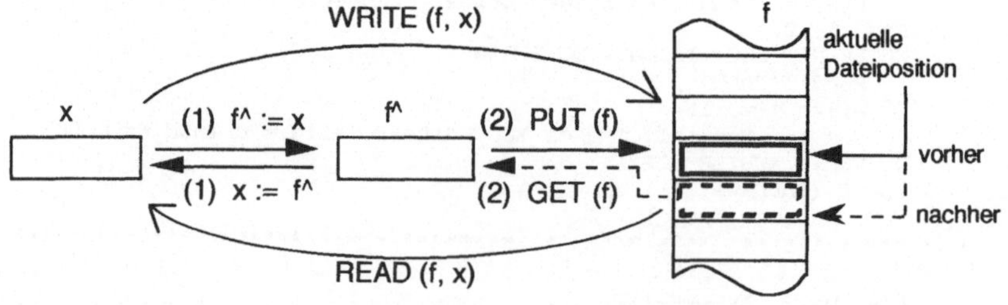

Das Programm *FPuffer* wendet wendet diese Möglichkeit an. Es ist ansonsten identisch mit *FilProc1* (8.10). Statt der lokalen Variablen rx und ix benutzt es direkt die den Dateien zugeordneten Puffervariablen *RealDat^* und *IntDat^*.
In Turbo Pascal sind Puffervariable, PUT und GET nicht bekannt!

```
1      PROGRAM FPuffer (Input, RealDat, IntDat, Output);
2      (* Wie Programm 'FilProcl', benutzt Puffervariable und PUT und GET. *)
3      TYPE
4         RealDatTyp =  FILE OF REAL;
5         IntDatTyp  =  FILE OF INTEGER;

6      VAR
7         RealDat :  RealDatTyp;
8         IntDat  :  IntDatTyp;

9      PROCEDURE Save_Real (VAR RealDat : RealDatTyp);
10        BEGIN
11        REWRITE (RealDat);
12        WHILE NOT EOF DO BEGIN
13           WHILE NOT EOLN DO BEGIN
14              Read (RealDat^);
15              PUT  (RealDat);
16              END; (*WHILE-EOLN*)
17           ReadLn;
18           END; (*WHILE-EOF*)
19        CLOSE (RealDat);
20        RESET (INPUT);
21        END; (* Save_Real *)

22     PROCEDURE Real_Int ( VAR RealDat : RealDatTyp
23                        ; VAR IntDat  : IntDatTyp  );
24        BEGIN
25        RESET   (RealDat);
26        REWRITE (IntDat);
27        WHILE NOT EOF (RealDat) DO BEGIN
28           IntFile^ :=  ROUND (RealDat^);
29           PUT (IntDat);
30           GET (RealDat);
31           END; (*WHILE-EOF*)
32        CLOSE (RealDat);
33        CLOSE (IntDat);
34        END; (* Real_Int *)

35     PROCEDURE Show_Int (VAR IntDat : IntDatTyp);
36        CONST
37           WerteProZeile = 4;
38        VAR
39           Pos :  INTEGER;
40        BEGIN
41        RESET (IntDat);
42        Pos :=  0;
43        WHILE NOT EOF (IntDat) DO BEGIN
44           Write (IntFile^ :15);
45           Pos :=  Pos + 1;
46           IF Pos MOD WerteProZeile = 0 THEN WriteLn;
47           GET (IntDat);
48           END; (*WHILE-EOF*)
49        CLOSE (IntDat);
50        END; (* Show_Int *)

51     BEGIN (* Hauptprogramm *)
52     Save_Real (RealDat);
53     Real_Int  (RealDat, IntDat);
54     Show_Int  (IntDat);
55     END.  (* Hauptprogramm *)
```

8.12 Programm VektFile

Als Basistyp für Dateien kommen alle Datentypen in Frage; auch selbstdefinierte zusammengesetzte Datentypen mit ARRAY- oder SET-Struktur sind möglich. Ausgenommen sind nur Datentypen, die selbst Dateien sind oder eine Datei als Komponente enthalten.

Das vorliegende Programm speichert reelle Vektoren, realisiert mit ARRAY, als Komponenten in einer Datei und berechnet die Länge dieser Vektoren. Es benutzt den im Programm *Vektor1* (4.16) eingeführten abstrakten Datentyp *VektorTyp*. Dazu werden der Dateityp *VektDatTyp* (Zeile 16) und zwei Anwendungsprozeduren definiert. Das Hauptprogramm legt das Exemplar *VektDat* an (Zeile 48), fragt nach der Dimension *Dim* der behandelten Vektoren (Zeile 52) und ruft damit die Anwendungsprozeduren auf.

Eine Komponente der Datei *VektDat* ist ein kompletter Vektor mit seinerseits fünf reellen Speicherkomponenten, auch wenn die aktuelle Dimension tatsächlich kleiner als fünf ist – die Datei kann damit unnötig lang werden. Jeder Vektor kann nur als Ganzes auf die Datei geschrieben oder von der Datei gelesen werden (Zeilen 24 bzw. 39)! Die einzelnen Vektorkomponenten sind nur im Arbeitsspeicher zugänglich (Zugriff in den Operationen Zeilen 9 bis 13).

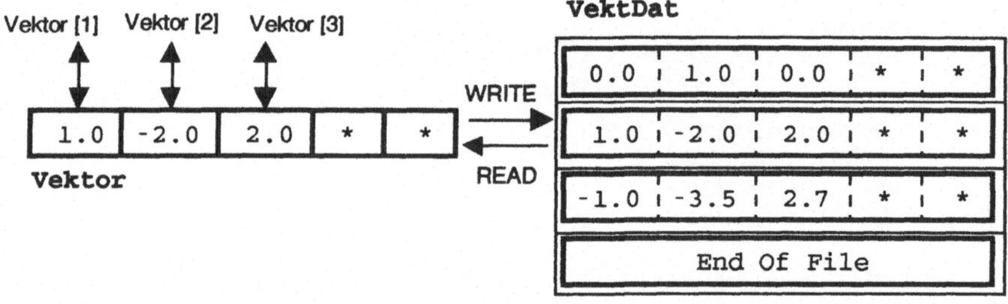

Als Ausweg aus der Platzverschendung in der Datei bietet sich an, die Datei als FILE OF REAL anzulegen. Auf dieser werden die Vektorkomponenten einzeln abgelegt. Allerdings ist dann die logische Einheit "Vektor" aufgelöst: wieviele Dateikomponenten zu einem Vektor zusammengefaßt werden, ist Sache der Interpretation und muß in den Lese- und Schreibprozeduren berücksichtigt werden.

```
INPUT:                        OUTPUT:

3                             Vektor                              Laenge
    0.0    1.0    0.0         ------------------------------------------
    1.0   -2.0    2.0             0.00    1.00    0.00         1.000
   -1.0   -3.5    2.7             1.00   -2.00    2.00         3.000
                                 -1.00   -3.50    2.70         4.532
```

```pascal
1    PROGRAM VektFile (Input, VektDat, Output);
2    (* Schreibt Vektoren auf Datei 'VektDat', liest sie wieder von dort *)
3    (* und berechnet deren Laengen (= Betraege).                        *)
4    CONST
5       MaxVectorSize = 5;      (* maximale Dimension *)
6    (********** ADT VektorTyp ****************************************)
7    TYPE
8       VektorTyp = ARRAY [1 .. MaxVectorSize] OF REAL;

9    PROCEDURE Lies                       )
10   PROCEDURE Schreib                    )      wie in
11   PROCEDURE V_Summe                    )      Programm Vektor1
12   FUNCTION  Skalar_Produkt             )      (4.16)
13   FUNCTION  V_Laenge                   )
14   (********** Vektor-Datei-Typ ************************************)
15   TYPE
16      VektDatTyp =  FILE OF VektorTyp;

17   PROCEDURE Speichere_Vektoren (VAR Datei : VektDatTyp;  Dim : INTEGER);
18      VAR
19         Vektor :  VektorTyp;
20      BEGIN
21      REWRITE (Datei);
22      WHILE NOT EOF DO BEGIN
23         Lies (Vektor, Dim);    ReadLn;
24         Write (Datei, Vektor);
25         END; (*WHILE*)
26      CLOSE (Datei);
27      END; (* Speichere_Vektoren *)

28   PROCEDURE Zeige_Vektoren_und_Laenge ( VAR Datei : VektDatTyp
29                                       ;      Dim   : INTEGER     );
30      VAR
31         Vektor :  VektorTyp;
32         Laenge :  REAL;
33         pos    :  INTEGER;
34      BEGIN
35      Writeln ('Vektor':6, ' ' :(Dim*8 - 6), 'Laenge' :15);
36      FOR pos:= 1 TO (Dim*8 + 15) DO Write ('-');   WriteLn;

37      RESET (Datei);
38      WHILE NOT EOF (Datei) DO BEGIN
39         Read (Datei, Vektor);
40         Laenge := V_Laenge (Vektor, Dim);
41         Schreib (Vektor, Dim);
42         Writeln (Laenge :15:3);
43         END; (*WHILE-EOF*)
44      CLOSE (Datei);
45      END; (* Zeige_Vektoren_und_Laenge *)
46   (*****************************************************************)
47   VAR
48      VektDat :  VektDatTyp;
49      Dim     :  INTEGER;

50   BEGIN (* Hauptprogramm *)
51   ASSIGN (VektDat, 'VEKTOR.ERG');
52   ReadLn (Dim);
53   Speichere_Vektoren          (VektDat, Dim);
54   Zeige_Vektoren_und_Laenge (VektDat, Dim);
55   END.  (* Hauptprogramm *)
```

8.13 Programm FilMenu1

Den Abschluß des Kapitels bildet ein umfangreicheres Programm zur Verwaltung einer Datei. Den Kern des Programms bildet ein **Datenverwaltungssystem**, das in dem ADT *FileTyp* mit seinen Operationen realisiert ist. Dieser ADT ist so angelegt, daß er Dateien mit beliebigem Basistyp *FileDataTyp* verwalten kann. So sind für die **Datensätze** (engl. record) neben den bisher eingeführten einfachen und zusammengesetzten Typen auch komplexere Datentypen möglich, wie sie im nächsten Kapitel eingeführt werden. Um das Datenverwaltungssystem (ADT *FileTyp*) an einen speziellen Datensatztyp anzupassen, beschreibt der Anwender in den **Anwendungsspezifikationen** die Bauart der Datensätze und – neben anderen Details – deren Ein- und Ausgabe. Der Anwendungsprogrammierer wird durch **Ein-/Ausgabe-Werkzeuge** unterstützt.

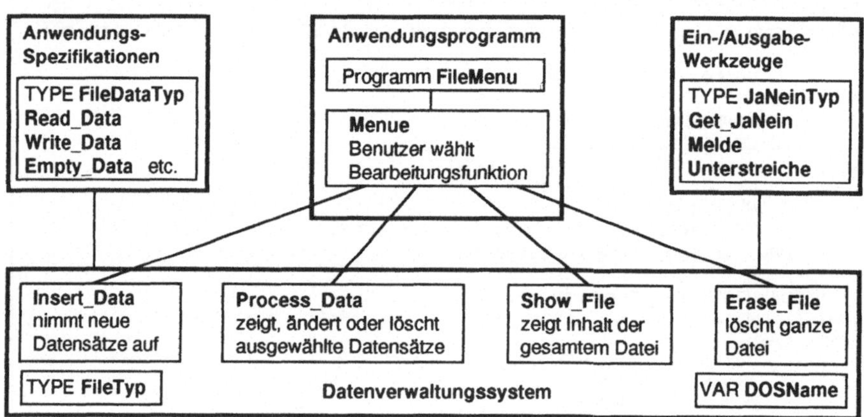

Das **Anwendungsprogramm** bietet dem Benutzer in einem Menü die verschiedenen Dienste des Datenverwaltungssystems an : **Erfassen, Zeigen, Ändern** und **Löschen von Datensätzen** sowie **Zeigen** und **Löschen der ganzen Datei**. Entsprechend der Auswahl des Benutzers verzweigt das Programm in die zuständigen Operationen. Die Prozedur *Process_Data* behandelt einzelne Datensätze gemäß den Parameterwerten *ShowMode* (Zeigemodus), *UpdateMode* (Änderungsmodus) bzw. *DeleteMode* (Löschmodus).

Zur **Modularisierung** kann Quellcode in den verbreiteten Pascal-Systemen wie Turbo Pascal in getrennten Dateien abgelegt werden. Der Compiler fügt solche **Include-Dateien** beim Übersetzungslauf an der Stelle ein, an der er mit einer **Compiler-Direktive** dazu aufgefordert wird. Diese beginnen mit einer öffnenden Kommentarklammer, unmittelbar gefolgt von einem Dollarzeichen und dem Direktiven-Kürzel. Die **Einfüge-Direktive** (engl.: include directive) hat das Kürzel "I" für "include", auf die der Name der einzuschließenden Datei folgt:

                    {$I Dateiname}

So verzweigt der Compiler in den Zeilen 5 bis 7 des **Hauptmoduls** *FilMenu1* nacheinander in die dort genannten Dateien der **Untermodule**, bevor er hinter den Verzweigungspunkten im Hauptmodul fortfährt. Dieses Vorgehen macht die **Mehrfachverwendung** einmal geschriebenen Codes möglich.

```pascal
1    PROGRAM FilMenu1 (Input, Output);
2    (* Speichert, zeigt, aendert und loescht Datensaetze in Datei *)
3    USES
4       Crt;

5    {$I IOTOOL.PAS}   (* Werkzeuge zur Unterstuetzung der Ein/Ausgabe *)
6    {$I FILSPC1.PAS}  (* Benutzer-Spezifikationen zur Datenverwaltung *)
7    {$I FILTYP1.PAS}  (* Typen und Operationen der Datenverwaltung    *)

8    (*****************************************************************)
9    PROCEDURE Menue (VAR Auswahl : CHAR);
10      CONST
11         Tab10 = '          ';     (* 10 Leerzeichen *)
12      BEGIN
13      ClrScr;   WriteLn (Tab10, 'Datei ', DOSName);
14      WriteLn;
15      WriteLn (Tab10, '1. ', SatzBezeichnung, ' erfassen');
16      WriteLn (Tab10, '2. ', SatzBezeichnung, ' zeigen');
17      WriteLn (Tab10, '3. ', SatzBezeichnung, ' aendern');
18      WriteLn (Tab10, '4. ', SatzBezeichnung, ' loeschen');
19      WriteLn (Tab10, '5. Datei zeigen');
20      WriteLn (Tab10, '6. Datei loeschen');
21      WriteLn (Tab10, '0. Ende');
22      WriteLn;
23      Write (Tab10, 'Ihre Wahl: ');
24      REPEAT Auswahl := ReadKey UNTIL Auswahl IN ['0' .. '6'];
25      END; (* Menue *)
26   (*****************************************************************)


27   VAR
28      Datei   : FileTyp;
29      Auswahl : CHAR;

30   BEGIN (* Hauptprogramm *)
31   ClrScr;   WriteLn (SatzBezeichnung, '-Datei verwalten');   WriteLn;
32   Assign_DOSName (Datei);
33   REPEAT
34      Menue (Auswahl);   ClrScr;
35      CASE Auswahl OF
36         '1' : BEGIN  WriteLn (SatzBezeichnung, ' erfassen:');   WriteLn;
37               Insert_Data (Datei);
38               END; (*1*)
39         '2' : BEGIN  WriteLn (SatzBezeichnung, ' zeigen:');    WriteLn;
40               Process_Data (Datei, ShowMode);
41               END; (*2*)
42         '3' : BEGIN  WriteLn (SatzBezeichnung, ' aendern:');   WriteLn;
43               Process_Data (Datei, UpdateMode);
44               END; (*3*)
45         '4' : BEGIN  WriteLn (SatzBezeichnung, ' loeschen:');  WriteLn;
46               Process_Data (Datei, DeleteMode);
47               END; (*4*)
48         '5' : BEGIN  WriteLn ('Datei zeigen:');    WriteLn;
49               Show_File (Datei);
50               END; (*5*)
51         '6' : BEGIN  WriteLn ('Datei loeschen:');   WriteLn;
52               Erase_File (Datei);
53               END; (*6*)
54         '0' : ;
55      END; (*CASE*)
56      UNTIL Auswahl = '0';
57   END. (* Hauptprogramm *)
```

Außer den Einfüge-Direktiven sind in der Hauptdatei diejenigen Bezeichner
fett gedruckt, die in den Anwendungsspezifikationen oder im Datenverwaltungssystem definiert sind. Mit dem Aufruf der Zeile 32 wird dem logischen
Dateibezeichner *Datei* ein physischer *DOSName* zugeordnet, den die Prozedur
Assign_DOSName aus dem **Datenverwaltungs-Modul** (Datei FILTYP1.PAS,
s.u.) vom Benutzer erfragt. Er wird bei jeder Menüanzeige zur Information
gemeldet (Zeile 13). Die Prozedur*Menue* benutzt außerdem die *SatzBezeichnung* (Zeilen 15 bis 18), die der Anwender im **Spezifikations-Modul** (Datei
FILSPC1.PAS, s.u.) entsprechend der Anwendung setzt (im vorliegenden
Beispiel 'Namen').

Turbo Pascal stellt in **Bibliotheks-Modulen** Prozeduren, Funktionen, Datenty-
pen und Konstanten für verschieden Zwecke zur Verfügung, z.B. zur Graphik-
Programmierung . Sie liegen **bereits übersetzt** vor und werden mit der USES-
Anweisung am Anfang eines Programm-Moduls eingebunden. So enthält das
Modul **UNIT** *Crt* (Zeile 4) neben der Prozedur *ClrScr* zum Löschen des Bildschirms (engl.: clear screen, Zeilen 13, 31 und 34) auch die CHAR-Funktion
ReadKey (Zeile 24). Diese wartet auf einen Tastendruck des Benutzers und liefert das zugehörige Zeichen zurück, ohne es gleichzeitig am Bildschirm darzu-
stellen. Die REPEAT-Schleife (Zeile 24) wird übrigens nur verlassen, wenn der
Benutzer eine gültige *Auswahl* getroffen hat. Da die *Auswahl* als Zeichen gelesen wird, können Fehleingaben nicht zu einem Fehler führen.

Das Hauptmodul *FilMenu1* benutzt den *FileTyp* aus dem Datenverwaltungs-
Modul. **Dateien in Standard-Pascal sind sequentielle Dateien**: die nur zum Lesen geöffnet werden können; beim Öffnen zum Schreiben wird evtl. bestehender Inhalt gelöscht. Soll die Datei um neue Datensätze erweitert werden, muß
eine Kopie der Datei angelegt werden, bei der die neuen Datensätze an den
gewünschten Stellen eingeschoben bzw. angehängt werden (vgl. Übungen).
Analoges gilt beim Ändern oder Löschen von Datensätzen.

In den gängigen Pascal-Dialekten sind Dateien als **relative Dateien** organisiert: Die Dateikomponenten sind durchlaufend numeriert, in Turbo Pascal
mit 0 beginnend. Die Komponenten-Nummer ist die **relative Satzadresse**; sie
beschreibt die Entfernung eines Datensatzes vom Anfang der Datei, gemessen
in "Anzahl Datensätze". In einer Datei *f* wird die Komponente mit der relativen Satzadresse *Pos* durch den Aufruf

```
SEEK (f, Pos)
```

zur aktuellen Komponente gemacht. Ein folgendes READ oder WRITE bezieht
sich auf diese Komponente. Es besteht also **direkter** oder **wahlfreier Zugriff** auf
die Datei (engl.: direct access, random access). Auch eine mit RESET geöffne-
ten Datei kann mit weiteren Datensätze beschrieben werden. REWRITE löscht
wie gewohnt den bestehenden Inhalt. Der Aufruf FILEPOS (*f*) liefert die relative Satzadresse der aktuellen Komponente von *f*, FILESIZE (*f*) gibt die Größe der
Datei *f* in "Anzahl Datensätze" an. CLOSE (f) verhindert weitere Bearbeitung
der Datei.

Eine relativ organisierte Datei muß zum Ändern nicht mehr kopiert werden:
Sie wird mit RESET geöffnet und die Position, deren Inhalt geändert werden
soll, mit dem neuen Inhalt überschrieben. Löschen kann man den Inhalt

durch Überschreiben mit sinnloser Information (Nullen, Leerzeichen o.ä.).
Sollen Datensätze angefügt werden, wird mit SEEK (FILESIZE (*f*)) die Position
nach dem bisher letzten Datensatz zur aktuellen gemacht. Folgende WRITE-
Anweisungen wirken ab dieser Position.

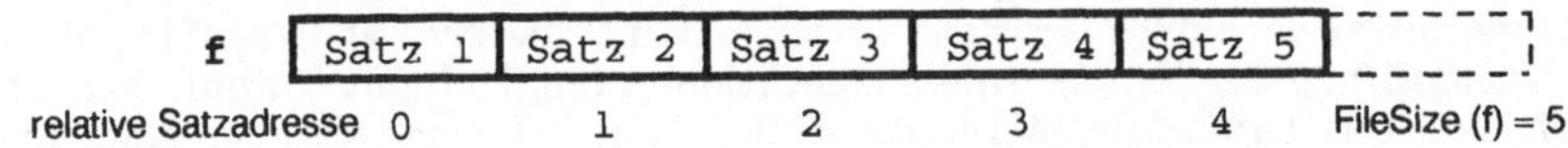

Diese Möglichkeiten der relativen Dateiorganisation werden im vorliegenden
Datenverwaltungs-Modul verwendet. Er ist in der Datei FILTYP1.PAS gespeichert ist und wird nachfolgend stufenweise eingeführt. Bezeichner, die in anderen Modulen erklärt werden, sind fett gedruckt.

```
1    (*** Datei FILTYP1.PAS ***** (Zu Programm FilMenu1) *********)
2    (*** Typ und Operationen zur Datenverwaltung ******************)
3    (*** benoetigt UNIT Crt und Dateien IOTOOL.PAS, FILSPC1.PAS *)
4    TYPE
5        FileTyp      =  FILE OF FileDataTyp;
6        ProcModeTyp  =  (ShowMode, UpdateMode, DeleteMode);

7    VAR
8        DOSName :  STRING;

9    PROCEDURE Assign_DOSName (VAR f : FileTyp);
10       BEGIN
11       Write ('Dateiname: ');   ReadLn (DOSName);   ASSIGN (f, DOSName);
12       END; (* Assign_DOSName *)

13   FUNCTION File_Exists (VAR f : FileTyp) : BOOLEAN;
14       VAR   existiert : BOOLEAN;
15       BEGIN
16       {$I-}  RESET (f);  {$I+}         existiert   :=  (IOResult = 0);
17       IF existiert THEN CLOSE (f);   File_Exists := existiert;
18       END; (* File_Exists *)

19   PROCEDURE Open_Append (VAR f : FileTyp);
20       BEGIN    RESET (f);   SEEK (f, FILESIZE (f));
21       END; (* Open_Append *)

22   PROCEDURE Put_File (VAR f : FileTyp; Pos   : INTEGER
23                                      ; DataX : FileDataTyp);
24       BEGIN
25       SEEK (f, Pos);   Write (f, DataX);
26       END; (* Put_File *)

27   PROCEDURE Get_File (VAR f : FileTyp;      Pos   : INTEGER
28                                      ; VAR DataX : FileDataTyp);
29       BEGIN
30       SEEK (f, Pos);   Read (f, DataX);
31       END; (* Get_File *)

32   PROCEDURE Insert_Data    )
44   PROCEDURE Show_Data      )
47   PROCEDURE Update_Data    )      siehe
57   PROCEDURE Delete_Data    )      folgende
62   PROCEDURE Process_Data   )      Kästen
97   PROCEDURE Show_File      )
114  PROCEDURE Erase_File     )
124  (*************************************************************)
```

Die Prozedur **Assign_DOSName** fragt den Benutzer nach dem Namen der zu behandelnden externen Datei und ordnet diesen dem logischen Namen zu (Zeile 11). Ob eine Datei schon existiert oder erst neu angelegt werden muß, prüft die Funktion **File_Exists**: existiert sie nicht, führt ein RESET zu einem fehlerhaften Abbruch des Programms. Das kann in Turbo Pascal durch **Compiler-Schalter** verhindert werden: zwischen den Schaltern {$I-}und {$I+} bleibt die Überprüfung der Ein-/Ausgabe-Operationen (engl.: Input/Output, I/O) abgeschaltet. Das Laufzeitsystem ignoriert I/O-Fehler, meldet sie aber einer globalen Variablen *InOutRes*; für fehlerlos verlaufene I/O-Operationen wird *InOutRes* zu 0 gesetzt. Die parameterlose Funktion *IOResult* fragt den Wert von *InOutRes* ab und setzt ihn immer auf 0 zurück. Verlief das Öffnen der Datei mit RESET fehlerlos, existiert die Datei (Zeile 17).

Nach dem oben schon beschriebenen Vorgehen bereitet **Open_Append** eine Datei zum Anhängen weiterer Datensätze vor (Zeile 20). **Put_File** schreibt einen Datensatz in die Komponente mit der relativen Satzadresse *Pos* (Zeile 25), **Get_File** liest ihn von dort (Zeile 30).

Mit der Prozedur **Insert_Data** werden Datensätze vom Typ *FileDataTyp* sequentiell in einer Datei gespeichert. Existiert die Datei noch nicht, wird sie mit REWRITE neu zum Schreiben geöffnet, andernfalls mit *Open_Append* zum Anhängen zusätzlicher Sätze vorbereitet (Zeile 36). Mit einer Prozedur *Read_Data* werden neue Datensätze gelesen (Zeile 37 und 40) und solange auf die Datei kopiert (Zeile 40), bis der gelesene Datensatz ein leerer Datensatz ist (Funktion *Empty_Data*, Zeile 38); dann wird die Datei geschlossen.

Der Typ *FileDataTyp* muß wie wie die Prozedur *Read_Data* und die Funktion *Empty_Data* in den Anwendungs-Spezifikationen definiert sein (siehe unten, Datei FILSPC1.PAS). Gleiches gilt für die Prozeduren *WriteTab_Header* und *WriteTab_Data* zum Schreiben eines Tabellenkopfes bzw. einer Tabellenzeile mit einem Datensatz als Inhalt; sie werden in der nachfolgend erklärten Prozedur *Show_File* verwendet.

Die Prozedur **Show_File** meldet, wenn die als Parameter übergebene Datei nicht existiert. Die dafür zuständige Prozedur *Melde* ist bei den Ein-/Ausgabe-Werkzeugen in der Datei IOTOOL.PAS definiert (s.dort). Sie erwartet eine einzige Zeichenkette als Parameter, der sich hier (Zeile 112) aus drei mit dem **Verkettungs-Operator** + hintereinandergeketteten Teilen zusammensetzt. Außerdem hält sie die Programmausführung solange an, bis der Benutzer die Taste "c" (für engl. "continue") tippt, was der Aufruf in Zeile 110 nutzt.

Existiert die Datei, wird sie mit RESET geöffnet und die relative Satzadresse *Last* der letzten Komponente bestimmt (Zeile 102). Damit läßt sich eine FOR-Schleife begrenzen, die nach dem Schreiben der Tabellenüberschrift die Sätze der Datei liest und die nicht gelöschten (nicht leeren) zeilenweise in die Tabelle einträgt.

Die Prozedur **Erase_File** sichert, daß der Benutzer die Datei nicht versehentlich löscht (Zeile 117): Die Funktion *Get_JaNein* aus IOTOOL.PAS wartet, bis eine Bestätigung ("J") oder Ablehnung ("N") erfolgt und liefert die entsprechenden Funktionswerte *Ja* bzw. *Nein* vom Typ *JaNeinTyp*. Die Turbo Pascal-Prozedur ERASE führt das Löschen durch.

```
1    (*** Datei FILTYP1.PAS ***** (Zu Programm FilMenu1) *************)
2    (*** Typ und Operationen zur Datenverwaltung *********************)
3    (*** benoetigt UNIT Crt und Dateien IOTOOL.PAS, FILSPC1.PAS ****)
4    TYPE
5       FileTyp      = FILE OF FileDataTyp;
6       ProcModeTyp = (ShowMode, UpdateMode, DeleteMode);
7    VAR
8       DOSName :  STRING;

9    PROCEDURE Assign_DOSName  )
13   FUNCTION  File_Exists     )
18   PROCEDURE Open_Append     )        siehe vorigen Kasten
22   PROCEDURE Put_File        )
27   PROCEDURE Get_File        )

32   PROCEDURE Insert_Data (VAR f : FileTyp);
33      (* haengt Daten an Datei an *)
34      VAR   DataX : FileDataTyp;
35      BEGIN
36      IF NOT File_Exists (f) THEN  REWRITE (f)  ELSE  Open_Append (f);
37      Read_Data (DataX);
38      WHILE NOT Empty_Data (DataX) DO BEGIN
39        Write (f, DataX);
40        ClrScr;   Read_Data (DataX);
41        END; (*WHILE*)
42      CLOSE (f);
43      END; (* Insert_Data *)

44   PROCEDURE Show_Data       )
47   PROCEDURE Update_Data     )        siehe
57   PROCEDURE Delete_Data     )        folgenden Kasten
62   PROCEDURE Process_Data    )

97   PROCEDURE Show_File (VAR f : FileTyp);
98      VAR   DataX       : FileDataTyp;
99            Last, Pos : INTEGER;
100     BEGIN
101     IF File_Exists (f) THEN BEGIN
102       RESET (f);   Last := FILESIZE (f) - 1;
103       Write ('Pos' :5, ' ':3);   WriteTab_Header;   WriteLn;
104       FOR Pos := 0 TO Last DO BEGIN
105         Read (f, DataX);
106         IF NOT Empty_Data (DataX) THEN BEGIN
107            Write (Pos :5, ' ':3);   WriteTab_Data (DataX);
108            END; (*IF*)
109          END; (*FOR*)
110       CLOSE (f);   WriteLn;   Melde ('');
111       END
112     ELSE Melde ('Datei ' + DOSName + ' existiert nicht.');
113     END; (* Show_File *)

114  PROCEDURE Erase_File (VAR f : FileTyp);
115     BEGIN
116     IF File_Exists (f) THEN BEGIN
117        Write ('Datei ', DOSName, ' wirklich loeschen? (J/N): ');
118        IF Get_JaNein = Ja
119           THEN BEGIN   ERASE (f); Melde (' GELOESCHT!');   END
120           ELSE Melde (' NICHT geloescht!');
121        END
122     ELSE Melde ('Datei ' + DOSName + ' existiert nicht.');
123     END; (* Erase_File *)
124  (*************************************************************************)
```

Die generelle Vorgehensweise ist beim Zeigen, Ändern und Löschen einzelner
Datensätze identisch und in der Prozedur *Process_Data* formuliert. Eine existierende Datei wird mit RESET zum Lesen und Schreiben geöffnet und die
Adresse *Last* des letzten Datensatzes bestimmt. Dann wird der Benutzer nach
der Adresse *Pos* des zu bearbeitenden Satzes gefragt (Zeile 70). Ist die Adresse
zulässig, wird mit *Get_File* diese Adresse gesucht und eine Kopie des zugehörigen Datensatzes als *DataX* in den Arbeitsspeicher geladen (Zeile 73). Ist dieser Datensatz nicht leer (Funktion *Empty_Data*, Zeile 74), kann er bearbeitet
werden (Zeilen 76 bis 84).

Die **Bearbeitungsart** (engl.: process mode) hängt vom Wert der übergebenen
Parameters *ProcMode* ab (Zeile 75). Er hat einen der möglichen Werte des Datentyps *ProcModeTyp* (Zeile 6). Für den Wert ***ShowMode*** (Zeile 76) wird über
die Prozedur *Show_Data* (Zeile 44) der Datensatz mit Hilfe des anwenderspezifischen *Write_Data* angezeigt und mit *Melde* das Zeichen "c" des Benutzers
abgewartet (Zeile 45).

Hat *ProcMode* den Wert ***UpdateMode***, wird mit *Update_Data* der Datensatz
DataX aktualisiert und mit *Put_File* an die gleiche Adresse *Pos* zurückgeschrieben (Zeilen 78 und 79). Die Prozedur *Update_Data* zeigt den derzeitigen
Inhalt des Datensatzes (Zeile 51) und legt eine Kopie *DataNew* an. Diese wird
der anwenderspezifischen Prozedur *Change_Data* zur tatsächlichen Neubesetzung übergeben (Zeile 50) und der neue Inhalt zur Bestätigung angezeigt
(Zeile 53). Erst wenn der Benutzer seine eigene Neubesetzung akzeptiert (Zeile
54), wird die Veränderung wirksam (Zeile 55).

Ähnlich liegen die Dinge, wenn *ProcMode* den Wert ***DeleteMode*** hat. Die Prozedur *Delete_Data* (Aufruf in Zeile 82) zeigt den Inhalt der Kopie *DataX* und
bittet den Benutzer um Bestätigung des Löschens (Zeile 59). Erfolgt sie, wird in
DataX "ausradiert" (Funktion *Erase_Data*, Zeile 68), andernfalls bleibt der
ursprüngliche Datensatzinhalt erhalten. In jedem Fall wird *DataX* wieder an
die gleiche relative Adresse der Datei zurückkopiert (Zeile 83). So entstandene
freie Dateipositionen bleiben künftig unbesetzt (vgl. aber Übungsaufgabe).

Das so entwickelte Datenverwaltungssystem ist weitestgehend unabhängig von
der speziellen Bauart der Datensätze. Der Anwendungsprogrammierer hat jedoch in der Datei FILSPC1.PAS anwendungsspezifische Angaben zu machen.

```
1    (*** Datei FILTYP1.PAS ***** (Zu Programm FilMenu1) ************)
2    (*** Typ und Operationen zur Datenverwaltung *********************)
3    (*** benoetigt UNIT Crt und Dateien IOTOOL.PAS, FILSPC1.PAS ****)
4    TYPE
5        FileTyp      =  FILE OF FileDataTyp;
6        ProcModeTyp  =  (ShowMode, UpdateMode, DeleteMode);

7    VAR
8        DOSName : STRING;

9    PROCEDURE Assign_DOSName  )
13   FUNCTION  File_Exists     )
18   PROCEDURE Open_Append     )        siehe
22   PROCEDURE Put_File        )        vorige Kästen
27   PROCEDURE Get_File        )
32   PROCEDURE Insert_Data     )

                                       (Fortsetzung nächste Seite)
```

```
(Fortsetzung von Datei FILTYP1.PAS - zu Programm FilMenu1)

44   PROCEDURE Show_Data (DataX : FileDataTyp);
45      BEGIN   ClrScr;   Write_Data (DataX);   WriteLn;   Melde ('');
46      END; (* Show_Data *)

47   PROCEDURE Update_Data (VAR DataX : FileDataTyp);
48      VAR   DataNew  :  FileDataTyp;
49      BEGIN
50      REPEAT
51         ClrScr;              Write_Data (DataX);      WriteLn;
52         DataNew :=  DataX;   Change_Data (DataNew);   WriteLn;
53         Write_Data (DataNew);   Write ('OK? (J/N): ');
54         UNTIL Get_JaNein = Ja;
55      DataX :=  DataNew;
56      END; (* Update_Data *)

57   PROCEDURE Delete_Data (VAR DataX : FileDataTyp);
58      BEGIN    ClrScr;
59      Write_Data (DataX);   Write ('Wirklich loeschen? (J/N): ');
60      IF Get_JaNein = Ja THEN   Erase_Data (DataX);
61      END; (* Delete_Data *)

62   PROCEDURE Process_Data (VAR f : FileTyp;  ProcMode : ProcModeTyp);
63      (* zeigt, aendert oder loescht Datensaetze. *)
64      VAR   DataX      :  FileDataTyp;
65            Last, Pos :  INTEGER;
66      BEGIN
67      IF File_Exists (f) THEN BEGIN
68         RESET (f);
69         Last :=  FILESIZE (f) - 1;
70         Write ('Dateiposition [Ende mit <-1>]: ');   ReadLn (Pos);
71         WHILE Pos >= 0 DO BEGIN
72            IF Pos <= Last THEN BEGIN
73               Get_File (f, Pos, DataX);
74               IF NOT Empty_Data (DataX)
75                  THEN CASE ProcMode OF
76                          ShowMode   : Show_Data (DataX);
77                          UpdateMode : BEGIN
78                                       Update_Data (DataX);
79                                       Put_File (f, Pos, DataX);
80                                       END;
81                          DeleteMode : BEGIN
82                                       Delete_Data (DataX);
83                                       Put_File (f, Pos, DataX);
84                                       END;
85                       END (*CASE*)
86                  ELSE Melde ('Position ist nicht besetzt.');
87               END
88            ELSE
89               Melde ('Position zu gross.');
90            WriteLn;   ClrScr;
91            Write ('Dateiposition [Ende mit <-1>]: ');   ReadLn (Pos);
92            END; (*WHILE*)
93         CLOSE (f);
94         END
95      ELSE Melde ('Datei ' + DOSName + ' existiert nicht.');
96      END; (* Process_Data *)

97  PROCEDURE Show_File       )       siehe
114 PROCEDURE Erase_File      )       vorige Kästen
124 (***************************************************************)
```

Um die so entwickelte Datenverwaltung im Hauptprogramm anwenden zu
können, muß der Programmierer in einer **Schnittstelle** zur Datenverwaltung
die **Anwendungsspezifikationen** angeben:
 – welche Bauart sollen die Datensätze haben (*FileDataTyp*),
 – wie werden die Datensätze benannt (*SatzBezeichnung*),
 – wie wird ein Datensatz gelesen und geändert (*Read_Data, Change_Data*)
 – wie wird ein Datensatz einzeln (*Write_Data*) bzw. in einer Tabelle
   (*WriteTab_Data*) angezeigt,
 – wie ist die Tabellenüberschrift gestaltet (*WriteTab_Header*),
 – was ist ein leerer Datensatz (*NoData*).
 – wann ist ein Datensatz leer (*Empty_Data*),
Die Schnittstelle besteht hier aus einer weiteren Include-Datei FILSPC1.PAS,
die **vor** der Datenverwaltung FILTYP1.PAS in das Hauptprogramm eingebunden werden muß (s. dort Zeilen 6 und 7). Der Quell-Text spricht für sich selbst.
Change_Data läßt nach Eingabe einer leeren Zeichenkette (mit RETURN) den
Namen unverändert. Die Funktion *Empty_Data* erkennt, ob ein Datensatz mit
NoData identisch ist, also leer ist oder gelöscht wurde.

```
1    (*** Datei FILSPC1.PAS ***** (Zu Programm FilMenu1) **************)
2    (*** Anwendungsspezifikationen - Schnittstelle zur Datenverwaltung ***)
3    TYPE
4       FileDataTyp =  STRING [10];
5    CONST
6       SatzBezeichnung =  'Namen';
7       NoData          =  '+++';

8    PROCEDURE Read_Data (VAR DataX : FileDataTyp);
9       BEGIN
10      Write ('Name [Ende mit <', NoData, '>]: ');   ReadLn (DataX);
11      END; (* Read_Data *)

12   PROCEDURE Change_Data (VAR DataX : FileDataTyp);
13      VAR   NameNeu : STRING;
14      BEGIN
15      Write ('Neuer Name [oder <RETURN>]: ');
16      ReadLn (NameNeu);   IF NameNeu <> '' THEN DataX :=  NameNeu;
17      END; (* Change_Data, *)

18   PROCEDURE Erase_Data (VAR DataX : FileDataTyp);
19      BEGIN   DataX :=  NoData;
20      END; (* Erase_Data *)

21   PROCEDURE Write_Data (DataX : FileDataTyp);
22      BEGIN   WriteLn ('Name: ', DataX);
23      END; (* Write_Data *)

24   PROCEDURE WriteTab_Header;
25      BEGIN   WriteLn ('Namen      ':10);
26      END; (* WriteTab_Header *)

27   PROCEDURE WriteTab_Data (DataX : FileDataTyp);
28      BEGIN   WriteLn (DataX);
29      END; (* WriteTab_Data *)

30   FUNCTION Empty_Data (DataX : FileDataTyp) : BOOLEAN;
31      BEGIN   Empty_Data :=  (DataX = NoData);
32      END; (* Empty_Data *)
33   (*******************************************************************)
```

Zur Unterstützung der interaktiven Ein- und Ausgabe dienen **Ein-/Ausgabe-Werkzeuge**, die als Prozeduren und Funktionen in der Datei IOTOOL.PAS gesammelt sind. Die Prozedur *Melde* schreibt eine Zeichenkette, falls sie nicht leer ist, an den Bildschirm. In jedem Fall fordert sie den Benutzer auf, die Taste "c" zu drükken; so lange hält sie den Programmlauf an. Die parameterlose Funktion *Get_JaNein* liefert einen der beiden Werte *Ja* oder *Nein* des selbstdefinierten Datentyps *JaNeinTyp* (Zeile 4) zurück – welchen hängt davon ab, ob der Benutzer das Zeichen 'J' oder 'N' getippt hat. Das Zeichen z wird von der Prozedur *Unterstreiche* wird in N aufeinanderfolgenden Exemplaren geschrieben. Diese Werkzeuge (engl.: tools) können in beliebige Pascal-Dateien eingefügt werden; die Datei kann um weitere nützliche Routinen erweitert werden.

```
1  (*** Datei IOTOOL.PAS ***** (Zu Programm FilMenul) **************)
2  (*** Hilfsprozeduren fuer interaktive Ein/Ausgabe ******************)
3  TYPE
4     JaNeinTyp =  (Ja, Nein);

5  FUNCTION Get_JaNein : JaNeinTyp;
6     (* Wartet auf Benutzereingabe 'j' oder 'n'; liefert Funktionswert *)
7     (* 'Ja' oder 'Nein' des selbstdefinierten Typs 'JaNeinTyp'.        *)
8     VAR
9        ch : CHAR;
10    BEGIN
11    REPEAT ch := ReadKey UNTIL ch IN ['J', 'j', 'N', 'n'];
12    CASE ch OF
13       'J', 'j' : Get_JaNein :=  Ja;
14       'N', 'n' : Get_JaNein :=  Nein;
15       END; (*CASE*)
16    END; (* Get_JaNein *)

17 PROCEDURE Melde (s : STRING);
18    (* Schreibt Zeichenkette 's'; wartet auf Benutzereingabe 'c' *)
19    BEGIN
20    IF LENGTH (s) <> 0 THEN WriteLn (s);
21    WriteLn ('Weiter mit <C>.');
22    REPEAT  UNTIL  ReadKey IN ['C', 'c'];
23    END; (* Melde *)

24 PROCEDURE Unterstreiche (z : CHAR;   N : INTEGER);
25    (* schreibt N-mal das Zeichen z *)
26    VAR   pos : INTEGER;
27    BEGIN
28    FOR pos := 1 TO N DO Write (z);
29    END; (* Unterstreiche *)
30 (***********************************************************************)
```

Auf den folgenden Seiten ist ein möglicher Dialog mit dem Programm wiedergegeben. Vom Benutzer benannte und angelegte Dateien "überleben" einen Programmlauf und können nach dem nächsten Start des Programms weiterbearbeitet werden.

Im nächsten Kapitel wird der Konstruktor RECORD eingeführt, mit dem Datentypen für Datensätze fast beliebiger Komplexität zusammengesetzt werden können. Auch solche Datensätze kann das vorliegende Programm verwalten, wenn die Anwendungsspezifikationen entsprechend angepaßt sind.

DIALOG zu Programm **FilMenu1**:
(Jeder Kasten entspricht dem Inhalt
einer Bildschirmseite)

```
Namen-Datei verwalten

Dateiname: NAMEN.DAT
```

```
          Datei NAMEN.DAT

     1. Namen erfassen
     2. Namen zeigen
     3. Namen aendern
     4. Namen loeschen
     5. Datei zeigen
     6. Datei loeschen
     0. Ende

        Ihre Wahl: 1
```

```
Namen erfassen:

Name [Ende mit <+++>]: Gerda
```

```
Name [Ende mit <+++>]: Lisa
```

```
Name [Ende mit <+++>]: Rosa
```

```
Name [Ende mit <+++>]: Hanna
```

```
Name [Ende mit <+++>]: Ulla
```

```
Name [Ende mit <+++>]: +++
```

```
          Datei NAMEN.DAT

     1. Namen erfassen
     2. Namen zeigen
     3. Namen aendern
     4. Namen loeschen
     5. Datei zeigen
     6. Datei loeschen
     0. Ende

        Ihre Wahl: 5
```

```
Datei zeigen:

   Pos    Namen

    0    Gerda
    1    Lisa
    2    Rosa
    3    Hanna
    4    Ulla

Weiter mit <C>. c
```

```
          Datei NAMEN.DAT

     1. Namen erfassen
     2. Namen zeigen
     3. Namen aendern
     4. Namen loeschen
     5. Datei zeigen
     6. Datei loeschen
     0. Ende

        Ihre Wahl: 3
```

```
Namen aendern:

Dateiposition [Ende mit <-1>]: 2
```

```
Name: Rosa

Neuer Name [oder <RETURN>]: Klara

Name: Klara

OK? (J/N) j
```

```
Dateiposition [Ende mit <-1>]: 4
```

```
Name: Ulla

Neuer Name [oder <RETURN>]: <RETURN>

Name: Ulla

OK? (J/N) j
```

```
Dateiposition [Ende mit <-1>]: -1
```

```
          Datei NAMEN.DAT

     1. Namen erfassen
     2. Namen zeigen
     3. Namen aendern
     4. Namen loeschen
     5. Datei zeigen
     6. Datei loeschen
     0. Ende

        Ihre Wahl: 4
```

```
Namen loeschen:

Dateiposition [Ende mit <-1>]: 3
```

```
Name: Hanna

Wirklich loeschen? (J/N): j
```

```
Dateiposition [Ende mit <-1>]: 1
```

```
Name: Lisa

Wirklich loeschen? (J/N): n
```

```
Dateiposition [Ende mit <-1>]: -1
```

```
        Datei NAMEN.DAT

        1. Namen erfassen
        2. Namen zeigen
        3. Namen aendern
        4. Namen loeschen
        5. Datei zeigen
        6. Datei loeschen
        0. Ende

        Ihre Wahl: 1
```

```
Namen erfassen:

Name [Ende mit <+++>]: Eva
```

```
Name [Ende mit <+++>]: +++
```

```
        Datei NAMEN.DAT

        1. Namen erfassen
        2. Namen zeigen
        3. Namen aendern
        4. Namen loeschen
        5. Datei zeigen
        6. Datei loeschen
        0. Ende

        Ihre Wahl: 5
```

```
Datei zeigen:

   Pos    Namen

    0     Gerda
    1     Lisa
    2     Klara
    4     Ulla
    5     Eva

Weiter mit <C>. c
```

```
        Datei NAMEN.DAT

        1. Namen erfassen
        2. Namen zeigen
        3. Namen aendern
        4. Namen loeschen
        5. Datei zeigen
        6. Datei loeschen
        0. Ende

        Ihre Wahl: 2
```

```
Namen zeigen:

Dateiposition [Ende mit <-1>]: 5
```

```
Name: Eva

Weiter mit <C>. c
```

```
Dateiposition [Ende mit <-1>]: -1
```

```
        Datei NAMEN.DAT

        1. Namen erfassen
        2. Namen zeigen
        3. Namen aendern
        4. Namen loeschen
        5. Datei zeigen
        6. Datei loeschen
        0. Ende

        Ihre Wahl: 6
```

```
Datei loeschen:

Datei NAMEN.DAT wirklich loeschen?
(J/N): n NICHT geloescht!
Weiter mit <C>. c
```

```
        Datei NAMEN.DAT

        1. Namen erfassen
        2. Namen zeigen
        3. Namen aendern
        4. Namen loeschen
        5. Datei zeigen
        6. Datei loeschen
        0. Ende

        Ihre Wahl: 0
```

8.14 Zusammenfassung

❏ **Dateien** dienen dazu, Daten über den Ablauf eines Programms hinaus langfristig auf einem **Speichermedium** zu sichern. Insbesondere können verschiedene Programme auf die gleichen Dateien zugreifen. Dateitypen werden in Pascal mit dem Konstruktor FILE gebildet.

❏ Die Komponenten von FILE heißen **Datensätze** und müssen gleichen Basistyp besitzen. Ihre Anzahl ist prinzipiell beliebig groß und nur durch das benutzte Speichermedium (Festplatte, Diskette, Magnetband usw.) begrenzt.

❏ Als Basistyp einer Datei kommen fast alle Datentypen in Frage, auch zusammengesetzte wie ARRAY, SET und RECORD (vgl. Kapitel 9). Der Basistyp darf aber selbst keine FILE-Struktur sein oder enthalten.

❏ Eine Datei wird mit REWRITE zum Beschreiben geöffnet, wobei alter Inhalt gelöscht wird. RESET öffnet eine Datei zum Lesen. Weitere Operationen sind READ, WRITE und EOF.

❏ Standard-Pascal kennt zur Ein- und Ausgabe der Puffervariablen einer Datei die Prozeduren PUT und GET (in Turbo Pascal nicht verfügbar).

❏ TEXT ist ein spezieller Dateityp mit CHAR-Komponenten und Zeilengliederung. Das Zeilenende kann mit der EOLN-Funktion erkannt werden. Die Standard-Dateien INPUT und OUTPUT sind TEXT-Dateien (vgl. Kapitel 7).

❏ Binäre Dateien (FILE OF *BasisTyp*) speichern Information im Maschinencode und benötigen i.a. weniger Platz. Zahlwerte können direkt verwendet werden. TEXT-Dateien speichern Daten zeichenweise und benötigen mehr Platz. Zahlwerte müssen vor Verwendung in Berechnungen gewandelt werden. TEXT-Dateien eignen sich zum Datenaustausch mit EDV-Anlagen unterschiedlichen Typs.

❏ Dateien können nur als VAR-Parameter übergeben werden. Sie werden nach Verlassen der Programmeinheit automatisch geschlossen, in der sie geöffnet worden sind. Turbo Pascal verlangt aber die ausdrückliche Anwendung von CLOSE; andernfalls geht der Inhalt der Datei verloren.

❏ In der VAR-Deklaration wird eine Dateivariable mit einem Bezeichner versehen. Dieser Bezeichner ist der programminterne **logische Dateiname**. Ihm entspricht ein externer **physischer Dateiname**, der den Namenskonventionen des jeweiligen Betriebssystems folgt. Der Mechanismus der Zuordnung kann als Teil von RESET bzw. REWRITE oder in einer besonderen Prozedur implementiert sein (Turbo Pascal: ASSIGN).

❏ FILE ist in Standard Pascal eine **sequentiell organisierte** Datenstruktur. Einzelne Datensätze können nicht direkt adressiert werden. In den verbreiteten Pascal Systemen allerdings ist FILE **relativ organisiert** . Jeder Datensatz besitzt eine relative Satzadresse, die **direkt** oder **wahlfrei** angesprochen wird (Turbo Pascal: SEEK).

❏ Zur **Modularisierung** von Programmen können Programmeinheiten als Quellcode in separaten Dateien (**Include-Dateien**) abgelegt und zum Übersetzen in anderen Quellcode eingebunden werden (nicht Standard). In Turbo Pascal dient dazu die Compiler-Direktive $I. Allgemein formulierte Programmteile sind damit **mehrfach verwendbar.**

❏ Turbo Pascal stellt wichtige Hilfsroutinen als **Bibliotheks-Module** in sog. UNITs zur Verfügung. Sie liegen in schon übersetzter Form vor und werden in Programme mit der USES-Anweisung eingebunden. Eine häufig benötigte UNIT ist Crt zur Steuerung von Bildschirm und Tastatur.

8.15 Aufgaben

1. Speichern Sie mit einem Texteditor oder einem Textverarbeitungsprogramm eine Folge reeller numerischer Zahlwerte auf einer externen Textdatei REELL1.DAT. Schreiben Sie ein Programm, das diese Zahlen liest und auf eine zweite Textdatei REELL2.DAT formatiert kopiert. Ein weiteres Programm soll diese Textdatei lesen und die Summe ihrer Werte bestimmen und anzeigen.

2. Wie Aufgabe 1, jedoch soll die Zwischendatei REELL2.DAT eine reine Zeichendatei ohne Zeilenstruktur sein.

3. Wie Aufgabe 1, jedoch soll die Zwischendatei eine binäre numerische Datei sein.

4. Die Programme *SaveReal*, *RealInt* und *ShowInt* (8.7 bis 8.9) dieses Kapitels sollen nur Textdateien benutzen.

5. In die vorgestellten Programme *SaveText* (8.1) und *SaveChar* (8.2) soll eine einfache, nicht reversible **Datenkompression** eingebaut werden: aufeinanderfolgende Leerzeichen werden vor der Speicherung zu einem einzigen zusammengefasst.

6. Verändern Sie das Programm *VektFile* (8.12), indem Sie Puffervariable einführen und auf sie die Prozeduren PUT bzw. GET anwenden.

7. In Programm *FPuffer* (8.11) wurde die Wirkungsweise von WRITE (f, x) und READ (f, x) auf eine Datei f mit der Puffervariablen $f^{\wedge}$ und PUT /GET definiert. Wie lauten entsprechende Defitionen von WRITELN (t, ch) und READLN (t, ch) für eine Datei t vom Typ TEXT und ch vom Typ CHAR?

8. Ein Programm soll Wörter in eine Datei schreiben. Ein zweites Programm soll diejenigen Wörter herausfiltern, die mit einer vom Benutzer angegebenen Kombination von drei Buchstaben beginnen.

9. Modularisieren Sie das Programm *SortNam1* (7.17), indem Sie Teile des Quellprogramms in getrennte Dateien verlagern, die mit der Compiler-Direktive $I beim Übersetzen eingebunden werden.

10. Ein Programm soll zwei binäre Dateien erzeugen und darin ganze Zahlen sortiert speichern. Beiden Dateien sollen dann zu einer einzigen sortierten Datei zusammengefasst werden ("**Sortieren durch Mischen**").

11. Ändern Sie in Programm *FilMenu1* (8.13) die Implementation der Prozedur *Insert_Data* und *Process_Data* entsprechend der Einschränkung, daß auf die Datei nur streng sequentiell zugegriffen werden darf.

12. Schreiben Sie für das Programm *FilMenu1* (8.13) Anwendungsspezifikationen, die das Verwalten von Datensätzen des Typs (a) INTEGER (b) *VektorTyp* (vgl. Programm *Vektor1*, 4.16) möglich machen. Testen Sie.

13. Verändern Sie das Datenverwaltungssystem von Programm *FilMenu1* (8.13) so, daß neu aufgenommene Datensätze in evtl. vorhandene Lücken der Datei gespeichert werden, die durch Löschen von Datensätzen entstanden sind. Relative Dateiorganisation und wahlfreier Zugriff werden vorausgesetzt und das Schreiben in eine mit RESET geöffnete Datei erlaubt (nicht Standard!). Hinweis: halten Sie im Arbeitsspeicher eine Liste der freien Dateipositionen, an deren erster Stelle die Anzahl der aktuell freien Positionen mitgeführt ist. Diese Liste wird beim Beenden des Programms auf einer externen Datei gesichert und bei einem Neustart von dort in den Arbeitsspeicher zurückgeladen.

14. Verändern Sie das Programm *SortNam2* aus (7.18) so, daß die Namen nicht in einem ARRAY, sondern in einer Datei gespeichert sind. Damit stehen sie bei jedem Neustart des Programms wieder zur Verfügung. Das Index-ARRAY soll vor Programmende auf einer **Index-Datei** gerettet und nach einem Programmstart von dieser geladen werden. Bauen Sie eine Routine zum Anhängen weiterer Daten ein und steuern Sie den Aufruf der Routinen durch ein Menü.

15. Erweitern Sie analog der vorigen Aufgabe die Leistungen des Programms *FilMenu1* (8.13) um das Sortieren. Der Index soll vor Programmende mit einer Prozedur *Store_Idx* auf eine Indexdatei gespeichert, von dieser nach Programmstart mit *Load_Idx* geladen werden. Die Namensgebung soll so abgewandelt werden, daß die Primärdatei die Erweiterung '.DAT', die Indexdatei die Erweiterung '.IDX' erhält.

16. Gestalten Sie die Prozedur *Assign_DOSName* des Programms *FilMenu1* (8.13) komfortabler: Eine Hilfsprozedur *Analysiere_DOSName* , die in die Datei IOTOOL.PAS aufgenommen wird, zerlegt den vom Benutzer angegebenen *Dateinamen* in die Bestandteile *Name* und *Erweiterung*. Dabei werden ggf. *Name* auf die acht und *Erweiterung* auf die drei zulässigen Zeichen gekürzt. *Assign_DOSName* baut aus diesen Bestandteilen *DOSName* zusammen: '*Name.Erweiterung*'. Hat der Benutzer keinen Namen angegeben, wird er mit 'DATEI' , eine fehlende Erweiterung mit 'DAT' angenommen.

17. Im Allgemeinen überschreitet in Programm *FilMenu1* (8.13) die tabellarische Anzeige der Datensätze durch die Prozedur *Show_File* eine Bildschirmseite. Erweitern Sie diese Prozedur so, daß jeweils eine Seite so lange angezeigt wird, bis der Benutzer eine vereinbarte Taste drückt.

9 Die Datenstruktur RECORD – Module in Objektcode

Dieses Kapitel behandelt in den Beispielprogrammen:

* Die Verbund-Datenstruktur RECORD

* Datensätze und Datenfelder

* Die WITH-Anweisung

* Geschachtelte Datensätze – geschachtelte WITH-Anweisungsstrukturen

* Konstruktion eines ADT aus bestehenden ADTs

* Programmentwicklung "Top Down" und "Bottom Up"

* RECORD als Komponente von ARRAY und FILE

* ARRAY und FILE als Komponenten von RECORD

* Sortieren von Datensätzen nach verschiedenen Kriterien

* Separat übersetzbare Module – Das UNIT-Konzept

* Ein verbessertes Datenverwaltungssystem

* Über Schlüssel indizierte Dateien

* Logisches und physisches Löschen von Datensätzen

* Datenkapselung, Geheimnisprinzip und Software-IC

9.1 Programm Person0a

Die bisher eingeführten Datenstrukturen lassen nur Komponenten des gleichen Datentyps zu. Der Basistyp der Datenstrukturen ARRAY und FILE kann jedoch selbst wieder ein zusammengesetzter Datentyp sein. Um also neben dem Namen weitere Angaben zu Personen – wie Alter, Postleitzahl und Wohnort – in der *Datei* des Programms *FilMenu1* (8.13) zu speichern, könnte man als Basistyp *FileDataTyp* die ARRAY-Struktur *PersonTyp* einführen:

```
PersonTyp =  ARRAY [1 ..4] OF STRING [20];
```

Welche der ARRAY-Komponenten dann welche Personenangabe darstellt, ist Definitionssache und muß in einem Kommentar festgehalten werden. Für sämtliche Angaben eines Datensatzes – auch für Alter und Postleitzahl – werden zwanzig Byte reserviert, da alle Komponenten eines ARRAY den gleichen Typ besitzen müssen. Dies bedeutet eine unangemessen hohe Platzverschwendung. Auch mag es in der speziellen Anwendung sinnvoll sein, das Alter oder die Postleitzahl als Zahlwert zu speichern, um damit arithmetische Operationen durchführen zu können.

Die genannten Einschränkungen entfallen bei der **Datenstruktur RECORD** (engl. für **"Datensatz"**), mit der **Datenfelder** unterschiedlicher Typen zu einer Einheit zusammengefaßt werden. Diese Struktur wird auch **Verbundstruktur** genannt. Eine Datensatz-Struktur für das o.g. Personenbeispiel könnte damit folgendermaßen definiert werden:

```
PersonTyp =  RECORD
                Name, Wohnort : STRING [15];
                Alter         : INTEGER;
                PLZ           : LONGINT;
                END;
```

Jeder Datensatz vom Typ *PersonTyp* besteht also aus vier Datenfeldern mit den Bezeichnern *Name, Wohnort, Alter, PLZ*. Damit ist im Programmtext die Bedeutung jedes Datenfeldes dokumentiert. Der Typ eines Datenfeldes kann seiner Bedeutung und Verwendung individuell angepaßt werden; es wird nur der benötigte Speicherbedarf vorgesehen. Der Datentyp LONGINT von Turbo Pascal umfaßt die ganzen Zahlen mit $|z| \leq 2.147.483.647$. Mit der Deklaration

```
VAR
     Person : PersonTyp;
```

wird im Arbeitsspeicher unter dem gemeinsamen Bezeichner *Person* der Platz für die vier Datenfelder in der Reihenfolge ihrer Nennung angelegt.

Person		
Name	'Bebel'	
Wohnort	'Kdorf'	
Alter	38	
PLZ	82561	

Auf die einzelnen Datenfelder eines RECORDs wird durch **Feldauswahl** zugegriffen: hinter dem Namen des Datensatzes steht ein Punkt, gefolgt vom betref-

fenden Feldbezeichner. Die Felder des Datensatzes *Person* kann man beispielsweise mit folgenden Anweisungen bearbeiten:

```
Person.Name :=  'Bebel';
ReadLn (Person.Alter);
WriteLn (Person.Wohnort);
DataX :=  Person.PLZ;                    (falls DataX vom Typ INTEGER)
```

```
1     PROGRAM Person0a (Input, Output);
2     TYPE
3        PersonTyp = RECORD
4                     Name, Wohnort :   STRING [15];
5                     Alter         :   INTEGER;
6                     PLZ           :   LONGINT;
7                     END;
8     VAR
9        Person :  PersonTyp;
10    BEGIN
11    Write ('Name:           ');   ReadLn (Person.Name);
12    Write ('Alter:          ');   ReadLn (Person.Alter);
13    Write ('Postleitzahl: ');   ReadLn (Person.PLZ);
14    Write ('Wohnort:        ');   ReadLn (Person.Wohnort);
15    WriteLn;
16    WriteLn ( Person.Name,    '':3, Person.Alter, '':3
17          , Person.PLZ :5, '':2, Person.Wohnort       );
18    END.
```

```
DIALOG:     Name:          Bebel
            Alter:         38
            Postleitzahl: 82561
            Wohnort:       Kdorf

            Bebel   38   82561  Kdorf
```

9.2 Programm Person0b

Beziehen sich mehrere Anweisungen auf den gleichen RECORD, kann man
mit der WITH-Anweisung die Feldauswahl abkürzen. Auch wird der Programmtext übersichtlicher. Der Dialog ist mit dem vorigen identisch.

```
1     PROGRAM Person0b (Input, Output);
2     TYPE
3        PersonTyp = RECORD
4                     Name, Wohnort :   STRING [15];
5                     Alter         :   INTEGER;
6                     PLZ           :   LONGINT;
7                     END;
8     VAR
9        Person :  PersonTyp;
10    BEGIN
11    WITH Person DO BEGIN
12       Write ('Name:          ');   ReadLn (Name);
13       Write ('Alter:         ');   ReadLn (Alter);
14       Write ('Postleitzahl: ');   ReadLn (PLZ);
15       Write ('Wohnort:       ');   ReadLn (Wohnort);
16       END; (*WITH*)
17    WriteLn;
18    WITH Person DO
19       WriteLn (Name, '':3, Alter, '':3, PLZ :5, '':2, Wohnort);
20    END.
```

9.3 Programm Person0c

Mit der WITH-Anweisung wird ein Gültigkeitsbereich für die Feldbezeichner eines RECORD gebildet. Innerhalb (Zeilen 14 bis 19 sowie Zeilen 24 und 25) haben die Feldbezeichner des genannten Datensatzes als lokale Größen Vorrang vor etwaigen gleichnamigen globalen Bezeichnern. In den Zeilen 15 und 16 sowie 25 sind mit *Name* und *Alter* eindeutig die so bezeichneten Datenfelder von *Person* gemeint.

Außerhalb der Gültigkeitsbereiche sind die Feldbezeichner nicht bekannt, es sei denn, es geht ihnen der Name des Bezugs-Datensatzes voraus. In den Zeilen 13, 22 und 23 sind eindeutig globale Variable angesprochen. Auch in Zeile 20 können keine Irrtümer entstehen: der globalen Variablen *Alter* wird der Wert des gleichnamigen Datenfeldes von *Person* zugeordnet.

Die Namen von RECORD-Feldern können also ohne Rücksicht auf schon vergebene Namen gewählt werden: Das Lokalitätsprinzip löst die Namenskonflikte ebenso wie bei Bezeichnern innerhalb eines Unterprogramms.

```
1     PROGRAM Person0c (Input, Output);
2     TYPE
3        PersonTyp = RECORD
4                      Name, Wohnort :   STRING [15];
5                      Alter         :   INTEGER;
6                      PLZ           :   LONGINT;
7                      END;

8     VAR
9        Person :  PersonTyp;
10       Name   :  STRING [15];
11       Alter  :  INTEGER;

12    BEGIN
13    Name := 'Abel';
14    WITH Person DO BEGIN
15       Write ('Name:          ');    ReadLn (Name);
16       Write ('Alter:         ');    ReadLn (Alter);
17       Write ('Postleitzahl: ');    ReadLn (PLZ);
18       Write ('Wohnort:       ');    ReadLn (Wohnort);
19       END; (*WITH*)
20    Alter := Person.Alter;

21    WriteLn;
22    WriteLn (Name);
23    WriteLn (Alter);
24    WITH Person DO
25       WriteLn (Name, '':3, Alter,'':3, PLZ :5,'':2, Wohnort);
26    END.
```

```
DIALOG:     Name:          Bebel
            Alter:         38
            Postleitzahl: 82561
            Wohnort:       Kdorf

            Abel
            38
            Bebel   38   82561   Kdorf
```

9.4 Programm Person0d

Auch bei Datentypen mit der zusammengesetzten Datenstruktur RECORD als
Grundlage empfiehlt es sich, diese als ADT zumindest mit Ein- und Ausgabe-
Operationen auszustatten (Zeilen 4 bis 21). Außerdem zeigt das Programm,
daß Zuweisungen kompletter RECORD-Strukturen gleichen Typs aufeinander
möglich sind (Zeile 27).

```
1    PROGRAM Person0d (Input, Output);
2    (******************************************************************)
3    TYPE
4       PersonTyp = RECORD
5                       Name, Wohnort :   STRING [15];
6                       Alter         :   INTEGER;
7                       PLZ           :   LONGINT;
8                       END;

9    PROCEDURE Read_Person (VAR P : PersonTyp);
10      BEGIN
11      WITH P DO BEGIN
12         Write ('Name:          ');    ReadLn (Name);
13         Write ('Alter:         ');    ReadLn (Alter);
14         Write ('Postleitzahl: ');     ReadLn (PLZ);
15         Write ('Wohnort:       ');    ReadLn (Wohnort);
16         END; (*WITH*)
17      END; (* Read_Person *)

18   PROCEDURE Write_Person (P : PersonTyp);
19      BEGIN
20      WITH P DO
21         WriteLn (Name, '':3, Alter, '':3, PLZ :5, '':2, Wohnort);
22      END; (* Write_Person *)
23   (******************************************************************)
24   VAR
25      PersonA, PersonB :  PersonTyp;

26   BEGIN
27   Read_Person (PersonA);   Write_Person (PersonA);
28   PersonB := PersonA;      Write_Person (PersonB);
29   END.
```

```
DIALOG    wie in Programm Person0a (9.1)
```

Bemerkung: Zur besseren Orientierung folgt eine **Klassifizierung der Pascal-
Datentypen und -strukturen**. Der Zeigertyp zur Verwaltung dynamischer
Variabler wird in Kapitel 11 vorgestellt. Die Standardtypen sind großgedruckt.

Einfacher Datentyp	Zusammengesetzte Datenstruktur	Zeigertyp
Ordinaler Typ: INTEGER BOOLEAN CHAR Aufzählungstypen Unterbereichstypen Reeller Typ: REAL	ARRAY SET RECORD FILE	

9.5 Programm Person1a

Die Anzahl der Datenfelder eines Datensatzes ist nicht prinzipiell begrenzt.
Als Typ der Datenfelder kommen alle Datenstrukturen in Frage, auch der
RECORD selbst. Um innerhalb eines umfangreichen Datensatzes den Über-
blick zu bewahren, können logisch zusammengehörige Datenfelder zu Unter-
RECORDs zusammengefaßt werden.

Das Programmbeispiel zeigt eine Erweiterung der Datenstruktur *PersonTyp*.
Die Namensangabe besteht nun aus Vor- und Nachname. Weitere Angaben
beziehen sich auf Geburtstag und Telefonnummer; Alter, Postleitzahl und
Wohnort sind fortgelassen, könnten aber als Einzelfeld bzw. Bestandteil einer
Adresse aufgenommen werden.

Die logische Struktur eines solchen Datensatzes kann übersichtlich in einem
hierarchischen Baumdiagramm dargestellt werden:

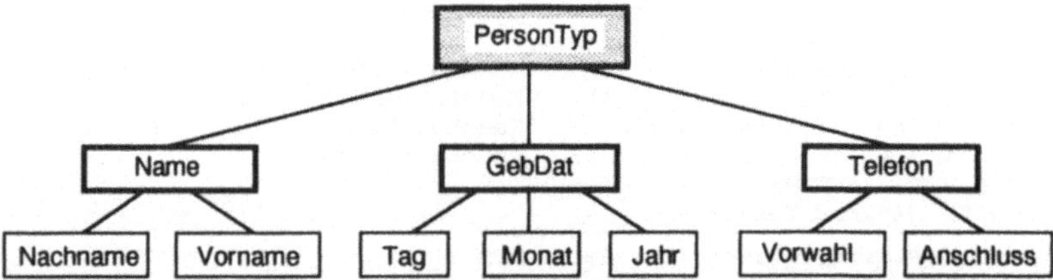

Entsprechend der Schachtelung der Datensätze in der Typdefinition von
PersonTyp (Zeilen 5 bis 17) werden in den Ein- und Ausgabe-Prozeduren die
Gültigkeitsbereiche der Datenfelder mit geschachtelten WITH-Anweisungen
beschrieben. Die übergeordneten Datenfelder *Name*, *GebDat* und *Telefon* sind
in den Bereichen der Zeilen 20 bis 32 bzw. 36 bis 49 verfügbar. Das Datenfeld
Monat des Datensatzteils *GebDat* ist aber nur in den Zeilen 25 bis 27 bzw. 41 bis
43 ansprechbar.

```
1      PROGRAM Person1a (Input, Output);
2      (* Ein RECORD kann RECORD-Strukturen enthalten *)

3      (************** ADT PersonTyp ********************************)
4      TYPE
5         PersonTyp =  RECORD
6                      Name    : RECORD
7                                Nachname, Vorname  : STRING [15];
8                                END;
9                      GebDat  : RECORD
10                               Tag   :  1 .. 31;
11                               Monat :  1 .. 12;
12                               Jahr  :  0 .. 99;
13                               END;
14                     Telefon : RECORD
15                               Vorwahl, Anschluss :  STRING [10];
16                               END;
17                     END;

                                       (Fortsetzung nächste Seite)
```

```
    (Fortsetzung von Programm Person1a)

18     PROCEDURE Read_Person (VAR Person : PersonTyp);
19        BEGIN
20        WITH Person DO BEGIN
21           WITH Name DO BEGIN
22              Write ('Nachname:      ');    ReadLn (Nachname);
23              Write ('Vorname:       ');    ReadLn (Vorname);
24              END; (*WITH-Name*)
25           WITH Gebdat DO BEGIN
26              Write ('Geb.-Datum <TT MM JJ>: '); ReadLn (Tag, Monat, Jahr);
27              END; (*WITH-GebDat*)
28           WITH Telefon DO BEGIN
29              Write ('Vorwahl:       ');    ReadLn (Vorwahl);
30              Write ('Anschluss:     ');    ReadLn (Anschluss);
31              END; (*WITH-Telefon*)
32           END; (*WITH-Person*)
33        END; (* Read_Person *)

34     PROCEDURE Write_Person (Person : PersonTyp);
35        BEGIN
36        WITH Person DO BEGIN
37           WITH Name DO BEGIN
38              Write ('Nachname:      ');    WriteLn (Nachname);
39              Write ('Vorname:       ');    WriteLn (Vorname);
40              END; (*WITH-Name*)
41           WITH Gebdat DO BEGIN
42              Write ('Geb.-Datum:    ');    WriteLn (Tag,'.',Monat,'.',Jahr);
43              END; (*WITH-GebDat*)
44           WITH Telefon DO BEGIN
45              Write ('Vorwahl:       ');    WriteLn (Vorwahl);
46              Write ('Anschluss:     ');    WriteLn (Anschluss);
47              END; (*WITH-Telefon*)
48           END; (*WITH-Person*)
49        END; (* Write_Person *)
50     (****************************************************************)

51     VAR
52        Person :  PersonTyp;

53     BEGIN
54     Read_Person  (Person);
55     WriteLn;
56     Write_Person (Person);
57     END.
```

```
DIALOG:

            Nachname:      Diebel
            Vorname:       Gerda
            Geb.-Datum <TT MM JJ>: 12 3 57
            Vorwahl:       07321
            Anschluss:     4 00 99

            Nachname:      Diebel
            Vorname:       Gerda
            Geb.-Datum:    12.3.57
            Vorwahl:       07321
            Anschluss:     4 00 99
```

9.6 Programm Person1b

Für die einzelnen Unterstrukturen des abstrakten Datentyps *PersonTyp* kön-
nen eigene RECORDs *NameTyp, DatumTyp, TelefonTyp* samt der zugehöri-
gen Operationen eingeführt werden. Auf die dadurch entstandenen Teil-ADTs
wird bei der Definition des ADT *PersonTyp* zurückgegriffen: seine Datenfelder
Name, GebDat und *Telefon* benutzen die voneinander unabhängigen Teil-
RECORDs (Zeilen 63 bis 67); seine Operationen greifen auf die Operationen der
Teil-ADTs zurück (Zeilen 71 bis 73 bzw. 79 bis 81). Das Anwendungsprogramm
(Zeilen 87 bis 91) merkt von dieser Änderung nichts.

```
1     PROGRAM Person1b (Input, Output);
2     (* Ein ADT wird aus Teil-ADT aufgebaut. *)

3     (*********** ADT NameTyp *****************************)
4     TYPE
5        NameTyp   =   RECORD
6                         Nachname, Vorname : STRING [15];
7                         END;

8     PROCEDURE Read_Name (VAR Name : NameTyp);
9        BEGIN
10       WITH Name DO BEGIN
11          Write ('Nachname:       ');   ReadLn (Nachname);
12          Write ('Vorname:        ');   ReadLn (Vorname);
13          END; (*WITH-Name*)
14       END; (* Read_Name *)

15    PROCEDURE Write_Name (Name : NameTyp);
16       BEGIN
17       WITH Name DO BEGIN
18          Write ('Nachname:       ');   WriteLn (Nachname);
19          Write ('Vorname:        ');   WriteLn (Vorname);
20          END; (*WITH-Name*)
21       END; (* Write_Name *)
22    (*********** ADT DatumTyp *****************************)
23    TYPE
24       DatumTyp =   RECORD
25                       Tag    :  1 .. 31;
26                       Monat  :  1 .. 12;
27                       Jahr   :  0 .. 99;
28                       END;

29    PROCEDURE Read_Datum (VAR Datum : DatumTyp);
30       BEGIN
31       WITH Datum DO BEGIN
32          Write ('Datum <TT MM JJ>: ');   ReadLn (Tag, Monat, Jahr);
33          END; (*WITH-Datum*)
34       END; (* Read_Datum *)

35    PROCEDURE Write_Datum (Datum : DatumTyp);
36       BEGIN
37       WITH Datum DO BEGIN
38          Write ('Datum:     ');   WriteLn (Tag, '.', Monat, '.', Jahr);
39          END; (*WITH-Datum*)
40       END; (* Write_Datum *)
41    (*********************************************************************)
```

(Fortsetzung nächste Seite)

```
   (Fortsetzung von Programm Person1b)

42   (************* ADT TelefonTyp *****************************)
43   TYPE
44      TelefonTyp = RECORD
45                      Vorwahl, Anschluss :  STRING [10];
46                      END;

47   PROCEDURE Read_Telefon (VAR Telefon : TelefonTyp);
48      BEGIN
49      WITH Telefon DO BEGIN
50         Write ('Vorwahl:       ');    ReadLn (Vorwahl);
51         Write ('Anschluss:     ');    ReadLn (Anschluss);
52         END; (*WITH-Telefon*)
53      END; (* Read_Telefon *)

54   PROCEDURE Write_Telefon (Telefon : TelefonTyp);
55      BEGIN
56      WITH Telefon DO BEGIN
57         Write ('Vorwahl:       ');    WriteLn (Vorwahl);
58         Write ('Anschluss:     ');    WriteLn (Anschluss);
59         END; (*WITH-Telefon*)
60      END; (* Write_Telefon *)
61   (*********** ADT PersonTyp **************************)
62   TYPE
63      PersonTyp =  RECORD
64                      Name    : NameTyp;
65                      GebDat  : DatumTyp;
66                      Telefon : TelefonTyp;
67                      END;

68   PROCEDURE Read_Person (VAR Person : PersonTyp);
69      BEGIN
70      WITH Person DO BEGIN
71         Read_Name      (Name);
72         Write ('Geb.-');   Read_Datum    (GebDat);
73         Read_Telefon (Telefon);
74         END; (*WITH*)
75      END; (* Read_Person *)

76   PROCEDURE Write_Person (Person : PersonTyp);
77      BEGIN
78      WITH Person DO BEGIN
79         Write_Name  (Name);
80         Write ('Geb.-');  Write_Datum (GebDat);
81         Write_Telefon (Telefon);
82         END; (*WITH*)
83      END; (* Write_Person *)
84   (*******************************************************************)

85   VAR
86      Person :  PersonTyp;

87   BEGIN (* Hauptprogramm *)
88   Read_Person (Person);
89   WriteLn;
90   Write_Person (Person);
91   END.
```

DIALOG   wie in Programm Person1a (9.5)

Folgerungen: In Programm *Person1a* (9.5) wurde die komplexere abstrakte Datenstruktur *PersonTyp* in Teilstrukturen zerlegt, die logische Einheiten bilden und leichter zu übersehen sind. Dieses Vorgehen auf der Datenseite entspricht völlig der "top-down"-Methode auf der Anweisungsseite, bei der komplexe Anweisungsfolgen zu Gruppen unterteilt und in Unterprogramme ausgelagert werden. Sowohl auf der Datenseite als auch auf der Anweisungsseite hat das **"top-down"-Vorgehen** zur Folge, daß sich Eigenschaften und Verhalten der Teile in erster Linie an der ursprünglichen Anwendung orientieren. Der Einsatz in einer anderen Problemumgebung ist zunächst nicht ins Auge gefaßt und kann umfangreiche Anpassungen voraussetzen.

Ein anderer Ansatz liegt dem Programm *Person1b* zugrunde. Nachdem der Bedarf nach entsprechenden Datenstrukturen samt Operationen erkannt ist, werden diese vorerst unabhängig voneinander als ADT entwickelt und getestet. Der jeweils zur Verfügung gestellte Satz an Operationen kann schon im Hinblick auf ein **breites Anwendungsspektrum** erweitert werden. Das konkrete Anwendungsproblem bleibt noch Hintergrund.

Erst danach wird der für die spezielle Anwendung benötigte ADT aus den bereits vorhandenen ADTs zusammengesetzt. Dieses **"bottom-up"-Vorgehen** betrifft gleichermaßen die Datenstrukturen und die Operationen.

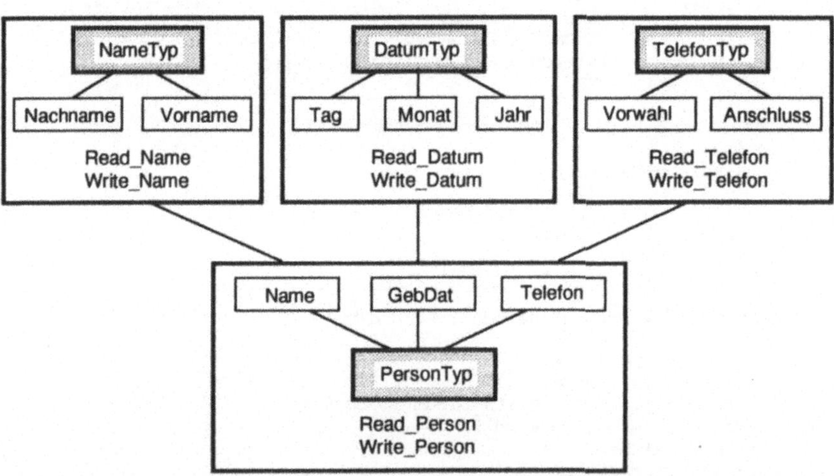

Die Datenstruktur von *PersonTyp* besteht aus Komponenten, die die Datentypen *NameTyp*, *DatumTyp* und *TelefonTyp* besitzen. Die Operation *Read_Person* kombiniert lediglich die schon definierten Operationen *Read_Name*, *Read_Datum* und *Read_Person* der drei ADTs. Analoges gilt für *Write_Person*.

Der Ansatz, einen ADT aus voneinander unabhängigen ADTs aufzubauen, hat neben dem flexibleren Einsatz von Codeteilen einen weiteren Vorteil: Erscheint es nötig, daß ein Teil-ADT (hier z.B. *NameTyp*) verändert werden muß, kommen diese Änderungen automatisch in dem benutzenden ADT (hier *PersonTyp*) zum Tragen; dieser bleibt unverändert – vorausgesetzt, Bezeichner und Parameterlisten wurden nicht verändert.

9.7 Programm Liste0

Im folgenden sollen die Programme *SortNam1* (7.17) und *SortNam2* (7.18) so
weiterentwickelt werden, daß beliebige Datensätze – auch solche mit RECORD-
Struktur – in die Liste aufgenommen werden können.

Dabei wird wieder auf Prozeduren aus der Datei IOTOOL.PAS zurückgegriffen, die bei der Ein-/Ausgabe nützliche Hilfe leisten. Diese schon aus dem Programm *FilMenu1* (8.13) bekannte Datei ist um die Prozedur *Write_Str* erweitert, die im Programm *NamTab* (7.19) vorgestellt wurde.

```
1    (*** Datei IOTOOL.PAS **** wird mit $I in Quelltext eingebunden ***)
2    (*** Hilfsprozeduren fuer interaktive Ein/Ausgabe *****************)
3    TYPE
4       JaNeinTyp =  (Ja, Nein);

5    FUNCTION  Get_JaNein       )     wie in Datei IOTOOL.PAS
17   PROCEDURE Melde            )     zu
24   PROCEDURE Unterstreiche    )     Programm FilMenu1 (8.13)

30   PROCEDURE Write_Str (Kette : STRING;  Feldweite : INTEGER);
31      (* Schreibt "Kette" linksbuendig in Feld der Breite "Feldweite". *)
32      VAR
33         Laenge : INTEGER;
34      BEGIN
35      Laenge :=  LENGTH (Kette);
36      Write (Kette, '':(Feldweite - Laenge));
37      END; (* Write_Str *)
38   (***********************************************************************)
```

Der Aufbau des Programms *Liste0* folgt dem Schema, das auch in Programm
FilMenu1 angewendet wurde:

Ausgangspunkt des Programms ist der ADT *ListTyp*, der die Anwendungsdaten verwalten, d.h. einfügen, anzeigen oder auch sortieren soll. Er speichert
die Datensätze in einem ARRAY und ist mit den Operationen *Insert_Data* und
Show_List ausgestattet. *ListTyp* ist sehr allgemein formuliert: insbesondere ist
der Typ *ListDataTyp* seiner Komponenten noch offen gelassen, und entsprechend sind die Prozeduren *Read_Data*, *Write_Data* etc. sowie die Funktion
Empty_Data noch unbekannt. Solch ein ADT kann schon fertig vorliegen und
muß vom Anwendungsprogrammierer an die speziellen Anwendungsdaten
angepaßt werden.

Auf der anderen Seite stehen die **Anwendungsdaten, die verwaltet werden sollen.** Der Anwendungsprogrammierer entwickelt dazu einen speziellen ADT,
hier *PersonTyp*. Darin wird festgelegt, welche Struktur die Angaben über eine
Person haben sollen, und wie die Ein-/Ausgabe eines einzelnen Datensatzes
durchgeführt wird. Bei der Ausgabe wird unterschieden, ob nur ein einzelner
Datensatz gezeigt wird (*Write_Data*), oder ob eine Tabelle mit mehreren Datensätzen angezeigt werden soll (*WriteTab_Data*). Im letzteren Falle kann auch
ein Tabellenkopf vorangestellt werden (*WriteTab_Kopf*). Der ADT *PersonTyp*
ist ebenfalls so angelegt, daß er auch in anderen Anwendungsprogrammen
eingesetzt werden kann. Auch er kann schon fertig vorliegen und muß vom
Anwendungsprogrammierer an die speziellen Anwendungsdaten angepaßt
werden.

Die notwendige Anpassung geschieht in den **Anwendungs-Spezifikationen**. Hier wird dem ADT *ListTyp* bekannt gemacht, welche Datenstruktur die Rolle von *ListDataTyp* übernehmen soll (hier: *PersonTyp*), und was unter *Read_Data*, *Write_Data* etc. zu verstehen ist (nämlich: *Read_Person*, *Write_Person* etc.). Insbesondere wird auch die maximale Listengröße *ListDataSize* angegeben und definiert, was ein leerer Datensatz ist (Funktion *Empty_Data*).

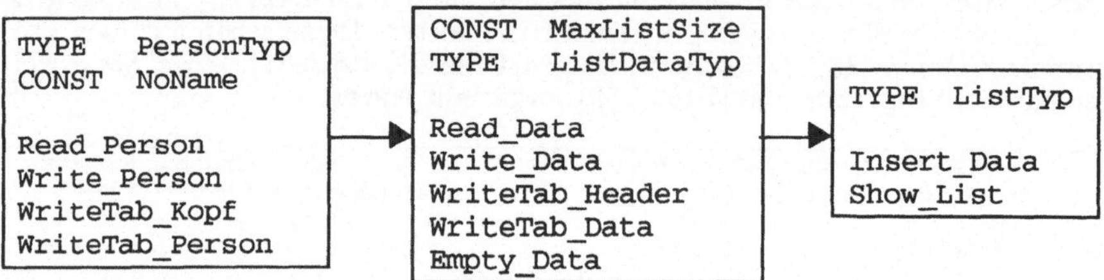

Das eigentliche Anwendungsprogramm besteht hier nur aus einem kurzen Test des ADT *ListTyp* mit seinen Operationen. Außer dem Variablen-Bezeichner *PersonenListe* enthält es keinen Hinweis auf die Art der verarbeiteten Daten. Diese Information steht exklusiv in den Listen-Spezifikationen.

```
1    PROGRAM Liste0 (Input, Output);
2    USES
3       Crt;    {$I IOTOOL.PAS}
4    (********** ADT PersonTyp **********************************)
5    TYPE
6       PersonTyp = RECORD
7                     Name, Wohnort :  STRING [15];
8                     Alter         :  INTEGER;
9                     PLZ           :  LONGINT;
10                    END;
11   CONST
12      NoName =  '+++';
13      Tab3   = '   ';    (* 3 Leerzeichen *)

14   PROCEDURE Read_Person (VAR P : PersonTyp);
15      VAR
16         AlterStr, PlzStr : STRING;
17         Error            : INTEGER;
18      BEGIN
19      WITH P DO BEGIN
20         Write ('Name [Ende mit <RETURN>]: ');    ReadLn (Name);
21         IF Name <> '' THEN BEGIN
22            REPEAT
23               Write ('Alter                 : ');    ReadLn (AlterStr);
24               VAL (AlterStr, Alter, Error);
25               UNTIL (Error = 0) AND (Alter IN [0 .. 120]);
26            REPEAT
27               Write ('Postleitzahl          : ');    ReadLn (PlzStr);
28               VAL (PlzStr, PLZ, Error);
29               UNTIL (Error = 0) AND (PLZ > 0) AND (PLZ <= 99999);
30            Write ('Wohnort               : ');    ReadLn (Wohnort);
31            END
32         ELSE
33            Name :=  NoName;
34         END; (*WITH*)
35      END; (* Read_Person *)
```

(Fortsetzung nächste Seite)

(Fortsetzung von Programm Liste0)

```
36    PROCEDURE Write_Person (P : PersonTyp);
37       BEGIN
38       WITH P DO BEGIN
39          WriteLn ('Name    : ', Name);
40          WriteLn ('Alter   : ', Alter);
41          WriteLn ('PLZ     : ', PLZ);
42          WriteLn ('Wohnort: ', Wohnort);
43          END; (*WITH*)
44       END; (* Write_Person *)

45    PROCEDURE WriteTab_Kopf;
46       BEGIN
47       Write_Str ('Name', 15);
48       Write (Tab3, 'Alter' :5, Tab3, 'PLZ' :5, '':2, 'Wohnort');
49       WriteLn;
50       END; (* WriteTab_Kopf *)

51    PROCEDURE WriteTab_Person (P : PersonTyp);
52       BEGIN
53       WITH P DO BEGIN
54          Write_Str (Name, 15);
55          WriteLn (Tab3, Alter :5, Tab3, PLZ :5, '':2, Wohnort);
56          END; (*WITH*)
57       END; (* WriteTab_Person *)
58    (************* Ende des ADT PersonTyp *****************************)

59    (************* Anwendungs-Spezifikationen ************************)
60    CONST
61       MaxListSize =  100;

62    TYPE
63       ListDataTyp =  PersonTyp;

64    PROCEDURE Read_Data (VAR DataX : ListDataTyp);
65       BEGIN
66       Read_Person (DataX);
67       END; (* Read_Data *)

68    PROCEDURE Write_Data (DataX : ListDataTyp);
69       BEGIN
70       Write_Person (DataX);
71       END; (* Write_Data *)

72    PROCEDURE WriteTab_Header;
73       BEGIN
74       WriteTab_Kopf
75       END; (* WriteTab_Header *)

76    PROCEDURE WriteTab_Data (DataX : ListDataTyp);
77       BEGIN
78       WriteTab_Person (DataX);
79       END; (* Write_TabData *)

80    FUNCTION Empty_Data (DataX : ListDataTyp) : BOOLEAN;
81       BEGIN
82       Empty_Data :=  (DataX.Name = NoName);
83       END; (* Empty_Data *)
84    (************* Ende der Anwendungs-Spezifikationen ***************)
```

(Fortsetzung nächste Seite)

```
(Fortsetzung von Programm Liste0)

85   (************* ADT ListTyp ****************************************)
86   TYPE
87      ListTyp =  ARRAY [1 .. MaxListSize] OF ListDataTyp;

88   PROCEDURE Insert_Data ( VAR List : ListTyp;   VAR Size : INTEGER
89                                            ;       max  : INTEGER );
90      VAR
91         DataX : ListDataTyp;
92         pos    : INTEGER;
93      BEGIN
94      pos :=  0;
95      ClrScr;   Read_Data (DataX);
96      WHILE NOT Empty_Data (DataX) AND (pos < max) DO BEGIN
97         pos          :=  pos + 1;
98         List [pos] :=  DataX;
99         ClrScr;    Read_Data (DataX)
100        END; (*WHILE*)
101     Size :=  pos;
102     END; (* Insert_Data *)

103 PROCEDURE Show_List (List : ListTyp;   Size : INTEGER);
104    VAR
105       pos : INTEGER;
106    BEGIN
107    WriteTab_Header;
108    WriteLn;
109    FOR pos := 1 TO Size DO  WriteTab_Data (List [pos]);
110    WriteLn;  Melde ('');
111    END; (* Show_List *)
112 (********** Ende des ADT ListTyp ********************************)

113 VAR
114    PersonenListe :  ListTyp;
115    Anzahl, pos    :  INTEGER;
116 BEGIN (* Anwendung *)
117 Insert_Data (PersonenListe, Anzahl, MaxListSize);
118 ClrScr;
119 Show_List    (PersonenListe, Anzahl);
120 FOR pos := 1 TO Anzahl DO BEGIN
121    ClrScr;
122    Write_Data (PersonenListe [pos]);   WriteLn;
123    Melde ('');
124    END; (*FOR*)
125 END.
```

Im ADT *PersonTyp* wurde die Prozedur *Read_Person* verbessert: Beim Lesen
der Zahlenfelder *Alter* und *PLZ* wird das Programm nicht mit einer Fehlermeldung abgebrochen, wenn der Benutzer keine Zifferntaste drückt. Die
Zahlwerte werden nämlich als Zeichenketten *AlterStr* bzw. *PlzStr* gespeichert
und von der Prozedur VAL (Turbo Pascal) ausgewertet. Steht eine solche Um-
wandlungsprozedur nicht zur Verfügung, kann man die Funktion *Value_Int*
verwenden (s. Programm *ZiffZal2*, 7.14).

Gibt der Benutzer für das Datenfeld *Name* durch Drücken der RETURN-Taste
eine leere Zeichenkette an, wird die Konstante *NoName* als Name gespeichert.
An dieser erkennt die Funktion *Empty_Data* der Listen-Spezifikationen einen
leeren oder gelöschten Datensatz.

DIALOG zu Programm **Liste0:**
(Jeder Kasten entspricht dem Inhalt einer Bildschirmseite)

```
Name [Ende mit <RETURN>]: Bebel
Alter                    : 20
Postleitzahl             : 44444
Wohnort                  : Bedorf
```

```
Name [Ende mit <RETURN>]: Cebel
Alter                    : 60
Postleitzahl             : 22222
Wohnort                  : Cestadt
```

```
Name [Ende mit <RETURN>]: Abel
Alter                    : 40
Postleitzahl             : 66666
Wohnort                  : Afeld
```

```
Name [Ende mit <RETURN>]: <RETURN>
```

```
Name            Alter    PLZ   Wohnort

Bebel             20   44444   Bedorf
Cebel             60   22222   Cestadt
Abel              40   66666   Afeld

Weiter mit <C>. c
```

```
Name    : Bebel
Alter   : 20
PLZ     : 44444
Wohnort: Bedorf

Weiter mit <C>. c
```

```
Name    : Cebel
Alter   : 60
PLZ     : 22222
Wohnort: Cestadt

Weiter mit <C>. c
```

```
Name    : Abel
Alter   : 40
PLZ     : 66666
Wohnort: Afeld

Weiter mit <C>. c
```

9.8 Programm Liste1

In Programm *Liste0* (9.7) muß beim Aufruf der Listen-Operationen *Insert_Data* und *Show_List* die aktuelle Listengröße *Anzahl* als Parameter übergeben werden. *Anzahl* ist eng an das jeweilige Listen-Exemplar (hier: *PersonenListe*) gekoppelt und wird von den Listen-Operationen verwaltet bzw. benutzt. Die Anwendung selbst muß darauf nicht zurückgreifen, auch wenn sie das im vorliegenden Falle aus Testgründen tut (Programm *Liste0*, Zeile 120). Die Zugehörigkeit einer Größenvariablen zu einem Listen-Exemplar kann bereits in der Typdefinition mit der RECORD-Struktur zum Ausdruck gebracht werden:

```
TYPE
    ListTyp =  RECORD
                  Data :  ARRAY [1 .. MaxListSize] OF ListDataTyp;
                  Size :  INTEGER;
                  END;
```

Mit der Variablen-Deklaration

```
VAR   PersonenListe :  ListTyp;
```

wird neben dem Datenfeld *PersonenListe.Data* auch das Größenfeld *PersonenListe.Size* angelegt. In der Anwendung entfällt die bisher nötige Deklaration von *Anzahl*. Bei der Übergabe von *PersonenListe* an die Operationen *Insert_Data* und *Show_Liste* wird automatisch die richtige Listengröße übergeben und verwaltet. Die Implementation der Operationen ist entsprechend geändert. Nach der Eingabe wie im Dialog zu Programm *Liste0* (9.7) hat *PersonenListe* folgenden Inhalt:

PersonenListe

	1	2	3	4	...	MaxListSize
Data	Bebel	Cebel	Abel			
	Bedorf	Cestadt	Afeld		...	
Size	20	60	40			
3	44444	22222	66666			

Bei ausschließlicher Benutzung der *ListTyp*-Operationen muß die Anwendung die Felder von *PersonenListe* nicht direkt ansprechen, kann es aber (Zeilen 124 und 126), wenn ihr die interne Struktur von *ListTyp* bekannt ist. In der Regel jedoch sollen Kenntnisse über interne Details vom Anwender eines ADT nicht verlangt werden. Dieses schon mehrfach genannte Geheimnisprinzip (**Information Hiding**) kann auf Datenebene mit der Verbundstruktur RECORD gut realisiert werden und dient der einfacheren Handhabung eines ADT.

Die Berücksichtigung der Größe *Size* schon in der Typdefinition beseitigt auch ein anderes Manko: Werden in einer Anwendung mehrere Listen-Exemplare bearbeitet, mußte bisher für jedes eine eigene Größen-Variable deklariert werden. Bei der Übergabe einer Liste an eine Operation mußte darauf geachtet werden, daß auch die richtige Größe mitübergeben wurde. Beides geschieht mit dem hier implementierten *ListTyp* automatisch.

```
1     PROGRAM Liste1 (Input, Output);
2     USES
3        Crt;      {$I IOTOOL.PAS}

4     (*** ADT PersonTyp ***)
      wie in Programm Liste0 (9.7)

59    (*** Anwendungs-Spezifikationen ***)
      wie in Programm Liste0 (9.7)

85    (************ ADT ListTyp ****************************************)
86    TYPE
87       ListTyp =  RECORD
88                     Data :  ARRAY [1 .. MaxListSize] OF ListDataTyp;
89                     Size :  INTEGER;
90                     END;

91    PROCEDURE Insert_Data (VAR List : ListTyp;    max : INTEGER);
92       VAR
93          DataX : ListDataTyp;
94          pos   : INTEGER;
95       BEGIN
96       WITH List DO BEGIN
97          ClrScr;   Read_Data (DataX);
98          pos :=  0;
99          WHILE NOT Empty_Data (DataX) AND (pos < max) DO BEGIN
100             pos          :=  pos + 1;
101             Data [pos] :=  DataX;
102             ClrScr;   Read_Data (DataX)
103             END; (*WHILE*)
104          Size :=  pos;
105          END; (*WITH*)
106       END; (* Insert_Data *)

107   PROCEDURE Show_List (List : ListTyp);
108      VAR
109         pos : INTEGER;
110      BEGIN
111      WriteTab_Header;
112      WriteLn;
113      WITH List DO  FOR pos := 1 TO Size DO  WriteTab_Data (Data [pos]);
114      WriteLn;  Melde ('');
115      END; (* Show_List *)
116   (********** Ende des ADT ListTyp ********************************)

117   VAR
118      PersonenListe :  ListTyp;
119      pos           :  INTEGER;

120   BEGIN (* Anwendung *)
121   Insert_Data (PersonenListe, MaxListSize);
122   ClrScr;   Show_List    (PersonenListe);
123   WITH PersonenListe DO
124      FOR pos := 1 TO Size DO BEGIN
125          ClrScr;
126          Write_Person (Data [pos]);   WriteLn;
127          Melde ('');
128          END; (*FOR*)
129   END.
```

```
DIALOG    wie in Programm Liste0 (9.7)
```

9.9 Programm Liste2

Der ADT *ListTyp* wird um die Operation *Sort_List* erweitert. Wie in Programm
SortNam2 (7.18) werden dabei nicht die Datensätze selbst, sondern nur Verweise (Zeiger) auf die Datensätze in einem **Index** entsprechend des Sortierkriteriums umgespeichert. Der Datenstruktur von *ListTyp* wird dazu ein ARRAY
Idx hinzugefügt (Zeile 128). Für jedes Exemplar von *ListTyp* wird damit neben
dem Datensatz-ARRAY auch ein Index-ARRAY angelegt, in dem die Sortier-
Reihenfolge der Datensätze vermerkt ist. Der Index wird in der Operation
Insert_Data initialisiert; in *Show_List* werden die einzelnen Datensätze nur
über den Index *Idx* erreicht. Diese beiden Operationen ähneln sehr den Operationen *Lies* und *Schreibe* von Programm *SortNam2* (7.18).

Auch die Operation *Sort_List* ist fast identisch mit der Operation *Sortiere* des
Programms *SortNam2*. Wie in den anderen Operationen wird aber auch hier
der Bezug zur jeweils behandelten Liste mit der WITH-Anweisung hergestellt.
In der lokalen Funktion *Min_Position* wird der Wert von *DataMin* nur noch
bei Bedarf aktualisiert. Für den Vergleich zweier Datensätze mit zusammengesetzter Struktur (wie hier RECORD) können die Vergleichsoperatoren <, <=,
=, >=, > und <> nicht herangezogen werden; sie sind nur für einfache Datentypen definiert. Die Operation *Sort_List* setzt daher die Existenz einer logischen Funktion *Less_Data* voraus, die genau dann den Wert TRUE annimmt,
wenn der erste der übergebenen Datensätze **vor** dem zweiten liegt (Zeile 172).
Wann das der Fall ist, muß in *Less_Data* beschrieben sein (Zeilen 114 bis 122)
und hängt von einem Sortierkriterium *SortKrit* ab. Dessen mögliche Werte
sind in dem Aufzählungstyp *KritTyp* genannt (Zeile 87).

Die Funktion *Less_Data* überläßt nach Erkennen des Sortierkriteriums die
Auswertung einer der logischen Funktionen *Less_Name*, *Less_Alter* und
Less_PLZ, die zusätzlich in *PersonTyp* aufgenommen wurden. Für *Less_Na-
me* steht ein Datensatz vor dem anderen, wenn sein Datenfeld *Name* alphabetisch vor dem Datenfeld *Name* des anderen zu stehen hat. Bei gleichen Namen
entscheidet die Postleitzahl; sind auch diese gleich, gibt das Alter den Aus-
schlag. Bei Anwendung von *Less_PLZ* wird über das Datenfeld *PLZ* gemäß der
üblichen numerischen Ordnung entschieden; bei gleichen Postleitzahlen wird
einfach wieder an *Less_Name* verwiesen. Entsprechendes gilt für die Arbeitsweise der Funktion *Less_Alter*.

Die Testanwendung nimmt die Daten interaktiv in die Liste auf und zeigt sie
tabellarisch an. Schon dabei wird aber auf die Datensätze *PersonenListe.Data*
über den Index *PersonenListe.Idx* zugegriffen, der sich allerdings noch im
Initialisierungszustand befindet. Mit dem folgenden Aufruf von *Sort_List* wird
der Index so verändert, daß der Zugriff auf die Datensätze in der Reihenfolge
seiner Verweise eine alphabetisch sortierte Tabelle der Datensätze ergibt. Die
weiteren Aufrufe von *Sort_List* ändern den Index jeweils erneut ab, um die
Datensätze in der gewünschten Sortierreihenfolge anzeigen lassen zu können.

Sollen alle drei Sortierreihenfolgen über den Programmlauf hinaus erhalten
bleiben, kopiert man nach jedem Sortiervorgang den Index in ein separates
Indexfeld, den man *NamIdx*, *PlzIdx* bzw. *AlterIdx* nennen kann. Sollen Datensätze und Indizes auch nach Ende des Programms noch existieren, speichert man sie in Dateien. Dazu mehr in späteren Beispielen.

```
1     PROGRAM Liste2 (Input, Output);

2     USES
3        Crt;      {$I IOTOOL.PAS}

4     (********* ADT PersonTyp *******************************************)
5     TYPE
6        PersonTyp = RECORD
                        Name, Wohnort :  STRING [15];
7
8                       Alter         :  INTEGER;
9                       PLZ           :  LONGINT;
10                      END;

11    CONST
12       NoName =  '+++';
13       Tab3   = '   ';     (* 3 Leerzeichen *)

14    PROCEDURE Read_Person           )
36    PROCEDURE Write_Person          )        wie in
45    PROCEDURE WriteTab_Kopf         )        Programm Liste0 (9.7)
51    PROCEDURE WriteTab_Person       )

57    FUNCTION Less_Name (P1, P2 : PersonTyp) : BOOLEAN;
58       BEGIN
59       IF P1.Name <> P2.Name THEN
60          Less_Name :=  (P1.Name < P2.Name)
61       ELSE (* gleiche Namen *) IF P1.PLZ <> P2.PLZ THEN
62          Less_Name :=  (P1.PLZ < P2.PLZ)
63       ELSE (* gleiche PLZ *) IF P1.Alter <> P2.Alter THEN
64          Less_Name :=  (P1.Alter < P2.Alter)
65       ELSE (* gleiches Alter *)
66          Less_Name :=  FALSE
67       ; (*IF-THEN-ELSE*)
68       END; (* Less_Name *)

69    FUNCTION Less_PLZ (P1, P2 : PersonTyp) : BOOLEAN;
70       BEGIN
71       IF P1.PLZ <> P2.PLZ THEN
72          Less_PLZ :=  (P1.PLZ < P2.PLZ)
73       ELSE (* gleiche Postleitzahl *)
74          Less_PLZ :=  Less_Name (P1, P2)
75       ; (*IF-THEN-ELSE*)
76       END; (* Less_PLZ *)

77    FUNCTION Less_Alter (P1, P2 : PersonTyp) : BOOLEAN;
78       BEGIN
79       IF P1.Alter <> P2.Alter THEN
80          Less_Alter :=  (P1.Alter < P2.Alter)
81       ELSE (* gleiches Alter *)
82          Less_Alter :=  Less_Name (P1, P2)
83       ; (*IF-THEN-ELSE*)
84       END; (* Less_Alter *)
85    (********* Ende des ADT PersonTyp *********************************)

86    (********* Typ fuer Sortierkriterien *****************************)
87    TYPE
88       KritTyp =  (NameKrit, AlterKrit, PlzKrit);
89    (********* Ende des KritTyp **************************************)
```

(Fortsetzung nächste Seite)

```
(Fortsetzung von Programm Liste2)

90   (********* Anwendungs-Spezifikationen *******************************)
91   CONST
92      MaxListSize =  100;
93   TYPE
94      ListDataTyp =  PersonTyp;

95   PROCEDURE Read_Data            )
99   PROCEDURE Write_Data           )       wie in
103  PROCEDURE WriteTab_Header      )       Programm
107  PROCEDURE WriteTab_Data        )       Liste0 (9.7)
111  FUNCTION  Empty_Data           )

115  FUNCTION Less_Data ( Data1, Data2 : ListDataTyp
116                     ; SortKrit      : KritTyp     ) : BOOLEAN;
117     BEGIN
118     CASE SortKrit OF
119        NameKrit  : Less_Data :=  Less_Name  (Data1, Data2);
120        AlterKrit : Less_Data :=  Less_Alter (Data1, Data2);
121        PlzKrit   : Less_Data :=  Less_PLZ   (Data1, Data2);
122        END; (*CASE*)
123     END; (* Less_Data *)
124  (********** Ende der Anwendungs-Spezifikationen *******************)

125  (********** ADT ListTyp *****************************************)
126  TYPE
127     ListTyp =  RECORD
128                   Data :  ARRAY [1 .. MaxListSize] OF ListDataTyp;
129                   Idx  :  ARRAY [1 .. MaxListSize] OF INTEGER;
130                   Size :  INTEGER;
131                   END;

132  PROCEDURE Insert_Data (VAR List : ListTyp;    max : INTEGER);
133     VAR
134        DataX : ListDataTyp;
135        pos   : INTEGER;
136     BEGIN
137     WITH List DO BEGIN
138        ClrScr;   Read_Data (DataX);
139        pos := 0;
140        WHILE NOT Empty_Data (DataX) AND (pos < max) DO BEGIN
141           pos := pos + 1;
142           Data [pos] := DataX;
143           Idx  [pos] := pos;
144           ClrScr;   Read_Data (DataX)
145           END; (*WHILE*)
146        Size := pos;
147        END; (*WITH*)
148     END; (* Insert_Data *)

149  PROCEDURE Show_List (List : ListTyp);
150     VAR
151        pos : INTEGER;
152     BEGIN
153     WriteTab_Header;
154     WriteLn;
155     WITH List DO
156        FOR pos := 1 TO Size DO  WriteTab_Data (Data [Idx [pos]]);
157     WriteLn;  Melde ('');
158     END; (* Show_List *)
```

(Fortsetzung nächste Seite)

```
(Fortsetzung von Programm Liste2)

159  PROCEDURE Sort_List (VAR List : ListTyp;   SortKrit : KritTyp);
160     VAR
161        Nr, MinNr : INTEGER;

162     FUNCTION Min_Position (von, bis :  INTEGER) : INTEGER;
163        (* sucht in [von..bis] die Pos. des kleinsten Datums *)
164        VAR
165           pos, MinPos        :  INTEGER;
166           DataPos, DataMin :  ListDataTyp;
167        BEGIN
168        WITH List DO BEGIN
169           MinPos  :=  von;
170           DataMin :=  Data [Idx [MinPos]];
171           FOR pos := von+1 TO bis DO BEGIN
172              DataPos :=  Data [Idx [pos]];
173              IF Less_Data (DataPos, DataMin, SortKrit) THEN BEGIN
174                 MinPos  :=  pos;
175                 DataMin :=  DataPos;
176                 END; (*IF*)
177              END; (*FOR*)
178           END; (*WITH*)
179        Min_Position :=  MinPos;
180        END; (* Min_Position *)

181     PROCEDURE Tausche (VAR Index1, Index2 : INTEGER);
182        VAR
183           Hilf : INTEGER;
184        BEGIN
185        Hilf := Index1;    Index1 := Index2;    Index2 := Hilf;
186        END; (* Tausche *)

187     BEGIN  (* Sort_List *)
188     WITH List DO
189        FOR Nr := 1 TO Size-1 DO BEGIN
190           MinNr :=  Min_Position (Nr, Size);
191           IF MinNr <> Nr THEN Tausche (Idx [Nr], Idx [MinNr]);
192           END; (*FOR*)
193     END; (* Sort_List *)
194  (********** Ende des ADT ListTyp **********************************)

195  VAR
196     PersonenListe : ListTyp;

197  BEGIN (* Anwendung *)
198  Insert_Data (PersonenListe, MaxListSize);
199  ClrScr;  WriteLn ('Unsortiert:');  WriteLn;
200  Show_List (PersonenListe);
201  Sort_List (PersonenListe, NameKrit);
202  ClrScr;  WriteLn ('Nach Namen:');  WriteLn;
203  Show_List (PersonenListe);
204  Sort_List (PersonenListe, AlterKrit);
205  ClrScr;  WriteLn ('Nach Alter:');  WriteLn;
206  Show_List (PersonenListe);
207  Sort_List (PersonenListe, PlzKrit);
208  ClrScr;  WriteLn ('Nach PLZ:');     WriteLn;
209  Show_List (PersonenListe);
210  END.
```

```
DIALOG                    siehe nächste Seite
```

DIALOG zu Programm **Liste2:**
(Jeder Kasten entspricht dem Inhalt einer Bildschirmseite)

```
Name [Ende mit <RETURN>]: Bebel
Alter                   : 20
Postleitzahl            : 44444
Wohnort                 : Bedorf
```

```
Name [Ende mit <RETURN>]: Cebel
Alter                   : 60
Postleitzahl            : 22222
Wohnort                 : Cestadt
```

```
Name [Ende mit <RETURN>]: Abel
Alter                   : 40
Postleitzahl            : 66666
Wohnort                 : Afeld
```

```
Name [Ende mit <RETURN>]: <RETURN>
```

```
Unsortiert:

Name            Alter     PLZ   Wohnort

Bebel             20    44444   Bedorf
Cebel             60    22222   Cestadt
Abel              40    66666   Afeld

Weiter mit <C>. c
```

```
Nach Namen:

Name            Alter     PLZ   Wohnort

Abel              40    66666   Afeld
Bebel             20    44444   Bedorf
Cebel             60    22222   Cestadt

Weiter mit <C>. c
```

```
Nach Alter:

Name            Alter     PLZ   Wohnort

Bebel             20    44444   Bedorf
Abel              40    66666   Afeld
Cebel             60    22222   Cestadt

Weiter mit <C>. c
```

```
Nach PLZ:

Name            Alter     PLZ   Wohnort

Cebel             60    22222   Cestadt
Bebel             20    44444   Bedorf
Abel              40    66666   Afeld

Weiter mit <C>. c
```

9.10 Programm Liste3

Die zuletzt vorgestellten Programme, bis hin zu *Liste2* (9.9), zeichnen sich bereits durch zunehmende Länge und höhere Komplexität aus. Außerdem treten umfangreichere Programmteile in fast unveränderter, allenfalls erweiterter Form in verschiedenen Programmen auf. Diese Programmteile bestehen aus logisch zusammenhängenden und weitgehend in sich abgeschlossenen Programmeinheiten. Untereinander und mit dem Hauptprogramm bestehen direkte oder indirekte Abhängigkeiten.

In Programm *FilMenu1* (8.13) wurde mit den Include-Dateien eine Methode vorgestellt, über mehrere Dateien verteilte Quelltexte in verschiedene Quellprogramme einzubinden und sie gemeinsam mit diesen übersetzen zu lassen. Dem einfachen Gebrauch dieser Methode stehen Nachteile gegenüber: erstens wird die Include-Datei mit jedem sie anwendenden Programm erneut übersetzt; zweitens kann eine neu entwickelte Include-Datei nicht für sich alleine auf syntaktische Korrektheit geprüft werden; schließlich werden beim Einbinden einer Include-Datei sämtliche ihrer Bestandteile mitübersetzt, auch wenn nicht alle Teile von der speziellen Anwendung benötigt werden.

Diese Nachteile kennen "echte" **Module** nicht: Sie werden unabhängig von einer Anwendung übersetzt und dabei auf syntaktische Richtigkeit geprüft; der so einmalig erzeugte Objektcode kann mit dem Objektcode eines beliebigen anderen Programms oder Moduls verbunden werden (mit dem systemnahen "Link"-Programm); nicht benötigte Teile werden auch nicht eingebunden ("smart linking"). Alle höheren Programmiersprachen von Bedeutung kennen diese Modul-Technik. Standard Pascal macht zu diesem Thema keine Aussage, doch hat sich auf der Ebene der Mikrocomputer ein Quasi-Standard etabliert, dessen Ursprung – wie viele Erweiterungen – im Compiler der University of California in San Diego (UCSD) zu finden ist. Dort wird ein Modul als UNIT bezeichnet. Implementationen unter Betriebssystemen größerer Rechner benutzen auch das Schlüsselwort MODULE, so z.B. VS Pascal unter dem VM von IBM.

Auch in Turbo Pascal werden Module nach dem UNIT-Konzept gebildet, das für die folgenden Ausführungen die Grundlage bildet. Danach wird auch der Quelltext eines Moduls in einer Datei mit der Erweiterung .PAS gespeichert. Nach der Übersetzung liegt der Objektcode des Moduls in einer Datei mit der Erweiterung .TPU vor (für "Turbo Pascal UNIT") und kann seine Leistungen anbieten (engl.: serve); man spricht von einem **Anbieter-Modul** (engl.: server module). Programme oder andere Module benutzen (engl.: use) alle oder einige dieser Leistungen über die USES-Anweisung und Nennung des Modul-Namens. Sie sind damit Kunden (engl.: client) des Anbieter-Moduls und heißen daher **Kunden-Modul** (engl.: client module). Ein Modul ist immer Anbieter, kann aber auch Kunde mehrerer Module sein. Es entsteht ein Beziehungsnetz, wie an dem Beispiel gezeigt wird.

Im Programm *Liste2* (9.9) sind, wie auch in früheren Programmen, rein optisch verschiedene Programmteile ausgezeichnet. Sie bieten als logisch abgeschlossene Einheiten Funktionen an, die sich in einigen Fällen als ADT um eine bestimmte Datenstruktur gruppieren. Diese Programmteile sind der ADT *PersonTyp* (Zeilen 4 bis 84), der Typ *KritTyp* für das Sortierkriterium (Zeilen 85 bis 88), die Anwendungs-Spezifikationen *ListSpec* (Zeilen 89 bis 123) und vor allem der ADT *ListTyp* (Zeilen 124 bis 193). Außerdem wird (als INCLUDE-Datei) der Werkzeugkasten IOTOOL.PAS eingebunden, der von einigen der Programmteile eingesetzt wird. Das eigentliche Hauptprogramm greift direkt nur auf Leistungen von *ListTyp* und *KritTyp* zurück.

Die so ausgewiesenen Programmteile sollen nun als Module in UNITs verpackt werden und von dem Programm *Liste3* nachgefragt werden. Mit den Entsprechungen

Hauptprogramm *Liste2*	→	Programm *Liste3*
Programmteil *PersonTyp*		Modul *UPerTyp*
Programmteil *KritTyp*		Modul *UKritTyp*
Programmteil *ListSpec*		Modul *ULisSpc*
Programmteil *ListTyp*		Modul *ULisTyp*
INCLUDE-Datei IOTOOL.PAS		Modul *UIOTool*

ergibt eine Analyse des Programms *Liste2* (9.9) die in der Graphik aufgezeigten Anbieter-Kunden-Abhängigkeiten. Berücksichtigt ist schon eine weitere Sammlung von Routinen zur Bearbeitung von Zeichenketten in dem Modul *UStrTool*. Sämtliche Modul-Namen beginnen mit dem Buchstaben U.

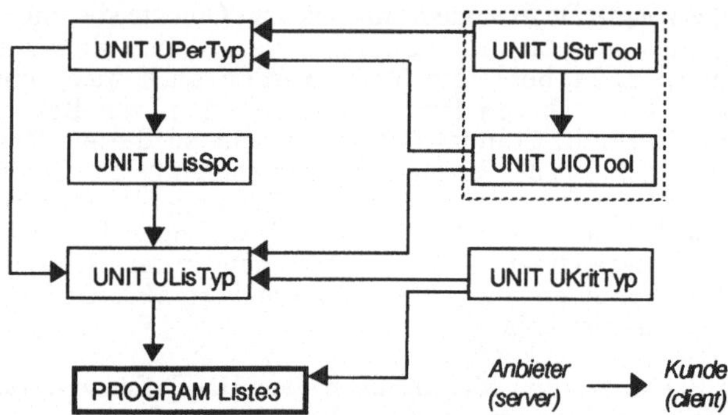

Das Programm *Liste3* ist danach völlig identisch mit dem Hauptprogramm von *Liste2*, bindet aber, neben dem Standard-Modul *Crt*, mit der USES-Anweisung die beiden Module *UKritTyp* und *ULisTyp* ein (Zeile 3). Damit stehen dem Programm sämtliche Bezeichner zur Benutzung offen, die in der Schnittstelle (engl.: interface) des jeweiligen Moduls definiert sind.

Ein UNIT-Modul in Turbo Pascal besteht immer aus
– dem **Kopf** mit dem Modul-Namen hinter dem Schlüsselwort UNIT.
– der **Schnittstelle**, die hinter dem Schlüsselwort INTERFACE alle Konstanten, Typen, Variablen sowie Prozedur- und Funktionsnamen erklärt, die von einem Kunden des Moduls benutzt werden können.
– dem **Implementationsteil**, der hinter dem Schlüsselwort IMPLEMENTATION den vollständigen Code aller Prozeduren und Operationen enthält. Hier kommen ggf. weitere Konstanten, Typen, Variable und Unterprogramme vor, die lokal sind und vom Kunden nicht benutzt werden können.
– dem **Initialisierungsteil** zwischen den Schlüsselworten BEGIN und END.

```
1      PROGRAM Liste3 (Input, Output);
2      USES
3         Crt, UKritTyp, ULisTyp;

4      VAR
5         PersonenListe :  ListTyp;

6      BEGIN (* Anwendung *)
7      Insert_Data (PersonenListe);
8      ClrScr;      WriteLn ('Unsortiert:');
9      WriteLn;      Show_List (PersonenListe);
10     Sort_List (PersonenListe, NameKrit);
11     ClrScr;      WriteLn ('Nach Namen:');
12     WriteLn;      Show_List (PersonenListe);
13     Sort_List (PersonenListe, PlzKrit);
14     ClrScr;      WriteLn ('Nach PLZ:');
15     WriteLn;      Show_List (PersonenListe);
16     Sort_List (PersonenListe, AlterKrit);
17     ClrScr;      WriteLn ('Nach Alter:');
18     WriteLn;      Show_List (PersonenListe);
19     END.
```

```
1      UNIT ULisTyp;                              (zu Programm Liste3)
2      (* ADT ListTyp *)
3      (********************************************************************)
4      INTERFACE
5      USES
6         UKritTyp, ULisSpc, UPerTyp;

7      TYPE
8         ListTyp =  RECORD
9                       Data :  ARRAY [1 .. MaxListSize] OF ListDataTyp;
10                      Idx  :  ARRAY [1 .. MaxListSize] OF INTEGER;
11                      Size :  INTEGER;
12                      END;

13     PROCEDURE Insert_Data (VAR List : ListTyp);
14     PROCEDURE Show_List   (    List : ListTyp);
15     PROCEDURE Sort_List   (VAR List : ListTyp;   SortKrit : KritTyp);
16     (********************************************************************)
17     IMPLEMENTATION
18     USES
19        Crt, UIOTool;

20     PROCEDURE Insert_Data (VAR List : ListTyp);
21        VAR   DataX : ListDataTyp;
22              pos   : INTEGER;
23        BEGIN
24        WITH List DO BEGIN
25           ClrScr;   Read_Data (DataX);
26           pos := 0;
27           WHILE NOT Empty_Data (DataX) AND (pos < MaxListSize) DO BEGIN
28              pos :=  pos + 1;
29              Data [pos] := DataX;
30              Idx  [pos] := pos;
31              ClrScr;   Read_Data (DataX)
32              END; (*WHILE*)
33           Size :=  pos;
34           END; (*WITH*)
35        END; (* Insert_Data *)
```

(Fortsetzung nächste Seite)

```
     (Fortsetzung von UNIT ULisTyp - zu Programm Liste3)

36     PROCEDURE Show_List (List : ListTyp);
37        VAR
38           pos : INTEGER;
39        BEGIN
40        WriteTab_Header;
41        WriteLn;
42        WITH List DO
43           FOR pos := 1 TO Size DO  WriteTab_Data (Data [Idx [pos]]);
44        WriteLn;  Melde ('');
45        END; (* Show_List *)

46     PROCEDURE Sort_List (VAR List : ListTyp;  SortKrit : KritTyp);
47        VAR
48           Nr, MinNr : INTEGER;

49        FUNCTION Min_Position (von, bis :  INTEGER) : INTEGER;
50           (* sucht in [von..bis] die Pos. des kleinsten Datums *)
51           VAR
52              pos,      MinPos  :  INTEGER;
53              DataPos, DataMin :  ListDataTyp;
54           BEGIN
55           MinPos :=  von;
56           WITH List DO BEGIN
57              DataMin :=  Data [Idx [MinPos]];
58              FOR pos := von+1 TO bis DO BEGIN
59                 DataPos :=  Data [Idx [pos]];
60                 IF Less_Data (DataPos, DataMin, SortKrit) THEN BEGIN
61                    MinPos  :=  pos;
62                    DataMin :=  DataPos;
63                    END; (*IF*)
64                 END; (*FOR*)
65              END; (*WITH*)
66           Min_Position :=  MinPos;
67           END; (* Min_Position *)

68        PROCEDURE Tausche (VAR Index1, Index2 : INTEGER);
69           VAR
70              Hilf : INTEGER;
71           BEGIN
72           Hilf := Index1;    Index1 := Index2;    Index2 := Hilf;
73           END; (* Tausche *)

74        BEGIN  (* Sort_List *)
75        WITH List DO
76           FOR Nr := 1 TO Size-1 DO BEGIN
77              MinNr :=  Min_Position (Nr, Size);
78              IF MinNr <> Nr THEN Tausche (Idx [Nr], Idx [MinNr]);
79              END; (*FOR*)
80        END; (* Sort_List *)
81     (****************************************************************)
82     BEGIN
83     END.
```

Das Modul *ULisTyp* bietet über seine Schnittstelle die Datenstruktur *ListTyp*
und die Operationen *Insert_Data, Show_Data* und *Sort_List* an. Dazu werden
die vollständigen Prozedurköpfe der Operationen gelistet. Der zweite Parameter von *Sort_List* ist vom *KritTyp*, der jedoch im Modul *UKritTyp* definiert ist;
dieses Modul muß also im INTERFACE-Teil eingebunden werden (Zeile 5).

Gleiches gilt für das Modul *ULisSpc*, das die Erklärung von *MaxListSize* und *ListDataTyp* enthält; beides wird bei der Definition des *ListTyp* herangezogen. Das Modul *ULisSpc* wird *ListDataTyp* für die spezielle Anwendung mit *PersonTyp* gleichsetzen, wofür es seinerseits auf das Modul *UPerTyp* zurückgreifen muß. Dieser indirekte Typ-Verweis im Modul *ULisTyp* ist für den Compiler von Turbo Pascal leider nur dann auflösbar, wenn auch das Modul *UPerTyp* an dieser Stelle erneut (außer in *ULisSpc*, s. dort) eingebunden wird!

Die Schnittstellen aller im INTERFACE-Teil eingebundenen Module stehen auch im IMPLEMENTATION-Teil zur Verfügung. Bei der Implementation der Operationen wird mit *ClrScr* (Zeilen 26 und 31) auf eine Prozedur des Standard-Moduls *Crt* zuückgegriffen. Ebenso wird die Prozedur *Melde* (Zeile 44) des Moduls *UIOTool* verwendet. Diese beiden Module werden daher im Implementations-Teil zusätzlich eingebunden (Zeile 19).

Jedes UNIT-Modul enthält am Schluß einen Initialisierungsteil. Hier können Variable der Schnittstelle oder der Implementation direkt oder über Modul-Operationen mit Anfangswerten versorgt werden. Beim Start eines ausführbaren Programms werden die Initialisierungsteile einmalig in der Reihenfolge ausgeführt, in der ihre Module direkt oder indirekt in den Code eingebunden werden. Die Reihenfolge ihrer Nennung in der USES-Anweisung kann also u.U. von Bedeutung sein.

Alle Teile eines UNIT-Moduls müssen vorkommen. Im Modul *ULisTyp* ist der Initialisierungsteil jedoch leer geblieben, da – was oft der Fall ist – keine Anfangswerte vergeben werden mußten. Das jetzt folgende Modul *UKritTyp* hat sogar einen leeren Implementationsteil, denn es stellt nur Werte eines Aufzählungtyps bereit, zu dessen Realisierung kein weiterer Code nötig ist. Ein UNIT-Modul mit leerer Schnittstelle wäre sinnlos, da es keinem Kunden-Modul etwas anbieten könnte. Das UNIT-Modul wird ebenso wie ein PROGRAM-Modul mit einem Punkt abgeschlossen.

```
1     UNIT UKritTyp;                                  (zu Programm Liste3)

2     (************************************************************)
3     INTERFACE
4     TYPE
5        KritTyp =   (NameKrit, AlterKrit, PlzKrit);

6     (************************************************************)
7     IMPLEMENTATION
8        (* dieser Teil ist leer *)
9     (************************************************************)
10    BEGIN
11    (* dieser Teil ist ebenfalls leer *)
11    END.
```

Das Modul *ULisTyp* zeigt, wie das UNIT-Konzept hervorragend geeignet ist, **abstrakte Datentypen** zu formulieren. Datenstrukturen und zugehörige Operationen werden in dem Modul zu der gewünschten Einheit zusammengefaßt. Die dem ADT zugrunde liegende Datenstruktur und die Realisierung der Operationen ist dem Anwender nicht bekannt und für den Einsatz des ADT ohne Belang. Man erhält eine **Kapselung von Daten und Code**. Die Daten können nur mit den dazu definierten Operationen bearbeitet werden.

Die Bezeichner des ADT und seiner Operationen werden im INTERFACE-Teil benannt, der Aufruf der Operationen durch die Parameterlisten beschrieben. Nur dieser **öffentliche INTERFACE-Teil** ist für das Kunden-Modul von Bedeutung. Die hier erklärten Bezeichner werden "exportiert" und können von Kunden "importiert" werden.

Wie die Leistungen der Operationen erbracht werden, beschreibt der **private IMPLEMENTATION-Teil**. Die Realisierungen der Operationen und alle hier zusätzlich erklärten Bezeichner von Konstanten, Typen, Variablen und Hilfsoperationen sind "geheim", also für ein Kunden-Modul nicht benutzbar. Ein Anwender des Moduls muß, um es korrekt einsetzen zu können, den geheimen Implementationsteil nicht kennen.

Da UNIT-Module schon in übersetzter Form vorliegen, muß zu ihrem korrekten Gebrauch lediglich der Name sowie die Schnittstelle als Quelltext oder als zusätzliches Dokument bekannt gegeben werden. Alles andere ist dem Geheimnisprinzip unterworfen.

Der Inhalt des Implementierungsteils kann verändert, also verbessert oder an neue Gegebenheiten angepaßt werden. Solange Schnittstellen und Leistungen der öffentlichen Operationen gleich bleiben, ändert sich der Gebrauch eines Moduls nicht. Nach seiner Neuübersetzung steht die veränderte Fassung zur Verfügung. An Kunden-Modulen sind – von deren Neuübersetzung abgesehen – keine weiteren Maßnahmen nötig. Sie kommen ohne weiteres in den Genuß der Verbesserungen.

Das als nächstes vorgestellte Modul *ULisSpc* ist, wie die Graphik am Anfang dieses Abschnitts zeigt, lediglich das Bindeglied zwischen dem ADT *ListTyp* (in Modul *ULisTyp*) und dem ADT *PersonTyp* (in Modul *UPerTyp*). Der größte Teil seiner Leistungen besteht in der Anpassung der Bezeichnungen von *PersonTyp* an diejenigen von *ListTyp*. So werden *PersonTyp* mit *ListDataTyp* (Zeile 9), *Read_Person* mit *Read_Data* (Zeile 22) usw. einander gleichgesetzt.

Die Prozeduren *Erase_Data* und *Equal_Data* werden zwar erst in späteren Realisierungen des ADT *ListTyp* verwendet, sind aber hier schon aufgenommen. *Erase_Data* löscht den Inhalt eines Datensatzes *DataX* durch Überschreiben mit einem Datensatz *NoPerson*, dessen Inhalt in Modul *UPerTyp* initialisiert wird (s.u.). *Empty_Data* und *Equal_Data* beziehen sich auf eine ebenfalls dort definierte Operation *Equal_Person*.

Natürlich benötigt das Modul *ULisSpc* Informationen aus der Schnittstelle des Moduls *UPerTyp* und, wegen des Gebrauchs von *KritTyp*, auch aus *UKritTyp*. Beide werden im INTERFACE-Teil durch die USES-Anweisung eingebunden. Wie gesehen, mußte *UKritTyp* auch in das Modul *ULisTyp* explizit eingebunden werden, da es **direkt** den Bezeichner *KritTyp* aus diesem Modul verwendet. Das Einbinden des Moduls *ULisSpc* – und damit **indirekt** von *UKritTyp* – genügt dazu nicht! Auch das PROGRAM-Modul *Liste3* verwendet die Bezeichner *NameKrit* etc. aus dem UNIT-Modul *UKritTyp* direkt, das indirekte Einbinden dieses Moduls über *ULisTyp* reicht daher nicht aus.

Das Modul *ULisSpc* wird ebenso wie das folgende Modul *UPerTyp* unverändert im nächsten Programm *UPerFill* eingebunden werden.

```
 1      UNIT ULisSpc;                                (zu Programm Liste3)
 2      (****************************************************************)
 3      INTERFACE
 4      USES
 5         UPerTyp, UKritTyp;

 6      CONST
 7         MaxListSize =  100;
 8      TYPE
 9         ListDataTyp =  PersonTyp;

10      PROCEDURE Read_Data       (VAR DataX : ListDataTyp);
11      PROCEDURE Write_Data      (    DataX : ListDataTyp);
12      PROCEDURE WriteTab_Header;
13      PROCEDURE WriteTab_Data (    DataX : ListDataTyp);
14      PROCEDURE Erase_Data      (VAR DataX : ListDataTyp);
15      FUNCTION  Empty_Data (       DataX : ListDataTyp) : BOOLEAN;
16      FUNCTION  Equal_Data (Data1, Data2 : ListDataTyp) : BOOLEAN;
17      FUNCTION  Less_Data  (Data1, Data2 : ListDataTyp
18                          ;      SortKrit : KritTyp    ) : BOOLEAN;
19      (****************************************************************)
20      IMPLEMENTATION

21      PROCEDURE Read_Data (VAR DataX : ListDataTyp);
22         BEGIN   Read_Person (DataX);
23         END; (* Read_Data *)

24      PROCEDURE Write_Data (DataX : ListDataTyp);
25         BEGIN   Write_Person (DataX);
26         END; (* Write_Data *)

27      PROCEDURE WriteTab_Header;
28         BEGIN   WriteTab_Kopf
29         END; (* WriteTab_Header *)

30      PROCEDURE WriteTab_Data (DataX : ListDataTyp);
31         BEGIN   WriteTab_Person (DataX);
32         END; (* Write_TabData *)

33      PROCEDURE Erase_Data (VAR DataX : ListDataTyp);
34         BEGIN   DataX := NoPerson;
35         END; (* Erase_Data *)

36      FUNCTION Empty_Data (DataX : ListDataTyp) : BOOLEAN;
37         BEGIN   Empty_Data := Equal_Person (DataX, NoPerson);
38         END; (* Empty_Data *)

39      FUNCTION Equal_Data (Data1, Data2 : ListDataTyp) : BOOLEAN;
40         BEGIN   Equal_Data := Equal_Person (Data1, Data2);
41         END; (* Equal_Data *)

42      FUNCTION Less_Data ( Data1, Data2 : ListDataTyp
43                         ; SortKrit     : KritTyp ) : BOOLEAN;
44         BEGIN
45         CASE SortKrit OF
46            NameKrit  : Less_Data := Less_Name  (Data1, Data2);
47            AlterKrit : Less_Data := Less_Alter (Data1, Data2);
48            PlzKrit   : Less_Data := Less_PLZ   (Data1, Data2);
49            END; (*CASE*)
50         END; (* Less_Data *)
51      (****************************************************************)
52      BEGIN   END.
```

Das UNIT-Modul *UPerTyp* enthält in dem ADT *PersonTyp* Struktur und Bearbeitungsmöglichkeiten derjenigen Datensätze, die von dem Anwendungsprogramm *Liste3* in einer *PersonenListe* vom *ListTyp* gespeichert, nach verschiedenen Kriterien sortiert und angezeigt werden sollen. Natürlich kann das Modul auch in anderem Zusammenhang eingesetzt werden.

Der INTERFACE-Teil kommt ohne ein Server-Modul aus. Er bietet eine öffentliche Variable *NoPerson* an, deren Felder in dem **Initialisierungsteil** des Moduls mit leeren Zeichenketten bzw. Nullwerten besetzt werden. Wie im Modul *UListSpc* gesehen, kann damit ein Datensatz überschrieben, also gelöscht werden. Die Funktion *Equal_Person* ist neu hinzugekommen; sie prüft, ob zwei Datensätze den gleichen Inhalt besitzen oder nicht.

Der IMPLEMENTATION-Teil greift (Zeile 23) auf die Ein-/Ausgabe-Hilfen in Modul *UIOTool* (mit *Write_Str* in den Prozeduren *WriteTab_Kopf* und *WriteTab_Person*) und auf die Zeichenketten-Routinen in Modul *UStrTool* zu. Mit den Funktionen *Low_Str* in *Equal_Person* und *Less_Name* werden zwei Buchstabenketten zum Vergleich in eine einheitliche Schreibweise gebracht (Zeilen 73 und 75 bzw. 80 bis 83). Die Prozeduren *Left_Trim* , *Right_Trim* und *Trim* schneiden von einer Zeichenkette Leerzeichen vorne, hinten oder an beiden Enden ab. Damit kann die Operation *Read_Person* stärker gegen unachtsame Benutzereingaben gesichert werden (Zeilen 33, 37, 41 und 44). Nach der Eingabe von RETURN oder mehreren Leerstellen als *Name* wird der ganze Datensatz mit *NoPerson* besetzt (Zeile 46).

```
1     UNIT UPerTyp;                                      (zu Programm Liste3)

2     (***********************************************************************)
3     INTERFACE

4     TYPE
5        PersonTyp = RECORD
6                        Name, Wohnort :  STRING [15];
7                        Alter         :  INTEGER;
8                        PLZ           :  LONGINT;
9                        END;

10    VAR
11       NoPerson : PersonTyp;

12    PROCEDURE Read_Person    (VAR P : PersonTyp);
13    PROCEDURE Write_Person   (    P : PersonTyp);
14    PROCEDURE WriteTab_Kopf;
15    PROCEDURE WriteTab_Person   (P : PersonTyp);
16    FUNCTION  Equal_Person (P1, P2 : PersonTyp) : BOOLEAN;
17    FUNCTION  Less_Name    (P1, P2 : PersonTyp) : BOOLEAN;
18    FUNCTION  Less_Alter   (P1, P2 : PersonTyp) : BOOLEAN;
19    FUNCTION  Less_PLZ     (P1, P2 : PersonTyp) : BOOLEAN;
20    (***********************************************************************)
21    IMPLEMENTATION
22    USES
23       Crt, UIOTool, UStrTool;

24    CONST
25       Tab3  = '   ';   (* 3 Leerzeichen *)
```

(Fortsetzung siehe nächste Seite)

```
(Fortsetzung von UNIT UPerTyp - zu Programm Liste3)

26    PROCEDURE Read_Person (VAR P : PersonTyp);
27       VAR
28          AlterStr, PlzStr : STRING;
29          Error            : INTEGER;
30       BEGIN
31       WITH P DO BEGIN
32          Write ('Name [Ende mit <RETURN>]: ');    ReadLn (Name);
33          Trim (Name);
34          IF Name <> '' THEN BEGIN
35             REPEAT
36                Write ('Alter                        : ');    ReadLn (AlterStr);
37                Right_Trim (AlterStr);  VAL (AlterStr, Alter, Error);
38                UNTIL (Error = 0) AND (Alter IN [0 .. 120]);
39             REPEAT
40                Write ('Postleitzahl               : ');    ReadLn (PlzStr);
41                Right_Trim (PlzStr);    VAL (PlzStr, PLZ, Error);
42                UNTIL (Error = 0) AND (PLZ > 0) AND (PLZ <= 99999);
43             Write ('Wohnort                   : ');    ReadLn (Wohnort);
44             Trim (Wohnort);
45             END
46          ELSE  P :=  NoPerson;
47          END; (*WITH*)
48       END; (* Read_Person *)


49    PROCEDURE Write_Person           )
58    PROCEDURE WriteTab_Kopf          )        wie in Programm Liste0  (9.7)
64    PROCEDURE WriteTab_Person        )

71    FUNCTION  Equal_Person (P1, P2 : PersonTyp) : BOOLEAN;
72       BEGIN
73       Equal_Person :=  (Low_Str (P1.Name)  = Low_Str (P2.Name))
74                    AND (P1.Alter = P2.Alter) AND (P1.PLZ = P2.PLZ)
75                    AND (Low_Str (P1.Wohnort) = Low_Str (P2.Wohnort))
76       END; (* Equal_Person *)

77    FUNCTION Less_Name (P1, P2 : PersonTyp) : BOOLEAN;
78       VAR   LowName1, LowName2 : STRING;
79       BEGIN
80       LowName1 :=  Low_Str (P1.Name);
81       LowName2 :=  Low_Str (P2.Name);
82       IF LowName1 <> LowName2 THEN
83          Less_Name :=  (LowName1 < LowName2)
84       ELSE (* gleiche Namen *) IF P1.PLZ <> P2.PLZ THEN
85          Less_Name :=  (P1.PLZ < P2.PLZ)
86       ELSE (* gleiche PLZ *) IF P1.Alter <> P2.Alter THEN
87          Less_Name :=  (P1.Alter < P2.Alter)
88       ELSE (* gleiches Alter *)
89          Less_Name :=  FALSE;
90       END; (* Less_Name *)


91    FUNCTION Less_PLZ          )       wie in
99    FUNCTION Less_Alter        )       Programm Liste2  (9.9)
107   (************************************************************)

108 BEGIN (* Initialisierung *)
109 WITH NoPerson DO BEGIN
110    Name  :=  '';        Wohnort :=  '';
111    Alter :=  0;         PLZ     :=  0;
112    END; (*WITH*)
113 END.
```

In Turbo Pascal entsteht bei der Übersetzung eines UNIT-Moduls aus dem Quelltext (Erweiterung .PAS) das eigentliche **Objektmodul** (Endung .TPU). Da das Einbinden eines Moduls dessen Objektcode voraussetzt, muß immer ein Anbieter vor seinem Kunden kompiliert worden sein. Um also das Anwendungs-Programm *Liste3* erfolgreich übersetzen zu können, müssen die Objektmodule *ULisTyp* und *UKritTyp* bereits vorliegen – vgl. die Graphik am Anfang dieses Abschnitts zur gegenseitigen Abhängigkeit der Module voneinander. Aus der Graphik kann abgelesen werden, in welcher **Reihenfolge** man die **Übersetzung der Modul-Quellen** durchzuführen hat.

Turbo Pascal bietet in der integrierten Entwicklungsumgebung (IDE) außer der Übersetzungs-Methode "Compile" zwei weitere Methoden an, die das Übersetzen eines kompletten, in mehrere Module aufgeteilten Projekts mit einem einzigen Befehl ermöglichen: **"Make"** und **"Build"**. Beide Methoden berücksichtigen die gegenseitige Abhängigkeit der Module und führen die Übersetzungen in der korrekten Reihenfolge durch. "Make" übersetzt nur inzwischen geänderte Module, "Build" grundsätzlich alle Module, die von dem Hauptmodul direkt oder indirekt benutzt werden. Im Beispiel würde man das Modul *Liste3* in die IDE laden und mit "Make" oder "Build" übersetzen.

HINWEIS: Am wenigsten Aufwand hat man bei der Unterteilung eines Projektes in Module, wenn der Name eines UNIT-Moduls identisch ist mit dem Namen der Datei, in der das Modul gespeichert wird. Andernfalls sind die im Programmier-Handbuch zu Turbo Pascal beschriebenen Regeln zu beachten.

Die in diesem und den folgenden Programmen mehrfach verwendeten Module *UIOTool* und *UStrTool* werden ohne weitere Erklärungen wiedergegeben; die Leistungen der Prozeduren und Funktionen sind in kurzen Kommentaren dokumentiert.

Mit dem Modulkonzept steht ein Mittel zur Verfügung, mit dem **größere Software-Projekte** übersichtlicher verwaltet werden können. Hat man sich auf die Leistungen und die Schnittstellen geeinigt, kann die Entwicklung der bis zu einem gewissen Grade unabhängigen Programm-Bausteine parallel arbeitenden Gruppen übertragen werden; die Entwicklungszeit verkürzt sich.

Die in den einzelnen Modulen formulierten Lösungen sollten nicht nur für den speziellen Fall konstruiert, sondern möglichst **allgemein formuliert** sein. Das Konzept des abstrakten Datentyps kommt diesem Wunsch entgegen. Bei Programmierung als ADT wird die Wiederverwendbarkeit eines Moduls in anderen Projekten einfacher.

Die **Wartung** eines in Modulen aufgebauten Programmsystems wird erleichtert, da man sich bei der Fehlerbeseitigung, Verbesserung, Veränderung und Erweiterung nur mit ausgewählten Modulen befassen muß, und einem modularen System weitere Bausteine weniger aufwendig hinzugefügt werden können. In den beiden folgenden Programmen werden die gerade zu diesem Programm vorgestellten Module in abgewandelter Form weiterverwendet werden. Grundlegender Datentyp wird dabei die relativ organisierte Datei mit Index sein. Ziel ist eine Ausweitung des Programms *FilMenu1* (8.13) auf allgemeine Datensätze mit RECORD-Struktur.

```
1    UNIT UIOTool;                              (zu Programm Liste3)
2    (* Hilfsprozeduren fuer interaktive Ein/Ausgabe *)
3    (************************************************************************)
4    INTERFACE
5    TYPE
6       JaNeinTyp =  (Ja, Nein);

7    FUNCTION Get_JaNein : JaNeinTyp;
8       (* Wartet auf Benutzereingabe 'j' oder 'n'; liefert Funktionswert *)
9       (* 'Ja' oder 'Nein' des selbstdefinierten Typs 'JaNeinTyp'.       *)

10   PROCEDURE Melde (s : STRING);
11      (* Schreibt Zeichenkette 's'; wartet auf Benutzereingabe 'c' *)

12   PROCEDURE Unterstreiche (z : CHAR;   N : INTEGER);
13      (* schreibt N-mal das Zeichen z *)

14   PROCEDURE Tab (N : INTEGER);
15      (* Schreibt N Leerzeichen - zum Tabellieren *)

16   PROCEDURE Leerzeilen (N : INTEGER);
17      (* erzeugt N Leerzeilen *)

18   PROCEDURE Write_Str (Kette : STRING;   Feldweite : INTEGER);
19      (* Schreibt 'Kette' linksbuendig in Feld der Breite "Feldweite". *)
20   (************************************************************************)
21   IMPLEMENTATION
22   USES   Crt;

23   FUNCTION Get_JaNein : JaNeinTyp;
24      VAR   ch : CHAR;
25      BEGIN
26      REPEAT ch :=  ReadKey UNTIL ch IN ['J', 'j', 'N', 'n'];
27      CASE ch OF
28         'J', 'j' : Get_JaNein :=  Ja;
29         'N', 'n' : Get_JaNein :=  Nein;
30         END; (*CASE*)
31      END; (* Get_JaNein *)

32   PROCEDURE Melde (s : STRING);
33      BEGIN
34      IF LENGTH (s) <> 0 THEN WriteLn (s);
35      WriteLn ('Weiter mit <C>.');   REPEAT  UNTIL  ReadKey IN ['C', 'c'];
36      END; (* Melde *)

37   PROCEDURE Unterstreiche (z : CHAR;   N : INTEGER);
38      VAR  pos : INTEGER;   BEGIN  FOR pos := 1 TO N DO Write (z);   END;

39   PROCEDURE Tab (N : INTEGER);
40      VAR  pos : INTEGER;   BEGIN  FOR pos := 1 TO N DO Write (' ');   END;

41   PROCEDURE Leerzeilen (N : INTEGER);
42      VAR  pos : INTEGER;   BEGIN  FOR pos := 1 TO N DO WriteLn;   END;

43   PROCEDURE Write_Str (Kette : STRING; Feldweite : INTEGER);
44      VAR   Laenge : INTEGER;
45      BEGIN
46      Laenge := LENGTH (Kette);   Write (Kette, '':(Feldweite - Laenge));
47      END; (* Write_Str *)
48   (************************************************************************)
49   BEGIN    END.
```

```
1     UNIT UStrTool;                              (zu Programm Liste3)
2     (* Hilfsprozeduren fuer Zeichenketten-Verarbeitung *)

3     (***************************************************************)
4     INTERFACE

5     FUNCTION Low_Ch (ch : CHAR) : CHAR;
6        (* Wandelt Buchstaben 'ch' von gross in klein *)

7     FUNCTION Low_Str (Kette : STRING) : STRING;
8        (* Wandelt 'Kette' in Kleinschreibung. *)

9     FUNCTION Skip_Blank (Kette : STRING;   start : INTEGER ) : INTEGER;
10       (* Sucht in 'Kette' ab Pos. 'start' die abs. Position des *)
11       (* 1. Zeichens, das kein Leerzeichen ist.                 *)
12       (* Kommen nur Leerzeichen vor, wird 0 zurueckgegeben.     *)

13    FUNCTION Skip_LastBlanks (Kette : STRING) : INTEGER;
14       (* Sucht in 'Kette' von hinten her die abs. Position des *)
15       (* 1. Zeichens, das kein Leerzeichen ist.                *)
16       (* Kommen nur Leerzeichen vor, wird 0 zurueckgegeben.    *)

17    PROCEDURE Left_Trim (VAR Kette : STRING);
18       (* entfernt fuehrende Leerstellen *)

19    PROCEDURE Right_Trim (VAR Kette : STRING);
20       (* entfernt Leerstellen am Ende der Kette *)

21    PROCEDURE Trim (VAR Kette : STRING);
22       (* entfernt Leerstellen am Anfang und Ende der Kette *)
23    (****************************************************************)
24    IMPLEMENTATION

25    FUNCTION Low_Ch (ch : CHAR) : CHAR;
26       CONST
27          AlphaGross =  ['A' .. 'Z', 'Ä', 'Ö', 'Ü'];
28       VAR
29          OffSet : INTEGER;
30       BEGIN
31       OffSet :=  ORD ('a') - ORD ('A');
32       IF ch IN AlphaGross
33          THEN  Low_Ch :=  CHR (ORD (ch) + OffSet)
34          ELSE  Low_Ch :=  ch;
35       END; (* Low_Ch *)

36    FUNCTION Low_Str (Kette : STRING) : STRING;
37       VAR
38          pos :  INTEGER;
39       BEGIN
40       Low_Str :=  Kette;
41       FOR pos:= 1 TO LENGTH (Kette) DO
42          Low_Str [pos] := Low_Ch (Kette [pos]);
43       END; (* Low_Str *)

44    FUNCTION Skip_Blank (Kette : STRING;   start : INTEGER ) : INTEGER;
45       CONST
46          Blank =  ' ';  (* 1 Leerzeichen *)
47       VAR
48          pos, len :  INTEGER;
49          Erfolg   :  BOOLEAN;
```

Fortsetzung nächste Seite)

```
(Fortsetzung von UNIT UStrTool - zu Programm Liste3)

50      BEGIN (* Skip_Blank *)
51      len    := LENGTH (Kette);
52      pos    := start - 1;
53      Erfolg := FALSE;
54      WHILE (pos < len) AND NOT Erfolg DO BEGIN
55         pos := pos + 1;
56         Erfolg := (Kette [pos] <> Blank);
57         END; (*WHILE*)
58      IF Erfolg THEN  Skip_Blank := pos  ELSE  Skip_Blank :=  0;
59      END; (* Skip_Blank *)

60   FUNCTION Skip_LastBlanks (Kette : STRING) : INTEGER;
61      CONST
62         Blank = ' ';  (* 1 Leerzeichen *)
63      VAR
64         pos, len :  INTEGER;
65         Erfolg   :  BOOLEAN;
66      BEGIN
67      len    := LENGTH (Kette);
68      pos    := len + 1;
69      Erfolg := FALSE;
70      WHILE (pos > 0) AND NOT Erfolg DO BEGIN
71         pos := pos - 1;
72         Erfolg := (Kette [pos] <> Blank);
73         END; (*WHILE*)
74      IF Erfolg THEN  Skip_LastBlanks := pos  ELSE  Skip_LastBlanks := 0;
75      END; (* Skip_LastBlanks *)

76   PROCEDURE Left_Trim (VAR Kette : STRING);
77      VAR   Hilf        : STRING;
78            Weite, pos : INTEGER;
79      BEGIN
80      pos :=  Skip_Blank (Kette, 1);
81      IF pos = 0
82         THEN Hilf := ''  (* leere Zeichenkette *)
83         ELSE BEGIN
84            Weite := LENGTH (Kette) - pos + 1;
85            Hilf  := COPY (Kette, pos, Weite);
86            END;
87      Kette :=  Hilf;
88      END; (* Left_Trim *)

89   PROCEDURE Right_Trim (VAR Kette : STRING);
90      VAR
91         Hilf : STRING;
92         pos  : INTEGER;
93      BEGIN
94      pos :=  Skip_LastBlanks (Kette);
95      IF pos = 0
96         THEN Hilf := ''  (* leere Zeichenkette *)
97         ELSE Hilf :=  COPY (Kette, 1, pos);
98      Kette :=  Hilf;
99      END; (* Right_Trim *)

100  PROCEDURE Trim (VAR Kette : STRING);
101     BEGIN
102     Right_Trim (Kette);   Left_Trim (Kette);
103     END; (* Trim *)
104  (**********************************************************************)
105  BEGIN   END.
```

9.11 Programm ListFile

Die Datensätze sollen jetzt in einer FILE-Struktur gespeichert werden. Dazu wird der ADT *ListTyp* von Modul *ULisTyp* (zu Programm Liste3, 9.10) entsprechend geändert und im Modul *UFilTyp1* gespeichert. Im Anwendungsprogramm wird das neue Modul eingebunden (Zeile 3) und die zusätzliche Operation als erste Anweisung eingesetzt (Zeile 7). Daß zur Implementation des ADT eine andere Datenstruktur verwendet wurde, ist in der Test-Anwendung nicht bemerkbar. Bei gut geplantem Aufbau eines Programmsystems können seine Bausteine ohne großen Aufwand gegen verbesserte oder solche mit anderen Leistungen ausgetauscht werden. Die Wartung des Programm-Systems ist wesentlich erleichtert.

```
1    PROGRAM ListFile (Input, Output);

2    USES
3       Crt, UKritTyp, UFilTyp1;        (* siehe Programm Liste3, (9.10) *)

4    VAR
5       PersonenListe :  ListTyp;

6    BEGIN (* Anwendung *)
7    Assign_DOSName (PersonenListe, 'PERSONEN.DAT');
8    Insert_Data (PersonenListe);
9    ClrScr;  WriteLn ('Unsortiert:');  WriteLn; Show_Liste (PersonenListe);
10   Sort_Liste (PersonenListe, NameKrit);
11   ClrScr;  WriteLn ('Nach Namen:');  WriteLn; Show_Liste (PersonenListe);
12   Sort_Liste (PersonenListe, PlzKrit);
13   ClrScr;   WriteLn ('Nach PLZ:');   WriteLn; Show_Liste (PersonenListe);
14   Sort_Liste (PersonenListe, AlterKrit);
15   ClrScr;   WriteLn ('Nach Alter:'); WriteLn; Show_Liste (PersonenListe);
16   END.
```

In *ListTyp* ändert sich nur die Struktur des ersten Datenfeldes: die Datensätze werden in einer externen Datei sequentiell gespeichert, woran der Feldname *fData* erinnert. RECORDs können also aus komplexen Strukturen (hier: FILE und ARRAY) zu noch komplexeren Strukturen zusammengesetzt sein.

Der Zugriff auf die Datensätze in *fData* ist wahlfrei organisiert. Die Operationen sind entsprechend implementiert und verwenden die SEEK-Prozedur, die aber nur über die Index-Werte die jeweilige Datei-Position sucht (Zeilen 50 bzw. 66 und 68). Um möglichst wenig am Code von Modul *ULisTyp* (9.10) ändern zu müssen, werden Indizes und Datensätze weiterhin mit 1 beginnend numeriert. Auf die Position 0 der Datei wird irgendein Datensatz geschrieben, z.B. der erste gelesene (Zeile 30). *Insert_Data* fügt die Datensätze sequentiell in die Datei ein (Zeile 33). Zu Beginn jeder Operation wird die Datei *fData* geöffnet (mit RESET bzw. REWRITE), am Ende wieder geschlossen (mit CLOSE).

Die Komponenten der Datei *fData* sind Datensätze vom *ListDataTyp*, was im Modul *ULisSpc* (Programm *Liste3*, 9.10) mit *PersonTyp* gleichgesetzt ist. Da der parallel zur Datei gehaltene Index (Datenfeld *Idx* der *ListTyp*-Struktur) als ARRAY im Arbeitsspeicher gehalten wird, hat er eine begrenzte Größe *MaxListSize*. Das schränkt auch die Größe der theoretisch beliebig großen Datei *fData* ein (Zeilen 7 bis 11).

```
1      UNIT UFilTyp1;                                  (zu Programm ListFile)
2      (**********************************************************************)
3      INTERFACE
4      USES
5         UPerTyp, UKritTyp, ULisSpc;   (* siehe Programm Liste3, (9.10) *)

6      TYPE
7         ListTyp =  RECORD
8                       fData  :   FILE OF ListDataTyp;
9                       Idx    :   ARRAY [1 .. MaxListSize] OF INTEGER;
10                      Size   :   INTEGER;
11                      END;

12     PROCEDURE Assign_DOSName (VAR List : ListTyp;    Name : STRING);
13     PROCEDURE Insert_Data    (VAR List : ListTyp);
14     PROCEDURE Show_List      (    List : ListTyp);
15     PROCEDURE Sort_List      (VAR List : ListTyp;    SortKrit : KritTyp);
16     (**********************************************************************)
17     IMPLEMENTATION
18     USES
19        Crt, UIOTool;               (* siehe Programm Liste3, (9.10) *)

20     PROCEDURE Assign_DOSName (VAR List : ListTyp;  Name : STRING);
21        BEGIN   WITH List DO  ASSIGN (fData, Name);
22        END; (* Assign_DOSName *)

23     PROCEDURE Insert_Data (VAR List : ListTyp);
24        VAR   DataX : ListDataTyp;
25              pos   : INTEGER;
26        BEGIN
27        WITH List DO BEGIN
28           REWRITE (fData);
29           ClrScr;       Read_Data (DataX);
30           pos := 0;   Write (fData, DataX);     (* beschreibe Pos. 0 *)
31           WHILE NOT Empty_Data (DataX) AND (pos < MaxListSize) DO BEGIN
32              pos :=  pos + 1;
33              Write (fData, DataX);
34              Idx [pos] := pos;
35              ClrScr;   Read_Data (DataX)
36              END; (*WHILE*)
37           Size :=  pos;
38           CLOSE (fData);
39           END; (*WITH*)
40        END; (* Insert_Data *)

41     PROCEDURE Show_List (List : ListTyp);
42        VAR   DataX : ListDataTyp;
43              pos   : INTEGER;
44        BEGIN
45        WriteTab_Header;
46        WriteLn;
47        WITH List DO BEGIN
48           RESET (fData);
49           FOR pos := 1 TO Size DO BEGIN
50              SEEK (fData, Idx [pos]);   Read (fData, DataX);
51              WriteTab_Data (DataX);
52              END; (*FOR*)
53           CLOSE (fData);
54           END; (*WITH*)
55        WriteLn;  Melde ('');
56        END; (* Show_List *)
                                              (Fortsetzung nächste Seite)
```

```
(Fortsetzung von UNIT UFilTyp1 - zu Programm ListFile)
57    PROCEDURE Sort_List (VAR List : ListTyp;  SortKrit : KritTyp);
58      VAR
59         Nr, MinNr : INTEGER;

60      FUNCTION Min_Position (von, bis :  INTEGER) : INTEGER;
61         VAR   pos, MinPos    :   INTEGER;
62               DataPos, DataMin :   ListDataTyp;
63         BEGIN
64         MinPos :=  von;
65         WITH List DO BEGIN
66            SEEK (fData, Idx [MinPos]);   Read (fData, DataMin);
67            FOR pos := von+1 TO bis DO BEGIN
68               SEEK (fData, Idx [pos]);   Read (fData, DataPos);
69               IF Less_Data (DataPos, DataMin, SortKrit) THEN BEGIN
70                  MinPos  :=  pos;
71                  DataMin :=  DataPos;
72                  END; (*IF*)
73               END; (*FOR*)
74            END; (*WITH*)
75         Min_Position :=  MinPos;
76         END; (* Min_Position *)

77      PROCEDURE Tausche (VAR Index1, Index2 : INTEGER);
78         VAR   Hilf : INTEGER;
79         BEGIN
80         Hilf := Index1;    Index1 := Index2;   Index2 := Hilf;
81         END; (* Tausche *)

82      BEGIN  (* Sort_List *)
83      WITH List DO BEGIN
84         RESET (fData);
85         FOR Nr := 1 TO Size-1 DO BEGIN
86            MinNr :=  Min_Position (Nr, Size);
87            IF MinNr <> Nr THEN Tausche (Idx [Nr], Idx [MinNr]);
88            END; (*FOR*)
89         CLOSE (fData);
90         END; (*WITH*)
91      END; (* Sort_List *)
92   (*******************************************************************)
93   BEGIN   END.
```

9.12 Programm FilMenu2

Die modularisierte Bearbeitung eines umfangreicheren Programmier-Projektes mit Hilfe der UNIT-Technik soll an dieser Erweiterung des Programms *FilMenu1* (8.13) gezeigt werden. Dabei wird auf früher vorgestellte Programmteile zurückgegriffen. Das menügesteuerte Programm-System wird hier zur Verwaltung größerer Datensätze vom *PersonTyp* benutzt und kann leicht an andere Datensatztypen angepaßt werden. Das **PROGRAM-Modul** unterscheidet sich vom Hauptprogramm *FilMenu1* (8.13) im wesentlichen durch Menüpunkt 7, der einen Wechsel der aktuellen Datei während des Programmlaufs erlaubt (Zeile 54). Ein leerer Dateiname zu Beginn bricht das Programm ab. Natürlich werden keine INCLUDE-Dateien mit Quellcode, sondern UNIT-Module mit Objektcode eingebunden (Zeile 5). Statt *FileTyp* wird die Bezeichnung *DataSetTyp* eingeführt (Zeile 39), die in der UNIT *UFilTyp2* erklärt ist. Dort (s.u.) sind auch die noch unbekannten Prozeduraufrufe des Hauptprogramms definiert.

```
1    PROGRAM FilMenu2 (Input, Output);
2    (* Speichert, sortiert, zeigt, aendert, loescht Datensaetze in Datei.*)
3    (* laesst Pos. 0 auf Datei frei - speichert Groesse in Indexpos. 0.  *)
4    USES
5       Crt, UIOTool, UFilSpc2, UFilTyp2;

6    (****************************************************************)
7    PROCEDURE Begruessung;
8       BEGIN
9       ClrScr;
10      Leerzeilen (5);    Tab (32);    WriteLn ('DATENVERWALTUNG');
11      Leerzeilen (5);    Tab (32);    WriteLn ('        1993');
12      Leerzeilen (5);    Tab (32);    Melde ('');
13      ClrScr;
14      END; (* Begruessung *)
15   (****************************************************************)
16   PROCEDURE Menue (VAR Auswahl : CHAR);
17      BEGIN
18      ClrScr;
19      Leerzeilen (4);
20      Tab (28);    WriteLn ( 'Datei ', DOSName);
21      Tab (28);    Unterstreiche ('_', 20);    WriteLn;
22      WriteLn;
23      Tab (28);    WriteLn ('1. ', SatzBezeichnung, ' erfassen');
24      Tab (28);    WriteLn ('2. ', SatzBezeichnung, ' zeigen');
25      Tab (28);    WriteLn ('3. ', SatzBezeichnung, ' aendern');
26      Tab (28);    WriteLn ('4. ', SatzBezeichnung, ' loeschen');
27      Tab (28);    WriteLn ('5. Datei zeigen');
29      Tab (28);    WriteLn ('6. Datei loeschen');
28      Tab (28);    WriteLn ('7. Datei wechseln');
30      Tab (28);    WriteLn ('0. Ende');
31      Tab (28);    Unterstreiche ('_', 20);    WriteLn;
32      WriteLn;
33      Tab (28);    Write ('Ihre Wahl: ');
34      REPEAT
35         Auswahl := ReadKey  UNTIL Auswahl IN ['0' .. '7'];
36      END; (* Menue *)
37   (****************************************************************)
38   VAR
39      Datei   : DataSetTyp;
40      Auswahl : CHAR;

41   BEGIN (* Hauptprogramm *)
42   Begruessung;
43   Read_DOSName;
44   IF DOSName <> '' THEN BEGIN
45      Load_DataSet (Datei);
46      REPEAT
47         Menue (Auswahl);
48         CASE Auswahl OF
49            '1' : Insert_Data  (Datei);
50            '2' : Process_Data (Datei, ShowMode);
51            '3' : Process_Data (Datei, UpdateMode);
52            '4' : Process_Data (Datei, DeleteMode);
53            '5' : Show_DataSet   (Datei);
55            '6' : Delete_DataSet (Datei);
54            '7' : Change_DataSet (Datei);
56            '0' : Close_DataSet  (Datei);
57            END; (*CASE*)
58         UNTIL Auswahl = '0';
59      END; (*IF*)
60   END.  (* Hauptprogramm *)
```

Mit dem Programmsystem sollen Datensätze des schon bekannten Typs *PersonTyp* verwaltet werden, der in der UNIT *UPerTyp2* definiert ist. Im Menüpunkt 3 des Programms führt eine Prozedur *Process_Data* mit dem Parameter *UpdateMode* die Funktion "Personen ändern" aus, wobei sie genauere Anweisungen indirekt von Modul *UPerTyp2* erwartet. Diese sind dort in der Operation *Change_Person* formuliert und bestehen im wesentlichen darin, daß der Benutzer jedes Datenfeld neu besetzen kann oder aber mit RETURN den bisherigen Wert akzeptiert. Wie in *Read_Person* wird jede neue Benutzerangabe um führende und angehängte Leerstellen gekürzt; Zahlwerte werden als Zeichenketten gelesen und dann umgewandelt (Zeilen 113 bis 145).

Das **UNIT-Modul *UPerTyp2* zur Definition der Datensatz-Struktur** enthält eine Variable *NoPerson*, die im INTERFACE-Teil steht (Zeile 11) und daher von jedem Kundenmodul angesprochen werden kann. Sie wird im **Initialisierungsteil** mit leeren Zeichenketten bzw. Nullwerten besetzt (Zeilen 148 bis 151). Das folgende Modul *UFilSpc2* initialisiert damit seinerseits die Variable *NoData* und benutzt sie zum Löschen von Datensätzen (s. dort Prozedur *Erase_Data*) oder zum Erkennen leerer oder gelöschter Datensätze (s. dort Funktion *Empty_Data* und hier Funktion *Equal_Person*). Die hierarchische Abhängigkeit der Module voneinander bestimmt auch die **Reihenfolge der Initialisierungen**: beim Start des steuernden Anwendungsprogramms werden die Initialisierungsteile der Server-Module in der Reihenfolge einmalig ausgeführt, in der sie von der Anwendung eingebunden werden.

Die Operationen *Less_Name*, *Less_Alter* und *Less_PLZ* sind der Vollständigkeit halber aufgeführt, werden aber hier nicht benötigt. Zwar werden die Datensätze mit Hilfe eines Index sortiert gehalten, maßgeblich für ihren Vergleich ist aber eine spezielle Funktion *Less_Key* in der als nächstes besprochenen UNIT *UFilSpc2*.

```
1     UNIT UPerTyp2;                                    (zu Programm FilMenu2)

2     (****************************************************************)
3     INTERFACE

4     TYPE
5        PersonTyp = RECORD
6                       Name, Wohnort :   STRING [15];
7                       Alter         :   INTEGER;
8                       PLZ           :   LONGINT;
9                       END;

10    VAR
11       NoPerson : PersonTyp;

12    PROCEDURE Read_Person    (VAR P : PersonTyp);
13    PROCEDURE Write_Person   (    P : PersonTyp);
14    PROCEDURE WriteTab_Kopf;
15    PROCEDURE WriteTab_Person    (P : PersonTyp);
16    FUNCTION  Equal_Person (P1, P2 : PersonTyp) : BOOLEAN;
17    FUNCTION  Less_Name    (P1, P2 : PersonTyp) : BOOLEAN;
18    FUNCTION  Less_Alter   (P1, P2 : PersonTyp) : BOOLEAN;
19    FUNCTION  Less_PLZ     (P1, P2 : PersonTyp) : BOOLEAN;
20    PROCEDURE Change_Person (VAR P : PersonTyp);
```

(Fortsetzung nächste Seite)

```
     (Fortsetzung von UNIT UPerTyp2 - zu Programm FilMenu2)

21   (****************************************************************)
22   IMPLEMENTATION
23   USES
24      Crt, UStrTool, UIOTool;

25   CONST    Tab3  = '   ';    (* 3 Leerzeichen *)

26   PROCEDURE Read_Person            )       wie in UNIT UPerTyp (9.10)

52   PROCEDURE Write_Person           )
61   PROCEDURE WriteTab_Kopf;         )       wie in Programm Liste0 (9.7)
67   PROCEDURE WriteTab_Person        )

76   FUNCTION  Equal_Person           )       wie in
81   FUNCTION  Less_Name              )       UNIT UPerTyp (9.10)

97   FUNCTION  Less_PLZ               )       wie in
105  FUNCTION  Less_Alter             )       Programm Liste2 (9.9)

113  PROCEDURE Change_Person (VAR P : PersonTyp);
114     VAR   NameNeu, AlterStr, PlzStr, OrtNeu : STRING;
115           AlterNeu, Error                   : INTEGER;
116           PLZNeu                            : LONGINT;
117     BEGIN
118     WriteLn
119        ('Neue Personendaten [keine Aenderung jeweils mit <RETURN>]:');
120     WriteLn;
121     WITH P DO BEGIN
122        Write ('Name   : ');    ReadLn (NameNeu);   Trim (NameNeu);
123        IF NameNeu <> '' THEN  Name :=  NameNeu;
124        REPEAT
125          Write ('Alter  : ');  ReadLn (AlterStr); Right_Trim (AlterStr);
126          IF AlterStr <> ''
127             THEN VAL (AlterStr, AlterNeu, Error)
128             ELSE  BEGIN
129                    Error := 0;    AlterNeu := Alter;
130                    END;
131          UNTIL (Error = 0) AND (AlterNeu IN [1 .. 120]);
132        Alter :=  AlterNeu;
133        REPEAT
134          Write ('PLZ    : ');   ReadLn (PlzStr);   Right_Trim (PlzStr);
135          IF PlzStr <> ''
136             THEN  VAL (PlzStr, PLZNeu, Error)
137             ELSE  BEGIN
138                    Error := 0;    PLZNeu := PLZ;
139                    END;
140          UNTIL (Error = 0) AND (PLZNeu >= 0) AND (PLZNeu <= 99999);
141        PLZ :=  PLZNeu;
142        Write ('Wohnort: ');   ReadLn (OrtNeu);   Trim (OrtNeu);
143        IF OrtNeu <> '' THEN  Wohnort :=  OrtNeu;
144        END; (*WITH*)
145     END; (* Change_Person *)
146  (****************************************************************)
147  BEGIN (* Initialisierung *)
148  WITH NoPerson DO BEGIN
149     Name   :=  '';      Wohnort :=  '';
150     Alter  :=  0;       PLZ     :=  0;
151     END; (*WITH*)
152  END.
```

Es werden nun die weiteren **Bausteine des Programm-Systems** vorgestellt. Ihre gegenseitige Abhängigkeit – auch von den Hilfsmodulen *UStrTool* und *UIOTool* – macht die Graphik sichtbar.

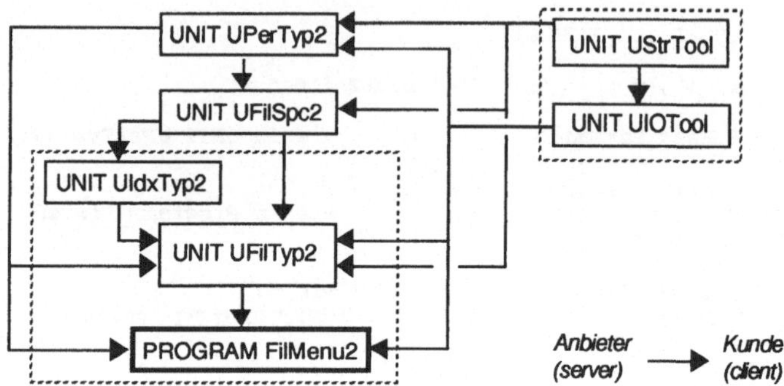

Die gestrichelt umrahmten Module kann man sich als fertige Pakete vorstellen, die nur an die speziellen Datensätze – hier vom Typ *PersonTyp* in der UNIT *UPerTyp2* – angepaßt werden müssen. Die Anpassungs-Informationen hinterlegt der Anwendungsprogrammierer in einem Modul *UFilSpc2*, in dem u.a. die Bezeichnungen der allgemein formulierten Operationen von *UFilTyp2* den speziellen Operationen aus *UPerTyp2* angeglichen werden.

UNIT *UFilSpc2* enthält neben den aus den bisherigen Beispielen bekannten Spezifikationen auch Angaben über einen **Schlüssel** (engl.: key). Damit meint man ein oder mehrere Datenfelder, deren Werte einen Datensatz eindeutig kennzeichnen. Die in UNIT *UFilTyp2* als ADT *DataSetTyp* implementierte Datenverwaltung greift auf die Datensätze nicht direkt, sondern über einen **Index** zu, in dem von jedem Datensatz dessen Schlüsselwert und relative Satzadresse gespeichert sind. Diese Indexeinträge sind nach Schlüsselwerten sortiert. Datenstruktur und Basisoperationen zur Verwaltung des Index stehen in dem Modul *UIdxTyp2*. Es ist Kunde von *UFilSpc2*; seine Leistungen werden von *UFilTyp2* angefordert. Im Beispiel wird das Datensatzfeld *Name* als eindeutiger Schlüssel ausgewiesen, was es i.a. nicht ist. Um Eindeutigkeit zu erreichen, können mehrere Felder zu einem Schlüssel-RECORD zusammengefaßt werden. Das Sortierkriterium muß in einer Funktion *Less_Key* (Zeilen 91 bis 94) festgelegt sein.

Das UNIT-Modul *UFilSpc2* **zur Anpassung an die Anwendung** enthält im INTERFACE-Teil die *von UFilTyp2* und *UIdxTyp2* geforderten Angaben. Dazu gehören die Variablen *NoData* und *NoKey*, die ihre Werte im Initialisierungsteil erhalten: *NoData* wird mit *NoPerson* gleichgesetzt, *NoKey* mit dem Schlüsselwert von *NoPerson* (Zeile 98) – letzteres über die im gleichen Modul deklarierte Prozedur *Extract_Key* (Zeilen 75 bis 78).

Der Zugriff auf einzelne Datensätze geschieht über Schlüssel. Mit *Read_Key* wird der Schlüsselwert eines gesuchten Datensatzes angefordert. Wurde ein neuer Datensatz aufgenommen, wird mit *Extract_Key* sein Schlüsselwert ermittelt und geprüft, daß er noch nicht im Index vorkommt. Die Funktionen *Equal_Key* und *Less_Key* prüfen die Gleichheit bzw. Anordnung zweier Schlüssel, was nicht von der Groß- oder Kleinschreibung abhängt.

```
 1    UNIT UFilSpc2;                                 (zu Programm FilMenu2)
 2    (* Datei-Spezifikationen *)
 3    (***********************************************************************)
 4    INTERFACE
 5    USES
 6        UPerTyp2;

 7    CONST
 8       SatzBezeichnung =  'Personen';          (* erscheint in Dialogen    *)
 9       MaxIdxSize      =  100;                 (* max. Zahl der Datensaetze *)
10       RecordsPerPage  =  20; (* Zahl der Datensaetze pro Tabellenseite *)

11    TYPE
12       FileDataTyp =  PersonTyp;

13    VAR
14       NoData : FileDataTyp;

15    PROCEDURE Read_Data     ( VAR DataX : FileDataTyp);
16    PROCEDURE Write_Data    (     DataX : FileDataTyp);
17    PROCEDURE WriteTab_Header;
18    PROCEDURE WriteTab_Data (     DataX : FileDataTyp);
19    PROCEDURE Erase_Data    (VAR DataX : FileDataTyp);
20    FUNCTION  Empty_Data    (     DataX : FileDataTyp) : BOOLEAN;
21    FUNCTION  Equal_Data (Data1, Data2 : FileDataTyp) : BOOLEAN;
22    PROCEDURE Change_Data   (VAR DataX : FileDataTyp);
23    (*------------------------------------------------------------------*)
24    TYPE
25       KeyDataTyp  = STRING [15];  (* Schluessel ist eine Zeichenkette *)

26    VAR
27       NoKey : KeyDataTyp;

28    PROCEDURE Read_Key      (VAR Key : KeyDataTyp);
29    PROCEDURE Extract_Key   ( DataX : FileDataTyp;  VAR KeyX: KeyDataTyp);
30    PROCEDURE Erase_Key     (VAR KeyX : KeyDataTyp);
31    FUNCTION  Equal_Key (Key1, Key2 : KeyDataTyp) : BOOLEAN;
32    FUNCTION  Empty_Key (     KeyX : KeyDataTyp) : BOOLEAN;
33    FUNCTION  Less_Key  (Key1, Key2 : KeyDataTyp) : BOOLEAN;
34    (***********************************************************************)
35    IMPLEMENTATION
36    USES
37       UStrTool;

38    PROCEDURE Read_Data             )
42    PROCEDURE Write_Data            )
46    PROCEDURE WriteTab_Header       )        wie in UNIT ULisSpc
50    PROCEDURE WriteTab_Data         )        zu
54    PROCEDURE Erase_Data            )        Programm Liste3 (9.10)
58    FUNCTION  Empty_Data            )
62    FUNCTION  Equal_Data            )

66    PROCEDURE Change_Data (VAR DataX : FileDataTyp);
67       BEGIN   Change_Person (DataX);
68       END; (* Change_Data *)
69    (*------------------------------------------------------------------*)
70    PROCEDURE Read_Key (VAR Key : KeyDataTyp);
71       BEGIN
72       Write ('Gesuchter Name [Ende mit <RETURN>]: ');   ReadLn (Key);
73       Trim (Key);
74       END; (* Read_Key *)
```

(Fortsetzung nächste Seite)

```
(Fortsetzung von UNIT UFilSpc2 - zu Programm FilMenu2)

75    PROCEDURE Extract_Key (DataX : FileDataTyp;  VAR KeyX : KeyDataTyp);
76       BEGIN
77       KeyX :=  DataX.Name;
78       END; (* Extract_Key *)

79    PROCEDURE Erase_Key (VAR KeyX : KeyDataTyp);
80       BEGIN
81       KeyX :=  NoKey;
82       END; (* Erase_Key *)

83    FUNCTION Equal_Key (Key1, Key2 : KeyDataTyp) : BOOLEAN;
84       BEGIN
85       Equal_Key :=  Low_Str (Key1) = Low_Str (Key2);
86       END; (* Equal_Key *)

87    FUNCTION Empty_Key (KeyX : KeyDataTyp) : BOOLEAN;
88       BEGIN
89       Empty_Key :=  Equal_Key (KeyX, NoKey);
90       END; (* Empty_Key *)

91    FUNCTION Less_Key (Key1, Key2 : KeyDataTyp) : BOOLEAN;
92       BEGIN
93       Less_Key :=  Low_Str (Key1)  <  Low_Str (Key2);
94       END; (* Less_Key *)
95    (*****************************************************************************)

96    BEGIN (* Initialisierung *)
97    NoData :=  NoPerson;
98    Extract_Key (NoPerson, NoKey);    (* weist NoKey einen Wert zu *)
99    END.
```

Im Modul *UFilTyp2* wird folgende Datenstruktur definiert:

```
TYPE
   FileTyp    =  FILE OF FileDataTyp;
   DataSetTyp =  RECORD
                    fData : FileTyp;
                    Idx   : IdxTyp;
                    fIdx  : IdxFileTyp;
                    Size  : INTEGER;
                 END;
```

Ihr Name *DataSetTyp* deutet an, daß in ihr zwei externe Dateien mit einem
Index und einem Größenfeld zu einem "Datenset" in einer RECORD-Struktur
zusammengefaßt sind.

Die Komponente *fData* ist die eigentliche Binärdatei (**Primärdatei**), in der die
Personen-Datensätze in der Reihenfolge der Benutzer-Eingabe sequentiell aufgenommen werden. Gleichzeitig mit dem Anhängen eines neuen Datensatzes
werden sein Schlüsselwert und seine relative Dateiposition in den Index *Idx*
sortiert eingetragen. Der Index *Idx* liegt im Hauptspeicher vor, sein Datentyp
IdxTyp wird in UNIT *UIdxTyp2* als ARRAY mit den zugehörigen Operationen
definiert. Die Position 0 der Datei wird zur einfacheren Indizierung mit einem
leeren Datensatz überschrieben; hier könnten Informationen über die Datei als
Ganzes abgelegt werden. Entsprechend wird die Position 0 des Index zur Speicherung der Indexgröße und damit der Datensatzanzahl *Size* genutzt.

Jeder Zugriff auf einen gespeicherten Datensatz erfolgt über seinen Schlüsselwert. Der entsprechende Eintrag wird im Index binär gesucht, die zugehörige
relative Dateiposition direkt angewählt und der Datensatz in den Arbeitsspeicher geholt. Beim Verlassen der Datei und bei Programmende wird der Index
in der **Index-Datei** *fIdx* gespeichert, bei Programmbeginn und beim Wechsel
zu der Datei wird er wieder geladen.

Das Hauptprogramm *FilMenu2* legt mit

```
VAR
    Datei : DataSetTyp;
```

eine Variable mit der RECORD-Struktur *DataSetTyp* an. Die Abbildung zeigt
ihren Aufbau und ihren Inhalt nach Aufnahme von drei Datensätzen vom
PersonTyp. Es wird angenommen, daß der Benutzer PERSONEN als Dateiname (*DOSName*) angegeben hat.

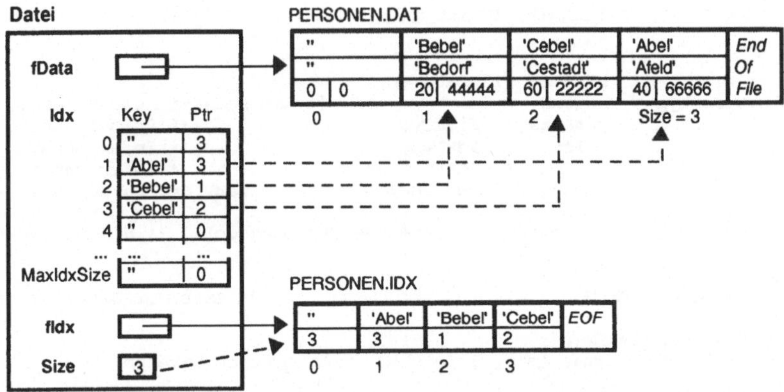

Auf den nächsten Seiten wird das **UNIT-Modul** *UFilTyp2* im einzelnen vorgestellt. Einem Kunden-Modul stellt es im INTERFACE-Teil als **abstrakten Datentyp** *DataSetTyp* dessen Datenstruktur bereit, ebenso die Werte von *ProcMode*
(um die Bearbeitungsart eines Datensatzes angeben zu können), die Variable
DOSName (zur Speicherung des Dateinamens) und die Operationen zum Verwalten der Datensätze und Dateien. Die Kommentare (Zeilen 20 bis 36) skizzieren grob den Verwendungszweck der Operationen. Schon in dieser Schnittstelle werden Bezeichner aus anderen Modulen benötigt: *FileDataTyp* aus UNIT
UFilSpc2 und besonders *IdxTyp* und *IdxFileTyp* aus UNIT *UIdxTyp2*, um die
Index-Verwaltung heranziehen zu können. Sie werden im INTERFACE-Teil
eingebunden.

Im INTERFACE-Teil präsentiert sich der ADT *DataSetTyp* einem Kunden-Modul. Die Details seiner Realisierung sind völlig im IMPLEMENTATION-Teil
versteckt und für die Anwendung unwichtig. Die zur Realisierung eingesetz-
ten Hilfsprozeduren und -funktionen (wie *Put_File*, *Get_Data*, *LoadOld_Data-
Set* u.a.) sind der Anwendung gar nicht zugänglich, da sie nicht im INTER-
FACE-Teil erwähnt werden. Einige Details der Datenstruktur liegen allerdings – unnötigerweise – offen, nämlich die Feldnamen *fData*, *Idx*, *fIdx* und

Size. Ein Kunden-Modul könnte darauf unerlaubterweise direkt zugreifen,
also unter Umgehen der dafür gedachten Operationen. Mit der Einführung
von Objekt-Klassen wird dieses Manko behoben werden. Der Implementationsteil bekommt auch Unterstützung von Zeichenketten- und Ein-/Ausgabe-Rou-
tinen; dazu werden die Module *UStrTool* und *UIOTool* eingebunden (Zeile 40).

Im IMPLEMENTATION-Teil erlaubt eine erste Prozedurgruppe den **Zugriff
auf einzelne Dateipositionen**, die Ermittlung der letzten Dateiposition und das
Aufsuchen der darauf folgenden (zum Anhängen weiterer Datensätze).

```
1    UNIT UFilTyp2;                              (zu Programm FilMenu2)

2    (* Datenverwaltung mit sortiertem Index im Arbeitsspeicher *)
3    (* Position 0 des Index enthaelt Groesse des Index,          *)
4    (* Position 0 der Datei bleibt ungenutzt.                    *)
5    (***************************************************************)
6    INTERFACE
7    USES
8       UPerTyp2, UFilSpc2, UIdxTyp2;

9    TYPE
10     FileTyp    =   FILE OF FileDataTyp;
11     DataSetTyp =   RECORD                    (* Ein Dataset besteht aus: *)
12                    fData :  FileTyp;               (* Primaerdaten *)
13                    Idx   :  IdxTyp;                (* Index-ARRAY  *)
14                    fIdx  :  IdxFileTyp;            (* Index-Datei  *)
15                    Size  :  INTEGER;        (* Zahl der Datensaetze *)
16                    END;
17     ProcModeTyp =  (ShowMode, UpdateMode, DeleteMode);  (* Bearb.-Typ *)

18   VAR
19     DOSName :  STRING;                            (* externer Dateiname *)

20   PROCEDURE Read_DOSName;
21      (* fragt nach Name (max. 8 Zeichen) fuer externe Dateien. *)

22   PROCEDURE Load_DataSet (VAR ds : DataSetTyp);
23      (* laedt existierende oder initialisiert neue Datei. *)

24   PROCEDURE Close_DataSet (VAR ds : DataSetTyp);
25      (* schliesst Primaer-Datei, speichert Datensatz_Anzahl und Index. *)

26   PROCEDURE Change_DataSet (VAR ds : DataSetTyp);
27      (* wechselt auf neue Dateien fuer Datensaetze und Index. *)
28      (* keine Aenderung durch Angabe einer Leerkette.         *)

29   PROCEDURE Delete_DataSet (VAR ds : DataSetTyp);
30      (* loescht Primaer- und Index-Datei *)

31   PROCEDURE Insert_Data (VAR ds : DataSetTyp);
32      (* nimmt neue Datenaetze auf, aktualisiert und sortiert Index. *)

33   PROCEDURE Show_DataSet (VAR ds : DataSetTyp);
34      (* zeigt Inhalt der Datei in sortierter Tabelle. *)

35   PROCEDURE Process_Data (VAR ds : DataSetTyp; ProcMode : ProcModeTyp);
36      (* zeigt, aendert, loescht Datensaetze gemaess 'ProcMode' *)
37   (***************************************************************)


                                            (Fortsetzung nächste Seite)
```

(Fortsetzung von UNIT UFilTyp2 - zu Programm FilMenu2)

```
37   (**************************************************************)
38   IMPLEMENTATION

39   USES
40      Crt, UStrTool, UIOTool;

41   (*----------------------------------------------------------*)
42   PROCEDURE Put_File ( VAR f : FileTyp;  pos    : INTEGER
43                                        ; DataX : FileDataTyp );
44      (* kopiert 'DataX' in rel. Positon 'pos' der Datei 'f'. *)
45      BEGIN
46      SEEK (f, pos);   Write (f, DataX);
47      END; (* Put_File *)

48   PROCEDURE Get_File (VAR f : FileTyp;         pos : INTEGER
49                                      ; VAR DataX : FileDataTyp);
50      (* laedt rel. Positon 'pos' der Datei 'f' in 'DataX'. *)
51      BEGIN
52      SEEK (f, pos);   Read (f, DataX);
53      END; (* Get_File *)

54   FUNCTION LastPos_File (VAR f : FileTyp) : INTEGER;
55      (* liefert letzte besetzte relative Dateiposition *)
56      BEGIN
57      LastPos_File :=  FILESIZE (f) - 1;
58      END; (* LastPos_File *)

59   PROCEDURE SeekAppendPos_File (VAR f : FileTyp);
60      (* liefert Position nach dem bisher letzten Datensatz *)
61      BEGIN
62      SEEK (f, FILESIZE (f));
63      END; (* SeekAppendPos_File *)
64   (*----------------------------------------------------------*)
65   PROCEDURE Read_DOSName;    (* INTERFACE *)
66      (* fragt nach Name (max. 8 Zeichen) fuer externe Dateien. *)
67      VAR
68         Laenge : INTEGER;
69      BEGIN
70      ClrScr;
71      Write ('Dateiname [Ende mit <RETURN>]: ');   ReadLn (DOSName);
72      Trim (DOSName);
73      Laenge := LENGTH (DOSName);   IF Laenge > 8 THEN Laenge := 8;
74      IF DOSName <> '' THEN BEGIN
75         DOSName :=  COPY (DOSName, 1, Laenge);
76         DOSName :=  Up_Str (DOSName);
77         END; (*IF*)
78      END; (* Read_DOSName *)

79   PROCEDURE Assign_DOSName (VAR ds : DataSetTyp);
80      (* ordnet DOSName der externe Primaer- und Index-Datei zu. *)
81      BEGIN
82      IF DOSName <> '' THEN
83         WITH ds DO BEGIN
84            ASSIGN (fData, DOSName + '.DAT');    (* Primaer-Datei *)
85            ASSIGN (fIdx,  DOSName + '.IDX');    (* Index-Datei   *)
86            END; (*WITH*)
87      END; (* Assign_DOSName *)
88   (*----------------------------------------------------------*)
```

(Fortsetzung nächste Seite)

Die Prozedur *Read_DOSName* entfernt aus jeder Zeichenkette führende und nachfolgende Leerstellen (Zeile 72) und kürzt den Rest auf 8 Zeichen (Zeile 75). Kleinbuchstaben werden in Großbuchstaben gewandelt (Zeile 76); die dazu nötigen Funktionen *Up_Str* und *Up_Ch* müssen vom Leser in Anlehnung an die Funktionen *Low_Ch* und *Low_Str* definiert und in die UNIT *UStrTool* (zu Programm *Liste3*, 9.10) aufgenommen werden. Mit *Assign_DOSName* werden die Dateifelder mit externen Dateien unter dem gewählten Namen verbunden. *fData* erhält die Erweiterung ".DAT", *fIdx* die Erweiterung ".IDX".

Die Prozedur *Get_Data* (Zeilen 89 bis 100) setzt bereits die Existenz des sortierten Index-Feldes voraus. Sie besorgt den Datensatz Nummer *ipos* der sortierten Reihenfolge. Über die an der Indexposition *ipos* gespeicherte relative Satzadresse *fpos* greift sie mit *Get_File* auf den Datensatz *DataX* der Datei *fData* zu. Die Funktion *Get_IdxPtr* ist eine der Operationen zum Zugriff auf den Index. Sie sind – wie alle folgenden auf "_Idx" endenden Operationen – im ADT *IdxTyp* im Modul *UIdxTyp2* beschrieben.

Die nächste Gruppe von Operationen **bearbeitet ein Dataset als Ganzes**. Ein Dataset existiert laut Funktion *DataSet_Exists* dann, wenn unter *DOSName* sowohl die Primär- als auch die Index-Datei vorhanden sind (Zeile 114 u. 115). Die Prozedur *Load_DataSet* kann damit zwischen Laden eines bestehenden oder Anlegen eines neuen Dataset *ds* unterscheiden. Bei der Neuanlage mit *LoadNew_DataSet* wird das Indexfeld initialisiert. Das Laden eines existierenden Dataset besteht im Laden des Index *Idx* von der Indexdatei *fIdx* und dem Besetzen von *Size* aus dem Index-Eintrag an der Position 0. Falls das Index-ARRAY in *UFilSpc2* zu klein dimensioniert wurde, wird *Size* auf -1 gesetzt. *Erase_DataSet* initialisiert das Indexfeld und löscht beide Dateikomponenten eines Dataset. Die Datensatzanzahl *Size* wird auf 0 zurückgesetzt.

```
(Fortsetzung von UNIT UFilTyp2 - zu Programm FilMenu2)

89    PROCEDURE Get_Data ( VAR ds : DataSetTyp;      ipos  : INTEGER
90                                      ; VAR DataX : FileDataTyp );
91      (* besorgt Datensatz 'DataX' aus Datei 'ds.fData' *)
92      (* ueber Zeiger 'fpos' an der Indexstelle 'ipos'. *)
93      VAR
94         fpos : INTEGER;
95      BEGIN
96      WITH ds DO BEGIN
97         fpos :=  Get_IdxPtr (Idx, ipos);
98         Get_File (fData, fpos, DataX);
99         END; (*WITH*)
100     END; (* Get_Data *)
101   (*-------------------------------------------------------------*)
102   FUNCTION DataFile_Exists (VAR fData : FileTyp) : BOOLEAN;
103     (* prüft, ob Primaerdatei schon vorhanden ist *)
104     VAR
105        exists : BOOLEAN;
106     BEGIN
107     {$I-}  RESET (fData);  {$I+}      exists :=  (IOResult = 0);
108     IF exists THEN  CLOSE (fData);   DataFile_Exists :=  exists;
109     END; (* DataFile_Exists *)

                                       (Fortsetzung nächste Seite)
```

(Fortsetzung von UNIT UFilTyp2 - zu Programm FilMenu2)

```
110  FUNCTION DataSet_Exists (VAR ds : DataSetTyp) : BOOLEAN;
111     (* prueft, ob Primaer- und zugehoerige Index-Datei vorhanden *)
112     BEGIN
113     WITH ds DO
114        DataSet_Exists :=  DataFile_Exists (fData)
115                           AND IdxFile_Exists (fIdx);
116     END; (* DataSet_Exists *)

117  PROCEDURE LoadNew_DataSet (VAR ds : DataSetTyp);
118     (* initialisiert Index-ARRAY. *)
119     BEGIN
120     WITH ds DO BEGIN
121        Init_Idx (Idx);          (* initialisiert Index *)
122        Size := 0;               (* initialisiert Groessenfeld *)
123        END; (*WITH*)
124     END; (* LoadNew_DataSet *)

125  PROCEDURE LoadOld_DataSet (VAR ds : DataSetTyp);
126     (* laedt bestehenden Index und Dateigroesse. *)
127     BEGIN
128     WITH ds DO BEGIN
129        Load_Idx (fIdx, Idx);
130        Size := Get_IdxPtr (Idx, 0);
131        IF Size > MaxIdxSize THEN Size = -1;
132        END; (*WITH*)
133     END; (* LoadOld_DataSet *)

134  PROCEDURE Load_DataSet (VAR ds : DataSetTyp);    (* INTERFACE *)
135     (* ordnet Primaer- und Index-Datei den DOSNamen zu.  *)
136     (* laedt existierende oder initialisiert neue Datei. *)
137     BEGIN
138     IF DOSName <> '' THEN BEGIN
139        Assign_DOSName (ds);
140        IF DataSet_Exists (ds) THEN BEGIN
141           LoadOld_DataSet (ds);
142           Write ('Datei ', DOSName);
143           IF ds.Size >= 0
144              THEN Melde (' geladen.')
145              ELSE Melde (': Indexfeld nicht geladen.');
146           END
147        ELSE BEGIN
148           LoadNew_DataSet (ds);
149           Melde ('Datei ' + DOSName + ' neu angelegt.');
150           END;
151        END; (*IF*)
152     END; (* LoadDataSet *)

153  PROCEDURE Erase_DataSet (VAR ds : DataSetTyp);
154     (* loescht Primaer- und Index-Datei. *)
155     BEGIN
156     WITH ds DO BEGIN
157        Init_Idx (Idx);
158        Size := 0;
159        IF DataFile_Exists (fData) THEN  ERASE (fData);
160        IF IdxFile_Exists  (fIdx)  THEN  ERASE (fIdx);
161        END; (*WITH*)
162     END; (* Erase_DataSet *)
```

(Fortsetzung nächste Seite)

Beim **Wechseln des Dataset** mit *Change_DataSet* oder beim **Verlassen des Programms** wird mit *Close_DataSet* das aktuelle Dataset *ds* gesichert. Da die Primärdatei *ds.fData* schon bei den Einzelaktionen (Erfassen, Zeigen, Ändern, Löschen und Datei zeigen) jeweils geöffnet und wieder geschlossen wird, muß nur noch das aktuelle Indexfeld *ds.Idx* auf die Datei *ds.fIdx* kopiert werden. Dazu wird die Index-Operation *Store_Idx* aufgerufen. Enthält die Datei derzeit keine Datensätze, wird das ganze Dataset entfernt (Zeile 166). Zum Wechsel des Dataset wird das aktuelle geschlossen und das neue unter neuem *DOSName* geladen (*Change_DataSet*, Zeilen 186 und 187). Vor dem **Löschen eines Dataset** wird der Benutzer zur Sicherheit um Bestätigung seiner Absicht gebeten. (*Delete_DataSet*). Die Antwort wird von der Funktion *Get_JaNein* erwartet.

```
(Fortsetzung von UNIT UFilTyp2 - zu Programm FilMenu2)

163   PROCEDURE Close_DataSet (VAR ds : DataSetTyp);    (* INTERFACE *)
164      (* speichert Index mit Datensatz-Anzahl. Loescht leere Dateien. *)
165      BEGIN
166      WITH ds DO IF Size <> -1 THEN BEGIN
167         Store_Idx (fIdx, Idx);    IF Size = 0 THEN  Erase_DataSet (ds);
168         END; (*WITH/IF*)
169      END; (* Close_DataSet *)

170   PROCEDURE Change_DataSet (VAR ds : DataSetTyp);    (* INTERFACE *)
171      (* wechselt auf neue Dateien fuer Datensaetze und Index. *)
172      (* keine Aenderung durch Angabe einer Leerkette.         *)
173      VAR   DOSNameOld, DOSNameNew : STRING;
174      BEGIN
175      ClrScr;   WriteLn ('Von Datei ', DOSName, ' wechseln.');
176      DOSNameOld :=  DOSName;
177      Write ('Neuer ');      Read_DOSName;      DOSNameNew := DOSName;
178      IF (DOSNameNew = '') OR (DOSNameNew = DOSNameOld)
179         THEN  BEGIN
180               DOSName :=  DOSNameOld;
181               Melde ('Datei ' + DOSName + ' NICHT gewechselt.');
182               END
183         ELSE  BEGIN
184               WriteLn ('Von Datei ' + DOSNameOld
185                      + ' nach Datei ' + DOSNameNew + ' gewechselt.');
186               DOSName :=  DOSNameOld;   Close_DataSet (ds);
187               DOSName :=  DOSNameNew;   Load_DataSet (ds);
188               END;
189      END; (* Change_DataSet *)

190   PROCEDURE Delete_DataSet (VAR ds : DataSetTyp);    (* INTERFACE *)
191      (* loescht Datei *)
192      BEGIN
193      ClrScr;
194      IF ds.Size > 0 THEN BEGIN
195         Write ('Datei ', DOSName, ' wirklich loeschen? (J/N): ');
196         IF Get_JaNein = Ja
197            THEN BEGIN
198                 Erase_DataSet (ds);   Melde (' GELOESCHT!');   END
199            ELSE Melde (' NICHT geloescht!');
200         END (*THEN*)
201      ELSE  Melde ('Datei ' + DOSName + ' existiert nicht.');
202      END; (* Delete_DataSet *)
203   (*-------------------------------------------------------------------*)
```

(Fortsetzung nächste Seite)

Die Gruppe der eigentlichen Datenverwaltungsoperationen beginnt mit *Insert-_Data*. Damit werden **Datensätze in das Dataset aufgenommen**. Ob das Dataset schon existiert oder erst neu angelegt wird, kann mit der Größenangabe *Size* schnell entschieden werden. Ein neues Dataset erhält auf der Dateiposition 0 den leeren Datensatz *NoData* (Zeile 214). Im existierenden Dataset wird mit *SeekAppendPos_File* die relative Dateiposition zum Anhängen des nächsten Datensatzes aufgesucht (Zeile 215). Die Datensätze werden in der Primärdatei *fData* grundsätzlich sequentiell in der Reihenfolge ihrer Erfassung abgespeichert (Zeile 225). Von der letzten besetzten Dateiposition ausgehend (Zeile 216) werden die relativen Satzadressen *fpos* weitergezählt (Zeile 224) und zusammen mit dem Schlüsselwert *KeyX* des eingegebenen Datensatzes *DataX* im Index *Idx* eingetragen (Zeile 226). Der Schlüssel *KeyX* wird mit der Prozedur *Extract_Key* aus UNIT *UFilSpc2*, also nach den Angaben des Anwendungsprogrammierers, aus dem Datensatz *DataX* "herausgezogen" (engl.: extract).

Der Ergebniswert der logischen Index-Funktion *Search_Idx* (Zeile 223) gibt an, ob *KeyX* schon im Index vertreten ist oder nicht; in beiden Fällen enthält der Parameter *ipos* die Position, an die *KeyX* gehört. Ist der Schlüssel noch nicht vorhanden, werden *KeyX* und *fpos* durch *Insert_Idx* (Zeile 226) in den Index einsortiert und das Größenfeld aktualisiert.

```
(Fortsetzung von UNIT UFilTyp2 - zu Programm FilMenu2)

203  (*------------------------------------------------------------------*)
204  PROCEDURE Insert_Data (VAR ds : DataSetTyp);     (* INTERFACE *)
205     (* nimmt neue Datenaetze auf, aktualisiert den sortierten Index. *)
206     VAR
207        DataX       : FileDataTyp;
208        KeyX        : KeyDataTyp;
209        fpos, ipos  : INTEGER;
210        KeyEmpty    : BOOLEAN;
211     BEGIN
212     WITH ds DO IF Size >= 0 THEN BEGIN
213       IF Size = 0
214         THEN BEGIN   REWRITE (fData);  Write (fData, NoData);        END
215         ELSE BEGIN   RESET (fData);     SeekAppendPos_File (fData);   END;
216        fpos := LastPos_File (fData);      KeyEmpty := FALSE;
217       WHILE NOT KeyEmpty AND (Size < MaxIdxSize) DO BEGIN
218          ClrScr;   WriteLn ('Datei ', DOSName);
219          WriteLn (SatzBezeichnung, ' erfassen: ');   WriteLn;
220          Read_Data (DataX)     Extract_Key (DataX, KeyX);
221          KeyEmpty := Empty_Key (KeyX);
222          IF NOT KeyEmpty THEN
223            IF NOT Search_Idx (Idx, KeyX, ipos) THEN BEGIN
224               fpos := fpos + 1;                    (*'KeyX' nicht doppelt*)
225               Write (fData, DataX);                (* speichert Datensatz*)
226               Insert_Idx (Idx, KeyX, fpos);   (* fuegt 'KeyX' und      *)
227               Size :=  Size + 1;              (* 'fpos' in 'Idx' ein. *)
228               END
229            ELSE Melde ('Schluessel existiert schon. ');
230          END; (*WHILE*)
231        CLOSE (fData);
232        IF Size >= MaxIdxSize THEN BEGIN
233           ClrScr;   Melde ('Datei ' + DOSName + ' ist voll.');   END;
234        END
235     ELSE BEGIN ClrScr;  Melde ('Index nicht geladen!'); END;
236     END; (* Insert_Data *)
                                          (Fortsetzung nächste Seite)
```
(Fortsetzung nächste Seite)

Mit *Show_DataSet* werden **sämtliche Datensätze in sortierter Reihenfolge** in
einer Tabelle angezeigt. Der Zugriff erfolgt also über die Positionen *pos* des Index *Idx*, was aber im Aufruf von *Get_Data* versteckt ist (Zeile 252). Wieviele
Zeilen der Tabelle ein Datensatz belegt, hängt von der Definition von *WriteTab-
_Data* in UNIT *UFilSpc2* ab. Dort legt der Anwendungs-Programmierer des-
halb auch die Anzahl *RecordsPerPage* fest, also die Zahl der Datensätze, die
auf eine Bildschirmseite passen. Am Anfang jeder Seite wird der Tabellenkopf
mit *WriteTab_Header* geschrieben (Zeilen 249 bis 251); die nächste Seite wird
erst nach Freigabe durch den Benutzer gezeigt (Zeile 254 bis 255).

Wie mit *Process_Data* (Zeilen 358 bis 385) **einzelne Datensätze bearbeitet** werden, hängt vom Parameter *ProcMode* ab. Nach Öffnen der Datei wird der Benutzer nach dem Schlüsselwert *KeyX* des zu bearbeitenden Satzes gefragt
(Zeile 371), die Funktion *Search_Idx* sucht *KeyX* dann im Index. Hat sie ihn
gefunden (Funktionswert TRUE), steht in ihr seine Indexposition. Nur diese
wird an eine der drei Bearbeitungs-Prozeduren weitergegeben (Zeilen 375 bis
377), die ihrerseits den Index nach der relativen Satzposition befragen, von
dieser dann den Datensatz lesen und schließlich bearbeiten.

Jede Bearbeitung geschieht in zwei Etappen und wird zuerst im einfacheren
Fall der **Anzeige eines Datensatzes** vorgestellt. Der Aufruf *Show_FileData*
(Zeile 375) aktiviert eine Prozedur, die (Zeile 274) aus dem Dataset mit *Get_Data*
den Datensatz beschafft. Der einzelne Datensatz wird mit *Show_Data* nach
Nennung des Dateinamens angezeigt. *Melde* hält die Programmausführung
bis zur Freigabe durch den Benutzer an. Die beiden komplizierteren Bearbei-
tungsfälle werden auf den nächsten Seiten vorgestellt.

```
    (Fortsetzung von UNIT UFilTyp2 - zu Programm FilMenu2)

237  PROCEDURE Show_DataSet (VAR ds : DataSetTyp);    (* INTERFACE *)
238     (* zeigt Inhalt der Datei in sortierter Tabelle. *)
239     VAR
240        DataX : FileDataTyp;
241        KeyX  : KeyDataTyp;
242        pos   : INTEGER;
243     BEGIN
244     ClrScr;
245     WITH ds DO
246        IF Size > 0 THEN BEGIN
247           RESET (fData);
248           FOR pos := 1 TO Size DO BEGIN
249              IF pos MOD RecordsPerPage = 1 THEN BEGIN
250                 Write ('Pos' :5, ' ':3);   WriteTab_Header;   WriteLn;
251                 END; (*IF*)
252              Get_Data (ds, pos, DataX);
253              Write (pos :5, ' ':3);   WriteTab_Data (DataX);
254              IF pos MOD RecordsPerPage = 0 THEN BEGIN
255                 WriteLn;  Melde ('');  ClrScr;   END;
256              END; (*FOR*)
257           CLOSE (fData);
258           WriteLn;   Melde ('Ende der Datei.');
259           END (*THEN*)
260        ELSE
261           Melde ('Datei ' + DOSName + ' enthaelt keine Daten.');
262     END; (* Show_DataSet *)
263  (*----------------------------------------------------------------*)
                                        (Fortsetzung nächste Seite)
```

```
(Fortsetzung von UNIT UFilTyp2 - zu Programm FilMenu2)

264 PROCEDURE Show_Data (DataX : FileDataTyp);
265    (* zeigt Inhalt von 'DataX' *)
266    BEGIN
267    ClrScr;   WriteLn ('Datei ', DOSName);   WriteLn;
268    Write_Data (DataX);   WriteLn;   Melde ('');
269    END; (* Show_Data *)

270 PROCEDURE Show_FileData (VAR ds : DataSetTyp;  ipos : INTEGER);
271    (* zeigt Datensatz ueber Zeiger an der Stelle 'ipos' des Index. *)
272    VAR   DataX : FileDataTyp;
273    BEGIN
274    Get_Data (ds, ipos, DataX);   Show_Data (DataX);
275    END; (* Show_FileData *)

276 PROCEDURE Update_Data        )
292 PROCEDURE Update_FileData    )      siehe
323 PROCEDURE Delete_Data        )      folgende Seiten
331 PROCEDURE Delete_FileData    )

348 PROCEDURE Write_ProcessTyp (ProcMode : ProcModeTyp);
349    BEGIN                            (* zeigt Bearbeitungsmodus *)
350    Write (Satzbezeichnung);
351    CASE ProcMode OF
352       ShowMode   :  WriteLn (' zeigen');
353       UpdateMode :  WriteLn (' aendern');
354       DeleteMode :  WriteLn (' loeschen');
355       END (*CASE*)
356    END; (* Write_ProcessTyp *)
357                                                   (* INTERFACE *)
358 PROCEDURE Process_Data (VAR ds : DataSetTyp;  ProcMode : ProcModeTyp);
359    (* zeigt, aendert, loescht Datensaetze gemaess 'ProcMode' *)
360    VAR
361       KeyX  :  KeyDataTyp;
362       ipos  :  INTEGER;
363    BEGIN
364    ClrScr;
365    WITH ds DO
366       IF Size > 0 THEN BEGIN
367          RESET (fData);
368          REPEAT
369             WriteLn ('Datei ', DOSName);
370             Write_ProcessTyp (ProcMode);  WriteLn;
371             Read_Key (KeyX);
372             IF NOT Empty_Key (KeyX) THEN
373                IF Search_Idx (Idx, KeyX, ipos)
374                   THEN CASE ProcMode OF
375                           ShowMode   :  Show_FileData   (ds, ipos);
376                           UpdateMode :  Update_FileData (ds, ipos);
377                           DeleteMode :  Delete_FileData (ds, ipos);
378                           END (*CASE*)
379                   ELSE Melde ('Datensatz nicht vorhanden.');
380             ClrScr;
381             UNTIL Empty_Key (KeyX);
382          CLOSE (fData);
383          END (*THEN*)
384       ELSE Melde ('Datei ' + DOSName + ' enthaelt keine Daten.');
385    END; (* Process_Data *)
386 (*********************************************************************)
387 BEGIN
388 END.
```

Als aufwendig präsentiert sich das **Ändern eines Datensatzes**. *UpDate_File-Data* beschafft sich zur Indexposition *ipos* den Schlüssel *KeyX* und über die zugehörige relative Satzadresse *fpos* den Datensatz *DataX* (Zeilen 301 bis 303). Die Veränderungen werden von *Update_Data* an einer Kopie *DataNew* durchgeführt (Zeile 303 und 304). Danach muß unterschieden werden, ob auch der Schlüssel verändert wurde. Sind alter und neuer Schlüsselwert identisch, wird lediglich *DataNew* anstelle von *DataX* an die relative Satzadresse *fposX* der Primädatei zurückgeschrieben (Zeilen 307 und 308). Hat sich allerdings auch der Schlüsselwert geändert, muß untersucht werden, ob er nicht schon im Index vorkommt (Zeile 310). Ist das nicht der Fall, werden die Einträge zum alten Schlüssel entfernt und diejenigen zum neuen Schlüssel einsortiert; natürlich wird in der Primärdatei *DataX* durch *DataNew* ersetzt.

Die geänderten Angaben eines Datensatzes werden über *Update_Data* von der anwendungsspezifischen Prozedur *Change_Data* aus UNIT *UFilSpc2* (Zeile 285) erfragt. Zuvor zeigt sie nochmals die derzeitigen Feldinhalte (Zeile 283); nach Änderung bittet sie um Bestätigung (Zeilen 287 und 288). Dieser Vorgang wird solange in einer REPEAT-Schleife wiederholt, bis der Benutzer zufrieden ist; erst dann wird die Änderung wirksam (Zuweisung Zeile 291).

Etwas einfacher verläuft das **Löschen eines Datensatzes**. In *Delete_FileData* werden die der Indexposition *ipos* zugeordnete Dateikomponente unter *DataX* in den Arbeitsspeicher kopiert, ihr Schlüsselwert *KeyX* ermittelt und der Datensatz der Prozedur *Delete_Data* zum Löschen übergeben (Zeilen 339 bis 341). Dort wird der Datensatz nochmals angezeigt (Zeile 327). Der Benutzer kann jetzt das Löschen noch verhindern (Zeilen 328 und 329). Ist er mit dem Löschen einverstanden, wird mit *Erase_Data* – wie in UNIT *UFilSpc2* definiert – der Datensatz *DataX* gelöscht. Die Prozedur *Delete_FileData* prüft (Zeile 342), daß der Datensatz tatsächlich leer ist und entfernt den zugehörigen Index-Eintrag (Zeilen 343 und 344). Die zugehörige Komponente der Primärdatei ist allerdings noch vorhanden und wird bei sequentiellem Lesen angezeigt. Der Datensatz ist nur **logisch gelöscht**. Über den Index kann er aber nicht mehr erreicht werden. Mit einer Reorganisations-Prozedur könnten logisch gelöschte Datensätze aus dem Dataset auch **physisch gelöscht** werden.

```
(Nachtrag zu UNIT UFilTyp2 - zu Programm FilMenu2)

276  PROCEDURE Update_Data (VAR DataX : FileDataTyp);
277     (* aktualisiert Inhalt von 'DataX'. *)
278     VAR
279        DataNew  :  FileDataTyp;
280     BEGIN
281     REPEAT
282        ClrScr;   WriteLn ('Datei ', DOSName);   WriteLn;
283        Write_Data (DataX);            WriteLn;
284        DataNew :=  DataX;
285        Change_Data (DataNew);         WriteLn;
286        WriteLn ('Bestaetigung:');     WriteLn;
287        Write_Data (DataNew);          WriteLn;
288        Write ('OK? (J/N): ');
289        UNTIL Get_JaNein = Ja;
290     DataX :=  DataNew;
291     END; (* Update_Data *)


                                          (Fortsetzung nächste Seite)
```

```
    (Nachtrag zu UNIT UFilTyp2 - zu Programm FilMenu2)


292  PROCEDURE Update_FileData (VAR ds : DataSetTyp;  ipos : INTEGER);
293      (* aktualisiert Inhalt der relativen Dateiposition, auf *)
294      (* die Indexposition 'ipos' weist. Aktualisiert Index.  *)
295      VAR
296         DataX, DataNew :  FileDataTyp;
297         KeyX,  KeyNew  :  KeyDataTyp;
298         fposX, iposNew :  INTEGER;
299      BEGIN
300      WITH ds DO BEGIN
301        Get_IdxKey (Idx, ipos, KeyX);        (* bestimme Schluessel          *)
302        fposX :=  Get_IdxPtr (Idx, ipos); (* bestimme Dateiposition         *)
303        Get_File (fData, fposX, DataX);      (* lade Datensatz               *)
304        DataNew :=  DataX;                    (* mache Kopie von Datensatz    *)
305        Update_Data (DataNew);                (* aktualisiere Kopie           *)
306        Extract_Key (DataNew, KeyNew);       (* neuer Schluessel             *)
307        IF Equal_Key (KeyNew, KeyX) THEN  (* Schluessel nicht geaendert *)
308          Put_File (fData, fposX, DataNew)   (* speichere Datensatz        *)
309        ELSE                                 (* Schluessel geaendert       *)
310          IF NOT Search_Idx (Idx, KeyNew, iposNew) THEN BEGIN
311            (* neuer Schluessel kommt nicht doppelt vor; *)
312            (* der Index-Eintrag wird verschoben:        *)
313            Remove_Idx (Idx, KeyX);          (* entferne alten Schluessel *)
314            Insert_Idx (Idx, KeyNew, fposX);
315                                             (* fuege neuen Schluessel ein *)
316            Put_File   (fData, fposX, DataNew);  (* speichere Datensatz *)
317            END
318          ELSE
319            Melde ( 'Schlüssel existiert schon.'
320                    + ' Datensatz nicht geaendert.');
321        END; (*WITH*)
322      END; (* Update_FileData *)


323  PROCEDURE Delete_Data (VAR DataX : FileDataTyp);
324      (* loescht Inhalt von 'DataX' *)
325      BEGIN
326      ClrScr;  WriteLn ('Datei ', DOSName);   WriteLn;
327      Write_Data (DataX);   WriteLn;
328      Write ('Wirklich loeschen? (J/N): ');
329      IF Get_JaNein = Ja THEN  Erase_Data (DataX);
330      END; (* Delete_Data *)


331  PROCEDURE Delete_FileData (VAR ds : DataSetTyp;  ipos  : INTEGER);
332      (* loescht nur Index-Eintraege an der Stelle 'ipos'.    *)
333      (* Dateikomponente bleibt erhalten: LOGISCHES LOESCHEN. *)
334      VAR
335         DataX :  FileDataTyp;
336         KeyX  :  KeyDataTyp;
337      BEGIN
338      WITH ds DO BEGIN
339         Get_Data (ds, ipos, DataX);          (* besorge Datensatz         *)
340         Extract_Key (DataX, KeyX);           (* ermittle Schluesselwert   *)
341         Delete_Data (DataX);                 (* loesche Datensatz         *)
342         IF Empty_Data (DataX) THEN BEGIN  (* tatsaechlich geloescht? *)
343            Remove_Idx (Idx, KeyX);           (* loesche Indexeintrag zu KeyX *)
344            Size :=  Size - 1;                (* ein Datensatz weniger     *)
345            END; (*IF*)
346         END; (*WITH*)
347      END; (* Delete_FileData *)
```

Zur **Verwaltung der Datei mit einem Index** bietet das UNIT-Modul *UIdxTyp2*
die Datenstrukturen und Operationen an. Jeder Indexeintrag ist ein Wert vom
IdxDataTyp, der aus einem Schlüsseleintrag *Key* und einem Zeiger *Ptr* besteht. Die Struktur *KeyDataTyp* des **Schlüssels** wird vom Anwendungs-Programmierer in Übereinstimmung mit der Datensatz-Struktur gewählt und in
der UNIT *UFilSpc2* beschrieben. Im vorliegenden Beispiel wurde zur Datensatz-Struktur *PersonTyp* das Feld *Name* als Schlüssel ausgewählt, doch müssen oft zur **eindeutigen Charakterisierung der Datensätze** mehrere Felder zu
einem Schlüssel-RECORD zusammengefaßt werden. Der **Zeiger** *Ptr* enthält die
relative Satzadresse des Datensatzes mit dem Schlüssel *Key*.

Der **Index** wird während der Bearbeitung der Datensätze im Arbeitsspeicher
gehalten; nur so kann eine akzeptable Ausführungsgeschwindigkeit auch bei
einer großen Zahl von Datensätzen erreicht werden. Der Index ist hier in der
Struktur *IdxTyp* als ARRAY implementiert. Sein Platzbedarf muß schon bei
der Übersetzung des Moduls *UIdxTyp2* statisch festgelegt sein. Ausreichender
Speicherplatz dafür wird vorausgesetzt. Die Größe des Index ist die Konstante
MaxIdxSize aus Modul *UFilSpc2*. Vor Verlassen des Programms oder beim
Wechsel des Dataset wird der Index in einer **Index-Datei** mit der Struktur *Idx-
FileTyp* durch die Operation *Store_Idx* gesichert, beim Start des Programms
oder Wechsel des Dataset mit der Operation *Load_Idx* von der Index-Datei in
den Index geladen. Wird ein Dataset neu angelegt, wird der zugehörige Index
durch *Init_Idx* mit definierten Einträgen vorbesetzt. Ein neuer Schlüssel mit
Satzadresse wird durch *Insert_Idx* in den Index eingefügt. Damit das auch an
der bzgl. der Sortierreihenfolge richtigen Stelle geschieht, wird diese mit der
Funktion *Search_Idx* gesucht. *Search_Idx* hilft auch der Operation *Remove-
_Idx*, die Stelle zu finden, von der ein Indexeintrag entfernt werden soll.

Weitere Operationen, deren Bezeichner mit *Put_* bzw. *Get_* beginnen, erlauben einem Kunden-Modul das Lesen oder Speichern von Schlüsselwerten bzw.
Satzadressen, ohne die jeweiligen Datenfelder (z.B. *Idx [pos].Key*) explizit
ansprechen zu müssen. Mit den *Put-* und *Get-*Operationen kann man *IdxTyp*
ohne Kenntnis seiner inneren Struktur, die auch geändert werden könnte,
einsetzen. Das Modul *UIdxTyp2* ist wie alle UNITs eine **"black box"**, bei der
nur Leistung und Schnittstelle interessieren. In Anlehnung an die Bezeichnung von Hardware-Bausteinen kann man bei einer UNIT auch von einem
Software-IC sprechen.

In diesem Zusammenhang gehören die Konzepte der **Datenkapselung** und des
Geheimnisprinzips (Information Hiding). In den UNITs von Turbo Pascal
liegt die Datenstruktur eines ADT, wie hier von *IdxTyp*, im INTERFACE völlig
offen. Ihre Datenfelder können also – unter Umgehung der eigentlich dafür
gedachten *Put-* und *Get-*Operationen – direkt angesprochen werden, was in
Modul *UFilTyp2* auch häufig geschieht. Eine gekapselte Behandlung der Daten kann damit nur empfohlen, aber nicht erzwungen werden. Das ist erst mit
der Einführung von Objektklassen in UNIT-Modulen möglich. Datenfelder, die
nicht **exportierbar** sein sollen, werden dann als **privat** gekennzeichnet; direkte
Zugriffsversuche werden abgewehrt. Schon jetzt bieten die UNITs aber Kapselung und Geheimnisprinzip bei den Operationen: nur solche Operationen, die
in der öffentlichen Schnittstelle genannt werden, sind exportierbar und vom
Kunden-Modul benutzbar; alle anderen wie auch die Implementation der exportierbaren sind privat und vor der Öffentlichkeit versteckt.

```
1    UNIT UIdxTyp2;                                  (zu Programm FilMenu2)

2    (* Datentyp mit ARRAY-Struktur, deren Komponenten Schluessel *)
3    (* und Positionszeiger aufnehmen koennen. Kann als Index auf *)
4    (* eine andere Datenstruktur - z.B. FILE - verwendet werden. *)
5    (***********************************************************************)
6    INTERFACE

7    USES
8        UFilSpc2;  (* enthaelt Typ des Schluessels und Groesse des ARRAY *)

9    (*-------------------------------------------------------------------*)
10   TYPE
11      IdxDataTyp  =  RECORD                       (* Indexkomp. enthaelt:  *)
12                       Key : KeyDataTyp;          (* Schluesselwert        *)
13                       Ptr : INTEGER;             (* rel. Dateiposition *)
14                       END;

15      IdxTyp      =  ARRAY [0..MaxIdxSize] OF IdxDataTyp; (* Index-ARRAY *)
16      IdxFileTyp =   FILE OF IdxDataTyp;                  (* Index-Datei *)
17   (*-------------------------------------------------------------------*)
18   PROCEDURE Init_Idx (VAR Idx : IdxTyp);
19      (* initialisiert Index-ARRAY *)

20   PROCEDURE Put_IdxPtr (VAR Idx : IdxTyp;  pos: INTEGER;  PtrX: INTEGER);
21      (* schreibt Zeiger 'PtrX' an Stelle 'pos' des Index 'Idx' *)

22   PROCEDURE Put_IdxKey (VAR Idx : IdxTyp;  pos  : INTEGER
23                                          ; KeyX : KeyDataTyp);
24      (* schreibt Schluessel 'KeyX' an Stelle 'pos' des Index 'Idx' *)

25   FUNCTION Get_IdxPtr (VAR Idx : IdxTyp;  pos : INTEGER) : INTEGER;
26      (* liefert Zeiger von Stelle 'pos' des Index 'Idx' *)

27   PROCEDURE Get_IdxKey (VAR Idx : IdxTyp;      pos  : INTEGER
28                                          ; VAR KeyX : KeyDataTyp);
29      (* liefert Schluessel 'KeyX' von Stelle 'pos' des Index 'Idx' *)

30   FUNCTION Search_Idx (VAR Idx : IdxTyp;       KeyX : KeyDataTyp
31                                          ; VAR pos  : INTEGER) : BOOLEAN;
32      (* sucht binaer in Idx nach pos von 'KeyX'                      *)
33      (* Search_Idx = TRUE : 'KeyX' steht   an 'pos' (1<= pos<= Size)    *)
34      (* Search_Idx = FALSE: 'KeyX' gehoert an 'pos' (1<= pos<= Size+1) *)

35   PROCEDURE Insert_Idx ( VAR Idx   :  IdxTyp
36                        ;      KeyX : KeyDataTyp;  PtrX : INTEGER  );
37      (* fuegt neue Eintraege 'KeyX' und 'PtrX' in 'Idx' ein. *)

38   PROCEDURE Remove_Idx (VAR Idx : IdxTyp;   KeyX : KeyDataTyp);
39      (* entfernt aus 'Idx' Index-Eintraege zu Schluessel 'KeyX'. *)
40   (*-------------------------------------------------------------------*)
41   FUNCTION IdxFile_Exists (VAR f : IdxFileTyp) : BOOLEAN;
42      (* prueft, ob Index-Datei vorhanden *)

43   PROCEDURE Store_Idx (VAR f : IdxFileTyp;  VAR Idx : IdxTyp);
44      (* kopiert Index 'Idx' von Arbeitsspeicher in Datei 'fIdx'. *)

45   PROCEDURE Load_Idx (VAR f : IdxFileTyp;  VAR Idx : IdxTyp);
46      (* laedt Index 'Idx' von Datei 'fIdx' in Arbeitsspeicher. *)
47   (***********************************************************************)
```

(Fortsetzung nächste Seite)

Die Operation *Init_Idx* besetzt alle Indexpositionen mit der relativen Satzposition 0 und dem leeren Schlüssel *NoKey*, wie er in Modul *UFilSpc2* definiert ist. Damit ist die momentane Indexgröße, die ja im Feld *Ptr* der Komponente *Idx [0]* gespeichert wird, automatisch richtig belegt. Über die *Put-* und *Get*-Operationen wurde schon gesprochen. So ist *Get_IdxPtr* hier als Funktion realisiert, die die an der Indexposition *pos* gespeicherte relative Satzadresse zurückgibt.

Die beiden logischen Funktionen *Equal_Idx* und *Less_Idx* betreffen die Gleichheit bzw. Reihenfolge von Indexeinträgen, machen sie aber lediglich von den Schlüsselwerten abhängig. Sie benötigen dazu die entsprechenden Definitionen *Equal_Key* und *Less_Key* aus UNIT *UFilSpc2* und dienen beim Suchen im Index.

Größte Bedeutung hat die Operation *Search_Idx*. Sie sucht einen Schlüssel *KeyX* im Index *Idx*. Der Index wird als sortiert vorausgesetzt, so daß die Technik des **binären Suchens** angewandt werden kann. So lassen sich auch größte Indizes, zumal als ARRAY im Arbeitsspeicher, äußerst schnell absuchen. Die Operation *Search_Idx* ist sehr leistungsfähig: Kommt der Schlüsselwert in einem Indexeintrag vor, gibt sie auf dem Ausgabe-Parameter *pos* die gefundene Stelle zurück. Zusätzlich zu diesem prozeduralen Verhalten ist *Search_Idx* aber als logische Funktion ausgeführt: statt auf einem weiteren logischen Ausgabe-Parameter (z.B. *found*) mitzuteilen, ob die Suche erfolgreich war oder nicht, tut sie das auf dem Funktionsnamen (Zeile 122). Dadurch wird ihr Einsatz flexibler, zumal sie bei erfolgloser Suche auf *pos* diejenige Stelle liefert, an die der Schlüsselwert gehört, wenn er neu aufgenommen wird (Zeile 121).

```
(Fortsetzung von UNIT UIdxTyp2 – zu Programm FilMenu2)

48   IMPLEMENTATION
49   USES
50     Crt;

51   PROCEDURE Init_Idx (VAR Idx : IdxTyp);
52      (* initialisiert Index-ARRAY *)
53      VAR
54        pos   : INTEGER;
55      BEGIN
56      FOR pos := 0 TO MaxIdxSize DO
57        WITH Idx [pos] DO BEGIN
58           Key :=  NoKey;           (* leerer Schluessel   *)
59           Ptr :=  0;               (* 0-Zeiger            *)
60           END; (*WITH*)
61      END; (* Init_Idx *)

62   PROCEDURE Put_IdxPtr (VAR Idx : IdxTyp;  pos: INTEGER;  PtrX: INTEGER);
63      (* schreibt Zeiger 'PtrX' an Stelle 'pos' des Index 'Idx' *)
64      BEGIN
65      Idx [pos].Ptr :=  PtrX;
66      END; (* Put_IdxPtr *)

67   FUNCTION Get_IdxPtr (VAR Idx : IdxTyp;  pos : INTEGER) : INTEGER;
68      (* liefert Zeiger von Stelle 'pos' des Index 'Idx' *)
69      BEGIN
70      Get_IdxPtr :=  Idx [pos].Ptr;
71      END; (* Get_IdxPtr *)

                                          (Fortsetzung nächste Seite)
```

*(Fortsetzung von UNIT **UIdxTyp2** – zu Programm **FilMenu2**)*

```
72    PROCEDURE Put_IdxKey (VAR Idx : IdxTyp;   pos  : INTEGER
73                                            ; KeyX : KeyDataTyp);
74       (* schreibt Schluessel 'KeyX' an Stelle 'pos' des Index 'Idx' *)
75       BEGIN
76       Idx [pos].Key :=  KeyX;
77       END; (* Put_IdxKey *)

78    PROCEDURE Get_IdxKey (VAR Idx : IdxTyp;      pos  : INTEGER
79                                            ; VAR KeyX : KeyDataTyp);
80       (* liefert Schluessel 'KeyX' von Stelle 'pos' des Index 'Idx' *)
81       BEGIN
82       KeyX :=  Idx [pos].Key;
83       END; (* Get_IdxKey *)

84    FUNCTION Equal_Idx (Key1, Key2 : KeyDataTyp) : BOOLEAN;
85       (* definiert, wann Schluessel 'Key1' und 'Key2' identisch sind *)
86       BEGIN
87       Equal_Idx :=  Equal_Key (Key1, Key2);
88       END; (* Equal_Idx *)

89    FUNCTION Less_Idx (Key1, Key2 : KeyDataTyp) : BOOLEAN;
90       (* definiert, wann Schluessel 'Key1' kleiner als 'Key2' ist.  *)
91       (* Nicht-leere Schluessel sind immer kleiner als leere.       *)
92       BEGIN
93       Less_Idx :=  Less_Key (Key1, Key2);
94       END; (* Less_Idx *)

95    FUNCTION Search_Idx (VAR Idx : IdxTyp;        KeyX : KeyDataTyp
96                                            ; VAR pos  : INTEGER) : BOOLEAN;
97       (* sucht binaer in Idx nach pos von 'KeyX'                         *)
98       (* Search_Idx = TRUE : 'KeyX' steht    an 'pos' (1<= pos<= Size)   *)
99       (* Search_Idx = FALSE: 'KeyX' gehoert an 'pos' (1<= pos<= Size+1)  *)
100      VAR
101         left, right
102         , centre, Size :  INTEGER;
103         KeyCtr         :  KeyDataTyp;
104         found          :  BOOLEAN;
105      BEGIN
106      Size :=  Idx [0].Ptr;                (* Zahl der Index-Eintraege *)
107      left := 1;    right := Size;             (* untersuchter Bereich *)
108      found :=  FALSE;               (* Schluessel noch nicht gefunden *)
109      WHILE NOT found AND (left <= right) DO BEGIN
110         centre :=  (left + right) DIV 2;        (* mittlere Position *)
111         KeyCtr :=  Idx [centre].Key;            (* mittleres Element *)
112         IF Equal_Idx (KeyX, KeyCtr) THEN        (* KeyX = KeyCtr *)
113             found :=  TRUE                       (* KeyX gefunden *)
114         ELSE IF Less_Idx (KeyX, KeyCtr) THEN     (* KeyX < KeyCtr *)
115             right :=  centre - 1        (* weiter in linker Teilliste  *)
116         ELSE                                     (* KeyX > KeyCtr *)
117             left  :=  centre + 1;       (* weiter in rechter Teilliste *)
118         END; (*WHILE*)
119      IF found
120         THEN pos :=  centre         (* 'KeyX' steht an Pos. 'centre' *)
121         ELSE pos :=  left;          (* 'KeyX' gehoert an Pos. 'left' *)
122      Search_Idx :=  found;
123      END; (* Search_Idx *)
```

(Fortsetzung nächste Seite)

Die Operation *Insert_Idx* bewirkt durch Vermittlung von *Search_Idx*, daß ein Schlüsselwert samt der relativen Satzadresse an der richtigen Stelle des Index eingetragen wird. Vor dem Eintragen an die ermittelte Stelle muß der Inhalt des ARRAY ab dieser Stelle um eine Position verschoben werden (engl.: shift, Zeile 144). Der Eintrag erfolgt aber nur dann, wenn der Schlüssel nicht schon im Index vorhanden ist (Zeile 142); der Schlüssel muß die Datensätze ja eindeutig charakterisieren.

Das genaue Gegenteil leistet die Operation *Remove_Idx*. Sie sucht die Position eines vorhandenen Schlüssels und entfernt ihn (engl.: remove), indem sie durch Verschieben der nachfolgenden Einträge diesen überschreibt (Zeile 159). Die Arbeitsweise von *Insert_Idx* und *Remove_Idx* hat zur Folge, daß der **Index zu jedem Zeitpunkt sortiert** vorliegt.

Vor Verlassen des Programms und beim Wechsel des Dataset wird der Index in einer **Index-Datei** vom Typ *IdxFileTyp* durch die Operation *Store_Idx* gesichert. Ihre Komponente an der Dateiposition 0 enthält im Feld *Ptr* die Anzahl der momentan gespeicherten Schlüsselpositionen. Wenn beim Start des Programms oder beim Wechsel des Dataset der gewünschte Index mit der Operation *Load_Idx* wieder geladen werden muß, wird geprüft, ob die vom Programm vorgesehene Indexgröße *MaxIdxSize* nicht etwa zu klein ist (Zeile 189) und ggf. eine entsprechende Meldung angezeigt.

```
(Fortsetzung von UNIT UIdxTyp2 - zu Programm FilMenu2)


124 ROCEDURE ShiftUp_Idx (VAR Idx : IdxTyp;  von, bis : INTEGER);
125    (* verschiebt Positionen Idx [von .. bis] um 1 Pos. "nach rechts" *)
126    VAR  pos  : INTEGER;
127    BEGIN
128    FOR pos := bis DOWNTO von DO Idx [pos+1] := Idx [pos];
129    END; (* ShiftUp_Idx *)

130 PROCEDURE ShiftDown_Idx (VAR Idx : IdxTyp;  von, bis : INTEGER);
131    (* verschiebt Positionen Idx [von .. bis] um 1 Pos. "nach links". *)
132    VAR  pos  : INTEGER;
133    BEGIN
134    FOR pos := von TO bis DO Idx [pos-1] := Idx [pos];
135    END; (* ShiftDown_Idx *)

136 PROCEDURE Insert_Idx ( VAR Idx  : IdxTyp
137                      ;      KeyX : KeyDataTyp; PtrX : INTEGER  );
138    (* fuegt neue Eintraege 'KeyX' und 'PtrX' in 'Idx' ein. *)
139    VAR
140       Size, pos : INTEGER;
141    BEGIN
142    IF NOT Search_Idx (Idx, KeyX, pos) THEN BEGIN
143       Size :=  Idx [0].Ptr;
144       ShiftUp_Idx (Idx, pos, Size);
145       WITH Idx [pos] DO BEGIN
146          Key :=  KeyX;
147          Ptr :=  PtrX;
148          END; (*WITH*)
149       Idx [0].Ptr := Size + 1;  (* aktualisiert Groesse *)
150       END; (*IF*)
151    END; (* Insert_Idx *)


                                     (Fortsetzung nächste Seite)
```

*(Fortsetzung von UNIT **UIdxTyp2** – zu Programm **FilMenu2**)*

```pascal
152  PROCEDURE Remove_Idx (VAR Idx : IdxTyp;    KeyX : KeyDataTyp);
153     (* entfernt aus 'Idx' Index-Eintraege zu Schluessel 'KeyX'. *)
154     VAR
155        Size, pos : INTEGER;
156     BEGIN
157     IF Search_Idx (Idx, KeyX, pos) THEN BEGIN
158        Size :=  Idx [0].Ptr;
159        ShiftDown_Idx (Idx, pos+1, Size);
160        Idx [0].Ptr := Size - 1;  (* aktualisiert Groesse *)
161        END; (*IF*)
162     END; (* Remove_Idx *)
163  (*-------------------------------------------------------------------*)
164  FUNCTION IdxFile_Exists (VAR f : IdxFileTyp) : BOOLEAN;
165     (* prueft, ob Index-Datei vorhanden *)
166     VAR
167        exists : BOOLEAN;
168     BEGIN
169     {$I-}  RESET (f);  {$I+}       exists :=  (IOResult = 0);
170     IF exists THEN  CLOSE (f);    IdxFile_Exists :=  exists;
171     END; (* IdxFile_Exists *)

172  PROCEDURE Store_Idx (VAR f : IdxFileTyp;  VAR Idx : IdxTyp);
173     (* kopiert Index 'Idx' von Arbeitsspeicher in Datei 'fIdx'. *)
174     VAR
175        pos, Size : INTEGER;
176     BEGIN
177     Size :=  Idx [0].Ptr;
178     REWRITE (f);
179     FOR pos := 0 TO Size DO  Write (f, Idx [pos]);
180     CLOSE (f);
181     END; (* Store_Idx *)

182  PROCEDURE Load_Idx (VAR f : IdxFileTyp;  VAR Idx : IdxTyp);
183     (* laedt Index 'Idx' von Datei 'fIdx' in Arbeitsspeicher. *)
184     VAR
185        pos, Size : INTEGER;
186     BEGIN
187     RESET (f);
188     Read (f, Idx [0]);   Size :=  Idx [0].Ptr;
189     IF Size <= MaxIdxSize THEN BEGIN
190        pos :=  1;
191        WHILE NOT EOF (f) DO BEGIN
192           Read (f, Idx [pos]);
193           pos :=  pos + 1;
194           END; (*WHILE*)
195        END
196     ELSE BEGIN
197        ClrScr;
198        WriteLn ('Index-Datei enthaelt ', Size, ' Eintraege.');
199        WriteLn ('Index-ARRAY hat nur max. ', MaxIdxSize,' Positionen.');
200        WriteLn ('Bitte Groesse anpassen.');
201        END;
202     CLOSE (f);
203     END; (* Load_Idx *)
204  (*****************************************************************)
205  BEGIN
206  END.
```

DIALOG-Beispiel zu Programm **FilMenu2**:
(Jeder Kasten entspricht dem Inhalt einer Bildschirmseite)

```
                        DATENVERWALTUNG



                            1993



                    Weiter mit <C>. c
```

```
Dateiname [Ende mit <RETURN>]: personen
Datei PERSONEN neu angelegt.
Weiter mit <C>. c
```

```
                    Datei PERSONEN
          ________________________________

              1. Personen erfassen
              2. Personen zeigen
              3. Personen aendern
              4. Personen loeschen
              5. Datei zeigen
              6. Datei loeschen
              7. Datei wechseln
              0. Ende

          ________________________________

          Ihre Wahl: 1
```

```
Datei PERSONEN
Personen erfassen:

Name [Ende mit <RETURN>]: Bebel
Alter               : 20
Postleitzahl        : 44444
Wohnort             :          Bedorf
```

```
Datei PERSONEN
Personen erfassen:

Name [Ende mit <RETURN>]: Cebel
Alter               :          60
Postleitzahl        : 22222
Wohnort             : Cestadt
```

```
Datei PERSONEN
Personen erfassen:

Name [Ende mit <RETURN>]: Abel
Alter               : 40
Postleitzahl        :
Postleitzahl        : 6X6X6
Postleitzahl        : 66666
Wohnort             : Afeld
```

```
Datei PERSONEN
Personen erfassen:

Name [Ende mit <RETURN>]: <RETURN>
```

```
                    Datei PERSONEN

                    ___________________________

                    1. Personen erfassen
                    2. Personen zeigen
                    3. Personen aendern
                    4. Personen loeschen
                    5. Datei zeigen
                    6. Datei loeschen
                    7. Datei wechseln
                    0. Ende

                    ___________________________

                    Ihre Wahl: 5
```

```
   Pos    Name              Alter     PLZ  Wohnort

    1    Abel                 40    66666  Afeld
    2    Bebel                20    44444  Bedorf
    3    Cebel                60    22222  Cestadt

Ende der Datei.
Weiter mit <C>. c
```

```
                    Datei PERSONEN

                    ___________________________

                    1. Personen erfassen
                    2. Personen zeigen
                    3. Personen aendern
                    4. Personen loeschen
                    5. Datei zeigen
                    6. Datei loeschen
                    7. Datei wechseln
                    0. Ende

                    ___________________________

                    Ihre Wahl: 4
```

```
Datei PERSONEN
Personen loeschen:

Gesuchter Name [Ende mit <RETURN>]: bebel
```

```
Datei PERSONEN

Name   : Bebel
Alter  : 20
PLZ    : 44444
Wohnort: Bestadt

Wirklich loeschen? (J/N): j
```

```
Datei PERSONEN
Personen loeschen:

Gesuchter Name [Ende mit <RETURN>]: <RETURN>
```

```
                    Datei PERSONEN

                    _____________________

                    1. Personen erfassen
                    2. Personen zeigen
                    3. Personen aendern
                    4. Personen loeschen
                    5. Datei zeigen
                    6. Datei loeschen
                    7. Datei wechseln
                    0. Ende

                    _____________________

                    Ihre Wahl: 3
```

```
Datei PERSONEN
Personen aendern:

Gesuchter Name [Ende mit <RETURN>]: bebel
Datensatz nicht vorhanden.
Weiter mit <C>. c
```

```
Datei PERSONEN
Personen aendern:

Gesuchter Name [Ende mit <RETURN>]: ABEL
```

```
Datei PERSONEN

Name   : Abel
Alter  : 40
PLZ    : 666666
Wohnort: Afeld

Neue Personendaten [keine Aenderung jeweils mit [<RETURN>]:

Name   : Zobel
Alter  : 88
PLZ    : <RETURN>
Wohnort: <RETURN>

Bestaetigung:

Name   : Zobel
Alter  : 88
PLZ    : 666666
Wohnort: Afeld

OK? (J/N): j
```

```
Datei PERSONEN
Personen aendern:

Gesuchter Name [Ende mit <RETURN>]: <RETURN>
```

```
                      Datei PERSONEN

                      ________________________________

                      1. Personen erfassen
                      2. Personen zeigen
                      3. Personen aendern
                      4. Personen loeschen
                      5. Datei zeigen
                      6. Datei loeschen
                      7. Datei wechseln
                      0. Ende

                      ________________________________

                      Ihre Wahl: 5
```

```
  Pos    Name                  Alter      PLZ   Wohnort

    3    Cebel                    60    22222   Cestadt
    1    Zobel                    88    66666   Afeld

Ende der Datei.
Weiter mit <C>. c
```

```
                      Datei PERSONEN

                      ________________________________

                      1. Personen erfassen
                      2. Personen zeigen
                      3. Personen aendern
                      4. Personen loeschen
                      5. Datei zeigen
                      6. Datei loeschen
                      7. Datei wechseln
                      0. Ende

                      ________________________________

                      Ihre Wahl: 6
```

```
Datei PERSONEN wirklich loeschen? (J/N): n  NICHT geloescht!
Weiter mit <C>. c
```

```
                      Datei PERSONEN

                      ________________________________

                      1. Personen erfassen
                      2. Personen zeigen
                      3. Personen aendern
                      4. Personen loeschen
                      5. Datei zeigen
                      6. Datei loeschen
                      7. Datei wechseln
                      0. Ende

                      ________________________________

                      Ihre Wahl: 0
```

9.13 Zusammenfassung

❏ Logisch zusammengehörige Daten werden mit dem Konstruktor RECORD
zu einer **RECORD- oder Verbund-Struktur** zusammengefaßt. Die Datenfelder einer RECORD-Struktur dürfen unterschiedliche Datentypen besitzen
und können ihrerseits mit ARRAY, SET, FILE oder RECORD strukturiert
sein. Eine RECORD-Struktur kann Basistyp eines ARRAY und FILE sein.
Variablen mit identischen RECORD-Strukturen kann man als Ganzes einander zuweisen.

❏ Werden zusammengehörige Daten zu einer RECORD-Struktur verbunden,
können sie als Paket einer Prozedur oder Funktion zur Bearbeitung übergeben werden. Dadurch werden Parameterlisten übersichtlicher.

❏ Zur einfacheren Handhabung wird zu jeder RECORD-Struktur ein Mini-
malsatz an Operationen definiert, der etwa Lesen, Schreiben und Vergleichen umfaßt. Je nach Anwendung kann der so entstandene ADT mit weiteren Operationen angereichert werden.

❏ Die RECORD-Struktur ist ein geeignetes Hilfsmittel zur Implementierung
abstrakter Datentypen, da Details der Datenstrukturen im RECORD quasi
verborgen werden können. Bei geeigneter Definition der Operationen muß
der Anwender, um den ADT korrekt benutzen zu können, die Datenstruktur des Datentyps, also dessen Realisierung, nicht kennen.

❏ Bei der Entwicklung eines Programmsystems kann man zuerst im Top-
Down-Verfahren ("von oben nach unten") die benötigten Operationen und
Datenstrukturen festlegen und möglichst allgemeingültig als ADTs implementieren. Die eigentliche Anwendung braucht die ADTs nur einzubinden
und an spezielle Erfordernisse anzupassen. Die Operationen werden dann
im Bottom-Up-Verfahren ("von unten nach oben") zum Anwendungsprogramm zusammengesetzt.

❏ ADTs sollen möglichst allgemein formuliert werden, um sie in vielen Anwendungen verwenden zu können. Die **Mehrfachverwendung eines ADT**
wird erleichtert, wenn er bereits in übersetzter Form als Objekt-Code vorliegt. Solch ein **Objekt-Modul** wird in Turbo Pascal mit Hilfe einer UNIT
erstellt, deren Quell-Code unabhängig von einem Hauptprogramm in Ma-
schinensprache übersetzt wird.

❏ Programm-Projekte können auf mehrere **voneinander abhängige UNIT-
Module** verteilt werden. Eine UNIT- oder ein PROGRAM-Modul macht sich
eine andere UNIT mit der USES-Anweisung zugänglich. Kreisreferenzen,
bei denen sich zwei UNITs gegenseitig mittelbar oder unmittelbar aufeinander stützen, sind nicht erlaubt.

❏ Ein UNIT-Modul besteht neben dem Kopf mit seinem Namen noch aus dem
INTERFACE- und dem IMPLEMENTATION-Teil sowie dem Initialisierungsteil. Im **INTERFACE-Teil** sind alle Bezeichner definiert, die das Anbieter-Modul (client) einem Kunden-Modul (server) zur Verfügung stellen
will. Außerdem müssen hier alle Bezeichner definiert sein, die das INTER-
FACE benötigt, sofern sie nicht schon in einem mit USES eingebundenen

Anbieter-Modul deklariert sind. Die angebotenen Prozeduren und Funktionen (Operationen) sind im INTERFACE-Teil nur mit den vollständigen Programmköpfen und sinnvollerweise auch mit Kommentaren vertreten.

❏ Der **IMPLEMENTATION-Teil** einer UNIT kann auf alle Bezeichner zurückgreifen, die der INTERFACE-Teil und ein dort eingebundenes Anbieter-Modul zur Verfügung stellt. Der IMPLEMENTATION-Teil enthält die Deklarationen und Anweisungen der im INTERFACE-Teil angebotenen Operationen. Zu ihrer Realisierung sind im IMPLEMENTATION-Teil u.U. zusätzliche CONST-, TYPE-, VAR-, PROCEDURE und FUNCTION-Deklarationen notwendig, die aber nicht zu einem Kunden-Modul exportiert werden können. Weitere benötigte Anbieter-Module dürfen im IMPLEMENTATION-Teil ebenfalls eingebunden werden.

❏ Im **Initialisierungs-Teil** eines UNIT-Moduls können bei Bedarf Variable aus dem INTERFACE- oder IMPLEMENTATION-Teil mit Anfangswerten versorgt werden. Der Initialisierungsteil wird nur einmal beim Start des zugrunde liegenden Hauptprogramms ausgeführt. Bei aufeinander aufbauenden UNIT-Modulen werden die Initialisierungs-Teile in der Reihenfolge ausgeführt, in der sich die UNITs einander voraussetzen.

❏ UNIT-Module sind **Software-Bausteine**, aus denen Anwendungsprogramme zusammengesetzt werden. Eine UNIT kann – in Anlehnung an die Bezeichnung bei Hardware-Bausteinen – als **Software-IC** angesehen werden: der Anwendungsprogrammierer interessiert sich nur für den Leistungsumfang und die Schnittstelle (INTERFACE), nicht aber für das Innere der "black box" (IMPLEMENTATION). Interne Änderungen an der UNIT sollen sich in ihrem Gebrauch nicht bemerkbar machen.

❏ Mit der Einführung von UNIT-Modulen ist man dem Konzept des Geheimnisprinzips insofern nähergekommen, als die Information über die Implementation der angebotenen Operationen nicht in einem Kunden-Modul verwendet werden kann. Die **Datenkapselung** kann nur teilweise verwirklicht werden: zwar kann eine UNIT Operationen zum Lese- und Schreibzugriff auf die Komponenten der angebotenen Datenstrukturen bereitstellen, doch ist der Anwendungsprogrammierer nicht gezwungen, diese zu verwenden. Er kann die Strukturkomponenten auch direkt ansprechen.

❏ Es wurde ein umfangreiches **Programmsystem zur Datenverwaltung** vorgestellt, das aus mehreren voneinander abhängigen Objekt-Modulen zusammengesetzt ist. Insbesondere stellte ein Modul die Verwaltung eines sortierten Indexes bereit, die von dem eigentlichen Datenverwaltungs-Modul zum Zugriff auf eine externe Datei eingebunden wurde. Die der Datenverwaltung zugrunde liegende Datenstruktur ist ein RECORD, in dem neben einem INTEGER-Feld zwei weitere Felder eine FILE-Struktur und ein Feld eine ARRAY-Struktur besitzen. Sie werden aber nach außen als eine logische Einheit – hier Dataset genannt – betrachtet. Die in der Schnittstelle des Datenverwaltungsmoduls angebotenen Operationen bearbeiten dieses Dataset als Ganzes. Im Kunden-Modul (dem Anwendungsprogramm) sind seine Bestandteile nicht bekannt und ohne Interesse – nur das Verhalten des Dataset und die Wirkung der Operationen sind wichtig. Die Zusammensetzung der jeweils verwalteten Datensätze und einige zugeordnete

Basisoperationen werden in einem eigenen Modul festgelegt und mit einem Anpassungsmodul dem Datenverwaltungsmodul bekannt gemacht.

❏ Das Datenverwaltungsmodul demonstriert, wie **Datensätze logisch gelöscht** werden, ohne tatsächlich aus der Datei **physisch entfernt** worden zu sein. Die angebotenen **Zugriffsverfahren** sind nur so programmiert, daß logisch gelöschte Datensätze nicht mehr registriert werden. Kenntnisse der internen Struktur des Dataset machen es aber möglich, über geeignete Programme auch diese Datensätze zu verarbeiten.

9.14 Aufgaben

1. Gegeben sind folgende Typdeklarationen:

```
TYPE
    String20  =  PACKED ARRAY [1 .. 20 ] OF CHAR;
    DatRecTyp =  RECORD
                     Tag   :  1 .. 31;
                     Monat :  1 .. 12;
                     Jahr  :  1900 .. 2100;
                     END;
    PersRecTyp = RECORD
                     Name   :  String20;
                     GebTag :  DatRecTyp;
                     END;
    FamRecTyp  = RECORD
                     FamName        :  String20;
                     Vater, Mutter  :  PersRecTyp;
                     Kinder         :  ARRAY [1 .. 4] OF PersRecTyp;
                     END;
```

Skizzieren Sie für eine Variable *Familie* vom Datentyp *FamRecTyp* die hierarchische Struktur der Datenfelder. Schreiben Sie ein Programm, das die Angaben zu *Familie* liest und anzeigt.

2. Eine Datenstruktur soll so definiert werden, daß von max. 100 Personen Alter, Geschlecht und Gewicht gespeichert werden können. Nach Erfassen hinreichend vieler Datensätze kann damit das Durchschnittsgewicht der männlichen bzw. weiblichen Personen einer bestimmten Altersgruppe berechnet werden. Entwickeln Sie dazu ein Pascal-Programm.

3. Die Programme *Liste2* (9.9), *Liste3* (9.10) und *ListFile* (9.11) sollen so erweitert werden, daß auch **absteigend** nach *PLZ* sortiert wird.

4. Ersetzen Sie in den Programmen *Liste2* (9.9), *Liste3* (9.10) und *ListFile* (9.11) das 'Sortieren durch Auswahl' durch das 'Sortieren durch Einfügen' analog zum Programm *SortZal1* (4.12).

5. Ein Pascal-Programm soll von einer beliebigen Zahl von Personen Name, Geburtsdatum und Adresse erfassen. Anschließend soll es je eine nach Name, Wohnort und Geburtstag sortierte Liste erstellen und anzeigen.

6. Mit einem Pascal-Programm sollen unsortierte Namenslisten von zwei verschiedenen Dateien gelesen und die kombinierte Liste sortiert auf eine dritte Datei geschrieben werden.

7. Die Personaldatei einer Firma soll Name, Vorname, Adresse, Geburtsdatum, Beruf und Abteilung von Mitarbeitern enthalten. Eine zweite Datei enthält eine Liste von Berufen. Schreiben Sie die Prozeduren, die diese Dateien erstellen. Eine weitere Prozedur soll alle Personen der ersten Datei anzeigen, welche einen Beruf aus der zweiten Datei haben.

8. Mit einem Programm sollen von Personen Name, Adresse, Geburtstag, Versicherungsnummer, Einkommen und bezahlte Steuern gespeichert und alternativ folgendermaßen verarbeitet werden:
   (a) Erstellen einer Adress-Liste, geordnet nach Versicherungsnummern.
   (b) Einzelinformationen über Einkommen und Steuern.
   Unbefugten muß der Zugriff auf die Einzelinformationen verwehrt sein.

9. Es soll eine Buchdatei mit Verfasser, Titel und Stichwort angelegt werden. Sie soll nach Stichworten sortiert werden, bei gleichem Stichwort nach Verfasser, bei gleichem Verfasser nach Titel (ohne Artikel).

10. Erweitern Sie die Programme *Liste2* (9.9) und *ListFile* (9.11) um die Möglichkeit, diejenigen Datensätze zu finden, bei denen *PLZ* mit 79 oder 88 beginnt und *Alter* zwischen 20 und 30 liegt. Diese Datensätze sollen in eine Liste bzw. Datei geschrieben und angezeigt werden.

11. Teilen Sie die Programme *SortNam1* (7.17) und *SortNam2* (7.18) sinnvoll in PROGRAM- und UNIT-Module mit geeigneten Schnittstellen auf.

12. Stellen Sie die Dienstleistungen zur Datumsprüfung aus Programm *PrufDat2* (6.5) in einem Anbieter-Modul zur Verfügung.

13. Verpacken Sie den ADT *StackTyp* aus Programm *Stapel1* (4.15) in ein UNIT-Modul. Benutzen Sie dabei auch die Möglichkeit der RECORD-Struktur, logisch zusammengehörige Datenfelder zu einer Einheit zusammenzufassen.

14. Entwickeln Sie ein Programm, mit dem interaktiv Name und Studienbeginn der Studierenden gespeichert werden. Nach der Eingabe eines Datensatzes sollen die Angaben nochmals am Bildschirm angezeigt werden. Der Benutzer kann dann die Korrektheit bestätigen oder die Angaben verbessern. Es sollen komplette oder nach Jahrgängen unterteilte alphabetische Listen erstellt werden können.

15. Erweitern Sie den Datentyp *PersonTyp* in der UNIT *UPerTyp2* zu Programm *FilMenu2* (9.12) um sinnvolle Datenfelder. Passen Sie das Datenverwaltungsprogramm *FilMenu2* in einer UNIT *UFilSpc* an diese Datensatzstruktur an.

16. Wählen Sie für die Datenverwaltung mit Programm *FilMenu2* (9.12) neben umfangreicheren Datensätzen einen eindeutigen Schlüssel, der aus mehreren Datenfeldern besteht (z.B. *Nachname, Vorname, PLZ*).

17. Um die in der Dateiverwaltung *FilMenu2* (9.12) logisch gelöschten Datensätze auch physisch zu löschen, kann man folgendermaßen verfahren:
    Die Komponenten der Primärdatei werden um einen **Löschvermerk** erweitert, der mit dem Wert FALSE initialisiert und beim Löschen auf TRUE geschaltet wird. Gelegentlich wählt man über das Menü einen Punkt wie
    "Datei reorganisieren". Er aktiviert eine Prozedur, die sämtliche logisch
    gelöschten Datensätze auch tatsächlich entfernt. Sehen Sie diese Möglichkeit in dem Programm *FilMenu2* zusätzlich vor. Achten Sie darauf, daß
    Dateikomponenten mit Löschvermerk nicht angezeigt werden.

18. Im Programm *FilMenu2* (9.12) könnte man logisch gelöschte Datensätze
    für die Speicherung neu aufgenommener Datensätze verwenden. Überlegen Sie sich verschiedene Strategien, nach denen das möglich wäre.
    Diskutieren Sie jeweils die Vor- und Nachteile.

10 Abstrakte Datentypen in Objektklassen

Dieses Kapitel behandelt in den Beispielprogrammen:

* Imaginäre und komplexe Zahlen – Ein ADT COMPLEX

* Stapel und Schlange als ADT in Objektklassen

* Klassenhierarchien und Vererbung

* Objekte als Prozedur- und Funktionsparameter

* Frühe und späte Bindung – statische und virtuelle Methoden

* Polymorphe Methoden – polymorphe Objekte

10.1 Programm Komplex1

Bekanntlich besitzt die Quadratwurzel aus einer negativen reellen Zahl wie
z.B. $\sqrt{-4}$ keine reelle Lösung. Um trotzdem solche Werte formal behandeln zu
können, wird in der Mathematik der Bereich der reellen Zahlen auf den der
komplexen Zahlen erweitert. Grundlage ist die Definition einer **imaginären
Einheit i** (in der Elektrotechnik auch mit **j** bezeichnet) als Maß auf einer **imaginären Zahlenachse:**

$$i := \sqrt{-1}$$

Damit läßt sich $\sqrt{-4}$ als **imaginäre Zahl** darstellen: $\sqrt{-4} = \sqrt{4}\sqrt{-1} = \pm\, 2i$. Ebenso

wird $\sqrt{-5} = \sqrt{5}\sqrt{-1} = i\sqrt{5}$. Es stellt sich dann heraus, daß z.B. $\sqrt[3]{+8}$ nicht nur die
Lösung +2 hat, sondern auch die beiden Lösungen $(-1 \pm i\sqrt{3})$. Man bestätigt
das durch einfaches Ausmultiplizieren unter Berücksichtigung der Definition
von **i**. Solchen **komplexen Zahlen** der Bauart (a + ib) kann man eine einfache
geometrische Interpretation geben, wenn man die reelle Achse **Re** und die
imaginäre Achse **Im** als Achsen eines rechtwinkligen Koordinatensystems
auffaßt. Die komplexen Zahlen entsprechen dann Punkten in der komplexen
oder sog. **Gaußschen Zahlenebene**.

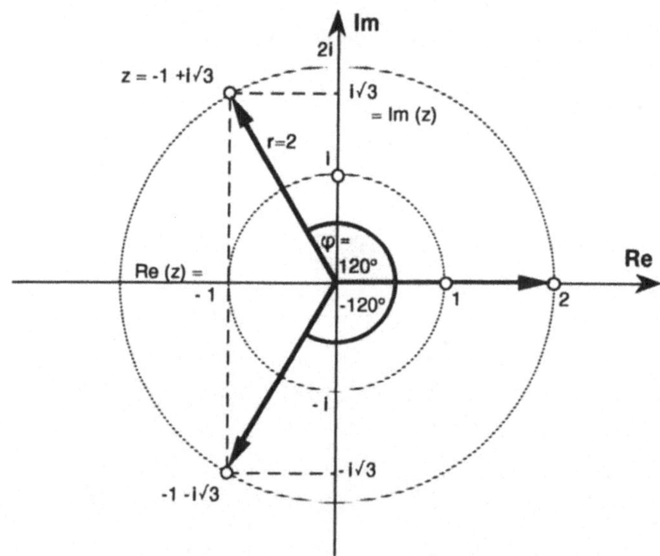

Eine komplexe Zahl z = (a + ib) besitzt den **Realteil** Re (z) = a und den **Imaginärteil** Im (z) = b. Der diese Zahl repräsentierende Punkt der komplexen Ebene
hat die Koordinaten (a, b). Das sind auch die Komponenten des **Ortsvektors**,
der vom Ursprung zu dem Zahlpunkt zeigt. Wie man sieht, ordnen sich die

drei Lösungen von $\sqrt[3]{8}$ auf einem Kreis mit Radius 2 um den Ursprung zu
einem gleichseitigen Dreieck. Zwei der Lösungen liegen symmetrisch zur
reellen Achse und heißen zueinander **konjugiert komplex**.

Die Erweiterung der **arithmetischen Operationen** +, –, * und / von den reellen
auf die komplexen Zahlen ergibt sich unter Beachtung der Definition von i auf
ganz natürliche Weise; sie ist in der folgenden UNIT *UComplex* beschrieben
und wird im Programm *Komplex1* getestet. Die Menge der reellen Zahlen ist
als Spezialfall (Imaginärteil 0) konsistent in die der komplexen Zahlen eingebettet.

Die geometrische Interpretation der Addition und Subtraktion entspricht völlig
der Vektoraddition bzw. -subtraktion über das Vektorparallelogramm. Er-
staunlich einfach ist die Interpretation von Multiplikation und Division. Sie beruht auf der alternativen Charakterisierung einer komplexen Zahl z durch
den **Betrag r** und den **Richtungswinkel** φ ihres Ortsvektors gegenüber der positiven reellen Achse: $z = r (\cos \varphi + i \sin \varphi)$. Das Produkt zweier komplexer Zahlen erhält man dann, wenn man die Beträge multipliziert und die Richtungswinkel addiert. Umgekehrt dividiert man zwei komplexe Zahlen duch Dividie-
ren der Beträge und Subtrahieren der Richtungswinkel.

Die Theorie komplexer Zahlen und Funktionen ist nicht nur faszinierend und
in manchem verblüffend einfach, sie ist auch von enormer Bedeutung in phy-
sikalischen und technischen Systemen, z.B. in der Technik der Übertragung
digital codierter Nachrichten. Eine höhere Programmiersprache, die auch in
mathematisch-technischen Systemen zur Anwendung kommen soll, muß daher über einen komplexen Datentyp verfügen. Seine Werte müssen direkt darstellbar sein, die Grundrechenarten müssen darauf anwendbar sein, und die
mathematischen Standardfunktionen sollen ihn verarbeiten können.

Pascal kennt keinen komplexen Standard-Datentyp. Es ist daher für einen Programmierer eine reizvolle Aufgabe, ihn als **abstrakten Datentyp COMPLEX** zu
implementieren. Zur Erinnerung: "abstrakt" heißt, daß einem Anwender des
Datentyps nur Bezeichner des Typs sowie Name und Gebrauchsanweisung der
damit zulässigen Operationen bekannt sein müssen. Implementierte Datenstruktur und Code der Operationen unterliegen dem Geheimnisprinzip und
sind in einer Kapsel verborgen. Eine geeignete Datenstruktur zur Repräsentation komplexer Werte ist die RECORD-Struktur mit Real- und Imaginärteil als
Datenfelder. In Turbo Pascal bietet es sich natürlich an, den Datentyp in eine
UNIT zu verpacken. Der Aufbau eines UNIT-Moduls kommt der Bildung von
ADTs entgegen: Die Geheimnisse werden im IMPLEMENTATION-Teil gekapselt, das zum Gebrauch Nötige im INTERFACE-Teil offenbart:

```
INTERFACE
TYPE
   COMPLEX =  RECORD
                 Re, Im : REAL;
                 END;

   PROCEDURE ADD_Complex (z1, z2 : COMPLEX;    VAR s : COMPLEX);
   PROCEDURE SUB_Complex (z1, z2 : COMPLEX;    VAR d : COMPLEX);
   PROCEDURE MPY_Complex (z1, z2 : COMPLEX;    VAR p : COMPLEX);
   PROCEDURE DIV_Complex (z1, z2 : COMPLEX;    VAR q : COMPLEX);
```

Die Namen der komplexen Operatoren wurden in Anklang an entsprechende
Assembler-Anweisungen gewählt. Datenkapselung kann aber nicht geboten
werden: die RECORD-Felder *Re* und *Im* der Datenstruktur von *COMPLEX*
liegen absolut offen und könnten vom Anwender direkt angesprochen werden.

Datenkapselung kann man aber vortäuschen, wenn man für den Zugriff auf
den Real- und Imaginärteil einer komplexen Zahl die Lese- und Schreiboperationen *Get_ComplexRe*, *Get_ComplexIm* und analoge *Put_*-Operationen bereitstellt. Der Programmierer wird sie bevorzugen, um sein Programm gegen
Änderungen der Datenstruktur zu sichern. Das **Testprogramm** *Komplex1*
bindet den in UNIT *UComplex* definierten ADT *COMPLEX* ein. Es beschafft
den Real- und Imaginärteil mit den dafür vorgesehenen Funktionen und zeigt
deren Werte an (Zeilen 14 bis 16). In Zeile 17 werden die Komponenten der Datenstruktur direkt adressiert; würden allerdings die Datenstruktur RECORD
oder die Bezeichnungen der Komponenten geändert, führte die Zeile 17 zum
Abbruch der Übersetzung.

```
1     PROGRAM Komplex1 (Input, Output);
2     (* Testet Datentyp COMPLEX aus UNIT UComplex. *)
3     USES
4        UComplex, UIOTool;

5     VAR
6        z1, z2, z3            : COMPLEX;
7        Norm1, Norm2, Re, Im : REAL;

8     BEGIN
9     Write ('Komplexe Zahl (Re, Im): ');   Read_Complex (z1);   ReadLn;
10    Write ('Komplexe Zahl (Re, Im): ');   Read_Complex (z2);   ReadLn;

11    ADD_Complex (z1, z2, z3);
12    Write_Complex (z1); Write (' + '); Write_Complex (z2); Write (' = ');
13    Write_Complex (z3); WriteLn;

14    Re := Get_ComplexRe (z3);
15    Im := Get_ComplexIm (z3);
16    WriteLn ('Realteil = ',    Re :1:3, '  Imaginärteil = ',    Im :1:3);
17    WriteLn ('Realteil = ', z3.Re :1:3, '  Imaginärteil = ', z3.Im :1:3);

18    z2 := ComplexZero;
19    DIV_Complex (z1, z2, z3);
20    Write_Complex (z1); Write (' / '); Write_Complex (z2); Write (' = ');
21    IF NOT Error_Complex
22       THEN BEGIN Write_Complex (z3);  WriteLn;  END
23       ELSE Melde ('Division durch Null nicht erlaubt!');

24    Init_Complex (z2, 1, 1);
25    DIV_Complex (z1, z2, z3);
26    Write_Complex (z1); Write (' / '); Write_Complex (z2); Write (' = ');
27    IF NOT Error_Complex
28       THEN BEGIN Write_Complex (z3);  WriteLn;  END
29       ELSE Melde ('Division durch Null nicht erlaubt!');
30    ReadLn;
31    END.
```

```
DIALOG:

Komplexe Zahl (Re, Im): 2 2
Komplexe Zahl (Re, Im): 0 1
(2.000 + 2.000i) + (0.000 + 1.000i) = (2.000 + 3.000i)
Realteil = 2.000  Imaginärteil = 3.000
Realteil = 2.000  Imaginärteil = 3.000
(2.000 + 2.000i) / (0.000 + 0.000i) = Division durch 0 nicht erlaubt!
Weiter mit <C>.
(2.000 + 2.000i) / (1.000 + 1.000i) = (2.000 + 0.000i)
```

Das Testprogramm versucht eine Division durch das in UNIT *UComplex* definierte *ComplexZero* (Zeilen 18 und 19). Das erkennt der Divisionsoperator *DIV_Complex* und besetzt eine interne Fehlervariable mit TRUE. Das Kundenmodul kann ihren Wert mit der Funktion *Error_Complex* erfragen und entsprechend reagieren (Zeilen 20 bis 23). Eine Operation *Init_Complex* weist einer komplexen Zahl neue Real- und Imaginärteile zu (Zeile 24).

Die Implementierung des Datentyps *COMPLEX* in der **UNIT** *UComplex* baut auf der RECORD-Struktur mit einem Real- und Imaginärteil auf. Beide Datenfelder sind zwar exportierbar, sollten aber aus schon genannten Gründen nur über die Operationen der Zeilen 15 bis 19 angesprochen werden.

Mit den Operationen der Zeilen 12 und 13 ist die Ein- und Ausgabe komplexer Zahlwerte geregelt. Die Gruppe der arithmetischen Operationen besteht mit Ausnahme der Identitäts-Funktion *ID_Complex* aus Prozeduren, da die Ergebniswerte keine einfachen, sondern strukturierte Datentypen haben. Standard und Turbo Pascal erlauben nur einfache Datentypen als Funktionstypen.

Das INTERFACE exportiert die **komplexe Null** als Variable *ComplexZero* . Ihr Real- und Imaginärteil wird im **Initialisierungsteil** mit den Anfangswerten 0 versorgt (Zeile 125). Da es sich um eine Variable und nicht um eine Konstante handelt, kann ihr Wert prinzipiell verändert werden. Der Anwendungsprogrammierer muß davor gewarnt werden.

```
1      UNIT UComplex;
2      (* Implementiert den Datentyp COMPLEX mit Arithmetik *)
3      (*******************************************************************)
4      INTERFACE

5      TYPE
6         COMPLEX = RECORD
7                      Re, Im : REAL;
8                      END;

9      VAR
10        ComplexZero : COMPLEX; (* wird in diesem Modul initialisiert *)

11     (*-----------------------------------------------------------*)
12     PROCEDURE Read_Complex  (VAR z  : COMPLEX);
13     PROCEDURE Write_Complex (    z  : COMPLEX);
14     (*-----------------------------------------------------------*)
15     PROCEDURE Init_Complex  (VAR z  : COMPLEX;   ReX, ImX : REAL);
16     PROCEDURE Put_ComplexRe (VAR z  : COMPLEX;   ReX : Real);
17     PROCEDURE Put_ComplexIm (VAR z  : COMPLEX;   ImX : Real);
18     FUNCTION  Get_ComplexRe (    z  : COMPLEX) : Real;
19     FUNCTION  Get_ComplexIm (    z  : COMPLEX) : Real;
20     (*-----------------------------------------------------------*)
21     FUNCTION   ID_Complex   (z1, z2 : COMPLEX) : BOOLEAN;
22     PROCEDURE ADD_Complex   (z1, z2 : COMPLEX;   VAR s : COMPLEX);
23     PROCEDURE SUB_Complex   (z1, z2 : COMPLEX;   VAR d : COMPLEX);
24     PROCEDURE MPY_Complex   (z1, z2 : COMPLEX;   VAR p : COMPLEX);
25     PROCEDURE DIV_Complex   (z1, z2 : COMPLEX;   VAR q : COMPLEX);
26     (*-----------------------------------------------------------*)
27     FUNCTION  Error_Complex : BOOLEAN;
28     (*******************************************************************)
```

(Fortsetzung nächste Seite)

Der IMPLEMENTATION-Teil beginnt mit der Deklaration einer modulinternen Fehlervariablen *ComplexError*, die für ein Kunden-Modul nicht sichtbar sein kann. Sie wird im Initialisierungsteil auf FALSE gesetzt. Die Operation *DIV_Complex* setzt sie beim Versuch der Division durch *ComplexZero* auf TRUE (Zeile 107). Ein Kunden-Modul kann über die Funktion *Error_Complex* ihren Wert erfahren; nach der Abfrage wird dieser aber automatisch zu FALSE zurückgesetzt (Zeile 121).   *(Fortsetzung des Textes übernächste Seite)*

```
        (Fortsetzung von UNIT UComplex - zu Programm Komplex1)

29      IMPLEMENTATION
30      VAR
31         ComplexError :  BOOLEAN;
32      (*-----------------------------------------------------------------*)
33      PROCEDURE Read_Complex (VAR z : COMPLEX);
34         (* liest Real- und Imaginaerteil von 'z'. *)
35         BEGIN
36         WITH z DO  Read (Re, Im);
37         END; (* Read_Complex *)

38      PROCEDURE Write_Complex (z : COMPLEX);
39         (* zeigt Real- und Imaginaerteil von 'z'. *)
40         BEGIN
41         WITH z DO  Write ('(', Re :1:3, ' + ', Im :1:3, 'i)');
42         END; (* Write_Complex *)
43      (*-----------------------------------------------------------------*)
44      PROCEDURE Init_Complex (VAR z : COMPLEX;  ReX, ImX : REAL);
45         (* Besetzt Real- u. Imaginaerteil von 'z' mit 'ReX' bzw. 'ImX'. *)
46         BEGIN
47         WITH z DO BEGIN
48            Re :=  ReX;
49            Im :=  ImX;
50            END; (*WITH*)
51         END; (* Init_Complex *)

52      PROCEDURE Put_ComplexRe (VAR z : COMPLEX;   ReX : Real);
53         (* Besetzt Realteil von 'z' mit 'ReX'. *)
54         BEGIN
55         z.Re :=  ReX;
56         END; (* Put_ComplexRe *)

57      PROCEDURE Put_ComplexIm (VAR z : COMPLEX;   ImX : Real);
58         (* Besetzt Imaginaerteil von 'z' mit 'ImX'. *)
59         BEGIN
60         z.Im :=  ImX;
61         END; (* Put_ComplexIm *)

62      FUNCTION Get_ComplexRe (z : COMPLEX) : Real;
63         (* gibt Realteil von 'z' zurueck. *)
64         BEGIN
65         Get_ComplexRe :=  z.Re;
66         END; (* Get_ComplexRe *)

67      FUNCTION Get_ComplexIm (z : COMPLEX) : Real;
68         (* gibt Imaginaerteil von 'z' zurueck. *)
69         BEGIN
70         Get_ComplexIm :=  z.Im;
71         END; (* Get_ComplexIm *)
72      (*-----------------------------------------------------------------*)
                                          (Fortsetzung nächste Seite)
```

```
(Fortsetzung von UNIT UComplex - zu Programm Komplex1)

73     FUNCTION ID_Complex (z1, z2 : COMPLEX) : BOOLEAN;
74         (* prueft, ob komplexe Zahl 'z1' mit 'z2' identisch ist. *)
75         BEGIN   ID_Complex := (z1.Re = z2.Re) AND (z1.Im = z2.Im);
76         END; (* ID_Complex *)

77     PROCEDURE ADD_Complex (z1, z2 : COMPLEX;  VAR s : COMPLEX);
78         (* bildet Summe 's' der komplexen Zahlen 'z1' und 'z2'. *)
79         BEGIN
80        ' WITH s DO BEGIN
81            Re :=  z1.Re + z2.Re;
82            Im :=  z1.Im + z2.Im;
83            END; (*WITH*)
84         END; (* ADD_Complex *)

85     PROCEDURE SUB_Complex (z1, z2 : COMPLEX;  VAR d : COMPLEX);
86         (* bildet Differenz 'd' der komplexen Zahlen 'z1' und 'z2'. *)
87         BEGIN
88         WITH d DO BEGIN
89            Re :=  z1.Re - z2.Re;
90            Im :=  z1.Im - z2.Im;
91            END; (*WITH*)
92         END; (* SUB_Complex *)

93     PROCEDURE MPY_Complex (z1, z2 : COMPLEX;  VAR p : COMPLEX);
94         (* bildet Produkt 'p' der komplexen Zahlen 'z1' und 'z2'. *)
95         BEGIN
96         WITH p DO BEGIN
97            Re :=  z1.Re * z2.Re  -  z1.Im * z2.Im;
98            Im :=  z1.Im * z2.Re  +  z1.Re * z2.Im;
99            END; (*WITH*);
100        END; (* MPY_Complex *)

101    PROCEDURE DIV_Complex (z1, z2 : COMPLEX;  VAR q : COMPLEX);
102        (* bildet Quotient 'q' der komplexen Zahlen 'z1' und 'z1'. *)
103        (* Erkennt und meldet versuchte Division durch Null        *)
104        (* und vermerkt das in globaler Variablen 'ComplexError'.  *)
105        VAR   Nenner :  REAL;
106        BEGIN
107        ComplexError :=  ID_Complex (z2, ComplexZero);
108        IF NOT ComplexError THEN BEGIN
109           Nenner :=  SQR (z2.Re) + SQR (z2.Im);
110           WITH q DO BEGIN
111              Re :=  (z1.Re * z2.Re  +  z1.Im * z2.Im) / Nenner;
112              Im :=  (z1.Im * z2.Re  -  z1.Re * z2.Im) / Nenner;
113              END; (*WITH*);
114           END;
115        END; (* DIV_Complex *)
116    (*-----------------------------------------------------------------*)
117    FUNCTION Error_Complex : BOOLEAN;
118        (* uebergibt Wert der Fehler-Variablen 'ComplexError' *)
119        (* und setzt ihn auf den Anfangswert FALSE zurueck.  *)
120        BEGIN
121        Error_Complex :=  ComplexError;   ComplexError :=  FALSE;
122        END; (* Error_Complex *)
123    (*************************************************************************)
124    BEGIN
125    Init_Complex (ComplexZero, 0, 0);   (* Besetzen der komplexen Null *)
126    ComplexError :=  FALSE;        (* Initialisieren der Fehlervariablen *)
127    END.
```

Der Code der Ein-/Ausgabe-Operationen (Zeilen 33 bis 42) und der Zugriffsoperationen auf die Felder der Datenstruktur (Zeilen 44 bis 71) ist selbsterklärend. Die Funktion *ID_Complex* erkennt zwei komplexe Zahlen dann als identisch, wenn ihre Real- und Imaginärteile übereinstimmen. Die Summe zweier komplexer Zahlen ergibt sich in *ADD_Complex* aus der **Addition** ihrer Komponenten. Analoges gilt für die **Subtraktion** in *SUB_Complex*. Die in *MPY_Complex* realisierte Formel für die **Multiplikation** prüft man leicht durch Ausmultiplizieren von (a+ib) (c+id) nach. Für die Überprüfung der **Division**sformel in *DIV_Complex* muß man wissen, daß man durch Erweitern des Bruches (a+ib) / (c+id) mit dem Faktor (c−id) einen reellen Nenner erhält, ohne daß der Wert des Bruches sich ändert. Natürlich hat man immer die Beziehung $i^2 = -1$ zu beachten. Von den komplexen Operationen sind hier nur die grundlegenden implementiert; nach ihrem Muster können bei Bedarf weitere wie komplexe trigonometrische oder Exponentialfunktion leicht hinzugefügt werden.

Bei dem Beispiel fällt auf, daß in den Implementationen der arithmetischen Operationen die RECORD-Komponenten *Re* und *Im* direkt adressiert werden. Für ein Kunden-Modul ist das ohne Belang. Doch ist damit der größte Teil der **Implementationen direkt von der Datenstruktur abhängig**. Eine Änderung der Struktur muß dann in sämtlichen Operationen berücksichtigt werden, was die Wahrscheinlichkeit einer fehlerhaften Codierung erhöht. Die enge Koppelung wird aufgehoben, wenn schon in den arithmetischen Operationen die Zugriffsoperationen benutzt werden. Für die Operation *ADD_Complex* hätte das folgendes Aussehen:

```
PROCEDURE ADD_Complex (z1, z2 : COMPLEX;  VAR s : COMPLEX);
(* addiert zu der komplexen Zahl 'z1' die Zahl 'z2'. *)
BEGIN
WITH s DO BEGIN
   Re :=  Get_ComplexRe (z1) + Get_ComplexRe (z2);
   Im :=  Get_ComplexIm (z1) + Get_ComplexIm (z2);
   END; (*WITH*)
END; (* ADD_Complex *)
```

So kann eine weitgehende **modulinterne Unabhängigkeit von der Datenstruktur** erreicht werden. Deren Änderung beeinflußt nur noch die Zugriffsfunktionen. Der Änderungsaufwand wird minimal. Bezahlen muß diesen Komfort das Kunden-Modul mit geringerer Ausführungsgeschwindigkeit: ein Aufruf von *ADD_Complex* zieht vier Aufrufe von *Get_*-Operationen nach sich.

HINWEIS: Die Reihenfolge in der Liste der Prozeduren und Funktionen des INTERFACE-Teils einer UNIT ist nur von Ordnungsgesichtspunkten geprägt und ansonsten ohne Auswirkungen. Mit der Nennung im INTERFACE ist die Prozedur/Funktion deklariert und kann im IMPLEMENTATION-Teil in jedem Anweisungsteil benutzt werden. Die Implementationen von exportierbaren (oder öffentlichen) Operationen können also in beliebiger Anordnung erfolgen. Lediglich bei nicht-öffentlichen Hilfsprozeduren/-funktionen muß darauf geachtet werden, daß sie vor ihrem ersten Einsatz erklärt werden. Da das INTERFACE die Funktion von Inhaltsverzeichnis und Gebrauchsübersicht hat, sollten (1) die Reihenfolgen im INTERFACE- und IMPLEMENTATION-Teil übereinstimmen und (2) die Kurzbeschreibungen zu den Operationen auch im INTERFACE enthalten sein (wurde aus Platzgründen hier unterlassen).

10.2 Programm Komplex2

Das Programm *Komplex1* zeigte erneut, wie die Datenstruktur RECORD geeignet ist, logisch zusammengehörige Größen aneinander zu koppeln. Die Datenfelder *Re* und *Im* der RECORD-Struktur *COMPLEX* existieren nur als Bestandteile einer übergeordneten Variablen. Eine andere als die für sie vorgesehene Verwendung (**Datenmißbrauch**) ist damit erheblich erschwert. In Turbo
Pascal können mit dem **Konstruktor OBJECT** die Datenfelder und die darauf
zulässigen Operationen im Datentyp *COMPLEX* zusammengefaßt werden:

```
TYPE
    COMPLEX = OBJECT
              Re, Im : REAL

              PROCEDURE ADD  (z2 : COMPLEX;  VAR s : COMPLEX);
              PROCEDURE SUB  (z2 : COMPLEX;  VAR d : COMPLEX);
              PROCEDURE MPY  (z2 : COMPLEX;  VAR p : COMPLEX);
              PROCEDURE DIVI (z2 : COMPLEX;  VAR q : COMPLEX);
              END;
```

Damit ist der ADT *COMPLEX* völlig beschrieben. Mit der Deklaration

```
VAR
    z : COMPLEX;
```

wird Speicherplatz für eine Objekt-Variable *z* reserviert, deren Datenstruktur
aus den beiden Feldern *Re* und *Im* besteht und die die aufgelisteten Operationen benutzen kann. Neu gegenüber der bisherigen Realisierung ist, daß der
Aufruf der Operationen überhaupt nur noch in Verbindung mit einer Variablen möglich ist, für die diese Operationen ausdrücklich gedacht sind. Wurden
drei Variable *z1*, *z2* und *z3* des Objekt-Typs *COMPLEX* deklariert, lautet der
Aufruf der Summen-Operation

```
z1.ADD (z2, z3);
```

Die Summe von *z1* und *z2* wird in *z3* gespeichert. Jede der Variablen *z1*, *z2* und
z3 besitzt nicht nur die Datenfelder *Re* und *Im*, sondern auch die Fähigkeit,
jede der Operationen *ADD* usw. "auf sich selbst" anzuwenden. Dem Aufruf
der Operation eines Objekt-Typs muß also vorangestellt werden, von welcher
Objekt-Variablen aus er erfolgt. Wie bei den Datenfeldern einer RECORD-
Struktur wird auch bei den Datenfeldern und Operationen einer OBJECT-
Struktur der Name der Variable vorangestellt, getrennt durch einen Punkt.
Das bisherige Suffix *_Complex* erübrigt sich. Die geänderte Bezeichnung DIVI
der Division ist nötig, da DIV für die ganzzahlige Division reserviert ist.

Die Deklaration einer OBJECT-Struktur entspricht dem INTERFACE-Teil
einer UNIT. Insbesondere werden nur diejenigen Datenfelder und Operationen genannt, die im Zusammenhang mit einer Objekt-Variablen überhaupt
vom Programmierer benutzt werden können. Damit unterliegt auch hier die
Datenstruktur nicht dem Geheimnisprinzip. Die Implementationen der Operationen stehen im Anschluß an die zugehörige OBJECT-Deklaration. Die
Verbindung zwischen Operationen und jeweiliger OBJECT-Struktur wird
durch den Typ-Bezeichner der OBJECT-Struktur hergestellt. Die Implementation der *COMPLEX*-Operation *ADD* würde folgendermaßen aussehen:

```
PROCEDURE COMPLEX.ADD (z : COMPLEX;  VAR s : COMPLEX);
   (* bildet komplexe Summe 's' durch Addition von 'z' *)
   BEGIN
   WITH s DO BEGIN
      Re :=  SELF.Re + z.Re;
      Im :=  SELF.Im + z.Im;
      END; (*WITH*)
END; (* COMPLEX.ADD *)
```

Der Aufruf kann nur aus einer Objekt-Variablen, z.B. *z1*, vom Typ *COMPLEX*
heraus erfolgen und bewirkt, daß die Summe der Datenfelder von *z1* selbst
(engl.: self) und der Datenfelder des Parameters *z* in den Datenfeldern von *s*
zurückgegeben wird. Jede OBJECT-Operation besitzt diesen nicht besonders
genannten Parameter **SELF**, der den Wert der aufrufenden OBJECT-Variab-
len übernimmt. SELF kann entfallen, wenn der Bezug eindeutig bleibt:

```
PROCEDURE COMPLEX.ADD (z : COMPLEX;  VAR s : COMPLEX);
   BEGIN
   s.Re :=  Re + z.Re;
   s.Im :=  Im + z.Im;
   END; (* COMPLEX.ADD *)
```

Damit ist eine syntaktische Grundlage für die **objektorientierte Programmierung (OOP)** gelegt. Der Konstruktor OBJECT ist eine konsequente Ausdehnung des Konstruktors RECORD auf die Operationen. In der OOP nennt man
einen OBJECT-Typ eine Objektklasse oder nur **Klasse**. Die Variablen einer Objektklasse heißen **Objekte** oder **Instanzen** der Klasse. Die Datenfelder oder
Instanzvariablen beschreiben den Zustand eines Objekts und heißen daher
auch **Eigenschaften**; die Operationen bestimmen das **Verhalten eines Objekts**
und werden auch **Methoden** genannt. Eigenschaften werden vor den Methoden
deklariert. Die Leistungen der UNIT *UComplex* (Programm *Komplex1*, 10.2)
werden in dem nachfolgend skizzierten Programm von einer Objektklasse
COMPLEX angeboten. In den Methoden *Read* und *Write* entstehen Namenskonflikte (Zeile 28) mit den Prozeduren *Read* und *Write* aus der **Standard-
UNIT** *System* von Turbo Pascal. Das Präfix 'SYSTEM.' stellt Eindeutigkeit her.

```
1     PROGRAM Komplex2 (Input, Output);
2     (* Implementiert ADT COMPLEX als Objekt-Klasse und testet ihn. *)
3     USES
4        UIOTool;
5     (****** INTERFACE der Objektklasse COMPLEX ****************)
6     TYPE
7        COMPLEX = OBJECT
8                      (*---------- Eigenschaften (Zustand) ----------*)
9                      Re, Im : REAL;
10                     (*---------- Methoden (Verhalten) -------------*)
11                     PROCEDURE Read;
12                     PROCEDURE Write;
13                     PROCEDURE Init (ReX, ImX : REAL);
14                     FUNCTION  ID    (z : COMPLEX) : BOOLEAN;
15                     PROCEDURE ADD   (z : COMPLEX;   VAR s : COMPLEX);
16                     PROCEDURE SUB   (z : COMPLEX;   VAR d : COMPLEX);
17                     PROCEDURE MPY   (z : COMPLEX;   VAR p : COMPLEX);
18                     PROCEDURE DIVI  (z : COMPLEX;   VAR q : COMPLEX);
19                     (*----------------------------------------------*)
20                     END;
                                      (Fortsetzung nächste Seite)
```

```
   (Fortsetzung von Programm Komplex2)

21 VAR
22    ComplexZero  :  COMPLEX;
23    ComplexError :  BOOLEAN;

24 (****** IMPLEMENTATION der Methoden von COMPLEX **********)
25 PROCEDURE COMPLEX.Read;
26    (* liest Real- und Imaginaeteil mit der System-Proz. 'Read'. *)
27    BEGIN
28    SYSTEM.Read (Re, Im);
29    END; (* COMPLEX.Read *)

30 PROCEDURE COMPLEX.Write;                        analog zu Read
31 (*-----------------------------------------------------------------*)
32 PROCEDURE COMPLEX.Init (ReX, ImX : REAL);
33    (* Besetzt Real- und Imaginaerteil mit 'ReX' bzw. 'ImX'. *)
34    BEGIN
35    Re :=  ReX;
36    Im :=  ImX;
37    END; (* COMPLEX.Init *)
38 (*-----------------------------------------------------------------*)
39 FUNCTION COMPLEX.ID (z : COMPLEX) : BOOLEAN;
40    (* prueft, ob komplexe Zahl mit 'z' identisch ist. *)
41    BEGIN
42    ID := (SELF.Re = z.Re) AND (SELF.Im = z.Im);
43    END; (* COMPLEX.ID *)

44 PROCEDURE COMPLEX.ADD (z : COMPLEX;  VAR s : COMPLEX);  s. o.
45 PROCEDURE COMPLEX.SUB (z : COMPLEX;  VAR d : COMPLEX);  analog

46 PROCEDURE COMPLEX.MPY (z : COMPLEX;  VAR p : COMPLEX);
47    (* bildet Produkt 'p' mit der komplexen Zahl 'z'. *)
48    BEGIN
49    WITH p DO BEGIN
50       Re :=  SELF.Re * z.Re   -   SELF.Im * z.Im;
51       Im :=  SELF.Im * z.Re   +   SELF.Re * z.Im;
52       END; (*WITH*);
53    END; (* COMPLEX.MPY *)

54 PROCEDURE COMPLEX.DIVI (z : COMPLEX;  VAR q : COMPLEX);        analog
55 (***************************************************************)
56 FUNCTION Error_Complex : BOOLEAN;      (* ==> ist KEINE Methode <== *)
57    (* uebergibt Wert der Fehler-Variablen 'ComplexError' *)
58    (* und setzt ihn auf den Anfangswert FALSE zurueck.   *)
59    BEGIN
60    Error_Complex := ComplexError;   ComplexError := FALSE;
61    END; (* Error_Complex *)
62 (***************************************************************)
63 VAR
64    z1, z2, z3            :  COMPLEX;
65    Norm1, Norm2, Re, Im :  REAL;

66 BEGIN (* Hauptprogramm *)
67 ComplexZero.Init (0, 0);    (* Festlegung der komplexen Null       *)
68 ComplexError := FALSE;      (* Initialisieren der Fehlervariablen *)
69 Write ('Komplexe Zahl (Re, Im): ');   z1.Read;   ReadLn;
70 Write ('Komplexe Zahl (Re, Im): ');   z2.Read;   ReadLn;
71 z1.ADD (z2, z3);
72 z1.Write;  Write (' + ');  z2.Write;  Write (' = ');
73 z3.Write;  WriteLn;
74 END.
```

10.3 Programm Komplex3

Die im Programm *Komplex2* vorgestellte Umstellung der Syntax kann den
Forderungen an die objektorientierte Programmierung noch nicht gerecht
werden. Zum einen ist die **Wiederverwendbarkeit** des ADT *COMPLEX* dadurch
erschwert, daß er nicht separat übersetzt werden kann und daher auch nicht
im Maschinencode vorliegt; dieses Problem wird durch die Einbettung des
ADT in ein UNIT-Modul gelöst. Zum zweiten fügen sich die Datenfelder immer noch nicht dem **Geheimnisprinzip**; auch dieses Manko kann durch das
UNIT-Konzept im Verein mit dem Syntaxelement PRIVATE behoben werden.

Drittens verhalten sich die arithmetischen Operationen noch nicht sehr objekt-
mäßig: von einem Objekt aus aufgerufene Methoden sollen sich bevorzugt mit
dem rufenden Objekt selbst beschäftigen; sie sollen das Objekt manipulieren,
verändern, zu Reaktionen anregen. Vom Standpunkt des Anwendungsprogramms aus spricht man dagegen vom Senden einer **Botschaft an das Objekt**,
auf die das Objekt entsprechend seiner eingebauten Methoden reagiert. Der
Ablauf eines rein objektorientierten Programms besteht dann im wesentlichen
daraus, daß sich Objekte gegenseitig Botschaften (oder Nachrichten) verschik-
ken. Die folgende Fassung der Methode *ADD* der Objektklasse *COMPLEX*
kommt dieser Betrachtungsweise näher:

```
PROCEDURE COMPLEX.ADD (z : COMPLEX);
(* addiert die komplexe Zahl 'z'. *)
  BEGIN
  Re :=  Re + z.Re;
  Im :=  Im + z.Im;
  END; (* COMPLEX.ADD *)
```

Existieren zwei Instanzen *z1* und *z2* der Klasse *COMPLEX*, kann man dem Objekt *z1* die folgende Botschaft schicken:

```
z1.ADD (z2);
```

Entsprechend der neuen Implementation der Methode *ADD* heißt das: Das Objekt *z1* wird aufgefordert, zu seinem eigenen Real- bzw. Imaginärteil den Real-
bzw. Imaginärteil des Objektes *z2* zu addieren. Das aktive Objekt *z1* verändert
mit einer seiner Methoden (*ADD*) seine Eigenschaften (die Datenfelder *Re* und
Im); das Objekt *z2* steuert nur seine Eigenschaften bei, bleibt aber passiv (seine
Methoden sind nicht beteiligt). In der folgenden **UNIT** *OComplex* sind auch die
Klassen-Methoden für die anderen arithmetischen Operationen diesem Denk-
modell angepaßt.

Dem Geheimnisprinzip auch für die Datenfelder kann durch die **Spaltung der
Klassen-Definition in einen öffentlichen und einen privaten Teil** entsprochen
werden (Zeilen 6 bis 25). Der öffentliche Teil geht immer dem mit dem Schlüsselwort PRIVATE eingeleiteten privaten Teil voran. Innerhalb beider Teile stehen die Datenfelder vor den Methoden. Bezeichner des PRIVATE-Teils sind
nur innerhalb der UNIT bekannt, in der ihre Klasse definiert ist; außerhalb
sind ihre Namen unbekannt und die privaten Datenfelder nur über spezielle
Zugriffsfunktionen erreichbar. Es entspricht der "reinen OOP-Lehre", Datenfelder einer Klasse immer als privat zu kapseln und zweckmäßige Zugriffsfunktionen anzubieten.

```
 1    UNIT OComplex;                              (* zu Programm Komplex3 *)
 2    (* Implementiert Datentyp COMPLEX als Objekt-Klasse. *)
 3    (********************************************************************)
 4    INTERFACE
 5    TYPE
 6      COMPLEX = OBJECT
 7                    (*----------------------------------------------*)
 8                    PROCEDURE Read;
 9                    PROCEDURE Write;
10                    (*----------------------------------------------*)
11                    PROCEDURE Init  (ReX, ImX : REAL);
12                    PROCEDURE PutRe (ReX : Real);
13                    PROCEDURE PutIm (ImX : Real);
14                    FUNCTION  GetRe : Real;
15                    FUNCTION  GetIm : Real;
16                    (*----------------------------------------------*)
17                    FUNCTION  ID    (z : COMPLEX) : BOOLEAN;
18                    PROCEDURE ADD   (z : COMPLEX);
19                    PROCEDURE SUB   (z : COMPLEX);
20                    PROCEDURE MPY   (z : COMPLEX);
21                    PROCEDURE DIVI  (z : COMPLEX);
22                    (*----------------------------------------------*)
23                 PRIVATE
24                   Re, Im : REAL;
25                 END;
26    (*--------------------------------------------------------------------*)
27      VAR
28        ComplexZero  :  COMPLEX;

29      FUNCTION Error_Complex : BOOLEAN;  (* keine Methode von COMPLEX *)
30    (********************************************************************)
31    IMPLEMENTATION
32    VAR
33      ComplexError :  BOOLEAN;
34    (*--------------------------------------------------------------------*)
35    PROCEDURE COMPLEX.Read;
36      (* liest Real- und Imaginaerteil mit der System-Proz. 'Read'. *)
37      BEGIN
38      SYSTEM.Read (Re, Im);
39      END; (* COMPLEX.Read *)

40    PROCEDURE COMPLEX.Write;
41      (* zeigt Real- und Imaginaerteil mit der System-Proz. 'Write' *)
42      BEGIN
43      SYSTEM.Write ('(', Re :1:3, ' + ', Im :1:3, 'i)');
44      END; (* COMPLEX.Write *)
45    (*--------------------------------------------------------------------*)
46    PROCEDURE COMPLEX.Init (ReX, ImX : REAL);
47      (* Besetzt Real- und Imaginaerteil mit 'ReX' bzw. 'ImX'. *)
48      BEGIN
49      Re :=  ReX;
50      Im :=  ImX;
51      END; (* COMPLEX.Init *)

52    PROCEDURE COMPLEX.PutRe (ReX : Real);
53      (* Besetzt Realteil mit 'ReX'. *)
54      BEGIN
55      Re :=  ReX;
56      END; (* COMPLEX.PutRe *)
```

(Fortsetzung nächste Seite)

```
(Fortsetzung von UNIT OComplex - zu Programm Komplex3)

57     PROCEDURE COMPLEX.PutIm (ImX : Real);
58        (* Besetzt Imaginaerteil mit 'ImX'. *)
59        BEGIN
60        Im :=  ImX;
61        END; (* COMPLEX.PutIm *)

62     FUNCTION COMPLEX.GetRe : Real;
63        (* gibt Realteil zurueck. *)
64        BEGIN
65        GetRe :=  Re;
66        END; (* COMPLEX.GetRe *)

67     FUNCTION COMPLEX.GetIm : Real;
68        (* gibt Imaginaerteil zurueck. *)
69        BEGIN
70        GetIm :=  Im;
71        END; (* COMPLEX.GetIm *)
72     (*-------------------------------------------------------------------*)
73     FUNCTION COMPLEX.ID (z : COMPLEX) : BOOLEAN;
74        (* prueft, ob komplexe Zahl mit 'z' identisch ist. *)
75        BEGIN
76        ID := (Re = z.Re) AND (Im = z.Im);
77        END; (* COMPLEX.ID *)

78     PROCEDURE COMPLEX.ADD (z : COMPLEX);
79        (* addiert die komplexe Zahl 'z'. *)
80        BEGIN
81        Re :=  Re + z.Re;
82        Im :=  Im + z.Im;
83        END; (* COMPLEX.ADD *)

84     PROCEDURE COMPLEX.SUB (z : COMPLEX);
85        (* subtrahiert die komplexe Zahl 'z'. *)
86        BEGIN
87        Re :=  Re - z.Re;
88        Im :=  Im - z.Im;
89        END; (* COMPLEX.SUB *)

90     PROCEDURE COMPLEX.MPY (z : COMPLEX);
91        (* multipliziert mit der komplexen Zahl 'z'. *)
92        BEGIN
93        Re :=  Re * z.Re  -  Im * z.Im;
94        Im :=  Im * z.Re  +  Re * z.Im;
95        END; (* COMPLEX.MPY *)

96     PROCEDURE COMPLEX.DIVI (z : COMPLEX);
97        (* dividiert durch die komplexe Zahl 'z'.                 *)
98        (* Erkennt und meldet versuchte Division durch Null       *)
99        (* und vermerkt das in globaler Variablen 'ComplexError'. *)
100       VAR
101          Nenner :  REAL;
102       BEGIN
103       ComplexError :=  z.ID (ComplexZero);
104       IF NOT ComplexError THEN BEGIN
105          Nenner :=  SQR (z.Re) + SQR (z.Im);
106          Re :=  (Re * z.Re  +  Im * z.Im) / Nenner;
107          Im :=  (Im * z.Re  -  Re * z.Im) / Nenner;
108          END; (*IF*)
109       END; (* COMPLEX.DIVI *)
```

(Fortsetzung nächste Seite)

```
(Fortsetzung von UNIT OComplex - zu Programm Komplex3)

110    (*-----------------------------------------------------------------*)
111    FUNCTION Error_Complex : BOOLEAN;                    (* KEINE Methode *)
112       (* übergibt Wert der Fehler-Variablen 'ComplexError' *)
113       (* und setzt ihn auf den Anfangswert FALSE zurueck.  *)
114       BEGIN
115       Error_Complex := ComplexError;   ComplexError :=  FALSE;
116       END; (* Error_Complex *)
117    (*********************************************************************)
118    BEGIN
119    ComplexZero.Init (0, 0);    (* Festlegung der komplexen Null       *)
120    ComplexError :=  FALSE;     (* Initialisieren der Fehlervariablen *)
121    END.
```

Als Kundenmodul von *OComplex* betätigt sich hier das PROGRAM-Modul *Komplex3*, in dem nur einige Methoden exemplarisch aufgerufen werden. Da ein Objekt auf die Nachricht *ADD* hin seine Datenstruktur ändert, schickt man die Nachricht besser an seine Kopie (Zeilen 11, 19 und 25). Der Versuch, die privaten Datenfelder eines Objekts direkt zu adressieren (Zeile 17), würde mit einer Fehlermeldung schon beim Übersetzen geahndet. Ein Dialog mit Programm *Komplex3* hat die Form des Dialogs zu Programm *Komplex1* (10.1).

```
1     PROGRAM Komplex3 (Input, Output);
2     (* Testet Datentyp COMPLEX aus Objekt-UNIT 'OComplex' *)
3     USES
4        OComplex, UIOTool;

5     VAR
6        z1, z2, z            : COMPLEX;
7        Norm1, Norm2, Re, Im : REAL;

8     BEGIN
9     Write ('Komplexe Zahl (Re, Im): ');   z1.Read;    ReadLn;
10    Write ('Komplexe Zahl (Re, Im): ');   z2.Read;    ReadLn;

11    z := z1;   z.ADD (z2);
12    z1.Write;  Write (' + ');  z2.Write;  Write (' = ');
13    z.Write;   WriteLn;

14    Re :=  z.GetRe;
15    Im :=  z.GetIm;
16    WriteLn ('Realteil = ',   Re :1:3, ' Imaginärteil = ',   Im :1:3);
17    (*WriteLn ('Realteil = ', z.Re :1:3, ' Imaginärteil = ', z.Im :1:3);*)

18    z2 :=  ComplexZero;
19    z  :=  z1;   z.DIVI (z2);
20    z1.Write;  Write (' / ');  z2.Write;  Write (' = ');
21    IF NOT Error_Complex
22       THEN BEGIN  z.Write;  WriteLn;  END
23       ELSE Melde ('Division durch Null nicht erlaubt!');

24    z2.Init (1, 1);
25    z :=  z1;   z.DIVI (z2);
26    z1.Write;  Write (' / ');  z2.Write;  Write (' = ');
27    IF NOT Error_Complex
28       THEN BEGIN  z.Write;  WriteLn;  END
29       ELSE Melde ('Division durch Null nicht erlaubt!');
30    ReadLn;
31    END.
```

10.4 Programm Stapel2

Die meisten der bisher vorgestellten Programme können mit Hilfe der neu
eingeführten Syntaxelemente umgeschrieben werden. Da beständig darauf geachtet wurde, Datenstrukturen und Operationen als ein logisch zusammenge-
höriges Ganzes – nämlich als einen abstrakten Datentyp – zu betrachten, fällt
die Umstellung leicht. Objektklassen sind eine geeignete Möglichkeit, ADTs zu
beschreiben, ja man kann durchaus sagen: **eine Objektklasse ist ein ADT**.

Als Beispiel soll das Programm *Stapel1* (4.15) in OOP-Syntax umgeschrieben
werden. Die Datenstruktur des ADT *StackTyp* wird dazu mit den zulässigen
Operationen in einer Objektklasse *StackClass* vereinigt. Die Benutzung der
OOP-Syntax ist mit mehr Schreibarbeit verbunden. Man erkennt jedoch, daß
sich schon der äußere Aufbau des Programms durch größere Übersichtlichkeit und zwingendere Logik auszeichnet. Die syntaktisch bisher unabhängige
Variable *TopPtr* ist jetzt streng an die Datenstruktur gebunden, zu deren Verwaltung sie ja nur existiert; erst wenn in einer VAR-Deklaration ein Objekt
der *StackClass* angelegt wurde, gibt es das ARRAY und den zugehörigen
TopPtr. Deklariert man mehrere Stapel dieser Klasse, werden automatisch die
entsprechenden ARRAY/*TopPtr*-Paare angelegt.

Dieser Vorteil konnte schon mit der Verwendung von RECORD erzielt werden.
Die entscheidende Erweiterung zu OBJECT besteht in der **Koppelung der Operationen an die Daten**. Das hat zur Folge, daß die Operationen nur noch auf
Objekte angewendet werden können, zu deren Bearbeitung sie vorgesehen sind
(vgl. die Aufrufe im Hauptprogramm); ein **Mißbrauch von Operationen ist
nicht möglich**. Die Datenfelder von *StackClass* sind eher symbolisch als
PRIVATE deklariert. Sie stehen nämlich in dem Modul, in dem sie erklärt
werden, dem direkten Zugriff offen, hier also dem gesamten PROGRAM-Modul *Stapel2*. **Mißbrauch von Daten ist möglich**, indem sie von nicht ausdrück-
ich dafür geschriebenen Operationen manipuliert werden. Erst die Kapselung
von *StackClass* in einer UNIT beendet – in Turbo Pascal – diesen Mißstand.

```
1     PROGRAM Stapel2 (Input, Output);
2     (* Wie Programm Stapel1 (4.15), jedoch mit Objektklasse 'StackClass' *)

3     (*** Daten-Spezifikationen *************************************)
4     CONST
5        MaxStackSize = 8;
6     TYPE
7        StackDataTyp = INTEGER;
8     (*** INTERFACE ************************************************)
9     TYPE
10    StackClass =  OBJECT
11                      PROCEDURE Init;
12                      PROCEDURE Push (    DataX : StackDataTyp);
13                      PROCEDURE Pop  (VAR DataX : StackDataTyp);
14                      FUNCTION  No_Of_Data : INTEGER;
15                      FUNCTION  Empty : BOOLEAN;
16                      FUNCTION  Full  : BOOLEAN;
17                   PRIVATE
18                      Data   : ARRAY [1..MaxStackSize] OF StackDataTyp;
19                      TopPtr : INTEGER;
20                   END;

                                        (Fortsetzung nächste Seite)
```

```
     (Fortsetzung von Programm Stapel2)

21   (*** IMPLEMENTATION ***********************************************)
22   PROCEDURE StackClass.Init;
23      (* setzt  Stapelzeiger auf 0 ==> Stapel ist leer *)
24      BEGIN
25      TopPtr :=  0;
26      END; (* StackClass.Init *)

27   PROCEDURE StackClass.Push (DataX : StackDataTyp);
28      (* legt 'DataX' auf den Stapel, aktualisiert 'TopPtr' *)
29      BEGIN
30      TopPtr          := TopPtr + 1;
31      Data [TopPtr] := DataX;
32      END; (* StackClass.Push  *)

33   PROCEDURE StackClass.Pop (VAR DataX : StackDataTyp);
34      (* holt 'DataX' vom Stapel, aktualisiert 'TopPtr' *)
35      BEGIN
36      DataX :=  Data [TopPtr];
37      TopPtr   :=  TopPtr - 1;
38      END; (* StackClass.Pop *)

39   FUNCTION StackClass.No_Of_Data : INTEGER;
40      (* besorgt Zahl der im Stapel gespeicherten Datensätze *)
41      BEGIN
42      No_Of_Data :=  TopPtr;
43      END; (* StackClass.No_Of_Data *)

44   FUNCTION StackClass.Empty : BOOLEAN;
45      (* prueft, ob Stapel noch Daten enthält *)
46      BEGIN
47      Empty :=  (No_Of_Data = 0);
48      END; (* StackClass.Empty *)

49   FUNCTION StackClass.Full : BOOLEAN;
50      (* prueft, ob Stapel schon besetzt ist *)
51      BEGIN
52      Full :=  (No_Of_Data = MaxStackSize);
53      END; (* Full *)
54   (******************************************************************)
55   VAR
56      Stapel :  StackClass;
57      Wert   :  StackDataTyp;
58   BEGIN (* Hauptprogramm *)
59   Stapel.Init;
60   WriteLn ('Werte fuer Stapel [Ende mit <0>]:');   Read (Wert);
61   WHILE NOT Stapel.Full AND (Wert <> 0) DO BEGIN
62      Stapel.Push (Wert);
63      Read (Wert);
64      END; (*WHILE*)
65   ReadLn;
66   WriteLn ('Stapelgroesse: ', Stapel.No_Of_Data :2);
67   WriteLn ('Abbauen des Stapels:');
68   WHILE NOT Stapel.Empty DO BEGIN
69      Stapel.Pop (Wert);
70      Write (Wert :3);
71      END; (*WHILE*)
72   WriteLn;
73   WriteLn ('Stapelgroesse: ', Stapel.No_Of_Data :2);
74   ReadLn;
75   END.
```

10.5 Modul OStack1

Eine der hervorragenden Eigenschaften von Objektklassen ist, daß sie ohne
Kenntnis des Quellcodes nicht nur **wiederverwendet**, sondern auch **erweitert**
werden können. Es ist also höchst sinnvoll, Objektklassen grundsätzlich in
schon übersetzten UNIT-Modulen zu kapseln. Zu ihrer Verwendung muß eine
Benutzeranleitung vorhanden sein; will man den Code erweitern, haben
Implementationshinweise vorzuliegen. Die Erweiterung des Codes von Objektklassen beruht auf dem Mechanismus der **Vererbung** und wird am Beispiel
von Stapel und Schlange vorgeführt.

Den Ausgangspunkt bildet die Objektklasse *StackClass*, deren Definition den
INTERFACE-Teil des UNIT-Moduls *OStack1* ausmacht, während im IMPLE-
MENTATION-Teil die Realisierungen der Methoden stehen. Das Datenfeld
TopPtr wurde in *LastPtr* umbenannt; außerdem wurde ein Datenfeld *Size* neu
aufgenommen, das die Anzahl der im jeweiligen Stapel gespeicherten Daten-
sätze enthält. Grundlegende Datenstruktur ist wieder das ARRAY.

Alle Datenfelder sind als PRIVATE deklariert und daher direkt nur innerhalb
des Moduls selbst ansprechbar; ein Kundenmodul bearbeitet einen Stapel als
Ganzes über die schon bekannten Operationen. Zusätzlich enthält *StackClass*
jetzt *Put-* und *Get*-Methoden, die einzelne Datenfelder manipulieren können.
Store und *Retrieve* betreffen die Stapelkomponente, auf die ein aktueller Zeiger
Ptr weist. Die Funktion *No_Of_Data* wurde in *Get_Size* umbenannt, das sich
wie *Put_Size* auf das Datenfeld *Size* bezieht. Ebenso erhielt *LastPtr* seine *Put-*
und *Get*-Operationen. Innerhalb des Stapels wird mit *Succ* auf die nächste,
mit *Pred* auf die vorhergehende Position geschaltet. Namenskonflikte mit den
Standardfunktionen SUCC und PRED können durch die Angabe der Standard-
UNIT *System* gelöst werden. Die neue Operation *Show* zeigt den aktuellen
Inhalt eines Stapels in der Reihenfolge an, in der er abgearbeitet würde.

Obwohl innerhalb der UNIT *OStack1* auf die privaten Datenfelder direkt zugegriffen werden kann (vgl. z.B. die Kommentare in den Zeilen 49 bis 51), wurde
bei der Implementation der typischen Stapel-Operationen darauf verzichtet.
Statt dessen werden die Zugriffsmethoden benutzt. Der Vorteil besteht darin,
daß die Stapel-Operationen nicht von der speziellen ARRAY-Struktur abhängig sind. Würde diese geändert, müßten nur die Zugriffsmethoden, nicht aber
die eigentlichen Stapeloperationen angepaßt werden. Der schon erwähnte
Nachteil besteht in einer geringeren Ausführungsgeschwindigkeit.

Methoden einer Objektklasse kennen immer den **impliziten formalen Para-
meter SELF**, dessen aktueller Wert das rufende Objekt ist. Zusätzlich kann die
Methode eine Parameterliste besitzen, aber **der Bezeichner eines formalen
Parameters darf nicht identisch sein mit dem Namen eines Datenfeldes der
Klasse.**

Bei ihrer Implementationen greifen einige Methoden (z.B. *Push*) auf andere
(z.B. *Succ*) zurück, die selbst erst an späterer Stelle implementiert werden. Die
Bezeichner sämtlicher Methoden sind aber mit den Prozedur- und Funktions-
köpfen in der Klassendefinition enthalten. Solche Vorwärts- oder FORWARD-
Referenzen kann der Compiler problemlos auflösen.

```
 1     UNIT OStackl;
 2     (* ADT Stapel - als Objektklasse realisiert. *)
 3     (*******************************************************************)
 4     INTERFACE
 5     USES
 6        UDataSpc;
 7     TYPE
 8        PtrTyp      = 0 .. MaxSize+1;
 9        StackClass = OBJECT
10            (*-------------------------------------------------------*)
11            PROCEDURE Init;
12            (*-------------------------------------------------------*)
13            PROCEDURE Push (    DataX : DataTyp);
14            PROCEDURE Pop   (VAR DataX : DataTyp);
15            PROCEDURE Show;
16            FUNCTION  Empty : BOOLEAN;
17            FUNCTION  Full  : BOOLEAN;
18            (*-------------------------------------------------------*)
19            PROCEDURE Store    (Ptr : PtrTyp;      DataX : DataTyp);
20            PROCEDURE Retrieve (Ptr : PtrTyp;  VAR DataX : DataTyp);
21            (*-------------------------------------------------------*)
22            PROCEDURE Put_Size (SizeX : INTEGER);
23            FUNCTION  Get_Size : INTEGER;
24            (*-------------------------------------------------------*)
25            PROCEDURE Put_LastPtr (PtrX : PtrTyp);
26            FUNCTION  Get_LastPtr : PtrTyp;
27            (*-------------------------------------------------------*)
28            FUNCTION  Succ (Ptr : PtrTyp) : PtrTyp;
29            FUNCTION  Pred (Ptr : PtrTyp) : PtrTyp;
30            (*-------------------------------------------------------*)
31         PRIVATE
32            Data    :  ARRAY [1 .. MaxSize] OF DataTyp;
33            LastPtr :  PtrTyp;
34            Size    :  INTEGER;
35         END;
36     (*******************************************************************)
37     IMPLEMENTATION
38     (*---------------------------------------------------------------*)
39     PROCEDURE StackClass.Init;
40        (* setzt 'LastPtr' auf 0 ==> Stapel ist leer (Größe = 0) *)
41        BEGIN
42        LastPtr :=  0;         (* hier wird angehängt UND entfernt *)
43        Size    :=  0;
44        END; (* StackClass.Init *)
45     (*---------------------------------------------------------------*)
46     PROCEDURE StackClass.Push (DataX : DataTyp);
47        (* legt 'DataX' auf den Stapel, aktualisiert 'LastPtr' und 'Size' *)
48        BEGIN
49        Put_LastPtr (Succ (Get_LastPtr)); (* LastPtr        := LastPtr + 1 *)
50        Store (Get_LastPtr, DataX);       (* Data [LastPtr]:= DataX        *)
51        Put_Size (Get_Size + 1);          (* Size          := Size + 1     *)
52        END; (* StackClass.Push *)

53     PROCEDURE StackClass.Pop (VAR DataX : DataTyp);
54        (* holt 'DataX' vom Stapel, aktualisiert 'LastPtr' und 'Size' *)
55        BEGIN
56        Retrieve (Get_LastPtr, DataX);      (* DataX   := Data [LastPtr] *)
57        Put_LastPtr (Pred (Get_LastPtr));   (* LastPtr := LastPtr - 1    *)
58        Put_Size (Get_Size - 1);            (* Size    := Size - 1       *)
59        END; (* StackClass.Pop *)
```

(Fortsetzung nächste Seite)

```
(Fortsetzung von UNIT OStackl)

60    PROCEDURE StackClass.Show;
61       (* zeigt Daten sequentiell an, beginnend mit letztem Element *)
62       VAR   DataX : DataTyp;
63             Ptr   : PtrTyp;
64             i     : INTEGER;
65       BEGIN
66       Ptr :=  Get_LastPtr;                        (* Ptr :=   LastPtr         *)
67       FOR i := 1 TO Get_Size DO BEGIN             (* Write_Data (Data [Ptr]) *)
68          Retrieve (Ptr, DataX);    Write_Data (DataX);
69          Ptr :=  Pred (Ptr);                      (* Ptr :=   Ptr - 1         *)
70          END; (*FOR*)
71       END; (* StackClass.Show *)

72    FUNCTION StackClass.Empty : BOOLEAN;
73       (* prueft, ob noch Daten in der Struktur vorliegen *)
74       BEGIN   Empty :=   (Get_Size = 0);
75       END; (* StackClass.Empty *)

76    FUNCTION StackClass.Full : BOOLEAN;
77       (* prueft, ob Datenstruktur schon besetzt ist *)
78       BEGIN   Full :=   (Get_Size = MaxSize);
79       END; (* StackClass.Full *)
80    (*-------------------------------------------------------------------*)
81    PROCEDURE StackClass.Store (Ptr : PtrTyp;   DataX : DataTyp);
82       (* speichert 'DataX' an Position 'Ptr' der Datenstruktur *)
83       BEGIN
84       Data [Ptr] :=  DataX;
85       END; (* StackClass.Store *)

86    PROCEDURE StackClass.Retrieve (Ptr : PtrTyp;   VAR DataX : DataTyp);
87       (* kopiert Inhalt der Position 'Ptr' nach 'DataX' *)
88       BEGIN
89       DataX :=  Data [Ptr];
90       END; (* StackClass.Retrieve *)
91    (*-------------------------------------------------------------------*)
92    PROCEDURE StackClass.Put_Size (SizeX : INTEGER);
93       (* besetzt Anzahl der in der Struktur gespeicherten Datensätze. *)
94       BEGIN
95       Size :=  SizeX;
96       END; (* StackClass.Put_Size *)

97    FUNCTION StackClass.Get_Size : INTEGER;
98       (* besorgt Zahl der in der Struktur gespeicherten Datensätze *)
99       BEGIN
100      Get_Size :=  Size;
101      END; (* StackClass.Get_Size *)
102   (*-------------------------------------------------------------------*)
103   PROCEDURE StackClass.Put_LastPtr (PtrX : PtrTyp);
104      (* veraendert Zeiger auf letzte Position der Datenstruktur *)
105      BEGIN
106      LastPtr :=  PtrX;
107      END; (* StackClass.Put_LastPtr *)

108   FUNCTION StackClass.Get_LastPtr : PtrTyp;
109      (* liefert Zeiger auf letzte Position der Datenstruktur *)
110      BEGIN
111      Get_LastPtr :=  LastPtr;
112      END; (* StackClass.Get_LastPtr *)
113   (*-------------------------------------------------------------------*)
                                          (Fortsetzung nächste Seite)
```

```
(Fortsetzung von UNIT OStack1)

114 FUNCTION StackClass.Succ (Ptr : PtrTyp) : PtrTyp;
115    (* liefert die auf 'Ptr' folgende Position *)
116    BEGIN
117    Succ :=  Ptr + 1;
118    END; (* StackClass.Succ *)

119 FUNCTION StackClass.Pred (Ptr : PtrTyp) : PtrTyp;
120    (* liefert die vor 'Ptr' stehende Position *)
121    BEGIN
122    Pred :=  Ptr - 1;
123    END; (* StackClass.Pred *)
124 (***************************************************************)
125 BEGIN
126 END.
```

Auch in dieser UNIT wurde der ADT so formuliert, daß unterschiedlichste Datensätze mit ihm verwaltet werden können. Die **Schnittstelle zur konkreten Anwendung** bildet wie schon in früheren Fällen ein Modul, in dem der Anwendungsprogrammierer den aktuellen Datentyp festlegt und beschreibt, wie einzelne Datensätze eingegeben bzw. angezeigt werden. Außerdem wird eine globale Variable *NoData* mit einem Anfangswert belegt und in einer Prüf-Funktion *Empty_Data* verwendet. In der Benutzungsanleitung zur UNIT *OStack1* muß verzeichnet sein, welche Angaben von diesem Schnittstellen-Modul *UDataSpc* erwartet werden.

```
1     UNIT UDataSpc;
2     (***************************************************************)
3     INTERFACE
4     CONST
5        MaxSize =  8;
6     TYPE
7        DataTyp = INTEGER;
8     VAR
9        NoData :  DataTyp;

10    PROCEDURE Read_Data  (VAR DataX : DataTyp);
11    PROCEDURE Write_Data (    DataX : DataTyp);
12    FUNCTION  Empty_Data (Data : DataTyp) : BOOLEAN;
13    (***************************************************************)
14    IMPLEMENTATION

15    PROCEDURE Read_Data  (VAR DataX : DataTyp);
16       BEGIN
17       Write ('Ganze Zahl [Ende mit <', NoData, '>]: ');    ReadLn (DataX);
18       END; (* Read_Data *)

19    PROCEDURE Write_Data (DataX : DataTyp);
20       BEGIN    Write (DataX :5);
21       END; (* Write_Data *)

22    FUNCTION  Empty_Data (Data : DataTyp) : BOOLEAN;
23       BEGIN    Empty_Data :=  (Data = NoData);
24       END; (* Equal_Data *)
25    (***************************************************************)
26    BEGIN
27    NoData :=  -99;
28    END.
```

10.6 Modul OQueue1

Ein ADT **Schlange** (engl.: queue) ist ein Speicher, bei dem die Elemente in der gleichen Reihenfolge entfernt werden, in der sie eingetragen wurden: zuerst eingetragene Elemente werden auch zuerst entfernt. Wegen der griffigen englischen Charakterisierung "First In, First Out" nennt man dieses Prinzip der Speicherverwaltung auch **FIFO**-Prinzip. Während bei dem nach dem LIFO-Prinzip ("Last In, First Out") funktionierenden Stapel der Zeiger *LastPtr* auf das zuletzt angehängte Element genügt, muß zur Verwaltung einer Schlange noch ein Zeiger *FirstPtr* auf das als nächstes zu entfernende Element eingeführt werden. Benutzt man als grundlegende Datenstruktur der Schlange ein ARRAY, dann besitzt ein ADT Schlange die gleichen Datenfelder wie ein ADT Stapel und zusätzlich noch das Feld *FirstPtr*. Die Menge der Datenfelder einer Objektklasse *QClass* ist dann eine Erweiterung der Menge der Datenfelder der schon eingeführten Objektklasse *StackClass*. Damit sind auch die Zugriffsmethoden auf gemeinsame Datenfelder identisch; *StackClass* benötigt noch zusätzliche *Put-/Get*-Methoden für den Zugriff auf *FirstPtr*.

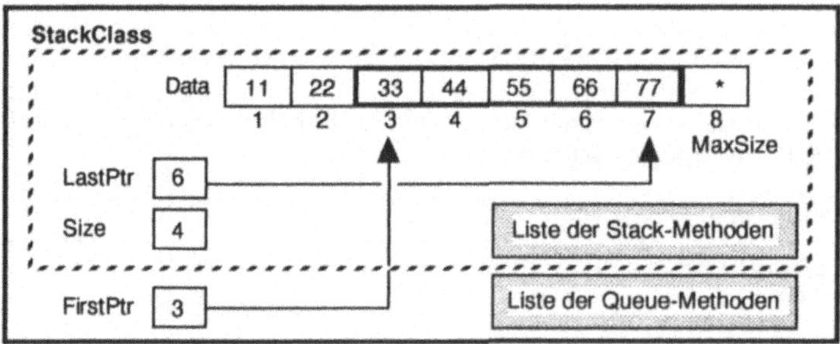

Die Abbildung macht diesen Zusammenhang deutlich und zeigt den Zustand einer "Warteschlange", nachdem die Elemente 11, 22, .. , 77 in dieser Reihenfolge angehängt (engl.: append) und danach zwei Elemente, also 11 und 22, entfernt (engl.: remove) wurden. Das **Anhängen** *Append* entspricht völlig der Stapel-Operation *Push*: der Zeiger *LastPtr* wird um eine Position "nach rechts" (oder "nach oben") versetzt und das Element an die neue Position kopiert. Beim **Entfernen** *Remove* jedoch wird eine Kopie des Elements an der Position des Zeigers *FirstPtr* zurückgegeben und *FirstPtr* um eine Position nach rechts verschoben. Damit ist das Element nur logisch, aber nicht physisch entfernt.

Um den schon für *StackClass* geschriebenen Code direkt in einer neuen Klasse *QClass* wiederverwenden zu können, ist nur nötig, ihren Bezeichner in der Klassendefinition hinter dem Schlüsselwort OBJECT zu nennen (Zeile 9):

```
TYPE
   QClass = OBJECT (StackClass)
            Definitionen weiterer
            Eigenschaften und Methoden
            END;
```

Damit wird der Mechanismus der **Vererbung** ausgelöst. Er sorgt dafür, daß die neue *QClass* sämtliche Datenfelder von *StackClass* besitzt und auch ihre

Methoden benutzen kann. Natürlich muß das die *StackClass* beherbergende
Modul *OStack1* vorher eingebunden worden sein (Zeile 7). Feld- oder Methoden-
Bezeichner aus dem PRIVATE-Teil der *StackClass*-Definition sind allerdings
in der UNIT *OQueue1* nicht verfügbar. Private Datenfelder der *StackClass*
können nur über entsprechende Zugriffsmethoden erreicht werden, wenn
solche überhaupt definiert sind.

Vor der Benutzung eines Objektes der *QClass* müssen dessen Verwaltungsfel-
der mit Anfangswerten versorgt werden. Die Initialisierung von *Size* und
LastPtr kann von der **geerbten Methode** *StackClass.Init* erledigt werden (Zeile
30). Zum Anfügen an eine Schlange könnte die Methode *Push* aus *StackClass*
verwendet werden, deren Name aber für Stapel reserviert ist. Sie wird daher in
Append umbenannt (Zeilen 34 bis 38). Bei Nennung von *Push* wird gemäß des
Lokalitätsprinzips in *QClass* nach dessen Definition gesucht. Bei Fehlanzeige
wird die Klassenhierarchie "aufwärts" nach einer passenden Definition
durchsucht, die hier natürlich in *StackClass* gefunden wird. Die Methode
Remove ist fast identisch mit *Pop*, bezieht sich aber auf *FirstPtr* (statt *LastPtr*).

Für das Anzeigen einer Schlange ist wieder eine Methode *Show* verantwortlich, die den aktuellen Inhalt in derjenigen Reihenfolge zeigt, in der er auch
wieder aus der Schlange entfernt wird; die Anzeige beginnt also an der Stelle
FirstPtr. Dazu muß die Methode *Show* in *QClass* **umdefiniert** werden. Die Definition von *QClass.Show* **überschreibt** in *QClass* (und eventuellen Nachkommen-Klassen) die Definition von *StackClass.Show*.

An eine Schlange kann dann nichts mehr angehängt werden, wenn ihr *Last-*
Ptr die ARRAY-Grenze *MaxSize* erreicht hat. Da "vorne" bei *FirstPtr* evtl. Elemente entfernt worden sind, muß *Full* nicht unbedingt *Size = MaxSize* bedeuten. Auch die geerbte Methode *Full* muß also umdefiniert werden.

```
1    UNIT OQueue1;
2    (* ADT Schlange - aus ADT Stapel durch Vererbung gebildet. *)
3    (* Realisierung mit einfachem ARRAY.                        *)
4    (***************************************************************)
5    INTERFACE
6    USES
7       Crt, UDataSpc, OStackl;
8    TYPE
9       QClass  = OBJECT (StackClass)
10              (*---------------------------------------------------*)
11              PROCEDURE Init;
12              (*---------------------------------------------------*)
13              PROCEDURE Append (    DataX : DataTyp);
14              PROCEDURE Remove (VAR DataX : DataTyp);
15              PROCEDURE Show;
16              FUNCTION  Full : BOOLEAN;
17              (*---------------------------------------------------*)
18              PROCEDURE Put_FirstPtr (PtrX : PtrTyp);
19              FUNCTION  Get_FirstPtr : PtrTyp;
20              (*---------------------------------------------------*)
21            PRIVATE
22              FirstPtr :  PtrTyp;
23            END;
24    (***************************************************************)

                                         (Fortsetzung nächste Seite)
```

```
    (Fortsetzung von UNIT OQueuel)

24  (*************************************************************)
25  IMPLEMENTATION
26  (*---------------------------------------------------------*)
27  PROCEDURE QClass.Init;
28     (* setzt Anfangswerte für ersten und letzten Zeiger. *)
29     BEGIN
30     StackClass.Init;
31     FirstPtr :=  1;                   (*hier wird entfernt  *)
32     END; (* QClass.Init *)
33  (*---------------------------------------------------------*)
34  PROCEDURE QClass.Append (DataX : DataTyp);
35     (* Umbenennung von 'Push' - hängt Datensätze an Schlange an *)
36     BEGIN
37     Push (DataX);
38     END; (* QClass.Append *)

39  PROCEDURE QClass.Remove (VAR DataX : DataTyp);
40     (* holt 'DataX' von Schlange, aktualisiert 'FirstPtr' *)
41     BEGIN
42     Retrieve (Get_FirstPtr, DataX);        (* DataX := Data [FirstPtr]*)
43     Put_FirstPtr (Succ (Get_FirstPtr));    (* FirstPtr := FirstPtr + 1*)
44     Put_Size (Get_Size - 1);               (* Size      := Size - 1    *)
45     END; (* QClass.Get *)

46  PROCEDURE QClass.Show;
47     (* zeigt Daten sequentiell an, beginnend mit 1. Element *)
48     VAR
49        DataX : DataTyp;
50        Ptr    : PtrTyp;
51        i      : INTEGER;
52     BEGIN
53     Ptr :=  FirstPtr;
54     FOR i := 1 TO Get_Size DO BEGIN
55        Retrieve (Ptr, DataX);   Write_Data (DataX);
56        Ptr :=  Succ (Ptr);
57        END; (*FOR*)
58     END; (* QClass.Show *)

59  FUNCTION QClass.Full : BOOLEAN;
60     (* prueft, ob Schlange schon besetzt ist; kann auch der Fall *)
61     (* sein, wenn Size < MaxSize. Daher prüfen über 'LastPtr'.   *)
62     BEGIN
63     Full :=  (Get_LastPtr = MaxSize);
64     END; (* QClass.Full *)
65  (*---------------------------------------------------------*)
66  PROCEDURE QClass.Put_FirstPtr (PtrX : PtrTyp);
67     (* veraendert ersten Positionszeiger der Liste zu 'PtrX' *)
68     BEGIN
69     FirstPtr :=  PtrX;
70     END; (* QClass.Put_FirstPtr *)

71  FUNCTION QClass.Get_FirstPtr : PtrTyp;
72     (* liefert Zeiger auf erste Position der Liste *)
73     BEGIN
74     Get_FirstPtr :=  FirstPtr;
75     END; (* QClass.Get_FirstPtr *)
76  (*************************************************************)
77  BEGIN
78  END.
```

10.7 Programm TStkQl

Mit diesem Programm sollen die Objektklassen *StackClass* und *QClass* getestet werden. Dazu werden die Module *OStack1* (10.5) und *OQueue1* (10.6) eingebunden, außerdem mit dem Modul *UDataSpc* auch die Anwendungsspezifikationen und die Ein-/Ausgabehilfen in Modul *UIOTool* (Zeile 5). In den Variablen-Deklarationen werden zwei Objekte *Stapel* und *Schlange* als Instanzen der betreffenden Klassen angelegt.

Das Testprogramm bearbeitet die Objekte dadurch, daß es **Botschaften an die Objekte versendet.** Der Satz der von einem Objekt verstandenen Botschaften besteht in seinen Methoden, die in seiner Klasse definiert sind oder von einem **Vorfahren seiner Klasse** geerbt sein können. Alle **Nachkommen der Klasse** verstehen diese Botschaften ebenfalls, können ihnen aber einen anderen Sinn geben. So interpretieren Objekte der Klasse *StackClass* die Botschaften *Show* (Zeile 11) und *Full* (Zeile 39) anders, als es Objekte der Klasse *QClass* (Zeile 19 bzw. 40) tun. **Objekte aus verschiedenen Klassen können sich also gegenüber gleichen Botschaften verschieden verhalten.** Dieses Phänomen der "Vielfachheit der Gestalt" (griechisch: πολυμορφια, polymorphia) bezeichnet man mit **Polymorphie der Methoden.**

Während des Tests der beiden ADTs interessiert besonders, in welchem Zustand sich die Objekte *Stapel* und *Schlange* nach der Initialisierung und nach jedem Anhängen oder Entfernen von Daten befinden. Der **Zustand eines Objekts** wird durch seine **Datenfelder** repräsentiert, die auch **Eigenschaften** genannt werden. Wenn man voraussetzt, daß Eigenschaften in der OOP immer mit privaten Datenfeldern beschrieben werden, dann können nur diejenigen Eigenschaften betrachtet werden, für die das Objekt geeignete Zugriffs-Methoden besitzt (*Show*, *Put-* und *Get*-Methoden, Zeilen 11 bis 12 und 19 bis 21).

Durch Vererbung wird eine baumartige **Hierarchie von Klassen** aufgebaut. Jede Klasse kann mehrere direkte Nachkommen, aber höchstens eine Klasse als direkten Vorfahren haben. Innerhalb der Hierarchie besitzen die Definitionen jeder Klasse einen **Gültigkeitsbereich,** der die Klasse selbst sowie alle ihre direkten und indirekten Nachkommen umfaßt. Zu dem Namen einer Methode gehört direkt (z.B. Zeilen 39 und 40) oder über eine WITH-Struktur (z.B. Zeilen 10 bis 13) die Angabe des adressierten Objekts. Kennt das Objekt diese Methode nicht unmittelbar, wird die Definition der Methode in der nächsten (direkten oder indirekten) Vorfahrenklasse des Objekts gesucht. Ein Beispiel ist die Botschaft *Empty* (Zeile 53), die zwar an ein Objekt der *QClass* gesandt wird, deren Definition aber erst in der Vorfahrenklasse *StackClass* zu finden ist.

Objekte reagieren auf Botschaften so, wie es ihnen in den Implementationen beigebracht wurde. Dieses **Wie** der Reaktion (die Details der Ausführung einer Methode) ist für den Anwender der Klasse nicht wichtig; er muß nur wissen, **daß** die Botschaft verstanden wird und **was** ihre Auswirkung ist. Im vorliegenden Testprogramm wird die Tatsache nicht verwendet, daß *StackClass* eine Nachkommenklasse von *QClass* ist. Diese Information kann allerdings, wie in den nächsten Programmen gezeigt, nutzbringend eingesetzt werden.

Im Programm *TStkQl* werden *Stapel* und *Schlange* initialisiert (Zeile 31). In der folgenden REPEAT-Schleife werden an die beiden Strukturen identische

Daten angehängt und eine identische Zahl von Daten wieder entfernt. Vor und
nach jeder dieser Aktionen wird der aktuelle Zustand beider Objekte angezeigt.
Das erwartete LIFO- bzw. FIFO-Verhalten von *Stapel* bzw. *Schlange* findet
man so bestätigt. Der besseren Übersicht wegen ist das Zeigen des Zustandes
an zwei Prozeduren *Zeige_Stapel* und *Zeige_Schlange* delegiert. Wie man erwartet hat, können auch **Objekte als formale und aktuelle Parameter** eines
Unterprogramms eingesetzt werden. Hier kommen Objekte als Wert-Parameter vor, so daß in den beiden Prozeduren vollständige Kopien der übergebenen
Objekte angelegt werden. Änderungen an den Kopien würden die Original-
Objekte nicht berühren. Bei Objekten besteht darüber hinaus noch ein weiterer
Unterschied zwischen Wert- und Variablen-Parametern, auf den bei der Dis-
kussion des nächsten Programms eingegangen wird.

Der erste Durchlauf durch die REPEAT-Schleife könnte den folgenden Dialog
bewirken. Dabei ist zu beachten daß der Stapelinhalt immer in der Reihenfolge
seiner späteren Abarbeitung angezeigt wird.

```
Inhalt des Stapels :
                    Größe: 0    End-Pos.: 0
Inhalt des Schlange:
                    Größe: 0    Anf.-Pos.: 1    End-Pos.: 0
Anhängen an Stapel und Schlange:
Ganze Zahl [Ende mit <-99>]: 11
Ganze Zahl [Ende mit <-99>]: 22
Ganze Zahl [Ende mit <-99>]: 33
Ganze Zahl [Ende mit <-99>]: 44
Ganze Zahl [Ende mit <-99>]: 55
Ganze Zahl [Ende mit <-99>]: 66
Ganze Zahl [Ende mit <-99>]: 77
Ganze Zahl [Ende mit <-99>]: -99
Neuer Stapel:        77    66    55    44    33    22    11
                    Größe: 7    End-Pos.:   7
Neue  Schlange:      11    22    33    44    55    66    77
                    Größe: 7    Anf.-Pos.: 1    End-Pos.: 7
Wieviele Werte entfernen? 2
Aus Stapel entfernt:        77    66
Neuer Stapel:        55    44    33    22    11
                    Größe: 5    End-Pos.: 5
Aus Schlange entfernt:    11    22
Neue  Schlange:      33    44    55    66    77
                    Größe: 5    Anf.-Pos.: 3    End-Pos.: 7
Nochmal? (J/N)   j
```

Wie erwartet, werden beim *Stapel* die zuletzt aufgenommenen "obersten" Daten zuerst entfernt, bei der *Schlange* aber die zuerst gespeicherten "ersten"
Daten. Beide Strukturen haben nach diesem beispielhaften ersten Durchlauf
die Größe 5, könnten also weitere drei Daten auf den unbesetzten Positionen
aufnehmen. Die *Schlange* ist aber mit dem ersten Anhänge- und Lösch-Zyklus
fast an das obere (rechte) Ende des ARRAY von 8 Komponenten gewandert –
der Zeiger *LastPos* steht bereits auf 7. Bei der derzeitigen Organisation, wie sie
in *QClass* implementiert ist, kann *Schlange* nur noch einen Wert (88) aufnehmen; die beim Löschen frei gewordenen Anfangspositionen sind nicht mehr
erreichbar. Mit einer späteren Version von *QClass* auf der Basis eines Ring-
ARRAY wird es möglich sein, sämtliche Positionen zu nutzen.

```
1     PROGRAM TStkQ1 (Input, Output);
2     (* Testet StackClass aus UNIT OStackl und QClass aus UNIT OQueuel *)
3     (* Zeigt Prozeduren mit Objekten als Parameter. *)
4     USES
5        Crt, UIOTool, UDataSpc, OStackl, OQueuel;
6     (*****************************************************************)
7     PROCEDURE Zeige_Stapel (S : StackClass);
8        (* Objektklasse als formaler Parameter *)
9        BEGIN
10       WITH S DO BEGIN
11         IF NOT Empty THEN Show;    WriteLn;
12         WriteLn ('':22, 'Größe: ', Get_Size,'    End-Pos.: ', Get_LastPtr);
13         END; (*WITH*)
14       END; (* Zeige_Stapel *)

15    PROCEDURE Zeige_Schlange (Q : QClass);
16       (* Objektklasse als formaler Parameter *)
17       BEGIN
18       WITH Q DO BEGIN
19         IF NOT Empty THEN Show;    WriteLn;
20         WriteLn ('':22, 'Größe: ', Get_Size
21                 ,'  Anf.-Pos.: ', Get_FirstPtr ,'    End-Pos.: ', Get_LastPtr);
22         END; (*WITH*)
23       END; (* Zeige_Schlange *)
24    (*****************************************************************)
25    VAR
26       Stapel     : StackClass;
27       Schlange   : QClass;
28       DataX      : DataTyp;
29       Anzahl, i  : INTEGER;
30    BEGIN (* Hauptprogramm *)
31    Stapel.Init;         Schlange.Init;
32    REPEAT
33       ClrScr;
34       Write ('Inhalt des Stapels :');    Zeige_Stapel   (Stapel);
35       Write ('Inhalt der Schlange:');    Zeige_Schlange (Schlange);
36       WriteLn ('Anhängen an Stapel und Schlange:');
37       Read_Data (DataX);
38       WHILE NOT Empty_Data (DataX) DO BEGIN
39          IF NOT Stapel. Full THEN Stapel. Push   (DataX);
40          IF NOT Schlange.Full THEN Schlange.Append (DataX);
41          Read_Data (DataX);
42          END; (*WHILE*)
43       Write ('Neuer Stapel: ');    Zeige_Stapel   (Stapel);
44       Write ('Neue  Schlange:');   Zeige_Schlange (Schlange);
45       Write ('Wieviele Werte entfernen? ');   ReadLn (Anzahl);
46       Write ('Aus Stapel entfernt:  ');
47       FOR i := 1 TO Anzahl DO
48          IF NOT Stapel.Empty THEN BEGIN
49             Stapel.Pop (DataX);  Write_Data (DataX);  END;
50       WriteLn;   Write ('Neuer Stapel: ');   Zeige_Stapel (Stapel);
51       Write ('Aus Schlange entfernt:');
52       FOR i := 1 TO Anzahl DO
53          IF NOT Schlange.Empty THEN BEGIN
54             Schlange.Remove (DataX);  Write_Data (DataX);
55             END;
56       WriteLn;   Write ('Neue  Schlange:');   Zeige_Schlange (Schlange);

57       WriteLn ('Nochmal? (J/N) ');
58       UNTIL Get_JaNein = Nein;
59    END.
```

10.8 Programm TStkQ1x

Die beiden Unterprogramme *Zeige_Stapel* und *Zeige_Schlange* aus dem Programm *TStkQ1* (10.7) unterscheiden sich nur geringfügig voneinander. Beide zeigen den aktuellen Zustand von Objekten an. Das zweite hat dabei ein Datenfeld mehr zu schreiben, nämlich *FirstPtr* über die Zugriffsfunktion *Get_FirstPtr*. Beide Prozeduren bedienen sich sogar der gleichen Botschaft *Show*, um die von ihnen behandelten Objekte zu veranlassen, den Inhalt ihrer Datenstruktur zu schreiben. Auf die **polymorphe Botschaft** *Show* reagieren die Objekte verschiedener Klassen unterschiedlich.

In dem jetzt betrachteten Testprogramm *TStkQ1x* wird der Versuch unternommen, eine für die Klassen *StackClass* und *QClass* gemeinsame Prozedur *Zeige* zu definieren. Dabei wird von folgender Eigenschaft der Objekte Gebrauch gemacht: **Jedes Objekt kann einem Objekt der eigenen oder einer Vorfahrenklasse zugewiesen werden (Aufwärts-Kompatibilität).** Eine Zuweisung in die Gegenrichtung ist nicht erlaubt.

Die neu definierte Prozedur *Zeige* besitzt einen **Wert-Parameter** S des Objekttyps *StackClass*. Bei einem Aufruf dieser Prozedur mit dem aktuellen Parameter *Stapel* (z.B. Zeile 26) wird eine lokale Kopie von *Stapel* unter dem Namen S angelegt: Sämtliche Datenfelder von S erhalten die Werte der gleichnamigen Datenfelder von *Stapel*. Dies entspricht einer **Zuweisung** des Objekts *Stapel* auf das Objekt S, die beide den gleichen Objekttyp *StackClass* besitzen. Da die Zuweisung von Objekten aufwärtskompatibel ist, darf auch *Schlange* vom Objekttyp *QClass* als aktueller Parameter an S übergeben werden (z. B. Zeile 27). Alle Datenfelder der lokalen Kopie S können dadurch mit Werten versorgt werden. Von dem Feld *FirstPtr* der *Schlange* wird allerdings keine Kopie gemacht. Gleiches passiert auch bei der **direkten Zuweisung** von *Schlange* auf *Stapel* (Zeile 59), die hier skizziert ist.

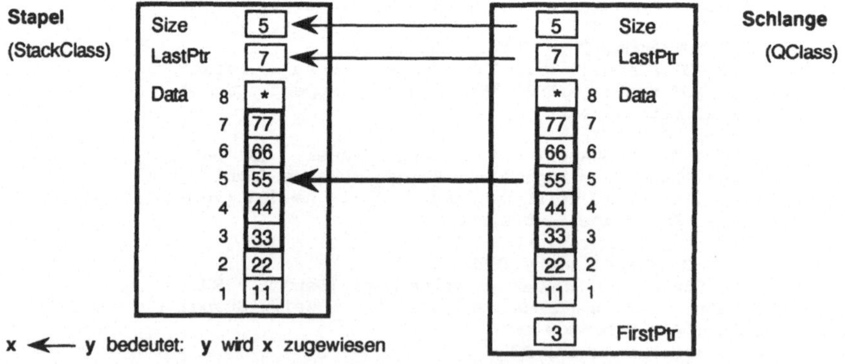

Der formale Parameter S der Prozedur *Zeige* legt Kopien der Datenfelder des übergebenen aktuellen Parameters in einem Objekt der Klasse *StackClass* ab. Damit die Gesamtheit seiner Datenfelder mit Werten versorgt werden kann, kommen als aktuelle Parameter nur Objekte von *StackClass* und dessen Nachkommen in Frage. Der eigentliche Sinn solcher Zuweisungen und Parameter-Übergaben wird in den folgenden Programmen deutlich gemacht.

```
1    PROGRAM TStkQlx (Input, Output);
2    (* Testet 'StackClass' und 'QClass'. Zeigt Zuweisungen von Objekten. *)
3    USES
4        Crt, UIOTool, UDataSpc, OStackl, OQueuel;
5    (***************************************************************)
6    PROCEDURE Zeige (S : StackClass);
7        (* Objektklasse als Wert-Parameter                        *)
8        (* => auch Objekte aus Nachkommen von 'StackClass' möglich; *)
9        (*    aber 'S' wird immer als Stapel behandelt.            *)
10       BEGIN
11       WITH S DO BEGIN
12          IF NOT Empty THEN Show;    WriteLn;
13          Write ('':22, 'Größe: ', Get_Size, '   End-Pos.: ', Get_LastPtr);
14          END; (*WITH*)
15       END; (* Zeige *)
16   (***************************************************************)
17   VAR
18       Stapel    : StackClass;
19       Schlange  : QClass;
20       DataX     : DataTyp;
21       Anzahl, i : INTEGER;
22   BEGIN (* Hauptprogramm *)
23   Stapel.Init;         Schlange.Init;
24   REPEAT
25       ClrScr;
26       Write ('Inhalt des Stapels :');   Zeige (Stapel);   WriteLn;
27       Write ('Inhalt der Schlange:');   Zeige (Schlange);
28          WriteLn ('   Anf.-Pos.: ', Schlange.Get_FirstPtr);
29       WriteLn ('Anhängen an Stapel und Schlange:');
30       Read_Data (DataX);
31       WHILE NOT Empty_Data (DataX) DO BEGIN
32          IF NOT Stapel. Full THEN Stapel. Push    (DataX);
33          IF NOT Schlange.Full THEN Schlange.Append (DataX);
34          Read_Data (DataX);
35          END; (*WHILE*)
36       Write ('Neuer Stapel: ');   Zeige (Stapel);   WriteLn;
37       Write ('Neue  Schlange:');   Zeige (Schlange);
38          WriteLn ('   Anf.-Pos.: ', Schlange.Get_FirstPtr);
39       Write ('Wieviele Werte entfernen? ');   ReadLn (Anzahl);
40       Write ('Aus Stapel entfernt: ');
41       FOR i := 1 TO Anzahl DO
42          IF NOT Stapel.Empty THEN BEGIN
43             Stapel.Pop (DataX);  Write_Data (DataX);
44             END;
45       WriteLn;   Write ('Neuer Stapel: ');   Zeige (Stapel);   WriteLn;
46       Write ('Aus Schlange entfernt:');
47       FOR i := 1 TO Anzahl DO
48          IF NOT Schlange.Empty THEN BEGIN
49             Schlange.Remove (DataX);  Write_Data (DataX);
50             END;
51       WriteLn;   Write ('Neue  Schlange:');   Zeige (Schlange);
52          WriteLn ('   Anf.-Pos.: ', Schlange.Get_FirstPtr);
53       WriteLn ('Nochmal? (J/N) ');
54       UNTIL Get_JaNein = Nein;
55   ClrScr;
56   Write ('Inhalt des Stapels :');   Zeige (Stapel);   WriteLn;
57   Write ('Inhalt der Schlange:');   Zeige (Schlange); WriteLn;
58   WriteLn ('Schlange wird Stapel zugewiesen:');
59   Stapel := Schlange;
60   Write ('Inhalt des Stapels :');   Zeige (Stapel);   WriteLn;
61   ReadLn;
62   END.
```

Innerhalb der Prozedur *Zeige* verhält sich *S* völlig wie ein Objekt des Typs *StackClass*, auch nach einem Aufruf wie *Zeige (Schlange)*. Auf die Botschaft *Show* (Aufruf in Zeile 12) reagiert *S* mit der Methode *StackClass.Show*: beginnend mit der Position *LastPtr* werden die nächsten *Size* Elemente in absteigender Folge gezeigt. Das entspricht zwar nicht dem für eine *Schlange* gewünschten Verhalten, ist aber eine logische Folge der **frühen oder statischen Bindung** eines Prozeduraufrufs an seinen Code: Beim Übersetzen der Prozedur *Zeige* stellt der Compiler fest, daß mit *S.Show* ein *StackClass*-Objekt seine Methode *Show* aktivieren will; er legt schon zu diesem frühen Zeitpunkt die symbolische Adresse fest, unter der der Code dieser *StackClass*-Methode später während der Laufzeit zu finden sein wird. Daß der Prozedur *Zeige* während des Programmlaufs auch ein Objekt der *QClass* übergeben werden kann, spielt für den Aufruf von *Show* keine Rolle.

Die Skizze macht deutlich, wie die beiden Aufrufe der Prozedur *Zeige* bearbeitet werden. Insbesondere sieht man, daß die Methode *QClass.Show* von *Zeige* aus nicht erreicht werden kann. Außerdem erkennt man, wie die Initialisierung von *Schlange* auf die Initialisierungs-Methode für Stapel zurückgreift. Sämtliche Methoden und die Prozedur *Zeige* sind statisch an ihre Aufrufe gebunden.

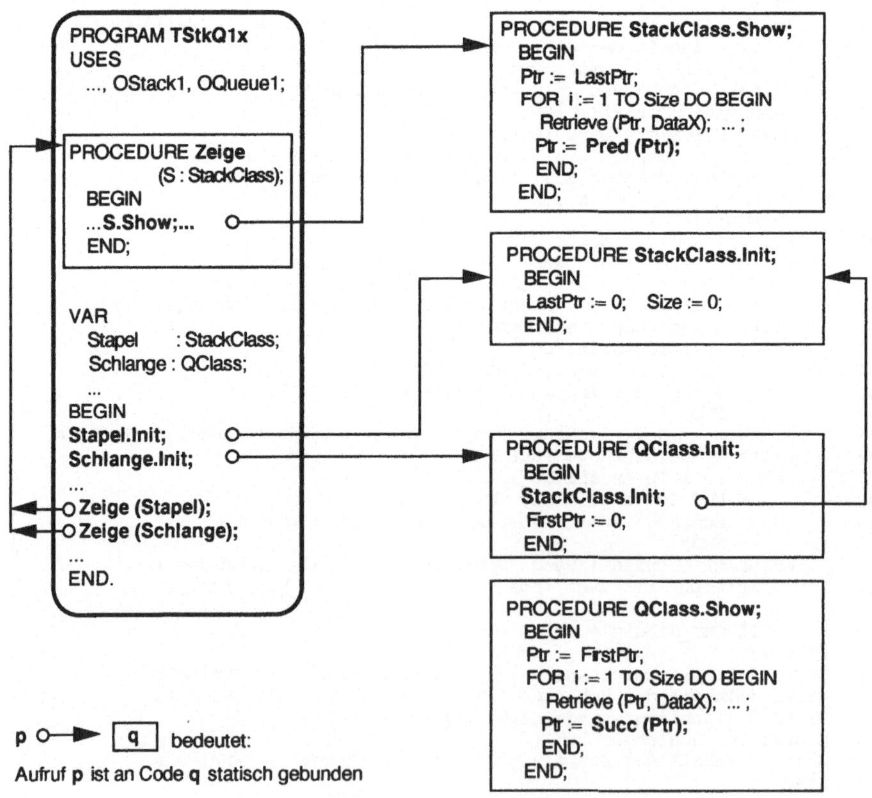

10.9 Programm TstkQ2a / Module OStack2a und OQueue2a

Ein wesentliches Merkmal objektorientierter Systeme ist ihre Fähigkeit, Methoden erst zur Laufzeit des Programms an ihre Aufrufe zu binden (**späte oder dynamische Bindung**). Markiert man Methoden, z.B. *Show*, in den Objektdefinitionen als besondere **virtuelle Methode**, wird der Compiler angewiesen, (1) deren Aufrufe noch bis zur Laufzeit offen zu lassen und (2) für jede Objektklasse, die virtuelle Methoden enthält oder geerbt hat, eine **Tabelle der virtuellen Methoden (VMT)** anzulegen. In der VMT werden die Startadressen der virtuellen Methoden registriert. Mit dem Aufruf *Zeige (Schlange)* wird die Adresse von *Schlange* an *Zeige* weitergereicht. *Schlange* enthält ein zusätzliches **VMT-Feld** mit der Adresse der VMT von *QClass* (s. nächste Seite). Über das VMT-Feld von *Schlange* und die VMT wird also die richtige Methode *Show* erreicht.

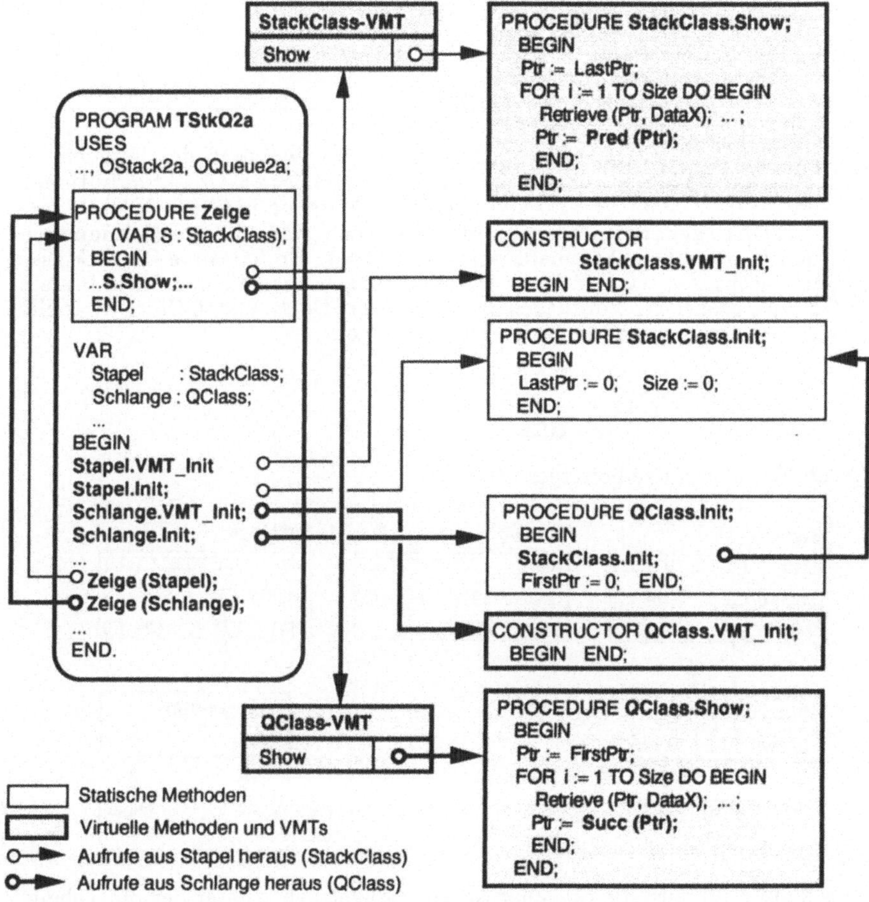

```
1    PROGRAM TStkQ2a (Input, Output);
2    USES
3       Crt, UIOTool, UDataSpc, OStack2a, OQueue2a;
4    (****************************************************************)
5    PROCEDURE Zeige (VAR S : StackClass);   (* <= Referenz-Parameter! *)
6       BEGIN
7       WITH S DO BEGIN
8          IF NOT Empty THEN Show;   WriteLn;
9          Write ('':22, 'Größe: ', Get_Size, '   End-Pos.: ', Get_LastPtr);
10         END; (*WITH*)
11      END; (* Zeige *)
12   (****************************************************************)
13   VAR
14      Stapel     :  StackClass;
15      Schlange   :  QClass;
16      DataX      :  DataTyp;
17      Anzahl, i  :  INTEGER;
18   BEGIN (* Hauptprogramm *)
19   Stapel.VMT_Init;      Schlange.VMT_Init;
20   Stapel.Init;          Schlange.Init;
21   REPEAT

... usw. wie in Programm TStkQ1x (10.8)
```

In Turbo Pascal markiert man Methoden, die erst während der Laufzeit an
den Aufruf gebunden werden sollen, in den zugehörigen Objektdefinitionen
mit dem Schlüsselwort **VIRTUAL**. Wird eine Methode in einer Objektklasse
mit VIRTUAL gekennzeichnet, muß dies auch mit allen gleichnamigen
Methoden in ihren Nachkommenklassen geschehen. Enthält eine Objektklasse
virtuelle Methoden, wird für jede ihrer Instanzen zusätzlicher Platz für ein
VMT-Feld reserviert. Vorausgesetzt, daß *StackClass* und *QClass* virtuelle
Methoden besitzen, werden mit den Deklarationen

```
VAR
   Stapel1, Stapel2 :  StackClass;
   Schlange         :  QClass;
```

folgende Speicherplätze bereitgestellt:

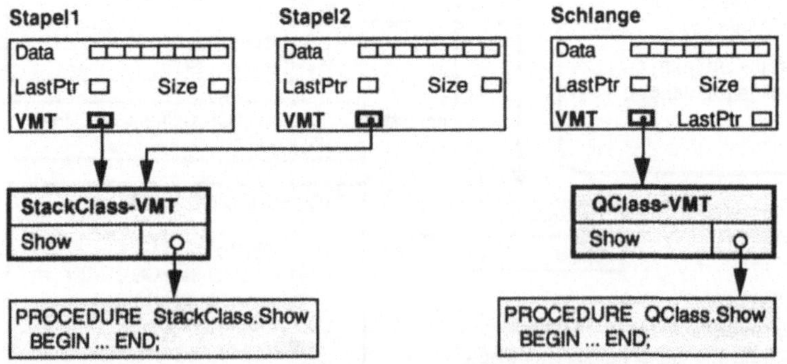

In das VMT-Feld wird die Speicher-Adresse eingetragen, unter der die Tabelle
der virtuellen Methoden für die jeweilige Objektklasse zu finden ist. Dieser
Eintrag geschieht aber nicht automatisch, sondern durch den Aufruf einer

CONSTRUCTOR-Methode. In jeder Klasse, die virtuelle Methode besitzt, muß irgendeine Methode als CONSTRUCTOR deklariert sein. Diese muß für jedes Objekt der Klasse einmal und vor allen anderen Methoden des Objekts aufgerufen werden. Im Beispiel werden die Methoden *VMT_Init* mit leerem Anweisungsteil als CONSTRUCTOR-Methoden definiert. **Bei der Zuweisung oder Übergabe als Wertparameter von Objekten wird das VMT-Feld nicht initialisiert**. Daher funktioniert *Zeige* nur mit VAR-Parameter richtig.

```
 1    UNIT OStack2a;
 2    (* Enthält virtuelle Methoden; benötigt CONSTRUCTOR. *)
 3    (****************************************************************)
 4    INTERFACE
 5    USES
 6       UDataSpc;
 7    TYPE
 8       PtrTyp    = 0 .. MaxSize+1;
 9       StackClass = OBJECT
10          (*----------------------------------------------------*)
11            CONSTRUCTOR VMT_Init;
12           PROCEDURE Init;
13           (*----------------------------------------------------*)
14           PROCEDURE Push (    DataX : DataTyp);
15           PROCEDURE Pop  (VAR DataX : DataTyp);
16            PROCEDURE Show;   VIRTUAL;
17           FUNCTION  Empty : BOOLEAN;
18           FUNCTION  Full  : BOOLEAN;
19           (*----------------------------------------------------*)
20           PROCEDURE Store    (Ptr : PtrTyp;      DataX : DataTyp);
21           PROCEDURE Retrieve (Ptr : PtrTyp;  VAR DataX : DataTyp);
22           (*----------------------------------------------------*)
23           PROCEDURE Put_Size (SizeX : INTEGER);
24           FUNCTION  Get_Size : INTEGER;
25           (*----------------------------------------------------*)
26           PROCEDURE Put_LastPtr (PtrX : PtrTyp);
27           FUNCTION  Get_LastPtr : PtrTyp;
28           (*----------------------------------------------------*)
29           FUNCTION  Succ (Ptr : PtrTyp) : PtrTyp;
30           FUNCTION  Pred (Ptr : PtrTyp) : PtrTyp;
31           (*----------------------------------------------------*)
32         PRIVATE
33           Data    :  ARRAY [1 .. MaxSize] OF DataTyp;
34           LastPtr :  PtrTyp;
35           Size    :  INTEGER;
36         END;
37    (******************************************************************)
38    IMPLEMENTATION
39    (*--------------------------------------------------------------*)
40    CONSTRUCTOR StackClass.VMT_Init;
41      BEGIN
42      (* besetzt VMT-Feld mit Adresse der VMT von 'StackClass'. *)
43      END; (* StackClass.VMT_Init *)

44    PROCEDURE StackClass.Init;
45      (* setzt 'LastPtr' auf 0 ==> Stapel ist leer (Größe = 0) *)
46      BEGIN
47      LastPtr := 0;         (* hier wird angehängt UND entfernt *)
48      Size    := 0;
49      END; (* StackClass.Init *)
50    (*--------------------------------------------------------------*)
...    usw. wie in UNIT OStack1 (10.5)
```

Da die Methode *Show* in *StackClass* virtuell ist, muß sie es auch in der von *StackClass* abstammenden *QClass* sein. Als CONSTRUCTOR-Methode ist wieder *VMT_Init* definiert, deren Anweisungsteil leer ist. Trotzdem leistet sie bei ihrem Aufruf die gewünschte Initialisierung des VMT-Feldes des adressierten Objekts.

```
1    UNIT OQueue2a;
2    (* ADT Schlange - aus ADT Stapel durch Vererbung gebildet. *)
3    (* Realisierung mit einfachem ARRAY.                        *)
4    (* Enthält virtuelle Methoden; benötigt CONSTRUCTOR.        *)
5    (*************************************************************************)
6    INTERFACE
7    USES
8       Crt, UDataSpc, OStack2a;
9    TYPE
10      QClass  = OBJECT (StackClass)
11              (*----------------------------------------------------*)
12                CONSTRUCTOR VMT_Init;
13                PROCEDURE Init;
14              (*----------------------------------------------------*)
15                PROCEDURE Append (    DataX : DataTyp);
16                PROCEDURE Remove (VAR DataX : DataTyp);
17                PROCEDURE Show;     VIRTUAL;
18                FUNCTION  Full : BOOLEAN;
19              (*----------------------------------------------------*)
20                PROCEDURE Put_FirstPtr (PtrX : PtrTyp);
21                FUNCTION  Get_FirstPtr : PtrTyp;
22              (*----------------------------------------------------*)
23              PRIVATE
24                FirstPtr :  PtrTyp;
25              END;
26   (*************************************************************************)
27   IMPLEMENTATION
28   (*---------------------------------------------------------------------*)
29   CONSTRUCTOR QClass.VMT_Init;
30      BEGIN
31      (* besetzt VMT-Feld mit Adresse der VMT von 'QClass'. *)
32      END; (* QClass.VMT_Init *)

33   PROCEDURE QClass.Init;
34      (* setzt Anfangswerte für ersten und letzten Zeiger. *)
35      BEGIN
36      StackClass.Init;
37      FirstPtr := 1;                   (* hier wird entfernt  *)
38      END; (* QClass.Init *)
39   (*---------------------------------------------------------------------*)
...    usw. wie in UNIT OQueue1 (10.6)
```

Mit den vorgestellten Maßnahmen werden in der Prozedur *Zeige* des Programms *TStkQ2a* Objekte der Klasse *StackClass* und ihrer Nachkommen korrekt verarbeitet. Der Aufruf von *Show* (Zeile 8) wird so befolgt: Da das Objekt als VAR-Parameter übergeben wurde, kann man an seinem Original-Speicherplatz im VMT-Feld die Adresse der für die Klasse zuständigen VMT finden. In der VMT sind Name und Startadresse der virtuellen Methode *Show* eingetragen. Diese wird angesprungen und so die *Schlange* richtig angezeigt. Da in der Prozedur *Zeige* selbst das Objekt *S* verschiedenen Klassen angehören kann, nennt man *S* ein **polymorphes Objekt**. Polymorphe Objekte erhalten erst durch den Aufruf der Prozedur oder Funktion ihren konkreten Objekttyp.

10.10 Programm TStkQ2b / Module OStack2b und OQueue2b

Jedes Objekt einer Klasse, die virtuelle Methoden besitzt, muß mit einer CON-
STRUCTOR-Methode sein VMT-Feld initialisieren, bevor es das erste Mal in
Aktion treten kann. Da viele Objekte ohnehin einige oder alle ihrer Instanzva-
riablen (oder Datenfelder) mit Anfangswerten belegen müssen, werden diese
Initialisierungen sinnvollerweise als CONSTRUCTOR-Methoden deklariert.
Der einzige Unterschied der folgenden drei PROGRAM- bzw. UNIT-Module
gegenüber der vorigen Version besteht genau in dieser Zusammenlegung von
PROCEDURE *Init* und CONSTRUCTOR *VMT_Init* zu einem CONSTRUCTOR
Init in *StackClass* und *QClass*.

```
1    PROGRAM TStkQ2b (Input, Output);
2    USES
3       Crt, UIOTool, UDataSpc, OStack2b, OQueue2b;
4    (***************************************************************)
5    PROCEDURE Zeige (VAR S : StackClass);   (* <= Referenz-Parameter! *)
6       BEGIN
7       WITH S DO BEGIN
8          IF NOT Empty THEN Show;   WriteLn;
9          Write ('':22, 'Größe: ', Get_Size, '   End-Pos.: ', Get_LastPtr);
10         END; (*WITH*)
11      END; (* Zeige *)
12   (***************************************************************)
13   VAR
14      Stapel    : StackClass;
15      Schlange  : QClass;
16      DataX     : DataTyp;
17      Anzahl, i : INTEGER;
18   BEGIN (* Hauptprogramm *)
19   Stapel.Init;           Schlange.Init;
20   REPEAT
...  usw. wie in Programm TStkQ1x (10.8)
```

```
1    UNIT OStack2b;
3    (*******************************************************************)
4    INTERFACE
5    USES
6       UDataSpc;
7    TYPE
8       PtrTyp     = 0 .. MaxSize+1;
9       StackClass = OBJECT
10          (*-------------------------------------------------*)
11          CONSTRUCTOR Init;
12          (*-------------------------------------------------*)
            ...    usw. wie in UNIT OStack1
15          PROCEDURE Show;   VIRTUAL;
            ...    usw. wie in UNIT OStack1
35       END;
36   (*******************************************************************)
37   IMPLEMENTATION
38   (*----------------------------------------------------------------*)
39   CONSTRUCTOR StackClass.Init;
40      (* setzt 'LastPtr' auf 0 ==> Stapel ist leer (Größe = 0); *)
41      (* besetzt VMT-Feld mit Adresse der VMT von 'StackClass'. *)
42      BEGIN
43      LastPtr := 0;     Size    := 0;
45      END; (* StackClass.Init *)
...usw. wie in UNIT OStack1 (10.5)
```

```
1    UNIT OQueue2b;
2    (**********************************************************************)
3    INTERFACE
4    USES
5       Crt, UDataSpc, OStack2b;
6    TYPE
7       QClass  = OBJECT (StackClass)
8                  (*------------------------------------------------*)
9                     CONSTRUCTOR Init;
10                 (*------------------------------------------------*)
                    ...   usw. wie in UNIT OQueue1
13                 PROCEDURE Show;    VIRTUAL;
                    ...   usw. wie in UNIT OQueue1
21                 END;
22   (**********************************************************************)
23   IMPLEMENTATION
24   (*------------------------------------------------------------------*)
25   CONSTRUCTOR QClass.Init;
26      (* setzt Anfangswerte für ersten und letzten Zeiger;  *)
27      (* besetzt VMT-Feld mit Adresse der VMT von 'QClass'. *)
28      BEGIN
29      StackClass.Init;
30      FirstPtr :=  1;
31      END; (* QClass.Init *)
32   (*------------------------------------------------------------------*)

...usw. wie in UNIT OQueue1 (10.6)
```

Auch diesmal wird *Schlange* wieder richtig angezeigt (vgl. Dialog zu 10.7).

Das Beispiel der Prozedur *Zeige* (Programme *TStkQ2a/b*, 10.9 und hier) ist ein Hinweis darauf, wie mit der Einführung **virtueller Methoden** bestehender **Code in neuen Zusammenhängen wiederverwendet** werden kann. Man stelle sich vor, daß die Prozedur *Zeige* nur für Instanzen der ursprünglich einzigen vorhandenen Klasse *StackClass* geschrieben worden sei. Später wurde eine Klasse *QClass* als Nachkomme von *StackClass* entwickelt. Deren Instanzen können *Zeige* und alle anderen Unterprogramme übergeben werden, die formale VAR-Parameter des Typs *StackClass* besitzen. Voraussetzung ist allerdings, daß in diesen Unterprogrammen nur virtuelle Methoden von *StackClass* zum Einsatz kommen, und daß die Nachkommenklassen diese erben oder – ebenfalls virtuell – neu definieren. Da die Nachkommenklassen aber meist mehr Instanz-Variablen besitzen als ihre Vorfahren, wird die Leistung besagter Unterprogramme ggf. erweitert werden müssen.

Wie die Graphiken in 10.8 und 10.9 vermuten lassen, steht dem vielseitigeren Gebrauch der virtuellen Methoden eine langsamere Ausführungsgeschwindigkeit gegenüber. Virtuelle Methoden sind jedoch so sehr zum Charakteristischen der objektorientierten Programmiersprachen zuzurechnen, daß auch viele OOP-Erweiterungen von Pascal überhaupt nur virtuelle Methoden kennen, die nicht besonders gekennzeichnet werden müssen.

Wenn in der Parameterliste einer Prozedur eine Objektklasse vorkommt, kann diese Prozedur auch unter die Methoden der Klasse eingereiht werden. Ob man das tut, hängt u.a. davon ab, wie sehr die Funktion der Prozedur die Benutzung der Klasse erleichtern kann. Im Beispiel könnte die diskutierte Prozedur *Zeige* auch als Methode von *StackClass* implementiert werden (Aufgabe).

10.11 Module OStack3 und OQueue3

An der bisherigen Realisierung des ADT *QClass* war nachteilig, daß die Schlange nach mehrmaligem Anhängen und Löschen von Daten schnell an die vom Anwender vorgegebene obere ARRAY-Grenze *MaxSize* stieß. Um auch die inzwischen frei gewordenen Anfangspositionen des ARRAY wieder für neue Daten nutzen zu können, wird die letzte ARRAY-Position mit der ersten verknüpft. Definiert man als Nachfolger der letzten Position die Stelle 1 und umgekehrt als Vorgänger der Stelle 1 die Position *MaxSize*, dann ist das ARRAY logisch in beide Richtungen zu einer Ringstruktur geschlossen. Schlangen werden nur in einer Richtung bearbeitet und es genügt, in *QClass* die Funktion *Succ* neu zu implementieren. Die Schlange kann nun immer bis zum größten Fassungsvermögen *MaxSize* des ARRAY gefüllt werden. Ein möglicher Zustand der Instanz *Schlange* der Klasse *QClass* könnte der folgenden Skizze entsprechen:

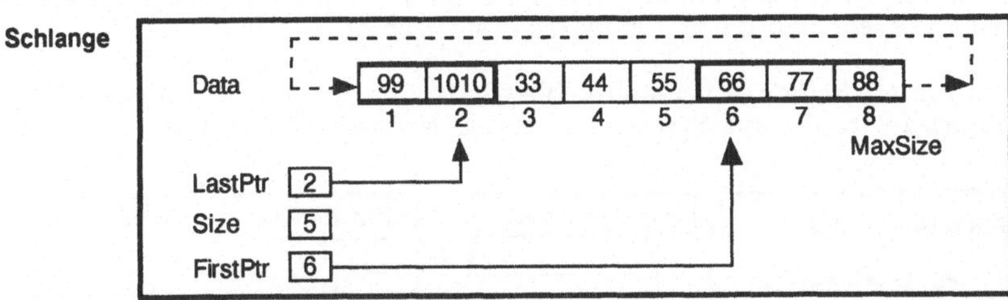

Die noch gespeicherten Werte in den Positionen 3 bis 5 sind logisch schon aus der Schlange entfernt und mit *QClass*-Operationen nicht mehr sichtbar zu machen.

In der Objektklasse *QClass* wird also die bisher von *StackClass* geerbte Methode *Succ* neu definiert. Da jetzt auch eine Schlange das volle Fassungsvermögen des ARRAY nutzt, kann die als logische Funktion implementierte Methode *Full* von *StackClass* geerbt werden. Das früher in *QClass* nötige Umdefinieren von *Full* entfällt.

Ändert man das Modul *OQueue2b* entsprechend und nennt es *QQueue3*, erlebt man beim Testen mit dem in *TStkQ3* umbenannten Testprogramm eine Überraschung: Auch wenn schon Elemente aus der Schlange entfernt worden sind, kann im Falle *MaxSize* = 8 ein neuntes Element nicht angehängt werden. Die Ausführung des Programms wird mit der Fehlermeldung "Range Check Error" (Fehler bei der Bereichsüberprüfung) abgebrochen. Das deutet darauf hin, daß die neue Funktion *Succ* nicht wirksam werden konnte, und ist eine Folge der frühen Bindung.

Schon beim Übersetzen der UNIT *OStack2b* koppelt der Compiler mangels einer VIRTUAL-Markierung jeden Aufruf von *Succ* mit der symbolischen Adresse des Codes von *Succ*. Beim Übersetzen der Methode *StackClass.Push* sucht der Compiler nach einer Definition für *Succ*, findet sie sofort innerhalb *StackClass* unter *StackClass.Succ* und setzt deren symbolische Sprungadresse ein. Bei der Übersetzung von *QClass.Append* wird die Sprungadresse von *StackClass.Push* eingesetzt. Während der Ausführung von *QClass.Append* kann die Methode *StackClass.Push* aber nicht mehr auf die geänderten Anforderungen dynamisch reagieren; es bleibt bei seiner einmal "gelernten" Methode *StackClass.Succ*. Diese Zusammenhänge sind in der unten stehenden Graphik dargestellt.

Die Methode *Show* ist in *StackClass* und *QClass* virtuell. Folglich existiert bereits eine Tabelle der virtuellen Methoden (VMT) für beide Klassen. Die Objekte *Stapel* und *Schlange* besitzen je ein VMT-Feld, in das die CONSTRUCTOR-Methoden die Adresse der VMT eingetragen haben, die zu ihrer Klasse gehört.

Der Aufruf von *Show* aus *Zeige* heraus wird deshalb richtig behandelt, weil vor dem Sprung zum Code von *Show* das VMT-Feld des übergebenen Objektes befragt wird, in welcher VMT die Sprungadresse zu suchen ist. Hat der Prozedur-Parameter *S* also die Adresse von *Schlange* übergeben bekommen, wird konsequent zum Code von *QClass.Show* gesprungen. Dort wird auch der Aufruf von *Succ* richtig behandelt. Die Methode *Succ* ist nämlich keine virtuelle Methode. Also hat der Compiler die Definition von *Show* zuerst in *QClass* erfolgreich gesucht und die Sprungadresse statisch gebunden.

Anders die an *Schlange* versandte Botschaft *Append*: In der Implementation von *Append* wird die aus *StackClass* geerbte Methode *Push* aufgerufen. In ihr

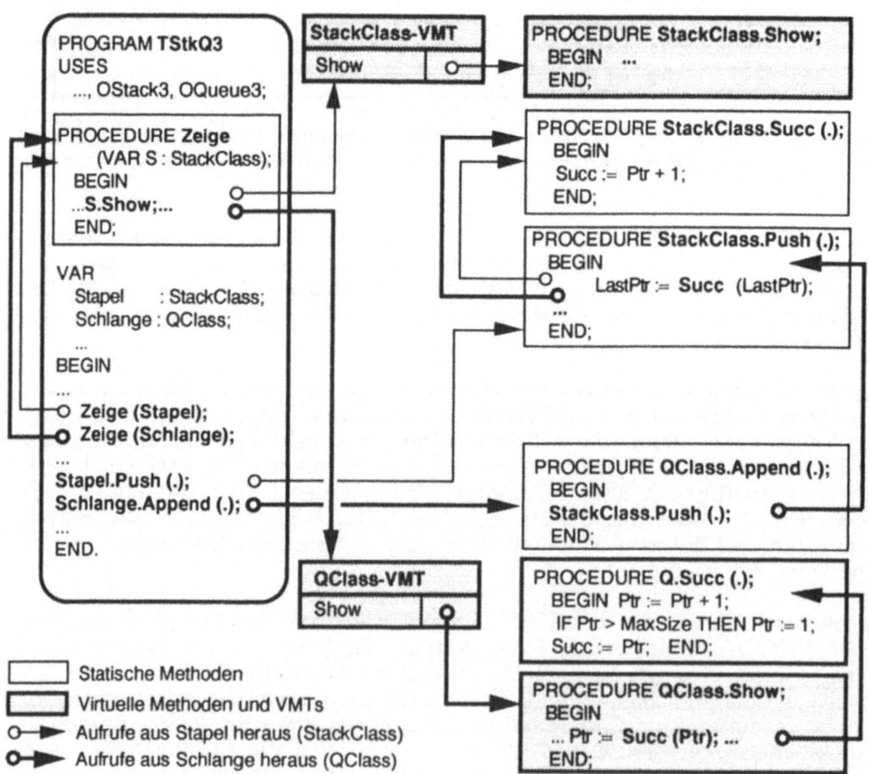

wird vor Anhängen des nächsten Elementes der Zeiger auf das letzte Element mit *Succ* um eine Position weitergeschaltet. Der Compiler hatte allerdings beim Übersetzen von *Push* in den Definitionen von *StackClass* nach der Methode *Succ* gesucht. Diese wurde statisch gebunden, auch ein Aufruf von *Push* aus *QClass.Append* kann daran nichts mehr ändern.

Richtig funktioniert alles wieder, wenn in beiden Klassen die Methode *Succ* virtuell deklariert ist. Die Abbildung auf dieser Seite zeigt, daß nun vor jedem Aufruf von *Succ* das VMT-Feld des beteiligten Objekts inspiziert wird. Erst danach wird in der richtigen VMT auch die Adresse der richtigen Methode *Succ* gefunden. Insbesondere werden also in *StackClass.Push* mit *Succ* unterschiedliche Methoden aktiviert, die von der Art des Aufrufs von *Push* abhängen. Wird die Botschaft *Push* an einen *Stapel* gerichtet, wird gemäß der *StackClass*-VMT auch *StackClass.Succ* ausgeführt. Geht die Botschaft *Push* aber an eine *Schlange* – direkt oder über den Umweg der Botschaft *Append* – wird gemäß der *QClass*-VMT eben *QClass.Succ* ausgeführt.

Auf der nächsten Seite sind die beiden Module *OStack3* und *OQueue3* wiedergegeben. Sie unterscheiden sich nur darin von den Modulen *OStack2b* und *OQueue2b*, daß in den Klassen-Definitionen auch die Methode *Succ* die Markierung VIRTUAL trägt und die Methode *Full* in *QClass* wegfallen kann.

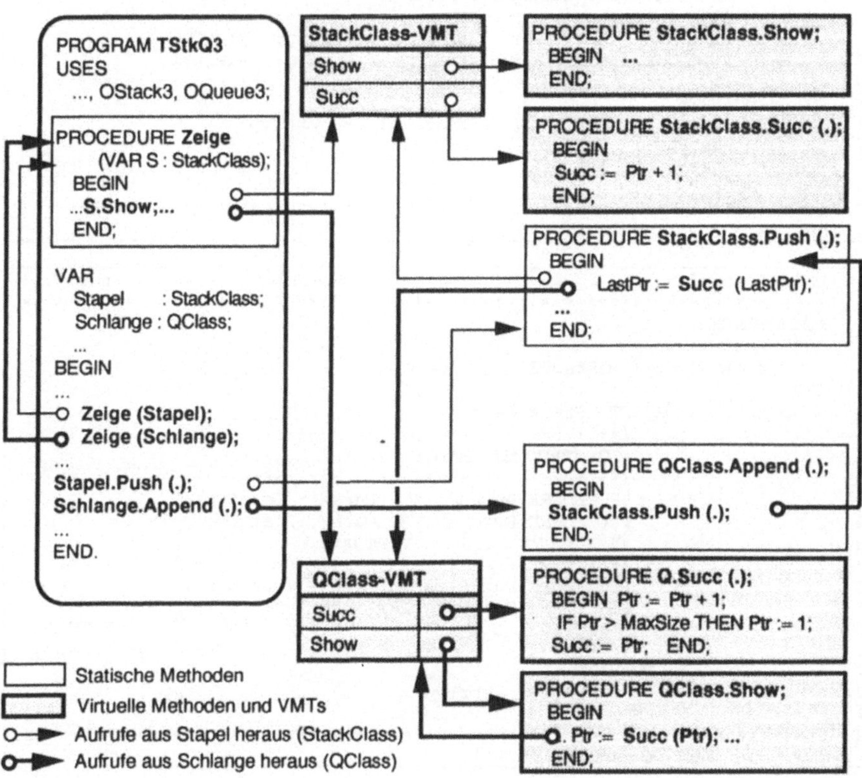

```
1    UNIT OStack3;              (* auch Methoden 'Succ' und 'Pred' virtuell *)
2    (*******************************************************************)
3    INTERFACE
4    USES
5       UDataSpc;
6    TYPE
7       PtrTyp      = 0 .. MaxSize+1;
8       StackClass = OBJECT
9             (*----------------------------------------------------------*)
10            CONSTRUCTOR Init;
11            (*----------------------------------------------------------*)
12            PROCEDURE Push (    DataX : DataTyp);
13            PROCEDURE Pop  (VAR DataX : DataTyp);
14            PROCEDURE Show;   VIRTUAL;

15            FUNCTION  Empty : BOOLEAN;
16            FUNCTION  Full  : BOOLEAN;
17            (*----------------------------------------------------------*)
18            PROCEDURE Store    (Ptr : PtrTyp;      DataX : DataTyp);
19            PROCEDURE Retrieve (Ptr : PtrTyp;  VAR DataX : DataTyp);
20            (*----------------------------------------------------------*)
21            PROCEDURE Put_Size (SizeX : INTEGER);
22            FUNCTION  Get_Size : INTEGER;
23            (*----------------------------------------------------------*)
24            PROCEDURE Put_LastPtr (PtrX : PtrTyp);
25            FUNCTION  Get_LastPtr : PtrTyp;
26            (*----------------------------------------------------------*)
27            FUNCTION  Succ (Ptr : PtrTyp) : PtrTyp;  VIRTUAL;
28            FUNCTION  Pred (Ptr : PtrTyp) : PtrTyp;  VIRTUAL;
29            (*----------------------------------------------------------*)
30         PRIVATE
31            Data     :  ARRAY [1 .. MaxSize] OF DataTyp;
32            LastPtr  :  PtrTyp;
33            Size     :  INTEGER;
34         END;
35   (*******************************************************************)
... usw. wie UNIT OStack2b (10.10)
```

```
1    UNIT OQueue3;                      ( * auch Methode 'Succ' virtuell *)
2    (*******************************************************************)
3    INTERFACE
4    USES
5       Crt, UDataSpc, OStack3;
6    TYPE
7       QClass  = OBJECT (StackClass)
8                 (*--------------------------------------------------*)
9                    CONSTRUCTOR Init;
10                (*--------------------------------------------------*)
11                PROCEDURE Append (    DataX : DataTyp);
12                PROCEDURE Remove (VAR DataX : DataTyp);
13                 PROCEDURE Show;   VIRTUAL;
14                (*--------------------------------------------------*)
15                PROCEDURE Put_FirstPtr (PtrX : PtrTyp);
16                FUNCTION  Get_FirstPtr : PtrTyp;
17                 FUNCTION  Succ (Ptr : PtrTyp) : PtrTyp;  VIRTUAL;
18                (*--------------------------------------------------*)
19                PRIVATE
20                   FirstPtr :  PtrTyp;
21                END;
22   (*******************************************************************)
... usw. wie UNIT OQueue2b (10.10)
```

Dieses Beispiel zeigte, daß der Einsatz von Objektklassen, hier *StackClass*, vielseitiger sein kann, wenn virtuelle Methoden eingesetzt werden. Das trifft immer dann zu, wenn eine Methode, wie hier *Push*, auf andere Methoden, wie hier *Succ*, zurückgreift. *Push* implementiert eine Vorgehensweise, die genau so auch in einer Nachkommen-Klasse, hier *QClass*, benutzt werden kann. Allerdings greift *Push* auf ein Detail *Succ* zurück, das in Vorfahr und Nachkomme verschieden behandelt werden soll. Zwei Lösungen sind möglich:

(1) *QClass* verzichtet völlig darauf, die geerbte Methode *Push* zu verwenden, und überschreibt sie mit einer eigenen Implementation. Dann muß der Code von *Push* ein zweites Mal geschrieben werden – genau das will man aber mit der OOP vermeiden.

(2) *QClass* verwendet die geerbte Methode *Push* und definiert nur das kleine Detail *Succ* neu; dann muß aber darauf geachtet werden, daß *Push* immer das richtige Detail verwendet – das Detail *Succ* muß virtuell sein, und zwar in allen Klassen der Hierarchie.

Da bei Definition einer Klasse unmöglich bekannt sein kann, welche Nachkommen ein anderer Anwender einmal von dieser Klasse abstammen lassen wird, ist es nicht unvernünftig, möglichst viele Methoden virtuell zu deklarieren; so in *StackClass* die Methode *Pred*, denn *QClass* hätte ja auf die Idee kommen können, immer nur das von *StackClass* geerbte *Show* zu verwenden, wenn auch mit seinem eigenen *Pred*. Geringerer Ausführungsgeschwindigkeit der auf solchen Klassen basierenden Programme steht eine größere Vielseitigkeit gegenüber. Viele OOP-Sprachen kennen grundsätzlich nur virtuelle Methoden.

Nachkommen-Klassen werden auch als **Unterklassen** bezeichnet. Sie können direkt oder indirekt von ihren Vorfahren-Klassen, auch **Oberklassen** genannt, geerbte Methoden überschreiben (engl.: **override**). In typischer OOP-Sprechweise heißt das, daß ein Objekt einer Unterklasse auf die gleiche Botschaft (engl.: **message**) reagieren kann wie ein Objekt der Oberklasse, dies aber entsprechend seiner eigenen Methode tut.

ACHTUNG: Während beim Überschreiben einer statischen Methode die Parameterliste geändert werden kann, müssen **bei virtuellen Methoden die Parameterlisten nach Anzahl, Reihenfolge, Name und Typ übereinstimmen!**

Die Verwandtschaftsbeziehungen innerhalb eines Systems voneinander abstammender Objektklassen haben in Turbo Pascal eine streng hierarchische Baumstruktur mit Wurzel und Verästelungen. Jede Klasse kann zwar beliebig viele Nachkommen haben, hat aber nur einen direkten Vorfahr (nur Vater oder Mutter, aber nicht beides). In anderen OOP-Sprachen dagegen kann eine Klasse mehrere direkte Vorfahren haben (zwei oder mehrere Elternteile). Schon bei großen baumartigen Klassen-Hierarchien stellt sich das Problem der Übersichtlichkeit, wofür Software-Unterstützung unerläßlich ist. Ein wichtiges Hilfsmittel ist der sog. **Klassen-Browser** (engl. to browse für "durchblättern"), mit dem die Klassen-Hierarchie graphisch grob oder bis in die kleinsten Details dargestellt werden kann. Bei den OOP-Systemen mit netzartiger Beziehung zwischen den Klassen kann der Verwaltungsaufwand sehr schnell ansteigen und die Vorteilhaftigkeit der OOP wieder schmälern.

10.12 Zusammenfassung

❑ Während mit einer RECORD-Struktur nur Daten zu einer logischen Einheit zusammengefaßt werden, umfaßt die Struktur OBJECT auch die Prozeduren und Funktionen, die diese Daten bearbeiten. Mit dem Syntax-Element OBJECT wird eine **Objektklasse** definiert. Die Definition besteht aus Datenfeldern, auch Eigenschaften genannt, und den Köpfen der Prozeduren und Funktionen, die auch Methoden genannt werden. Die Definition mit OBJECT dient als öffentliche Schnittstelle der Klasse. Sie muß von den Implementationen der Methoden ergänzt werden.

❑ Die Formulierung als Objektklasse (oder nur Klasse) ist die eleganteste Art, einen abstrakten Datentyp (ADT) zu definieren, denn **eine Objektklasse ist ein ADT.**

❑ Eine Objektklasse kann erst dann flexibel eingesetzt werden, wenn sie sich in einem UNIT-Modul befindet. Ihr Definitionsteil steht im INTERFACE-Teil der UNIT, der Code der Methoden im IMPLEMENTATION-Teil. Damit sind prinzipiell alle Datenfelder und Methoden öffentlich. Jede OBJECT-Definition kann aber in einem PRIVATE-Teil Datenfelder und Methoden kapseln. Es ist guter Stil der objektorientierten Programmierung (OOP), alle **Datenfelder zu kapseln** und sie höchstens über spezielle Zugriffsmethoden erreichbar zu machen. Damit wird ein Benutzer der Objektklasse gezwungen, seinen Programmcode unabhängig von den Datenstrukturen zu schreiben, die der Klasse zugrunde liegen. Die Bezeichner privater Datenfelder und Methoden können nicht aus einem Modul exportiert werden, stehen aber innerhalb des Moduls wie gewohnt zur Verfügung.

❑ Bei der Definition einer Objektklasse kann der schon übersetzte (Maschinen- oder Objekt-)Code einer bestehenden Klasse ohne genaue Kenntnis ihrer Implementierung wiederverwendet werden. Durch den Mechanismus der **Vererbung** umfaßt die Definition einer Objektklasse nicht nur ihre eigenen Datenfelder und Methoden, sondern auch alle diejenigen, die in der Vorfahrenklasse (Oberklasse) definiert oder geerbt sind. Eine Klasse kann nur eine direkte Oberklasse besitzen, die hinter dem Schlüsselwort OBJECT in runden Klammern genannt wird. Die Zahl der Nachkommenklassen (Unterklassen) ist beliebig.

❑ Bei der Definition einer Objektklasse können Methoden (nicht Datenfelder) neu definiert werden. In der Objektklasse und ihren Unterklassen ist dann nur noch diese Definition gültig, es sei denn, sie wurde in einer Unterklasse erneut umdefiniert (überschrieben). Definiert man eine Methode neu, die auch in einer geerbten Methode aufgerufen wird, wird die Neudefinition in der geerbten Methode nicht automatisch wirksam. Dazu müssen die neudefinierte Methode und gleichnamige Methoden in den Oberklassen mit VIRTUAL gekennzeichnet sein. Dies löst den Mechanismus der **späten** (oder **dynamischen**) **Bindung** aus, der Methodenaufrufe erst zur Laufzeit an den richtigen Code bindet.

❑ Variable, deren Typ eine Objektklasse ist, nennt man **Objekte oder Instanzen der Klasse.** Durch die Deklaration einer Instanz werden Speicherplätze für die Datenfelder reserviert, die auch Instanzvariable oder Zustandsvariable des Objekts heißen. Enthält die Klasse **virtuelle Methoden**, besitzt jedes seiner Objekte ein zusätzliches Datenfeld (VMT-Feld). In dieses muß die Adresse einer Tabelle eingetragen werden, die ihrerseits Namen und Adressen der virtuellen Methoden der Klasse enthält. Nur über diese Tabelle kann ein Objekt während der Laufzeit auf seine virtuellen Methoden zugreifen. Der Eintrag der VMT-Adresse in das VMT-Feld geschieht mit einer CONSTRUCTOR-Methode, die für jedes Objekt vor allen anderen Methoden aufgerufen werden muß (falls die Klasse virtuelle Methoden besitzt).

❏ Wenn man für ein Objekt eine Methode aufruft, sagt man in der Sprache der OOP, man sende eine **Botschaft** (den Namen der Methode) an das Objekt, und dieses reagiere auf die Botschaft mit seiner entsprechenden Methode. Objekte aus verschiedenen Klassen können auf die gleiche Botschaft mit verschiedenen Methoden reagieren (**Polymorphie der Methoden**).

❏ Objekten einer Klasse kann jedes Objekt der gleichen oder einer Unterklasse zugewiesen werden. Da jedes Objekt einer Unterklasse mindestens die gleichen Instanzvariablen besitzt, werden bei dieser Zuweisung immer alle Datenfelder mit Werten versorgt. Umgekehrtes gilt nicht: Einem Objekt kann kein Objekt seiner Oberklasse zugewiesen werden.

❏ Prozedurparameter können den Typ einer Objektklasse haben. Aktueller Parameter kann dann jedes Objekt der Klasse selbst oder einer Unterklasse sein. Ist der Objektklassen-Parameter ein Referenz-Parameter (VAR-Parameter), dann zeigt das übergebene Objekt sein klassenspezifisches Verhalten; d.h. es reagiert auf Botschaften mit den (virtuellen) Methoden seiner Klasse (**Polymorphie der Objekte**).

❏ Der Aufbau einer **Klassenhierarchie** hat die Form eines Baums. Unterklassen sind dabei oft Spezialfälle ihrer Oberklassen. Die Klasse, die die Wurzel des Klassenbaums darstellt, ist meist eine abstrakte Klasse, die die grundlegenden Eigenschaften und Methoden aller ihrer Unterklassen enthält.

❏ Objektklassen, die als UNIT-Module vorliegen, können dann besonders flexibel eingesetzt werden, wenn möglichst viele ihrer Methoden virtuell sind. Dann nämlich kann der Code nicht nur in übersetzter Form einfach **wiederverwendet** werden, sondern auch ohne Kenntnis des Quellcodes **erweitert** werden. Bekannt sein muß allerdings neben der öffentlichen Schnittstelle auch der Aufruf-Zusammenhang zwischen den wichtigsten Methoden.

❏ Bei der Entwicklung neuer Programme können Bibliotheken bestehender Objektklassen herangezogen werden. Die Pflege großer **Klassenbibliotheken** ist aufwendig und verlangt geeignete Hilfsmittel. Zu ihnen gehören die sog. **Klassen-Browser**, mit denen eine Klassenhierarchie graphisch dargestellt wird. Einzelne Knoten des Baums, die Mitgliederklassen der Hierarchie, können direkt ausgewählt und genauer untersucht werden.

10.13 Aufgaben

1. Heben Sie die Modularisierung des Testprogramms *Komplex1* (10.1) und
   der UNIT *UComplex* auf, indem Sie den Inhalt der UNIT direkt in das
   Hauptprogramm einbauen. Beschreiben Sie, welche Vorteile für einen
   Anwender des ADT *COMPLEX* dadurch verloren gehen.

2. Erweitern Sie den ADT *COMPLEX* der UNIT *UComplex* (zu Programm
   Komplex1, 10.1) um eine Funktion *NRM_Complex*, die den Betrag (oder
   die Norm) einer komplexen Zahl z als die Länge des Ortsvektors von z
   berechnet.

3. Die UNIT *UComplex* (zu Programm *Komplex1*, 10.1) soll durch modulinternen Einsatz der Zugriffsfunktionen so weit wie möglich von der Wahl
   der Datenstruktur des Typs *COMPLEX* unabhängig gehalten werden.

4. Ergänzen Sie die in Programm *Komplex2* (10.2) nicht ausgeführten Teile.
   Achten Sie besonders auf die Verwendung des SELF-Parameters. Wo ist
   seine Nennung notwendig, wo kann sie weggelassen werden? Testen Sie
   sämtliche Methoden im Hauptprogramm.

5. (a) Verpacken Sie den ADT *StackClass* des Programms *Stapel2* (10.4) in
   ein UNIT-Modul. Welche Vorzüge bietet diese Lösung? Schreiben Sie ein
   Testprogramm, in welchem mehrere Stapel (des gleichen Typs) bearbeitet
   werden.

   (b) Lösen Sie die Objektklasse *StackClass* des Programms *Stapel2* (10.4) zu
   einem ADT *StackTyp* mit RECORD-Stuktur auf. Welche Vorzüge geben Sie
   damit preis? Welche Vorteile bietet diese Lösung immer noch gegenüber
   der Implementierung in Programm *Stapel0* (4.15)?

6. Schreiben Sie ein UNIT-Modul *OVektor*, in welchem Sie eine Objektklasse
   VektorClass zur Bearbeitung von euklidischen Vektoren definieren. Benutzen Sie das Programm *Vektor1* (4.16) als Vorlage. Schreiben Sie u.a.
   auch eine Funktion, die den Winkel zwischen zwei Vektoren berechnet.

7. (a) Schreiben Sie die Programme *SortZal0* (4.11) und *SortNam1* (7.17) um,
   indem Sie die OOP-Syntax einführen. Erweitern Sie den Satz der zulässigen Operationen um das binäre Suchen (vgl. Programm *BinSuch0*, 4.14).

   (b) Verpacken Sie die in (a) definierte Objektklasse in ein UNIT-Modul und
   achten Sie besonders auf die Kapselung der Datenfelder. Testen Sie den
   (unerlaubten) direkten Zugriff auf die gekapselten Daten.

8. Führen Sie im Programm *SortNam2* (7.18) die OOP-Syntax ein und verpacken Sie die Objektklasse in einem UNIT-Modul. Erweitern Sie den
   Operationssatz um das binäre Suchen.

9. Schreiben Sie ein Programm, das den ADT *StackClass* aus der UNIT
   OStack1 (10.5) testet. Testen Sie insbesondere das Verhalten des ADT,
   wenn die Grenzen 0 bzw. *MaxSize* der zugrundeliegenden ARRAY-
   Struktur erreicht werden.

10. (a) Lösen Sie die Objektklasse *QClass* des Moduls *OQueue1* (10.6) zu einem ADT *QTyp* mit RECORD-Stuktur auf.

(b) Verbessern Sie die in (a) implementierte Version von *QTyp*, indem das zugrundeliegende ARRAY zu einem Ring geschlossen wird, den die Schlange "im Kreis" durchwandert.

11. Schreiben Sie ein Programm, mit dem interaktiv eine Warteschlange vor einem Dienstleistungsschalter simuliert wird. Der Benutzer kann unter fünf Menüpunkten wählen:

(1) Der Schalter öffnet.
(2) Eine oder mehrere Personen stellen sich an dem Schalter an.
(3) Eine oder mehrere Personen sind bedient worden.
(4) Die aktuelle Schlange wird angezeigt.
(4) Der Schalter schließt.

Jede Person soll durch eine Nummer repräsentiert sein.

12. Ändern Sie die Programme *TStkQ2b* (10.10) und *TStkQ3* (10.11), indem Sie die Prozedur *Zeige* als Methode in die Objektklasse *StackClass* des Moduls *OStack2b* (10.10) aufnehmen.

13. Entwickeln Sie eine Klasse *QClass*, die von *StackClass* (UNIT *OStack2b*, 10.10) abstammt. Objekte beider Klassen sollen die Botschaft *Show* verstehen. Die Reaktion soll immer sein, die in den Objekten gespeicherten Daten rückwärts anzuzeigen. Berücksichtigen Sie, daß in *QClass* das FIFO-Prinzip in einer Ring-Struktur wie in UNIT *OQueue3* (10.11) zu implementieren ist.

14. Lösen Sie die Klassen *StackClass* und *QClass* der UNIT-Module OStack2b und OQueue2b (10.10) in RECORDs und Unterprogramme auf, die Sie als *StackTyp* und *QTyp* in UNITs gekapselt lassen. Wie kann trotz der Preisgabe der Objekt-Syntax der Code von *StackTyp* weitgehend vom *QTyp* wiederverwendet werden? Versuchen Sie eine Implementierung in Analogie zu Objektklassen und testen Sie mit einem angepaßten Testprogramm *TStkQ*.

15. In einer baumartigen Objekt-Hierarchie kann die Klasse, die die Wurzel darstellt, eine sog. **abstrakte Klasse** sein, die auch **Container-Klasse** genannt wird. Sie definiert einen minimalen Satz von Datenfeldern und Methoden, der voraussichtlich zur Verwaltung aller möglichen Klassen der Hierarchie benötigt wird. Instanzen solcher Klassen werden nicht angelegt (die Klasse bleibt "abstrakt").

Definieren Sie zu *StackClass* und *QClass* aus den Beispielen dieses Kapitels eine abstrakte Klasse *StructClass*, die grundlegende Eigenschaften und Methoden beider Klassen enthält, die dann in diesen nur noch geerbt werden. Beachten Sie, ob die Klasse virtuelle Methoden enthält und damit eine Methode als CONSTRUCTOR definiert werden muß.

16. Bei einem ADT Liste sind im Gegensatz zu Stapel und Schlange – alle
    Komponenten direkt erreichbar. Definieren Sie eine Objektklasse *List-
    Class*, die mit Operationen *Put* und *Get* die Komponente schreibt bzw.
    liest, auf die ein aktueller Zeiger *AktPtr* weist. Man kann auch zwei Ope-
    rationen *Insert* und *Delete* definieren, die dafür sorgen, daß die Liste im-
    mer sortiert gehalten wird. Entscheiden Sie bei den benötigten Hilfsproze-
    duren wie *Suche* etc., ob sie unter die Methoden eingereiht werden sollen.
    Wo könnte *ListClass* in eine aus *StackClass* und *QClass* bestehende Hier-
    archie eingeordnet werden?

17. In einer Aufgabe des Kapitels 4 sollte ein ADT *SetTyp* für Mengen von gan-
    zen Zahlen implementiert werden. In einer weiteren Aufgabe sollte damit
    das Sieb des Eratosthenes zur Primzahlsuche benutzt werden. Lösen Sie
    diese Aufgaben nun unter Verwendung von (a) RECORD und (b) OBJECT.

11 Zeiger und dynamische Datenstrukturen

Dieses Kapitel behandelt in den Beispielprogrammen:

- Dynamische Anforderung von Speicherplatz mit NEW

- Freigabe dynamisch erzeugten Speicherplatzes mit DISPOSE

- Verkettung von Datenelementen mit Zeigern

- Rekursive Datenstrukturen

- Einfach und doppelt verkettete Listen

- Einfügen und Entfernen zwischen zwei Knoten

- Ein ADT Liste mit dynamischer Datenstruktur als Objektklasse

- Vorwärts und rückwärts verkettete Listen

- Eine Klassenhierarchie mit den ADTs Liste, Stapel und Schlange

- Zeiger auf Objekte – dynamisch erzeugte Instanzen

11.1 Programm Zeiger0

Alle in den bisherigen Kapiteln benutzten Variablen waren **statische Variable**, deren Speicherbedarf vom Compiler ermittelt wurde. Vor der Ausführung eines Programms wurde beim Laden des Codes auch der von den Variablen benötigte Platz im Arbeitsspeicher reserviert. Insbesondere bei der Verwendung von ARRAY-Strukturen wirkt sich dieser Mechanismus nachteilig aus, da sich oft erst während der Programmausführung der tatsächliche Platzbedarf herausstellt; das ARRAY wird "zur Sicherheit" überdimensioniert und dabei Platz verschwendet.

Pascal erlaubt einem Programm, auf den aktuellen Bedarf zu reagieren und Platz im Arbeitsspeicher dynamisch anzufordern. Das geschieht über sog. Zeiger, auch **Zeigervariable** (engl.: pointer) genannt. Ein Zeiger ist eine spezielle Variable, deren Werte nur Adressen anderer Speicherplätze sein dürfen. Ein Zeiger kann damit auf verschiedene Speicherplätze verweisen. Bei der **Deklaration eines Zeigers mit dem Symbol ^** muß unmittelbar hinter dem Symbol ^ der **Basistyp des Zeigers** angegeben sein. Der Zeiger darf dann nur auf Speicherplätze dieses Typs zeigen.

Mit der Deklaration eines Zeigers existiert nur eine Variable, die eine Adresse aufnehmen kann; ihr Inhalt ist aber noch undefiniert. Der eigentliche Speicherplatz, auf den sich der Zeiger bezieht, wird mit der Prozedur **NEW** bei Bedarf angefordert. Im Beispiel sucht NEW (*Ptr1*) im Arbeitsspeicher nach einem freien Bereich, der für den Basistyp REAL des **Zeigers *Ptr1*** groß genug ist, und speichert die Anfangsadresse (hier mit einem fiktiven Wert $A12B angegeben) dieses Bereichs in der Zeigervariablen *Ptr1*. Damit ist eine **Variable *Ptr1*^** vom Typ REAL dynamisch erzeugt worden, die wie üblich in Zuweisungen und Ausdrücken verwendet werden kann.

Wird ein Basisspeicherplatz nicht mehr benötigt, gibt man ihn mit der Prozedur **DISPOSE** dem System zur weiteren Verwendung zurück. Nach DISPOSE (*Ptr1*) ist der Platz der Variablen *Ptr1*^ freigegeben und der Inhalt des Zeigers *Ptr1* undefiniert. Der frühere Speicherplatz *Ptr1*^ ist nun nicht mehr erreichbar, und der Zeiger *Ptr1* besitzt keinen Bezug. Für einen Zeiger kann ein neuer Bezug hergestellt werden entweder durch erneuten Aufruf von NEW oder durch **Zuweisung** einer anderen definierten Zeigeradresse des gleichen Basistyps. Bevor aber für einen Zeiger ein neuer Bezug gebildet wird, sollten bestehende Bezüge mit DISPOSE aufgelöst werden – wenn nicht ein zweiter Zeiger auf den gleichen Speicherplatz weist.

Nach der Zuweisung eines Zeigers auf einen anderen enthalten beide die gleiche Adresse, weisen also auf den gleichen Speicherplatz. Wendet man die Prozedur DISPOSE auf einen der beiden Zeiger an, wird die dynamische Variable freigegeben und damit auch der Bezug des anderen Zeigers aufgelöst. **Beide** Zeiger haben nun einen undefinierten Inhalt. In komplexen Programmen hat man sehr darauf zu achten, daß nicht Speicherbereiche freigegeben werden, auf die mehrere in verschiedenen Programmteilen deklarierte Zeiger weisen.

Das Programm *Zeiger0* demonstriert die Anwendung der Zeigeroperationen NEW, Zuweisung und DISPOSE. Eine anschließende Graphik versucht, die Wirkung der Befehle deutlich zu machen.

```
1     PROGRAM Zeiger0 (Input, Output);
2     (* Dynamische Speicher für reelle Zahlen. *)
3     VAR
4        Ptr1, Ptr2 :  ^REAL;

5     BEGIN
6     NEW (Ptr1);        Ptr1^ :=  4.73;     WriteLn ('Ptr1^ = ', Ptr1^ :5:2);

7     NEW (Ptr2);        Ptr2^ :=  Ptr1^;    WriteLn ('Ptr2^ = ', Ptr2^ :5:2);
8                        Ptr2^ :=  8.25;     WriteLn ('Ptr2^ = ', Ptr2^ :5:2);

9     DISPOSE (Ptr1);  Ptr1  :=  Ptr2;     WriteLn ('Ptr1^ = ', Ptr1^ :5:2);

10    DISPOSE (Ptr2);
11        WriteLn ('Ptr1^ = ', Ptr1^ :5:2);    (* <= Zeiger ohne             *)
12        WriteLn ('Ptr2^ = ', Ptr2^ :5:2);    (* <=    definierten Bezug! *)
13    ReadLn;
14    END.
```

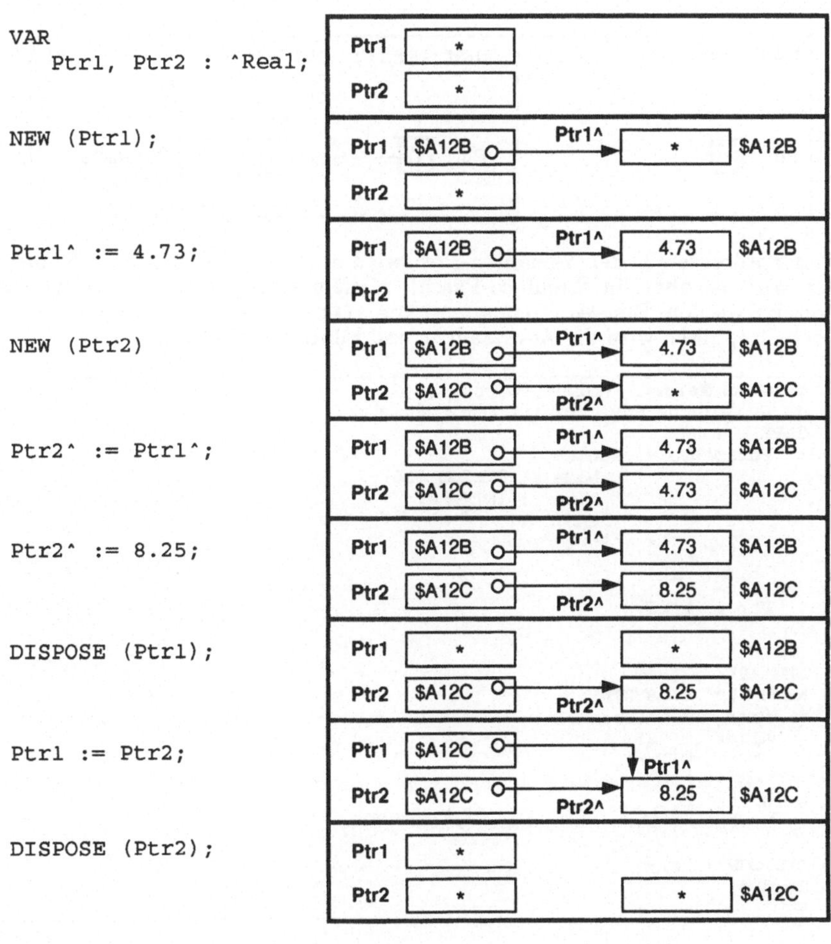

11.2 Programm Zeiger1

Als Basistyp eines Zeigers kommt jeder Datentyp in Frage. Das Zeigersymbol ^
dient auch als Grundlage bei der Definition eines Zeigertyps. Statt des Symbols
^ kann auch, so auf der Tastatur vorhanden, das Zeichen ↑ oder die Zeichenkombination -> benutzt werden. Ebenso ist das Zeichen @ als Zeigersymbol
üblich; @ hat aber in Turbo Pascal die Bedeutung des Adress-Operators, der
die Speicheradresse einer Variablen ermittelt.

Im Beispiel wird ein Zeigertyp *PtrTyp* deklariert (Zeile 8), dessen Basistyp die
RECORD-Struktur *PersonTyp* besitzt. Mit der Deklaration der Zeigervariablen
Ptr (Zeile 10) wird zwar Platz für eine Adresse reserviert, eine Variable *Ptr*^
vom *PersonTyp* existiert aber erst nach dem Aufruf NEW (*Ptr*) (Zeile 12). Diese
besteht als RECORD aus den Datenfeldern *Ptr*^.*Name* und *Ptr*^.*Alter*, die wie
üblich mit Werten versorgt werden. Natürlich darf die WITH-Notation benutzt
werden.

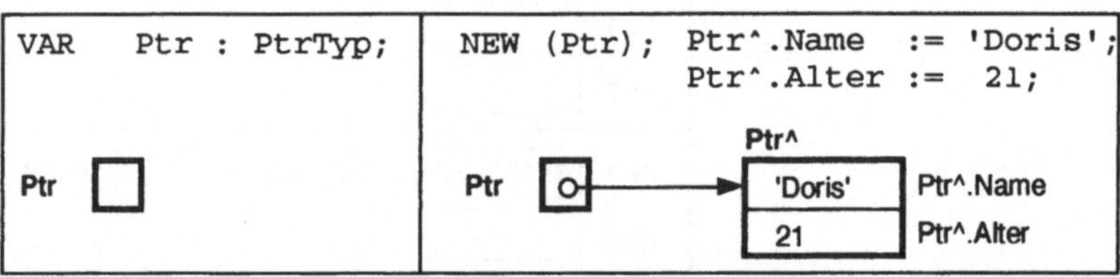

Mit der Adresse *Ptr* der Variablen *Ptr*^ wird zwar ständig operiert, ihr abso-
luter Wert ist aber (in Standard-Pascal) nicht bekannt und kann auch nicht
angezeigt werden. Eine Anweisung Write (Ptr) ist sinnlos und verboten.
In den Graphiken wird die Adresse hier und künftig mit o angedeutet.

```
1    PROGRAM Zeiger1 (Input, Output);
2    (* Dynamische Speicher für Datensätze. *)
3    TYPE
4      PersonTyp =  RECORD
5                     Name  : STRING [10];
6                     Alter : INTEGER;
7                     END;
8      PtrTyp    =  ^PersonTyp;

9    VAR
10     Ptr : PtrTyp;

11   BEGIN
12   NEW (Ptr);
13   WITH Ptr^ DO BEGIN
14     Name  :=  'Doris';
15     Alter :=  21
16     END; (*WITH*)

17   WITH Ptr^ DO
18     WriteLn ('Ptr^ =  ', Name, Alter :5);

19   DISPOSE (Ptr);
20   ReadLn;
21   END.
```

11.3 Programm Zeiger2

Der Vorteil bei der Anwendung von Zeigern liegt weniger in der dynamischen Bereitstellung einzelner Variabler, sondern in der Möglichkeit, dynamische Variable zu Strukturen zu verketten. Die Größe dieser Strukturen muß dann nicht à priori bekannt sein. Ein ARRAY mit fixer Länge läßt sich in vielen Anwendungen durch eine verkettete Liste variabler Länge ersetzen: es werden nur so viele Komponenten dynamisch angelegt, wie auch wirklich gerade benötigt werden. Dieses und die folgenden Programme sollen die Verkettung schrittweise einführen.

In diesem Beispiel sollen Datensätze des vorher eingeführten *PersonTyp* in einer **verketteten Liste** gespeichert werden. Als Behälter der Datensätze dienen **Knoten** (engl.: node). Die Knoten besitzen die RECORD-Struktur *NodeTyp* mit zwei Datenfeldern: dem Feld *Data* zur Aufnahme der eigentlichen Informationen und dem Feld *next*, das die Adresse des nachfolgenden Knotens enthält. Wo die Liste beginnt, wird in einem **Anfangszeiger** *Ptr* auf das erste Listenelement vermerkt. Da jeder Knoten vom *NodeTyp* ist, sind alle Zeiger vom *PtrTyp* = *^NodeTyp*. Als einzige statische Variable ist vom Programmierer der Anfangszeiger vorzusehen, der auch **Anker** genannt wird.

Die Graphik zeigt das schrittweise Wachsen der Liste gemäß des folgenden Programms *Zeiger2*. NEW (*Ptr*) legt den ersten noch leeren Knoten *Ptr^* an und läßt den Anfangszeiger *Ptr* darauf weisen. Das Datenfeld *Ptr^.Data* ist vom *PersonTyp*, dessen Felder *Ptr^.Data.Name* und *Ptr^.Data.Alter* besetzt werden können. Geschachtelte WITH-Anweisungen schaffen bessere Übersicht. Da im Augenblick keine weiteren Personendaten folgen, wird der Zeiger *Ptr^.next*, der die Adresse des Folgeknotens enthalten soll, auf einen **definierten leeren Wert NIL** gesetzt. Jeder Zeigervariablen, egal welchen Basistyps, kann der Wert NIL zugewiesen werden.

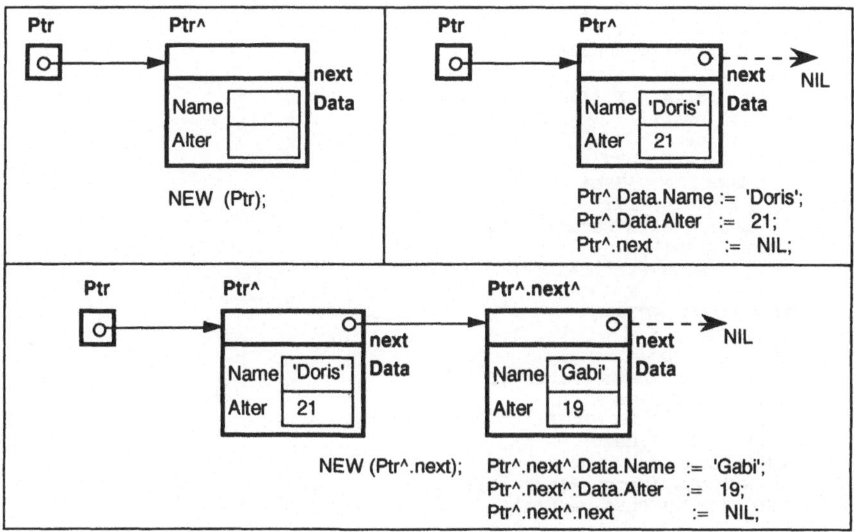

Stellt sich während des Programmlaufs heraus, daß noch ein weiterer Datensatz gespeichert werden soll, wird durch den Aufruf NEW (*Ptr^.next*) ein Knoten *Ptr^.next^* vom *NodeTyp* angelegt, auf den der Zeiger *next* des Knotens *Ptr^* zeigt. Dessen Informationsteil besteht aus Feldern, die – ohne Verwendung von WITH – die "Bandwurmnamen" *Ptr^.next^.Data.Name* und *Ptr^.next^.Data.Alter* besitzen. Das Feld *Ptr^.next^.next* ist für die Adresse eines eventuellen Folgeknotens zuständig und wird vorläufig auf NIL gesetzt.

Die Folge der so entstandenen Knoten ist im Anfangszeiger *Ptr* verankert. Jeder Knoten ist nur von dort aus durch umständliche Bezeichner zu adressieren. Die Anzeige der in den Knoten gespeicherten Informationen *Data* muß ebenfalls vom Anker *Ptr* aus sequentiell erfolgen.

```
1    PROGRAM Zeiger2 (Input, Output);
2    (* Verkettung zweier Datensätze *)
3    TYPE
4       PersonTyp =  RECORD
5                       Name  : STRING [10];
6                       Alter : INTEGER;
7                       END;

8       PtrTyp  =  ^NodeTyp;
9       NodeTyp =  RECORD
10                      next : PtrTyp;
11                      Data : PersonTyp;
12                      END;

13   VAR
14      Ptr :  PtrTyp;

15   BEGIN
16   NEW (Ptr);                          (* Anlegen *)
17   WITH Ptr^ DO BEGIN
18      WITH Data DO BEGIN
19        Name  :=  'Doris';
20        Alter :=  21;
21        END; (*WITH-Data*)
22      next :=  NIL;
23      END; (*WITH-Ptr^*)
24   NEW (Ptr^.next);
25   WITH Ptr^.next^ DO BEGIN
26      WITH Data DO BEGIN
27        Name  :=  'Gabi';
28        Alter :=  19;
29        END; (*WITH-Data*)
30      next :=  NIL;
31      END; (*WITH-Ptr^.next^*)

32   WITH Ptr^ DO BEGIN               (* Zeigen *)
33      Write ('Ptr^        = ');
34      WITH Data DO
35        WriteLn (Name, Alter :5);
36      END; (*WITH-Ptr^*)
37   WITH Ptr^.next^ DO BEGIN
38      Write ('Ptr^.next^ = ');
39      WITH Data DO
40        WriteLn (Name, Alter :5);
41      END; (*WITH-Ptr^.next^*)
42   END.
```

Man erkennt schon an diesem Beispiel, daß die beschriebene Verkettung von Listenknoten eine **rekursive Datenstruktur** besitzt: Ein Zeiger weist auf einen Knoten, der einen Zeiger auf einen Knoten enthält, der einen Zeiger auf einen Knoten enthält usw. Ein wichtiges Detail bei der Deklaration des Zeigertyps einer verketteten Liste macht das noch deutlicher: Die Definition von *PtrTyp* beruht auf der Angabe des Basistyps *NodeTyp* (Zeile 8); dieser wird aber erst später (Zeilen 9 bis 12) eingeführt. Vertauscht man die Reihenfolge der Deklarationen, landet man in dem selben Dilemma, da in *NodeTyp* wiederum die Definition von *PtrTyp* vorausgesetzt wird: **PtrTyp und NodeTyp bedingen sich gegenseitig.** Der Pascal-Compiler gestattet eine solche Vorwärts-Referenz bei der Definition von Zeigertypen. **Der Zeigertyp und sein Basistyp müssen aber im gleichen Deklarationsteil erklärt werden.**

11.4 Programm Zeiger3

Der Informationsteil *Data* eines Listenknotens kann einen beliebigen Datentyp besitzen. Er steht als abstrakter Datentyp *DataTyp* bereit, welcher in den Anwendungs-Spezifikationen mit *PersonTyp* gleichgesetzt wird. Diese Vorgehensweise ist aus früheren Beispielen bekannt und liefert das Muster zur Speicherung jeglicher Informationen in rekursiven Strukturen. Das vorige Programm *Zeiger2* wird hier interaktiv formuliert, wobei die Eingabe der Informationen über *Read_Data* erfolgt. Das Feld *next* wird jeweils mit NIL initialisiert.

```
1     PROGRAM Zeiger3 (Input, Output);
2     (* wie 'Zeiger2', aber modularer Aufbau *)
3     USES
4        Crt, UIOTool;
5     (*************** ADT PersonTyp ********************************)
6     TYPE
7        PersonTyp =  RECORD
8                        Name  : STRING [10];
9                        Alter : INTEGER;
10                       END;
11    CONST
12       NoName =  '+++';
13       Tab3   = '   ';
14    (*-------------------------------------------------------*)
15    PROCEDURE Read_Person (VAR P : PersonTyp);
16       VAR
17          AlterStr : STRING;
18          Error    : INTEGER;
19       BEGIN
20       WITH P DO BEGIN
21          Write ('Name [Ende mit <RETURN>]: ');   ReadLn (Name);
22          IF Name <> '' THEN
23             REPEAT
24                Write ('Alter                 : ');   ReadLn (AlterStr);
25                VAL (AlterStr, Alter, Error);
26                UNTIL (Error = 0) AND (Alter IN [0 .. 120])
27             ELSE
28                Name := NoName;
29          END; (*WITH*)
30       END; (* Read_Person *)

                                     (Fortsetzung nächste Seite)
```

```
     (Fortsetzung von Programm Zeiger3)

31   PROCEDURE WriteTab_Person (P : PersonTyp);
32      BEGIN
33      WITH P DO BEGIN
34         Write_Str (Name, 15);   WriteLn (Tab3, Alter :5);
35         END; (*WITH*)
36      END; (* WriteTab_Person *)
37   (*************** Anwendungs-Spezifikationen ******************)
38   TYPE
39      DataTyp =  PersonTyp;

40   PROCEDURE Read_Data (VAR DataX : DataTyp);
41      BEGIN
42      Read_Person (DataX);
43      END; (* Read_Data *)

44   PROCEDURE WriteTab_Data (DataX : DataTyp);
45      BEGIN
46      WriteTab_Person (DataX);
47      END; (* WriteTab_Data *)
48   (*************** Anwendungs-Programm ***************************)
49   TYPE
50      PtrTyp  =  ^NodeTyp;
51      NodeTyp =  RECORD
52                    next : PtrTyp;
53                    Data : DataTyp;
54                    END;
55   VAR
56      Ptr :  PtrTyp;

57   BEGIN
58   ClrScr;
59   NEW (Ptr);
60   WITH Ptr^ DO BEGIN
61     Read_Data (Data);
62     next := NIL;
63     END; (*WITH*)
64   NEW (Ptr^.next);
65   WITH Ptr^.next^ DO BEGIN
66     Read_Data (Data);
67     next := NIL;
68     END; (*WITH*)
69   WriteLn;
70   WriteTab_Data (Ptr^.Data);
71   WriteTab_Data (Ptr^.next^.Data);
72   ReadLn;
73   END.
```

11.5 Programm Zeiger4

Um beliebig viele Datensätze miteinander zu verketten, muß eine praktikable
Organisationsform gewählt werden. Es liegt nahe, einen festen Anfangszeiger
FirstPtr zur Verankerung der Kette zu benutzen. Ein zweiter variabler Zeiger
Ptr wird sowohl während des Aufbaus als auch später während des sequentiellen Anzeigens der Kette mitgeführt; er weist stets auf den gerade zu bearbeitenden Knoten. Der entstehende Dialog ist selbstverständlich, weshalb auf
seine Wiedergabe wie schon in dem vorigen Programm verzichtet wird.

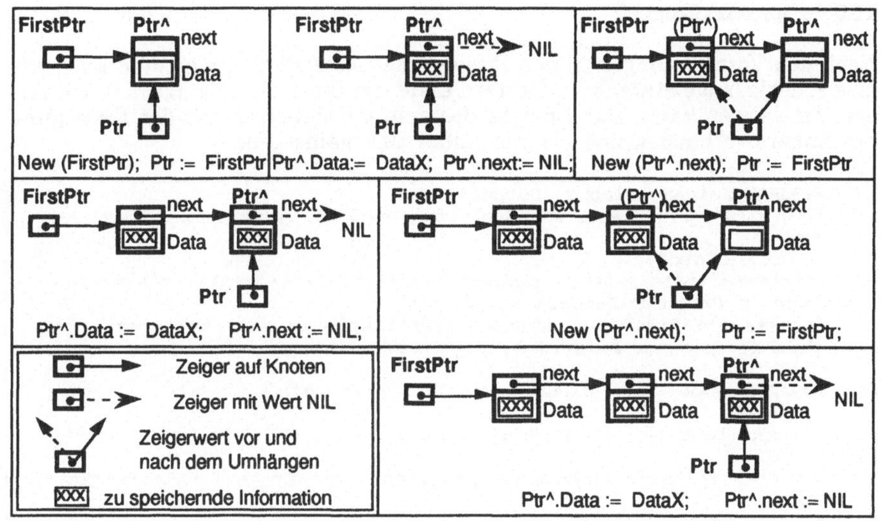


```
1    PROGRAM Zeiger4 (Input, Output);
2    (* wie 'Zeiger3', jedoch für mehrere Knoten  *)
3    USES
4       Crt, UIOTool;
5    (*************** ADT PersonTyp *******************************)
         wie in Programm Zeiger3 (11.4)
37   (*************** Anwendungs-Spezifikationen ****************)
         wie in Programm Zeiger3 (11.4)
48   (*************** Anwendungs-Programm ********************)
49   TYPE
50      PtrTyp  =  ^NodeTyp;
51      NodeTyp =  RECORD
52                   next : PtrTyp;
53                   Data : DataTyp;
54                   END;

55   VAR
56      FirstPtr, Ptr :  PtrTyp;
57      DataX         :  DataTyp;

58   BEGIN
59   Read_Data (DataX);
60   NEW (FirstPtr);    Ptr := FirstPtr;
61                 WITH Ptr^ DO BEGIN  Data := DataX;  next := NIL;  END;
62   Read_Data (DataX);
63   NEW (Ptr^.next);  Ptr := Ptr^.next;
64                 WITH Ptr^ DO BEGIN  Data := DataX;  next := NIL;  END;
65   Read_Data (DataX);
66   NEW (Ptr^.next);  Ptr := Ptr^.next;
67   '               WITH Ptr^ DO BEGIN  Data :=  DataX;  next := NIL;  END;
68   WriteLn;
69   Ptr :=  FirstPtr;    WriteTab_Data (Ptr^.Data);
70   Ptr :=  Ptr^.next;   WriteTab_Data (Ptr^.Data);
71   Ptr :=  Ptr^.next;   WriteTab_Data (Ptr^.Data);
72   ReadLn;
73   END.
```

11.6 Programm Zeiger5

Nach den Vorbereitungen in den Programmen *Zeiger0* bis *Zeiger4* ist klar, wie
eine beliebig lange **einfach verkettete Liste** von Datensätzen aufgebaut und verarbeitet werden kann. Das Anlegen des ersten Knotens ist mit der Festlegung
des Ankers verbunden und als Spezialfall zu organisieren.

```
1    PROGRAM Zeiger5 (Input, Output);
2    (* wie 'Zeiger4', aber mit Schleife: "einfach verkettete Liste". *)
3    USES
4       Crt, UIOTool;
5    (**************** ADT PersonTyp *******************************)
        wie in Programm Zeiger3 (11.4)
37   (**************** Anwendungs-Spezifikationen *****************)
        wie in Programm Zeiger3 (11.4), zusätzlich:

48   FUNCTION Empty_Data (DataX : DataTyp) : BOOLEAN;
49      BEGIN
50      Empty_Data :=  (DataX.Name = NoName);
51      END;
52   (**************** Anwendungs-Programm ************************)
53   TYPE
54      NodePtrTyp =   ^NodeTyp;
55      NodeTyp    =   RECORD
56                       next : NodePtrTyp;
57                       Data : DataTyp;
58                       END;

59   VAR
60      FirstPtr, Ptr :  NodePtrTyp;
61      DataX         :  DataTyp;

62   BEGIN
63   FirstPtr :=  NIL;
64   Read_Data (DataX);
65   IF NOT Empty_Data (DataX) THEN BEGIN
66      NEW (FirstPtr);   Ptr := FirstPtr;
67      WITH Ptr^ DO BEGIN
68         Data :=  DataX;
69         next :=  NIL;
70         END; (*WITH*)
71      Read_Data (DataX);
72      END; (*IF*)
73   WHILE NOT Empty_Data (DataX) DO BEGIN
74      NEW (Ptr^.next);   Ptr := Ptr^.next;
75      WITH Ptr^ DO BEGIN
76         Data :=  DataX;
77         next :=  NIL;
78         END; (*WITH*)
79      Read_Data (DataX);
80      END; (*WHILE*)
81   WriteLn;
82   Ptr := FirstPtr;
83   WHILE Ptr <> NIL DO
84      WITH Ptr^ DO BEGIN
85         WriteTab_Data (Data);
86         Ptr := next;
87         END; (*WITH*)
88   ReadLn;
89   END.
```

11.7 Programm Liste4

Verkettete RECORDs können als Grund-Datenstruktur bekannter abstrakter Datentypen das ARRAY ersetzen. Der Gewinn besteht darin, daß nicht von vornherein ein Speicherbereich bestimmter Größe reserviert werden muß, sondern flexibel auf den jeweiligen Bedarf reagiert werden kann. Im Gegensatz zu einem völlig ausgenutzten ARRAY ist der Speicherbedarf allerdings etwas größer, da die Zeiger zusätzlichen Platz benötigen. Einbußen muß man beim Zugriff auf einzelne Datensätze hinnehmen: Bei einfachen Listen verketteter RECORDs findet man den Datensatz an einer bestimmten Position nur durch sequentielles Suchen vom Anker aus. Zudem ist die Bewegung durch die Liste nur in einer Richtung möglich. Bei den ADTs Stapel und Schlange wirkt sich das Fehlen des Direktzugriffs nicht aus. Die Bewegung durch die Liste in zwei Richtungen wird durch die Einführung eines zweiten Zeigers im Knoten erlaubt (s. das nächste Programm *Liste5*, 11.8).

In diesem Programm wird ein ADT *ListTyp* auf der Basis einfach verketteter RECORDs eingeführt. Betrachtet man Stapel und Schlange als spezielle Listen, dann soll der hier definierte *ListTyp* als Grundlage einer Objektklasse *ListClass* dienen (Modul *OList6*, 11.9), von der die Klassen *StackClass* und *QClass* (Module *OStack6* bzw. *OQueue6*, 11.10) abstammen.

Beim Aufbau der Datensatzkette in Programm *Zeiger5* (11.6) erwies sich die spezielle Behandlung des ersten Knotens als umständlich. Der Spezialfall erübrigt sich, wenn man grundsätzlich jeder Kette einen Knoten *StartPtr^* voranstellt und einen Knoten *EndePtr^* anhängt, die beide keinen Datensatz speichern, sondern nur Anfang und Ende der Liste markieren. Dann besteht jede Aufnahme eines neuen Knotens – auch des ersten – darin, ihn zwischen zwei bestehende Knoten einzufügen (engl.: insert).

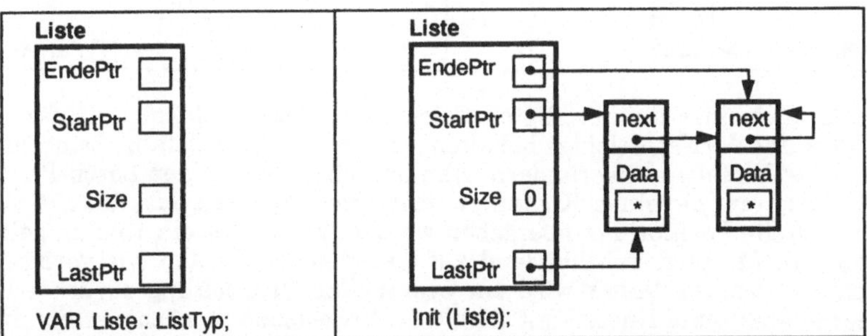

Die Struktur des ADT *ListTyp* ist sehr einfach. In einem RECORD sind diejenigen Datenfelder zusammengefaßt , die den Zustand einer Liste beschreiben und zu ihrer Verwaltung nötig sind. Das erste Element einer Liste ist immer der Nachfolger von *StartPtr^*. Die Adresse des letzten Listenelements wird in dem Zeiger *LastPtr* protokolliert, da der Vorgänger von *EndePtr^* nicht auf direktem Wege erreicht werden kann. Das Feld *Size* ist für die Anzahl der Datensätze zuständig. Nach der Variablen-Deklaration der *Liste* existiert nur dieser RECORD; der eigentliche Urzustand der *Liste* mit den beiden ("Dummy"-) Knoten muß in einer *Init*-Routine hergestellt werden, wie auf der nächsten Seite beschrieben.

Die Prozedur *Init* fordert mit NEW zwei Speicherplätze für Listenknoten an, deren Adressen sie *StartPtr* und *EndePtr* zuordnet. Danach sorgt sie für die richtige Verkettung dieser Knoten. Eine Besonderheit besteht darin, als Folge-Adresse von *EndePtr* nicht NIL, sondern *EndePtr* selbst einzusetzen. Beim sequentiellen Durchwandern der Liste ist nicht das Erreichen von NIL, sondern von *EndePtr* das Abbruchkriterium.

Die Einfüge-Operation *Insert* erwartet als zweiten Parameter die Adresse *Ptr* des Knotens, **hinter** dem in die Liste eingefügt werden soll. Bei Vorwärts-Verkettung der Knoten ist diese Funktionalität am einfachsten zu realisieren. Außerdem setzt *Insert* den laufenden Zeiger *Ptr* automatisch auf den neuen Knoten. Die Abbildung zeigt, welche Schritte zum Einfügen des Datensatzes *DataX* hinter der Adresse *Ptr* nötig sind.

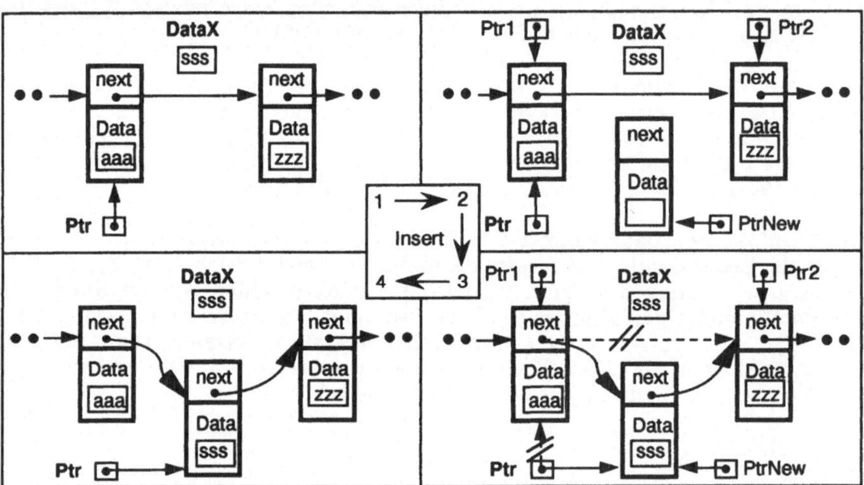

Der Überblick über die beteiligten Zeiger läßt sich mit lokalen Hilfszeigern *Ptr1*, *Ptr2* und *PtrNew* leichter behalten, und es sinkt die Gefahr, Zeiger in der falschen Reihenfolge zu verändern. Ähnlich wird auch in der Lösch-Prozedur *Delete* verfahren, die einen Knoten zwischen zwei anderen ausklinkt. Auch an *Delete* muß die Position *Ptr* übergeben werden, hinter der ein Knoten gelöscht werden soll; *Ptr* zeigt anschließend auf den gleichen Knoten wie vorher. Der gelöschte Datensatz *DataX* wird zur eventuellen Bearbeitung zurückgeliefert und der ausgeklinkte Knoten mit DISPOSE freigegeben (s. nächste Abbildung).

```
1     PROGRAM Liste4 (Input, Output);
2     (* Aufbau einer einfach verketteten Liste. *)
3     USES
4        Crt, UIOTool, UDataSpc;
5     (******************************************************************)
6     TYPE
7        PtrTyp  =  ^NodeTyp;
8        NodeTyp =  RECORD
9                      next : PtrTyp;
10                     Data : DataTyp;
11                     END;
```

(Fortsetzung nächste Seite)

```
(Fortsetzung von Programm Liste4)

12      ListTyp =  RECORD
13                    StartPtr, EndePtr, LastPtr : PtrTyp;
14                    Size : INTEGER;
15                    END;
16   (*----------------------------------------------------------------*)
17   PROCEDURE Init (VAR L : ListTyp);
18      BEGIN
19      WITH L DO BEGIN
20         NEW (StartPtr);                      NEW (EndePtr);
21         StartPtr^.next :=  EndePtr;       EndePtr^.next :=  EndePtr;
22         StartPtr^.Data :=  NoData;        EndePtr^.Data :=  NoData;
23         LastPtr :=  StartPtr;
24         Size    :=  0;
25         END; (*WITH*)
26      END; (* Init *)


27   FUNCTION Succ (Ptr : PtrTyp) : PtrTyp;
28      BEGIN
29      Succ :=  Ptr^.next;
30      END; (* Succ *)


31   PROCEDURE Insert (VAR L : ListTyp;  VAR Ptr: PtrTyp;  DataX : DataTyp);
32      (* Fuegt 'DataX' HINTER Position 'Ptr' ein. 'Ptr' wird auf *)
33      (* neuen Datensatz gesetzt. 'LastPtr' evtl. aktualisiert.  *)
34      (* Methode: hängt 'PtrNew' zwischen 'Ptr1' und 'Ptr2' ein. *)
35      VAR
36         Ptr1, PtrNew, Ptr2 :  PtrTyp;
37      BEGIN
38      Ptr1 :=  Ptr;
39      Ptr2 :=  Ptr1^.next;
40      NEW (PtrNew);
41      WITH PtrNew^ DO BEGIN
42         next :=  Ptr2;
43         Data :=  DataX;
44         END; (*WITH*)
45      Ptr1^.next :=  PtrNew;
46      L.Size      :=  L.Size + 1;
47      IF Ptr2 = L.EndePtr THEN L.LastPtr :=  PtrNew;
48      Ptr :=  PtrNew;
49      END; (* Insert *)


50   PROCEDURE Delete (VAR L : ListTyp;  Ptr: PtrTyp;  VAR DataX : DataTyp);
51      (* Löscht Knoten HINTER 'Ptr'; gibt Datensatz dabei zurück;    *)
52      (* läßt 'Ptr' unverändert; aktualisiert evtl. 'LastPtr'.        *)
53      (* Methode: 'PtrOld' wird zwischen 'Ptr1' und 'Ptr2' entfernt. *)
54      VAR
55         Ptr1, PtrOld, Ptr2 : PtrTyp;
56      BEGIN
57      Ptr1   :=  Ptr;
58      PtrOld :=  Ptr1^.next;
59      Ptr2   :=  PtrOld^.next;
60      IF PtrOld <> L.EndePtr THEN BEGIN
61         DataX       :=  PtrOld^.Data;
62         Ptr1^.next :=  Ptr2;
63         L.Size      :=  L.Size - 1;
64         IF Ptr2 = L.EndePtr THEN L.LastPtr := Ptr1;
65         DISPOSE (PtrOld);
66         END; (*IF*)
67      END; (* Delete *)
```

(Fortsetzung nächste Seite)

```
(Fortsetzung von Programm Liste4)

68    PROCEDURE Show (VAR L : ListTyp);
69       VAR    Ptr    : PtrTyp;
70       BEGIN
71       WITH L DO BEGIN
72          Ptr :=  Succ (StartPtr);
73          WHILE Ptr <> EndePtr DO BEGIN
74             Write_Data (Ptr^.Data);
75             Ptr :=  Succ (Ptr);
76             END; (*WHILE*)
77          END; (*WITH*)
78       END; (* Show *)

79    FUNCTION Empty (L : ListTyp) : BOOLEAN;
80       (* prueft, ob eine Liste leer ist *)
81       BEGIN   Empty :=  (L.Size = 0);
82       END; (* Empty *)

83    FUNCTION Full (L : ListTyp) : BOOLEAN;
84       (* hat Arbeitsspeicher noch Platz für ein Listenelement? *)
85       BEGIN
86       Full :=  (SizeOf (NodeTyp) > MaxAvail);
87       END; (* Full *)

88    FUNCTION Seek (L : ListTyp;  pos : INTEGER) : PtrTyp;
89       (* besorgt Zeiger auf Position 'pos' der Liste *)
90       VAR    i  : INTEGER;
91             Ptr : PtrTyp;
92       BEGIN
93       Ptr := L.StartPtr;   i := 0;
94       WHILE (i < pos) AND (Ptr <> L.EndePtr) DO BEGIN
95          i := i + 1;   Ptr := Succ (Ptr);
96          END; (*WHILE*)
97       Seek :=  Ptr;
98       END; (* Seek *)
99    (*************************************************************)
                      (Fortsetzung mit dem Hauptprogramm übernächste Seite)
```

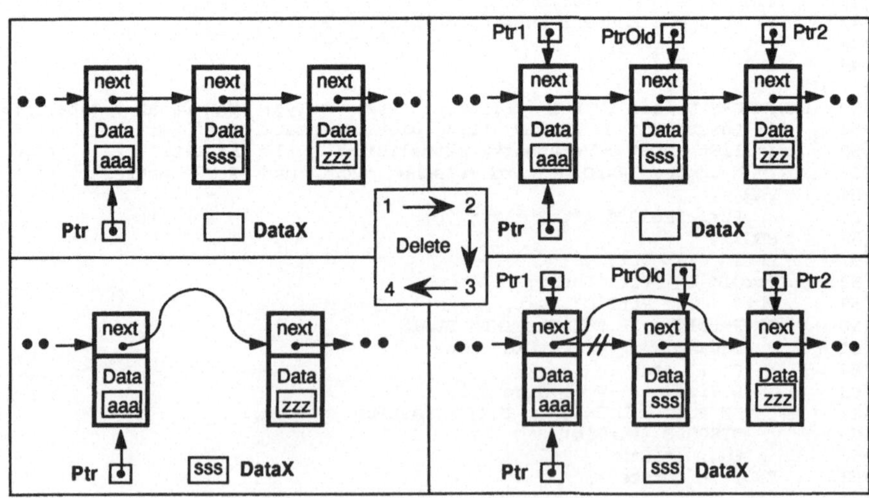

Die Operationen *Insert* und *Delete* haben neben der Aktualisierung des Grössenfeldes *Size* dafür zu sorgen, daß der Zeiger auf das letzte Listenelement immer die korrekte Adresse enthält. Nach dem Einfügen eines Knotens wird daher geprüft, ob sein Folgeelement der leere Endeknoten ist. In diesem Fall muß der neue Knoten der letzte sein und seine Adresse in *LastPtr* eingetragen werden. Ebenso wird nach dem Löschen eines Knotens nachgesehen, ob er vielleicht der letzte der Liste war. Das ist der Fall, wenn sein Folgezeiger *next* auf den leeren Endeknoten weist; *LastPtr* muß dann die Adresse des Vorgängerknotens erhalten.

Zu den grundlegenden Operationen *Insert* und *Delete* für Listen gehört natürlich die Funktion *Succ*, die zur Adresse eines Knotens die Adresse des Folgeknotens ermittelt. Sie bildet die Grundlage für eine Funktion *Seek*, mit der dem Anwender ein direkter Zugriff auf eine bestimmte Listenposition vorgegaukelt wird. In Wirklichkeit setzt *Seek* einen laufenden Zeiger auf den leeren Startknoten und läßt ihn, die Schritte mitzählend, gemäß der Verzeigerung die Liste entlangwandern, bis die gewünschte Position erreicht ist. Deren Adresse wird als Funktionswert zurückgegeben.

Der Inhalt der gesamten in den Listenknoten gespeicherten Informationen wird mit *Show* angesehen. Beim sequentiellen Durchwandern der Liste vom ersten Element an wird, wie auch in *Seek*, mit Erreichen des leeren Endeknotens abgebrochen.

Die Funktion *Empty* prüft wie gewohnt das Feld *Size*, aber die Funktion *Full* ist völlig neuartig. Logisch gesehen kann die Liste selbst ja gar nicht voll werden, doch sind ihrer Ausdehnung im Arbeitsspeicher Grenzen gesetzt. Neben Teilen des Betriebssystems befinden sich auch das Programm selbst und seine Daten im Arbeitsspeicher. Während sich die statischen Daten des Programms in einem Teil des Speichers befinden, der "stack" genannt wird, werden die dynamischen Daten im sog. "heap" (engl. für Halde, Haufen) abgelegt. Die Größe der für beide reservierten Bereiche wird beim Übersetzen mit einer CompilerOption festgelegt. In Turbo Pascal kann mit der Funktion **MaxAvail** der Umfang des größten freien zusammenhängenden Bereichs (Block) im Heap festgestellt werden. Er muß mindestens so groß wie der Platz sein, den ein Listenknoten für sich beansprucht. Dieser wiederum wird mit der Funktion **SizeOf** berechnet, der man den Bezeichner des Knotentyps als Argument übergibt.

Mit dem umseitigen Hauptprogramm wird eine einfach verkettete Liste angelegt. Der Anwender des *ListTyp* muß den laufenden Zeiger *Ptr* selbst verwalten; er kann aber die diesbezüglichen Fähigkeiten von *Insert* ausnutzen. Nach vier Einfügungen hat die Liste folgende Struktur:

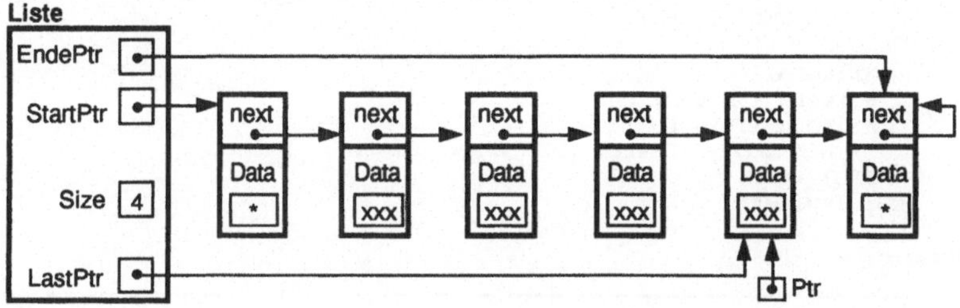

```
(Fortsetzung von Programm Liste4)

(*------------- Hauptprogramm -----------------------------*)
100 VAR
101    Liste    :  ListTyp;
102    DataX    :  DataTyp;
103    Ptr      :  PtrTyp;
104    i, pos, N :  INTEGER;

105 BEGIN (* Hauptprogramm *)
106 WITH Liste DO BEGIN
107    Init (Liste);

108    WriteLn ('Anlegen der Liste:');
109    Ptr :=  StartPtr;
110    Read_Data (DataX);
111    WHILE NOT ( Empty_Data (DataX)  OR  Full (Liste) ) DO BEGIN
112       Insert (Liste, Ptr, DataX);
113       IF NOT Full (Liste) THEN Read_Data (DataX);
114       END; (*WHILE*)

115    WriteLn ('Anzahl der Daten: ', Size);
116    WriteLn ('Liste:');
117    IF NOT Empty (Liste) THEN Show (Liste);  WriteLn;   WriteLn;

118    WriteLn ('Einfügen in Liste:');
119    Write ('Nach welcher Position? ');   ReadLn (pos);
120    Ptr :=  Seek (Liste, pos);

121    IF Ptr <> EndePtr THEN BEGIN
122       WriteLn ('Datensätze:');
123       Read_Data (DataX);
124       WHILE NOT ( Empty_Data (DataX)  OR  Full (Liste) ) DO BEGIN
125          Insert (Liste, Ptr, DataX);
126          IF NOT Full (Liste) THEN Read_Data (DataX);
127          END; (*WHILE*)

128       WriteLn ('Anzahl der Daten: ', Size);
129       WriteLn ('Liste:');
130       IF NOT Empty (Liste) THEN Show (Liste);  WriteLn;   WriteLn;
131       END; (*IF*)

132    WriteLn ('Entfernen von Daten:');
133    Write ('Hinter welcher Position? ');   ReadLn (pos);
134    Ptr :=  Seek (Liste, pos);

135    IF (Ptr <> LastPtr) AND (Ptr <> EndePtr) THEN BEGIN
136       Write ('Wieviele Datensätze? ');   ReadLn (N);
137       FOR i := 1 TO N DO
138          IF Ptr <> LastPtr THEN BEGIN
139             Delete (Liste, Ptr, DataX);   Write_Data (DataX);
140             END; (*IF*)

141       WriteLn;
142       WriteLn ('Anzahl der Daten: ', Size);
143       WriteLn ('Liste:');
144       IF NOT Empty (Liste) THEN Show (Liste);  WriteLn;
145       END; (*IF*)
146    END; (*WITH*)

147 ReadLn;
148 END.
```

Direkt nach der Initialisierung zeigt *LastPtr* auf den leeren Startknoten, hinter dem also die erste Einfügung geschieht. Da *Insert* den laufenden Zeiger *Ptr* auf den zuletzt eingefügten Knoten weisen läßt, und das Haupt-Programm diese Position nicht verändert, geschehen die weiteren Einfügungen immer am bisherigen Ende der Liste.

Nach der Anzeige der kompletten Liste organisiert das Programm das Einfügen weiterer Knoten an einer vom Benutzer gewählten Stelle. Mit *Seek* wird die Adresse der gewünschten Position gesucht, auf die sich die weiteren Einfügungen beziehen.

Zum Schluß gibt der Benutzer an, hinter welcher Position er wieviele Datensätze entfernt haben will. Der Inhalt der gelöschten Datensätze wird protokolliert und die Restliste angezeigt.

```
Möglicher Dialog zu Programm Liste4:

     Anlegen der Liste:
     Ganze Zahl [Ende mit <-99>]: 1
     Ganze Zahl [Ende mit <-99>]: 2
     Ganze Zahl [Ende mit <-99>]: 3
     Ganze Zahl [Ende mit <-99>]: 4
     Ganze Zahl [Ende mit <-99>]: 5
     Ganze Zahl [Ende mit <-99>]: -99
     Anzahl der Daten: 5
     Liste:
          1    2    3    4    5


     Einfügen in Liste:
     Nach welcher Position? 2
     Datensätze:
     Ganze Zahl [Ende mit <-99>]: 21
     Ganze Zahl [Ende mit <-99>]: 22
     Ganze Zahl [Ende mit <-99>]: 23
     Ganze Zahl [Ende mit <-99>]: -99
     Anzahl der Daten: 8
     Liste:
          1    2   21   22   23    3    4    5


     Entfernen von Daten:
     Hinter welcher Position? 2
     Wieviele Datensätze? 4
        21   22   23    3
     Anzahl der Daten: 4
     Liste:
          1    2    4    5
```

Weder die Definitionen des ADT *ListTyp* noch das Hauptprogramm machen Angaben darüber, welche Datensätze konkret in der Liste gespeichert werden sollen. Das mußte der Anwendungs-Programmierer wieder in den Anwendungs-Spezifikationen festlegen. Diese sind in einem UNIT-Modul *UDataSpc* niedergelegt, das von diesem und dem folgenden Programm benutzt wird. Es ist auf der folgenden Seite wiedergegeben und legt den Datensatz-Typ *DataTyp* als INTEGER fest. Außerdem erklärt es, wie ein Datensatz gelesen (Prozedur *Read_Data*) bzw. geschrieben (Prozedur *Write_Data*) wird, und wann er als leer zu betrachten ist (Funktion *Empty_Data*). Es fällt auf, daß die in früheren Implementationen so wichtige Angabe *MaxSize* keine Rolle mehr spielt.

```
1    UNIT UDataSpc;                 (* zu den Programmen Liste4 und Liste5 *)
2    (*****************************************************************************)
3    INTERFACE
4    TYPE
5       DataTyp = INTEGER;

6    VAR
7       NoData :  DataTyp;

8    PROCEDURE Read_Data   (VAR DataX : DataTyp);
9    PROCEDURE Write_Data  (    DataX : DataTyp);
10   FUNCTION  Empty_Data (Data : DataTyp) : BOOLEAN;
11   (*****************************************************************************)
12   IMPLEMENTATION

13   PROCEDURE Read_Data   (VAR DataX : DataTyp);
14      BEGIN
15      Write ('Ganze Zahl [Ende mit <', NoData, '>]: ');   ReadLn (DataX);
16      END; (* Read_Data *)

17   PROCEDURE Write_Data (DataX : DataTyp);
18      BEGIN
19      Write (DataX :5);
20      END; (* Write_Data *)

21   FUNCTION  Empty_Data (Data : DataTyp) : BOOLEAN;
22      BEGIN
23      Empty_Data :=  (Data = NoData);
24      END; (* Equal_Data *)
25   (*****************************************************************************)
26   BEGIN
27   NoData :=  -99;
28   END.
```

11.8 Programm Liste5

Die Operationen einer dynamisch angelegten Liste lassen sich einfacher implementieren, wenn jeder Knoten auch einen Zeiger *prev* (previous, engl. für:
vorhergehend) auf seinen Vorgängerknoten erhält. In einer solchen **doppelt
verketteten Liste** sind relative Bewegungen in beide Richtungen leicht zu realisieren. Führt man wieder die beiden leeren Knoten ein, deren Adressen in den
Feldern *StartPtr* und *EndePtr* registriert sind, dann bekommt man das erste
und letzte Element einer Liste als Nachfolger des Startknotens bzw. Vorgänger
des Endeknotens. Eine Funktion *Pred* dient dem Anwender zur Ermittlung der
Vorgänger-Adresse, ohne auf die interne Verzeigerung zugreifen zu müssen.

Bei der Initialisierung einer Liste werden ihre beiden Dummy-Knoten angelegt und miteinander vorwärts und rückwärts verkettet. Der Startknoten ist
sein eigener Vorgänger, ebenso der Endeknoten sein eigener Nachfolger. Neue
Knoten werden diesmal **vor** einer angegebenen Adresse *Ptr* eingefügt (Prozedur *Insert*), und *Ptr* wird **nicht** verändert. Die Aufnahme weiterer Knoten geschieht also, wenn keine neue Adresse angegeben wird, vor der gleichen Position. Nicht mehr benötigte Knoten werden **an** der angegebenen Adresse *Ptr*
entfernt (Prozedur *Delete*), *Ptr* wird jeweils auf die Folgeadresse gesetzt. Wenn
der Anwender *Ptr* nicht neu setzt, werden also Knoten ab einer festen Position
entfernt.

Die folgende Graphik zeigt den Zustand einer Liste direkt nach ihrer Initialisierung sowie nach dem Einfügen des ersten und dreier weiterer Elemente.
Dem Leser wird empfohlen, sich die Details der Verzeigerung beim Einfügen
und Entfernen an Skizzen entsprechend der Abbildungen "Insert" und "Delete" zum letzten Programm *Liste4* (11.7) deutlich zu machen. Insbesondere
soll beachtet werden, wie **vor** Freigabe eines Speicherplatzes mit DISPOSE die
Bezüge des zu löschenden Knotens zur Verkettung der restlichen Knoten
benutzt werden.

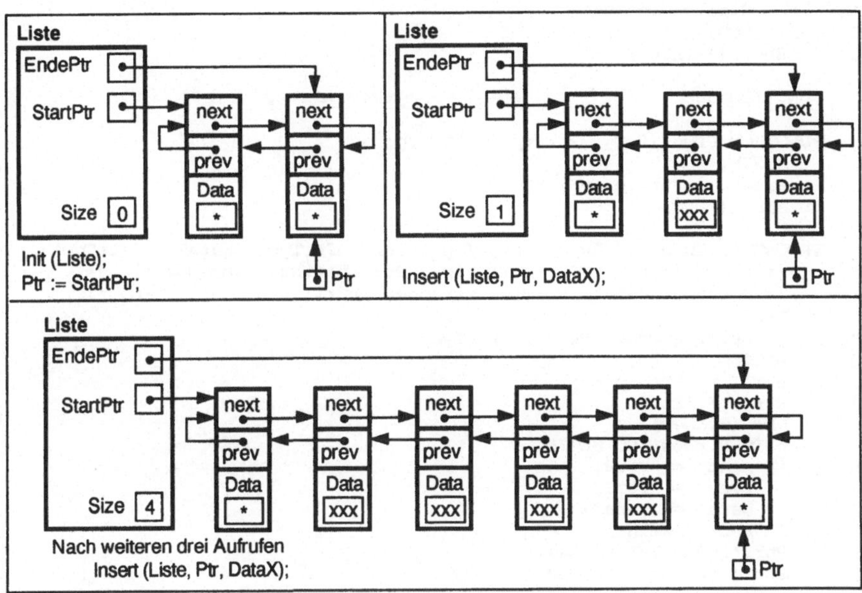

Die Operationen *Succ*, *Show*, *Empty*, *Full* und *Seek* können direkt vom Programm *Liste4* (11.7) übernommen werden. Der Dialog unterscheidet sich nur
in der Bedeutung der erfragten Positionen und ist nicht wiedergegeben.

```
1    PROGRAM Liste5 (Input, Output);
2    (* Verwaltung einer doppelt verketteten Liste. *)
3    USES
4       Crt, UIOTool, UDataSpc;
5    (*******************************************************************)
6    TYPE
7       PtrTyp   =   ^NodeTyp;
8       NodeTyp  =   RECORD
9                       next, prev : PtrTyp;
10                      Data       : DataTyp;
11                      END;
12       ListTyp  =   RECORD
13                       StartPtr, EndePtr : PtrTyp;
14                       Size              : INTEGER;
15                       END;
16   (*-------------------------------------------------------------*)
                                         (Fortsetzung nächste Seite)
```

```
      (Fortsetzung von Programm Liste5)

16    (*------------------------------------------------------------------*)
17    PROCEDURE Init (VAR L : ListTyp);
18       BEGIN
19       WITH L DO BEGIN
20          NEW (StartPtr);                   NEW (EndePtr);
21          StartPtr^.next  :=  EndePtr;      EndePtr^.next  :=  EndePtr;
22          StartPtr^.prev  :=  StartPtr;     EndePtr^.prev  :=  StartPtr;
23          StartPtr^.Data  :=  NoData;       EndePtr^.Data  :=  NoData;
24          Size    :=  0;
25          END; (*WITH*)
26       END; (* Init *)

27    FUNCTION Succ             wie in Programm Liste4  (11.7)

31    FUNCTION Pred (Ptr : PtrTyp) : PtrTyp;
32       BEGIN
33       Pred :=  Ptr^.prev;
34       END; (* Pred *)

35    PROCEDURE Insert (VAR L : ListTyp;  Ptr : PtrTyp;  DataX : DataTyp);
36       (* Fuegt 'DataX' VOR 'Ptr' ein; 'Ptr' bleibt unverändert.  *)
37       (* Methode: hängt 'PtrNew' zwischen 'Ptr1' und 'Ptr2' ein. *)
38       VAR
39          Ptr1, PtrNew, Ptr2 :  PtrTyp;
40       BEGIN
41       Ptr1 :=  Ptr^.prev;
42       Ptr2 :=  Ptr;
43       NEW (PtrNew);
44       WITH PtrNew^ DO BEGIN
45          next :=  Ptr2;
46          prev :=  Ptr1;
47          Data :=  DataX;
48          END; (*WITH*)
49       Ptr1^.next :=  PtrNew;
50       Ptr2^.prev :=  PtrNew;
51       L.Size      :=  L.Size + 1;
52       END; (* Insert *)

53    PROCEDURE Delete (VAR L: ListTyp; VAR Ptr: PtrTyp; VAR DataX: DataTyp);
54       (* Löscht Knoten AN Position 'Ptr'; gibt Datensatz dabei zurück; *)
55       (* aktualisiert 'Ptr' auf Folgeposition.                         *)
56       (* Methode: 'PtrOld' wird zwischen 'Ptr1' und 'Ptr2' entfernt.   *)
57       VAR
58          Ptr1, PtrOld, Ptr2 : PtrTyp;
59       BEGIN
60       Ptr1   :=  Ptr^.prev;
61       PtrOld :=  Ptr;
62       Ptr2   :=  Ptr^.next;
63       IF (PtrOld <> L.StartPtr) AND (PtrOld <> L.EndePtr) THEN BEGIN
64          DataX       :=  PtrOld^.Data;
65          Ptr1^.next :=  Ptr2;
66          Ptr2^.prev :=  Ptr1;
67          L.Size      :=  L.Size - 1;
68          DISPOSE (PtrOld);
69          END; (*IF*)
70       Ptr :=  Ptr2;
71       END; (* Delete *)

                                            (Fortsetzung nächste Seite)
```

```
      (Fortsetzung von Programm Liste5)

72    PROCEDURE Show            )
84    FUNCTION Empty            )      wie in
89    FUNCTION Full             )      Programm Liste4 (11.7)
94    FUNCTION Seek             )
105   (*********************************************************************)

106 VAR
107     Liste     :   ListTyp;
108     DataX     :   DataTyp;
109     Ptr       :   PtrTyp;
110     i, pos, N :   INTEGER;

111 BEGIN (* Hauptprogramm *)           (* Unterschiede zu Liste4 (11.7)    *)
112 WITH Liste DO BEGIN                  (* sind hervorgehoben und markiert. *)
113     Init (Liste);

114     WriteLn ('Anlegen der Liste:');
115     Ptr :=  EndePtr;                                              (* <== *)
116     Read_Data (DataX);
117     WHILE NOT ( Empty_Data (DataX)  OR  Full (Liste) ) DO BEGIN
118        Insert (Liste, Ptr, DataX);
119        IF NOT Full (Liste) THEN Read_Data (DataX);
120        END; (*WHILE*)
121     WriteLn ('Anzahl der Daten: ', Size);
122     WriteLn ('Liste:');
123     IF NOT Empty (Liste) THEN Show (Liste);  WriteLn;

124     WriteLn ('Einfügen in Liste:');
125     Write ('Vor welcher Position? ');   ReadLn (pos);             (* <== *)
126     Ptr :=  Seek (Liste, pos);
127     IF Ptr <> StartPtr THEN BEGIN                                 (* <== *)
128        WriteLn ('Datensätze:');
129        Read_Data (DataX);
130        WHILE NOT ( Empty_Data (DataX)  OR  Full (Liste) ) DO BEGIN
131           Insert (Liste, Ptr, DataX);
132           IF NOT Full (Liste) THEN Read_Data (DataX);
133           END; (*WHILE*)
134        WriteLn ('Anzahl der Daten: ', Size);
135        WriteLn ('Liste:');
136        IF NOT Empty (Liste) THEN Show (Liste);  WriteLn;
137        END; (*IF*)

138     WriteLn ('Entfernen von Daten:');
139     Write ('Ab welcher Position? ');   ReadLn (pos);              (* <== *)
140     Ptr :=  Seek (Liste, pos);
141     IF (Ptr <> StartPtr) AND (Ptr <> EndePtr) THEN BEGIN          (* <== *)
142        Write ('Wieviele Datensätze? ');   ReadLn (N);
143        FOR i := 1 TO N DO
144           IF Ptr <> EndePtr THEN BEGIN                            (* <== *)
145              Delete (Liste, Ptr, DataX);   Write_Data (DataX);
146              END; (*IF*)
147        WriteLn;
148        WriteLn ('Anzahl der Daten: ', Size);
149        WriteLn ('Liste:');
150        IF NOT Empty (Liste) THEN Show (Liste);  WriteLn;
151        END; (*IF*)
152     END; (*WITH*)
153 ReadLn;
154 END.
```

11.9 Modul OList6

Auf dem Typ *ListTyp* der einfach verketteten Liste (Programm *Liste4*, 11.7) aufbauend, wird nun eine Objektklasse *ListClass* in einem UNIT-Modul definiert. Da das Prinzip der Datenkapselung strikt beibehalten werden soll, wird der Satz der Operationen auf jeden Fall um die notwendigen Zugriffsfunktionen für die Datenfelder erweitert. Für die Adressen *StartPtr* und *EndePtr* der leeren Start- und Endeknoten sowie für die Adresse *LastPtr* des letzten Listenelements werden nur Lesezugriffe (*Get*-Methoden) ermöglicht, da diese Adressen von den Operationen *Insert* und *Delete* verwaltet werden. Gleiches gilt für das Feld *Size*, für das aber ein eingeschränkter Schreibzugriff definiert ist: die Operationen *Inc_Size* und *Dec_Size* erhöhen bzw. erniedrigen seinen Inhalt um den Wert Eins. Damit können von *ListClass* abstammende Objektklassen spezielle Methoden zur Manipulation einer Liste entwickeln, in denen *Size* verwaltet wird.

Zwei weitere Methoden beschaffen die einem Knoten zugeordnete Information (*Retrieve*) bzw. löschen sie, ohne den Knoten zu entfernen (*Erase*). Die Adresse des ersten Listenelements ist zwar nicht direkt in einem Datenfeld der Klasse abgelegt, doch kann sie über die Funktions-Methode *Get_FirstPtr* erfragt werden; das erste Element ist ja Nachfolger des leeren Startknotens.

Die Erweiterung des *ListTyp* zur *ListClass* ergibt sich so auf natürliche Weise; die Kommentare der Methoden-Implementationen enthalten die wichtigsten Hinweise. Ein wesentlicher Unterschied betrifft allerdings die Implementation der Knoten: Die Informationen werden nicht mehr direkt in den Knoten der Liste gespeichert, sondern enthalten nur noch den Hinweis darauf, an welcher Adresse *Info* die Information *Data* zu finden ist. Der Basistyp des Zeigerfeldes *Info* ist also *DataTyp*.

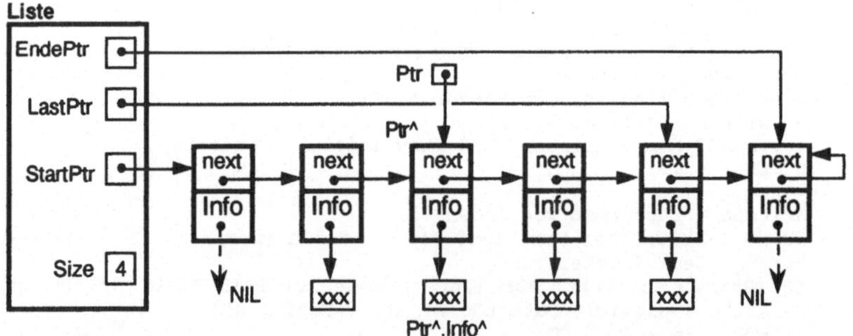

Die Abbildung skizziert einen möglichen Zustand eines Objektes *Liste* von *ListClass*. Der in einer Anwendung definierte variable Zeiger *Ptr* zeigt bereits auf einen beliebigen Knoten *Ptr^* der Liste, dem der Datensatz *Ptr^.Info^* zugeordnet ist. Ein Vorteil dieser Lösung liegt darin, daß die zwei Knoten *Ptr1^* und *Ptr2^* zugeordneten Informationen leichter ausgetauscht werden können: Die Datensätze *Ptr1^.Info^* und *Ptr2^.Info^* müssen nicht als Ganzes umkopiert werden, sondern es genügt völlig, die Adressen *Ptr1^.Info* und *Ptr2^.Info* zu vertauschen. Das Testprogramm *TList6* ähnelt stark dem Hauptprogramm von *Liste4* (11.7) und ist hier ohne Dialog kommentarlos wiedergegeben.

```
 1    UNIT OList6;
 2    (*****************************************************************)
 3    INTERFACE
 4    USES
 5       UDataSpc;
 6    TYPE
 7       PtrTyp  =   ^NodeTyp;
 8       NodeTyp =   RECORD
 9                      next :   PtrTyp;
10                      Info :   ^DataTyp;
11                      END;
12       ListClass = OBJECT
13           (*-------------------------------------------------------*)
14           PROCEDURE Init;
15           (*-------------------------------------------------------*)
16           PROCEDURE Store    (    Ptr : PtrTyp;       DataX : DataTyp);
17           PROCEDURE Retrieve (    Ptr : PtrTyp;   VAR DataX : DataTyp);
18           PROCEDURE Erase    (    Ptr : PtrTyp;   VAR DataX : DataTyp);
19           PROCEDURE Insert   (VAR Ptr : PtrTyp;       DataX : DataTyp);
20           PROCEDURE Delete   (    Ptr : PtrTyp;   VAR DataX : DataTyp);
21           PROCEDURE Show;
22           FUNCTION  Empty : BOOLEAN;
23           FUNCTION  Full  : BOOLEAN;
24           (*-------------------------------------------------------*)
25           FUNCTION  Succ   (Ptr : PtrTyp)   : PtrTyp;
26           FUNCTION  Seek   (pos : INTEGER)  : PtrTyp;
27           (*-------------------------------------------------------*)
28           FUNCTION  Get_StartPtr : PtrTyp;
29           FUNCTION  Get_FirstPtr : PtrTyp;
30           FUNCTION  Get_LastPtr  : PtrTyp;
31           FUNCTION  Get_EndePtr  : PtrTyp;
32           (*-------------------------------------------------------*)
33           FUNCTION  Get_Size : INTEGER;
34           PROCEDURE Inc_Size;
35           PROCEDURE Dec_Size;
36         PRIVATE
37           (*-------------------------------------------------------*)
38           StartPtr, EndePtr
39           , LastPtr           :   PtrTyp;
40           Size                :   INTEGER;
41           (*-------------------------------------------------------*)
42         END;
43    (*****************************************************************)
44    IMPLEMENTATION
45    (*-------------------------------------------------------------*)
46    PROCEDURE ListClass.Init;
47       (* Gibt einer Liste Anfangswerte - Initialisiert die VMT *)
48       VAR
49          Ptr : PtrTyp;
50       BEGIN
51       NEW (StartPtr);                    NEW (EndePtr);
52       StartPtr^.next :=  EndePtr;      EndePtr^.next :=  EndePtr;
53       StartPtr^.Info :=  NIL;          EndePtr^.Info :=  NIL;
54       LastPtr :=  StartPtr;
55       Size    :=  0;
56       END; (* ListClass.Init *)
57    (*-------------------------------------------------------------*)
```

(Fortsetzung nächste Seite)

```
(Fortsetzung von Modul OList6)

 58    PROCEDURE ListClass.Store (Ptr : PtrTyp;   DataX : DataTyp);
 59       (* speichert 'DataX' an Position 'Ptr' einer Liste *)
 60       BEGIN
 61       WITH Ptr^ DO BEGIN
 62          IF Info <> NIL THEN DISPOSE (Info);
 63          NEW (Info);    Info^ :=  DataX;
 64          END; (*WITH*)
 65       END; (* ListClass.Store *)

 66    PROCEDURE ListClass.Retrieve (Ptr : PtrTyp;   VAR DataX : DataTyp);
 67       (* kopiert Inhalt der Listenposition 'Ptr' nach 'DataX' *)
 68       BEGIN
 69       IF Ptr^.Info <> NIL THEN  DataX :=  Ptr^.Info^
 70                           ELSE  DataX :=  NoData;
 71       END; (* ListClass.Retrieve *)

 72    PROCEDURE ListClass.Erase (Ptr : PtrTyp;   VAR DataX : DataTyp);
 73       (* kopiert Inhalt der Listenposition 'Ptr' nach 'DataX' *)
 74       (* und löscht die Information aus der Liste.            *)
 75       BEGIN
 76       IF Ptr^.Info <> NIL THEN BEGIN
 77          Retrieve (Ptr, DataX);
 78          DISPOSE (Ptr^.Info);
 79          Ptr^.Info :=  NIL;
 80          END; (*IF*)
 81       END; (* ListClass.Erase *)

 82    PROCEDURE ListClass.Insert (VAR Ptr : PtrTyp;   DataX : DataTyp);
 83       (* Fuegt 'DataX' HINTER Position 'Ptr' ein. 'Ptr' wird auf *)
 84       (* neuen Datensatz gesetzt. 'LastPtr' evtl. aktualisiert.  *)
 85       (* Methode: hängt 'PtrNew' zwischen 'Ptr1' und 'Ptr2' ein. *)
 86       VAR
 87          Ptr1, PtrNew, Ptr2 :  PtrTyp;
 88       BEGIN
 89       Ptr1 :=  Ptr;
 90       Ptr2 :=  Ptr1^.next;
 91       NEW (PtrNew);
 92       WITH PtrNew^ DO BEGIN
 93          next :=  Ptr2;
 94          Info :=  NIL;
 95          END; (*WITH*)
 96       Store (PtrNew, DataX);
 97       Ptr1^.next :=  PtrNew;
 98       Inc_Size;
 99       IF Ptr2 = EndePtr THEN  LastPtr :=  PtrNew;
100       Ptr :=  PtrNew;
101       END; (* ListClass.Insert *)

102    PROCEDURE ListClass.Delete (Ptr : PtrTyp;   VAR DataX : DataTyp);
103       (* Löscht Knoten HINTER 'Ptr'; gibt Datensatz dabei zurück;    *)
104       (* läßt 'Ptr' unverändert; aktualisiert evtl. 'LastPtr'.       *)
105       (* Methode: 'PtrOld' wird zwischen 'Ptr1' und 'Ptr2' entfernt. *)
106       VAR
107          Ptr1, PtrOld, Ptr2 : PtrTyp;
108       BEGIN
109       Ptr1    :=  Ptr;
110       PtrOld :=  Ptr1^.next;
111       Ptr2    :=  PtrOld^.next;
```

(Fortsetzung nächste Seite)

(Fortsetzung von Modul OList6)

```
112     IF PtrOld <> EndePtr THEN BEGIN
113         Erase (PtrOld, DataX);
114         Ptr1^.next :=  Ptr2;
115         Dec_Size;
116         IF Ptr2 = EndePtr THEN  LastPtr := Ptr1;
117         DISPOSE (PtrOld);
118         END; (*IF*)
119     END; (* ListClass.Delete *)

120 PROCEDURE ListClass.Show;
121     (* zeigt Daten sequentiell an *)
122     VAR
123         DataX : DataTyp;
124         Ptr   : PtrTyp;
125         i     : INTEGER;
126     BEGIN
127     Ptr :=  Get_FirstPtr;
128     FOR i := 1 TO Size DO BEGIN
129         Retrieve (Ptr, DataX);   Write_Data (DataX);
130         Ptr :=  Succ (Ptr);
131         END; (*FOR*)
132     END; (* ListClass.Show *)

133 FUNCTION ListClass.Empty : BOOLEAN;
134     (* prueft, ob eine Liste leer ist *)
135     BEGIN   Empty :=  (Size = 0);
136     END; (* ListClass.Empty *)

137 FUNCTION ListClass.Full : BOOLEAN;
138     (* hat Arbeitsspeicher noch Platz für ein Listenelement? *)
139     BEGIN
140     Full :=  (SizeOf (NodeTyp) + SizeOf (DataTyp) > MaxAvail);
141     END; (* ListClass.Full *)
142 (*--------------------------------------------------------------------*)
143 FUNCTION ListClass.Succ (Ptr : PtrTyp) : PtrTyp;
144     (* besorgt Zeiger auf nächste Position *)
145     BEGIN   Succ :=  Ptr^.next;
146     END; (* ListClass.Succ *)

147 FUNCTION ListClass.Seek (pos : INTEGER) : PtrTyp;
148     (* besorgt Zeiger auf Position 'pos' der Liste *)
149     VAR
150         i   : INTEGER;
151         Ptr : PtrTyp;
152     BEGIN
153     Ptr :=  Get_StartPtr;   i := 0;
154     WHILE (i < pos) AND (Ptr <> EndePtr) DO BEGIN
155         i := i + 1;     Ptr := Succ (Ptr);
156         END; (*WHILE*)
157     Seek :=  Ptr;
158     END; (* ListClass.Seek *)
159 (*--------------------------------------------------------------------*)
160 FUNCTION ListClass.Get_StartPtr : PtrTyp;
161     (* liefert Zeiger auf ersten Dummy-Knoten der Liste *)
162     BEGIN
163     Get_StartPtr :=  StartPtr;
164     END; (* ListClass.Get_StartPtr *)
```

(Fortsetzung nächste Seite)

```
(Fortsetzung von Modul OList6)

165  FUNCTION ListClass.Get_FirstPtr : PtrTyp;
166     (* liefert Zeiger auf erste Position der Liste *)
167     BEGIN
168     Get_FirstPtr :=  Succ (StartPtr);
169     END; (* ListClass.Get_FirstPtr *)

170  FUNCTION ListClass.Get_LastPtr : PtrTyp;
171     (* liefert Zeiger auf letzte Position der Liste *)
172     BEGIN
173     Get_LastPtr :=  LastPtr;
174     END; (* ListClass.Get_LastPtr *)

175  FUNCTION ListClass.Get_EndePtr : PtrTyp;
176     BEGIN
177     Get_EndePtr := EndePtr;
178     END; (* ListClass.Get_EndePtr *)
179  (*------------------------------------------------------------------*)
180  FUNCTION ListClass.Get_Size : INTEGER;
181     (* liefert derzeitige Anzahl der Daten einer Liste *)
182     BEGIN
183     Get_Size :=  Size;
184     END; (* ListClass.Get_Size *)

185  PROCEDURE ListClass.Inc_Size;
186     BEGIN
187     Size :=  Size + 1;
188     END; (* ListClass.Inc_Size *)

189  PROCEDURE ListClass.Dec_Size;
190     BEGIN
191     Size :=  Size - 1;
192     END; (* ListClass.Dec_Size *)
193  (***************************************************************************)
194  BEGIN
195  END.
```

Die Technik der Zeiger vom Listenknoten auf die Information ist auch Ausgangspunkt zur Lösung eines Problems, über das bisher stillschweigend hinweg gesehen wurde. Bei den vorgestellten Implementationen von Liste, Stapel
und Schlange muß der Anwender in den Anwendungs-Spezifikationen einmalig festlegen, für welchen (Basis-)Typ von Daten z.B. sein Stapel geeignet sein
soll. Andersartige Daten passen dann nicht in diesen Stapel. Aber schlimmer
noch: In der gleichen Anwendung kann auch kein zweiter Stapel für einen
zweiten Basistyp deklariert werden.

In Turbo Pascal können unter Verwendung von Zeigern vom Typ POINTER,
deren Basistyp nicht fixiert ist, sog. generische Datentypen definiert werden.
Erst bei der Initialisierung einer Variablen bzw. einer Instanz dieses Typs
muß man über den Basistyp Auskunft geben; es können also in einer Anwendung mehrere Stapel existieren, von denen jeder für das Stapeln einer anderen
Art von Informationen verantwortlich ist. Formuliert man für die Informationen selbst ebenfalls Objektklassen, dann kann ein einziger als Objekt angeleg-
ter Stapel sogar Informationen verschiedenster Basistypen in sich aufnehmen.
Es ist hier nicht der Platz, diese Konzepte auszuführen. Zur Vertiefung wird
das ausgezeichnete Büchlein "Object-Oriented Turbo Pascal" von H. Paul Haiduk empfohlen (s. Literaturhinweise).

```pascal
1    PROGRAM TList6;
2    (* testet ListClass aus UNIT OList6; vgl. Programm Liste4 (11.7) *)
3    USES
4       UDataSpc, OList6;

5    VAR
6       Liste      :  ListClass;
7       DataX      :  DataTyp;
8       Ptr        :  PtrTyp;
9       i, pos, N  :  INTEGER;

10   BEGIN
11   WITH Liste DO BEGIN
12      Init;

13      WriteLn ('Anlegen der Liste:');
14      Ptr :=  Get_StartPtr;
15      Read_Data (DataX);
16      WHILE NOT ( Empty_Data (DataX)  OR  Full ) DO BEGIN
17         Insert (Ptr, DataX);
18         IF NOT Full THEN Read_Data (DataX);
19         END; (*WHILE*)

20      WriteLn ('Anzahl der Daten: ', Get_Size);
21      WriteLn ('Liste:'); IF NOT Empty THEN Show;   WriteLn;   WriteLn;

22      WriteLn ('Einfügen in Liste:');
23      Write ('Nach welcher Position? ');   ReadLn (pos);
24      Ptr :=  Seek (pos);

25      IF Ptr <> Get_EndePtr THEN BEGIN
26         WriteLn ('Datensätze:');
27         Read_Data (DataX);
28         WHILE NOT ( Empty_Data (DataX)  OR  Full ) DO BEGIN
29            Insert (Ptr, DataX);
30            IF NOT Full THEN Read_Data (DataX);
31            END; (*WHILE*)

32         WriteLn ('Anzahl der Daten: ', Get_Size);
33         WriteLn ('Liste:'); IF NOT Empty THEN Show;  WriteLn;  WriteLn;
34         END; (*IF*)

35      WriteLn ('Entfernen von Daten:');
36      Write ('Hinter welcher Position? ');   ReadLn (pos);
37      Ptr :=  Seek (pos);

38      IF (Ptr <> Get_LastPtr) AND (Ptr <> Get_EndePtr) THEN BEGIN
39         Write ('Wieviele Datensätze? ');   ReadLn (N);
40         FOR i := 1 TO N DO
41            IF Ptr <> Get_LastPtr THEN BEGIN
42               Delete (Ptr, DataX);   Write_Data (DataX);
43               END; (*IF*)

44         WriteLn;
45         WriteLn ('Anzahl der Daten: ', Get_Size);
46         WriteLn ('Liste:'); IF NOT Empty THEN Show;   WriteLn;
47         END; (*IF*)
48      END; (*WITH*)

49   ReadLn;
50   END.
```

11.10 Module OStack6 und OQueue6

Die Objektklassen *StackClass* und *QClass* unterscheiden sich von *ListClass*
(Modul *OList6*, 11.9) nur dadurch, daß für sie spezielle Zugriffs-Methoden
Push und *Pop* bzw. *Append* und *Delete* definiert sind. Es liegt nahe, beide Klassen direkt von *ListClass* abstammen zu lassen, was zu einer baumartigen
Klassenhierarchie führt. In den Unterklassen werden keine neuen Datenfelder eingeführt, keine Methoden überschrieben und daher auch keine virtuellen Methoden benötigt. Die Initialisierung führt für Objekte aller Klassen zu
dem in der Abbildung dargestellten Zustand.

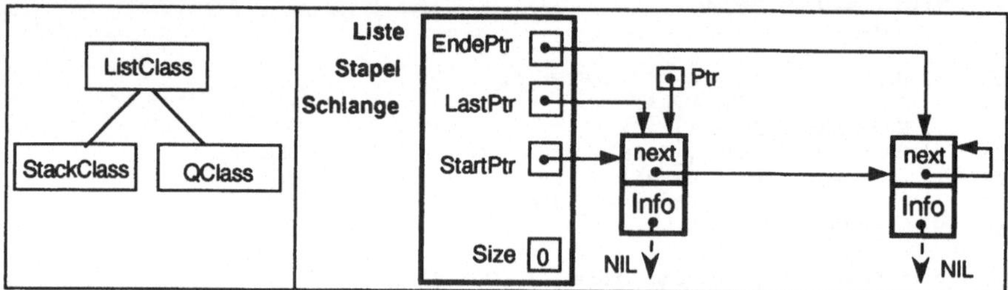

Die Aufnahme dreier Elemente in den Stapel geschieht in folgenden Schritten:

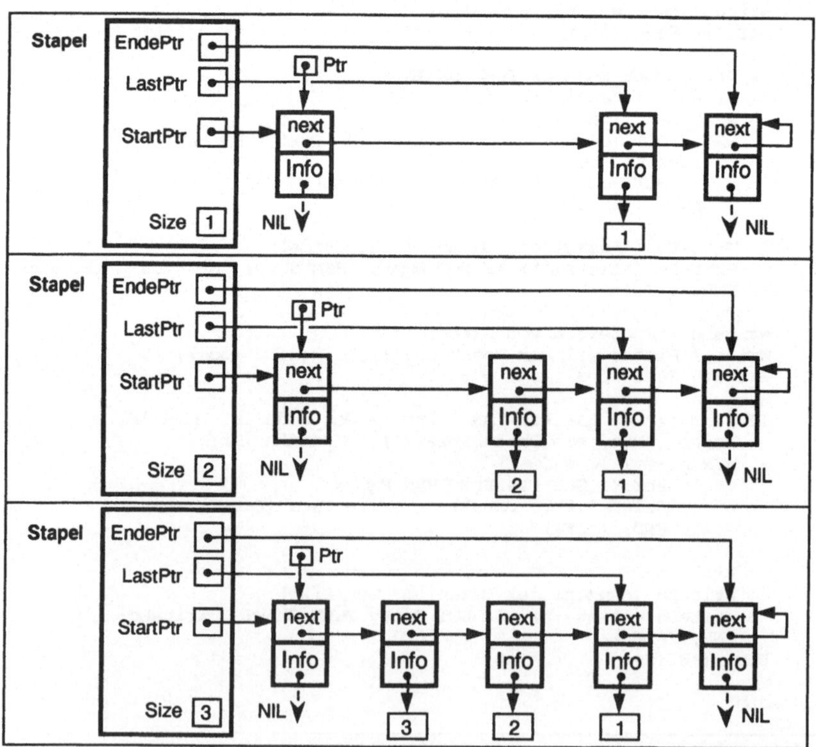

Nach dieser Auffassung ist der Stapel eine **rückwärts verkettete Liste**, bei der neue Elemente am Anfang der Liste eingefügt und entfernt werden. Das steht im Gegensatz zu den früheren Implementationen, bei denen Stapel-Operationen am Ende einer Liste ausgeführt wurden. Jedes Element einer rückwärts verketteten Liste hat seinen zeitlichen Vorgänger als Listen-Nachfolger. Die Operationen *Push* und *Pop* sind über die Listen-Methoden *Insert* und *Delete* definiert; der dadurch korrekt mitgeführte Zeiger *LastPtr* ist für den Stapel allerdings ohne Bedeutung.

Die Schlange ist als eine **vorwärts verkettete Liste** realisiert, bei der jeder Knoten seinen zeitlichen Nachfolger auch zum Listen-Nachfolger hat. Diese Auffassung ist mit derjenigen früherer Implementationen konform. Die Abbildung zeigt, wie jeder neue Knoten hinter dem bisher letzten Knoten eingefügt wird. Über dessen Adresse *LastPtr* führen die Listen-Operationen *Insert* und *Delete* Buch. Da aber *Append* und *Delete* über diese Operationen definiert sind, weiß auch eine Schlange immer, wo sich ihr letzter Knoten befindet.

Vergleicht man die beiden umseitigen Module *OStack6* und *OQueue6*, dann stellt man fest, daß die Methoden *StackClass.Pop* und *QClass.Remove* den gleichen Code besitzen. Man hätte statt den hier eingeführten Verwandtschafts-Beziehungen zwischen den Klassen auch *StackClass* von *QClass* abstammen lassen können, wobei *Remove* in *Pop* hätte umbenannt werden müssen. Ebenso wäre *QClass* als Erbe von *StackClass* denkbar.

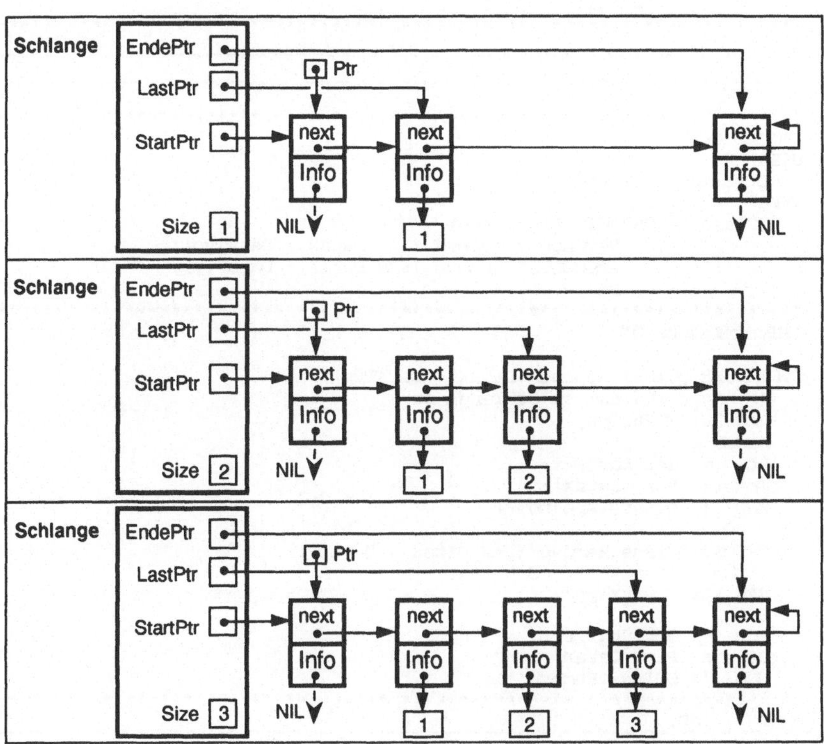

```
1    UNIT OStack6;
2    (*******************************************************************)
3    INTERFACE
4    USES
5       UDataSpc, OList6;
6    TYPE
7       StackClass = OBJECT (ListClass)
8                          PROCEDURE Push (    DataX : DataTyp);
9                          PROCEDURE Pop  (VAR DataX : DataTyp);
10                         END;
11   (*******************************************************************)
12   IMPLEMENTATION

13   PROCEDURE StackClass.Push (DataX : DataTyp);
14      (* legt 'DataX' auf den Stapel *)
15      VAR   Ptr : PtrTyp;
16      BEGIN
17      Ptr :=  Get_StartPtr;
18      Insert (Ptr, DataX);
19      END; (* StackClass.Push *)

20   PROCEDURE StackClass.Pop (VAR DataX : DataTyp);
21      (* holt 'DataX' vom Stapel *)
22      VAR   Ptr : PtrTyp;
23      BEGIN
24      Ptr :=  Get_StartPtr;
25      Delete (Ptr, DataX);
26      END; (* StackClass.Pop *)
27   (*******************************************************************)
28   BEGIN    END.
```

```
1    UNIT OQueue6;
2    (*******************************************************************)
3    INTERFACE
4    USES
5       UDataSpc, OList6;
6    TYPE
7       QClass  = OBJECT (ListClass)
8                         PROCEDURE Append (    DataX : DataTyp);
9                         PROCEDURE Remove (VAR DataX : DataTyp);
10                        END;
11   (*******************************************************************)
12   IMPLEMENTATION

13   PROCEDURE QClass.Append (DataX : DataTyp);
14      (* hängt 'DataX' an Schlange an *)
15      VAR Ptr : PtrTyp;
16      BEGIN
17      Ptr :=  Get_LastPtr;
18      Insert (Ptr, DataX);
19      END; (* QClass.Append *)

20   PROCEDURE QClass.Remove (VAR DataX : DataTyp);
21      (* holt 'DataX' von Schlange *)
22      VAR Ptr :  PtrTyp;
23      BEGIN
24      Ptr :=  Get_StartPtr;
25      Delete (Ptr, DataX);
26      END; (* QClass.Remove *)
27   (*******************************************************************)
28   BEGIN    END.
```

```pascal
1    PROGRAM TStkQ6 (Input, Output);
2    (* Testet 'ListClass', 'StackClass' und 'QClass'. *)
3    USES
4        Crt, UIOTool, UDataSpc, OList6, OStack6, OQueue6;
5    (*******************************************************************)
6    PROCEDURE Zeige (VAR S : ListClass);
7       (* Parameter S kann jeden Nachkommen von ListClass akzeptieren. *)
8       BEGIN
9       WITH S DO BEGIN
10         IF NOT Empty THEN Show;    WriteLn;
11         WriteLn ('':22,  'Größe:  ', Get_Size);
12         END; (*WITH*)
13      END; (* Zeige *)
14   (*******************************************************************)
15   VAR
16      Liste     :   ListClass;
17      Stapel    :   StackClass;
18      Schlange  :   QClass;
19      DataX     :   DataTyp;
20      Anzahl, i :   INTEGER;
21   BEGIN (* Hauptprogramm *)
22   Liste.Init;      Stapel.Init;      Schlange.Init;
23   REPEAT
24      ClrScr;
25      Write ('Inhalt des Stapels :');   Zeige (Stapel);
26      Write ('Inhalt der Schlange:');   Zeige (Schlange); WriteLn;
27      WriteLn ('Anhängen an Stapel und Schlange:');
28      Read_Data (DataX);
29      WHILE NOT Empty_Data (DataX) DO BEGIN
30         IF NOT Stapel. Full THEN Stapel. Push    (DataX);
31         IF NOT Schlange.Full THEN Schlange.Append (DataX);
32         Read_Data (DataX);
33         END; (*WHILE*)
34      WriteLn;   Write ('Neuer Stapel: ');    Zeige (Stapel);    WriteLn;
35                 Write ('Neue  Schlange:');    Zeige (Schlange);  WriteLn;
36      Write ('Wieviele Werte entfernen? ');   ReadLn (Anzahl);    WriteLn;
37      Write ('Aus Stapel entfernt:  ');
38      FOR i := 1 TO Anzahl DO
39         IF NOT Stapel.Empty THEN BEGIN
40            Stapel.Pop (DataX);  Write_Data (DataX);
41            END;
42      WriteLn;   Write ('Neuer Stapel: ');    Zeige (Stapel);    WriteLn;
43      Write ('Aus Schlange entfernt:');
44      FOR i := 1 TO Anzahl DO
45         IF NOT Schlange.Empty THEN BEGIN
46            Schlange.Remove (DataX);  Write_Data (DataX);
47            END;
48      WriteLn;   Write ('Neue  Schlange:');   Zeige (Schlange);
49      WriteLn ('Nochmal? (J/N) ');
50      UNTIL Get_JaNein = Nein;
51   ClrScr;
52   Write ('Inhalt des Stapels :');   Zeige (Stapel);
53   WriteLn (Stapel wird Liste zugewiesen:');
54   Liste :=  Stapel;
55   Write ('Inhalt der Liste   :');   Zeige (Liste);    WriteLn;
56   Write ('Inhalt der Schlange:');   Zeige (Schlange);
57   WriteLn (Schlange wird Liste zugewiesen:');
58   Liste :=  Schlange;
59   Write ('Inhalt der Liste   :');   Zeige (Liste);    WriteLn;
60   ReadLn;
61   END.
```

Das Programm *TStkQ6* zum Test der eingeführten Klassen ist ganz analog zu
Programm *TstkQ2a* (10.9) aufgebaut. Die Prozedur *Zeige* hat jetzt einen formalen Parameter vom Typ *ListTyp* und kann daher Objekte aller anderen Klassen
der Hierarchie annehmen. Schwierigkeiten bei der Zuweisung von Objekten
unterschiedlicher Klassen (Zeilen 52 bis 59) gibt es nicht, da keine klasseneige-
nen virtuellen Methoden beteiligt sind. Wird ein *Stapel* der *Liste* zugewiesen,
zeigt die *Liste* das Verhalten eines *Stapels*; analoges gilt nach Zuweisung
einer *Schlange* auf die *Liste*. Ein möglicher Dialog könnte folgende Form
haben:

```
Inhalt des Stapels :
                Größe: 0
Inhalt des Schlange:
                Größe: 0


Anhängen an Stapel und Schlange:
Ganze Zahl [Ende mit <-99>]: 11
Ganze Zahl [Ende mit <-99>]: 22
Ganze Zahl [Ende mit <-99>]: 33
Ganze Zahl [Ende mit <-99>]: 44
Ganze Zahl [Ende mit <-99>]: 55
Ganze Zahl [Ende mit <-99>]: 66
Ganze Zahl [Ende mit <-99>]: 77
Ganze Zahl [Ende mit <-99>]: -99


Neuer Stapel:      77    66    55    44    33    22    11
                Größe: 7


Neue  Schlange:    11    22    33    44    55    66    77
                Größe: 7

Wieviele Werte entfernen? 2

Aus Stapel entfernt:      77    66
Neuer Stapel:      55    44    33    22    11
                Größe: 5

Aus Schlange entfernt:    11    22
Neue  Schlange:    33    44    55    66    77
                Größe: 5
Nochmal? (J/N)  n
```

```
Inhalt des Stapels :    55    44    33    22    11
                Größe: 5
Stapel wird Liste zugewiesen:
Inhalt der Liste   :    55    44    33    22    11
                Größe: 5


Inhalt des Schlange:    33    44    55    66    77
                Größe: 5
Schlange wird Liste zugewiesen:
Inhalt der Liste   :    33    44    55    66    77
                Größe: 5
```

11.11 Programme TStkQ3s und TStkQ3d

Die Zuweisung der Instanz einer Objektklasse auf eine Instanz der gleichen
oder einer Vorfahrenklasse machte im Programm *TStkQ6* keine Probleme.
Wenn aber die ADT *Stapel* und *Schlange* wie in den Modulen *OStack3* und
OQueue3 (10.11) zwar voneinander abgeleitet sind, aber auch ein stärkeres
Eigenleben mit verschiedenen Datenfeldern und virtuellen Methoden führen,
zeigt die Zuweisung einer *Schlange* an einen *Stapel* nicht das erwartete Ergeb-
nis: Der *Stapel* zeigt seinen Inhalt in der stapeltypischen Weise rückwärts an.
Das Objekt *Stapel* verhält sich demnach nicht polymorph.

```
1     PROGRAM TStkQ3s (Input, Output);
2       (* Testet Zuweisung von Instanzen der 'StackClass' und 'QClass'. *)
3     USES
4         Crt, UDataSpc, OStack3, OQueue3;

5     VAR
6         Stapel    : StackClass;
7         Schlange  : QClass;
8         DataX     : DataTyp;

9     BEGIN (* Hauptprogramm *)
10    Stapel.Init;         Schlange.Init;
11    WriteLn ('Anlegen von Stapel und Schlange:');
12    Read_Data (DataX);
13    WHILE NOT Empty_Data (DataX) DO BEGIN
14       IF NOT Stapel. Full THEN Stapel. Push    (DataX);
15       IF NOT Schlange.Full THEN Schlange.Append (DataX);
16       Read_Data (DataX);
17       END; (*WHILE*)
18    Write ('Stapel : ');    Stapel.Show;     WriteLn;
19    Write ('Schlange: ');   Schlange.Show;   WriteLn;

20    WriteLn ('Schlange wird Stapel zugewiesen:');
21    Stapel := Schlange;
22    Write ('Stapel : ');    Stapel.Show;
23    ReadLn;
24    END.
```

```
Möglicher Dialog:

Anlegen von Stapel und Schlange:
Ganze Zahl [Ende mit <-99>]: 1
Ganze Zahl [Ende mit <-99>]: 2
Ganze Zahl [Ende mit <-99>]: 3
Ganze Zahl [Ende mit <-99>]: 4
Ganze Zahl [Ende mit <-99>]: -99
Stapel :    4    3    2    1
Schlange:   1    2    3    4
Schlange wird Stapel zugewiesen:
Stapel :    4    3    2    1
```

Anders liegen die Dinge im folgenden Programm *TStkQ3d*, in dem die Instanzen der beiden Klassen nicht statisch, sondern dynamisch angelegt werden.
Mit der Deklaration von *Stapel* und *Schlange* wird lediglich die Möglichkeit
vorgesehen, im Laufe des Programms einmal Instanzen von *StackClass* und
QClass anzulegen. Die dazu nötigen Zeigertypen werden in den Zeilen 6 bis 8

definiert. Wie bei dynamischen Variablen üblich, werden auch zu den Zeigern *Stapel* und *Schlange* gehörige Objekte *Stapel*^ und *Schlange*^ mit NEW angelegt. Diese Instanzen werden wie gewohnt initialisiert und sind danach in der Lage, die Informationen aufzunehmen, zu speichern und zu zeigen. Der entscheidende Punkt ist die Zuweisung des Zeigers *Schlange* an den Zeiger *Stapel* (Zeile 26). **Zeiger auf Instanzen einer Klasse können Zeigern auf Instanzen der gleichen oder einer Vorfahrenklasse zugewiesen werden.** Nun weist der Zeiger *Stapel* tatsächlich auf die Instanz einer *Schlange*. *Stapel*^ ist also plötzlich ein Objekt von *QClass* und zeigt auch das entsprechende Verhalten. Der Mechanismus ist ähnlich dem bei der Übergabe an den VAR-Objektparameter der Prozedur *Zeige* in Programm *TStkQ2a* (10.9). Man spricht wieder von einem polymorphen Objekt *Stapel*^.

```
1    PROGRAM TStkQ3d (Input, Output);
2    (* Testet Zuweisung von Instanzen der 'StackClass' und 'QClass'. *)
3    USES
4        Crt, UDataSpc, OStack3, OQueue3;
5    (*-----------------------------------------------*)
6    TYPE
7       StackClassPtr = ^StackClass;
8       QClassPtr     = ^QClass;
9    (*-----------------------------------------------*)
10   VAR
11      Stapel    : StackClassPtr;
12      Schlange  : QClassPtr;
13      DataX     : DataTyp;

14   BEGIN (* Hauptprogramm *)
15   NEW (Stapel);          NEW (Schlange);
16   Stapel^.Init;          Schlange^.Init;
17   WriteLn ('Anlegen von Stapel und Schlange:');
18   Read_Data (DataX);
19   WHILE NOT Empty_Data (DataX) DO BEGIN
20      IF NOT Stapel^. Full THEN Stapel^. Push    (DataX);
21      IF NOT Schlange^.Full THEN Schlange^.Append (DataX);
22      Read_Data (DataX);
23      END; (*WHILE*)
24   Write ('Stapel  : ');   Stapel^.Show;    WriteLn;
25   Write ('Schlange: ');   Schlange^.Show;  WriteLn;

26   WriteLn ('Schlange wird Stapel zugewiesen:');
27   Stapel := Schlange;
28   Write ('Stapel  : ');   Stapel^.Show;
29   ReadLn;
30   END.
```

```
Möglicher Dialog:

Anlegen von Stapel und Schlange:
Ganze Zahl [Ende mit <-99>]: 1
Ganze Zahl [Ende mit <-99>]: 2
Ganze Zahl [Ende mit <-99>]: 3
Ganze Zahl [Ende mit <-99>]: 4
Ganze Zahl [Ende mit <-99>]: -99
Stapel  :    4    3    2    1
Schlange:    1    2    3    4
Schlange wird Stapel zugewiesen:
Stapel  :    1    2    3    4
```

BEMERKUNGEN:

Nach diesen Beispielen kann man sich vorstellen, daß die Verwendung von
Zeigern ein sehr mächtiges Instrument zum Aufbau vielfältiger und komplexer Datenstrukturen ist. Eine sehr wichtige Anwendung finden Zeiger beim
Aufbau von **Baumstrukturen**, seien es binäre oder gar Mehrwege-Suchbäume.
Der Index auf eine Datei kann als Suchbaum realisiert werden und ermöglicht
einen sehr schnellen Zugriff auf einzelne Datensätze. Realisiert man den
Suchbaum mit Zeigern, kann er mit der Datei wachsen und schrumpfen. In
der Abbildung ist ein Drei-Wege-Suchbaum skizziert. Jeder seiner Knoten hat
zwei Einträge (z.B. Schlüsselwerte von Datensätzen) und drei Zeiger auf seine
Nachkommen. Der Baum hat die Höhe 3, was der Länge des Wegs von der
Wurzel zum am weitesten entfernten Blatt entspricht, gemessen in dabei
durchwanderten Knoten.

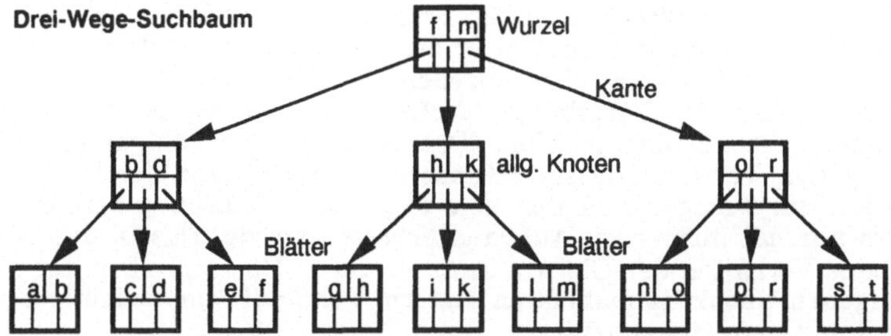

Für eine effiziente Benutzung des Suchbaums bei der Dateiorganisation ist
wesentlich, daß seine Höhe immer ausgeglichen ist. Auch nach Hinzufügen
und Entfernen von Schlüsselwerten sollen sich, wie in der Abbildung, alle
Blattknoten auf der gleichen Ebene befinden (**höhen-balancierter Suchbaum**).
Die dazu ständig nötige Umorganisation benötigt weniger Zeitaufwand, wenn
der Baum mit verzeigerten RECORD-Strukturen realisiert ist.

**Die Struktur verzeigerter RECORDs kann nicht direkt auf Dateien gespeichert
werden.** Die in den Knoten gespeicherten Adressen haben nur während eines
bestimmten Programm-Laufs Gültigkeit. Würde man die Knoten wieder von
der Datei in den Arbeitsspeicher laden, würden Speicheradressen benutzt
werden, die höchstwahrscheinlich in der Zwischenzeit anderweitig Verwendung gefunden haben. Also muß man die in der verzeigerten Datenstruktur
gespeicherten Informationen in einer festgelegten Reihenfolge auf die Datei
kopieren; benötigt man die Struktur wieder, muß man sie mit den sequentiell
von der Datei gelesenen Informationen neu aufbauen.

Jedes der vielen im Handel erhältlichen Bücher über **Algorithmen und Datenstrukturen** enthält eine Vielfalt interessanter Beispiele und Anwendungen der
mit Zeigern realisierten Datentypen. Stellvertretend für viele hervorragende
Darstellungen sei das schon in kurzer Zeit zum Klassiker avancierte Buch
"Algorithmen" von R. Sedgewick genannt. Weniger umfangreich ist bisher
noch die einführende Literatur zu den **Anwendungsmöglichkeiten von Objekten**, insbesondere wenn sie verzeigert sind. Das bereits genannte Büchlein von
H. Paul Haiduk muß auch hier wieder dringend zum genauen Studium empfohlen werden.

Zusammen mit dem Compiler von Turbo Pascal wird eine Bibliothek "Turbo Vision" von Objektklassen ausgeliefert, mit der der Anwendungs-Programmierer seinen Programmen eine eigene ansprechende Benutzeroberfläche geben kann. Viele kommerzielle Anwendungsprogramme sind seit einiger Zeit mit solchen Oberflächen versehen, die auf einer zeichenorientierten Pseudo-Graphik aufbauen und keine zeit- und speicherraubenden voll-graphischen Oberflächen benötigen. Die Anwendung und besonders das Verständnis solcher Klassen-Bibliotheken ist nicht ganz trivial, doch sind sie nur ein Beispiel dafür, in welche Richtung sich die Softwaretechnik zur Zeit stürmisch entwickelt. Lernprogramme und Dokumentation z.B. von Turbo Vision lohnen daher die Mühe eines ausführlichen Studiums.

Solche graphischen Benutzer-Oberflächen werden durch Anwendungs-Objekte erzeugt, die einen Bildschirm in Fenster aufteilen, Menüs aufklappen und Dialoge mit dem Benutzer durchführen können. Die Fenster, Menüs und Dialoge können selbst Objekte sein, die im Programm bei Bedarf dynamisch angelegt werden und auf die spezielle Zeiger des Anwendungs-Objektes weisen. Die Objekte kennen Methoden zu ihrer eigenen Manipulation; der Programmierer verwendet sie über den Vererbungs-Mechanismus und stattet die Nachkommen mit zusätzlichen Eigenschaften (Datenfeldern) und Fähigkeiten (Methoden) aus. Unter Verwendung einer Klassenbibliothek kann der Programmierer also mit nur wenigen Befehlen eine Programm-Umgebung herstellen, die er anders nur mit äußerstem Aufwand erhalten würde. Das in den Klassen vorgegebene Verhalten der Objekte kann er durch Überschreiben der Methoden in eigenen Nachkommenklassen ändern – ohne die Implementierung der verwendeten Klasse zu kennen!

Diese Bemerkungen sollen genügen, dem Leser eine mögliche Richtung für die Vertiefung des bis hierher erarbeiteten Materials zu zeigen.

11.12 Zusammenfassung

❏ Zeiger sind Variable, deren Inhalt lediglich aus der Adresse eines anderen Speicherplatzes besteht. Jeder Zeiger besitzt einen Basistyp, der die Art des Speicherplatzes angibt, auf den der Zeiger weist. Basistyp können einfache oder zusammengesetzte Datentypen sein.

❏ Mit Zeigern kann während der Ausführung eines Programms aktuell benötigter Speicherplatz für Daten dynamisch angefordert werden. Dafür steht die Prozedur NEW zur Verfügung. Umgekehrt wird nicht mehr benötigter Speicher mit DISPOSE zur anderweitigen Verwendung freigegeben.

❏ Mit der Möglichkeit der einfach oder mehrfach verzeigerten RECORD-Strukturen können Datenstrukturen fast beliebiger Komplexität konstruiert werden. Als Beispiele wurden neue Implementationen der ADTs *Liste, Stapel* und *Schlange* vorgestellt, die auf den linearen Strukturen der einfach oder -doppelt verketteten RECORDs beruhen. In diesem Zusammenhang wurden die Grundtechniken des Einfügens und Entfernens von Knoten aus Listen behandelt.

❏ Basistyp eines Zeigers kann auch eine Objektklasse sein. Mit NEW wird ein dynamisches Objekt der Basisklasse angelegt, auf das der Zeiger weist. Die Zuweisung von Objekt-Zeigern ist, wie bei den Objekten selbst, nur in eine Richtung zulässig: ein Zeiger mit einer Basisklasse kann nur einem Zeiger mit der gleichen oder einer Vorfahrenklasse zugewiesen werden.

11.13 Aufgaben

1. Ändern Sie das Programm *Zeiger5* (11.6) so ab, daß reelle Zahlen verkettet und angezeigt werden.

2. Schreiben Sie ein Programm, das erst zur Laufzeit ein ARRAY mit zehn INTEGER-Komponenten anlegt. In zwei Unterprogrammen *Lies* und *Schreib* sollen die Komponenten gelesen bzw. geschrieben werden. Welche Möglichkeiten der Parameter-Übergabe gibt es? Worin könnte der Sinn eines dynamisch angeforderten ARRAY bestehen. (ACHTUNG: die Größe des ARRAY ist nicht dynamisch!)

3. Ersetzen Sie in den Datenstrukturen der Klassen *StackClass* und *QClass* der Module *OStack3* bzw. *OQueue3* (10.11) das ARRAY *Data* durch einen Zeiger *Info* auf ein solches ARRAY. Führen Sie in den Methoden-Implementationen und dem Testprogramm *TStkQ3* die notwendigen Änderungen durch.

4. Machen Sie in den Programmen *Liste4* (11.7) und *Liste4* (11.8) die Speicherung von Personendaten möglich (z.B. wie in Programm *Zeiger3*, 11.4).

5. Verlegen Sie den Datentyp *ListTyp* der Programme *Liste4* (11.7) und *Liste5* (11.8) in UNIT-Module. Erweitern Sie den Satz der Operationen um die Operation *Erase*, die eine gesamte Liste löscht. Definieren Sie in Analogie zu *Seek* Operationen *SeekRel*, mit denen relative Bewegungen in der Liste möglich sind.

6. Ergänzen Sie auch die Klasse *ListClass* (Modul *OList6*, 11.9) um die Methode *Erase*, die eine Liste löscht, und die Methode *SeekRel* zur relativen Bewegung in einer Liste.

7. Die Programme *TList6* (zu Modul *OList6*, 11.9) und *TStkQ6* (zu den Modulen *OStack6* und *OQueue6*, 11.10) sollen die Fähigkeit von *ListClass*, *StackClass* und *QClass* zur Bearbeitung von Personendaten testen.

8. Ändern Sie die Implementationen von *ListClass* (Modul *OList6*, 11.9) sowie von *StackClass* und *QClass* (Module *OStack6* und *OQueue6*, 11.10), indem Sie die Knoten nicht mit Zeigern verketten, sondern sie in einem ARRAY speichern. Die Zeiger *Info* der Knoten auf die eigentlichen Datensätze sollen aber beibehalten werden.

9. Definieren Sie Objektklassen *ListClass*, *StackClass* und *QClass*, die – in Anlehnung an Programm *Liste5* (11.8) – auf doppelt verketteten Listen

basieren. Schreiben Sie dazu UNIT-Module, die den Modulen *OList6* (11.9) sowie *OStack6* und *OQueue6* (11.10) entsprechen, und testen Sie.

10. Die in den Modulen *OList6* (11.9) sowie *OStack6* und *OQueue6* (11.10) aufgebaute baumartige Klassenhierarchie soll in eine lineare Hierarchie verändert werden, in der *QClass* von *StackClass* (oder umgekehrt) abstammt.

11. Schreiben Sie ein Programm, das ein ARRAY mit Zeigern auf Objekte verschiedener Klassen anlegt und testet.

12. Erweitern Sie sowohl die vorgestellten als auch die in diesen Aufgaben erarbeiteten Implementationen von *ListTyp* um eine Operation *Search*, mit der die Adresse derjenigen Position gefunden wird, vor bzw. nach der ein neuer Datensatz "richtig" bezüglich eines Sortierkriteriums in eine Liste eingeordnet wird.

13. Schreiben Sie für ausgewählte Implementationen der ADT *Liste*, *Stapel* und *Schlange* zwei Methoden, die (1) die in der jeweiligen Struktur enthaltenen Informationen auf eine Datei kopieren und (2) die Struktur mit den von der Datei gelesenen Informationen wieder aufbauen.

14. In einem **binären Suchbaum** (engl. binary searchtree) hat jeder Knoten (außer den Blättern) einen linken und einen rechten Nachkommen. In einem Datenteil enthält er Informationen. Die Informationen lassen sich nach einem festgelegten Kriterium aufsteigend sortieren und sind auf die Knoten des Baums nach dem Suchbaum-Prinzip wie folgt verteilt: Der linke Unterbaum eines jeden Knotens enthält nur kleinere Informationen als der Knoten selbst, der rechte Unterbaum nur größere. Dabei ist die Eindeutigkeit der Information vorausgesetzt.

    Deklarieren Sie einen ADT zur Darstellung eines binären Suchbaums. Neben der Initialisierung müssen Operationen zum Suchen der richtigen Anhänge-Position bzw. Finden eines Knotens (*Search*), zum Einfügen (*Insert*) und zum Entfernen von Knoten (*Remove*) deklariert werden. Die Suchbaum-Eigenschaft muß jeweils erhalten bleiben. Bei einer Realisierung mit verzeigerten RECORDs empfiehlt sich die Einführung eines Kopfknotens als Vater der Wurzel, dessen Datenteil die kleinstmögliche, sonst nie verwendete Information enthält und dessen rechter Zeiger auf die Wurzel weist (warum?). Außerdem ist die Einführung eines leeren "Dummy"-Knotens ratsam, den alle Blätter als linken **und** rechten Nachkommen besitzen. Formulieren Sie den ADT auch als Objektklasse.

15. Implementieren Sie den in der vorigen Aufgabe entwickelten binären Suchbaum als Index in das Programm *FilMenu2* (9.12).

12 Weitere Sprachelemente

Dieses Kapitel behandelt in den Beispielprogrammen:

- Rekursive Prozeduren und Funktionen

- Teile-und-herrsche-Algorithmen: Quicksort

- Unterprogramme als Parameter

- RECORD-Struktur mit Variantenteil

- Graphische Objekte

12.1 Programm Fakul2

Ein Pascal-Kurs wäre höchst unvollständig, würde er nicht auf das mächtige
Sprachelement der **rekursiven Aufrufe von Funktionen und Prozeduren** einge-
hen. Das einführende Beispiel erhebt keinen Anspruch auf Originalität. Es ist
aber naheliegend und zeigt die bestechende Einfachheit der Rekursion so deutlich, daß es in keinem Pascal-Buch fehlt. Ausgangspunkt ist die mathematische **Fakultät**-Funktion n! für ganze Zahlen n. Man kann sie auf zweierlei
Arten definieren (vgl. Programm *Fakul1*, 4.10):

(1) Iterative Definition von n!

```
    n! := 1 * 2 * 3* ... * (n-1) * n              (n = 2, 3, 4, ...)
```

(2) Rekursive Definition von n!

```
    n! := n * (n-1)!      (i)
    2! := 2               (ii)
```

Mit der iterativen Definition hat man eine direkte Berechnungsvorschrift für
die Fakultät zur Hand, in die man nur den Wert für n einzusetzen braucht.
Welche Werte für n zulässig sind, wird explizit angegeben. Anders bei der
rekursiven Definition, die nur eine grundlegende **Eigenschaft der Funktionswerte** von n! beschreibt. Nach dem Einsetzen z.B. des Wertes 5 für n in den Teil
(i) der Definition ist man nicht viel gescheiter; man muß sich die 5 merken
und herausbekommen, was denn nun 4! ist. Die gleiche Beziehung (i) sagt,
daß man sich die 4 merken muß, um sie mit 3! – wenn man das denn heraus-
bekommt – zu multiplizieren, usw. Dieses "Rückwärtslaufen" (lat.: recurre-
re) hört nur deshalb irgendwann auf, weil mit dem Teil (ii) der rekursiven
Definition eine Stop-Stelle eingebaut ist. In diesem **Rekursions-Anker** wird
endlich ein konkreter Wert für eine Fakultät genannt. Durch Rückwärts-Einsetzen kann man diesen mit den gemerkten Werten Multiplizieren:

```
    Rückwärts-    5! = 5*4! | ↑  5! = 5*24 = 120   Rückwärts-
    Verfolgen der 4! = 4*3! | ↑  4! = 4* 6 =  24   Einsetzen der
    Definition    3! = 3*2! ↓ |  3! = 3* 2 =   6   Werte
          Rekursions-Anker  | 2! = 2 |
```

In der Mathematik wird die Definition der Fakultät übrigens mit

```
    1! := 1  und       0! := 1
```

erweitert, was sich zu der rekursiven Definition

```
    n! := n*(n-1)!      (i)     Fakultaet (n) := n * Fakultaet (n-1)
    0! := 1             (ii)    Fakultaet (0) := 1
```

zusammenfassen läßt. In Pascal kann sich ein Funktions-Unterprogramm
auch auf die rekursive Definition stützen. Die Beziehungen (i) und (ii) lassen
sich fast wörtlich in den Programmcode übersetzen, wenn man statt n! in
Pascal *Fakultaet (n)* schreibt. Man erhält durch einfache Übertragung eine
rekursive Funktion *Fakultaet*.

```
1    PROGRAM Fakul2 (Input, Output);
2    (* Berechnet n! mit Hilfe einer sich selbst aufrufenden Funktion. *)
3    VAR
4       n   :  INTEGER;
5       Fak :  LONGINT;

6    FUNCTION Fakultaet (n : INTEGER): LONGINT;
7       BEGIN
8       IF n > 0
9          THEN Fakultaet :=  n * Fakultaet (n-1)        (* Beziehung (I)  *)
10         ELSE Fakultaet :=  1  (* fuer n = 0 *)          (* Beziehung (II) *)
11         ; (*IF*)
12      END; (* Fakultaet *)

13   BEGIN (* Hauptprogramm *)
14   Write ('Ganze Zahl [ >= 0, Ende mit <-1>]: ');     ReadLn (n);
15   WHILE n >= 0 DO BEGIN
16      IF n IN [0 .. 12]
17         THEN BEGIN
18             Fak :=  Fakultaet (n);
19             WriteLn (n :2, '! = ', Fak);
20             END
21         ELSE WriteLn ('Fakultaet von ', n :2, ' nicht darstellbar.');
22      Write ('Ganze Zahl [ >= 0, Ende mit <-1>]: ');   ReadLn (n);
23      END; (*WHILE*)
24   END.  (* Hauptprogramm *)
```

Die Beziehung (I) ist direkt in der Zeile 9 umgesetzt: an dieser Stelle ruft die Funktion sich selbst auf, allerdings mit einem um 1 kleineren Parameter. Der bisherige Wert n (z.B. 5) wird gemerkt, ein zweites Exemplar der Funktion angelegt und darin der Wert $n = 4$ verarbeitet. D.h. der Wert 4 wird gemerkt und ein drittes Exemplar von Fakultaet erzeugt, in dem der Wert $n = 3$ verarbeitet wird, etc. Die einzelnen Funktionsaufrufe bleiben also noch in der Schwebe, während die darin **verschachtelten Aufrufe** bearbeitet werden. Vom Rekursions-Anker des sechsten Exemplars ausgehend bekommen die vorherigen die Funktionswerte zurück, die sie mit den gemerkten Werten multiplizieren, um das Produkt ihrerseits als Funktionswert zurückzuliefern. Dieses **Rückwärts-Einsetzen** endet schließlich im ersten Funktions-Exemplar.

Jedes Funktions-Exemplar besitzt eine lokale Kopie von n, die vor dem rekursiven Aufruf auf einem Stapel (stack) abgelegt wird. Beim Rückwärts-Einsetzen wird dieser "gemerkte" Wert wieder vom Stapel geholt. Das LIFO-Prinzip des Stapels sorgt für die richtige Reihenfolge.

Vergleicht man die rekursive Funktion *Fakultaet* mit einer iterativen Implementation, fällt zuerst die engere Anlehnung an die entsprechende mathematische Formulierung auf. Dies ist ein Kennzeichen rekursiver Programme: Läßt sich zur Lösung eines Problems ein rekursiver Zusammenhang ausmachen, dann kann dieser meist auch direkt in Pascal übersetzt werden. Man gelangt schnell zu einer formalen Lösung. Das Laufzeitverhalten eines solchen Programms kann jedoch gerade das Gegenteil von schnell sein, wie eines der folgenden Beispiele zeigen wird.

Das Wesentliche der Rekursion besteht in der **Reduktion umfangreicher Probleme auf gleichartige Probleme geringeren Umfangs.** Auch diese Technik des "Teilens und Herrschens" wird in einem folgenden Beispiel behandelt werden.

Die Graphik zeigt am Beispiel des Funktions-Aufrufs *Fakultaet (4)*, wie sich in jedes Funktions-Exemplar ein weiteres gleichartiges Exemplar verschachtelt, das das gleiche Problem für einen kleineren Parameter lösen will. Die konkrete Lösung wird solange delegiert, bis sie unumgänglich und, das ist das Entscheidende, leicht oder gar trivial ist. Die rekursive Struktur eines Problems wird für eine einfache Formulierung benutzt, die auch fast schon seine Lösung bedeutet. *Fakultaet* ist nicht nur der Name der rekursiven Funktion, sondern bezeichnet auch einen globalen Speicherplatz, in den jeder einzelne Funktionsaufruf der Reihe nach (von unten nach oben) einen neuen Wert kopiert, indem er den alten mit der lokalen Größe n multipliziert. In der Skizze stellt *Fakultaet* **einen** Speicherplatz dar, in den seine verschiedenen Inhalte eingetragen sind.

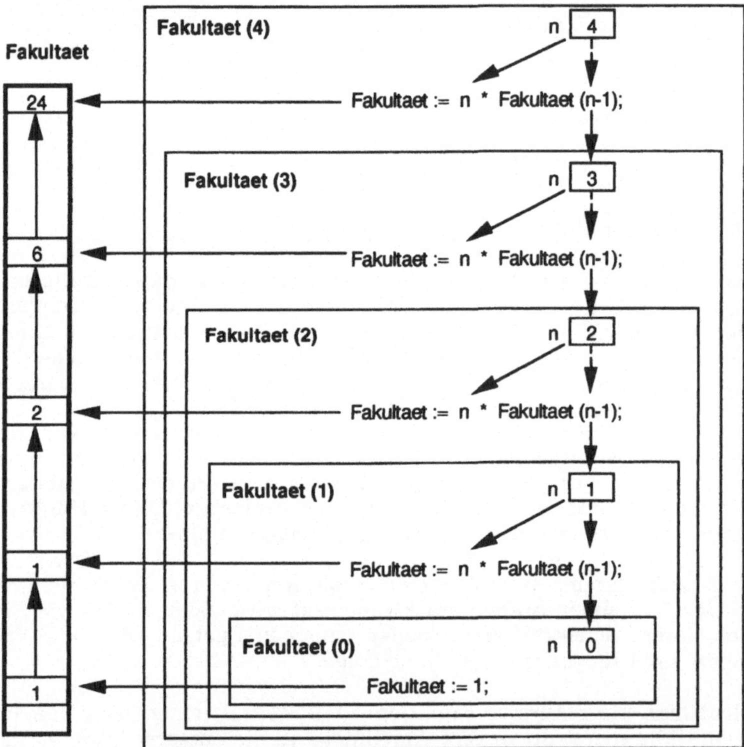

12.2 Programm Fakul2

Die Berechnung der Fakultät kann ebenso in einer **rekursiven Prozedur** stattfinden. Um sich den konkreten Lösungsgang auch hier besser vorstellen zu können, sollte der Leser eine Skizze in Analogie zu der obigen Abbildung anfertigen. Natürlich wird das Ergebnis eines Prozedur-Aufrufs als VAR-Parameter übergeben, der sich nur auf eine einzige globale Größe, hier *Fak*, bezieht und dem Speicherplatz *Fakultaet* der vorigen Abbildung entspricht.

```
1    PROGRAM Fakul2 (Input, Output);
2    (* Berechnet n! mit Hilfe einer sich selbst aufrufenden Prozedur. *)
3    VAR
4       n   :  INTEGER;
5       Fak :  LONGINT;

6    PROCEDURE Fakultaet (n : INTEGER;  VAR Fak : LONGINT);
7       BEGIN
8       IF n > 0
9          THEN BEGIN
10               Fakultaet (n-1, Fak);
11               Fak :=  n * Fak;
12               END
13          ELSE Fak :=  1   (* fuer n = 0 *);
14       END; (* Fakultaet *)

15   BEGIN (* Hauptprogramm *)
16   Write ('Ganze Zahl [ >= 0, Ende mit <-1>]: ');    ReadLn (n);
17   WHILE n >= 0 DO BEGIN
18      IF n IN [0 .. 12]
19         THEN BEGIN
20               Fakultaet (n, Fak);
21               WriteLn (n :2, '! = ', Fak);
22               END
23         ELSE WriteLn ('Fakultaet von ', n :2, ' nicht darstellbar.');
24       Write ('Ganze Zahl [ >= 0, Ende mit <-1>]: ');    ReadLn (n);
25       END; (*WHILE*)
26   END.  (* Hauptprogramm *)
```

12.3 Programm Umkehr

Ein besonders eingängiges Beispiel für das implizite Anlegen eines Stapels
während der Rekursion liefert dieses Programm, das eine Zeichenfolge liest
und in umgekehrter Reihenfolge schreibt. Zwischen das Lesen und Schreiben
eines Zeichens schiebt sich der rekursive Prozedur-Aufruf. Daher muß das
Zeichen als lokale Größe auf dem automatisch angelegten Stapel warten, bis
der Aufruf völlig bearbeitet worden ist. In diesem Aufruf sind aber die später
gelesenen Zeichen schon wieder geschrieben worden; das LIFO-Prinzip bewirkt also das Rückwärtsschreiben. Der Leser sollte wieder eine Skizze wie
oben anfertigen!

```
1    PROGRAM Umkehr (Input, Output);
2    (* Zeichenkette wird gelesen und umgekehrt geschrieben. *)

3    PROCEDURE Lies_und_Schreib;
4       VAR
5          ch: CHAR;
6       BEGIN
7       Read (ch);
8       IF NOT EOLN THEN Lies_und_Schreib;
9       Write (ch);
10      END; (* Lies_und_Schreib *)

11   BEGIN (* Hauptprogramm *)
12   WriteLn ('Zeichenfolge [Ende mit <RETURN>]: ');
13   Lies_und_Schreib;
14   ReadLn;
16   END.  (* Hauptprogramm *)
```

12.4 Programm Fibonac1

Daß die oft elegante und verblüffend einfache formale Lösung eines Problems durch Rekursion eine enorme Verschlechterung der Ausführungs-Geschwindigkeit nach sich ziehen kann, zeigt das klassische Beispiel der **Fibonacci-Zahlen** F(n). Mathematisch sind sie über eine doppelte Rekursion definiert, die sich auch sofort in eine rekursive Pascal-Funktion übersetzen läßt:

$$
\begin{aligned}
F(n) &:= F(n-2) + F(n-1) \\
F(2) &:= 2 \\
F(1) &:= 1
\end{aligned}
$$

Jede Zahl der Folge ergibt sich aus der Summe der beiden vorhergehenden.

```
1    PROGRAM Fibonac1 (Input, Output);
2    VAR
3       n    :  INTEGER;
4       Fibo :  LONGINT;

5    FUNCTION Fibonacci (n : INTEGER) : LONGINT;
6       BEGIN
7       IF n > 2 THEN
8          Fibonacci :=  Fibonacci (n-2) + Fibonacci (n-1)
9       ELSE IF n = 2 THEN
10         Fibonacci :=  2
11      ELSE (* n = 1 *)
12         Fibonacci :=  1
13      ; (*IF*)
14      END; (* Fibonacci *)

15   BEGIN (* Hauptprogramm *)
16   WriteLn ('n' :5, 'Fibonacci (n)' :19);
17   FOR n:= 1 TO 25 DO Write ('-');    WriteLn;
18   FOR n:= 1 TO 27 DO BEGIN
19      Fibo :=  Fibonacci (n);
20      WriteLn (n :5, Fibo :19);
21      END; (*FOR*)
22   WriteLn ('FERTIG!');    ReadLn;
23   END.
```

Das Programm erstellt eine Liste der ersten 27 Fibonacci-Zahlen, die sehr schnell sehr groß werden. Die Größe der Werte ist aber nicht der Grund, weswegen die Ausführung von *Fibonacci (27)* sich schon merklich in die Länge zieht. Vielmehr ist es die mit der doppelten Rekursion verbundene Menge von verschachtelten Aufrufen, die zu verwalten und abzuarbeiten sind. Der folgende Aufrufbaum macht dies schon am Beispiel *Fibonacci (5)* deutlich (ein Aufruf *Fibonacci (n)* ist mit F(n) abgekürzt).

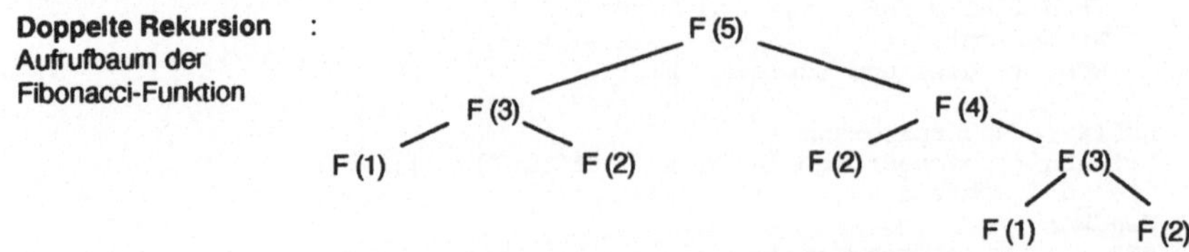

Offensichtlich werden während eines einzigen Aufrufs von *Fibonacci* die zur Berechnung eines Wertes der Folge nötigen Vorgänger mehrfach berechnet. Im Beispiel ist es F(3). Der Leser mache sich an einem Aufrufbaum für F(6) klar, daß diese Fälle sich mit höheren Funktionsargumenten enorm häufen. In diesem Fall ist eine iterative Implementation der Funktion unvergleichlich günstiger.

Jede Kombination der Startwerte (besser: Stop-Werte der Rekursion) ergibt eine andere Fibonacci-Folge. Sie haben u.a. in der Datei-Organisation eine gewisse Bedeutung erlangt. Zu ihrer Geschichte kann man in dem Buch "Rekursiv programmieren" von E. Roberts nachlesen, das überhaupt zur Vertiefung des Stoffes sehr gut geeignet ist.

12.5 Prozedur Quick_Sort

Ein wichtiges Beispiel für die Rekursion und die Idee des "Teilens und Herrschens" (engl.: divide and conquer; lat.: divide et impera) ist der sog. Quicksort-Algorithmus zum Sortieren eines ARRAY. Das Verfahren besteht darin, die unsortierte Liste in zwei Teile zu spalten (engl.: split), von denen der eine Teil nur Elemente enthält, die kleiner als ein Pivot-Element sind, während der andere nur aus größeren (oder gleich großen) besteht. Das Pivot-Element trennt die beiden noch unsortierten Listenteile, wird aber selbst schon an seine endgültige Listenposition gesetzt.

Auf jede der beiden in einem Durchgang des Verfahrens entstandenen Teillisten, die in der Regel unterschiedliche Länge haben, wird nun das exakt gleiche Verfahren angewandt. Man hat es zwar mit einer doppelten Rekursion zu tun; die Probleme der Fibonacci-Rekursion können aber nicht entstehen, da die Teillisten keine gemeinsamen Elemente haben. Die Teillisten lassen sich in einem binären Baum darstellen. Je weiter eine Liste von der Wurzel entfernt ist, desto kleiner wird sie. Listen in den Blättern des Baums haben nur noch ein Element und sind damit sortiert. Dünn umrahmte Werte waren Pivot-Elemente und stehen schon an der richtigen Stelle. Durch jeden Aufruf des Quicksort wird mindestens das Pivot-Element an die richtige Stelle gesetzt.

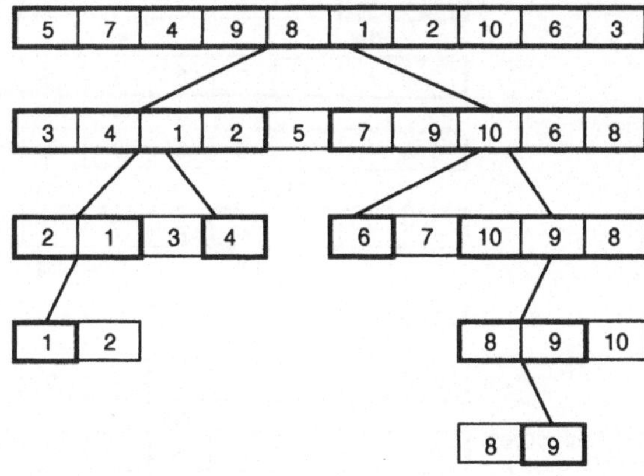

Stationen des
Sortierens mit
Quicksort

Das prinzipielle Vorgehen beim Quicksort lautete im Pseudo-Code etwa so:

ALGORITHMUS **Quicksort** einer Liste im Bereich [links .. rechts]
 WENN links < rechts DANN
  (1) Teile Liste im Bereich [links .. rechts] und bestimme Spaltungs-Index idx
    so, daß die Daten im Bereich [links .. idx-1] kleiner und
    im Bereich [idx+1..rechts] größer als das Datum an der Position idx sind.
  (2) Aktiviere Quick_Sort für Liste im Bereich [links   .. idx-1]
  (3) Aktiviere Quick_Sort für Liste im Bereich [idx+1 .. rechts]

Die Bedingung am Anfang des Codes sorgt dafür, daß die Rekursion abgebrochen wird, wenn der Teil zwischen *links* und *rechts* nur noch ein Element oder gar keines enthält. **Jede rekursive Funktion oder Prozedur braucht eine Abbruch-Bedingung,** um nicht in eine Endlos-Rekursion auszuarten. Die Schritte (2) und (3) geben die rekursive Struktur des Problems und seiner Lösung wieder und lassen sich direkt in Pascal übersetzen.

Offensichtlich liegt die eigentliche Arbeit des Algorithmus im Schritt (1), bei dem Elementpaare nach einer bestimmten Strategie gebildet, verglichen und ggf. vertauscht werden. Die zahlreichen bekannten Versionen des Quicksort-Algorithmus unterscheiden sich in der Art, wie sie die Teilung der Liste in einer Funktion *split* vornehmen. Dieser Vorgang ist wegen der gegenseitigen Abhängigkeit der Indizes und der nötigen Berücksichtigung von Grenzfällen oft nicht leicht zu durchschauen. Die vorliegende Fassung lehnt sich an eine Idee von Nico Lomuto an, die in dem Buch "Rekursiv programmieren" von E. Roberts zitiert wird und durch ihre Anschaulichkeit besticht. Die Abbildung zeigt die Wirkung des ersten Aufrufs der Funktion *split* auf die Liste der vorigen Abbildung.

Die Abbildung zeigt, wie das äußerste linke Element als *Pivot* gewählt wird,
mit dem sich alle anderen vergleichen lassen müssen. Der Index *idx* zeigt immer auf das von links her gesehen letzte Element, das noch kleiner als *Pivot*
ist. Darauf folgen die noch nicht geprüften Elemente. Diese sucht der Index
pos nach rechts hin ab, beginnend beim ersten Element hinter *Pivot*. Trifft *pos*
auf ein Element kleiner als *Pivot*, wird dieses der Liste der kleineren Elemente
angefügt, indem es mit dem Inhalt der Position *idx+1* vertauscht wird. Hat *pos*
die rechte Listengrenze erreicht, stehen rechts von *idx* nur Elemente, die
größer oder gleich *Pivot* sind. Tauscht man den Inhalt an dieser Trennposition
idx mit *Pivot*, erhält *Pivot* seine endgültige Position in der sortierten Liste. Die
Prozedur *Quick_Sort* stützt sich auf die Funktion *split*, die auch den Teilungsindex zurückgibt. Sie wurde in die Prozedur *Sortiere* des Programms *SortZal0*
(4.11) integriert. Dort erhält sie den Anstoß (Zeile 40). Die Liste *Data* ist in
Sortiere global und braucht nicht an *Quick_Sort* übergeben zu werden.

```
1     PROCEDURE Sortiere (VAR Data : ListTyp;  Size : INTEGER);
2        (* Sortiert Liste aufsteigend mit rekursivem Quicksort. *)
3        (*****************************************************)
4        PROCEDURE Quick_Sort (left, right : INTEGER);
5           (* Setzt Element 'idx' an die richtige Stelle des Feldes.   *)
6           VAR
7              idx :  INTEGER;

8           PROCEDURE Tausche (i, k : INTEGER);
9              VAR   Hilf :  ListDataTyp;
10             BEGIN
11             Hilf := Data [i];   Data [i] := Data [k];   Data [k] := Hilf;
12             END; (* Tausche *)

13          FUNCTION split (left, right : INTEGER) : INTEGER;
14             (* sucht Teilungsindex 'split' und ordnet 'Data' so um,  *)
15             (* dass mit Pivot := Data [left] gilt:                     *)
16             (* fuer alle  left+1  <= i <= split : Data [i] <  Pivot *)
17             (* fuer alle  split+1 <= i <= right : Data [i] >= Pivot *)
18             VAR
19                Pivot    :  ListDataTyp;
20                pos, idx :  INTEGER;
21             BEGIN
22             idx := left;     Pivot := Data [left];
23             FOR pos := left+1 TO right DO
24                IF Data [pos] < Pivot THEN BEGIN
25                   Tausche (pos, idx+1);
26                   idx :=  idx + 1;
27                   END; (*IF*)
28             Tausche (left, idx);
29             split :=  idx;
30             END; (* split *)

31          BEGIN (* Quick_Sort *)
32          IF left < right THEN BEGIN
33             idx :=  split (left, right);
34             Quick_Sort (left,  idx-1);
35             Quick_Sort (idx+1, right);
36             END; (*IF*)
37          END; (* Quick_Sort *)
38       (*****************************************************)
39       BEGIN (* Sortiere *)
40       Quick_Sort (1, Size);   (* <= Anstoss zur Rekursion *)
41       END; (* Sortiere *)
```

Zu erwähnen bleibt, daß neben der direkten Rekursion auch **indirekte Rekursionen** erlaubt sind, bei denen sich zwei oder mehrere Unterprogramme gegenseitig aufrufen. Dabei erhebt sich die Frage nach der Reihenfolge ihrer Deklarationen, denn jedes Unterprogramm muß ja im Programmtext vor seinem ersten Aufruf deklariert sein. Pascal löst diese Frage mit der **Vorwärts-Referenz**: Der Deklaration eines Unterprogramms durch seinen Kopf mit Liste der formalen Parameter folgt nur das Schlüsselwort FORWARD. Die eigentliche Implementation des Unterprogramms kann später an beliebiger Stelle folgen und wird von ihrem Kopf ohne Parameterliste eingeleitet.

Jede Rekursion kann prinzipiell in eine Iteration aufgelöst werden. Bei mehrfachen und indirekten Rekursionen führt das allerdings rasch zu unübersichtlichen Programmen. Ein Problem muß eben schon im Ansatz iterativ oder rekursiv angegangen werden; die Übersetzung von einer iterativen in eine rekursive Lösung oder umgekehrt verschleiert den Blick auf die Struktur des Problems und der Lösung.

Auch in Programmiersprachen, die keine Rekursion kennen (z.B. FORTRAN oder COBOL), können rekursive Lösungen simuliert werden. Letztlich besteht die Rekursion ja in der automatischen Verwaltung eines Stapels. Darin wird der Zustand eines Exemplars eines rekursiven Unterprogramms gespeichert, bevor in den nächsten rekursiven Aufruf verzweigt wird. Beim Rücksprung aus dieser Verzweigung werden die alten Zustände mit Hilfe des Stapels wieder restauriert und die Ausführung des laufenden Exemplars fortgesetzt. Der Leser versuche, den Quicksort ohne Rekursion zu implementieren, indem er den Stapel selbst anlegt und verwaltet.

12.6 Programm Simpson1

Besonders in mathematisch-technischen Anwendungen werden in Unterprogrammen oft Methoden formuliert, die sich auf eine bestimmte Klasse von Größen beziehen, die in anderen Unterprogrammen definiert sind. Ein typischer Vertreter dieses Problems ist die **Berechnung des bestimmten Integrals** einer stetigen Funktion über einem gegebenen Intervall. Eine Reihe von Formeln erlauben die näherungsweise Berechnung, die meist auf der gewichteten Summe endlich vieler Funktionswerte des Intervalls beruht.

Am bekanntesten ist die **Formel von Simpson**, die hier in der Funktion *Simpson* angegeben und codiert ist. Die Funktion *Simpson* erwartet, daß der Anwender eine Funktion f(x), das Intervall [a, b] und die Zahl n der gewünschten Stützstellen angibt. Stützstellen sind die Stellen x_i des Intervalls, zu denen die Funktionswerte $f_i = f(x_i)$ berechnet werden, deren gewichtete Summe den Integralwert ergibt. Die Funktion *Simpson* verteilt die Stützpunkte äquidistant über das Intervall. Die Zahl der Stützpunkte entscheidet über die Genauigkeit des Ergebnisses. Der Funktion *Simpson* können beliebige reellwertige Funktionen einer reellen Veränderlichen übergeben werden. In der Parameterliste wird dazu eine **formale Parameter-Funktion** deklariert, die Argument- und Ergebnistyp einer aktuell übergebenen Funktion vorschreibt (Zeile 20). Während damit *f* als lokaler Name der übergebenen Funktion festliegt, ist der Argumentname *t* beliebig und ohne weitere Bedeutung. Selbstdefinierte und Standard-Funktionen können an *Simpson* zur Auswertung übergeben werden.

```
 1    PROGRAM Simpson1;
 2    (* Übergabe einer Funktion als Parameter einer anderen Funktion. *)
 3    (* ACHTUNG: in Turbo Pascal gilt ein anderer Mechanismus!        *)
 4    (****************************************************************)
 5    FUNCTION Sincos (x : REAL) : REAL;
 6       (* Definition des Sinus über die Cosinus-Funktion *)
 7       VAR
 8          Pi :  REAL;
 9       BEGIN
10       Pi :=  4 * ARCTAN (1.0);
11       Sincos :=  COS (x - Pi/2);
12       END; (* Sincos *)
13    (*---------------------------------------------------*)
14    FUNCTION Glocke (x : REAL) : REAL;
15       (* Schaubild der Funktion ist eine Glockenkurve *)
16       BEGIN
17       Glocke :=  EXP (-x*x / 2.0);
18       END; (* Glocke *)
19    (****************************************************************)
20    FUNCTION Simpson (FUNCTION f (t : REAL) : REAL
21                        ;       a, b : REAL
22                        ;       n    : INTEGER            ) : REAL;
23       (* Berechnung des bestimmten Integrals über die Funktion f    *)
24       (* im Intervall [a, b] mit n Stützstellen (n geradzahlig!).   *)
25       (* Formel von Simpson:                                        *)
26       (* S := (h/3) * [f0 + 4*f1 + 2*f2 + 4*f3 + ... + 4*f(n-1) + fn] *)
27       (* mit f0 = f(a), f1 = f(a+h), f2 = f(a+2h), ... , fn = f(a+nh) *)
28       VAR
29          h, x, S :  REAL;
30          z, g, i :  INTEGER;
31       BEGIN
32       h :=  (b - a) / n;       (* Abstand zwischen den Stützstellen   *)
33       x :=  a;                 (* Abszisse der 1. Stützstelle         *)
34       S :=  f(a);              (* Funktionswert an der 1. Stützstelle *)
35       z :=  n - 2;             (* Anzahl der Schleifen-Durchläufe     *)
36       g :=  2;                 (* Initialisierung des Gewichtsfaktors *)
37       FOR i := 1 TO z DO BEGIN
38          x :=  x + h;
39          g :=  6 - g;          (* Gewicht pendelt zwischen 4 und 2 *)
40          S :=  S + g*f(x);
41          END;
42       S :=  S + f(b);
43       Simpson :=  S;
44       END; (* Simpson *)
45    (****************************************************************)
46    VAR
47       a, b, n, Pi, Integral :  REAL;
48    BEGIN
49    Pi :=  4 * ARCTAN (1.0);
50    Integral :=  Simpson (SIN, 0, Pi/2, 1000);
51    WriteLn ('Integral über SIN    von   0 bis Pi/2 = ', Integral :10:6);

52    Integral :=  Simpson (Sincos,  0, Pi/2, 1000);
53    WriteLn ('Integral über Sincos von   0 bis Pi/2 = ', Integral :10:6);

54    Integral :=  Simpson (Glocke, -10, +10, 1000);
55    WriteLn ('Integral über Glocke von -10 bis  10 = ', Integral :10:6);

56    Integral :=  Simpson (SQR, 0, 1, 1000);
57    WriteLn ('Integral über SQR    von   0 bis   1 = ', Integral :10:6);
58    END;
```

Ebenso wie Parameter-Funktionen sind in einer formalen Parameterliste auch
Parameter-Prozeduren möglich: hinter dem Schlüsselwort PROCEDURE wird
der formale Name der übergebenen Prozedur genannt, gefolgt von ihrer formalen Parameterliste:

```
FUNCTION Exempel ( PROCEDURE p (VAR L : ListTyp;  a,b : INTEGER)
                 ;   x, y : REAL;   cl, c2 : CHAR ) : INTEGER;
```

ACHTUNG: Turbo Pascal behandelt die Übergabe von Unterprogrammen an
andere Unterprogramme über sogenannte Prozedurtypen, die in Standard-
Pascal nicht definiert sind! Deren Handhabung wird im folgenden Beispiel
gezeigt.

12.7 Simpson2

In Turbo Pascal dienen **Prozedurtypen** zur Übergabe von Unterprogrammen
(Prozeduren und Funktionen) an andere Unterprogramme. Die Deklaration
eines Prozedurtyps ist eine formale Erweiterung der Deklaration der bekannten Variablentypen. Damit können auch sog. **Prozedurvariablen** deklariert
werden, z.B.:

```
TYPE
   ProzedurTyp =  PROCEDURE (a, b : INTEGER;  VAR x, y : REAL);
   FunktionTyp =  FUNCTION  (x, y : REAL) : REAL;

PROCEDURE q (u, v : INTEGER;  VAR s, t : REAL);   FAR;
   BEGIN ... END; (* q *)

FUNCTION h (xl, x2 : REAL) : REAL;   FAR;
   BEGIN ... END; (* h *)

VAR
   pl, p2 : ProzedurTyp;
   fl, f2 : FunktionTyp;

BEGIN    pl := q;     p2 := pl;
         fl := h;     f2 := h;     ... etc.
```

Der Prozedurvariablen $p1$ kann nun eine Prozedur q zugewiesen werden,
wenn diese die in der Typdeklaration vorgeschriebene Definition besitzt, d.h.
ihre Parameterliste aus zwei Wertparametern vom Typ INTEGER und zwei
Referenz-Parametern vom Typ REAL besteht. Außerdem muß in der Deklaration von q dem Prozedurkopf die **Compiler-Direktive FAR** folgen. Auch $p1$ und
$p2$ sind zuweisungskompatibel. Aufrufe von $p1$ und $p2$ sind im Beispiel identisch mit Aufrufen von q. Analoges gilt für die Funktionsvariablen $f1$ und $f2$.

Im Programm *Simpson2* wird ein Funktionstyp *RealFunctionTyp* definiert
(Zeile 5), so daß die Funktion *Simpson* Parameter f dieses Typs akzeptieren
kann (Zeile 33). Die übergebenen Funktionen müssen allerdings mit der Option
FAR übersetzt worden sein (Zeilen 7, 13, 21 und 26). Außerdem können Standard-Prozeduren und -Funktionen nicht direkt an Prozedur- bzw. Funktions-
variable zugewiesen werden. Sie müssen daher in selbstdefinierte Unterprogramme eingebettet werden (vgl. Funktionen *Sinus* und *Square*).

```
1      PROGRAM Simpson2;
2      (*wie Progr. Simpson1 (12.6), aber mit Funktions-Typen (Turbo Pascal)*)
3      (**************************************************************)
4      TYPE
5         RealFunctionTyp = FUNCTION (x : REAL) : REAL;
6      (*---------------------------------------------------------*)
7      FUNCTION Sinus (x : REAL) : REAL;    FAR;
8         (* Verkleidung der SYSTEM-Funktion SIN, um sie als Parameter  *)
9         (* an eine andere Prozedur oder Funktion übergeben zu können. *)
10        BEGIN
11        Sinus :=  SIN (x);
12        END; (* Sinus *)

13     FUNCTION Sincos (x : REAL) : REAL;   FAR;
14        (* Definition des Sinus über die Cosinus-Funktion *)
15        VAR
16           Pi : REAL;
17        BEGIN
18        Pi :=  4 * ARCTAN (1.0);
19        Sincos :=  COS (x - Pi/2);
20        END; (* Sincos *)

21     FUNCTION Glocke (x : REAL) : REAL;   FAR;
22        (* Schaubild der Funktion ist eine Glockenkurve *)
23        BEGIN
24        Glocke :=  EXP (-x*x / 2.0);
25        END; (* Glocke *)

26     FUNCTION Square (x : REAL) : REAL;   FAR;
27        (* Verkleidung der SYSTEM-Funktion SIN, um sie als Parameter  *)
28        (* an eine andere Prozedur oder Funktion übergeben zu können. *)
29        BEGIN
30        Square :=  SQR (x);
31        END; (* Square *)
32     (**************************************************************)
33     FUNCTION Simpson ( f     : RealFunctionTyp
34                      ; a, b : REAL
35                      ; n     : INTEGER            ) : REAL;
36        (* Berechnung des bestimmten Integrals über die Funktion f      *)
37        (* im Intervall [a, b] mit n Stützstellen (n geradzahlig!).     *)
38        (* Formel von Simpson:                                          *)
39        (* S := (h/3) * [f0 + 4*f1 + 2*f2 + 4*f3 + ... + 4*f(n-1) + fn] *)
40        (* mit f0 = f(a), f1 = f(a+h), f2 = f(a+2h), ... , fn = f(a+nh) *)
41        VAR
42           h, x, S :  REAL;
43           g, i    :  INTEGER;
44        BEGIN
45        h :=  (b - a) / n;      (* Abstand zwischen den Stützstellen   *)
46        x :=  a;                (* Abszisse der 1. Stützstelle         *)
47        S :=  f(a);             (* Funktionswert an der 1. Stützstelle *)
48        g :=  2;                (* Initialisierung des Gewichtsfaktors *)
49        FOR i := 1 TO n-1 DO BEGIN
50           x :=  x + h;
51           g :=  6 - g;         (* Gewicht pendelt zwischen 4 und 2 *)
52           S :=  S + g*f(x);
53           END;
54        S :=  S + f(b);
55        Simpson :=  h * S / 3;
56        END; (* Simpson *)
57     (**************************************************************)
...  Hauptprogramm wie in Programm Simpson1 (12.6)
```

12.8 Programm Grafik1 mit Modulen UGeo1 und UGraf

Dieses Programm soll geometrische Figuren auf den Bildschirm zeichnen.
Dazu stehen in einem Modul *UGraf1* die Prozeduren *Draw_Line*, *Draw_Circle*
und *Draw_Rect* zur Verfügung, die an bestimmten Positionen eine Strecke,
einen Kreis und ein Rechteck zeichnen. Die Koordinaten der Punkte, die die
Lage bestimmen, werden mit der Prozedur *Init_Coord* gesetzt. Das gewünschte Ergebnis sollte etwa so aussehen:

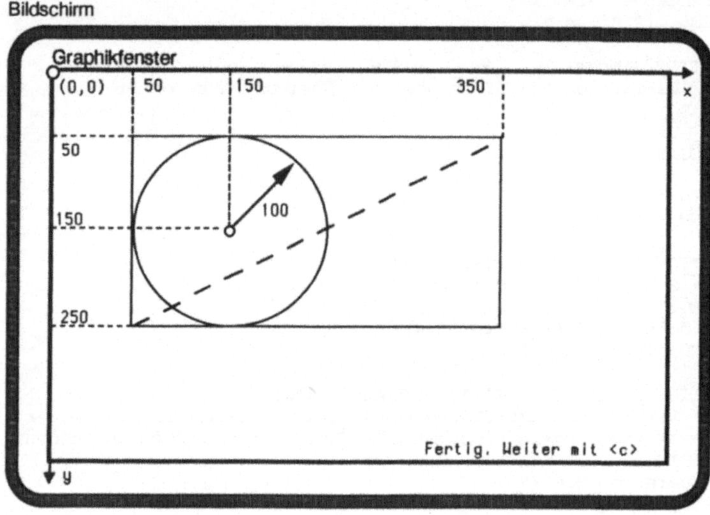


```
1     PROGRAM Grafik1;
2     USES
3        Graph, UGraf, UGeo1;

4     VAR
5        a, b, m  :  CoordTyp;
6        Strecke  :  LineTyp;
7        Kreis    :  CircleTyp;
8        Rechteck :  RectTyp;

9     BEGIN (* Haupt-Programm *)
10    Init_Grafik;
11    Init_Coord (a,  50, 250);
12    Init_Coord (b, 350,  50);
13    Init_Line   (Strecke, a, b, DashedLn, LightGray);
14    Draw_Line   (Strecke);
15    Init_Coord  (m, 150, 150);
16    Init_Circle (Kreis, m, 100, SolidLn, White);
17    Draw_Circle (Kreis);
18    Init_Coord (a,  50,  50);
19    Init_Coord (b, 350, 250);
20    Init_Rect  (Rechteck, a, b, DottedLn, White);
21    Draw_Rect  (Rechteck);
22    Melde_Grafik ('Fertig.');
23    Close_Grafik;
24    END.
```

Das Zeichnen geometrischer Figuren ist stark von dem vewendeten Computersystem und dem Betriebssystem abhängig. Turbo Pascal bietet in einem UNIT-Modul *Graph* eine Vielfalt von Routinen an, mit denen relativ unkompliziert die graphischen Fähigkeiten der Rechner unter dem Betriebssystem DOS und mit einer Reihe von Bildschirmtypen angesprochen werden können. Das folgende Modul *UGraf* enthält die Prozedur *Init_Grafik* zur Vorbereitung und Initialisierung des Graphiksystems mit Befehlen der UNIT *Graph*. Allen Befehlen, die aus dieser UNIT stammen, ist zur genaueren Kennzeichnung das Präfix "Graph." vorangestellt. Im Befehl der Zeile 15 muß als ein Parameter der Pfadname des DOS-Verzeichnisses angegeben werden, in dem sich die sog. Graphik-Treiber von Turbo Pascal befinden! Aus *Graph* sind einige Konstanten wie die Farbwerte *Black*, *White* u.a. übernommen. Die Prozedur *Melde_Grafik* entspricht der Prozedur *Melde* aus Modul *UIOTool* (9.10); allerdings wird der Text als Graphik auf den Bildschirm geschrieben.

```
1     UNIT UGraf;        (* zu den Programmen Grafik1, Grafik2 und Grafik3 *)
2     (***********************************************************************)
3     INTERFACE
4     PROCEDURE Init_Grafik;
5     PROCEDURE Close_Grafik;
6     PROCEDURE Melde_Grafik (s : STRING);
7     (***********************************************************************)
8     IMPLEMENTATION
9     USES
10       Crt, Graph;

11    PROCEDURE Init_Grafik;
12       VAR   GrafikTreiber, GrafikModus, GrafikFehler :   INTEGER;
13       BEGIN
14       GrafikTreiber :=  Graph.Detect;
15       Graph.InitGraph (GrafikTreiber, GrafikModus, 'c:\turbo\TP\BGI');
16       GrafikFehler  :=  Graph.GraphResult;
17       IF GrafikFehler = Graph.GrOK THEN BEGIN
19          Graph.SetBkColor (Black);          (* Hintergrundfarbe *)
20          Graph.SetColor   (White);          (* Zeichenfarbe     *)
21          END
22       ELSE BEGIN
23          WriteLn ( 'Abbruch wegen Grafikfehler: '
24                  , GraphErrorMsg (GrafikFehler)  );
25          ReadLn;
26          HALT; (* Ausfuehrung des Programms wird abgebrochen *)
27          END;
28       END; (* Init_Grafik *)

29    PROCEDURE Close_Grafik;
30       BEGIN
31       Graph.CloseGraph;    Graph.RestoreCrtMode;
32       End; (* Close_Grafik *)

33    PROCEDURE Melde_Grafik (s : STRING);
34       BEGIN
35       SetColor (White);
36       SetTextJustify (RightText, BottomText);
37       OutTextXY (GetMaxX, GetMaxY, s + ' Weiter mit <c>');
38       REPEAT  UNTIL  ReadKey IN ['c', 'C'];
39       END; (* Melde_Grafik *)
40    (***********************************************************************)
41    BEGIN
42    END.
```

Nach der Initialisierung des Graphiksystems mit *Init_Grafik* des Moduls
UGraf können die **Routinen zum Zeichnen der geometrischen Figuren** Gerade, Kreis und Rechteck aktiviert werden. Sie werden zusammen mit den geometrischen Datenstrukturen im öffentlichen Teil des Moduls *UGeo1* angeboten. Mit Variablen vom *CoordTyp* wird die Lage der Gebilde beschrieben,
denen sämtich die RECORD-Felder *Style* und *Color* gemeinsam sind. Beide
sind vom Turbo Pascal-Datentyp WORD und können mit Konstanten der UNIT
Graph besetzt werden.

Der Parameter *Style* gibt an, ob die Linien des geometrischen Objekts durchge-
zogen (*SolidLn*), gepunktet (*DottedLn*) oder gestrichelt (*DashedLn*) sein sollen.
Beim Zeichnen jeder Figur wird die Farbe mit *SetColor* und die Linienart mit
SetLineStyle gesetzt. *MoveTo* setzt die graphische Bildschirmmarke an die
angegebene Bildschirmkoordinaten, *LineTo* zieht von dort aus eine Strecke bis
zu den bezeichneten Endkoordinaten. Während *Circle* Mittelpunkt und Radius
als Parameter erhält, benötigt *Rectangle* die Angabe des oberen linken und unteren rechten Punktes eines achsenparallelen Rechtecks.

```
1     UNIT UGeo1;                                       (* zu Programm Grafik1 *)
2     (*********************************************************************)
3     INTERFACE
4     TYPE
5        CoordTyp  =  RECORD
6                        x, y : INTEGER;
7                        END;
8        PROCEDURE Init_Coord (VAR P : CoordTyp; x0, y0 : INTEGER);
9     (*-------------------------------------------------------*)
10    TYPE
11       LineTyp  =  RECORD
12                        Style, Color :  WORD;
13                        a, b         :  CoordTyp;
14                        END;
15       PROCEDURE Init_Line ( VAR L : LineTyp;  a0, b0         : CoordTyp
16                                         ; Style0, Color0 : WORD      );
17       PROCEDURE Draw_Line (L : LineTyp);
18    (*-------------------------------------------------------*)
19    TYPE
20       CircleTyp =  RECORD
21                        Style, Color :  WORD;
22                        m            :  CoordTyp;
23                        r            :  INTEGER;
24                        END;
25       PROCEDURE Init_Circle ( VAR C : CircleTyp
26                              ; m0: CoordTyp; r0 : INTEGER
27                              ; Style0, Color0   : WORD   );
28       PROCEDURE Draw_Circle (C : CircleTyp);
29    (*-------------------------------------------------------*)
30    TYPE
31       RectTyp  =  RECORD
32                        Style, Color :  WORD;
33                        a, b         :  CoordTyp;
34                        END;
35       PROCEDURE Init_Rect ( VAR R : RectTyp
36                              ; a0, b0        : CoordTyp
37                              ; Style0, Color0 : WORD   );
38       PROCEDURE Draw_Rect (R : RectTyp);
39    (*********************************************************************)
                                              (Fortsetzung nächste Seite)
```

```
(Fortsetzung von Modul UGeo1 - zu Programm Grafik1)

40   IMPLEMENTATION
41   USES
42      Crt, Graph;
43   (*-----------------------------------------------------*)
44   PROCEDURE Init_Coord (VAR P : CoordTyp;  x0, y0 : INTEGER);
45      BEGIN   P.x := x0;   P.y := y0;
46      END; (* Init_Coord *)
47   (*-----------------------------------------------------*)
48   PROCEDURE Init_Line (VAR L : LineTyp;  a0, b0        : CoordTyp
49                                       ; Style0, Color0 : WORD);
50      BEGIN
51      WITH L DO BEGIN
52        a := a0;   b := b0;   Style := Style0;   Color := Color0;
53        END; (*WITH*)
54      END; (* Init_Line *)

55   PROCEDURE Draw_Line (L : LineTyp);
56      BEGIN
57      WITH L DO BEGIN
58        Graph.SetColor (Color);
59        Graph.SetLineStyle (Style, 0, NormWidth);
60        Graph.MoveTo (a.x, a.y);   Graph.LineTo (b.x, b.y);
61        END; (*WITH*)
62      END; (* Draw_Line *)
63   (*-----------------------------------------------------*)
64   PROCEDURE Init_Circle (VAR C : CircleTyp;  m0: CoordTyp;  r0 : INTEGER
65                                           ; Style0, Color0 : WORD    );
66      BEGIN
67      WITH C DO BEGIN
68        m := m0;   r := r0;   Style := Style0;   Color := Color0;
69        END; (*WITH*)
70      END; (* Init_Circle *)

71   PROCEDURE Draw_Circle (C : CircleTyp);
72      BEGIN
73      WITH C DO BEGIN
74        Graph.SetColor (Color);
75        Graph.SetLineStyle (Style, 0, NormWidth);
76        Graph.Circle (m.x, m.y, r);
77        END; (*WITH*)
78      END; (* Draw_Line *)
79   (*-----------------------------------------------------*)
80   PROCEDURE Init_Rect (VAR R : RectTyp;  a0, b0        : CoordTyp
81                                       ; Style0, Color0 : WORD    );
82      BEGIN
83      WITH R DO BEGIN
84        a := a0;    b := b0;   Style := Style0;   Color := Color0;
85        END; (*WITH*)
86      END; (* Init_Rect *)

87   PROCEDURE Draw_Rect (R : RectTyp);
88      BEGIN
89      WITH R DO BEGIN
90        Graph.SetColor (Color);
91        Graph.SetLineStyle (Style, 0, NormWidth);
92        Graph.Rectangle (a.x, a.y, b.x, b.y);
93        END; (*WITH*)
94      END; (* Draw_Rect *)
95   (****************************************************************)
96   BEGIN    END.
```

12.9 Programm Grafik2 mit Modul UGeo2

Im Modul *UGeo1* besaßen die Strukturen und die Prozeduren der geometrischen Figuren viele Gemeinsamkeiten. Es hätte daher genügt, eine einzige Prozedur *Init_Geo* und eine einzige Prozedur *Draw_Geo* zu definieren, denen man über einen Parameter *Figure0* mitteilt, in bezug auf welchen Figurtyp sie aktiv werden sollen. Dieser Idee wird in dem vorliegenden Modul *UGeo2* gefolgt. Nach der Definition eines *FigTyp*, der die Werte von *Figur0* aufzählt (Zeile 5), wird mit der CASE-Anweisung in den zwei Prozeduren zu den entsprechenden Aktionen verzweigt.

Ein Problem liegt in der Definition eines formalen Parameters *G*, der Strukturen aller Figurtypen akzeptiert. Die Lösung liegt im **RECORD mit Variantenteil**, der hier zur Deklaration von *GeoTyp* verwendet wird (Zeilen 14 bis 21). Nach dem festen Teil des RECORD mit den Feldern *Style* und *Color* folgt der Variantenteil, der je nach Wert des **Selektorfeldes** *Figure* vom *FigTyp* die nach den Werten in runder Klammer angegebenen Felder bereitstellt. Der Variantenteil eines RECORD ist immer der letzte Teil; die dabei benutzte CASE-Struktur wird nicht mit einem eigenen END abgeschlossen!

Das Selektorfeld gehört zum festen Teil des RECORD und wird in *Init_Geo* ebenfalls mit einem Wert versorgt. Dadurch ist in dem Feld *Figure* jedes geometrischen Objekts sein Typ gespeichert; *Draw_Geo* kann es inspizieren und entsprechend reagieren. Da *Init_Geo* für alle Typen der hier eingeführten geometrischen Figuren Gültigkeit haben soll, umfaßt seine formale Parameter-Liste alle vorkommenden Kenngrößen. Wenn der Benutzer beispielsweise eine Variable *Strecke* vom *GeoTyp* deklariert, wird er sie u.a. mit dem Wert *FigLine* vom *FigTyp* sowie einem Anfangs- und einem Endpunkt initialisieren. *Init_Geo* erwartet aber auch einen Wert für den Radius, wofür der Benutzer aber den Wert *DummyR* einsetzen kann. Dieser ist ebenso wie der RECORD *DummyP* in *UGeo2* erklärt (Zeilen 28 bis 30) und initialisiert (Zeilen 74 bis 78).

```
1     UNIT UGeo2;                                     (* zu Programm Grafik2 *)
2     (*********************************************************************)
3     INTERFACE

4     TYPE
5        FigTyp =  (FigLine, FigCircle, FigRect);
6     (*-----------------------------------------------------------*)
7     TYPE
8        CoordTyp  =  RECORD
9                        x, y : INTEGER;
10                       END;
11       PROCEDURE Init_Coord (VAR P : CoordTyp;  x0, y0 : INTEGER);
12    (*-----------------------------------------------------------*)
13    TYPE
14       GeoTyp  =  RECORD
15                     Style, Color :  WORD;
16                     CASE Figure : FigTyp OF
17                        FigLine
18                        , FigRect : (a, b :  CoordTyp);
19                        FigCircle : ( m : CoordTyp
20                                         ; r : INTEGER    );
21                     END;
                                            (Fortsetzung nächste Seite)
```

```
     (Fortsetzung von Modul UGeo2 - zu Programm Grafik2)

22       PROCEDURE Init_Geo (VAR G : GeoTyp;  Figure0          : FigTyp
23                                         ; a0, b0           : CoordTyp
24                                         ; r0               : INTEGER
25                                         ; Style0, Color0 : WORD);
26       PROCEDURE Draw_Geo (G : GeoTyp);
27     (*-----------------------------------------------------------*)
28   VAR
29      DummyP : CoordTyp;
30      DummyR : INTEGER;
31   (****************************************************************)
32   IMPLEMENTATION
33   USES
34      Crt, Graph;
35     (*-----------------------------------------------------------*)
36   PROCEDURE Init_Coord (VAR P : CoordTyp;  x0, y0 : INTEGER);
37      BEGIN
38      WITH P DO BEGIN  x := x0;   y := y0;  END;
39      END; (* Init_Coord *)
40     (*-----------------------------------------------------------*)
41   PROCEDURE Init_Geo (VAR G : GeoTyp;  Figure0          : FigTyp
42                                     ; a0, b0           : CoordTyp
43                                     ; r0               : INTEGER
44                                     ; Style0, Color0 : WORD);
45      BEGIN
46      WITH G DO BEGIN
47         Style  :=  Style0;
48         Color  :=  Color0;
49         Figure :=  Figure0;
50         CASE Figure OF
51            FigLine
52            , FigRect : BEGIN  a := a0;  b := b0;   END;
53            FigCircle : BEGIN  m := a0;  r := r0;   END;
54            END; (*CASE*)
55         END; (*WITH*)
56      END; (* Init_Geo *)

57   PROCEDURE Draw_Geo (G : GeoTyp);
58      BEGIN
59      WITH G DO BEGIN
60         Graph.SetColor (Color);
61         Graph.SetLineStyle (Style, 0, NormWidth);
62         CASE Figure OF
63            FigLine   : BEGIN
64                          Graph.MoveTo (a.x, a.y);
65                          Graph.LineTo (b.x, b.y);
66                          END;
67            FigCircle : Graph.Circle    (m.x, m.y, r);
68            FigRect   : Graph.Rectangle (a.x, a.y, b.x, b.y);
69            END; (*CASE*)
70         END; (*WITH*)
71      END; (* Draw_Geo *)
72   (****************************************************************)
73   BEGIN
74   WITH DummyP DO BEGIN
75      x := 0;
76      y := 0;
77      END; (*WITH*)
78   DummyR := 0;
79   END.
```

Es bleibt zu erwähnen, daß (i) Variantenteile in einem RECORD geschachtelt
werden dürfen, daß (ii) die Feldbezeichner im gesamten RECORD eindeutig
sein müssen (keine gleichlautenden Bezeichner in verschiedenen Varianten!),
und daß (iii) als Selektorfelder nur ordinale Datentypen zulässsig sind.

Die Frage nach dem **Speicherplatz, den ein RECORD mit Variantenteil** benötigt, ist leicht beantwortet. Es wird genau soviel Platz reserviert, wie der feste
Teil und der größte Variantenteil zusammen benötigen. Daß der vom Variantenteil belegte Speicher immer in der "richtigen" Weise interpretiert wird, liegt
einzig in der Verantwortung des Programmierers. Das Pascal-System kann
nicht verhindern, daß er einen Bezeichner einer nicht aktiven Variante an-
spricht. Ist in dem Selektorfeld *Figure* einer Variablen *Strecke* der Wert
FigLine gespeichert, könnte er trotzdem *Strecke.r* (den Radius) aus der nicht
aktiven Variante *FigCircle* ansprechen. Wegen der damit verbundenen großen
Fehlermöglichkeit ist hier die Datenkapselung – also der Zugriff nur über
(hoffentlich) fehlerfreie Operationen – besonders wichtig. Dem wurde in der
vorliegenden Implementation des ADT *GeoTyp* Rechnung getragen.

So spricht das Testprogramm *Grafik2* für das Modul *UGeo2* nie einzelne Datenfelder der geometrischen Objekte *Strecke*, *Kreis* und *Rechteck* direkt an,
sondern nur indirekt über die von *UGeo2* bereitgestellten Operationen. Ansonsten benutzt es wieder das graphische Modul *UGraf* zur Initialisierung des
Graphiksystems (*Init_Grafik*), zum Schreiben von Meldungen an den auf
Graphik umgestellten Bildschirm (*Melde_Grafik*) und zum Zurücksetzen des
Bildschirms in den üblichen Zeichenmodus (*Close_Grafik*).

```
1     PROGRAM Grafik2;

2     USES
3         Graph, UGraf, UGeo2;

4     VAR
5         a, b, m    : CoordTyp;
6         Strecke
7         , Kreis
8         , Rechteck : GeoTyp;

9     BEGIN (* Haupt-Programm *)
10    Init_Grafik;

11    Init_Coord (a,  50, 250);
12    Init_Coord (b, 350,  50);
13    Init_Geo    (Strecke, FigLine, a, b, DummyR, DashedLn, LightGray);
14    Draw_Geo    (Strecke);

15    Init_Coord (m, 150, 150);
16    Init_Geo    (Kreis, FigCircle, m, DummyP , 100, SolidLn, White);
17    Draw_Geo    (Kreis);

18    Init_Coord (a,  50,  50);
19    Init_Coord (b, 350, 250);
20    Init_Geo    (Rechteck, FigRect, a, b, DummyR, DottedLn, White);
21    Draw_Geo    (Rechteck);

22    Melde_Grafik ('Fertig.');
23    Close_Grafik;
24    END.
```

12.10 Programm Grafik3 mit Modul OGeo3

In dem Programm *Grafik2* wurden verschiedenartige geometrische Objekte
der gleichen Operation *Draw_Geo* übergeben, die der Art des Objekts gemäß
zu agieren gelernt hatte. Dieses Verhalten entspricht natürlich genau dem
objektorientierten Ansatz der Programmierung, das mit OOP-Sprachelemen-
ten noch präziser formuliert werden kann. Die entstehenden Objekte sind
zudem leichter erweiterbar. Im UNIT-Modul *OGeo3* auf den nächsten Seiten
wurde diese naheliegende Übertragung vorgenommen.

Im Programm *Grafik2* wurde eine geometrisches Objekt in der Variablen-
Deklaration sehr allgemein angelegt. Die Spezialisierung kam erst durch die
Initialisierung mit dem gewünschten *FigTyp*-Wert. So hätte die Variable
Strecke nach ihrer Deklaration immer noch mit *FigCircle* initialisiert werden
können und hätte dann einen Kreis repräsentiert ("polymorphes Objekt"). Für
das Anwendungsprogramm *Grafik3* macht sich der Wechsel zu echten geo-
metrischen Objekten vor allem dadurch bemerkbar, daß nun schon bei der
Deklaration des Objekts mit der Angabe der Objektklasse, z.B. *LineClass*, die
Art des Objektes vorerst festliegt.

Bei der Initialisierung der Objekte mit *Init* muß also ebensowenig wie beim
Aufruf von *Draw* der Figurtyp übergeben werden. Die Objekte wissen von sich
aus, wie sie zu reagieren haben, wenn ihnen die Botschaften *Init* und *Draw*
gesendet werden, nämlich gemäß der ihnen beigebrachten (implementierten)
Methoden. Der Aufbau der Klassenhierarchie ist in dieser Anwendung nicht
von Interesse; weitere Vorteile der OOP sind hier zunächst nicht erkennbar.

```
1    PROGRAM Grafik3;
2    USES
3        Graph, UGraf, OGeo3;

4    VAR
5        a, b, m  :  CoordClass;
6        Strecke  :  LineClass;
7        Kreis    :  CircleClass;
8        Rechteck :  RectClass;

9    BEGIN (* Haupt-Programm *)
10   Init_Grafik;

11   a.Init ( 50, 250);
12   b.Init (350,  50);
13   Strecke.Init (a, b, DashedLn, LightGray);
14   Strecke.Draw;

15   m.Init (150, 150);
16   Kreis.Init (m, 100, SolidLn, White);
17   Kreis.Draw;

18   a.Init ( 50,  50);
19   b.Init (350, 250);
20   Rechteck.Init (a, b, DottedLn, White);
21   Rechteck.Draw;

22   Melde_Grafik ('Fertig.');
23   Close_Grafik;
24   END.
```

In dem UNIT-Modul *OGeo3* existieren zwei Klassenhierarchien, die nicht miteinander verwandt sind: einmal die nur aus *CoordClass* bestehende Hierarchie, zum zweiten diejenige mit *LineClass* als Wurzel sowie *CircleClass* und *RectClass* als Nachfahren. Sämtliche Klassen besitzen nur private Felder.

Die Objekte von *CircleClass* erben die Datenfelder *Style* und *Color* von *LineClass*, erhalten aber noch die zusätzlichen Felder *m* und *r*. Dabei fällt im Vergleich zur Lösung in UNIT *UGeo2* auf, daß ein Kreis-Objekt auch die ungenutzten Datenfelder *a* und *b* besitzt, also mehr Speicherplatz benötigt wird als bei der Varianten-Methode. Die Methoden *Init* und *Draw* werden in *CircleClass* überschrieben, also neu definiert. Die Klasse *RectClass* erbt ebenfalls die beiden Datenfelder *a* und *b* von *LineClass*, gibt ihnen aber eine andere Bedeutung. In der Methode *Draw* werden *a* und *b* nämlich als Eckpunkte eines Rechtecks interpretiert und nicht als Endpunkte einer Strecke. Die Methode *Init* kann direkt von *LineClass* übernommen werden.

Wollte man der UNIT *UGeo2* weitere geometrische Objekte wie ein Dreieck hinzufügen, müßte ihr Code an mehreren Stellen geändert werden. Dem Typ *FigTyp* müßte z.B. der Wert *FigTriang* angehängt und *GeoTyp* mit den Feldern der zugehörigen Varianten bereichert werden. Die Prozeduren *Init_Geo* und *Draw_Geo* müßten zusätzlichen Code zur Behandlung der neuen Varianten enthalten. Die Änderungen könnten nur in Kenntnis des Codes durchgeführt werden und keine relevante Stelle dürfte vergessen werden. Fehler wären wahrscheinlich.

Die UNIT *OGeo3* kann um ein neues Objekt durch Vererbung erweitert werden. Man sucht sich die Klasse der Hierarchie aus, mit der das neue Objekt die meisten Eigenschaften und Methoden gemeinsam hat. Statt im Code dieses Objekts fehlerträchtige Veränderungen herbeizuführen, baut man auf dessen gesichertem Code auf und schreibt die nötigen Änderungen in einer eigenen Klasse, von der der Code aller Vorfahren nicht berührt ist. Objekte machen eben **Wiederverwendung** und **Erweiterung** bestehenden Codes leichter.

```
1    UNIT OGeo3;

2    (************************************************************)
3    INTERFACE

4    TYPE
5       (*-------------------------------------------------*)
6       CoordClass =  OBJECT
7                          PROCEDURE Init (x0, y0 : INTEGER);
8                     PRIVATE
9                          x, y : INTEGER;
10                    END;
11      (*-------------------------------------------------*)
12      LineClass  = OBJECT
13                         PROCEDURE Init ( a0, b0          : CoordClass
14                                        ; Style0, Color0 : WORD         );
15                         PROCEDURE Draw;
16                    PRIVATE
17                         Style, Color :  WORD;
18                         a, b         :  CoordClass;
19                    END;
```

(Fortsetzung nächste Seite)

```
     (Fortsetzung von Modul OGeo3 - zu Programm Grafik3)

20      CircleClass = OBJECT (LineClass)
21                        PROCEDURE Init ( m0              : CoordClass
22                                       ; r0              : INTEGER
23                                       ; Style0, Color0 : WORD );
24                      PROCEDURE Draw;
25                    PRIVATE
26                      m :  CoordClass;
27                      r :  INTEGER;
28                    END;

29      RectClass   = OBJECT (LineClass)
30                      PROCEDURE Draw;
31                      END;
32      (*******************************************************************)
33      IMPLEMENTATION
34      USES
35         Crt, Graph;

36      PROCEDURE CoordClass.Init (x0, y0 : INTEGER);
37         BEGIN
38         x := x0;    y := y0;
39         END; (*_CoordClass.Init *)
40      (*------------------------------------------------------*)
41      PROCEDURE LineClass.Init ( a0, b0          : CoordClass
42                               ; Style0, Color0 : WORD         );
43         BEGIN
44         a     := a0;          b     :=  b0;
45         Style := Style0;      Color := Color0;
46         END; (* LineClass.Init *)

47      PROCEDURE LineClass.Draw;
48         BEGIN
49         Graph.SetColor (Color);
50         Graph.SetLineStyle (Style, 0, NormWidth);
51         Graph.MoveTo (a.x, a.y);
52         Graph.LineTo (b.x, b.y);
53         END; (* LineClass.Draw *)
54      (*------------------------------------------------------*)
55      PROCEDURE CircleClass.Init ( m0: CoordClass;  r0 : INTEGER
56                                 ; Style0, Color0 : WORD         );
57         BEGIN
58         m     := m0;          r     :=  r0;
59         Style := Style0;      Color := Color0;
60         END; (* CircleClass.Init *)

61      PROCEDURE CircleClass.Draw;
62         BEGIN
63         Graph.SetColor (Color);
64         Graph.SetLineStyle (Style, 0, NormWidth);
65         Graph.Circle (m.x, m.y, r);
66         END; (* Draw_Line *)
67      (*------------------------------------------------------*)
68      PROCEDURE RectClass.Draw;
69         BEGIN
70         Graph.SetColor (Color);
71         Graph.SetLineStyle (Style, 0, NormWidth);
72         Graph.Rectangle (a.x, a.y, b.x, b.y);
73         END; (* RectClass.Draw *)
74      (*******************************************************************)
75      BEGIN    END.
```

12.11 Zusammenfassung

❏ In Pascal sind Rekursionen möglich, bei denen sich Unterprogramme
   selbst aufrufen. Geschieht der rekursive Aufruf indirekt, indem sich zwei
   Unterprogramme gegenseitig aufrufen, muß eines der beiden mit der Compiler-Direktive FORWARD übersetzt werden. Rekursionen erlauben nicht
   nur elegante Lösungen, sondern sind in vielen Fällen die einzige Möglichkeit, eine Lösung mit vertretbarem Aufwand zu formulieren.

❏ Das Prinzip der Rekursion besteht in der Zerlegung umfangreicher Probleme in kleinere Probleme der gleichen Struktur, die mit der gleichen
   Methode wie das umfangreiche gelöst werden. Dieses Vorgehen ist auch
   als Prinzip des Teilens und Herrschens bekannt.

❏ Bei mehrfacher Rekursion ruft sich ein Unterprogramm mehrmals auf. In
   solchen Fällen muß geprüft werden, ob in den Rekursionszweigen nicht
   gleiche Aktionen mehrfach durchgeführt werden, was zu einer starken
   Verschlechterung der Laufzeit führt. Anderen Lösungen, z.B. iterativen,
   sollte dann, wenn vorhanden, der Vorzug gegeben werden.

❏ Auch Prozeduren und Funktionen können als Parameter an Unterprogramme übergeben werden. Damit kann dem Unterprogramm dynamisch,
   also währen der Laufzeit, mitgeteilt werden, in welche andere Prozedur
   oder Funktion es verzweigen soll.

❏ Standard-Pascal übergibt Unterprogramme an andere Unterprogrammme
   als Parameter-Prozeduren oder -Funktionen, deren kompletter Kopf als formaler Parameter erscheint. Turbo Pascal benutzt dagegen Prozedur- und
   Funktionstypen, die als Typ des formalen Parameters der übergebenen Prozedur oder Funktion angegeben werden können. In Turbo Pascal können
   Standard-Prozeduren und -funktionen nicht als Parameter übergeben werden. Selbstdefinierte Unterprogramme, die in Turbo Pascal an Unterprogramme übergeben werden, müssen mit der Compiler-Direktive FAR übersetzt werden

❏ Die Datenstruktur RECORD kann neben den Datenfeldern des festen Teils
   auch einen Variantenteil besitzen, der immer am Ende des RECORD erklärt werden muß. Die Felder der Variantenteile werden über ein Selektorfeld angewählt, das von einem ordinalen Datentyp sein muß. Der reservier-
   te Speicherplatz ist immer gleich dem Bedarf der umfangreichsten Variante. Alle Feldbezeichner müssen auch über die Variantengrenzen hinweg
   eindeutig sein.

❏ Das Pascal-System prüft nicht die korrekte Auswahl der Varianten durch
   den Programmierer. U.a. wegen der daraus entstehenden Fehlermöglichkeit sind OOP-Formulierungen vorzuziehen. Andere Gründe dafür sind
   generell die besseren Möglichkeiten der Erweiterbarkeit der Objektklassen
   ohne Detail-Kenntnis des zu erweiternden Codes.

❏ Die graphischen Fähigkeiten einer Sprache hängen von dem verwendeten
   Computer-, Betriebs- und Graphiksystem ab. Es wurden einige graphische
   Befehle für Turbo Pascal unter DOS vorgestellt.

12.12 Aufgaben

1. Skizzieren Sie entsprechend der Abbildung zum Programm *Fakul2* (12.1) die Verschachtelung der rekursiven Prozedur-Aufrufe in den Programmen *Fakul3* (12.2) und *Umkehr* (12.3).

2. Geben sie (i) eine iterative und (ii) eine rekursive Definition der Funktion $F(n) = 2^n$ für ganzzahlige nichtnegative Werte von n. Schreiben Sie dann Funktionen und Prozeduren, deren Implementationen sich an den beiden Definitionen orientieren.

3. Schreiben Sie eine rekursive Prozedur zur Berechnung der Fibonacci-Zahlen (s. Programm *Fibonac1*, 12.4). Vergleichen Sie diese mit den iterativen Implementationen einer Aufgabe aus Kapitel 4.

4. Auch das binäre Suchen einer Information in einem sortierten ARRAY kann rekursiv formuliert werden. Die Idee des "Teilens und Herrschens" wird dabei so verwirklicht, daß das ARRAY in zwei Teile geteilt und dann entschieden wird, in welchem Teil weiterzusuchen ist. Mit diesem Teil-ARRAY, das natürlich geringeren Umfang hat, wird ganz genauso verfahren wie vorher mit dem gesamten ARRAY. Schreiben Sie die Prozedur *Search* des Programms *BinSuch0* (4.14) entsprechend um.

5. Testen Sie die rekursive Prozedur *Quick_Sort* (12.5), indem Sie sie in das Programm *SortZal0* (4.11) einbauen. Passen Sie *Quick_Sort* auch an die Programme *Liste2* (9.9) und *Liste3* (9.10) an.

6. Simulieren Sie den Quicksort-Algorithmus, indem Sie einen Stapel anlegen, auf dem Sie jeweils die Positionen *left* und *right* der noch nicht völlig bearbeiteten Teillisten speichern. Übertragen Sie ggf. die Lösung in eine ihnen bekannte Programmiersprache, die keine Rekursion kennt.

7. In einer Aufgabe des Kapitels 4 wurde die **Methode von Euklid** zur Berechnung des größten gemeinsamen Teilers ggT zweier ganzer Zahlen a und b so zitiert: Für a > b ist ggT (a, b) = ggT (a-b, b), wobei ggT (a, a) = a gilt. Schreiben Sie ein Unterprogramm, das diese Methode im Programmcode widerspiegelt. Fertigen Sie für ein Beispiel das Aufrufdiagramm an.

8. In den Aufgaben des Kapitels 4 wurden zur Bestimmung der **Nullstellen einer Funktion** die Methode von Newton und der Fixpunktsatz angegeben. Schreiben Sie Unterprogramme, die für beliebige passende Funktionen die Nullstellenbestimmung in einem Intervall vornehmen können. Verwenden Sie Parameter-Funktionen (vgl. Programme *Simpson1*, 12.6, bzw. *Simpson2*, 12.7).

Literaturhinweise

Die folgende Aufstellung enthält eine kleine Auswahl an Literatur, die als Ergänzung und zur Vertiefung des hier behandelten Stoffes empfohlen werden kann.

Umfassende und ausgezeichnet verständliche Einführungen in Standard-Pascal sind

Marty, R.: Methodik der Programmierung in Pascal.
190 S., Springer-Verlag, Berlin. 1984.

sowie der amerikanische Klassiker

Grogono, P.: Programming in Pascal.
420 S., Addison-Wesley, Reading. 1984.

Eine exakte Sprachbeschreibung von Pascal mit einer guten Kurzeinführung beinhaltet

Däßler, K. / Sommer, M.: Pascal. Einführung in die Sprache, Norm-Entwurf DIN 66 256, Erläuterungen. 220 S., Springer-Verlag, Berlin. 1983.

Wer schon etwas Pascal beherrscht, kauft sich Spaß und tiefere Einsichten mit

Zwittlinger, H.: Comic Pascal.
280 S., Oldenbourg, München. 1981.

Speziell in Turbo Pascal führt das folgende mit vielen interessanten Beispielen ausgestattete zweibändige Werk ein:

Kaier, E. / Rudolfs, E.: Turbo Pascal Wegweiser.
(1) Grundkurs, (2) Aufbaukurs. Vieweg, Braunschweig. 1989.

Technisch orientierte Themen sowie eine in sich abgeschlossene Einführung in Graphik und OOP finden sich in

Hering, E. / Bappert, E. / Rasch, J.: Turbo Pascal für Ingenieure.
320 S., Vieweg, Braunschweig. 1992.

Die folgende sehr schöne Darstellung schildert eingängig die Prinzipien des modularen und objektorientierten Programmierens; allerdings bildet die Pascal-Nachfolgesprache MODULA-2 die Grundlage. Auch in diesemWerk wird von Anfang an die Sichtweise der OOP betont. Algorithmen und Datenstrukturen machen einen Schwerpunkt des Buches aus:

Appelrath, H.-J. / Ludewig, J.: Skriptum Informatik - eine konventionelle Einführung. 448 S., Teubner, Stuttgart. 1991.

Algorithmen und Datenstrukturen werden einzigartig dargestellt von

> Sedgewick, R.: Algorithmen.
> 740 S., Addison-Wesley Publishing Company, Bonn. 1992.

Speziell mit den Rekursionen beschäftigt sich

> Roberts, E.: Rekursiv programmieren.
> 210 S., Oldenbourg, München. 1987.

Die Datei-Organisation wird auf der Grundlage von Pascal an ausführlichen Beispielen behandelt in

> Miller, N.E.: File Structures Using Pascal
> 490 S., The Benjamin/Cummings Publishing Company, Reading. 1987.

Von den ADTs direkt hin zur OOP zielt das knappe, aber tiefe Einsichten vermittelnde Büchlein

> Haiduk, H.P.: Object-Oriented Turbo Pascal.
> 140 S., Mitchell Publishing, Inc. (McGraw-Hill). 1989.

Mit einem umfangreichen Programmier-Projekt wird die Methode der modularen und objektorientierten Programmierung vorgestellt in dem Buch

> Grübel, R.: Turbo Pacal Programmiermethoden.
> 292 S., te-wi Verlag, München. 1990.

Die Funktionsweise der objektorientierten Erweiterungen von Turbo Pascal wird ausführlich beschrieben in

> Thies, K.D.: Objektorientierte + Modulare Softwareentwicklung mit Turbo
> Pascal 5.5., ca. 120 S., te-wi Verlag, München. 1990.

Eine ausführliche Einführung in die Prinzipien der OOP und eine Übersicht über OOP-Sprachen mit ihren Eigenschaften findet sich in

> Fiedler, J. / Rix, K.F. / Zöller, H.: Objekt-orientierte Programmierung in
> der Automatisierung. 270 S., VDI Verlag, Düsseldorf. 1991.

Wie mit dem OOP-Ansatz größere Softwaresyteme konstruiert werden können, wird anhand der OOP-Sprache Eiffel von ihrem Entwickler beschrieben in

> Meyer, B.: Objektorientierte Softwareentwicklung
> 540 S., Carl Hanser Verlag, München. 1990.

Der OOP-Ansatz und andere Ansätze der Softwaresystem-Entwicklung werden diskutiert und miteinander verglichen in dem umfassenden und gut lesbaren Lehrbuch

> Ott, H.J.: Software-Systementwicklung.
> 324 S., Carl Hanser Verlag, München. 1991.

Liste der Beispiele

8 Die Datenstruktur FILE – Module in Quellcode 181

9 Die Datenstruktur RECORD – Module in Objektcode 211

10 Abstrakte Datentypen in Objektklassen 281

Index

Das technische Wissen der GEGENWART

Das Lexikon

Der VDI-Verlag startet erstmals eine Sammlung von lexikalischen Werken zu bedeutenden Fachdisziplinen der Technik: Ein Meilenstein in der Geschichte der technisch-wissenschaftlichen Literatur.

Aufgabe dieser Fachlexika ist es, Ingenieuren und Ingenieurstudenten, Naturwissenschaftlern und allen, die in der Ausbildung oder aus allgemeinem Interesse mit den unterschiedlichen Technikbereichen in Berührung kommen, mühelosen Zugang zu einem enormen Wissensschatz zu ermöglichen:

Das Lexikon Informatik und Kommunikationstechnik zeigt die rasante Entwicklung durch die Fortschritte im Bereich der Elektronik und Mikroelektronik auf.

Lexikon Informatik und Kommunikationstechnik

Hrsg. von Fritz Krückeberg und Otto Spaniol
693 Seiten, 454 Bilder, 35 Tab.
24,0 x 16,8 cm. Gb. DM 168,–
ISBN 3-18-400894-0

Der Inhalt

Über 2 000 Stichwörter bzw. Stichwortartikel sind durch zahlreiche Funktionszeichnungen, Bilder und Tabellen ergänzt, die ein einfaches Verständnis der Texte gewährleisten. Bis zum letztmöglichen Augenblick wurden noch Stichworte aus Gebieten mit einer regen Forschungsaktivität ergänzt und teilweise aktualisiert. Das ausgefeilte Verweissystem sowie die Hinweise auf vertiefende Literatur geben dem Leser die Möglichkeit, seine Kenntnisse zu erweitern und zu vertiefen.

Die Herausgeber

Prof. Dr. Fritz Krückeberg studierte Mathematik und Physik an der Universität Göttingen. Ab 1957 war er als Industriemathematiker in der BASF, Ludwigshafen und danach an der IBM 704 in Paris tätig. 1961 promovierte er an der Universität Bonn, 1967 habilitierte er. 1969 wurde er ord. Professor an der Universität Bonn. Seit 1968 ist er in leitenden Funktionen tätig, derzeit als geschäftsführender Leiter des Forschungsinstituts für Methodische Grundlagen der GMD. 1986/87 und 1988/89 war er Präsident der Gesellschaft für Informatik. Von ihm gibt es zahlreiche Veröffentlichungen zu den Themen Informatik und Computernumerik.

Prof.-Dr. Otto Spaniol ist Inhaber des Lehrstuhls für Informatik an der RWTH Aachen seit 1984. Er studierte Mathematik und Physik an der Universität in Saarbrücken an der er als wissenschaftlicher Assistent und Assistenzprofessor bis 1967 arbeitete. Von 1976 bis 1981 war er als Professor für Informatik an der Universität Bonn, von 1981 bis 1984 an der Universität in Frankfurt tätig. Als deutscher Delegierter ist er für „Data Communication" in verschiedenen internationalen Gremien. Außerdem hat er den Vorsitz des Fachausschusses Informatik der Deutschen Forschungsgemeinschaft.

Die Autoren

95 hervorragende Fachleute aus Forschung, Lehre und Praxis haben ihr Wissen in dieses Lexikon eingebracht, sowohl in wissenschaftlichen präzisen Definitionen als auch in fundierten, vertiefenden Abhandlungen. Ein Wissensschatz, der in dieser Form vorbildlich ist.

Ausführliche Informationen über die weiteren Fachlexika erhalten Sie über Ihre Buchhandlung oder den VDI-Verlag.
Frau Rita Hirlehei-Mohr,
Telefon 0211/61 88-126

VDI VERLAG
Postfach 10 10 54, 4000 Düsseldorf 1